名尚国际社区 »

26万平方米超时代人居大盘

名尚国际社区 26 万平方米超时代人居大盘，纯粹法式风格，艺术化布局，错落式排列。自名尚国际社区成功推出高厅三叠、空中别墅等创新产品后，2013年，名尚国际推出新一代升级产品—48套殿堂级河畔城中别墅，倚靠全能海量商业配套、紧邻滨河绿化带，舒适创新户型设计，堪称空间艺术巅峰之作。

效果图 效果图 实景拍摄

效果图 效果图

« 名尚 · SOHO

宜商宜居 新时代投资产品

名尚 ·SOHO 位于名尚国际社区与淄博银泰城之间的黄金走廊。项目旨在打造切割灵活、面积适宜的小型成品化商务空间和宜商宜居宜投资的精装小户型产品，在追求多变和快节奏生活的今天，以周到细致的产品设计为客户提供更多选择。

名尚 · 金街 »

七彩金街 乐享缤纷生活

名尚 · 金街一层层高 6 米，铺面切割灵活，是北部城区不可多得的商业投资产品。加之金街依靠鲁中第一 MALL—淄博银泰城，处于北部城区核心商圈，未来升值潜力无限。

效果图

效果图

« 淄博银泰城

城市型全业态生活广场

淄博银泰城商业建筑面积25.6万平方米，由中国银泰集团与淄博昂展地产联袂巨献的鲁中超大商业综合体，是中国银泰集团全国商业布局中山东战略的首个大型商业综合体项目。项目汇集百货、超市、精品购物、儿童游乐、餐饮、娱乐、健身、商务、文化艺术等功能于一体，打造一站式家庭型全业态生活购物广场。

在山东省蓝色半岛经济发展的大势之下，淄博已经发展成为一个经济实力强劲的较大型城市。随着经济的发展和人们生活水平的不断提高，传统单一的生活及消费方式已不能满足人们的生活需要。名尚国际在城市快速发展的趋势及多元化消费的需求下应运而生，其建成将为拉动当地经济增长、带动第三产业以及房地产业的发展、增加地方税收和就业岗位、提高城市知名度等作出重大贡献。

淄博年鉴

ZIBO YEARBOOK

2013

（总第二十七卷）

淄 博 市 人 民 政 府　主办

淄博市地方史志办公室　　编

黄河出版社

责任编辑◎ 孙华锋
装帧设计◎ 孟　明

图书在版编目(CIP)数据

淄博年鉴. 2013 / 淄博市地方史志办公室编. —济南:黄河出版社,2013. 10
ISBN 978-7-5460-0450-1

Ⅰ. ①淄…　Ⅱ. ①淄…　Ⅲ. ①淄博市-2013-年鉴
Ⅳ. ①Z525. 23

中国版本图书馆 CIP 数据核字(2013)第 230103 号

书　名　**淄博年鉴(2013)**
编　者　淄博市地方史志办公室
出　版　黄河出版社
发　行　黄河出版社发行部
社　址　济南市英雄山路 21 号　250002
发行部　(0531)82058166　82904707
印　刷　山东德州新华印务有限责任公司
规　格　889×1194(毫米)　1/16
28. 5 印张　　840 千字
版　次　2013 年 10 月第 1 版
印　次　2013 年 10 月第 1 次印刷
印　数　1—3000 册
书　号　ISBN 978-7-5460-0450-1
定　价　**230. 00 元**

淄博市地方史志编纂委员会

名誉主任　周清利
主　　任　徐景颜
第一副主任　张庆盈
副 主 任　董云波　周京明　王志勇　任汝刚　石志全　张洪兴
　　　　　孙来斌　卜德兰　毕建国
委　　员　李　峰　魏玉蛟　赵新法　牛圣银　李贡平　侯全明
　　　　　邱承江　王春林　司志兰　任传斗　徐和峰　闫佳敏
　　　　　安永善　徐　杰

《淄博年鉴(2013)》编审人员

主　　审　张庆盈
副 主 审　石志全
主　　编　毕建国
副 主 编　安永善　徐　杰　王世伟　王　娟
编　　辑　王　娟　赵建国　纪　瑗　马震刚
图录编辑　孟　明　李　建　杨　凤　耿　超
编　　务　郭延志　张耀江　王　峰　范立学　吴建利　杨建明
　　　　　张爱云　伊善波　樊孝忠
图录征集　孙传礼

编辑说明

一、《淄博年鉴》是由淄博市人民政府主办、淄博市地方史志办公室承编的大型综合性地方年鉴，是市内重要的史册类官方文献。本卷年鉴是第二十七卷本，集中反映了2012年度全市人民在市委、市政府的领导下，在社会主义物质文明、政治文明和精神文明建设中所取得的巨大成就；记载了全市各领域、各部门、各行业、各区县的基本情况及年度内发生的重大事件；汇集了全市经济和社会发展的基本资料和重要信息。本卷年鉴力求全面体现淄博的地方特色，突出反映全市在经济建设和社会发展中取得的新经验、新成就；努力为各级党政机关了解市情、实施科学决策，为各行各业及有关单位查询资料、获取信息，为社会各界人士及中外投资者认识淄博、熟悉淄博提供翔实的资料。

二、本卷年鉴设以下部类：特载、大事记、淄博概况、政党 政务、地方军事、法治、工业、农业、服务业 国内贸易、外经外贸、招商引资、城建 环保、交通 信息、旅游、综合管理监督、财政 金融、科学、教育、文化、卫生 体育、社会民生、经济园区建设、区县概况、人物、附录。同时设置了索引。

三、本卷年鉴采用分类编辑法，以部类为单元，部类下立分目，分目下立条目，并以条目作为基本表达方式；一般分3个层次，个别部类延伸到4个层次。为便于查阅，条目标题均采用黑体字并加【 】表示。

四、本卷年鉴除重点反映全市的基本情况、基础数据、重大事件外，还增加了彩色图片、黑白图片和统计表等内容，加大了年鉴的信息量并力求图文并茂，生动形象。

五、本卷年鉴中有关全市国民经济和社会发展的主要数据均以淄博市统计局公布的统计资料为准。个别数据由于统计口径和来源不同存在差异。

六、本卷年鉴由市直各部门、各区县以及有关企事业单位提供初稿，并经撰稿单位领导审阅；淄博市地方史志办公室负责总纂；市政府负责同志审定。

七、本卷年鉴的组稿、撰稿及编纂工作得到各级领导的关怀以及各部门、各区县、有关企事业单位的大力协助和支持。在此，谨向所有关心、支持和直接参与《淄博年鉴》编纂工作的同志表示诚挚的谢意。

八、本卷年鉴在编纂过程中虽经多次审核和校对，仍难免有差错和疏漏之处，欢迎广大读者批评指正。

编　者

2013年9月

目　　录

政党　政务

中国共产党淄博市委员会

· 统战工作 ·

· 对台工作 ·

· 政策研究 ·

· 编制工作 ·

· 保密工作 ·

· 离休干部管理 ·

· 党史工作 ·

· 党校工作 ·

· 市直机关党的工作 ·

· 信访工作 ·

中国人民政治协商会议淄博市委员会

中共淄博市纪律检查委员会

民主党派

群众团体

·淄博市总工会·

·中国共产主义青年团淄博市委员会·

·淄博市妇女联合会·

·淄博市工商业联合会·

地方军事

淄博军分区

武警淄博市支队

人民防空

法　　治

政法与综合治理

公安

检察

审判

司法行政

仲裁

工　业

综述

煤炭工业

淄博矿业集团

纺织工业

丝绸工业

轻工业

中小企业

农 业

综述

种植业

农业综合开发

蔬菜业

林业

农机

畜牧业

水利与渔业

黄河河务

服务业　国内贸易

服务业

国内贸易

市属商业

粮食

供销合作

烟草专卖

盐务

外经外贸

对外经贸

海关

出入境检验检疫

招商引资

城建　环保

城乡建设

环境保护

国土资源管理

城乡规划

地方税务

银行

保险

金融证券

科　学

科技

科协

社会科学

地震监测

气象

水文监测

教　　育

综述

基础教育

高等教育

职业　成人　民办教育

文　　化

卫生 体育

卫生

体育

社会民生

人力资源和社会保障

人口和计划生育

民政

侨务

民族 宗教

残疾人工作

老龄工作

慈善事业

红十字会工作

经济园区建设

淄博高新技术产业开发区

文昌湖旅游度假区

齐鲁化学工业区

其他经济园区

区县概况

张店区

淄川区

博山区

周村区

临淄区

桓台县

高青县

人　　物

附　　录

索　　引

Contents

Special Reports

Memorabilia

Basic Facts of Zibo

Parties and Government Affairs

Local Armed Forces

Legal System

Industries

Agriculture

Services and Domestic Trade

Foreign Economy and Trade

Absorption of Foreign Investment

City Construction and Environmental Protection

Transportation and Information Transmission

Tourism

Comprehensive Management and Supervision

Finance and Taxation

Science

Education

Culture

Health and Sports

Society and People's Wellbeing

Construction of Economic Zones

Summaries of the Districts and the Counties

Figures

Appendixes

Index

(Translated by Zhu Xin-hua)

彩图目录

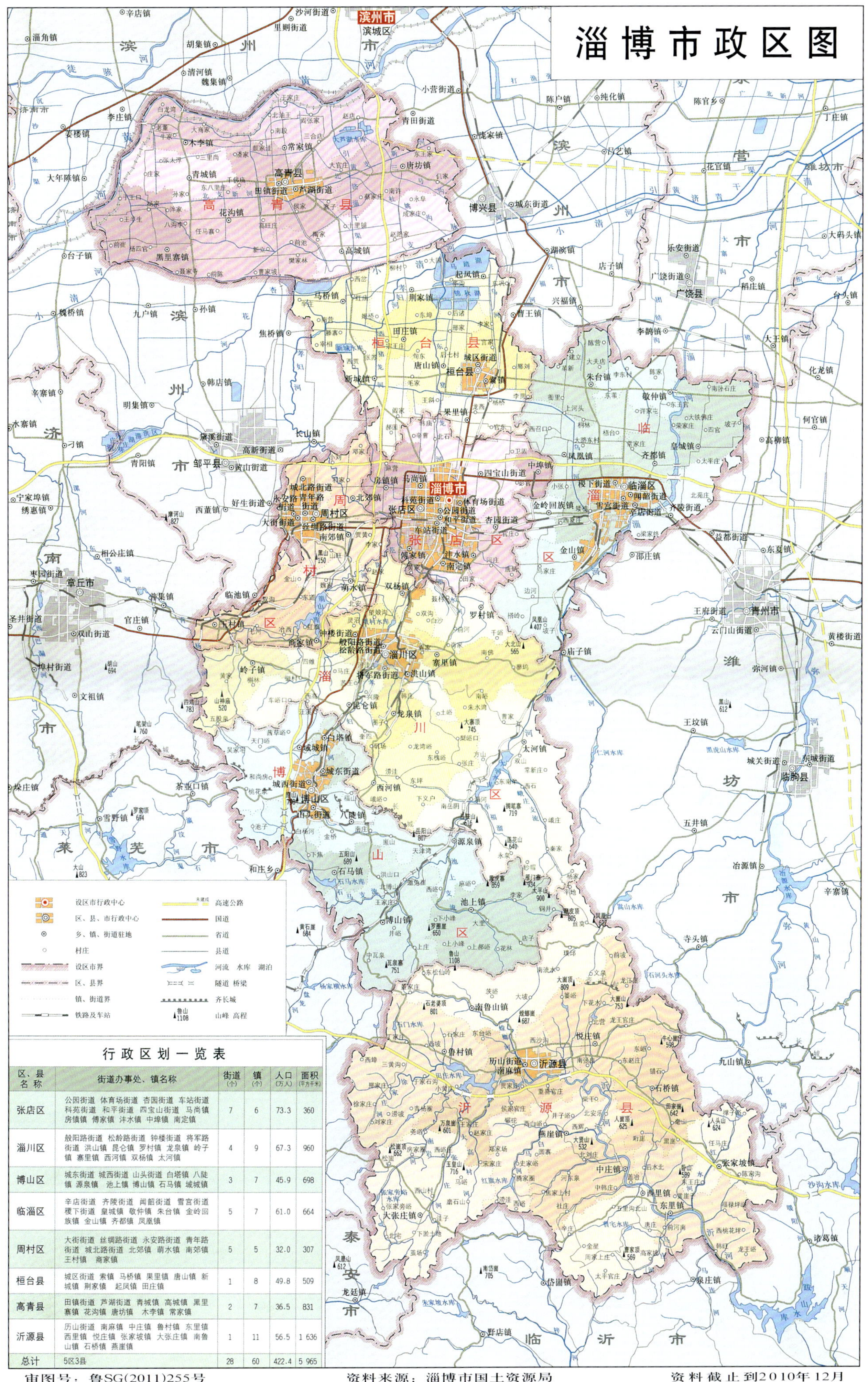

行政区划一览表

区、县名称	街道办事处、镇名称	街道(个)	镇(个)	人口(万人)	面积(平方千米)
张店区	公园街道 体育场街道 杏园街道 车站街道 科苑街道 和平街道 四宝山街道 马尚镇 房镇镇 傅家镇 沣水镇 中埠镇 南定镇	7	6	73.3	360
淄川区	般阳路街道 松龄路街道 钟楼街道 将军路街道 洪山镇 昆仑镇 罗村镇 龙泉镇 岭子镇 寨里镇 西河镇 双杨镇 太河镇	4	9	67.3	960
博山区	城东街道 城西街道 山头街道 白塔镇 八陡镇 源泉镇 池上镇 博山镇 石马镇 域城镇	3	7	45.9	698
临淄区	辛店街道 齐陵街道 闻韶街道 雪宫街道 稷下街道 皇城镇 敬仲镇 朱台镇 金岭回族镇 金山镇 齐都镇 凤凰镇	5	7	61.0	664
周村区	大街街道 丝绸路街道 永安路街道 青年路街道 城北路街道 北郊镇 萌水镇 南郊镇 王村镇 商家镇	5	5	32.0	307
桓台县	城区街道 索镇 马桥镇 果里镇 唐山镇 新城镇 荆家镇 起凤镇 田庄镇	1	8	49.8	509
高青县	田镇街道 芦湖街道 青城镇 高城镇 黑里寨镇 花沟镇 唐坊镇 木李镇 常家镇	2	7	36.5	831
沂源县	历山街道 南麻镇 中庄镇 鲁村镇 东里镇 西里镇 悦庄镇 张家坡镇 大张庄镇 南鲁山镇 石桥镇 燕崖镇	1	11	56.5	1 636
总计	5区3县	28	60	422.4	5 965

审图号：鲁SG(2011)255号　　资料来源：淄博市国土资源局　　资料截止到2010年12月

2012年10月20日，国家林业局局长赵树丛（中）出席淄博市创建国家森林城市启动暨原山林场投资项目奠基仪式

2012年5月16日，空军政委邓昌友上将（左二）到山东硅苑新材料科技有限公司参观（穆雷　摄）

2012年8月22日，省委书记、省人大常委会主任姜异康（前排左二）在山东黑牛繁育养殖基地调研（穆雷　摄）

2012年1月22日，省委副书记、省政协主席刘伟（左二）到淄博市看望慰问一线执勤干警（王万杰　摄）

淄博市第十四届人民代表大会第二次会议

2013年1月7日，市委书记周清利（中）参加淄博市十四届人大二次会议解放军代表团分组讨论（李雯　摄）

2013年1月5日，市委副书记、代市长徐景颜在淄博市第十四届人民代表大会第二次会议上作《政府工作报告》（李雯　摄）

2013年1月5日，淄博市第十四届人民代表大会第二次会议在齐盛国际宾馆开幕（王万杰　摄）

中国人民政治协商会议第十一届淄博市委员会第二次会议

市委书记周清利（中）等市领导参加淄博市政协十一届二次会议小组讨论

2013年1月4日，陈家金在中国人民政治协商会议第十一届淄博市委员会第二次会议作工作报告（王万杰　摄）

2013年1月4日，中国人民政治协商会议第十一届淄博市委员会第二次会议在齐盛国际宾馆开幕（王万杰　摄）

淄博市地方

2012年以来，淄博市地方史志办公室在市委、市政府的正确领导下，坚持以科学发展观统揽全局，围绕中心工作，突出“强化依法编修、打造志鉴精品、创新馆网开发、建设四型机关”的思路，志、鉴、库、馆、开发利用五业并举，整体推进，全市史志事业实现健康稳步发展。2012年4月，被评为全省史志系统唯一的优秀史志工作单位；6月，被市委表彰为全市学习型党组织建设先进领导班子。2013年7月，被授予市级文明单位称号。

深化法制化建设。扎实做好国务院《地方志工作条例》《山东省地方史志工作条例》《淄博市地方史志工作条例》的学习宣传贯彻工作，推动各级各部门依法履行职责，提高全社会依法修志意识。积极配合市人大常委会对全市贯彻实施省、市两级《条例》情况进行执法检查，推动全市史志事业沿法制化轨道全面、协调、可持续发展。

全面完成第二轮修志工作。至2013年底前，全市第二轮修志工作规划的10部志书——《淄博市志（1986—2002）》《张店区志》《淄川区志》《博山区志》《周村区志》《临淄区志》《桓台县志》《高青县志》《沂源县志》《淄博高新区志》将全部出版发行，在全省率先完成第二轮修志工作。8月，《淄博市志（1986—2002）》正式出版。全书分上、中、下3册、390万字、1000余幅图片，被评为中国地方志精品工程四部精品志书之一。加大对部门、企业、镇、村等基层单位修志工作的指导力度，推动基层修志工作扎实开展。

不断提高年鉴编纂质量。《淄博年鉴》自1987年创刊

2012年2月29日，中国地方志指导小组秘书长兼办公室主任李富强在省史志办主任刘秋增陪同下，到淄博市调研指导史志工作

2013年4月1日，省史志办主任钟华到淄博市调研指导史志工作

2013年9月13日，市委副书记、市长徐景颜在《淄博市志（1986-2002）》首发仪式上作重要讲话

2013年9月13日，召开《淄博市志（1986-2002）》首发仪式，市领导向有关单位赠书

史志办公室

已连续出版26卷。《淄博年鉴》2011、2012年卷在第六、七届全国年鉴编校质量检查评比中蝉联特等奖。《淄博年鉴（2012）》在第四届全省优秀年鉴评奖中获综合奖项特等奖。同时，积极推动区县和部门实现年鉴编纂工作常态化、连续化。

推进方志馆建设。淄博市方志馆作为市文化中心的重要组成部分，建筑面积3000平方米。项目建设得到市委、市政府领导的高度关注。市政府办公厅下发《关于征集淄博市方志馆展藏资料的通告》，面向全社会广泛征集馆藏资料，为方志馆的顺利运营打好基础。

完善地情资料库建设。淄博市情网作为全市信息量最大、最具权威性的专业地情网站和政府门户网站的主要数据库之一，成为为民服务和对外宣传的重要窗口。2012年9月，淄博市情网获淄博市首届优秀网站称号。

积极开展史志成果开发利用。认真做好旧志资料的搜集整理，完成《〈颜山杂记〉校注》的编纂出版，填补《颜山杂记》没有单行点校本的空白，对齐文化和地域文化的研究起到积极的推动作用。《〈颜山杂记〉校注》获评2012年度山东省优秀史志成果奖。

切实加强史志队伍自身建设。注重党建和精神文明建设工作，深入开展“四德”教育，不断提高史志队伍的政治素质和业务素质。大力倡导修志理论研究，组织开展“志鉴讲坛”系列活动。完善机关各项事务管理，提高工作效能，积极向学习型、创新型、研究型、服务型“四型机关”的目标迈进。

2012年12月25日，淄博市召开《〈颜山杂记〉校注》出版发行座谈会，副市长张庆盈出席会议

2013年6月5日，全市史志工作会议在齐盛国际宾馆召开

2013年8月，《淄博市志（1986-2002）》正式出版

2012年4月18日，市史志办全体党员在焦裕禄纪念馆开展党性教育活动

淄博市住房和城乡建设局

淄博市人民公园

淄博市住房和城乡建设局按照“强化生态文明、加快内涵发展，建设殷实和谐经济文化强市”的总体要求，紧紧围绕“发展发展再发展、实干实干再实干”的主题，坚持以人为本、生态优先的理念，突出抓好城建重点项目建设、示范镇和农村住房建设，提升城市管理、建设行业管理水平，注重民生环境改善，全市城乡建设和管理工作取得了良好成绩。

城建重点工程稳步推进。全市市政公用基础设施建设完成投资32.15亿元，新建、改造道路82.24公里，新增雨污水管道167.91公里，启动新城区水系建设、北京路南段取直及慢车道建设、城乡生活垃圾处理设施建设等一系列重点项目，积极推进市文化中心建设。新开工建设垃圾中转站12座，城市生活垃圾无害化处理率达到100%。

园林绿化工作进展顺利。围绕国家生态园林城市的创建，开展《淄博市城乡绿地系统规划（2012—2020）》编制工作。全市新建绿地308公顷，改建绿地221公顷，建成区绿地率、绿化覆盖率和人均绿地面积分别达到36.9%、43.4%和16.6平方米。开展城市“绿荫行动”，绿地养护管理向专业化、精细化方向迈进。

建设产业运行平稳。全市建筑业实现总产值800.94亿元，房地产市场完成开发投资179.8亿元。办理建筑企业外出施工260家。强化对招投标、造价、监理等行为的监督，严格房地产开发项目管理和竣工综合验收备案管理，实现开发项目全程闭合监管，市场秩序进一步规范。全年监督工程项目1087个，质量安全实现零死亡、零重伤。

新型城镇化步伐加快。全市城镇化率达64.8%，市域一体的城镇体系初步建立。以项目建设积极推动14个示范镇建设，加强督导。推进中心镇、中心村建设，全年中心镇基础设施建设开工165项，中心村开工48项。推进农村住房建设与危房改造，全市农村住房建设新开工13191户，农村危房改造竣工1090户，村容村貌综合整治达标村庄976个。

建设科技及建筑节能积极推进。完成新型墙材13.66亿块标砖，利用工业废渣2219万吨。新建节能建筑竣工面积303万平方米，一次性验收达标率98.8%。既有居住建筑节能改造开工面积93.4万平方米。完成11栋公共建筑的节能改造。完成太阳能光热建筑一体化应用项目50个。

依法行政工作开展扎实有效。积极推进行政执法规范化建设，制定和完善工作制度23项，《淄博市城市地下管线管理办法》颁布实施。按照一般程序立案13起，进一步加强对不良市场行为的制裁力度。积极开展行政执法规范化建设活动，收集整理服务项目97项。

齐盛湖公园

淄博市植物园

城市夜景

莲池公园

猪龙河

华光路北京路路口

齐盛国际宾馆

淄博市

卫生应急工作科学高效，赢得省、市领导的充分肯定。图为2012年10月7日，副省长张建国（左二）、在市委书记周清利（右二）、市长徐景颜（右一）陪同下检查指导“10·7”事故伤员救治工作

2012年12月20日，副省长王随莲（中）调研淄博市医改工作，并给予高度评价

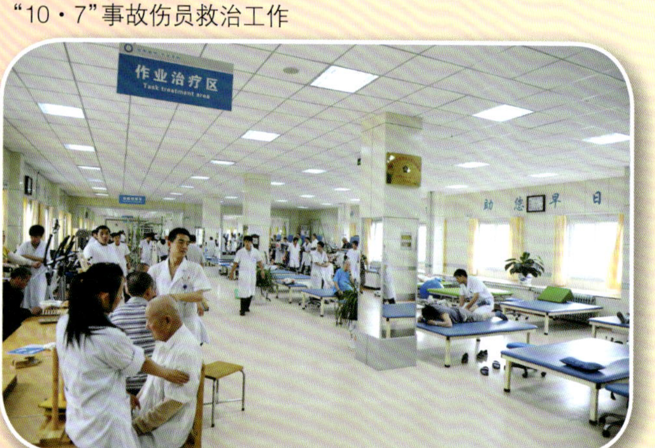

努力推进康复医疗服务体系建设，建立“防、治、康”相结合的服务模式，打造三级康复体系，淄博市康复医疗体系走在全国、全省前列

医改工作全面推进，不断巩固基本药物制度，推进基本公共卫生服务均等化，实施县级公立医院综合配套改革，群众看病难看病贵逐步缓解

2012年，市卫生局在市委、市政府的正确领导下，以科学发展观为统领，求真务实，积极作为，医药卫生体制改革扎实推进，医疗卫生保障能力持续提升，基层医疗卫生服务体系不断完善，卫生事业获得长足进步。医疗服务量、卫生资源总量和卫生投入明显增加，全市医疗机构完成总诊疗3143.25万人次，人均就医6.86次，比2011年增长2.8%；千人占有床位数达5.46张，高于全省平均水平；卫生（中医）事业费8.12亿元，同比增长13.2%；城乡居民健康水平显著改善，全市人均期望寿命近77岁；连续保持38年无白喉、21年无脊髓灰质炎发生；孕产妇和婴儿死亡率分别降至11.70/10万、3.92‰，主要健康指标均居全省前列。在全省卫生行政执法能力大赛中，淄博市以团体总分第一名的优异成绩获得一等奖，被授予全省卫生监督齐鲁先锋号称号。代表山东省迎接卫生部惩治和预防腐败体系建设检查考核，得到考核组的充分肯定。在省对市2012年度科学发展观综合考核群众满意度电话访问中，卫生系统位列第四位，比2011年提升4.76个百分点。

卫生局

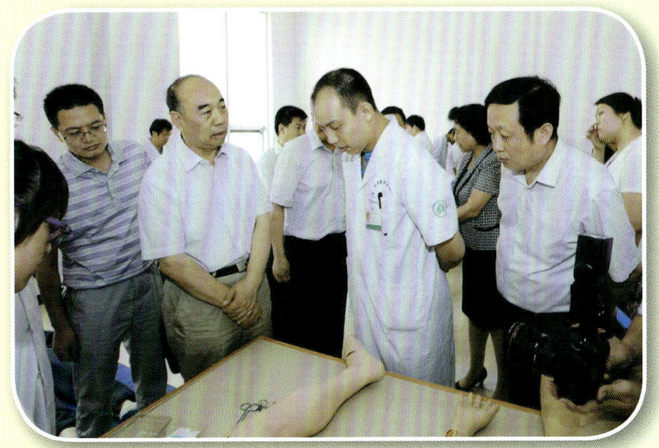

2012年6月22日，省卫生厅党组书记、厅长刘奇（左二）在市卫生局党委书记、局长张鲁辛（右一）陪同下调研医疗卫生工作

2012年11月11日，市委书记周清利（左二）、市长徐景颜（左三）在市卫生局局长张鲁辛陪同下调研医疗卫生工作

新农合保障水平进一步提高，全市参合人口232.4万人，参合率99.96%，人均筹资300元，为349.58万人次补偿支出7.06亿元，住院补偿20.91万人次。基本药物制度和基层综合改革深入实施，2844处村卫生室实施了基本药物制度。桓台县、临淄区列入公立医院改革试点，取消了药品加成。重大事件处置能力进一步提升，科学高效处置“10.7”青银高速交通事故。公共卫生管理工作取得新进步，桓台县创建为省级慢性病综合防治示范县。医疗服务水平再上新台阶，市中心医院重症医学科、病理科被评为首批省级临床重点专科。进一步发挥中医药特色优势，市第一医院创建为全国综合医院中医药工作示范单位。卫生人才科技工作取得新成绩，制定淄博市“十二五”卫生人才发展规划和科技发展规划，召开全系统首次人才科技会议。确定20名第三批境外培训人员，评定全国优秀中医临床人才5人、省名中医药专家4人、省高层次优秀中医临床人才4人。卫生基础设施建设迈出新步伐，市中心医院投资4.6亿元，建筑面积8万平方米的病房大楼于2012年11月11日正式启用。

推进基本公共卫生均等化，实施城乡居民健康档案管理、健康教育、预防接种、儿童健康管理、孕产妇健康管理、老年人健康管理等服务

在全市社区推行家庭医生签约式服务，为每个家庭配备家庭医生，开展上门服务

淄博市

市委副书记周连华（中）调研全市司法行政工作

局长陈维刚（右）看望街头服务律师

淄博市司法局机关编制50人，内设办公室、政治处、政策研究室、依法治市办公室、律师管理科、公证管理科、基层工作科、法规教育科、劳教工作管理科、社区矫正管理办公室、司法鉴定管理办公室等11个职能科室。有市劳教所、市法律援助中心、市法律人才服务中心、市鲁中公证处4个下属单位。

2012年，在市委、市政府的正确领导下，市司法局认真贯彻落实科学发展观和党的十八大精神，始终坚持围绕中心，服务大局，创新发展，工作取得新的进展和成效，整体工作位居全省前列，多项业务实现历史性突破。劳教管理工作经验被司法部在全国推广，市劳教所被司法部记集体一等功，省司法厅和市委、市政府先后召开庆功大会。律师党建、法律服务工作走在全国前列，中央组织部调研组、全国律师协会会长王俊峰先后到淄博市调研指导，均给予高度评价。“法治淄博”建设和普法依法治理工作取得显著成效，淄博市被评为全国法治城市创建活动先进单位。认真贯彻落实《中华人民共和国人民调解法》，注重专业性、行业性调解组织建设，先后指导成立“热心大妈”、医疗纠纷、道路交通事故损害赔偿、劳动争议等多个专业调解组织，人民调解工作效能进一步提高，排查化解大量基层矛盾纠纷。认真落实“两院两部”（最高人民法院、最高人民检察院、公安部、司法部）《社区矫正实施办法》，组织召开全市社区矫正工作现场会，印发《关于加强全市社区矫正工作的意见》，强化科技管理手段，沂源县、淄川区相继开通社区矫正信息管理平台，运用手机定位技术对社区矫正人员实施动态监管。深入开展创先争优、政法干警核心价值观教育系列活动，着力加强班子队伍建设。全年全系统共有32个集体、48名个人受到市级以上表彰。

2012年，市司法局被市委、市政府表彰为全市政风行风热线工作先进单位、全市学习型党组织先进单位和全市实施固本强基维稳工作先进集体。

司法部劳教局副局长刘卫民（中）调研淄博劳教工作

司法局

市劳教所被司法部记集体一等功

召开“法治淄博”建设工作领导小组全体会议

召开市人大代表、政协委员提案面复会

召开全市社区矫正工作会议

新律师宣誓仪式

淄博市煤炭

2013年2月25日，省煤炭工业局局长乔乃琛（右一）、市政府副市长许建国（右二）考察煤矿企业

2013年5月22日，市委常委、市纪委书记赵启全（中）到市煤炭局调研工作

2013年8月14日，市委常委、副市长庄鸣参加全市煤矿隐患排查和治理工作会议

淄博市煤炭工业管理局在市委、市政府的正确领导和省煤炭局的指导下，围绕中心任务，服务发展大局，强化煤矿安全管理，着力提升煤炭能源保障能力，全市煤炭工业实现平稳较快发展。2012年，全市煤炭行业实现销售收入300亿元，比2011年增长4%，实现利税12亿元。市煤炭局连续两次被人力资源和社会保障部、全国煤炭工业协会表彰为全国煤炭工业先进集体，成为全省唯一获此殊荣的市级煤炭监管部门。

加强干部队伍和党风廉政建设。近年来，市煤炭局将党风廉政建设作为一项重要任务来抓，采取多项举措，取得显著成效；进一步增强每一名干部职工的责任意识、廉政风险意识，营造风清气正的良好工作环境；着力加强机关文化建设，征集创编具有淄博煤炭特色的局徽、局歌和誓词，制作工作胸牌，开设健康励志歌曲广播，增强全局干部职工的凝聚力和向心力，形成“充满激情，严细认真，依法行政，确保安全”的机关精神；深入开展向王聿国学习活动，组织王聿国事迹巡演报告会，激励全市煤炭系统干部职工热爱本职、无私奉献，树立新时期淄博煤炭人形象。

强化煤矿安全监管，确保安全生产。全面落实安全生产责任，扎实开展专家查隐患活动，完善安全隐患排查治理机制，持续推进煤矿安全质量标准化建设，加强应急处置管理，狠抓煤矿安全监管执法，加强重点时段、重点区域和重点部位的监管执法。截至2013年8月，共执法检查156井次，下井385人次，立案7起，行政处罚计130.5万元。

创新煤炭经营监管，保障全市煤炭供给。规范煤炭经营市场，加强煤炭经营资格监管，对全市351家煤炭经营企业进行年检，维护正常经营秩序；积极推进煤炭行业“转调创”，加强对煤炭企业服务，重点对大企业、大项目进行调研服务，合理布局煤炭企业，确保全市煤炭供给安全；积极服务煤炭经营企业发展，市煤炭经营企业与工商银行、中国银行、建设银行等金融机构签署战略合作协议，多次组织召开银企对接会，帮助经营企业解决发展资金；策划实施多项战略合作。与山西长治煤矿企业签订先期500万吨的煤炭采购战略合作协议，20余家企业达成初步合作意向。与华电煤业集团有限公司等进行战略洽谈，实现平等多赢、合作发展。

工业管理局

局长董以琦（左）到滨岭公司井下检查工作

2013年4月26日，赴山西长治召开煤企战略合作洽谈会

2013年7月16日，驻矿督查员在井下采煤工作面检查支护质量

2013年2月21日，全市煤炭系统干部职工参观淄博市党风廉政建设警示教育展

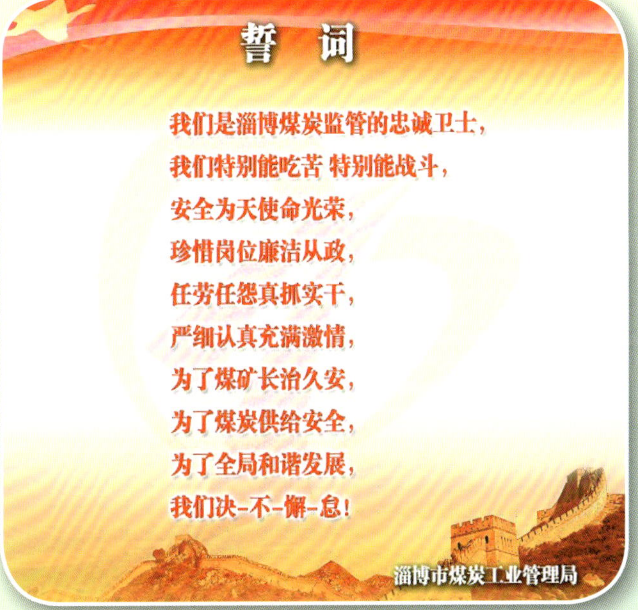

淄博市煤炭工业管理局誓词

淄博市煤炭工业管理局局歌

淄博市国土资源

团结务实的领导班子

淄博市国土资源执法监察支队隶属淄博市国土资源局，为正处级行政单位。内设地租征收处（副处级）、秘书科、执法一科、执法二科、执法三科、信访室（与12336电话举报办公室合署办公），主要负责全市土地、矿产和测绘管理的行政执法监察工作。

近年来，在市委、市政府和市国土资源局党委的正确领导下，支队紧紧围绕全市工作大局，严格履行职责，认真贯彻执行国土资源法律法规，正确研判国土资源管理工作面临的新形势、新问题，积极探索国土资源执法监管新机制，在全市构建起“市为主导、区县为主体、乡镇为基础”的三级国土资源执法监管共同责任机制，有效增强执法监管力度，促进国土资源管理秩序的持续好转，为维护全市经济可持续发展和社会稳定发挥了重要作用。近两年来，支队创新思路，认真总结土地、矿产卫片执法检查工作经验，提出以“体制机制”为保障，以“三个统一”为主线，以“责任保障”为抓手的卫片执法检查工作程序，得到部、省两级充分肯定和推广。

作为全市行政执法战线上的先进集体，支队被国土资源部评为全国国土资源执法监察工作先进集体，并先后获得淄博市职工职业道德建设十佳单位、振兴淄博劳动奖状、固本强基维稳工作先进单位、信访工作先进单位、青年文明号等多项荣誉称号，多人被授予全省国土资源卫士、国土资源系统先进个人、国土资源信访先进工作者等荣誉称号。支队党支部被中共淄博市委命名表彰为淄博市先进基层党组织。

2012年4月23日，国家土地督察济南局例行督察高青汇报会现场

2013年4月22日，省国土资源厅领导到沂源县查看用地现场

2012年4月23日，国家土地督察济南局领导到高青县查看用地现场

执法监察支队

2012年4月7日，市委书记周清利（右）与国家土地督察济南局专员王春秋（左）就淄博市国土资源管理工作进行交流

2012年度违法违规用地专项整治工作验收汇报会现场

2013年7月18日，全市用地手续不全建设用地清查工作现场会召开

运动场上英姿飒爽

齐心协力勇争第一

淄博市交通运输局

2012年12月，市委书记周清利（右）考察136路电动公交车运行情况

淄博市交通运输局是主管全市公路和水路交通行业及城市客运的市政府工作部门，机关内设8个科室，下辖市公路管理局、市交通运输管理处、市交通运输监察支队、市交通工程质量监督站、市公共汽车公司等5个直属企事业单位。主要职责是：负责全市国省道的规划、建设、养护和管理，承担交通运输市场和建设市场的监管职责，会同有关部门组织编制并执行全市综合运输体系发展战略规划，参与拟定现代物流业发展战略和规划，监督和指导农村公路的规划、建设、养护、管理，负责全市交通战备工作，推进交通行业科技开发、节能减排等工作。

截至2012年底，全市公路通车里程10600.8公里，其中国省道21条、通车里程1203.2公里（其中高速公路3条206公里、一级公路444.6公里、二级公路497.2公里，二级以上公路占通车里程95.4%），农村公路里程9397.6公里，公路网密度每百平方公里177.6公里。村村通油路率和通客车率均达到99.8%。全市有营运性客运车辆10502台（其中长途客运车辆714台，旅游客运车辆332台，其他客车44台，出租汽车6492台，公交车辆2920台），货运车辆47276台。

S319广青线大杜家至青城段改建工程

S319公路养护作业现场

农村公路

淄博市食品药品监督管理局

团结奋进的领导班子

淄博市食品药品监督管理局依法承担全市药品、医疗器械、保健食品、化妆品以及餐饮服务食品安全监管。2011年12月20日，在全国精神文明建设工作表彰大会上被授予全国文明单位荣誉称号，是全省食品药品监管部门唯一一家获此殊荣的单位。

市食品药品监督管理局紧紧围绕保障公众饮食用药安全这个中心，以创建学习型、效能型、廉洁型、法治型、文化型机关为抓手，深入开展“道德讲堂”等各类精神文明创建活动，积极探索科学有效的精神文明建设机制和方法，促进了精神文明建设水平的整体提升。同时，以创建全国文明单位为切入点，全面加强药械安全监管和基本药物监管，扎实推进药械质量管理规范化建设，全市药品抽验合格率95.8%，基本药物抽验合格率99.6%。深入开展文明餐桌行动，不断规范餐饮服务环节食品安全秩序，餐饮服务许可持证单位从职能划转前的3000余家增加到近万家。稳步推进保健食品、化妆品监管工作，在全省率先实行保健食品经营单位备案管理。狠抓食品药品市场专项整治，3年来，全市共受理各类举报投诉事项1317起，检查食品药品相关单位4.2万余家，查办案件4298起，集中销毁假劣过期药品近500万元。积极服务地方医药经济发展，全市医药工业生产总值年增长均超过20%，2012年达到380亿元，继续稳居全省首位。

全国文明单位的荣誉，集中展现了市食品药品监督管理局的文明基础、奋斗历程和辉煌业绩。近年来，市食品药品监督管理局先后获得全国精神文明建设工作先进单位、全国食品药品监督管理系统先进集体、全国食品药品监管系统法制宣传教育工作先进单位、全省食品药品监管系统监管工作先进集体等88项荣誉称号，并连续6年在市委、市政府领导班子目标管理考核中获得优秀等次。

食品药品执法人员开展餐饮服务食品安全检查

食品药品执法人员开展药品安全专项检查

认真开展“读好书、强素质、提水平”全员读书活动

淄博市残疾

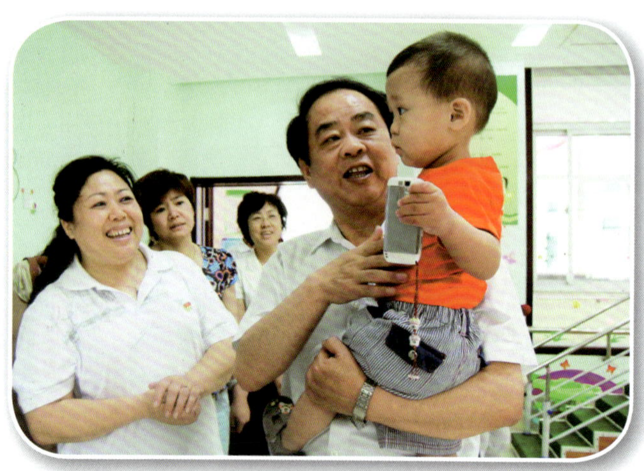

市委书记周清利看望慰问残疾儿童

2012年5月，市委副书记周连华（中）参观残疾人书画艺术展

2012年，在市委、市政府和省残联的正确领导下，全市残疾人工作以全面贯彻《淄博市人民政府关于加快推进残疾人社会保障体系和服务体系的实施意见》和《淄博市残疾人事业“十二五”发展规划》为统领，以开展“共享阳光·携手建功十二五”主题活动为抓手，突出抓好重点工作项目，着力推进“两个体系”建设，圆满完成年度目标任务。

着力优化残疾人事业发展环境。召开全市残疾人事业工作会议和全市贯彻落实《山东省实施<中华人民共和国残疾人保障法>办法》会议，对“十二五”期间残疾人事业发展做出全面部署，推动残疾人工作沿法制化轨道健康发展。组织开展“助残日”系列活动，举办淄博市残疾人就业招聘会，组织淄博市第五届残疾人书画艺术作品展。

全面启动“共享阳光·携手建功十二五”主题活动。承办全省“共享阳光·携手建功十二五”主题活动启动仪式。活动期间，采取多种形式广泛进行宣传发动，集中选树残疾人典型，拓宽残疾人就业创业渠道。

认真落实省政府承诺2012年办好的两件民生实事。市政府将贫困残疾儿童救助工作纳入2012年为全市妇女儿童办十件实事工程。在全市范围内对0—6岁有康复需求的残疾儿童进行全面调查摸底，为残疾儿童建立康复救助工作档案。做好市残疾人康复中心前期规划及准备工作。

全年各项业务工作突破难点，进展顺利。深入推进残疾人社区康复工作，加强各类残疾人康复专业机构建设，实施“康复人才培养工程”，认真开展辅助器具评估适配示范市、盲人定向行走示范市、儿童听力无障碍市创建工作。实施“万人培训工程”，举办残疾人职业培训班，深入实施 扶持100个就业扶贫基地、100个自主创业小老板的“双百工程”，进一步加大残疾人就业保障金征收力度，全市残保金入库达3900万元，比2011年增长25%。认真落实残疾人城镇居民养老保险和新型农村养老社会保险政策，全面实现为重度残疾人按最低缴费标准代缴全部养老保险费。制定《关于加强残疾人文化建设的意见》，开展“高歌喜迎十八大”活动，开展助残模范和自强模范宣传活动，组织举办年度好新闻评比活动。对全市残疾人工作者及残疾人专职干事进行全员培训，强化信访维权联动机制，全面开展志愿者助残活动，进一步实施残疾人家庭无障碍建设改造工程。

2012年，市残联被省委、省政府授予振兴山东省残疾人体育工作突出贡献奖，被省残联表彰为全省残疾人工作先进单位，被省残联、省地税局表彰为全省残疾人就业保障金征收工作先进集体，被市政府表彰为全市就业工作先进集体。

人联合会

2012年6月14日，省残联领导到淄博市调研农村残疾人扶贫工作

市人大常委会调研组调研《中华人民共和国残疾人保障法》实施情况

市残联机关开展走访基层残疾人活动

2012年3月，全省“共享阳光·携手建功十二五”主题活动启动仪式在淄博市举行

淄博市举办“高歌喜迎十八大”残疾人歌手大赛

残疾人在驾驶培训基地学习驾驶

淄博市气象局

2012年7月30日，市委书记周清利（左三）到市气象局调度防汛工作

2012年，淄博市气象局紧紧围绕全市经济社会发展、气象防灾减灾，大力推进气象现代化建设，不断提高气象服务能力，气象事业得到新发展，气象工作在服务殷实和谐经济文化强市建设中发挥积极作用。

重大天气气象服务取得显著成绩。气象部门在全市抵御“达维”台风工作中提供准确的预报服务。市委书记周清利先后3次到市气象局调度气象工作。副市长李灿玉对市气象局在抗御“达维”台风中所做出的突出贡献给予充分肯定。

气象现代化建设实现新突破。淄博气象预警中心于2012年10月30日正式投入使用，沂源和高青县气象局分别对业务楼进行改善和局站搬迁。市政府投资1000余万元实施淄博市新一代人工影响天气作业指挥系统建设。“三农”气象服务专项建设和山洪地质灾害防治气象保障工程取得新进展，临淄区12个镇（街道）实现农村气象服务站、农村气象协管员、信息员全覆盖，沂源县、淄川区、博山区完成区域气象站落地改造和新建自动气象站建设任务。

气象防灾减灾能力显著增强。全年向市委、市政府及有关部门报送各类决策服务专报266份，发布各类气象灾害预警信号35次。与淄博移动、联通、电信公司签订合作协议，建立气象预警信息发布绿色通道。开展防雷减灾技术服务、气象信息服务等工作，为防灾减灾、安全生产、百姓生产生活等提供有力保障。开展人工增雨（雪）作业64次、防雹作业35次，防灾减灾效果显著。

2012年11月13日，省气象局局长史玉光（中）到市气象局检查指导工作

2012年8月2日，副市长李灿玉（右）到市气象局检查指导防台风工作

2012年10月30日，淄博气象预警中心正式启用

新建成的淄博气象预警中心气象综合业务平台

2012年5月15日，中国气象报社、大众日报社、淄博日报社记者到临淄区联合采访“三农”气象服务专项建设

淄博市烟草专卖局（公司）

党委书记、局长、总经理　谢　云

淄博市烟草专卖局和山东淄博烟草有限公司分别成立于1983年12月、1982年12月，下辖8个县级烟草专卖局（营销部/分公司），卷烟物流中心、卷烟营销中心2个直属单位，山东金建物流有限公司、淄博泰山壹伍叁贰物联商贸有限公司2个多元化企业。全市有1个烟草专卖管理稽查支队、8个大队、33个中队、21个稽查分队、4个烟叶生产收购站点及495户烟农、19000余个卷烟零售户。

2012年，在市委、市政府和省烟草专卖局（公司）的正确领导下，淄博烟草紧紧围绕“卷烟上水平”和行业“1+5”目标任务，以“235”教育实践活动为总抓手，坚持“稳中求进”的总基调，创新推动“三大工程”（烟叶生产生态村富民工程、零售户致富工程、品牌培育工程），着力夯实“四个基础”（市场基础、工作基础、思想基础、人才基础）。加强专卖管理与市场控制体系建设，始终保持卷烟打假高压态势，有力维护了卷烟市场良好秩序。深入实施零售户致富工程和品牌培育工程，实行“135”工作法，推广网上订货，现代卷烟流通水平和市场营销水平不断提升。扎实推进烟叶生产生态村富民工程，加快现代烟草农业建设，烟叶生产可持续发展能力进一步增强。坚持“以人为本、快乐工作、快乐生活、和谐发展”理念，加强“齐善”企业文化和“滋心”服务品牌建设，推进文体养老工作，丰富员工精神文化生活，和谐企业建设迈上新台阶。各项工作呈现出齐头并进、亮点纷呈的良好发展态势，有力地推动了淄博烟草科学、跨越、和谐发展。

2012年3月31日，全市卷烟销售工作暨卷烟零售户致富工程现场会会场

干部职工深入烟田与烟农一起全力抗灾

2012年1月11日，专卖人员检查卷烟市场

现代化的集中育苗工场

淄博市供销合作社

2012年7月9日，市供销社党委书记、主任宋少飞在全国供销合作社系统先进集体、劳动模范表彰大会上发言

2012年，淄博市供销合作社在市委、市政府的正确领导下，坚持以服务“三农”为宗旨，以推进“七大体系”建设为重点，加快构建农村现代经营服务新体系，实现了科学发展新跨越。全系统实现商品总销售额121.94亿元，利税总额突破两亿元，实现2.01亿元，利润总额突破亿元，实现1.03亿元；日用品超市发展到891个，农村市场占有份额达62%；农业生产资料连锁店发展到1500余个，农资供应量占社会总需求的75%；领办创办农民专业合作社533个，实施农产品经营服务“百千万”行动目标，年农副产品购销额20余亿元，助农增收3亿余元；参与建设集经营性和公益性服务于一体的农村社区服务中心255个，服务农民120余万人。全系统企业集团发展到3家，年销售额过亿元的龙头企业达到9家。组织27个单位开展涉农金融服务，年调剂资金10亿余元。坚持分类指导，梯次推进，基层供销合作社实现全面启动和提升发展。市供销社被人力资源和社会保障部、全国供销总社表彰为全国供销合作社系统先进集体，获得全省供销合作社系统综合业绩考核特等奖；市委，市政府主要领导和分管领导分别对供销社工作做出重要批示，给予充分肯定。

出口菊花生产基地

社区日用品超市

现代化物流配送中心

诚信农资直供到田间

淄博市邮政管理局

国家实施邮政体制改革以后，邮政行业发展明显加快，市场规模不断扩大，快递产业迅速兴起，新修订的《中华人民共和国邮政法》将快递行业纳入邮政市场监管范围，并明确和强化了邮政管理部门的监管责任。根据国务院办公厅《关于完善省级以下邮政监管体制的通知》（国办发[2012]6号）和中央编办《关于省级以下邮政监管机构设置人员编制的通知》（中央编办[2012]3号）以及省政府《关于完善省级以下邮政管理体制工作的实施意见》（鲁政办发[2012]26号）文件要求，淄博市邮政管理局自2012年9月开始筹建，于11月26日正式挂牌运行，标志着淄博市完善省级以下邮政监管体制工作取得了重要的阶段性成果。

淄博市邮政管理局主要职责：贯彻执行国家邮政法律法规、方针政策和邮政服务标准，研究拟订本地区邮政发展规划，监督管理本地区邮政市场以及邮政普遍服务和机要通信等特殊服务的实施，负责行业安全生产监督、统计等工作，保障邮政通信与信息安全，承办上级邮政管理部门和地方人民政府交办的其他事项。

2012年11月26日，市人大常委会副主任王树武（右）和市政协副主席王修德（左）为淄博市邮政管理局揭牌

2012年11月26日，淄博市邮政管理局挂牌仪式

2013年8月6日，淄博市快递协会成立大会

2013年全市邮政管理工作会议

2013年8月6日，市政府副市长刘东军（左）和省邮政管理局副局长杜继涛（右）为淄博市快递协会揭牌

电话：0533-2122181
传真：0533-2122189
邮箱：zbyzgli@163.com
地址：淄博市张店区新村西路140号
邮编：255000

淄博市疾病预防控制中心

2012年，淄博市疾病预防控制中心全面贯彻落实科学发展观，深入学习领会党的十八大精神，继续以“三建一创”为目标，以开展“三好一满意”“疾控效能建设年”“大练兵大比武”“争创省级文明单位”活动为抓手，切实发挥疾病预防控制、公共卫生技术管理与服务等政府公共职能，实现了确保重大传染病疫情平稳的目标，全市连续6年保持手足口病零死亡。开展预防接种规范年建设活动，全市94%以上预防接种门诊达到市级规范化门诊的标准，全市疫苗针对传染病发病率继续保持在较低水平。劳教系统艾滋病和结核病防治管理工作进一步理顺。全人群死因监测跃居全省前列，编写淄博市历史上第一份年度死因监测报告。食品安全风险监测工作常规开展，被省卫生厅确定为区域食品安全风险监测中心，完成国家级环境健康调查项目，顺利通过国家安全监督管理总局组织的职业卫生技术服务甲级资质延续现场考核。引进卫生检验管理信息系统，检验能力和管理水平再上新台阶。在全省传染病控制、卫生应急、卫生监督3项岗位练兵比武中成绩突出，1人代表山东省参加首届全国卫生监督技能竞赛，获得全国第五名的好成绩，1人在全省传染病技能比武中获个人第一名和富民兴鲁劳动奖章。开展疾控效能建设年活动和争创省级文明单位活动，科学管理和品牌建设进一步强化，年内被省文明委表彰为省级文明单位。

团结务实的领导班子

2012年9月4日，对引太入张工程进行监测评价

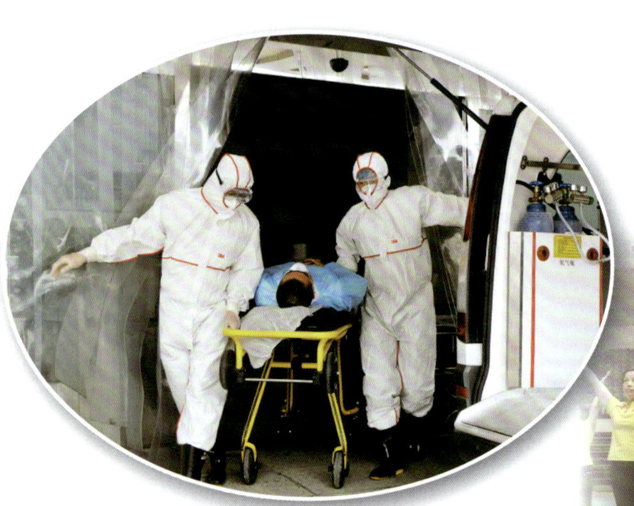

2012年8月9日，组织黄热病应急演练。图为疾控人员转运病人

2012年6月7日，组队参加全市第二届全民健身运动会广播操比赛获一等奖，比赛视频获全省一等奖、全国三等奖

淄博市卫生局卫生监督局

淄博市卫生局卫生监督局建立于2005年12月，2008年9月参照公务员法管理。内设14个科室，编制58人。主要负责医疗机构、公共场所、生活饮用水、职业卫生、放射卫生、学校卫生、传染病防控等监督工作。

近年来，在市委、市政府和卫生行政部门的领导和关心支持下，认真贯彻落实省、市对卫生监督工作的一系列部署要求，以提升卫生执法能力为重点，打造过硬队伍，优化服务理念，提升执法水平，严格依法监管，卫生监督整体工作跨入并保持全省先进行列。在历年全省开展的执法能力大赛和执法案卷评审中，均名列前茅。2012年6月，参加首届全国卫生监督技能竞赛山东省预赛暨全省卫生行政执法能力大赛，获得全省卫生监督一等奖第一名，并获得省卫生厅、省医务工会授予的全省卫生监督"齐鲁先锋号"称号，是全省唯一获此殊荣的卫生监督机构。2011—2012年，参加市政府法制办举办的市级行政执法单位处罚案卷评查活动，在68个具有市级行政执法主体资格的部门和单位中，连续两年获得全市第一名。卫生部副部长陈啸宏视察淄博卫生监督工作，对执法效能建设、提升执法水平、干部队伍建设、文化建设等工作给予高度评价。副省长王随莲视察该局时指出，淄博的卫生监督工作起点高、定位准、理念新、服务好，为全省卫生监督系统树立了标杆。该局先后获全省卫生系统为民服务创先争优示范窗口单位、全省卫生系统"五五"普法工作先进集体、省级卫生先进单位、振兴淄博劳动奖状、淄博市先进基层党组织等荣誉称号。公共卫生监督工作被评为"全市卫生系统十大质量品牌"。

团结实干的领导班子

市政府副市长韩国祥（右一)、市政协副主席李敏（左一）在市卫生局局长张鲁辛（左二）陪同下调研卫生监督工作

卫生监督员对医疗机构进行执法检查

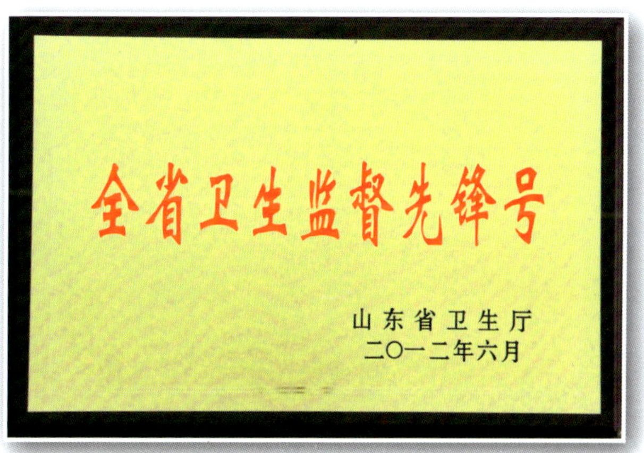

淄博市散装水泥办公室

办公楼

淄博市散装水泥办公室成立于1974年3月，为副县级事业单位，编制28人，是具有行政管理职能和执法主体资格的散装水泥管理部门，负责组织协调全市50余家大、中、小水泥企业的国内外散装水泥技术交流及合作。法人代表：左静。

2012年，散装水泥办公室以科学发展观为指导，贯彻落实省政府令《山东省促进散装水泥发展规定》及地方性法规《淄博市散装水泥管理办法》，将发展散装水泥与节能减排密切结合，以服务企业和用户为宗旨，密切协调政府有关部门，引导行业规范发展，各项指标和主要工作继续保持良好的增长势头。全年全市累计完成散装水泥供应量1069.22万吨，散装率69.41%，比2011年增加4.74个百分点。拥有散装水泥发放库199个，接收库395个，流动罐1215个，散装水泥车550辆，火车100节，无尘装车机115台。累计供应预拌混凝土914.24万立方米，比2011年增加252.73万立方米，使用散装水泥319.98万吨。拥有商品混凝土搅拌站71座，混凝土搅拌车737辆，泵车70辆，拖泵68台，料仓315个，混凝土总产能突破1500万立方米。 全年全市累计供应砂浆45.4万吨，比2011年增长38.3%。全市拥有预拌砂浆企业11家，设计生产能力380万吨，其中已投产5家。全市农村地区销售散装水泥58.07万吨，供应混凝土126万立方米，使用散装水泥44.1万吨，散装率51%。全市拥有农村散装水泥销售网点87家，农村混凝土搅拌站30余家。

以散装水泥供应量1069.22万吨计算，可节约标准煤23.76万吨，减少水泥损失48.11万吨，降低粉尘排放52.61万吨，减少二氧化碳排放64.9万吨，减少二氧化硫排放0.2万吨，减少氮氧化物排放0.18万吨，创综合经济效益5.3亿元；以预拌混凝土供应量914.24万立方米计算，可利用粉煤灰73.14万吨，工业尾矿106.92万吨，废渣等固体废物498.26万吨。经济效益与社会效益十分显著。

2003—2012年散装率及散装量示意图

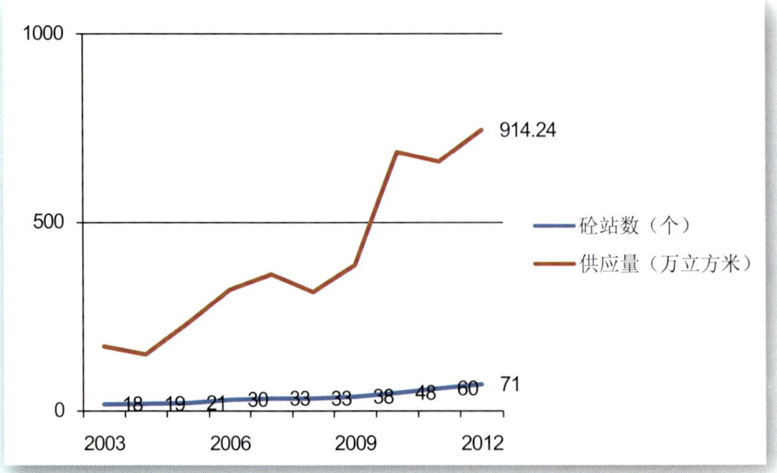

2003—2012年混凝土（砼）发展状况示意图

淄博市鲁中勘察设计审查咨询中心

ZIBO LUZHONG EXAMINING & CONSULTATIVE CENTRE OF RECONNAISSANCE AND DESIGN

淄博市鲁中勘察设计审查咨询中心成立于2002年，隶属淄博市住房和城乡建设局。是经山东省住房和城乡建设厅认定的、具有独立法人资格的施工图审查机构，具有建筑工程一类、市政工程（道桥、给排水）二类施工图审查资质（编号S15016）。中心下设综合室、勘察审查室、建筑审查室、结构审查室、给排水审查室、暖通审查室、电气审查室、市政审查室、资料室和档案室，中心综合实力名列全省同行业前茅，先后获得全国工程建设优秀质量管理小组、山东省优秀施工图审查机构、山东省社会组织创先争优先进党组织、山东省建设系统女职工建功立业标兵岗、全省建设系统职工文体活动先进单位等荣誉称号。2007年10月，顺利通过ISO 9001国际质量体系认证。

中心有工作人员44人，其中研究员6人、高级工程师22人。所有审查人员均取得注册工程师资格及施工图审查工程师证。近年来，中心每年完成千余项建设工程勘察设计施工图审查任务，审查发现并纠正违反工程建设标准强制性条文、规范等几千余条次，确保建设工程勘察设计隐患在施工图审查阶段得到消除，为提高全市建设工程质量提供了有力的技术保障。

联系方式：
电话：0533-2301331
传真：0533-2305578
网址：www.kssz.cn
邮箱：zblzsc@126.com
地址：张店区人民西路30号（市住建局二楼）

团结奋进的领导班子

授予：
淄博市鲁中勘察设计审查咨询中心
优秀施工图审查机构
山东省住房和城乡建设厅
二〇一〇年四月

山东省社会组织创先争优
先进党组织
中共山东省委社会组织工作委员会
二〇一二年六月

淄博原山集

原山集团董事长、原山林场党委书记　孙建博

原山集团总经理、原山林场场长　高玉红

淄博原山集团有限公司与淄博市原山林场、原山国家森林公园是三块牌子、一套班子。林场下设凤凰山、樵岭前、石炭坞、岭西、北峪、良庄6个营林区，南北跨度23公里，东西跨度30公里，经营面积3000公顷，树种主要有松、柏、刺槐、栎类等，有木本植物199种、草本植物600余种，森林覆盖率92.6%，活立木蓄积量15.34万立方米。17年来，原山整合4家困难事业单位，妥善安置近千名职工。2005年9月1日，国务院总理温家宝作出批示：山东原山林场的改革值得重视，国家林业局可派人调查研究，总结经验，供其他国有林场改革所借鉴。国务院副总理回良玉视察原山集团，对总结推广原山经验提出了要求，原山林场被国家林业局树为全国国有林场改革的一面旗帜。

大会堂内景

2012年10月10日，电影《完美人生》在北京参加由广电总局主办的“颂歌”——迎接党的十八大重点影片推介典礼

原山大会堂

团有限公司

2012年，市委书记周清利、市长徐景颜多次到原山林场调研，要求原山走出具有典范意义的国有林场改制企业上市发展的新路子，支持原山做大做强。原山集团紧紧围绕市委、市政府的总体要求，发扬“特别能吃苦、特别能忍耐、特别能战斗、特别能奉献”的原山精神，各项事业实现跨越式发展，生态林业、生态农业、旅游地产、餐饮服务业、文化产业等五大板块基本形成，为率先在全国国有林场中实现改制上市奠定了基础。2012年3月，由新华出版社编辑出版的《雷锋精神的传承者孙建博》一书入选“践行雷锋精神系列丛书”，首印即超过100万册。“五一”前夕，国宝大熊猫首次落户淄博新闻发布会召开，大熊猫双儿、珍大相继入住原山如月湖。6月18日，根据原山林场党委书记孙建博长篇纪实文学《火凤凰》创作完成的电影《完美人生》，在北京人民大会堂举行首映新闻发布会，并作为迎接党的十八大献礼影片，在全国院线上映。10月20日，淄博市创建国家森林城市启动暨原山林场投资20亿元六大项目奠基仪式在原山举行，国家林业局局长赵树丛、副省长王随莲和市、区领导周清利、徐景颜、许冰等出席。12月，原山大会堂竣工投入使用，博山区“两会”在原山召开。

2012年，原山先后获得全国创先争优先进基层党组织、全国五一劳动奖状、齐鲁先锋基层党组织、淄博市创建全国文明城市先进集体等各级荣誉称号17项，全场有15人次受到区级以上表彰奖励。“爱心原山”团队被中共中央宣传部确定为“全国学雷锋实践活动重大宣传典型”。党委书记孙建博被评为全国国土绿化突出贡献人物。

市委书记周清利（右）、市委副书记周连华（中）在博山区委书记许冰陪同下到原山林场调研

2012年10月20日，淄博市创建国家森林城市启动暨原山林场20亿元投资项目奠基仪式在原山林场如月湖湿地公园举行

美庐旅游度假区

“五一”前夕，大熊猫双儿、珍大落户原山，掀起一股国宝旅游热

青年文明号
国家旅游局 共青团中央

全国扶残助残
先进集体
国务院残疾人工作委员会
二〇〇九年七月

淄博市国土资

局长 陈 农

2012年，淄博市国土资源局博山分局全面贯彻落实科学发展观，认真履行保护资源保障发展职责，积极主动服务，严格规范管理，各项工作稳步推进。

狠抓业务工作，保障能力显著增强。全区重点项目和民生工程全部合法落地，有力保障全区经济社会发展提速增效用地需求。加强土地批后监管，加大闲置土地开发利用，盘活存量土地，提高供地率和项目落地率。严格落实耕地保护制度，完成国家级、省级、市级土地整理项目3个，开发整理土地1279.12公顷，新增耕地429.04公顷，确保耕地后备资源，实现耕地占补平衡。创新“土地矿产地上地下立体化”管理新模式，提高资源利用效率，有效缓解用地矛盾，促进全区土地节约集约利用和矿产资源合理开发利用。强化国土资源执法监察，扎实做好动态巡查及常态化管理，严格做好卫片执法检查工作，坚决遏制土地违法势头。实行执法联动机制，联合公安、当地政府等多部门持续打击小煤井、非法采矿、非法洗沙等矿产资源违法行为，做到发现一起、查处一起，遏制非法采矿多发势头，消除安全隐患。加强矿山企业生产监管，全面开展科技管矿工作，促进矿产资源合理开发利用，完善地质灾害防治体系，建立区、镇、村群测群防网络，进一步完善和落实汛期值班、险情巡查和灾情速报制度，确保汛期安全。

着力加强队伍建设，服务水平明显提升。扎实推进制度建设，实行政务公开、集体会审等70余项规章制度，促进行政行为规范高效。进一步加强作风建设，提升服务水平，推行服务窗口免费填表代表员、二手房交易上门服务、领导干部走基层等举措，充分发挥国土部门的服务保障职能，为地区经济又好又快发展作出积极贡献。2012年，获得省级文明单位、省级青年文明号、全市土地整理先进单位、博山区政风行风建设先进单位、机关效能建设先进单位、招商引资先进单位、支持地方经济发展先进单位等荣誉称号。

完成远程视频系统安装，实现终端对接至国土所

举办全区国土资源法律法规暨集体土地确权登记发证知识培训班

源局博山分局

团结奋进的局领导班子

圆满完成国家、省、市级土地整理项目

举办“土地日”书画展，营造良好宣传氛围

做好集体土地确权登记发证工作

对违法占地建筑进行拆除

淄博市工商局临淄分局

淄博市工商局临淄分局位于临淄区齐鲁化工商城内，正科级建制，主要承担市场监管、行政执法、企业注册、商标广告监管、合同管理、消费维权等行政管理职责。职工221人，内设8个行政科室和2个副科级直属单位，下设9个工商所，负责指导临淄区个体私营协会、临淄区消费者保护委员会和淄博市工商局临淄分局信息中心3个事业单位工作。

临淄工商分局紧紧围绕省、市局和区委、区政府的中心工作，认真落实科学发展观，坚持创先争优，先后开展“小老板创业工程”“六大兴农工程”“品牌战略”“无传销镇（街道）创建”“流通领域食品安全放心社区创建”“星级窗口文化创建”等一系列活动，全力规范市场经济秩序，优化经济发展环境。截至2013年6月底，全区共有私营企业4509家，个体工商户14667家；农民专业合作社384家；争创中国驰名商标10件、省著名商标19件，注册中国地理标志证明商标3件，发展国家级“守合同重信用”企业3家，省、市级124家，为地方经济发展作出积极贡献。

临淄分局先后获得省级文明单位、全省工商系统商标办案先进单位、全省工商系统服务新农村建设先进单位等荣誉称号，多次获得全市工商系统标兵单位、全区党政机关目标管理考核优秀领导班子、全区政风行风评议工作先进单位等荣誉称号。

团结务实的领导班子

2012年7月23日，开展“道德讲堂”主题教育活动

2012年5月3日，召开争创驰著名商标工作推进会

开展准军事化训练

在全区省级文明单位文明礼仪大赛中获佳绩

2012年7月17日，向群众发放农资识假辨假宣传材料

淄川区市政工程管理处

张博路人行道花砖铺装（2013年6月3日　摄）

淄川区市政工程管理处始建于1964年，原名淄川区道路园林管理站，1979年挂牌为淄川区市政工程队，1989年更名为淄川区市政工程管理处。隶属于淄川区住房和城乡建设局。具有市政工程总承包二级资质，主要负责承建城市道路、桥梁、排水、防汛、路灯等基础设施建设管理。现有职工157人，总资产3108万元，下设10个管理科室，分别为办公室、政工科、财务科、综合科、工程质检科、养管科、稽查科、机械设备科、路灯科、路灯广告管理科，4个工程项目部和1处沥青材料站生产部门。淄川区市政工程管理处经过40多年的发展，逐步形成具有市政特色的质量管理和企业文化，建立项目管理体制，提高适应市场经济的竞争力，打造了一支团结、敬业、实干、高效的建设队伍。现有工程技术和经济管理人员101人，其中中级职称24人、高级职称5人。拥有装载机、推土机、挖掘机、振动压路机、拌合机、刮平机、路灯车、管道疏通车、自卸车等大中型施工设备60台套。承担着城市道路挖掘审批、排水许可职能和城区的6条主干道、8条次干道、16条小街巷、8座桥梁、排水管渠105529.2米、4000多盏路灯的养护管理维修职责。近年来，承建30余项市政工程建设，历年施工的工程质量一次交验合格率100%，优良品率达到60%以上。

淄川市政工程管理处将继续坚持“讲和谐，树形象”的宗旨，贯彻“诚信求精”的方针，弘扬“质量树立品牌”的精神品质，开拓进取，努力拼搏，不断提高竞争力，开拓建设市场，努力实现可持续发展，为淄川区城市建设作出更大的贡献。

将军路路灯安装（2011年12月15日　摄）

将军路修补路面（2013年5月21日　摄）

苇沟河清淤（2012年3月21日　摄）

松龄路铣刨路面（2013年6月6日　摄）

淄博市自

党委书记、经理 王艳明

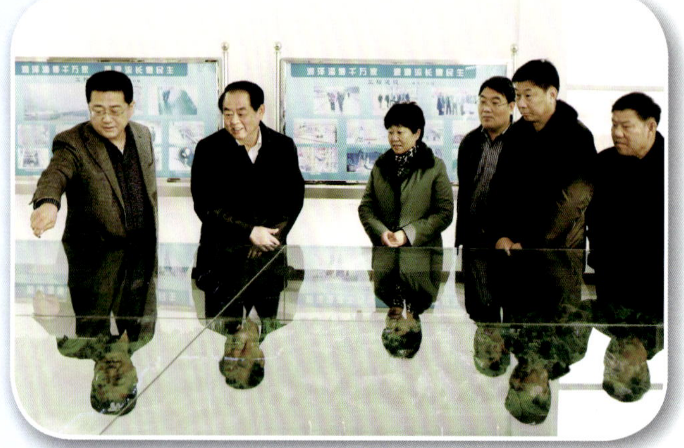

2012年12月3日，市委书记周清利（左二）到公司调研供水工作

淄博市自来水公司始建于1958年，是以集中式供水为主导，集纯净水生产、建筑安装、供水设备研发和生产销售等于一体的国有供水企业，承担着淄博市中心城区、博山区和周边部分乡镇工业、经营及人民生活用水的重任。有员工1395人、水厂9座、供水管线900余千米、资产总额6.58亿元。供水能力60万立方米/日，供水面积150余平方公里，供水人口100余万。

2012年，公司秉承“服务民生，促进发展，做健康水业”的企业使命，紧紧围绕城乡安全供水、和谐供水主线，大力实施“城乡供水一体化、供水服务品牌化、产品结构多元化和企业发展集团化”四大发展战略，坚持以人为本、内涵发展、科学创业，实现了公司运营质量和城乡供水服务水平的同步提升。引太入张工程运行平稳有序，多水源供水生产运行体系进一步完善，生产自动化、信息化程度进一步增强。公司通过了《生活饮用水卫生标准》106指标认证评审，综合水质合格率一直保持100%。东部化工区供水工程和西郊水厂综合改造工程取得阶段性成果。企业精细化管理、服务标准化体系建设、企业文化建设进一步深化，被国家标准化管理委员会批准为国家级服务业标准化试点单位，成为全国供水行业首家国家级服务业标准化试点企业。公司先后获得山东省消费者满意单位、山东省首批统计工作规范化五星级单位、省设备管理优秀单位、全市创建文明城市工作先进单位等荣誉称号。公司“润淄源”服务品牌被评为淄博市十佳企业文化品牌。

淄博市自来水公司国家级服务业标准化试点启动仪式

公司整体接收山东铝业公司宿舍区供水系统

来水公司

规范化的用水报装服务

科学、高效的供水中控系统

举办“市民开放日”活动，向市民介绍自来水处理工艺

水质检测人员从太河水库取水样

现代化的沣水净水厂

淄博市煤气公司

党委书记、经理　赵　颙

淄博市煤气公司成立于1979年4月，是全民所有制中型(一)类企业，被市委、市政府确立为淄博市天然气项目的业主单位，拥有中石油沧淄管输天然气、中石油泰青威管输天然气、中石化济青管输天然气、中原油田LNG液化天然气四大气源供应保障。在全市形成北至桓台，南到沂源，东进临淄，西及王村呈“十”字型近260公里的天然气输配主管网。

公司坚持以科学发展观统领企业发展方向，解放思想，更新观念，转换机制，以改善淄博市能源结构为己任，积极探索清洁能源利用领域的发展新空间，为燃气行业的发展闯出了新路。2012年，供气量突破6亿立方米，日供气量突破200万立方米，形成“一家引气，有序经营，相互协作，共同发展”的天然气供应格局，为减少大气污染、优化产业结构、改善投资环境、促进经济发展做出积极贡献，开创省内大规模使用天然气的先河，走在“气化山东”“环境立市”战略的前列。

安全稳定是燃气行业的重中之重。多年来，公司通过制度建设、设备更新、强化培训等行之有效的措施，使各项安全工作正规运转，员工安全理念不断增强，应对紧急事件的能力不断提高。公司党委注重在基层党组织中深入开展以艰苦奋斗、反对铺张浪费、廉洁奉公为主的教育活动，全力培养打造一支恪尽职守、廉洁自律的干部职工队伍。

燃气事业，造福于民，前景美好。公司全体员工站在新的起点上，始终遵循“辛苦我一人，光热千万家”的服务宗旨和“绿色能源、惠通万家”的经营理念，千方百计服务创新，兢兢业业发展事业，用洁净能源传播绿色文明，为建设和谐淄博而努力奋斗。

市煤气公司与中石油签订长期合作协议

召开民主生活会

“七一”党员宣誓

筹备中的山东中新晟通天然气利用有限公司淄博LNG调峰储备站

燃气管线穿越孝妇河施工工地

天然气综合利用项目管道铺设工地——顶管作业

提升公司员工安全生产理念和应急事件处置能力

亚太地区最大的卫星式液化天然气站——杨寨天然气调峰站

淄博移动通信公司

2013年1月17日，市委书记周清利（中）、市长徐景颜（前左）、山东移动通信公司董事长兼总经理李秀川（前右）出席建设“智慧淄博”战略合作签约仪式

2012年，淄博移动获全省经营业绩考核第三名，是东部地区唯一进入前五名的市公司，也是分营以后取得的最佳经营业绩排名。图为总经理孙晓燕

淄博移动通信公司成立于1999年7月，是淄博市唯一专注于移动通信发展的通信运营公司，主要在淄博市范围内经营移动话音、数据、IP电话、多媒体业务及互联网接入业务、服务等，拥有“全球通”“神州行”“动感地带”等著名客户品牌。

作为全市通信业的主导运营商，淄博移动经过十多年的建设与发展，已建成一个覆盖范围广、通信质量高、业务品种丰富、服务水平一流的移动通信网络，同时提供2G、3G、WLAN精品通信网络，并始终保持业内领先地位。截至2012年底，城乡网络信号覆盖率99.99%，客户总数突破400万户，建立了以自办营业厅、代销代办服务网点为主体，以掌上营业厅、网上营业厅、短信营业厅等电子渠道为补充的覆盖全市城乡的立体营销服务网络，客户满意度连续多年位居全省前列。

淄博移动一直致力于用信息化推进经济社会发展，信息化应用广泛服务于政务、农业、行业、企业等，2012年开创全省首例千门交换机和全省首例“两地三厂”综合业务上线两个全省首例信息化应用项目，成为推动全市信息化建设的主力军和排头兵。

淄博移动在加快企业发展的同时，积极履行企业社会责任，投身文化、环保、慈善等多项社会公益事业，积极做好社会重大活动及突发事件通信保障工作，得到各级政府及社会各界的高度评价，彰显了良好的企业形象，为促进和谐社会建设作出了积极贡献。

公司先后获得全国用户满意企业、全国创建学习型组织先进单位、全国群众体育先进单位、全国“三八”红旗集体、全国工人先锋号、山东省“富民兴鲁”劳动奖状、省级文明单位、省级消费者满意单位、山东省最具幸福感企业、淄博市最具社会责任感十佳企业、淄博市首届最具影响力示范诚信企业等荣誉称号。

2012年，淄博移动实现各类税收1.96亿元，7个单位成为全市纳税500强企业。图为市国税局走访淄博移动并颁发牌匾

2012年10月11日，由淄博移动连续3年出资10万元新建的第三批5所“全球通”红十字书库在沂源揭牌投入使用

特　　载

在市委十一届四次全体（扩大）会议上的讲话

市委书记　周清利

（2012年12月27日）

同志们：

这次会议的主要任务是，深入学习贯彻党的十八大、中央经济工作会议和省委十届三次全体会议、全省经济工作会议精神，听取市委常委会今年以来的工作报告，深入分析当前形势，研究部署明年工作任务，动员全市上下进一步解放思想，改革开放，凝聚力量，攻坚克难，不断开创淄博老工业城市科学发展新局面。

首先，我受市委常委会委托向全委会报告工作。

今年以来，在省委的坚强领导下，市委团结带领全市广大党员干部群众，认真学习贯彻党的十八大精神，紧紧围绕主题主线和稳中求进的工作总基调，振奋精神、真抓实干，经济社会保持了平稳较快发展的良好势头。预计今年全市地区生产总值将迈上3600亿元台阶，增长10.5%左右；境内财政总收入将迈上500亿元台阶，其中地方财政收入将迈上230亿元台阶，增长15.5%左右；城市居民人均可支配收入、农民人均纯收入分别增长13%左右和15%左右；社会主义经济建设、政治建设、文化建设、社会建设、生态文明建设和党的建设都取得了新进展。重点抓了以下几项工作：

一、深入贯彻落实中央和省委决策部署，始终保持淄博工作的正确方向。

一是坚持把学习宣传贯彻党的十八大精神作为首要政治任务来抓。组织各级认真收听收看开幕式盛况，及时召开常委会议、领导干部会议、全委会议，下发通知，作出决议，迅速在全市上下兴起学习宣传贯彻十八大精神的热潮。突出抓好领导干部的学习，分6批对县处级以上干部和镇（街道）党（工）委书记进行轮训。强化新闻宣传引导，扎实做好十八大精神宣讲工作，推动十八大精神进企业、进农村、进机关、进校园、进社区。二是坚决贯彻落实中央和省委、省政府决策部署。在全市深入开展讲政治、顾大局、守纪律学习教育活动，教育引导党员干部始终与党中央和省委保持高度一致。认真落实中央关于改进工作作风、密切联系群众的八项规定和习近平总书记重要讲话精神，提出贯彻落实要求。认真贯彻省第十次党代会、省委全会、全省县域科学发展工作会等重要会议精神，结合淄博实际，及时研究制定具体的贯彻落实意见。三是不断丰富完善科学发展的思路措施。召开市第十一次党代会和市“两会”，圆满完成了市级领导班子换届，确定了强化生态文明、加快内涵发展的总体思路和今后五年的发展目标。省委对我市党政班子调整后，根据十八大精神和中央、省委部署要求，提出了发展发展再发展、实干实干再实干的工作要求，强调以项目建设为抓手，努力建设更高水平、更高质量的全面小康社会，推动淄博科学发展再上新台阶。四是充分发挥党总揽全局、协调各方的领导核心作用。研究制定市委常委会关于进一步加强自身建设、带头保持党的先进性纯洁性的意见，出台《市委常委会议事决策规则》。支持和保证人大及其常委会依法履行职责，支持政协充分发挥政治协商、民主监督和参政议政职能。加强同民主党派、工商联和无党派人士合作共事，认真做好民族、宗教、侨务和对台工作。加强对工会、共青团、妇联等人民团体的领导，凝聚形成科学发展的强大合力。

二、牢牢把握主题主线和稳中求进的工作总基调，切实提高经济发展的质量效益。

一是突出抓好即期经济运行。坚持把稳增长作为突出重要的任务来抓，加强经济运行分析研判，积极做好生产要素供应保障，着力抓投入、抓项目，全市经济平稳增长。全年新开工投资500万元以上项目2762个，其中亿元以上的452个，比2011年有较大幅度增长。预计全市固定资产投资达到1620亿元，增长20%左右。二是持续加大结构调整力度。坚持把转方式调结构作为主攻方向，加快推进新一轮传统产业技改计划，大力实施战略性新兴产业倍增工程，规模以上工业主营业务收入、利税分别增长12%、6.5%，高新技术产业产值占规模以上工业总产值的比重较年初提高1个百分点。积极推进服务业跨越发展，文化、金融、物流等现代服务业进一步形成规模效应，文昌湖旅游度假区、东部化工区、华润城市综合体、太保电话运营中心等项目加快推进。大力发展现代农业，粮食生产实现“十连增”，农业综合效益不断提高。三是大力加强自主创新。坚持把自主创新作为转方式调结构的中心环节来抓，全市省级以上研发机构达到210家，其中国家级11家；院士工作站达到54个。新能源生物质发电、新型燃料电池质子交换膜等6个项目列入国家科技支撑计划。四是毫不放松地加强节能减排。严格落实环境影响评价、区域能耗总量控制等制度，坚决杜绝新上高耗能、高排放、高污染项目，依法淘汰落后产能，能够全面完成年度节能减排目标任务。空气质量良好以上天数已达220天，比2011年全年增加35天。上半年，我市代表山东省接受了国家环保部主要污染物减排核查，取得了良好效果；涌现出了全国环保系统第一个全国重大典型——孟祥民，李克强副总理亲切接见孟祥民先进事迹报告团成员，对我市生态文明建设和各项工作给予充分肯定。五是积极深化改革开放。按照中央和省委、省政府部署要求，进一步深化行政管理体制改革，稳步推进事业单位分类改革，继续深化投融资体制改革。扎实抓好企业上市工作，上市企业总数达到26家、股票28只；年内齐鲁股权托管交易中心挂牌企业将达到135家，直接和间接融资累计将达到55亿元以上。大力发展开放型经济，进一步加大利用外资力度，成功举办第十二届陶博会和第十一届新材料技术论坛。预计全年实际利用外资7.92亿美元，增长11.4%。

三、加大统筹城乡发展力度，不断提高城镇化水平和城市建设水平。

一是加快构建现代城镇体系。进一步强化全域淄博理念，完善“大淄博”发展规划，按照大城市标准抓好中心城区建设，按照中等城市标准推进次中心城区建设，以14个示范镇为重点抓好中心镇建设，积极稳妥地推进农村社区建设。全市城镇化率达到64.01%，比全国全省均高出10个百分点以上。二是着力构建城乡一体的基础设施体系。在交通体系上，进一步完善骨干交通网络，着力打通重要节点，统筹推进农村、城区道路新建改造，提升“畅通淄博”建设水平。在公共服务设施建设上，加强供水、供电、供气、供热等管网建设，完善污水处理和垃圾处理体系，城市功能不断提升。在生态建设上，加强大环境绿化和生态修复，继续推进重点河流全流域治理，大力实施森林围城、清水润城、荒山绿化、湿地保护等工程，为创建国家生态园林城市和国家森林城市奠定了坚实基础。三是统筹推进区县域协调发展。积极融入“蓝黄”国家发展战略，突出抓好“一县四基地”建设，不断拓展发展空间。召开全市区县域科学发展工作会议和现场观摩点评会议，按照倍增、振兴、跨越“三个板块”，分类研究制定具体的推进措施，区县域发展活力不断增强。

四、切实保障和改善民生，全力维护社会和谐稳定。

一是着力办好民生实事。坚持把改善民生作为一切工作的出发点和落脚点，千方百计扩大就业，今年以来，新增城乡就业25万人，城镇登记失业率为2.8%。进一步加大社会保障力度，基本建立起覆盖城乡的全民养老、全民医疗保障体系，我市荣获全国新型农村和城镇居民社会养老保险工作先进单位。坚持教育优先发展，启动实施学前教育三年行动计划，推进中小学基本办学条件标准化建设，促进普通高中优质特色发展，积极发展现代职业教育，支持发展高等教育，教育发展水平不断提高。扎实推进医药卫生体制改革，实施国家基本药物制度，开展公立医院改革试点，基层医疗机构基本实现零差率销售。加大保障性住房建设力度，廉租房、公租房、经济适用房建设完成省下达任务的112.7%；“两区三村”综合改造工程基本完成。扎实开展双拥共建，荣获全国双拥模范城“七连冠”。二是促进文化繁荣发展。以成功创建全国文明城市为新起点，大力加强社会主义核心价值体系建设，深化群众性精神文明创建活动，不断提升城市文明水平。深入实施公共文化惠民工程，建设一流水平的市文化中心，协调推进镇办、农村、城市社区文化基础设施建设。扎实推进文化体制改革，集中抓好淄博报业传媒集团、淄博广播影视传媒集团、淄博演艺集团改制后续工作，加快发展印刷发行、文化旅游、文博会展、创意设计等文化产业。“十艺节”筹备工作扎实推进。三是全力维护社会和谐稳定。深入实施固本强基维稳工程，加强和改进新形势下的群众工作，集中化解重点疑难信访案件，积极推进社会管理创新，着力构建“六位一体”立体化全覆盖社会管理新格局，十八大和省党代会期间实现了信访“零登记”。加强社会治安综合治理，依法防范和惩治违法犯罪活动，社会治安形势持续稳定。一刻也不放松地抓好安全生产，安全事故起数、死亡人数分别下降30%、8%。

五、大力加强和改进党的建设，为推动科学发展提供坚强保证。

一是着力加强理论武装。始终把思想政治建设放在首位，坚持用中国特色社会主义理论体系武装头脑。进一步完善集体学习制度，举办市委理论学习中心组读书会，努力建设学习型、服务型、创新型党组织。二是着力加强换届后领导班子和干部队伍建设。树立正确的用人导向，坚持德才兼备、以德为先用人标准，各级领导班子的结构不断优化、整体素质不断提高。扎实抓好大规模培训干部工作，着力提升各级推动科学发展的能力和水平。按照科学发展观要求，进一步健全完善目标管理考核体系，充分调动各级科学发展的积极性。三是着力加强基层组织建设。全面落实“书记抓、抓书记”党建工作责任制，深入持久地推进创先争优活动，扎实开展基层组织建设年，突出抓好村居基层党组织建设，着力抓好“第一书记”工作。统筹推进企事业单位、机关、学校、非公有制经济组织、社会组织党建工作。四是着力加强党风廉政建设。严格落实党风廉政建设责任制，着力加强惩治和预防腐败体系建设，教育引导广大党员干部始终保持党的先进性纯洁性。严格执行《中国共产党党员领导干部廉洁从政若干准则》及《〈中国共产党党员领导干部廉洁从政若干准则〉实施办法》，深入实施领导干部报告个人有关事项、述职述廉、警示诫勉、函询质询和经济责任审计等制度，健全完善行政电子监察平台，全面推进廉政风险防范管理，深化党务公开，加强作风效能建设，出台规范领导干部操办婚丧喜庆事宜的暂行规定，实施“123农廉工程”，严肃查处违纪违法案件，全市党风、政风、民风持续好转。

回顾今年以来的工作，仍存在不少差距和不足。主要是：对比科学发展观的要求，经济结构性矛盾仍然比较突出，节能减排、环境保护的任务依然艰巨；部分群众在就业、就医、住房等方面还存在一些困难，保障水平需进一步提高；社会建设管理面临许多新情况、新问题，需要进一步创新思路、完善机制、强化措施；个别党员干部还存在作风不实的问题，作风效能建设有待进一步加强，等等。对这些问题，市委常委会一定高度重视，采取切实措施，认真加以解决。

关于明年全市经济社会发展，徐景颜代市长还要作全面部署。这里，根据市委常委会研究的精神，我重点就经济社会发展的几个重大问题，讲几点意见。

一、深入学习贯彻党的十八大和中央、全省经济工作会议精神，进一步明确我市科学发展的思路措施

按照中央和省委部署要求，明年要继续把学习贯彻十八大精神，作为贯穿全年的一项重要任务来抓。全市各级要在前段学习贯彻的基础上，进一步加强组织领导，着力在深化上下工夫，着力在普及上下工夫，着力在指导实践上下工夫，着力在推进工作上下工夫，切实把学习贯彻工作引向深入，转化为推动科学发展的强大力量。

最近召开的中央经济工作会议，是党的十八大之后，新一届中央领导集体全面部署经济社会发展的重要会议。习近平总书记、温家宝总理、李克强副总理分别作重要讲话，提出了明年经济工作的一系列方向性、全局性要求。强调，做好明年经济工作，要继续把握好稳中求进的工作总基调，立足全局，突出重点，扎扎实实开好局；要以提高经济增长质量和效益为中心，进一步深化改革开放，进一步强化创新驱动，加强和改善宏观调控，积极扩大国内需求，加大经济结构战略性调整力度，着力保障和改善民生，增强经济发展的内生活力和动力。全省经济工作会议，深入贯彻十八大和中央经济工作会议精神，对明年全省经济社会发展作出了全面部署，强调要着力打造产业优势、创新优势、区域带动优势，把推动发展的着力点转到培育形成新活力、新动力、新体系、新优势上来。对于中央和全省经济工作会议提出的新思路、新举措、新要求，各级一定要认真学习、全面把握。

根据中央和省委、省政府部署要求，我市明年经济社会发展的指导思想是：深入学习贯彻党的十八大精神，坚持以邓小平理论、“三个代表”重要思想、科学发展观为指导，牢牢把握主题主线和稳中求进的工作总基调，围绕建设更高水平更高质量的全面小康社会目标，按照强化生态文明、加快内涵发展的工作思路，进一步强化发展、实干和以项目建设为纲的工作导向，以提高经济增长质量和效益为中心，加快推进产业转型升级，加快推进新型城镇化进程，加快推进民生和社会建设，加快推进改革创新和扩大开放，努力实现经济持续健康发展和社会和谐稳定。在工作指导上，重点把握好四个方面：

一是进一步明确发展目标，努力建设更高水平、更高质量的全面小康社会。这是我市贯彻十八大“全面建成小康社会”战略部署和省委、省政府“一个提前、六个更加”工作要求的具体措施。我们淄博作为全国、全省重要的工业城市，理应在建成全面小康社会上走在前列；更重要的是，要提高全面小康社会的质量和水平，真正让广大群众受益，让广大群众满意，让广大群众认可。还是那三句话：不仅全市平均生活水平要达到小康，而且要让低收入群众普遍享受到全面建成小康社会的成果；不仅经济社会发展水平要达到小康，而且生态环境质量也要达到小康；不仅市域范围要达到小康，而且区县和绝大多数镇、绝大多数村都要达到相应的小康水平。全市各级要为实现这一目标而不懈努力。

二是进一步明确工作思路，坚持强化生态文明、加快内涵发展。市第十一次党代会确定的这一工作思路，符合十八大精神，符合省委、省政府要求，符合淄博实际。作为一个依托资源发展起来的老工业城市，我们深知生态文明建设的重要和珍贵。只有生态文明搞好了，转方式调结构、自主创新、引进人才、城乡现代化建设、文化软实力等一系列重大问题，才会得到有效破解，才能在更高层次上推动科学发展。因此，要继续坚持这一思路不动摇，保持工作连续性，一以贯之地抓下去。

三是进一步明确工作要求，坚持发展发展再发展、实干实干再实干。党的十八大和中央经济工作会议强调，必须坚持发展是硬道理的战略思想，决不能有丝毫动摇。对淄博老工业城市来讲，就是要把加快科学发展，作为当前最重要、最迫切的任务，全力以赴加以推进。加快科学发展，与转方式调结构是一致的，与以提高质量和效益为中心是一致的。质量在发展中提高，效益在发展中增长，只有发展得快、发展得好，才能转得快、调得好，才能切实提高经济发展的质量效益。中央强调以提高经济增长质量和效益为中心，绝不是不要速度、不要增长，而是要求努力实现尊重经济规

律、有质量、有效益、可持续的速度，努力实现结构优化基础上的增长。因此，在加快科学发展问题上，各级务必要态度坚决、行动有力，绝不能有半点懈怠！

四是进一步明确工作着力点，坚持以项目建设为抓手。中央经济工作会议强调，要牢牢把握扩大内需这一战略基点，增强消费对经济增长的基础作用，发挥好投资对经济增长的关键作用。这说明，我们坚持以项目建设为纲是正确的！今天的投入就是明天的产出，今天的项目就是明天的生产力。一个区域抓项目的人多，抓项目的力度大，就必定发展得快、发展得好。全市区县域科学发展工作会议以来，已初步形成了项目建设的浓厚氛围，成效正在显现出来。下一步，各级要继续把项目建设作为总抓手，把主要精力、主要资源用在抓项目上，持之以恒地抓、全力以赴地抓、义无反顾地抓，努力取得更大成效。

关于明年经济社会发展的预期目标，市委、市政府作了深入分析研究，徐景颜代市长将在讲话中专门安排。总的考虑是，生产总值增长10.5%左右，公共财政预算收入增长12%左右，城市居民人均可支配收入和农民人均纯收入分别增长11%左右。各级要按照这一安排，积极主动地做好各项工作。

二、突出重点抓住关键，努力推动经济持续健康发展和社会和谐稳定

明年是全面贯彻落实十八大精神的开局之年。做好明年经济工作，必须抓住事关我市科学发展的重大问题，集中力量，全力突破，奋力开创各项工作新局面。

（一）加快推进产业转型升级，切实提高经济增长质量和效益。以提高经济增长质量和效益为中心，是党的十八大和中央经济工作会议的明确要求。从我市来看，提高经济增长质量和效益，要做的工作很多，但最重要、最关键的是推动产业转型升级。一是着力培植特色产业集群。要大力实施新一轮传统产业技改计划和战略性新兴产业倍增工程，着力拉长产业链条，提升配套能力，进一步把新材料、精细化工、汽车及机电装备、新能源与节能环保装备、电子信息等产业发展成为千亿级产业集群。加快实施现代服务业跨越发展工程，促进现代物流、金融保险、文化旅游、工业设计、科技信息服务等新兴服务业规模发展，使服务业成为新的最具活力的增长极。在保护耕地和稳定粮食生产的基础上，加快发展现代农业，不断提高农业综合效益。二是着力加强产业园区建设。按照集约集聚发展的原则，促进产业向园区集中。重点支持淄博高新区“二次创业”，大幅度提升创新能力和辐射带动功能，努力创建国家创新型科技园区；加快东部化工区发展，着力打造一流水平的精细化工园区；加快文昌湖旅游度假区建设，着力打造统筹城乡品牌旅游度假区；加快东岳氟硅材料产业园建设，努力建设世界一流水平的氟硅材料基地。对其他省级经济园区，要进一步明确发展定位，制定有针对性的办法措施，促进专业化、特色化发展。三是毫不放松地抓好节能减排。充分运用倒逼机制，分行业、分企业落实节能减排目标，研究制定PM2.5（可入肺颗粒物）污染物排放削减的办法措施，统筹抓好水、大气、土壤等污染防治，逐年降低消耗水平、削减排放总量。严格落实环境审批制度，加大环保执法力度，有序化解过剩产能，依法淘汰落后产能，坚决防止新上高耗能、高排放、高污染项目，坚决防止落后生产方式死灰复燃。

（二）加快推进改革创新和扩大开放，着力增强科学发展的内生动力。习近平总书记在中央经济工作会议重要讲话中指出，稳增长、转方式、调结构，关键是全面深化经济体制改革。对于淄博老工业城市来讲，面对资源、环境、空间等瓶颈制约，必须在改革创新上勇于突破，始终保持科学发展的旺盛活力。一是着力加强科技创新。要把科技创新摆在发展全局的核心位置，加大财政投入力度，促进社会研发资金较快增长，健全完善技术创新体系。加强产学研合作，依托国家级院所，规划建设国内一流水平的新材料研究院、新药研究院、新化工研究院，努力实现高效无毒脱硝催化剂、东岳膜材料、燃料电池及大动力电容电池为代表的新环保、新材料、新能源科技成果快速产业化、规模化。进一步加强创新型人才队伍建设，培养引进一批领军人才和创新团队。二是深化重要领域改革。要坚持两个“毫不动摇”，认真落实支持民营经济、小微企业发展的政策措施，营造各种所有制经济依法平等使用生产要素、公平参与市

场竞争、同等受到法律保护的体制环境。继续抓好企业上市工作，做大做强“淄博板块”；加快齐鲁股权托管交易中心规范发展，努力建设全省性股权交易市场。积极稳妥地推进行政管理体制改革，推动政府职能转变。三是提高对外开放的层次和水平。全面深化与跨国公司的战略合作，进一步提高招商引资、招商引智的规模和质量；着力转变对外贸易方式，努力保持外贸出口稳定增长；加快淄博保税物流中心等对外窗口建设，着力提升辐射带动功能。四是积极融入全省重点区域带动战略。明年上半年，省里将出台省会城市群经济圈发展规划，制定配套的区域协作文件。我市是省会城市群经济圈的“次核”城市。要抓住这一重大机遇，积极创造条件，推动济淄一体化发展。同时，主动融入“蓝黄”国家发展战略，加快“一县四基地”发展。

（三）加快推进新型城镇化进程，继续在统筹城乡发展上走在前列。城镇化是中央经济工作会议着重强调的一个重大问题。农民转化为市民的过程，意味着消费结构的升级，意味着巨大消费潜力的释放，是扩大内需的最大潜力所在，也是改善民生的重要举措。我们要抓住国家促进城镇化发展的政策机遇，以更大力度加以推进。一是把城镇化发展的重点放在提升质量和内涵上。目前，我市城镇化率已达64%以上。下一步，要以“人的城镇化”为中心，让进城农民不仅有活干，而且有房住，还能享受到城市文化、教育、医疗、保障等公共服务。这样的城镇化，才是实实在在的城镇化，才能对经济社会发展和改善民生产生更大的拉动作用。二是以淄博新区建设为龙头协调推进四个层级发展。综合考虑多方面因素，淄博新区建设已经具备了加快推进的基础条件。今后几年，要集中优势资源，开工和加快建设金融商务中心、文化中心、公共资源交易中心、行政审批服务中心，尽快形成整体功能风貌。统筹抓好老城区综合改造和次中心城区建设，加快小城镇建设和农村社区建设。三是以更大的力度加强生态文明建设。要把生态文明的理念和原则融入经济社会发展全过程，深入实施绿化扩增工程，大力加强生态水系建设，走集约、智能、绿色、低碳的新型城镇化道路。进一步加强城市管理，积极推进生态文明乡村建设，改善城乡群众生产生活环境。

（四）加快推进民生和社会建设，努力增进群众福祉。习近平总书记指出，人民对美好生活的向往，就是我们的奋斗目标。要切实解决好群众最关心、最直接、最现实的利益问题，使发展成果更多、更公平地惠及广大群众。一是办好民生实事。要按照“守住底线、突出重点、完善制度、引导舆论”的思路，从经济增长预期和财力实际出发，集中落实好中央、省已出台的各项民生政策。重点是促进创业就业，不断增加群众收入；健全社会保障体系，统筹推进城乡社会保障体系建设；统筹做好保障房建设、稳定物价、困难群体救助等工作；大力发展文化、教育、卫生等社会事业。要在全社会积极倡导勤劳致富的传统美德，教育引导广大群众通过辛勤劳动，创造幸福生活。二是加强和创新社会管理。要围绕提高社会管理科学化水平，全面推进网格化管理、信息化建设和社区化建设“三大工程”，完善基层社会管理服务体系，加快构建“六位一体”立体化全覆盖社会管理新格局。加强和改进新形势下的群众工作，健全维护群众权益机制和群众工作网络，妥善解决群众合理合法诉求，切实提高服务群众、化解纠纷的能力和水平。三是抓好社会治安和安全生产。要强化稳定第一责任意识，深入实施固本强基维稳工程，广泛开展平安单位创建活动，完善立体化社会治安防控体系，依法防范和惩治违法犯罪活动，保障人民群众生命财产安全。强化企业主体责任和政府监管责任，毫不放松地抓好食品药品安全、企业生产安全、交通安全、消防安全，坚决防止重特大安全事故发生。

三、切实加强党对经济工作的领导，确保各项工作落到实处

完成明年经济社会发展各项任务，需要凝聚力量、攻坚克难。各级党组织要着力抓好党的建设，进一步加强对经济工作的领导，团结带领党员干部群众，合力推进科学发展。重点抓好三个方面：

（一）要认真履行党领导经济工作的职能。各级党委、政府对区域经济的发展，负有全局责任。要坚持以经济建设为中心，议大事、抓大事、谋全局，善用“底线思维”，坚持科学务实，着力破解发展中的重大问题，始终把经济发展抓在手上，不折

不扣地完成好各项目标任务。要按照科学发展观的要求，健全完善目标体系、考核办法、奖惩机制，充分调动各级加快发展的积极性。各区县要按照“三个板块”的发展要求，进一步发挥比较优势，努力实现在全省的争先进位。在这里，有必要重申，要严格执行对区县域经济发展的考核办法，对争创为全国全省先进的，要予以表彰；对位次后移、工作长期没有起色的，要重点帮扶、督促改进；对连续两年位次后移的，市委、市政府要对其领导班子进行适应性评估。这样做的目的只有一个，就是要进一步强化各级抓经济、抓发展的责任感、紧迫感，促进我市科学发展不断迈上新台阶。

（二）要着力提高推动科学发展的能力水平。事业都是干出来的，一切都是事在人为。各级要加强学习和研究，切实提高把握和运用市场经济规律、自然规律、社会发展规律能力，提高科学决策、民主决策能力，增强全球思维、战略思维能力，更好地担负起推动科学发展的历史重任。当前，特别是要学习政策、熟悉政策、用好政策。要善于运用政策策划项目、争取项目、推动项目，争取更多的国家、省重点项目落户淄博，争取我市更多的项目纳入国家、省重点计划盘子。要善于运用政策推动区县域经济发展，最大限度地用好“蓝黄”两区政策、资源枯竭城市政策、沂蒙革命老区政策，继续做好博山独立工矿区政策争取工作。要善于运用政策化解矛盾，坚持按政策办事，引导群众合法理性表达利益诉求，切实改变单纯“花钱买平安”的思维定势，充分调动广大群众改革发展的积极性。

（三）要大力优化发展环境。良好的发展环境，是聚集优质发展要素的基础条件。要把淄博建设成为服务最优、效率最高、成本最低的城市之一。一是把改进机关作风的着力点放在优化服务上。管理与服务，是机关的两大职能。必须进一步强调，只会管理、不会服务的部门，不是好部门。各部门要在认真履行管理职能的基础上，把主要精力用在改进服务上。改进服务的标准是，快办事、办成事、不误事。从明年起，要改进对部门的考核评价方式，把评判权交给区县、基层、企业、群众等服务对象。服务对象说好，才是真正的好。二是开展以治庸治懒治散治奢为重点的作风效能建设。坚决贯彻落实中央八项规定和习近平总书记重要讲话精神，着力整治庸懒散奢等不良风气。治庸，就是要着力解决标准不高、不思进取的问题，使我市各个层面、各项工作提速增效、奋勇争先；治懒，就是要着力解决出工不出力的问题，让每一个干部都履职尽责，把分内的工作干好、干到位；治散，就是要着力解决自由涣散、各行其是的问题，对市委、市政府定下来的事情，要立说立行、一抓到底；治奢，就是坚决反对大手大脚、铺张浪费，坚持艰苦奋斗、勤俭节约、精打细算，把有限的财力用在刀刃上。对于以上四个方面，要从党政机关、领导干部做起；要有规范、有标准；要动真格的。三是毫不放松地抓好党风廉政建设。各级要牢固树立廉政是第一保障意识，严格落实党风廉政建设责任制，扎实推进惩防体系建设，努力实现干部清正、政府清廉、政治清明的目标要求。加强对党员干部特别是领导干部的廉洁从政教育和监督，深化重点领域和关键环节改革，健全权力运行制约和监督体系，加大反腐倡廉制度创新力度，坚决查办违纪违法案件，更加科学有效地防治腐败。各级领导干部要自觉遵守《廉政准则》，严格执行领导干部重大事项报告制度，切实树立为民、务实、清廉的良好形象。

同志们，面对复杂多变的形势和艰巨繁重的任务，我们要紧密团结在以习近平同志为总书记的党中央周围，在省委的坚强领导下，解放思想、开拓进取、埋头实干，扎实做好明年经济工作，不断开创淄博老工业城市科学发展新局面！

政府工作报告

——在淄博市第十四届人民代表大会第二次会议上

代市长　徐景颜

（2013年1月6日）

各位代表：

现在，我代表市人民政府，向大会作政府工作报告，请予审议，并请各位政协委员和其他列席会议的同志提出意见。

一、2012年工作回顾

刚刚过去的一年，面对严峻的国际经济形势和繁重的改革发展稳定任务，全市上下在中共淄博市委的坚强领导下，牢牢把握主题主线和稳中求进的工作总基调，积极作为、攻坚克难，着力稳增长、调结构、促改革、惠民生，较好地完成了全年经济社会发展任务，殷实和谐经济文化强市建设迈出新步伐。

（一）努力克服经济下行压力，稳增长保发展取得新成效。本轮经济下行持续时间之长、影响范围之广，是多年来少有的。我们坚持把稳增长放在经济工作的突出位置，着力强化投资拉动，加强分类指导，加大要素保障，积极防控风险，千方百计保持全市经济在良性区间运行。预计全年地区生产总值将迈上3600亿元台阶，比2011年增长10.5%左右；实现境内财政总收入518亿元，其中地方财政收入236.28亿元，增长16.06%；固定资产投资、社会消费品零售总额和外贸进出口总额分别增长20%、16%和6%；规模以上工业主营业务收入、利税、利润分别增长12%、6.5%和5%；金融机构各项存贷款余额分别突破3000亿元和2000亿元。

（二）着力加快转方式调结构，转型发展迈出新步伐。预计全年完成技改投资700亿元，增长28%；六大战略性新兴产业主营业务收入、利税、利润增幅分别高出规模以上工业9个、19个和18个百分点，高新技术产业产值占比达到28.1%。新增省级以上企业研发机构16家，其中国家级3家。品牌带动和标准化战略实现新突破。中心城区东部化工区搬迁改造基本完成，南部区域产业升级稳步推进。服务业投资占全部投资的比重达到49.2%，培育服务特色优势初见成效。现代农业发展步伐加快，粮食生产实现“十连增”，“三品一标”农产品达到257个，基层农技推广与服务体系、农产品质量安全监管体系和以水利为重点的支撑保障体系进一步健全。

（三）扎实推进新型城镇化，城乡统筹发展取得新进步。中心城区大外环以内260平方公里区域实现控规全覆盖。以市文化中心、华润城市综合体为代表的一批地标性工程，以晋豫鲁铁路沂源段、南水北调地方配套工程、坚强智能电网、西五路跨线桥为代表的一批基础设施工程，以清水润城、森林围城、生态园林城市为代表的一批生态建设工程顺利推进，城市承载辐射功能进一步增强。集中扶持14个省、市级示范镇建设发展，全面完成“两区三村”建设改造任务，改造农村公路317公里，新解决18万农村居民的饮水安全问题。环境保护工作力度不断加大，节能减排目标全面完成，国家森林城市创建工作正式启动，全市空气质量良好率比上年提高10个百分点。涌现出全国环保典型孟祥民，全社会生态文明理念进一步强化，生态文明建设不断加强。

（四）切实惠民生保稳定，社会建设取得新成绩。城乡居民人均收入分别增长13%和15%左右。财政总支出的56.83%用于民生建设，民生政策得到全面落实。新增城乡就业25万人,社会保障工作进一步加强。超额完成省下达的保障性住房建设任务。素质教育扎实推进,教育教学质量明显提高。医药卫生体制改革不断深化,公共卫生和基本医疗服务水平日益提高。人口自然增长率控制在2.9‰以内,低生育水平保持稳定。成功承办体操世界杯(淄博站)比赛,“十艺节”筹备工作有序推进。全国文明城市创建成果进一步巩固,双拥共建和优抚安置工作成效显著。深入实施固本强基维稳工程,圆满完成十八大安保等重大任务,切实加强安全生产和食品药品监管工作,完善应急管理体系,保持了社会大局和谐稳定,我市被评为全国法治城市创建活动先进单位。统计、物价、广播电视、民族宗教、外事、侨务、对台、防震减灾、气象、人防、史志、档案、妇女儿童、老龄、慈善、残疾人、红十字以及援藏、援疆等各项事业都实现了新发展,取得了新成绩。

各位代表,在过去的一年里,我们按照市委关于“发展发展再发展、实干实干再实干”的工作要求,在抓好常规工作的同时,着力在事关全局和长远的大事上动脑筋、求突破,集中精力抓了以下工作:

一是实施创新驱动发展战略,塑造新的产业竞争优势。深入实施新一轮传统产业技改计划和战略性新兴产业倍增工程,积极构筑以先进制造业和现代服务业为主导的现代产业体系。一批传统产业脱胎换骨,一批新兴产业呼之欲出,特别是以氯碱离子膜、高效无毒脱硝催化剂、非对称大动力电容电池等为代表的一批重大高新技术成果加速产业化,以文昌湖旅游度假区、华润城市综合体、太保电话运营中心等为代表的一批现代服务业项目加快推进,预示着淄博经济结构的战略性调整正在实现质的提升和突破。

二是努力扩大内需,增强经济增长的内生动力。面对外需萎缩的不利形势,我们注重强化内需拉动,着力扩投资、促消费。特别是去年四季度以来,进一步加大对上争取力度,切实强化资金保障,积极拓展用地空间,集中推出了今年上半年前具备开工条件、总投资656亿元的100项重点项目,与各大金融机构达成重点项目签约授信总额2277亿元。这批重点项目,投资规模大、技术含量高、预期效益好,对拉动经济增长、促进产业转型、提高经济竞争力、提升城市形象与功能,必将产生重大推动作用。

三是充分放大自身优势,提高淄博的城市地位。着眼在全省区域发展大局中争取更大主动,我们全力加强淄博特有的重大开放创新平台建设。大力支持齐鲁股权托管交易中心规范发展、快速扩容,中心挂牌企业达到135家,直接和间接融资55亿元,全省性股权交易市场的影响力显著扩大,得到国家和省充分肯定。加快发展壮大现代物流业,积极支持淄博保税物流中心、正本物流保税仓库等拓展空间、提升功能,进一步增强了服务自身发展、辐射服务全省的能力。

四是大力推进改革开放,激发经济社会发展活力。出台了目标明确、导向鲜明的推动区县域科学发展的意见,确立倍增、振兴和跨越“三个板块”,大大激发了各级争先进位的积极性。积极创新“网格化”社会管理新模式,基层基础工作呈现新面貌。不断深化企业改革,全市有6家企业通过首发、借壳或增发,实现融资再融资54亿元。设立总规模20亿元、初始规模10亿元的淄博市产业发展基金,发行15亿元城运债。成功举办第十二届陶博会和第十一届新材料技术论坛。对外开放克服困难,在招商引智、提升现代制造业水平等方面呈现新的亮点,实际利用外资增长11.4%。其他各项改革稳步推进,地区发展活力显著增强。

在推动经济社会平稳健康发展的同时,我们始终高度重视加强政府自身建设。自觉接受人大及其常委会的监督和政协的民主监督,虚心听取各民主党派、工商联和社会各界的意见,认真办理人大代表建议和政协委员提案。深入贯彻实施《山东省行政程序规定》,扎实推进行政审批“两集中、两到位”改革,不断提高依法行政水平。严格落实党风廉政建设责任制,切实加强作风效能建设,树立了为民、务实、清廉的良好形象。

各位代表,过去一年全市经济社会发展取得的成绩来之不易。成绩的取得,得益于党中央、国务院和省委、省政府的科学决策与亲切关怀,得益于市委的坚强领导,得益于市人大、市政协与社会各界的有力监督与大力支持,得益于全市人民团结奋斗、拼搏实干。在此,我代表市人民政府,向全市广大人民群众,向各民主党派、工商联、各人民团体和社会各界人士，向驻淄部队、武警官兵、政法干警和中央、省驻淄单位，向海内外所有关心支持淄博发展的同志们、朋友们，表示衷心的感谢和崇高的敬意！

在充分肯定成绩的同时，我们也清醒地看到，我市经济社会发展还面临一些困难和问题，主要是：宏观环境不稳定不确定因素较多，经济下行压力依然较大；转方式、调结构任重道远，可持续发展面临的资源、环境和空间约束加大，产业竞争力和科技创新能力亟待提高；保障和改善民生任务繁重，统筹城乡和区域协调发展、加强和创新社会管理面临许多新课题。同时，经济社会发展对推进政府管理创新提出了新的更高要求。对这些困难和问题，我们高度重视，将采取更加扎实有效的措施，认真加以解决。

二、2013年目标任务和工作重点

今年是全面贯彻落实党的十八大精神的开局之年，是实施"十二五"规划承前启后的关键一年，是为全面建成小康社会奠定坚实基础的重要一年，做好今年工作意义十分重大。今年政府工作总的指导思想是：全面贯彻落实党的十八大精神，坚持以邓小平理论、"三个代表"重要思想、科学发展观为指导，紧紧围绕主题主线，坚持"强化生态文明、加快内涵发展"的总体思路和"发展发展再发展、实干实干再实干"的工作要求，聚精会神谋科学发展，凝心聚力促转调创新，着力保持经济持续健康发展，着力构建现代产业体系，着力促进"四化"同步发展，着力加强生态文明建设，着力推动文化大发展大繁荣，着力改善民生促进和谐，为建成更高水平、更高质量的全面小康社会奠定坚实基础。

今年全市经济社会发展的主要预期目标建议为：地区生产总值增长10.5%左右，公共财政预算收入增长12%左右，固定资产投资增长18%左右，社会消费品零售总额增长15%左右，实际利用外资和进出口总额均增长10%左右，城市居民人均可支配收入和农民人均纯收入均增长11%左右，人口自然增长率控制在3.3‰以内，城镇登记失业率控制在4%以内。上述指标安排，既考虑了与市第十一次党代会和"十二五"规划确定的目标相衔接，又综合考虑了今年经济社会发展的宏观环境、支撑条件以及发展趋势等要素，还兼顾了增加财政收入、扩大城乡就业、保障和改善民生等方面的要求，经过努力是完全可以实现的。

重点抓好以下八个方面的工作：

（一）在加快转型中实现经济持续健康发展。保持经济持续健康发展是一项长期性、全局性的重要战略任务。要按照党的十八大要求，加快转变经济发展方式，切实把推动发展的着力点转到提高质量和效益上来，实现尊重经济规律、有质量、有效益、可持续的发展。

大力强化转型发展的共识。历史积累形成的结构性矛盾突出、资源环境约束特别严重，是我们的特殊市情。当前，面对国内外环境倒逼我们扩大内需、提高创新能力、促进经济发展方式转变的新机遇，彻底改变和摆脱固有思维方式的束缚与路径依赖，实现新的转型发展，比以往任何时候都更为紧要和迫切。新的转型发展，就是符合党的十八大提出的"一个立足点""四个着力""五个更多依靠"要求的发展。要在全社会凝聚形成早转早主动、晚转则被动的广泛共识，不管环境如何变化、不管经济增长的压力大小，都始终紧紧扭住转变经济发展方式这条主线不放松，一抓到底，抓出成效。

在推进转型中实现持续健康发展。牢牢把握扩大内需这一战略基点，充分发挥投资的关键作用和消费的基础作用，着力提高经济增长的质量和效益。一是以优质投资增量引导转型发展。总的原则是，保持投速，扩大投量，优化投向，提高投效。既要牢牢坚持以项目建设为纲，把项目建设作为推动科学发展的总抓手，持续加大投资力度，保持经济增长强劲动力；又要切实优化投资结构，引导新增投资集中投向关键领域和薄弱环节。2013年，安排全市重大项目150项左右，主要涵盖现代农业、技术改造、高新技术、现代服务业、基础设施以及社会民生等重点领域，努力以投资结构的优化带动经济结构的优化，进而带动投资效益的提高，带动产业科技含量、附加值和竞争力的提高。绝对不能因为眼前利益、局部利益而再加重"两高一资"、产能过剩的包袱，加剧既有的重大结构性矛盾！二是抓住用好扩大消费的机遇。深化收入分配制度改革，释放居民消费潜力。把扩大消费与结构调整更好地结合起来，积极培育高端消费类品牌，扩大绿色节能环保产业优势，做大做强骨干商贸流通企业，改造提升大型专业批发市场，大力发展电子商务、连锁经营和物流配送，增强我市经济增长的内生动力。三是把经济发展的成果更加充分地体现到财税增加、居民增收上来。强化效益优先的财源建设导向，建立以税收为核心的企业绩效动态评价体系，以“纳税500强”企业为主体，培植壮大优质骨干财源。

建立健全有利于推动转型发展的体制机制。进一步加强产业政策、财政政策与金融政策的协同，加强结构调整规划、产业布局规划、城乡建设规划和生态建设规划的有机衔接和统一控制，确保全市转方式调结构沿着正确方向扎实推进。坚持区别对待、有保有压，凡是有可能“劣化”、加剧结构性矛盾的，坚决控住；凡是有利于显著优化产业结构、提升经济素质与效益的，全力保障。制定出台《加快重大项目建设的意见》，建立“要素资源跟着项目走”的保障机制，保证土地、信贷、财政支持等关键要素向全市重大项目集成配置；建立包括领导分级挂包、全程督促检查、定期考核通报制度在内的重大项目建设推进机制，确保重大项目顺利推进实施，尽快发挥效益。

（二）深入推进经济结构战略性调整。推进经济结构的战略性调整，事关经济增长的质量和效益，事关生态文明建设，事关淄博的核心竞争力。要加快构建现代产业体系，大力推进传统产业升级改造和战略性新兴产业培育，下大力气推动服务业快速跨越发展，积极发展现代农业，努力塑造淄博经济新的竞争优势。

加快工业结构优化升级。着力解决制约淄博工业由大变强的关键结构性问题，加快由工业大市向工业强市的跨越。今年，安排全市重点工业项目103项，总投资621亿元，其中技改投资和新兴产业投资占80%以上。一是以拉长产业链为重点，促进传统产业向高端快速提升。大力发展全产业链经济，把新一轮技改计划实施的重点，更多地转向围绕拉长石化、机电、陶瓷等主导产业链策划和实施项目，下大气力抢占产业链和价值链的高端，在基本不增加或较少增加资源消耗和排放的情况下，大幅度提高产业的附加值和竞争力。今后，原则上不再新上单纯扩大产能的传统产业项目。支持一批“两化融合”示范企业、示范项目，促进工业化与信息化深度融合。二是加速高新技术产业化，推动战略性新兴产业倍增发展。全力支持我市具备显著比较优势的关键技术研发和产业化项目，加速扩大氯碱离子膜、高效无毒脱硝催化剂、非对称大动力电容电池等一批革命性成果的产业化应用规模，着力走好园区化、集群化发展的路子，把新材料、精细化工、汽车及机电装备、新能源与节能环保装备、电子信息等产业发展成为千亿级产业集群，抢占制高点、形成竞争力。三是提升重点园区建设发展水平，推动产业集聚集约发展。对全市资源环境和生产力布局有重大影响的项目，必须坚持全市一盘棋，统筹规划，科学布局。要强化产业发展规划和建设用地规划的刚性约束，研究建立利益分配机制，促进相关行业企业打破行政区划界限，向最适宜发展的专业园区转移聚集。充分发挥高新区对全市高新技术产业发展的辐射带动功能，加快把齐鲁化工区打造成全市化工产业集约发展的重大平台，把东岳氟硅材料产业园建设成具有国际影响力的功能膜材料产业基地，努力形成一批千亿级特色产业园区。进一步明确各区县省级经济开发区产业定位，加快退城进园、退地进园、退村进园步伐，不断提高园区经济占区县域经济的比重。四是培育发展一批大企业、大集团。促进重要生产要素向核心竞争力强、成长性高、对地方发展贡献大的“纳税500强”“创新发展500强”等骨干企业集中配置，支持其上新创新、上市挂牌、兼并重组、做大做强。重视发挥中央、省驻淄大企业优势，促进企地融合发展。全面落实支持小微企业发展的财税、金融政策，加快中小企业服务体系建设，增强区域经济活力。

加快现代服务业提质增速。淄博工业化、城镇化水平较高，现代服务业发展的潜力和空间巨大。要坚持扩大规模和提升层次并重，加快实施现代服务业跨越发展工程，努力使服务业增速明显高于工业，切实改变服务业占比过低的被动局面。今年，安排全市服务业重点项目110项，总投资995亿元，确保服务业增加值占比提高1.5个百分点以上，力争提高2个百分点。一是优先发展生产性服务业。深刻把握现代产业融合发展的新趋势，大力发展与石油化工、新材料等主导产业关联度高、特色鲜明、竞争优势强的现代物流业，培育一批重点物流园区和大型物流企业，推动淄博保税物流中心向综合保税区过渡，把淄博建设成为名副其实的鲁中物流“旱码头”；大力发展对提高产品附加值和竞争力有关键作用的工业设计，加强与国内外高水平设计机构合作，积极引进高端设计人才和团队，支持相关院校培养专业设计人才，办好“创意淄博”工业设计大赛，全面提高工业设计水平。加快发展科技信息、技术咨询等科技服务业以及律师仲裁、会计税务等为企业经营和社会管理服务的中介服务业，加快形成新的增长点。二是做大做强金融服务业。以规划建设金融商务区、齐鲁股权大厦为带动，加快建设淄博金融聚集区。举全市之力加快齐鲁股权托管交易中心发展，力争到“十二五”末，实现中心挂牌企业500家以上，总市值1000亿元以上，融资总额500亿元以上，进一步提升全省性股权交易市场的影响力。健全支持金融发展的政策体系，优化金融生态环境，深化政银企合作。认真贯彻执行稳健的货币政策，努力创新金融产品，扩大信贷规模，降低融资成本，满足实体经济需求。三是下大气力提升壮大文化旅游业。淄博文化旅游资源丰厚，要创新思路，提升境界，高水平、大手笔地规划建设一批具有重大品牌影响力和市场效应的高端项目，显著提高淄博旅游的吸引力和综合效益。全面加快文昌湖旅游度假区开发建设步伐，切实搞好齐文化和聊斋文化旅游的整体系统策划与开发，抓好周村古商城5A级景区创建工作，推进淄博旅游集散中心建设，完善城市旅游功能，把文化与生态资源优势转化为旅游产业发展优势。四是促进房地产及相关服务业健康发展。认真落实国家房地产调控政策，有效保护刚性住房需求，合理引导住房消费。积极发展商业地产，搞好华润城市综合体等一批重点项目建设，发展新型业态，促进消费升级。针对老龄化快速发展的实际，制定专门规划和优惠政策，加快推进养老社区建设，完善社会养老服务体系。全面落实各级支持服务业发展的政策措施，加强规划引导，放宽市场准入，构建多元化投融资体制，加快培育一批服务业领军企业和知名品牌。

扎实推进农业现代化。坚持工业反哺农业、城市支持农村和多予少取放活方针，在工业化、城镇化互动发展中同步推进农业现代化，促进农业持续增效，农民持续增收。一是大力发展高效特色农业。深入实施小麦、玉米高产创建工程，力争粮食生产再获丰收。加快推进蔬菜、畜牧、果业、林木花卉等高效特色农业标准化基地建设，提升都市农业示范园发展水平，培育名优农业品牌，提高农业综合效益。搞好农产品质量安全监督检测体系建设，加强绿色生产，从源头上保证农产品质量安全。二是不断提升农业物质技术装备水平。大兴农田水利，抓好国家中小河流治理规划项目、小型病险水库除险加固和引黄灌区续建配套工程建设，确保年内南水北调地方配套工程具备通水条件。加快推进农村饮水安全工程，全面完成山丘区找水打井任务，再解决15万农村人口的饮水问题。实行最严格的水资源管理制度，确保供水安全、防洪安全、生态安全。着力强化科技兴农，完善基层农技推广服务体系，加强农村实用人才培训工作，加快良种工程和农业机械化、信息化建设，提高设施农业、精准农业发展水平，提高科技对农业的贡献率。三是加快推进农业经营机制创新。深化农村改革，积极探索新型农业生产经营模式，大力发展农民专业合作和股份合作，发展多种形式的适度规模经营。实施农民专业合作社提升工程和骨干农业龙头企业集群工程，构建集约化、专业化、组织化、社会化相结合的新型农业经营体系。发挥供销社连接城乡的桥梁纽带作用，畅通农产品进城和工业品下乡双向流通渠道。四是全面落实强农惠农富农政策。广辟就业门路，拓宽增收渠道，确保农民收入与城镇居民收入同步增长，并力争增长更快一些。坚持和完善农村基本经营制度，依法维护农民承包经营权、宅基地使用权、集体收益分配权，壮大集体经济实力。确保各项支农补贴及时足额到位。深入实施新十年扶贫开发规划，启动十万贫困农户脱贫奔康工程，抓好首批60个重点贫困村财政扶贫资金建设项目，让广大农民平等参与现代化进程、共同分享现代化成果。

（三）大力实施创新驱动发展战略。把创新驱动发展作为面向未来的重大战略，全面落实鼓励创新的一系列政策措施，加快科技创新、产品创新、品牌创新、产业组织创新、商业模式创新，全面提升我市核心竞争力。

加快构建富有活力的技术创新体系。深化科

技体制改革，紧紧围绕科技与经济紧密结合这个核心，加快建立企业为主体、市场为导向、产学研相结合的技术创新体系。深入实施企业创新能力提升工程，突出企业在技术决策、研发投入、产学研合作和成果转化中的主体地位，着力培育提升一批国家级、省级企业研发中心、重点实验室、院士工作站、博士后科研工作站和产业技术创新联盟，切实增强企业创新能力。实现创新发展必须依靠创新型企业，创新型企业关键要靠创新型企业家。要举办“创新大讲堂”，开拓领导干部和企业家视野，提高整体创新意识和上新创新的能力。

积极推动科技成果转化平台和商业模式创新。一方面，要构建富有效率的创新转化平台，从我市最具比较优势的新材料等产业入手，依托高新区现有基础，加快建设国内一流、国际有一定影响力的开放式创新中试基地，配套搞好相关公共服务设施，吸引海内外相对成熟的领先科技成果来淄博中试和就地产业化；另一方面，要构建富有活力的投融资机制，市级产业发展基金重点支持创新型企业和高新技术产业化项目，充分借助齐鲁股权托管交易中心这一特有平台，畅通创新市场与资本市场有机对接的渠道，大力引进和培育风险投资，为中试基地和全市创新型企业的快速成长提供最适宜的资本土壤，努力使“一基地”“一中心”成为带动全市高新技术产业发展的“发动机”“加速器”。

努力营造鼓励创新创造的良好环境。搞好国家知识产权示范市建设，深入实施标准化战略，提高知识产权创造、应用和保护水平。坚持人才优先、以用为本，加大创新要素参与分配的力度，大力培养和引进高层次创新创业人才，引导人才向科研生产一线流动聚集。设立发明创新奖励基金，对年度重大专利和发明持有人进行奖励，引导形成全社会关注创新、支持创新、参与创新的浓厚氛围。

（四）积极稳妥推进新型城镇化。城镇化是现代化进程中的一个大战略。未来五到十年，将是城镇化大发展、大跨越的重大机遇期。要抢抓机遇、发挥优势，努力开创我市新型城镇化发展新局面。

坚持以“人的城镇化”为核心，塑造新型城镇化新格局。目前，我市城镇化率已达64%以上，下一步，要突出以“人的城镇化”为核心，切实把城镇化发展的重点放在提升质量和内涵上。进一步深化户籍管理制度改革、土地管理制度改革，着力提高户籍人口城镇化率。加快完善城乡一体化发展体制机制，着力在城乡规划、基础设施、公共服务等方面推进一体化，促进城乡要素平等交换和公共资源均衡配置，形成以工促农、以城带乡、工农互惠、城乡一体的新型工农关系、城乡关系。加快教育、医疗、住房保障等基本公共服务覆盖全部城镇常住人口，切实缩小城乡发展差距，实现农业转移人口市民化。

努力提质提速，提高城市现代化水平。淄博的城市建设正处于蓄势待发、孕育突破的关键时期，要坚持高起点规划、高标准建设、高效能管理，加快打造“新淄博、大都市”。一是以淄博新区建设为龙头推进“四个层级”协调发展。推动新城区重要功能区块建设全面提速，在继续抓好文化中心等在建工程的同时，抓紧启动公共资源交易中心、社会管理指挥调度中心以及商务区、金融区和休闲公园等重点工程建设，加快把淄博新区打造成为新的城市发展增长极和体现现代都市形象的核心区。切实加强对中心城区大外环以内260平方公里区域的规划控制，注重增强主城区与副中心城区在规划、建设、管理上的整体性、协调性和关联性，增强辐射带动小城镇及中心村发展的能力。二是加强重要基础设施建设。集中组织实施一批对提升城市功能有重大作用的交通、能源、环保重点工程，积极推进省道102淄博段改建、寿平铁路淄博段、联通路综合整治、火车站南广场建设以及淄博环保热电厂、城区供热管网“汽改水”、坚强智能电网等一批重点项目，提高承载辐射功能。三是切实提高城市运营管理水平。建立健全“全时段、全覆盖”的城市环卫保洁机制和城乡垃圾一体化处理体系，推进城市管理的数字化、网格化、精细化。将资本运作、资产运营的理念贯穿于城市规划、建设和发展的全过程，保障城市可持续发展。

坚持城乡一体化，大力加强小城镇建设。以14个省、市级示范镇为重点，整体推进、重点突破，着力提高小城镇产业支撑能力和基础设施承载能力，使之成为拉动经济发展的重要增长极和带动农村劳动力就近转移的重要平台，为城乡一体化发展创造条件。一是高水平搞好小城镇规划建设。按照社区园区同步规划、三次产业协调发展的要求，尽快高水平完成小城镇总体规划和控制性详细规划编制修订工作，引导产业集聚、土地集约和人口集中。按照统筹兼顾、适度超前的原则，加强小城镇基础设施建设，精心设计建设核心街区、重要建筑群，着力建设一批小城镇精品工程。二是提高小城镇产业支撑能力。着力在发展特色产业集群、建设产业园区和培植骨干企业上下工夫，省、市级示范镇地方财政收入年均增幅要分别达到25%和20%以上，实现有活力、有后劲、可持续的发展。坚持集约、智能、绿色、低碳的方针，支持示范镇建设特色园区，积极承接城市劳动密集型企业转移，同时为城市高端产业发展腾出空间。三是加大对小城镇建设发展的扶持力度。全面落实扩权强镇政策，科学修编示范镇土地利用规划，新增建设用地指标和增减挂钩指标优先向示范镇倾斜，拓展示范镇建设发展空间。在落实省扶持政策的基础上，由市、区县财政共同支持，给予每个省、市级示范镇每年1000万元和600万元的专项扶持。实行市大班子领导挂包和市直部门对口帮扶制度，建立完善对示范镇的考核评价体系，确保示范镇建设发展走在全省前列。

提高区县域科学发展水平。在“四个层级”城镇化体系中，区县的地位和作用至关重要。要认真贯彻落实省市关于加快区县域科学发展的决策部署，促进区县域科学发展，争先进位。一是明确“三个板块”发展目标。“十二五”期间，张店区、临淄区、桓台县和高新区作为倍增板块，经济总量和财政收入要实现倍增，为全市发展作出更大贡献；淄川、博山、周村三个老工业区作为振兴板块，要确保实现“十二五”规划确定的目标，力争发展得更快、更好一些；高青、沂源两个欠发达县作为跨越板块，经济总量和财政收入要实现翻番，努力形成后发优势。鼓励各区县开展与省内外先进区县对标活动，明确目标、提升标杆、奋力赶超。二是有效激发动力活力。认真落实扩大区县域经济管理权限、税收分成、超收奖励等政策，在融资、用地等方面加大支持力度。健全完善重点突出、导向鲜明的考核评价体系，强化对财税收入、有效投入和科技创新的考核，激发各区县竞相发展、争先进位的积极性。三是用足用好重大政策利好。以高水平策划实施项目为切入点，积极争取“蓝黄两区”扶持政策以及产业投资基金项目。主动对接省会城市群经济圈发展规划，最大限度用好资源枯竭型城市、沂蒙革命老区等政策，继续做好博山独立工矿区政策争取工作，务求政策效益最大化。

（五）大力加强生态文明建设。党的十八大首次把生态文明建设列入中国特色社会主义建设总体布局，这是在发展理念和实践上的重大创新。要把生态文明建设融入经济、政治、文化、社会建设的各方面和全过程，努力建设美丽淄博、生态淄博。

扎实推进节能减排。深入实施“十二五”节能减排综合性工作方案，多还老账、不欠新账，努力实现绿色发展、循环发展、低碳发展。一是突出源头治理。扎实推进“四大节能改造工程”和主要污染物减排工程，对现有重点用能企业和排放大户进行限期治理改造。深入推进农业、交通、公共机构、商业与民用等领域节能降耗，大力发展绿色建筑。坚持不懈地淘汰落后产能，坚决关停能耗高、污染重以及不具备安全生产条件的“土小”企业。加强产业发展趋势预测，做好过剩产能化解工作。以全省钢铁行业重组为契机，推动我市钢铁产业科学整合、提升转型。二是严格增量管控。严格落实能耗和排污总量控制以及能评、环评等制度，严把新建项目节能环保准入门槛，严格执行环保“第一审批权”和“一票否决权”，坚决杜绝新上高耗能、高排放、高污染和高危项目。三是推动集约发展。大力推动相关产业向专业园区聚集，解决布局散乱和污染围城、污染扩散问题。加快齐鲁化工区等重点园区的循环经济改造，深入实施中心城区南部区域产业优化升级工程，促进产业集约发展和资源高效利用。

加大环境保护工作力度。以创建国家环保模范城为抓手，集中抓好水和大气环境污染防治。继续实施骨干河道综合整治，加快新扩改建一批城镇污水处理厂、人工湿地和中水回用工程，完善雨污分流管网，搞好100家重点企业的水污染深度治理，主要河流水质稳定达标。加强重点企业脱硫脱硝设施建设，大力推进清洁能源替代工程，巩固提升秸秆禁烧转化成果，研究制定可入肺颗粒物（PM2.5）排放削减办法，全市空气质量良好率达到65%以上。大力加强农村面源污染治理和重金属污染防治，加快建设全市危险废物综合处置中心，健全环境应急管理体系，确保环境安全。进一步完善公安环保一体化执法机制，对环境违法行为坚决予以“顶格处罚”。

大力加强城乡生态环境建设。突出抓好国家森林城市、国家生态园林城市创建工作，深入实施森林围城等大环境绿化工程，进一步增加城乡绿量、提升绿化品质，全年完成造林合格面积10万亩以上，新增城市绿地300公顷以上。加强森林防火能力、有害生物防控能力建设，确保森林资源安全。扎实开展全国水生态文明城市创建工作，搞好重点流域生态环境综合整治，推进“清水润城”工程，构建生态水系。加快建立生态补偿机制，加强饮用水水源地保护。加大太河水库、文昌湖、马踏湖、大芦湖、四宝山等重点区域的生态修复力度，深化露天开采矿山环境综合治理。坚持最严格的耕地和基本农田保护制度，扎实开展增减挂钩、工矿废弃地复垦利用、低丘缓坡等未利用地开发利用试点，积极争创全国国土资源节约集约模范市。进一步完善推进生态淄博建设的法规体系、标准体系和目标责任考核体系，建立生态文明建设长效机制。

(六)扎实推进文化强市建设。文化是城市综合实力和竞争力的重要组成部分。要适应人民群众日益增长的精神文化需求，全面促进文化大发展大繁荣，加快由文化大市向文化强市的跨越。

加强社会主义核心价值体系建设。坚持社会主义先进文化的前进方向，深入开展社会主义核心价值体系宣传教育普及，用社会主义核心价值体系引领社会思潮、凝聚社会共识。大力弘扬民族精神和时代精神，进一步培育以诚信、务实、开放、创新为主要特征的城市精神。深入开展道德领域突出问题专项教育和治理，深化群众性精神文明创建活动，巩固提升全国文明城市创建成果。

加强公共文化服务体系建设。按照公益性、基本性、均等性、便利性的原则，加快构建覆盖城乡、惠及全民的基本公共文化服务体系。加快镇(办)综合文化站、农村文化大院、镇村公共电子阅览室和社区文化中心建设，提高文化惠民工程实效。积极做好“十艺节”承办、参演工作，搞好有关场馆设施改造，打造一批艺术精品。扎实推进文化遗产保护，加强齐文化研究开发，进一步扩大齐文化品牌影响力。

提升文化产业竞争力。坚持以改革创新为动力，大力推进文化与经济社会融合发展。积极培育发展一批文化龙头企业，实施一批具有示范效应和产业拉动作用的文化产业重点项目，加快发展动漫游戏、印刷出版、工艺美术和文博、创意会展等特色产业。深入推进国有文艺院团改革，组建淄博演艺集团，增强经营活力。加强文化市场和网络社会管理，净化市场环境。

(七)坚定不移深化改革扩大开放。坚持把改革创新精神贯穿到经济社会发展各个环节，不失时机地推进重点领域改革，实施更加积极主动的开放战略，切实增强转型发展的动力与活力。

深化重点领域改革。处理好政府与市场的关系，更加尊重市场规律，更好地发挥政府作用。坚持两个“毫不动摇”，激发各类市场主体的活力和创造力。进一步放宽市场准入，鼓励和扩大民间投资，大力发展和引进股权投资基金。完善各类国有资产管理体制，积极推进国有资源整合重组，加大优质资产注入力度，增强市城运公司投融资功能，提高政府通过市场化手段优化资源配置的能力。改进支持产业发展的模式，科学整合建设性财政资金，集中用于对重点项目进行贴息，充分放大财政资金的导向和杠杆效应。进一步深化企业改革，完善支持企业上市的政策措施，力争新增上市公司3家。加快地方金融改革创新，鼓励小额贷款公司增资扩股，规范发展信用担保业，不断完善金融服务体系。建立健全监测预警、组织协调和应急处置机制，坚决守住不发生系统性和区域性金融风险的底线。

提高开放型经济发展水平。面对世界经济进入深度转型调整期的新形势，要因势利导，顺势而为，促进开放型经济向着优化结构、拓展深度、提高效益的方向转变。一是坚持招商引资规模与质量并重。瞄准我市新型工业化、城镇化的重点需求，集中力量实现产业链招商、产权招商、新城区重点功能区块招商和企业境外上市的新突破。加大招才引智力度，鼓励支持有条件的企业积极引进高端人才和专业人才，走快捷可靠的创新发展之路。继续办好陶博会和新材料技术论坛，将其打造成为我市开放创新的重要平台。二是坚持对外经贸总量与结构并举。全面落实国家鼓励出口的政策，深入实施品牌战略和科技兴贸战略，推动加工贸易向产业链高端延伸，不断提高机电和高新技术产品出口比重。充分发挥淄博保税物流中心的口岸服务功能，加快建设综合保税物流园区。努力扩大重要产品出口，扩大先进设备、关键零部件和能源原材料大宗商品进口，适度扩大消费品进口。三是进一步做好“走出去”的文章。支持宏达矿业等境外投资和资源开发项目，鼓励企业建立境外自主营销渠道，切实用好两个市场、两种资源，拓展经济发展空间。积极参与区域经济合作，加快石嘴山淄博工业园等“飞地”园区建设。

（八）加强民生和社会建设。按照“守住底线、突出重点、完善制度、引导舆论”的思路，扎实做好民生工作，加强和创新社会管理，多谋民生之利，多解民生之忧，促进社会和谐稳定。

统筹做好城乡就业和社会保障工作。实施就业优先战略和更加积极的就业政策，重点做好以高校毕业生为重点的青年就业工作和农村转移劳动力、城镇困难人员、退役军人就业工作，促进以创业带动就业。力争年内新增城镇就业 8.3 万人，新增农村劳动力转移就业 7 万人。推行企业工资集体协商制度，保障职工劳动权益。着力完善社会保障体系，抓好各项保险的扩面征缴工作。进一步提高城镇职工医疗保险统筹基金最高支付限额、提高城镇职工和居民大额医疗救助基金最高支付限额、提高医保门诊统筹报销比例，将城镇居民医疗保险和新农合财政补助标准提高到每人每年 280 元，将农村低保标准提高到年人均不低于 2500 元，积极稳妥开展城乡居民大病保险。加强农村“五保”供养和城镇“三无”人员、孤残儿童保障以及流浪乞讨人员救助工作。大力发展慈善、红十字事业，健全残疾人社会保障和服务体系。

加强保障性住房建设。保质保量完成省政府下达我市的保障性住房建设任务，年内开工建设各类保障性住房 8000 套，年底前基本建成 10000 套。结合产业布局调整以及全市资本市场、创新平台和重点园区发展需要，坚持政府主导、企业主体、市场运作，着重推进公共租赁住房建设，稳定职工队伍，吸引留住人才。用好住房公积金贷款支持保障性住房试点政策，推动在普通商品房项目中配建保障性住房。认真贯彻廉租房、经适房、公租房三个《管理办法》，建立健全住房保障准入、退出和管理机制，确保分配公平、管理规范、群众满意。

提高社会事业发展水平。以办好人民满意的教育为目标，全面完成学前教育三年行动计划、中小学校舍安全工程和办学条件标准化建设任务，科学推进中心城区东部城区教育资源布局调整，加快淄博三中新校等学校建设，构建现代职业教育体系，支持发展高等教育，完善教育管理机制，促进各级各类教育协调、均衡发展。深化医药卫生体制改革，巩固完善基本药物覆盖制度和基层运行新机制，推进临淄区、桓台县公立医院综合改革试点。启动市全科医师临床培养基地等一批重点医疗卫生项目建设，不断增强公共卫生和医疗服务能力。加强计划生育工作，稳定低生育水平，提高出生人口素质。广泛开展全民健身运动，组织办好第 16 届市运会。加强国防动员和双拥共建工作，推动军民融合式发展。保障妇女、儿童、老年人合法权益，促进老龄、社会福利等各项事业健康发展。

加强和创新社会管理。全面实施社会管理创新“三大工程”，加快构建“六位一体”立体化、全覆盖社会管理新格局，夯实基层基础工作。深入实施第四个社区建设三年规划，大力推行网格化管理和村（居）民事务代办制度。科学整合管理资源，加快建设市社会管理调度指挥中心，积极争取国家“智慧城市”试点，构建全域数字城市，实现对社会治安、安全生产、城市管理、环境保护、规划建设等重点领域的全覆盖、网格化、即时化管理，从本质上提高社会管理的信息化、现代化水平。坚持以群众工作统揽信访工作，认真排查调处影响发展稳定的突出矛盾和问题。深入实施固本强基维稳工程，积极开展普法依法治理，推进公共安全体系建设，严厉打击违法犯罪活动。大力加强安全生产工作，加强食品药品安全监管，健全应急管理体制机制，努力维护社会大局和谐稳定。

三、建设干事创业的服务型政府

经济社会发展的新形势和人民群众的新期待，对政府工作提出了新的更高要求。必须坚持为民、务实、清廉，切实加强干事创业的服务型政府建设，大力唱响发展发展再发展、实干实干再实干的主旋律。

强化宗旨意识，建设服务政府。人民对美好生活的向往，就是我们的奋斗目标。我们要牢记全心全意为人民服务的宗旨，真正把以人为本、执政为民作为检验政府一切工作的最高标准。坚持深入基层，深入群众，问政于民、问计于民、问需于民，凡是有利于富民强市的事情，全力去做；凡是国家出台的惠民政策，坚决落实；凡是群众反映强烈的突出问题，务必解决。切实以对淄博发展的真责任，对城乡百姓的真感情，密切与人民群众的血肉联系，交出一份合格的答卷。

大兴实干之风，建设效能政府。空谈误国，实干兴邦。要大力精简会议文件，下决心改进会风文风，杜绝庸懒散奢，聚精会神出实招、干实事、求实效。实行“两条线”工作法，常规工作明确分工、高效推进，重点工作全力以赴、务求突破。集中力量抓好促发展创优势的大事，抓好打基础管长远的要事，抓好破瓶颈增后劲的难事，千方百计增强淄博综合实力，提升淄博城市地位。强化工作目标责任制，严格督查考核，严明工作纪律，确保令行禁止、政令畅通，全面提高政府执行力。

推进依法行政，建设法治政府。认真落实依法治国基本方略，提高各级政府运用法治思维和法治方式深化改革、推动发展、化解矛盾、维护稳定的能力，全面提高行政决策、执行、监督的法治化、民主化、科学化水平。加强行政程序能力建设，深化行政审批“两集中、两到位”改革，提高电子政务水平，规范行政执法行为，改革行政复议体制，推动政府管理与服务创新，优化发展环境。自觉接受人大及其常委会监督、政协民主监督、媒体舆论监督和社会监督，确保权力在阳光下运行。

坚持从严治政，建设廉洁政府。全面落实党风廉政建设责任制，健全完善惩治和预防腐败体系，加强对重要岗位、关键环节的监督和制约，强化领导干部经济责任审计，规范权力运行。推进反腐倡廉制度创新，加快建设公共资源交易平台，全面推行廉政风险防范管理。各级政府及政府各部门领导干部要带头执行《廉政准则》，严格执行重大事项报告制度，以勤政为民、廉洁清正的实际行动，赢得群众的信任与支持，维护党和政府的良好形象。

各位代表！面对全市人民的信任和重托，面对新的挑战和考验，我们倍感使命在肩、责任重大。让我们紧密团结在以习近平同志为总书记的党中央周围，在中共淄博市委的坚强领导下，解放思想、励精图治，万众一心、埋头实干，奋力开创淄博科学发展新局面，为加快建成更高水平、更高质量的全面小康社会而努力奋斗！

2012年淄博市国民经济和社会发展统计公报

淄博市统计局

（2013年2月6日）

2012年，在市委、市政府的坚强领导下，全市上下牢牢把握主题主线和稳中求进的工作总基调，积极应对复杂严峻的国际经济形势和国内繁重的改革发展稳定任务，积极作为，攻坚克难，统筹推进稳增长、调结构、促改革、惠民生等各项工作，老工业城市"转调创"的科学发展步伐明显加快，经济社会发展实现了稳定增长，为"十二五"规划目标的顺利推进奠定了坚实的基础。

一、综合

综合实力显著增强。初步核算，全年地区生产总值(GDP)超3500亿元，达3557.2亿元，按可比价格计算，比2011年增长10.5%。其中，第一产业增加值123.7亿元，增长5.2%；第二产业增加值2101.2亿元，增长11.5%；第三产业增加值1332.3亿元，增长9.4%。三次产业比例由2011年的3.6：60.2：36.2调整为3.5：59.0：37.5。人均生产总值77876元，比2011年增长10%，按年均汇率折算为12361美元/人。

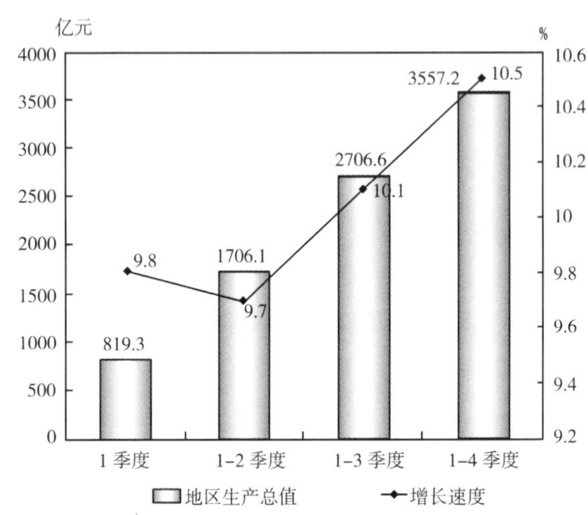

2012年分季度地区生产总值及其增长速度

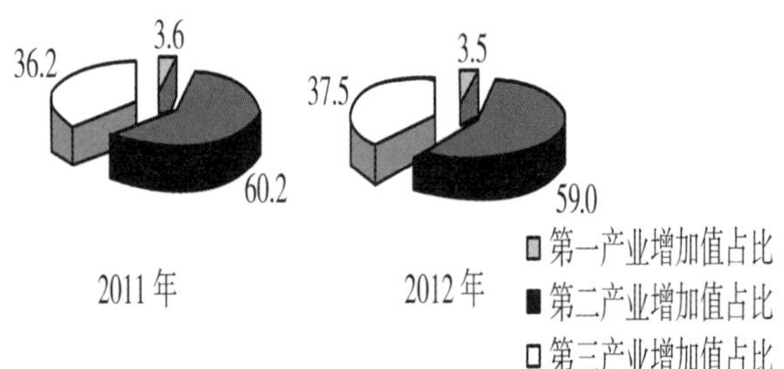

2011、2012年三次产业增加值构成(%)

就业形势总体稳定。全年实现城镇新增就业14.7万人次，实现农村劳动力转移就业10万人次，失业人员再就业人数6.7万人，其中，困难群体再就业人数0.9万人。年末，城镇登记失业率为2.5%，低于全年4%的控制目标。

物价涨幅稳中趋降。月度居民消费价格(CPI)持续回落，从年初的上涨4.9%之后震荡下行，12月回落至1.3%。全年居民消费价格累计同比上涨2.3%，低于全国平均水平0.3个百分点，高于全省平均水平0.2个百分点。其中，消费品价格上涨2.5%，服务项目价格上涨1.7%。分类别看，八大类消费品价格六升二降，食品、烟酒、衣着类分别上涨4.2%、3.8%、3.7%，家庭设备用品及维修服务、医疗保健和个人用品、居住类分别上涨1.9%、1.7%和1.6%；交通和通信、娱乐教育文化用品及服务均下降0.2%。工业生产者价格涨幅自年初逐月收窄，出厂价格、购进价格分别从4月、5月开始转为同比下降态势。全年工业生产者出厂价格下降2.12%，工业生产者购进价格下降0.57%。全年房屋销售价格累计同比上涨0.7%，涨幅比2011年回落4.5个百分点，比一季度和上半年分别回落 1.3 个和 0.5 个百分点，比前三季度提高 0.1 个百分点。

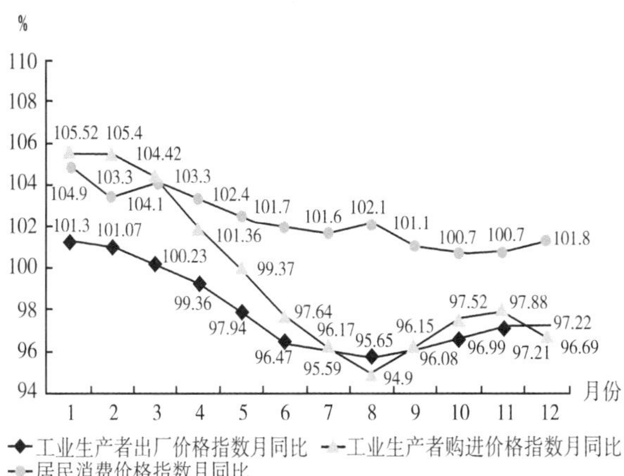

2012 年各月价格指数

招商引资步伐加快。全市外来投资 3000 万元以上招商引资项目 169 个，实际到位资金 230.3 亿元，增长 13.0%。其中，过亿元的招商引资项目 73 个，比 2011 年增加 8 个，实际到位外来投资 175.1 亿元，占全部外来投资的 76.0%，比 2011 年提高 1.4 个百分点。工业招商质量明显提高。全市外来投资 3000 万元以上工业项目 95 个，实际到位外来投资 137.7 亿元，其中战略性新兴产业项目 56 个，占工业项目数量的 58.9%，实际利用外来投资 71.5 亿元，占工业项目利用外来投资的 51.9%。服务业利用外来投资快速增长。全市外来投资 3000 万元以上服务业项目 75 个，实际到位外来投资 86.7 亿元，比 2011 年增长 59.1%，占全部外来投资的 37.6%，比 2011 年提高 10.9 个百分点。农业利用外来投资成为新亮点。全市农业招商项目 9 个，实际到位外来投资 5.9 亿元，比 2011 年增长 78.8%，占全部外来投资的 2.6%。其中，布莱凯特生态农业、益丰利农业开发等农业产业化项目正逐渐形成规模，农业投资成为许多投资者稳健的投资选择之一。股权招商及上市融资迈出新步伐。2012 年，龙泉股份、银仕来控股、联创节能等企业先后在境内外资本市场完成上市，新华医疗实现配股增发，欧锴空调、鲁华泓锦化工、布莱凯特黑牛科技等企业实施股权招商，全市通过股权及上市融资的项目达 13 个，实际到位外来投资 31.4 亿元，占全部外来投资总额的 13.6%。

品牌带动战略成绩显著。年末，全市拥有中国名牌产品 30 个，国家地理标志产品保护认定 2 个，国家级质检中心 2 个；新增省级质检中心 3 个，总数达 11 个；新增中国驰名商标 20 个，总数达 67 个；新增全省优质产品生产基地 2 个，总数达 6 个；新增全省龙头骨干企业 5 个，总数达 13 个；新增山东名牌产品 56 个，总数达 141 个；新增山东省服务品牌 14 个，总数达 29 个。

二、农林牧渔业

农业生产形势良好。全年实现农林牧渔业总产值 219.4 亿元，比 2011 年增长 5.3%。其中，农业总产值 143.7 亿元，增长 5.3%；林业总产值 11.7 亿元，增长 6.9%；牧业总产值 53.2 亿元，增长 5.0%；渔业总产值 4.3 亿元，增长 4.3%；农林牧渔服务业总产值 6.5 亿元，增长 5.9%。

主要农牧产品质优量增。粮食连续十年增产增收，全年粮食总产量 177.9 万吨，比 2011 年增长 0.2%，其中夏粮 77.7 万吨，比 2011 年增长 0.4%，秋粮 100.2 万吨，与 2011 年持平。畜牧业生产平稳增长，全年肉类总产 18.5 万吨，比 2011 年增长 4.2%。品牌农业、有机农业发展势头良好，都市农业顺利起步。“三品一标”品牌总数达 257 个，其中获得无公害认证农产品 35 个、获得绿色认证农产品 122 个、获得有机认证农产品 82 个、获得国家地理标志农产品 18 个。

农业产业化水平进一步提高。年内，市级重点龙头企业新增 10 家，总数达 132 家；新增农业合作社 369 家，总数达 1903 家；新增农机专业合作社 15 家，总数达 169 家，其中 5 个被列为省级规范化作业推进项目。

农村生产生活条件进一步改善。农业机械化装备及服务能力提高。全年农机总值 30.2 亿元，比 2011 年增长 6.9%；农机总动力 352 万千瓦，增长 3.4%，其中农用排灌动力 82.2 万千瓦。农田水利建设得到加强。有效灌溉面积 12.5 万公顷，其中节水灌溉面积 7.8 万公顷，比 2011 年增长 6.9%。农村生活设施水平不断提高。全年农村用电量 52.3 亿千瓦时，实现村村通电话、通汽车率均为 100%，通自来水率 98.6%，比 2011 年提高 1.2 个百分点。

2012 年主要农牧产品产量及增长速度

产品名称	计量单位	2012 年	比 2011 年±%
粮食	万吨	177.9	0.2
夏粮	万吨	77.7	0.4
秋粮	万吨	100.2	0.0
棉花	万吨	0.8	-24.7
油料	万吨	2.5	0.5
蔬菜	万吨	221.5	2.2
水果	万吨	110.3	8.0
肉类	万吨	18.5	4.2
禽蛋	万吨	7.2	2.2
奶类	万吨	12.6	2.3

三、工业和建筑业

工业经济运行缓中趋稳。年末，全市规模以上工业企业 3143 家。全年规模以上工业总产值 10532 亿元，比 2011 年增长 14.2%。规模以上工业增加值比 2011 年增长 11.4%。分轻重工业看，轻工业增长 8.1%，重工业增长 12%；分行业看，37 个行业大类中有 32 个行业实现增长。产销率达 98%，比 2011 年下降 1.1 个百分点。在调度的 227 种工业产品中，产量增长的有 121 种，占 53.3%。其中陶质砖增长 40%；化学纤维增长 44.2%；汽车增长 10.2%；钢材增长 15.1%。

2012 年主要工业产品产量及增长速度

产品名称	计量单位	2012 年	比 2011 年±%
原煤	万吨	1587.3	-3.4
布	万米	97584.0	70.4
原油加工量	万吨	1461.2	-4.6
乙烯	万吨	80.3	-5.8
合成橡胶	万吨	42.7	持平
化学药品原药	万吨	7.6	7.8
中成药	吨	930.0	1.1
化学纤维	万吨	20.5	44.2
塑料制品	万吨	26.3	-8.2
水泥	万吨	1748.0	-1.6
瓷质砖	万平方米	68683.1	-1.8
陶质砖	万平方米	5898.3	40.0
平板玻璃	万重量箱	3744.3	-0.5
钢材	万吨	401.6	15.1
氧化铝	万吨	196.3	-13.4
泵	万台	25.6	-0.9
汽车	辆	69167.0	10.2
电子元件	万只	142473.7	-37.0
发电量	亿千瓦时	216.7	-1.6

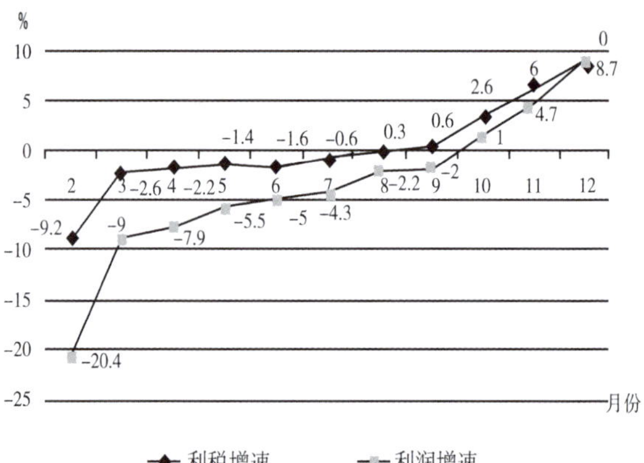

2012 年各月累计规模以上工业利税、利润增长速度

工业效益止降回升。全市上下通过不断加强引导和扶持力度，采取措施稳产增效，企业效益逐步回暖。全年规模以上工业实现主营业务收入 10327.8 亿元，比 2011 年增长 12.3%；实现利税 1280 亿元，增长 9%，其中利润 780.1 亿元，增长 8.7%。全年规模以上工业经济效益综合指数 360.7%，比 2011 年提高 13.9 个百分点。

转型升级步伐加快。全年高新技术产业总产值 2983.8 亿元（新口径），占规模以上工业总产值的 28.3%，较年初提高 1.2 个百分点。六大战略性新兴产业发展势头强劲，全年实现主营业务收入 2935.8 亿元，比 2011 年增长 22.5%，占规模以上工业的比重为 28.9%；实现利税 411.6 亿元，增长 27%，其中利润 269.6 亿元，增长 23.6%，主营业务收入、利税、利润增速分别高出全市平均水平 10.2 个、18 个和 14.9 个百分点。

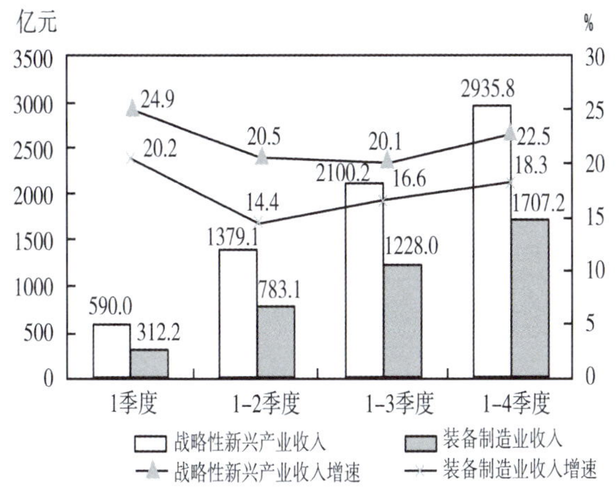

2012年分季度累计战略性新兴产业、装备制造业主营业务收入及其增长速度

装备制造业效益良好。全年实现主营业务收入1707.2亿元,增长18.3%,高出全市平均水平6个百分点;实现利税256亿元、利润166亿元,分别增长23%、23.1%,高出全市平均水平14个和14.4个百分点。

建筑业平稳较快发展。全市资质内建筑企业完成建筑业总产值746.5亿元,比2011年增长21.2%。其中,建筑工程产值595.2亿元,增长29.7%;安装工程产值118.2亿元,增长13.0%。省外发展空间扩大,建筑企业在外省完成产值93.2亿元,增长68.6%,增幅比2011年提高48.0个百分点。全年建筑业企业签订合同额1094亿元,增长24.8%。其中,当年新签合同额815.5亿元,增长23.6%。全年建筑业企业房屋建筑施工面积6268.0万平方米,比2011年增长18.4%。其中,当年新开工面积3755.0万平方米,增长20.0%。

四、固定资产投资

固定资产投资平稳增长。全年完成固定资产投资1743.3亿元,比2011年增长20.5%。其中第一产业投资28.7亿元,增长40.5%;第二产业投资853.6亿元,增长23.7%,其中工业投资840.2亿元,增长23.2%;第三产业投资861亿元,增长17.0%。三次产业投资结构由2011年的1.8∶48∶50.2调整为1.6∶49∶49.4。民间投资活跃。全年完成民间投资1565.4亿元,增长23.3%;民间投资占全部投资额的89.8%,提高3.8个百分点;改建和技术改造投资1084.8亿元,增长42.1%;占全部投资额的比重达62.2%,提高9.2个百分点。投资项目规模扩大。全年新开工项目2291个,增加118个,其中亿元以上项目283个,增加42个。房地产投资下滑。受房地产调控政策影响,全年房地产开发完成投资155.7亿元,比2011年下降21.1%。

五、国内贸易

消费市场平稳运行。全市上下克服经济增长放缓的不利影响,千方百计扩大内需,稳定市场,全年实现社会消费品零售总额1363.6亿元,比2011年增长15.0%。其中,限额以上企业实现零售额820.4亿元,增长17.7%。城乡市场协调发展。城镇市场实现零售额786.4亿元,增长17.6%;乡村市场实现零售额34亿元,增长13.0%。

热点商品销售活跃。在限额以上企业商品零售中,金银珠宝类增长14.2%,服装、鞋帽、纺织品类零售额增长18.5%,家具类增长18.7%,建筑及装潢材料类增长14.9%,石油及制品类增长20.6%;汽车类实现零售额194.5亿元,增长23.7%,占限额以上批零企业零售额的比重达26%,比2011年提高1.2个百分点。

六、对外经济

对外贸易小幅增长。全年实现进出口总额95.3亿美元,比2011年增长5.5%。其中,出口53.2亿美元,下降0.1%;进口42.1亿美元,增长13.5%。从出口企业类型看,三资企业出口占主导地位,累计完成出口26.2亿美元,下降1.7%;国有企业出口4亿美元,下降0.6%。从出口贸易方式看,一般贸易出口完成37.7亿美元,下降1.1%,占出口总额的70.9%;加工贸易出口15.3亿美元,增长1.1%。新兴市场贸易额占比增加。全年与新兴市场的贸易额达56.8亿美元,占全部进出口额的59.6%,提高5.6个百分点。出口增长最快的贸易伙伴是澳大利亚(15.2%)、俄罗斯(14.4%)和东盟(7.0%);进口增长最快的贸易伙伴是俄罗斯(142.5%)、台湾(32.4%)和中东(22.3%)。从出口产品类型看,增幅较高的是农副产品及建材产品，出口额分别增长60.1%和24.7%；其次为机电产品和服装，出口分别增长17.4%和10.4%。出口份额较大的是石油化工产品，其出口额占全部出口总额的比重达27%。

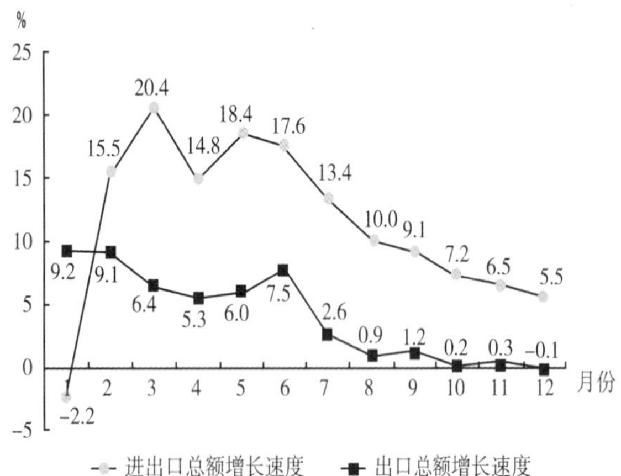

2012年各月累计进出口、出口增长速度

利用外资稳定增长。全年累计新批外商投资企业24家，比2011年减少8家；实际到账外资（外商直接投资）5亿美元，增长11.2%；实际利用外资7.9亿美元，增长11.4%；全年批准项目个数47个，其中1000万美元以上项目个数18个。1000万美元以上项目到账外资（外商直接投资）3.3亿美元，增长1.2%。

七、交通、邮电和旅游

交通运输生产增势平稳。年末，全市公路通车里程1.1万公里，其中，高速公路通车里程206公里。机动车保有量118.6万辆，比2011年增加5.4万辆；其中，个人拥有汽车50.6万辆，增加6.5万辆。现有公共汽车线路271条；营运公交车2920辆，增加93辆；出租车6492辆。全年公路客运量4.2亿人次，比2011年增长4.2%；货运量2.6亿吨，增长3.3%。公路客运周转量、货运周转量分别为140.8亿人公里和885.1亿吨公里。

邮电通信业稳步发展。全年邮政业务总量2.4亿元。函件总数2878.9万件；报纸、杂志累计份数分别达7543.4万份、333.5万份；集邮邮票388.4万枚。电信业务总量35.4亿元，增长12.3%，光缆线路总长度97.8万芯公里，增长13.7%。年末固定电话用户84.8万户，比2011年减少3.6%；移动电话用户540.4万户，增长2.6%；国际互联网用户74.4万户，增长15.1%。

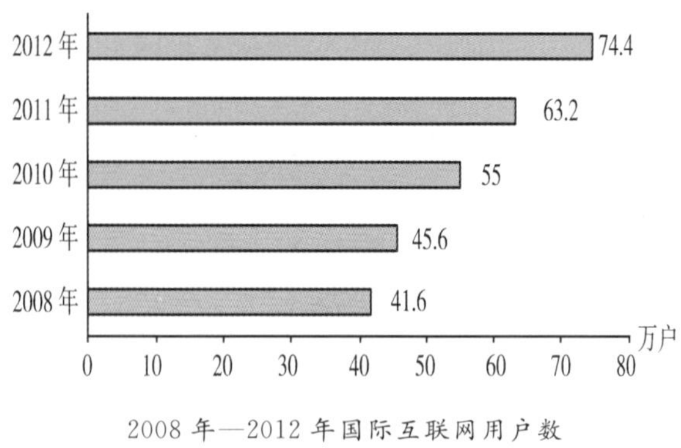

2008年—2012年国际互联网用户数

信息产业发展势头良好。全市现有电子信息企业（电子信息产品制造业和软件业）164家，比2011年新增15家。按新口径计算的电子信息产业实现主营业务收入、利税、利润依次为301.7亿元、44.1亿元、31.5亿元，分别增长22.3%、25.8%、22.5%；其中软件业实现主营业务收入、利税、利润分别为11.4亿元、1.3亿元、0.8亿元，分别增长81.6%、50.6%、54.7%。目前拥有省级电子制造产业基地（园区）4个，软件产业园1个，认证软件企业86家，登记软件产品378个，软件著作权236个。

旅游产业不断发展壮大。年末，国家A级旅游区（点）总量达37处。其中，AAAA级旅游区（点）10处、AAA级旅游区（点）14处、AA级旅游区（点）13处。全年实现旅游外汇收入1.3亿美元，比2011年增长11.9%；国内旅游收入302.9亿元，增长18.7%。接待海外游客23.2万人次，增长11.0%。其中，外国游客14.0万人次，增长2.3%；香港、澳门、台湾同胞游客91743人次，增长27.6%。接待国内游客3496.6万人次，增长14.1%。

八、财政、金融和保险

财政收支增势平稳。全年实现境内财政总收入518亿元，增长10.5%。其中，公共财政预算收入236.3亿元，增长16.1%；全市税收总额427.3亿元，增长8.7%。其中，国税收入259.9亿元，下降0.8%；地税收入167.4亿元，增长27.9%。全年公共财政预算支出290.9亿元，增长14.9%。财政支出加大保障民生力度。全年用于民生方面的支出达165.3亿元,增长18%,占总支出的比重为56.8%,比2011年提高1.5个百分点。其中,住房保障支出增长217.8%,教育支出增长19.6%,医疗卫生支出增长22.9%,社会保障和就业支出增长14.3%,文化体育与传媒支出增长14.2%,农林水事务支出增长21.7%。

金融市场运行稳健。年末,人民币各项存款余额3164.9亿元,比年初增加439.5亿元,新增额同比多增183.5亿元。其中,单位存款余额1376.7亿元,居民储蓄存款余额1690.2亿元。人民币各项贷款余额2109.8亿元,比年初增加237.4亿元,多增51.5亿元。贷款结构改善。短期贷款余额1366.9亿元,比年初增加246.2亿元,多增41.6亿元;中长期贷款余额644.4亿元,比年初减少36.4亿元,少增66.7亿元;个人消费贷款余额320.4亿元,比年初增加43.7亿元,多增16.6亿元。

保险业健康发展。年末,全市拥有商业保险分支机构45家,其中,财产保险机构22家,人寿保险机构23家。保险从业人员2.5万人,比2011年增长8.7%。实现保费收入64.8亿元,增长7.2%。其中,产险保费收入24.1亿元,增长9.3%;寿险保费收入40.7亿元,增长6.0%。支付各项赔款与保险金13.6亿元,增长19.7%。其中,产险赔付10.9亿元,增长20.3%;寿险赔付2.7亿元,增长17.3%。保险深度为1.8%,比2011年降低0.02个百分点。保险密度为1530.3元,人均增加132.3元。

九、科学技术

科技事业成果丰硕。全年取得重要科技成果207项,比2011年增加11项。其中,农业领域6项,工业领域132项,医疗卫生领域65项。达到国际、国内领先先进水平的科技成果数分别为61项和146项。获得省以上科学技术奖27项,其中,国家科学技术奖2项。全年签订技术合同和技术合同成交金额大幅增加。签订技术合同567项,增加294项,技术合同成交金额13.5亿元,增长84.42%。国内专利申请量10120件,增长2.9%,专利授权量4401件,增长15.2%,其中,发明专利授权量541件,增长23.8%。

创新平台建设得到加强。按新办法认定的高新技术企业达221家,比2011年增加18家。年内新增15家院士工作站,累计达54家;博士后科研工作站(分站)达29家;现有省级重点实验室10个,市级以上工程技术研究中心和企业技术中心638家,增加102家,其中,省级研究中心211家,国家级9家。

科技人才工作取得积极进展。全市拥有突出贡献的国家级中青年专家2人,省级中青年专家28人,享受国务院政府特殊津贴专家144人,新世纪百千万人才工程国家级人选4人;院士工作站进站院士增加10人,达44人。年末,全市取得高级专业技术资格人数达2.9万人,中级专业技术资格9.6万人。新增山东省首席技师7人,累计达52人;新增技师、高级技师1322人,累计达16303人。

十、教育、文化、卫生和体育

教育水平不断提高。年末,全市拥有幼儿园812所,在园幼儿数11.75万人,比2011年减少459人;学前一年入园率100%;小学学龄儿童入学率100%。义务教育阶段小学招生4.07万人,毕业4.76万人;初中毕业生5.31万人,初中毕业生普通高中升学率64.7%,提高1.8个百分点。高中阶段教育(包括普通高中、中等职业学校、技工学校)招生7.74万人,在校生19.44万人,普通高中、中等职业学校和技工学校占高中阶段在校学生总数的比例分别为52.2%、31.7%和16.1%。普通高等教育本专科共招生2.72万人,比2011年减少755人;在校生9.2万人,减少5102人;毕业生3.17万人,减少730人。

文化艺术繁荣发展。年末,全市拥有艺术表演团体177个,其中有专业院团3个,各种民间剧团174个;文化站88个,文化(艺术)馆9个,博物馆15个,公共图书馆9个;省级文化产业示范基地9个;动漫产业基地1个。拥有全国统一编号报纸7种,刊物8种;省内部资料13种,比2011年增加5种;新增版权作品登记14件。拥有广播电台和电视台各1座,节目套数分别为4套、5

套。有线电视用户、数字电视用户和数字高清电视用户分别为92万户、60万户和11万户。年末，广播、电视人口覆盖率分别为100%和99.3%。

卫生事业再上新台阶。年末，全市拥有卫生机构1489个。其中，医院125个，社区卫生服务中心173个，乡镇卫生院90个，妇幼保健机构9个，专科疾病防治机构5个，疾病预防控制机构9个，卫生监督机构10个。各类卫生机构拥有床位2.5万张，卫生技术人员2.8万人，分别增加0.1万张和0.1万人；其中，执业医师(含助理)1.1万人，注册护士1.1万人。

体育事业健康发展。全年我市运动员在省级以上比赛中共获得奖牌436枚，其中金牌190枚(2012国际体操联合会体操世界杯金牌1枚)、银牌97枚、铜牌149枚。年末全市业余体校学员数1316人。群众体育事业蓬勃发展。拥有1个市级国民体质监测中心，1个县级全民健身中心，12个乡镇(街道)全民健身活动中心，24个城市社区和21个农村社区体育场地，900个农民体育健身工程点。

十一、城乡建设

市政建设重点工程稳步推进。全年市政公用基础设施完成投资32.2亿元，增长16.3%。建成区面积280.1平方公里，比2011年增长3.0%。年内新建道路27.9公里，改造道路54.3公里；新增雨水管道69.3公里、污水管道98.6公里，分别增长78.6%和85.4%，启动了新城区水系建设、北京路南段取直及慢车道建设、城乡生活垃圾处理设施建设等一系列重点项目。城市新开工建设垃圾中转站12座，其中已基本完工10座，城市生活垃圾无害化处理率达100%。城市平均每天供水87.7万吨；使用液化气、煤制气、天然气用户共120万户，比2011年增加48.8万户，集中供热面积4300万平方米；城市气化率和污水处理率分别达98.1%和95.0%，分别提高0.1个和1.5个百分点。

城市园林绿化成效显著。年末，建成区园林绿地面积10643公顷，比2011年末增加519公顷；建成区绿化覆盖率43.4%，提高0.8个百分点。现有公园43个，公园绿地面积新增187公顷，累计3207公顷；人均公园绿地面积16.6平方米，增加0.3平方米。

新型城镇化步伐加快。省市级示范镇、中心镇、中心村基础设施建设力度加大，全年中心镇、中心村建设累计完成投资10亿元。其中，中心镇基础设施建设项目165项，完成投资9.4亿元；中心村基础设施建设项目48项，完成投资4818.3万元。继续推进农村住房建设与危房改造工作，全年农村住房建设新开工13191户，完成投资12.6亿元，农村危房改造竣工1090户，完成投资3244万元。深入开展村容村貌综合整治，整治达标村庄976个。

保障性安居工程扎实推进。年内开工建设经济适用房6297套，竣工2688套，竣工率42.7%。年内开工建设廉租住房264套，竣工144套，竣工率54.5%。

十二、资源、环境和安全生产

土地资源节约集约利用。年末，全市土地面积59.6万公顷。农用地42.0万公顷，其中耕地面积21.2万公顷，增加158公顷。建设用地11.7万公顷，比2011年增加316.6公顷，其中城镇村及工矿用地10万公顷，增加242.7公顷；城市和建制镇用地3.9万公顷，村庄用地5.4万公顷。交通运输及水利设施用地1.7万公顷。未利用土地5.9万公顷。

水资源合理利用。全市多年平均水资源总量12.0亿立方米，其中，地下水资源量9.5亿立方米；年开采地下水6.5亿立方米，比2011年减少0.1亿立方米。大型水库蓄水量2.3亿立方米，减少0.4亿立方米。全年用水量11.2亿立方米，增加0.7亿立方米。其中，生活用水1.2亿立方米，增加0.3亿立方米；工业用水3.4亿立方米，增加0.8亿立方米；农业用水5.9亿立方米，增加0.03亿立方米；生态用水0.3亿立方米，减少0.2亿立方米。

林业发展扎实推进。全市现有集体林地面积270.9万亩，在集体林权制度改革中全部明晰产权。年内造林面积15.3万亩，森林覆盖率36.5%，比2011年提高0.5个百分点；林木蓄积量598万立方米，增长4%。现有自然保护区10个。全年全民义务植树1000万株。

环境治理富有成效。全年良好以上天数327天，比2011年增加36天，二氧化硫和可吸入颗粒物平均浓度下降19.7%和12.7%，实现了历史性的突破。重点河流出境断面COD和氨氮浓度分别降低2.2%和7.9%，省控河流断面全部达到恢复常见鱼类生长的要求。全市所有集中式饮用水源地水质达标率100%。区域环境噪声全部达到环境功能区划标准。公众对城市环境保护满意率达到85%以上。

气象地震服务保障有力。全年平均气温13.4℃，比2011年提高0.2℃。平均降水量561.5毫米，降低181.3毫米。现有8个国家气象观测站，62个区域气象观测站。地震台网的观测效能较高，拥有强震台8个、测震台7个。

安全生产形势总体良好。全年共发生各类生产安全事故1693起，比2011年下降4.4%；死亡366人，下降1.9%，受伤1276人，直接经济损失3228.8万元。道路交通事故万车死亡2.9人，下降4.9%。

十三、人口、居民生活和社会保障

人口小幅增长。年末，全市户籍人口总户数145.8万户，总人口423.7万人；出生人口3.9万人，出生率9.2‰；死亡人口3.6万人，死亡率2.5‰；自然增长率6.7‰。

城市居民收入较快增长。全年城市居民人均可支配收入为28189元，比2011年增长13.0%。在城市居民家庭人均总收入中，工资性收入18326元，增长17.7%；经营净收入2891元，下降3.0%；财产性收入982元，下降26.3%；转移性收入7604元，增长14.2%。城市居民人均消费支出16917元，增长5.8%。其中，食品支出5247元，增长10.4%。城市居民恩格尔系数为31%。城市居民人均住房建筑面积34.9平方米，增加0.5平方米。

农村居民收入持续增加。全年农民人均纯收入12378元，增长13.8%。其中，工资性收入7247元，增长13.1%；家庭经营性收入3979元，增长13.1%；财产性收入274元，下降5.6%；转移性收入879元，增长32.2%。人均生活消费支出7415元，增长14.8%。其中，食品支出2572元，增长13.5%。农村居民恩格尔系数为34.7%。农村居民拥有住房面积38.3平方米，比2011年增加1.6平方米。

社会保障体系不断完善。社会保险保障力度加大。年末，城镇基本养老、基本医疗参保人数分别为103.1万人和205.5万人，分别比2011年末增加4.4万人和9.6万人。失业、工伤和生育保险参保人数分别为68.6万人、89.3万人和60.6万人，分别增加0.9万人、5.6万人和3.0万人。全面实现了市级新农保与国家新农保并轨，参保农民达136万人，增加3.9万人；新型农村合作医疗保险参保人数232.4万人，增加1.4万人。连续8年调整企业离退休人员养老金待遇，月人均养老金达1870元。失业保险金标准由每人每月600元提高至730元，在全省失业保险金发放标准中处于最高水平，并为领取失业金期间的失业人员缴纳职工基本医疗保险。城乡低保补助水平继续提高。城镇月最低生活保障标准由321元提高至360元，保障人数3.1万人。农民最低生活年保障标准由1722元提高至2300元，保障人数8.2万人。社会救助事业稳步推进。拥有收养性社会福利单位196个，各类社会福利院床位数2.27万张，收养1.31万人。社区服务中心136个，城镇各种社区服务设施18263个。

城市每百户居民家庭主要耐用消费品拥有量

消费品名称	单位	数量
摩托车	辆	39
家用汽车	辆	27
洗衣机	台	100
电冰箱	台	106
彩色电视机	台	113
家用电脑	台	89
照相机	架	61
空调器	台	118
淋浴热水器	台	96
移动电话	部	199

农村每百户居民家庭主要耐用消费品拥有量

消费品名称	单位	数量
摩托车	辆	64
汽车(生活用)	辆	13
洗衣机	台	84
电冰箱	台	82
彩色电视机	台	110
家用计算机	台	39
照相机	架	15
空调机	台	44
热水器	台	63
移动电话	部	191

注:1. 公报数据均为初步统计数或初步核算数。
2. 全年生产总值、各产业增加值绝对数按现价计算,增长速度按不变价(可比价)计算。
3. 人均地区生产总值按常住人口计算。
4. 规模以上工业企业为年主营业务收入2000万元及以上企业;限额以上贸易企业为批发业年主营业务收入在2000万元及以上、零售业500万元及以上、住宿和餐饮业200万元及以上的单位。
5. 六大战略性新兴产业,其统计口径主要包括新材料、精细化工、电子信息、医药、汽车及机电装备、新能源及环保等六大产业。
6. 资质内建筑企业是指具有总承包和专业承包的建筑企业(含劳务分包企业)。
7. 对外贸易数据取自商务局。
8. 多年平均水资源总量是指当地多年平均降水量形成的地表和地下产水量,即地表径流量与降水入渗补给量之和。
9. 人口自然增长率按公安局户籍人口计算。
10. 恩格尔系数是指食品支出占消费支出总额的比重。
11. 根据省有关规定,全年能耗数据待省统计局审核评估后另行发布。

本部类编　辑:赵建国
副主编:徐　杰
校　对:吴建利
纪　瑗

大 事 记

淄博市十大新闻
（以时间先后为序）

一、中国共产党淄博市第十一次代表大会召开

2月2—5日，中国共产党淄博市第十一次代表大会召开。大会审议确定今后5年淄博市经济社会发展的指导思想、目标任务和工作部署，选举产生中共淄博市第十一届委员会和第十一届纪律检查委员会。大会号召，全市各级党组织和全体共产党员要以邓小平理论和“三个代表”重要思想为指导，深入贯彻落实科学发展观，强化生态文明，加快内涵发展，为全面开创殷实和谐经济文化强市建设新局面而努力奋斗。

二、孟祥民被中宣部确定为全国重大典型

2月5日，孟祥民被中宣部确定为全国重大典型。5月，《人民日报》、新华社、中央电视台等中央媒体对孟祥民先进事迹进行了集中宣传报道。6月8日，省委在济南举办孟祥民先进事迹报告会，省委书记姜异康会见报告团成员。9月5日，孟祥民先进事迹报告会在北京人民大会堂举行，中共中央政治局常委、国务院副总理李克强会见报告团成员。9月11—20日，孟祥民先进事迹报告团分赴黑龙江、江苏、河南、新疆、贵州等地举行报告会，引起强烈社会反响。

三、淄博市5项科技成果获国家大奖

在2月14日召开的国家科学技术奖励大会和2月23日召开的全省科学技术奖励大会上，淄博市26项重要科技成果获奖，其中国家科技成果奖5项、省科学技术奖21项，获奖数量和层次均居全省前列。近年来，全市紧紧围绕制约经济社会发展的重大问题，有效整合科技资源，着力推进产学研相结合，科技综合实力显著增强。截至年底，淄博市省级以上工程技术研究中心达到125家，院士工作站达到54家，省级重点实验室达到10家，均列全省前茅。

四、淄博市深入推进医疗卫生体制改革

年内，淄博市以医疗惠民为目标，深入推进医疗体制改革，基层医疗卫生服务体系不断完善。2月，农村合作医疗最高报销限额提高到15万元。4月，城镇居民基本医疗保险住院医疗费用报销比例由65%提升至85%。4月起，淄博市开始试点先诊疗后付费模式，让更多的困难群众享受到基本医疗服务。11月11日，投资4.6亿元的市中心医院新病房大楼正式启用，标志着淄博市综合医疗服务提高到了一个新水平。

五、淄博市体育事业发展实现新跨越

4月5—9日，2012年国际体联体操世界杯A级赛（淄博站）比赛在市体育中心综合馆举行，来自22个国家的146名运动员、教练员、裁判员参加比赛。此次比赛是淄博市有史以来承办的最高规格的国际体育赛事。7月31日，在伦敦举行的第三十届奥运会上，淄博籍体操名将张成龙力助中国体操男团再夺冠军，成为历史上第二位获得奥运金牌的淄博籍选手。

六、市直116名干部进村担任“第一书记”

从4月22日开始，从141个市直部门、单位选派的116名党员干部深入到部分工作薄弱村开始担任“第一书记”，帮助抓党建促发展保稳定，集中力量破解难题、强化班子，推动后进转化升级。

2012年，淄博市各级选派的“第一书记”与142个工作薄弱村结成帮扶对子1万余个，为帮扶村协调资金物资4297万元。

七、东岳氟硅材料产业园区百亿元项目奠基

6月29日，东岳集团氟硅材料产业园区百亿元投资项目奠基。新项目以科技、环保、国际化为方向，围绕新环保、新材料、新能源等核心产业，推动园区实现产业整体升级。经过25年的发展，东岳集团已经成长为亚洲规模最大的氟硅材料生产基地，在多个领域打破国外技术垄断。百亿元项目的奠基，将推动东岳集团向着千亿级氟硅材料产业园区和世界级品牌公司迈进。

八、山东首个南水北调工程配套工程在淄博市正式开工

7月26日，山东首个南水北调配套工程在淄博市正式开工。工程包括新建饮水工程、调蓄水库和输水工程三部分，总投资7.6亿元。建成后，一期淄博市每年可以引用长江水5000万立方米。南水北调淄博段工程对于淄博市统筹利用长江水、黄河水与境内水资源，从根本上化解水资源短缺矛盾，保障城市供水安全，提升水资源支撑能力，具有十分重要的意义。

九、“发展发展再发展，实干实干再实干”成为全市工作的主基调

2013年，面对复杂严峻的经济形势和科学发展的艰巨任务，全市各级各部门坚持把稳增长与促转调结合起来，克服困难、积极作为、稳中求进，全市经济实现平稳、快速、健康发展。9月，市委提出“发展发展再发展，实干实干再实干”的工作总要求，吹响了进一步加快淄博老工业城市科学发展的号角。10月15—19日，全市区县域科学发展现场观摩点评会议召开，动员全市上下牢牢把握主题主线，坚持发展发展再发展、实干实干再实干，进一步掀起项目建设的热潮。

十、学习宣传贯彻十八大精神掀起热潮

党的十八大召开后，全市各级党组织把学习宣传贯彻党的十八大精神作为首要政治任务，广泛发动，精心组织，在全市迅速兴起学习宣传贯彻十八大精神的热潮。全市领导干部会议和全市宣传部长会议相继召开，下发了《关于深入学习宣传贯彻党的十八大精神的通知》，对学习宣传贯彻十八大精神做出部署。举办培训班、报告会、研讨会、座谈会，成立宣讲团，深入基层一线开展层层宣讲。各新闻媒体开设专栏专题，刊播社论评论，撰写理论文章，邀请专家访谈，深入阐释十八大精神，营造浓厚舆论氛围。全市各级各部门把学习宣传贯彻十八大精神与做好当前各项工作紧密结合，进一步理清发展思路，形成了科学发展的生动局面。

（淄博市新闻工作者协会、淄博市新闻学会）

1—12月大事

1　月

5日　市政府与中国太平洋保险(集团)公司签署战略合作协议。太平洋保险在线服务科技有限公司在淄博陶瓷科技城揭牌。

9日　2011齐鲁精英人物风云榜在济南揭晓，山东得益乳业股份有限公司被评为“十大最具责任感机构”。

14日　省委常委、省纪委书记李法泉到淄博市走访慰问困难群众、优抚对象、老党员和生活困难党员，并对桓台县创先争优活动开展情况进行调研。

19日　中国共产党淄博市第十届委员会第十五次全体会议在张店举行。市委书记刘慧晏通报中共淄博市第十一次代表大会的指导思想、主要任务、议程安排，党代会报告起草情况，代表选举及资格初步审查情况，委员人选产生过程及构成情况，淄博市出席党的十八大代表候选人初步人选建议推荐人选、省第十次党代会代表候选人初步人选确定情况等，并对进一步做好大会筹备工作提出明确要求。

22日　省委副书记、省政协主席刘伟，省委

常委、政法委书记柏继民，省武警总队总队长南平一行到淄博市看望慰问节日期间一线执勤政法干警和武警官兵。

2　月

2—5 日　中国共产党淄博市第十一次代表大会在齐盛国际宾馆会议中心大会堂召开。大会审议确定此后 5 年淄博市经济社会发展的指导思想、目标任务和工作部署，选举产生中共淄博市第十一届委员会和第十一届纪律检查委员会，通过《中国共产党淄博市第十一次代表大会关于中共淄博市第十届委员会工作报告的决议》，通过《中国共产党淄博市第十一次代表大会关于中共淄博市第十届纪律检查委员会工作报告的决议》。

5 日　中国共产党淄博市第十一届委员会第一次全体会议召开。全会选举刘慧晏、周清利、周连华、刘晓、赵启全、唐会礼、郭利民、魏艳菊（女）、张顺华、尚龙江、庄鸣、唐福泉、王成方为中共淄博市第十一届委员会常务委员会委员，选举刘慧晏为市委书记，选举周清利、周连华为市委副书记。通过十一届市纪律检查委员会第一次全体会议选举产生的常务委员会委员、书记、副书记人选。

8—9 日　全国人大常委会委员、内务司法委员会主任委员黄镇东率调研组到淄博市就《中华人民共和国老年人权益保障法（修订草案稿）》进行立法调研。

14 日　在 2011 年度国家科学技术奖励大会上，东岳集团的“全氟离子交换材料制备技术及其应用”获技术发明奖，中国石油化工集团公司齐鲁分公司完成的“重油高效转化的加氢处理及其与催化裂化新型组合关键技术”等 4 项成果获国家科技进步奖。获奖成果数量创历史新高。

25—29 日　中国人民政治协商会议第十一届淄博市委员会第一次会议在张店举行。会议审议并通过岳长志代表十届市政协常务委员会所作的工作报告，选举产生中国人民政治协商会议第十一届淄博市委员会主席、副主席、秘书长和常务委员。陈家金当选政协第十一届淄博市委员会主席。

26 日至 3 月 2 日　淄博市第十四届人民代表大会第一次会议在张店举行。会议审议通过周清利代表市政府所作的政府工作报告，选举产生淄博市第十四届人民代表大会常务委员会组成人员，选举刘慧晏为主任，王顶岐为第一副主任；选举产生淄博市人民政府领导人员，选举周清利为市长，刘晓、唐会礼、张庆盈（女）、韩国祥、许建国、李灿玉、刘东军为副市长。

27 日　全国第七轮双拥模范城（县）命名暨双拥模范单位和个人表彰大会在北京人民大会堂举行。会上，淄博市连续第七次获全国双拥模范城称号。28 日，全省双拥模范城（县）表彰大会举行，淄博市 8 个区县全部被命名为全省双拥模范城（县）。

3　月

1 日　淄博市月最低工资标准分别由 1100 元、950 元、800 元调整为 1240 元、1100 元、950 元，平均上涨 15.8%；小时工最低工资标准分别由 11.5 元、9.8 元、8.7 元调整为 13 元、11 元、10 元。

15 日　淄博市出入境管理部门开始受理电子普通护照申请和签发电子普通护照。

15—17 日　克罗地亚驻华大使希莫尼奇一行到淄博市参加由志鸿教育集团举办的齐文化体验之旅文化系列活动。

16 日　被列入山东省“十二五”重点文化产业项目的印象齐都文化产业园在淄博高新区花山生态恢复区奠基。新闻出版总署副署长阎晓宏、省政协副主席王志民出席奠基仪式。印象齐都文化创意产业园项目由志鸿教育集团投资建设，总投资21亿元。

19日　在第十三次全国民政会议上，博山区八陡镇民政办公室主任吕绪兰被民政部授予“孺子牛”奖，是全省唯一获奖代表。

20—21日　省委常委、副省长孙伟到淄博市调研小清河流域生态环境综合整治工作。

4　月

5—9日　2012年国际体联体操世界杯A级赛（淄博站）比赛在市体育中心综合馆举行。此次比赛是淄博市有史以来承办的最高规格的国际体育赛事。6日，国家体育总局副局长段世杰到淄博市视察中国移动通信·2012年国际体联体操世界杯A级赛（淄博站）的筹备工作。

12日　淄博市市直部门单位选派农村“第一书记”培训班开班。此次选派的116名“第一书记”，平均年龄39岁，副科级以上干部占93%。22日，“第一书记”开始驻村工作。

12—13日　省人大常委会副主任国家森带领考察组到淄博市考察经济社会发展情况。

14日　省委书记、省人大常委会主任姜异康就基层组织建设、换届后的领导班子建设、深入开展创先争优活动、促进科学发展等情况，到淄博市调研指导工作。

20—24日　中共中央政治局常委、中央纪委书记贺国强到山东济南、青岛、潍坊、淄博等地调研。在淄博市，贺国强考察了齐鲁石化公司、山东东岳集团、桓台县果里镇后埠村。

26日　淄博华夏孝文化研究中心成立；《华夏孝文化》杂志创刊。

26日　山东龙泉管道工程股份有限公司A股在深圳证券交易所上市。公司位于博山区，股票简称“龙泉股份”。

27日　国宝大熊猫“双儿”在工作人员护送下，从四川卧龙大熊猫基地飞抵淄博原山如月湖熊猫馆。29日，熊猫馆向游客开放。8月8日，大熊猫“珍大”抵达熊猫馆。

27日　淄博市文化产业发展推进会在博苑宾馆召开。会上，淄博市画廊联盟、淄博市广告创意联盟、淄博市网络动漫联盟和淄博市网站联盟授牌成立。

28日　国家质检总局副局长魏传忠到淄博市考察。

5　月

5日　全市纪念中国共产主义青年团成立90周年大会召开。

5日　淄博市与山东电力集团公司举行共同推进山东（淄博）坚强智能电网建设战略会谈暨合作协议签署仪式。

8日　加拿大安大略省杜兰行政区主席兼首席执行官罗杰·安德森率政府考察团到淄博市考察。其间，淄博市人民政府与加拿大杜兰行政区举行友好交流战略合作关系协议签字仪式。

11—14日　中央宣传部、环保部组织人民日报、新华社、中央电视台、中央人民广播电台、经济日报、法制日报、科技日报、中国青年报、中国环境报等新闻媒体到淄博市集中采访孟祥民先进事迹和生态文明建设。

15日　副省长才利民率有关部门负责人就如何做好当前形势下外贸工作到淄博市调研。

16日　全省节能考核奖励会议召开。在省政府对2011年度全省17市节能目标责任考核中，淄博市再拔头筹，连续4年蝉联全省节能目标责任考核第一名。

22日　在2012年第二十九届全国文房四宝艺术博览会上，市淄砚协会会长安胜谋的淄砚作品“鹏程万里”获金奖；市淄砚协会砚缘斋生产的“洞子”牌淄砚，被授予“国之宝——中国十大名砚”称号。8月中旬，中国文房四宝协会会长郭海棠应邀到淄博考察淄砚的原料地及历史，提出发扬光大淄砚文化的意见和建议。

25日　鲁皖成品油输油管线因地方自来水公司施工导致柴油泄漏。事故发生后，市政府调度高新区管委会、桓台县政府和公安、消防、武警、安监、环保、水利、交通、电力、应急等部门迅速展开抢险救援。26日，完成对柴油泄漏点的封堵和管道挖断处的回填。4200吨含油污水被送往齐鲁石化公司污水处理厂妥善处理，实现达标排放。

26—27日　2012年全国田径大奖赛（淄博站）在市体育中心体育场举行。

30日　中国·淄博太空港项目开工奠基。该项目预计投资68亿元，位于淄博高新区九顶山，占地面积400公顷。

6　月

1—2日　淄博市组团参加山东省第二十一届产学研展洽会，达成合作协议18项、协议金额18.81亿元；发布企业技术难题67项、企业人才需求350人次，招商引资项目32项。

6日　副省长张建国率省直有关部门负责人到淄博市督促检查政府机关软件正版化工作。

8日　由省委组织部、省委宣传部、省环境保护厅、中共淄博市委联合主办的孟祥民先进事迹报告会在济南举行。省委书记、省人大常委会主任姜异康会见报告团成员。

13日　中共淄博市委十一届二次会议举行。会议审议通过《中共淄博市委关于深入贯彻省第十次党代会精神的决定》。

18—19日　省政协副主席栗甲率省政协社会法制委员会视察组到淄博市就药品安全工作进行调研考察。

28日　全省社会主义核心价值体系建设“四德”（爱德、诚德、孝德、仁德）工程现场观摩会在淄川区召开。省委常委、宣传部部长孙守刚出席会议。

28—29日　省委常委、副省长孙伟率省直有关部门负责人到淄博市就贯彻落实省第十次党代会精神和科技、环保工作进行调研。

29日　东岳集团举行氟硅材料产业园区百亿元投资项目奠基暨东岳集团创建25周年庆祝大会。中央对外联络部副部长李进军，全国工商联副主席、新华联集团总裁傅军，省委常委、副省长孙伟，省政协副主席、省工商联主席王乃静出席仪式。

7　月

3日　省政协副主席焉荣竹率检查组到淄博市就贯彻落实全省政协工作会议精神进行督促检查。

6—7日　2012年全国青年女子自由式摔跤锦标赛在市体育中心综合馆举行。

8—13日　市委副书记、市长周清利率淄博市经贸代表团赴香港参加2012香港山东周活动并开展系列经贸活动。签订合作项目7个，金额17.05亿元。

10—11日　省人民检察院检察长吴鹏飞到淄博市调研指导工作。

12—13日　中国有色金属工业协会与教育部联合主办的全国有色金属行业职业教育工作会议在淄博市召开。教育部副部长鲁昕出席会议并讲话。

15日　“中国冶铁发源地——淄博铁山”新闻发布会召开。经中国殷商文化学会、中国炎黄文化学会、北京科技大学的专家实地考察与论证，中国冶铁技术发明的源头最终被确定为淄博铁山，冶铁术的起源时间被确定为西周晚期，比以往传统观点提前了300余年。

18日　美籍华裔物理学家、诺贝尔物理学奖获得者丁肇中到淄博市参观访问。

18日　全国首家硼同位素生产技术中试基地在山东重山集团落成。

24日　省委常委、副省长孙伟到淄博市考察工作，并受环保部和省委、省政府委托看望慰问孟祥民家属。

25—26日　省政协副主席赵玉兰到淄博市调研政协工作开展情况。

26日　南水北调东线山东省淄博市续建配套工程在全省率先开工。副省长贾万志出席开工仪式并考察淄博市防汛工作。

31日　淄博籍运动员张成龙参加在伦敦举行的第三十届奥运会男子体操团体决赛，并夺得该项目金牌，此为淄博历史上的第三枚奥运会金牌。

8　月

2—3日　受2012年第十号台风“达维”影响，从2号午夜开始，淄博市由南向北出现强风暴雨天气。平均降雨量61.2毫米，最大降雨出现在沂源三岔监测站，达210.5毫米。

2—6日　市委举办理论学习中心组读书会。会议以邓小平理论和“三个代表”重要思想为指导，贯彻落实科学发展观，学习贯彻胡锦涛在省部级主要领导干部专题研讨班上的讲话精神和省委理论学习中心组读书会、全省领导干部会议精神，研究强化生态文明、加快内涵发展的思路措施。

16日　淄博市中心医院被卫生部、中国医院协会授予全国百姓放心示范百佳医院称号。

21日　某集团军副政委朱玉武少将率贾元友先进事迹报告团在淄博市举行报告会。省军区副司令员尚庆生等会见报告团成员。贾元友是北京军区某部四级军士长，从淄川区入伍，是中国人民解放军由机械化向信息化转型进程中涌现出的全国先进典型。

22日　省委书记、省人大常委会主任姜异康到淄博市调研指导工作。

8月　淄博市夏粮丰收，总产77.7万吨，单产433.1公斤/亩，均创历史最高水平。

8月　山东扳倒井股份有限公司生产的一批货值5654美元的白酒出口韩国。此为淄博产白酒首次出口。

9　月

5日　由中央宣传部、环境保护部和山东省委联合举办的孟祥民先进事迹报告会在人民大会堂举行。中共中央政治局常委、国务院副总理李克强会见孟祥民先进事迹报告团。

6—9日　第十二届中国（淄博）国际陶瓷博

览会·第十一届中国(淄博)新材料技术论坛在张店区举行。展会展览面积30万平方米,参展、参会单位1824家,参展产品3万余种,现场交易额18.5亿元,达成意向25亿元。

6日　副省长张建国到临淄区调研指导安全生产工作。

6日　在淄博高新区三林集团工作的美籍专家罗伯特博士成为淄博市第一个参加社会保险的外国人。淄博市外籍人员参加社会保险工作正式启动。

7日　中国关心下一代工作委员会常务副主任兼秘书长杨志海到淄博市考察指导关心下一代工作。

12—16日　中国·临淄第九届国际齐文化旅游节在临淄区举行。亚足联主席张吉龙、省人大常委会副主任连成敏、省政协副主席王志民出席开幕式。

19日　市委召开全市领导干部会议。省委常委、组织部部长高晓兵宣布中共山东省委关于淄博市党政主要负责同志职务调整的决定并作重要讲话。省委决定,因工作调动,免去刘慧晏的中共淄博市委书记、常委、委员和市委党校校长职务;周清利任中共淄博市委书记、市委党校校长;徐景颜任中共淄博市委委员、常委、副书记。刘慧晏不再担任淄博市人大常委会主任职务;提名周清利为淄博市人大常委会主任候选人,不再担任淄博市人民政府市长职务;提名徐景颜为淄博市人民政府市长候选人。

22日　淄博市十四届人大常委会举行第四次会议。决定任命徐景颜为淄博市副市长并代理市长。

25日　省委副书记王军民到淄博市就生态文明乡村建设和加强社会管理工作进行调研。

25—26日　省委常委、统战部部长颜世元到淄博市,就加强党外代表人士队伍建设和统战工作服务经济社会科学发展进行调研。其间,出席在淄博召开的全省贯彻落实中央和省委民族工作会议精神经验交流会并讲话。

25—27日　全省政协文史工作会议在沂源县召开。省政协副主席王志民出席会议并讲话。

25日至10月7日　首届中国(高青)黑牛节在高青县举行。

26日　全国人大常委会委员、教科文卫委员会副主任委员宋法棠率调研组到淄博市调研体育产业发展情况。

26日　首届中国琉璃文化艺术节开幕式暨2012“博山杯”中国陶瓷琉璃艺术大奖赛颁奖仪式在博山区举行。

10　月

5—6日　淄博市备战第十届中国艺术节重点剧目新编京剧《诗杰王勃》在济南梨园大戏院参加“喜迎十八大,相约十艺节”2012年全省优秀舞台剧目展演。

14—15日　淄博市备战第十届中国艺术节重点剧目新编聊斋题材五音戏《云翠仙》在济南历山剧院参加“喜迎十八大,相约十艺节”2012年全省优秀舞台剧目展演。

15—19日　全市区县域科学发展现场观摩点评会议召开,对区县域经济社会发展进行再部署、再落实,动员全市上下按照市第十一次党代会确定的“强化生态文明、加快内涵发展”总体思路,坚持发展发展再发展、实干实干再实干,统筹抓好当前各项工作,加快推动全市科学发展再上新水平。

19日　全国妇联副主席、书记处书记陈秀榕到淄博市调研妇女组织建设和妇女工作。

20日　淄博市创建国家森林城市启动暨原山林场20亿元投资项目奠基仪式在原山林场举行。国家林业局局长赵树丛，副省长王随莲出席奠基仪式。

22日　省委常委、宣传部部长孙守刚到淄博市调研指导第十届中国艺术节筹备工作。

23日　武警部队副政委崔景龙中将到淄博市考察指导工作。

24日　中华慈善总会会长范宝俊到淄博市考察指导慈善工作。

25日　山东鲁阳股份有限公司技术中心和淄博柴油机总公司技术中心被认定为国家级企业技术中心。淄博市国家级企业技术中心总数达到8个。

28日　省委常委、济南市委书记王敏率济南市党政考察团到淄博市考察，就进一步加快济南都市圈建设、推动两市共同发展进行座谈交流。

10月　第六次人口普查结果显示：淄博市城乡居民的平均预期寿命77.12岁，其中男性为74.61岁，女性为79.75岁。

11　月

1日　省政协副主席王志民率省政协文史委员会到淄博市就小清河流域历史文化遗产保护工作进行专题调研。

1日　省军区司令员荣森之到淄博市检查指导征兵工作。

8日　中国证监会副主席庄心一到淄博调研非上市公众公司监管和区域性股权交易市场建设工作。

9日　副省长张建国率省直有关部门负责人到淄博市调研工业经济运行情况。

10日　淄博籍选手张麟斌在2012年国际泳联短池世界杯新加坡站比赛中获男子50米蝶泳、100米蝶泳两项冠军。此前进行的东京站比赛中，张麟斌获男子100米蝶泳冠军。

11日　投资4.6亿元的淄博市中心医院新病房大楼正式启用。

15日　淄博慈善大会在齐盛国际宾馆会议中心举行。大会收到现场捐款5668.22万元，其中鲁泰集团捐款800万元，淄博矿业集团捐款350万元，山东鲁维制药有限公司捐款260万元。市第八人民医院捐赠300万元设立“血透”慈善专项基金，淄博烟草有限公司捐赠200万元设立“齐惠”慈善专项基金。

20日　淄博高新区开发建设20周年大会在高新区先进陶瓷产业创新园举行。

20—21日　副省长王随莲率省直有关部门负责人到淄博市调研卫生、医改、食品安全工作。

24日　淄博国家森林城市建设总体规划通过评审。

29日　第三届蒲松龄短篇小说奖颁奖典礼在淄矿剧院举行。8部获奖作品是韩少功的《怒目金刚》、迟子建的《解冻》、毕飞宇的《一九七五年的春节》、艾玛的《浮生记》、李浩的《爷爷的“债务”》、阿乙的《杨村的一则咒语》、蒋一谈的《鲁迅的胡子》、付秀莹的《爱情到处流传》。

12　月

1日　中国共产党淄博市第十一届委员会

第三次全体会议在张店举行。会议深入学习贯彻中共十八大和省委十届二次全体会议精神，审议通过《中共淄博市委关于深入学习宣传贯彻党的十八大精神的决议》。

7日　国内第一个白酒行业院士工作站——国井扳倒井院士工作站揭牌。

9日　省委宣讲团到淄博市宣讲党的十八大精神。

10日　东岳集团董事长张建宏当选中华全国工商业联合会副主席。

27日　中国共产党淄博市第十一届委员会第四次全体(扩大)会议在张店举行。全委会认真学习贯彻党的十八大和中央经济工作会议精神，传达学习省委十届三次全体会议和全省经济工作会议精神，听取和讨论市委书记周清利受市委常委会委托作的工作报告，系统总结2012年经济工作，全面部署2013年经济社会发展各项工作。

29日　齐鲁股权托管交易中心成立两周年暨2012年第十二批企业挂牌仪式在淄博举行。

本部类编　写：赵建国
副主编：安永善
校　对：安永善
赵建国

·成语　典故·

十年树木　百年树人

出自《管子·权修》。管仲第一个提出并阐明了培养教育人才的重要性：做一年的打算，没有比得上种植五谷的；做十年的打算，没有比得上种植树木的；做终身的打算，没有比得上培养人才的。种植五谷，是一种一收，种植树木，是一种十收，培养人才，则是一种百收的好事，把致力于培养人才作为终身大业，必将会收到意想不到的神奇功效。说明培养人才既是关系国家长远发展的百年大计，也是做起来十分不容易的事情。

淄博概况

建置区划

【位置面积】 淄博市位于北纬35°55′20″～37°17′14″，东经117°32′15″～118°31′00″之间，地处鲁中山区与华北平原的接合部，南依沂蒙山区与临沂接壤，北临华北平原与东营、滨洲相接，东接潍坊，西与省会济南接壤。市域形态南北狭长，南北最大纵距151公里，东西最大横距87公里。地理位置处山东中部，交通发达，是沟通中原地区和山东半岛的咽喉要道，是山东省重要的交通枢纽城市。全市总面积5965平方公里，占山东省总面积的3.8%。其中，市区面积2978平方公里。

【建置沿革】 1945年8月成立淄博特区，设专员公署，隶属鲁中行政区，此为淄博政区名称之始。9月撤销。1946年1月二次成立，7月又撤销。1948年3月淄博全境解放，8月再次成立淄博特区，隶属鲁中南行政区。1949年7月成立淄博工矿特区。1950年5月成立淄博专区。1953年改为淄博工矿特区。1955年3月改为省辖淄博市。1959年1月淄博市与惠民专区合并组建淄博专区，淄博市改为专区辖市。1961年1月淄博市与惠民专区分设，恢复为省辖市。市级机关由博山区迁到张店区。 （年 间）

【行政区划】 2012年，全市行政区划建制为5区3县，59个镇、29个街道。张店区6个镇、7个街道：中埠镇、马尚镇、南定镇、沣水镇、傅家镇、房镇，车站街道、公园街道、杏园街道、和平街道、科苑街道、体育场街道、四宝山街道。

淄川区9个镇、4个街道：岭子镇、双杨镇、罗村镇、龙泉镇、寨里镇、西河镇、太河镇、昆仑镇、洪山镇，般阳街道、将军路街道、松龄路街道、钟楼街道。

博山区7个镇、3个街道：白塔镇、域城镇、八陡镇、源泉镇、石马镇、博山镇、池上镇，城东街道、城西街道、山头街道。

临淄区7个镇、5个街道：齐都镇、皇城镇、敬仲镇、朱台镇、凤凰镇、金山镇、金岭回族镇，辛店街道、闻韶街道、雪宫街道、稷下街道、齐陵街道。

周村区5个镇、5个街道：王村镇、南郊镇、北郊镇、萌水镇、商家镇，城北路街道、永安街道、丝绸路街道、青年路街道、大街街道。

桓台县7个镇、2个街道：果里镇、马桥镇、唐山镇、田庄镇、荆家镇、新城镇、起凤镇，索镇街道、少海街道。

高青县7个镇、2个街道：木李镇、青城镇、高城镇、黑里寨镇、唐坊镇、常家镇、花沟镇，田镇街道、芦湖街道。

沂源县11个镇、1个街道：南麻镇、南鲁山镇、鲁村镇、悦庄镇、大张庄镇、燕崖镇、中庄镇、西里镇、东里镇、张家坡镇、石桥镇，历山街道。

（周亚军　孙桂蕾　张晓东）

自然环境

【地质】 淄博市以齐河—广饶断裂为界，以南属鲁西台背斜鲁中隆起区，以北属济阳坳陷区。鲁中隆起区由基底岩系和盖层组成。基底岩系由泰山岩群和新太古代—古元古代花岗岩构成，经历多期变质作用。盖层以寒武纪、奥陶纪地层为主，淄博盆地、沂源盆地、鲁村盆地内发育石炭纪、二叠纪及中生代的沉积。济阳坳陷区完全被第四纪地层覆盖。境内岩浆岩分布较广，前寒武纪变质岩浆岩分布于市区南部的基底岩系中，中生代燕山期岩浆岩分布于中北部的断裂交汇或褶皱发育区。

【地貌】 淄博市地势南高北低，南部及东西两翼山峦起伏，中部低陷向北倾伏，南北高差千余米。以胶济铁路为界，以南大部分为山区、丘陵，岩溶地貌发育；以北大部分为山前冲积平原和黄泛平原，土地平坦肥沃。北部有黄河、小清河流经，发源于市域内的河流有沂河、淄河、孝妇河等。全市山区、丘陵、平原面积分别占市域面积的 42.0%、29.9%和 28.1%。

【气候】 地处暖温带，属半湿润半干旱的大陆性气候。全市年平均气温 12.5℃～14.2℃，年平均日照时数为 2209.3～2523.0 小时，年平均无霜期 190～210 天。

【水文】 河流。全市河流均为雨源型河流。主要有沂河水系的沂河，大汶河水系的新汶河、汶河、牛角河，弥河水系的三岔河，小清河水系的淄河、孝妇河、乌河、猪龙河、涝淄河；此外还有支脉河水系的支脉河、北支新河。黄河与小清河为过境河流。全市超过 10 公里的大小河流 78 条，平均河流密度 0.295 公里/平方公里。

湖泊。全市主要有马踏湖、锦秋湖、青沙湖、大芦湖 4 个湖泊，湖区面积 13926.8 公顷。其中马踏湖、锦秋湖、青沙湖皆分布在桓台东北、西北部，处于鲁山北麓山前冲积平原和黄泛平原迭交地带。青沙湖为小清河水系非常滞洪区，胜利河穿过此湖入小清河。大芦湖处于黄泛平原区的高青县东北部。

泉群。淄博市内的地下径流，由于受地貌、岩性、构造因素的制约影响，一部分以天然泉的形式，沿构造破碎带和碳酸盐岩类与上覆弱透水层的迭夹带上升溢出，形成许多岩溶地下水上升泉群及其他岩组泉群。泉群在 60 年代以前，常年涌水，水质良好。自 20 世纪 80 年代后，由于大量开采地下水，加之干旱年份偏多，多数泉群干涸消失，少数涌水量大减或呈季节泉。 （年 间）

自然资源

【土地资源】 全市土地总面积 5965 平方公里，其中土壤面积 5174 平方公里，土地利用率 89.96%。全市农业用地 4202 平方公里，占全市土地总面积的 70.44%；非农业用地 1164 平方公里，未利用土地 599 平方公里。在农业用地中，耕地面积 2117 平方公里，林地面积 1048 平方公里，果园面积 588 平方公里。在总土地面积中，山丘、涝洼、平原、荒滩、水面各占 45.2%、13.8%、33.2%、6.7%、1.1%；在土壤面积中，主要有棕壤、褐土、砂姜黑土、潮土、盐土，分别占 13.6%、62.5%、7.5%、16.2%、0.2%。

【水资源】 水资源有地表水和地下水。大气降水是水资源的主要补给源。全市年均降水量为 657.8 毫米，折合水量 39.06 亿立方米，水资源补给总量 14.11 亿立方米。地下水可开采量 9.45 亿立方米。

【矿产资源】 淄博市矿产资源比较丰富，全市已发现矿产 50 种（含亚矿种），已探明储量的 28 种（含亚矿种）。全市探明矿床（区）157 处（含 10 处共生矿产地），其中大型矿床 14 处、中型矿床 50 处、小型矿床 93 处。煤、铁、铝土矿、耐火黏土等重要矿产多集中分布在中部地区，矿产聚集度较高。保有资源储量占全省同类矿产资源储量 10%以上的矿种达 11 种，铁矿、铝土矿（伴生钴、镓）及石灰岩、耐火黏土等矿产在全省具有明显优势，其中镓矿（伴生）、陶粒用黏土和二氧化碳气等矿产的保有资源储量集中分布在淄博市。淄博市有丰富的石油和天然气资源。高青油田东西长约 6.2 公里，南北长约 9.3 公里，面积 58 平方公里，共发现 7 套含油层系，含油断块 14 个，面积 10.5

平方公里，储量1469万吨。金家油田面积110平方公里，5个含油层总厚度10米～28米，固定含油面积22.7平方公里，埋深200米～1100米，储量3171万吨。另外，还有高青县的花沟气田等。

【生物资源】 生物资源种类繁多。据不完全统计，共有生物615科、3753种。其中微生物151科、618种；植物156科、1645种；动物308科、1490种。极具价值的种类有食用菌30多种，农作物品种218种，木本植物421种，药材植物778种，饲草植物415种，水生动植物102种，畜禽86个品种，鸟类资源265种，病虫及天敌资源2165种。 （韩 冰）

人口 民族

【人口】 截至2012年底，全市总人口4236777人，比2011年减少1589人，总人口中男性2113899人，女性2122778人，人口性别比99.6∶100。据人口计生部门统计，全年出生人口37526人，人口出生率8.85‰；人口自然增长率1.62‰。

【民族】 淄博市属少数民族散、杂居地区，有回族、满族、蒙古族、朝鲜族等48个少数民族。2012年，少数民族共24573人，占全市总人口的0.58%。其中回族17250人，占全市少数民族人口的70.2%。千人以上的少数民族有满族2442人，蒙古族1784人。百人以上的少数民族有苗族445人，朝鲜族394人，彝族387人，维吾尔族254人，土家族226人，佤族216人，壮族206人，傣族111人，拉祜族102人。其余的36个少数民族人数均在百人以下。另有未识别民族成分者5人。少数民族城市人口与农村人口比例各为50%。全市有1个民族镇，即临淄区金岭回族镇，为全省4个民族镇之一；4个民族工作重点镇(街道)，即沂源县西里镇、沂源县东里镇、临淄区闻韶街道、周村区永安街道；10个民族村(居)，其中9个回族村(居)、1个蒙古族村，分别为：临淄区金岭回族镇的金南居委会、金岭一村、金岭四村，齐陵街道的刘营蒙古族村(全省唯一的蒙古族村)；张店区马尚镇的马尚回民新村；周村区永安街道的灯塔居委会；沂源县东里镇的东村，西里镇的柳枝峪村、辛庄村、大刘庄村。 （胡艳霞 张闻涛）

经济和社会发展

【国民经济】 2012年，全市地区生产总值(GDP)3557.2亿元，按可比价格计算，比2011年增长10.5%。农业发展态势稳定。粮食生产实现“十连增”，总产177.9万吨，比2011年增长0.2%；有机农业、品牌农业、基地农业发展迈出新步伐，“三品一标”农产品(无公害农产品、绿色食品、有机农产品和农产品地理标志)达到257个。工业运行企稳回升。全市规模以上工业增加值增长11.4%，实现利税、利润分别增长9%和8.7%。服务业发展稳中有进。全年全市服务业增加值1332.3亿元，增长9.4%，占地区生产总值的比重为37.5%。固定资产投资较快增长。全年全市固定资产投资1743.3亿元，比2011年增长20.5%。消费需求总体稳定。全市社会消费品零售总额1363.6亿元，增长15%左右。对外贸易小幅增长。全年全市进出口总额95.3亿美元，增长5.5%；实际利用外资7.9亿美元，增长11.4%。财政收入继续增加。全年实现境内财政总收入518亿元，增长10.5%。其中，公共财政预算收入236.3亿元，增长16.1%。金融健康运行。全市金融机构各项存贷款余额分别突破3000亿元和2000亿元。城乡居民收入水平继续提高。城市居民人均可支配收入28189元，增长13%；农民人均纯收入12378元，增长13.8%。

【转方式调结构】 全市完成技改投资700亿元，增长28%，高出全市固定资产投资8个百分点。战略性新兴产业和高新技术产业快速发展。全市六大战略性新兴产业主营业务收入比2011年增长22.5%，占规模以上工业的比重达到28.9%；全年高新技术产业总产值2983.8亿元，占规模以上工业总产值的比重达到28.3%，较年初提高1.2个百分点。创新驱动成效明显。新增省级以上研发机构16家，取得重要科技成果207项。其中，鲁阳集团、淄柴总公司技术中心进入国家级企业技术中心行列。节能减排和环境保护取得新成效。全面完成节能减排任务目标，全市空气质量良好率比2011年提高10个百分点。

【统筹城乡发展】 城市现代化建设有序推进。中心城区大外环以内260平方公里区域实现控制性规划全覆盖；市文化中心、华润城市综合体等一批城市地标建筑工程顺利推进，城区路网建设、新城区水系、城乡生活垃圾处理设施建设等一系列市政公用设施稳步实施。城乡交通、水利设施建设得到加强。省道329薛馆路沂源段改建、省道246庆淄路高青段改建等6条公路重点工程完成年度建设任务，新建、改建农村公路317公里，晋豫鲁铁路通道沂源段累计完成投资11.01亿元；南水北调地方配套工程、引黄灌区节水改造工程、骨干河道综合治理工程等顺利实施，农村饮水安全工程扎实推进，新解决了18万农村居民的饮水安全问题。中心镇、省市级示范镇基础设施建设力度加大，中心镇、中心村建设累计完成投资近10亿元，城镇功能明显增强。城乡生态建设力度加大。年内新建城市绿地300公顷；森林围城、荒山绿化、路域水系绿化和湿地保护、森林公园等工程建设成效显著，全市完成造林面积8700余公顷。

【体制改革】 制定《关于推动县域科学发展加快提升综合实力的意见》和《县域科学发展年度综合评价及考核办法》，明确发展目标，进一步下放经济管理权限，在财税、用地、融资、项目收费等方面出台优惠政策，激发区县科学发展的积极性。农村土地流转制度改革、集体林权制度改革等农村各项改革有序推进。企业改革继续深化。龙泉股份有限公司、联创节能新材料股份有限公司、银仕来纺织集团3家企业成功上市，华联矿业股份有限公司重组大成股份，新华医疗股份有限公司实现增发，全市上市企业总数达到26家、上市股票28只。融资平台建设力度加大。齐鲁股权托管交易中心建设取得积极进展，年内新增挂牌企业90余家，累计挂牌企业达到135家；总额15亿元的“2012淄博城运债”成功发行，融资性担保机构达到45家。

【对外开放】 对外贸易小幅增长。全年外贸进出口总额95.3亿美元，比2011年增长5.5%。其中，出口53.2亿美元，下降0.1%；进口42.1亿美元，增长13.5%。实际利用外资7.9亿美元，增长11.4%。经济合作活动成效显著，鲁港经贸合作洽谈会有7个重大项目列入省重点合作项目，总投资达17.05亿美元。先后组团参加第十六届中国东西部合作与投资贸易洽谈会、2012中国青海绿色经济投资贸易洽谈会、第十三届中国西部国际博览会，参与举办2012“蓝黄”两区经贸洽谈会等大型经济合作活动4次，达成经贸签约项目93个，签约金额281.39亿元，涉及先进制造业、现代农业、旅游业、科技等行业和领域。

【和谐社会建设】 各项民生政策得到全面落实，财政总支出的55.8%用于民生建设。就业和社会保障进一步加强。全年新增城镇就业25万人次，农村劳动力转移就业10万人，城镇登记失业率控制在4%；城镇职工医保、城镇居民医保和新农合政策范围内报销比例分别达到83.5%、70%和70%；实施城镇医保定点门诊统筹，已有92万人次从中受益；连续8次调增企业离退休人员养老待遇，城镇低保标准提高到每人每月360元，农村低保标准提高到每人每年2300元。教育、文化、人口等其他各项事业全面发展。积极推进义务教育均衡发展，深入实施中小学校舍安全工程，不断改善办学条件，教育现代化水平持续提高；公共文化服务体系和文化惠民工程建设成效明显；人口和计划生育工作继续加强，人口自然增长率控制在2.9‰以内。维稳工作成效显著，社会大局持续和谐稳定。社会管理创新取得明显成效；食品药品安全监管不断加强，安全水平进一步提升。 （陈作帅）

社会主义精神文明建设

【概况】 2012年，全市精神文明建设各项工作全面推进、亮点不断。9月，在中央文明办委托国家统计局对全国127个城市进行的城市文明程度指数和未成年人思想道德建设测评工作中，淄博市分别列地级城市第二十一名和第三十三名。“善小”志愿者协会获全国优秀志愿服务组织称号，是山东省唯一入选的志愿服务组织。“乡村文明行动”建设经验被全国和全省网络媒体集中宣传推广。

【推进社会主义核心价值体系建设】 以“学雷锋，做淄博好人”为载体，深入开展“迎接十八大，讲文明树新风”活动。按照党的十八大践行社会主义核心价值观的要求，通过层层召开动员大会，印发《淄博市道德领域突出问题专项教育和治理活动实施意见》，开展道德评议、市民巡查、典型引领、加强管理等方式方法，深入开展道德领域突出问题专项教育和治理活动。积极培育道德建设典型，加大“四德”工程建设的影响力，全省“四德”工程建设经验交流会在淄川区举行。按照党的十八大“学习宣传道德模范常态化”要求，开展各类道德模范学习宣传评选推荐活动，积极宣传“身边好人”的先进事迹，全面开展关爱道德模范活动，采取多种方式积极为道德典型解决实际困难，树立好人有好报的价值导向。按照十八大报告“让人民享有健康丰富的精神文化生活，是全面建成小康社会的重要内容”的阐述，不断深化文明城市、文明村镇、文明单位等各类群众性精神文明创建活动，丰富市民群众的精神文化生活。紧密结合十八大“广泛开展志愿服务，推动学雷锋活动常态化”的要求，制定实施意见，建立健全志愿服务领导机构和工作机构，加强对各类志愿者服务的组织领导和协调指导。认真贯彻十八大“加强和改进网络内容建设，唱响网上主旋律”的有关要求，进一步健全网络文明传播志愿服务工作制度，不断壮大全市网络文明传播志愿者队伍，组织开展多种形式的主题活动，引导文明健康的网络风气，营造积极向上的网络舆论环境。

【全国文明城市创建】 召开全市创建全国文明城市表彰大会，对261个创建全国文明城市工作先进单位、1703名先进个人进行表彰。制定《关于建立健全文明城市创建长效机制，深化巩固全国文明城市创建成果的意见》，促进文明城市创建工作的深入开展。广泛宣传全国文明城市创建成果，充分展示风采。与中央电视台联合拍摄《文明中国·淄博篇》——《109年的传奇》，在中央电视台10套《讲述》栏目中播出。参加全国文明城市书记（市长）访谈系列活动，录制专题片，设计制作专题网页，并在中国文明网上发布，对全市的文明创建概况和创建成果进行充分展示。全力备战全国、全省城市文明程度指数测评，开展创城迎评宣传发动工作，悬挂（贴）条幅2000多条，发放宣传材料20余万份，营造全民参与的良好氛围，召开迎检迎评动员大会，组织测评体系培训会，编印整理测评档案材料51卷98册，审核完成343个单位的道德讲堂和64所乡村学校少年宫的材料。开展“文明大行动”专项治理活动，重点治理交通秩序、“五小”卫生、乱涂写乱张贴等薄弱环节，出动督查车辆1000余辆次，下发督查通报、督办单509份，整改各种问题2200多个，完成网络（媒体）调查、问卷调查工作，圆满完成国家、省测评组的迎评任务。

【公民道德教育】 大力开展各种思想道德建设主题实践活动，召开全市“讲文明树新风”视讯会议，广泛开展“迎接十八大，讲文明树新风”活动，为十八大胜利召开营造良好的社会氛围。扎实开展道德领域突出问题专项教育和治理活动，精心开展“道德讲堂”建设活动。全市共建成“道德讲堂”532个，开展“道德讲堂”活动1976次，推动全市公民道德建设工作的深入开展。开展道德模范和“身边好人”学习宣传评选活动。积极开展“山东好人——每周之星”和“淄博好人”推荐评选活动，全市共有30人入选“山东好人”，孟祥民等3人获得“山东好人——每周之星”称号。在春节、元宵节、清明节、端午节、中秋节等传统节日，组织开展“我们的节日”主题实践活动，全市共有7个案例和3个栏目入选全省“我们的节日”主题活动优秀案例和优秀宣传栏目，入选数量居全省前列。

【未成年人思想道德建设】 深化推进乡村学校少年宫建设，制定乡村学校少年宫使用管理办法、档案建设标准、考核评估标准。开展新建乡村学校少年宫的评估验收工作，全市共新建乡村学校少年宫68个。开展城市学校少年宫建设试点，全市5个区建成城市学校少年宫5所。完成中央、省公益金支持项目建设，12所乡村学校少年宫全部建成。开展"做一个有道德的人"主题实践教育活动，组织"网上祭英烈""向国旗敬礼、做有道德的人""学习雷锋、做美德少年"网上签名寄语活动。建立未成年人思想道德建设工作和"做一个有道德的淄博人"QQ群。开展首届淄博美德少年评选活动，宣传表彰10名淄博美德少年。开展中华经典诵读活动，淄博市选送的节目《你是人间四月天》获省二等奖，《春江花月夜》获省三等奖，《离骚》获省优秀奖。开展第三届优秀童谣征集活动，全市共征集童谣103首，组织优秀童谣传唱活动。

【农村精神文明建设】 实施乡村文明行动，成立市、区县领导小组、镇(街道)工作站、村指导员四级领导体制，建立任务落实、督导检查、考核评比、投入保障等系列工作机制。精心打造一批示范镇(街道)和示范村，临淄区、桓台县被评为首批省级示范县(区)，临淄区敬仲镇、桓台县马桥镇等5个镇(街道)被评为首批省级示范镇(街道)，临淄区稷下街道南安村、桓台县果里镇、后埠村被评为全省乡村文明家园建设示范村，临淄区实施乡村文明行动的做法先后在全省乡村文明行动调研会和全省培训班作经验交流。9月，全国70余家知名媒体对临淄区进行采访，临淄区"连片创建"的先进经验在全国各大媒体专题宣传。淄博市乡村文明行动的经验做法得到省督查组的高度评价，乡村文明行动取得显著成效。开展"志愿服务传文明，携手建设新农村"结对帮扶等活动，全市595个文明单位共计帮扶资金8000余万元。开展农村环境治理和农民素质提高活动。临淄区、桓台县96%的村达到标准，全市共有1876个村实现了垃圾"户集、村收、镇运、区县集中处理"，临淄区农村生活垃圾无害化处理达到100%。全市绝大多数村居都建立村民议事会、道德评议会、红白理事会等群众组织。开展各级道德模范入村座谈、交流、演讲共计1976次，建成农家书屋2000多家。

【志愿服务活动】 成立淄博市志愿服务工作领导协调小组，设立市文明办志愿服务工作科，开展形式多样、各具特色的志愿服务活动。广泛开展迎接全国、全省城市文明程度测评志愿服务活动，全市各类志愿者围绕文明城市创建开展扎实有效的志愿服务。开展"学雷锋、做淄博好人"和"关爱他人、关爱社会、关爱自然"主题志愿服务活动，开展各类志愿服务活动2000余次。开展国际志愿者日主题志愿服务系列活动，举办启动仪式，集中开展家政服务、健康保护、亲情陪伴、法律援助等方面的志愿服务行动，全市20余支志愿者队伍、3000多名志愿者参加。山东电视台、《淄博日报》等10余家新闻单位，进行系列报道。发展网络文明传播志愿者队伍，全市网络志愿者已达300多名，营造良好的网络氛围。年内，全市注册志愿者47万余名，张帆、于亦福、刘大庆被评为山东省优秀志愿者，"顺意"志愿服务队被评为山东省优秀志愿服务组织，"善小"志愿者协会获得全国优秀志愿服务组织称号。

【群众性精神文明创建】 在全市文明单位中开展学雷锋"五个一"系列活动，年内全市文明单位共建立学雷锋志愿服务队40多支，选拔网络志愿者116名，结成共建对子595个，确定关爱帮扶对象600多名，推动各项工作开展。在全市文明单位开展品牌创建活动为主要内容的品牌创建活动，已有20多家单位形成各自特色品牌。加强省市级文明单位、文明村镇、文明社区考核，年内，新推荐评选省级文明单位24个、文明村镇7个、文明社区4个，复查合格省级文明单位282个、文明村镇72个、文明社区40个；确定市级文明单位候选对象343个、文明村镇候选对象94个、文明社区候选对象42个。举办第八届淄博邻居节，开展文明社区、和谐社区、绿色社区、体育先进社区评选活动。全面实施文明餐桌行动。召开文明餐桌行动推进工作座谈会，举办全市文明餐桌行动启动仪式，全市共有1600余家餐饮单位参与文明餐桌行动。

(文明办)

组 织 机 构

市级领导班子

中国共产党淄博市委员会

书　　记　刘慧晏(9月离任)
　　　　　周清利(9月任职)

副书记 周清利(9月离任)
徐景颜(9月任职)
陈家金(2月离任)
周连华(2月任职)
常委 刘慧晏(9月离任)
周清利
徐景颜(9月任职)
陈家金(2月离任)
王顶岐(2月离任)
周连华
岳华东(2月离任)
刘　晓
赵启全
唐会礼(12月离任)
郭利民
魏艳菊(女)
张顺华
尚龙江
庄　鸣(2月任职)
唐福泉(2月任职)
王成方
特邀咨询 冯梦令(3月离任)
常志钧
岳长志(3月任职)
刘池水
侯法生(3月任职)
岳华东(2月任职)
秘书长 唐福泉
副秘书长 巴新福(12月离任)
周京明
魏坤隆
陈保会
张承友
田建民(4月离任)
翟乃利(4月离任)
王正全(3月离任)
明子春
王玉春
祁连山(3月任职)
许子森(4月任职)

淄博市人民代表大会常务委员会

主任 刘慧晏(9月离任)
第一副主任 侯法生(3月离任)
王顶岐(3月任职)
副主任 吴明君(3月离任)
林春明(3月离任)
韩家华(3月离任)
段立武(女,3月离任)
曹在堂(3月离任)
王世庆(3月离任)
张庆盈(女,3月离任)
王法亮(3月任职)
尚秋云(女,3月任职)
王树武(3月任职)
王树槐(3月任职)
党组书记 刘慧晏(9月离任)
周清利(9月任职)
王顶岐(3月任职)
党组副书记 侯法生(3月离任)
吴明君(3月离任)
尚秋云(女,3月任职)
特邀立法咨询 常大鹏(3月离任)
林春明(3月任职)
段立武(女,3月任职)
王世庆(3月任职)
秘书长 王敦浦(3月离任)
刘秉敏(3月任职)
副秘书长 刘传忠
程嗣福(4月离任)
逯平之
聂建军
王志勇
张　波

淄博市人民政府

市长 周清利(9月离任)
代理市长 徐景颜(9月任职)
副市长 徐景颜(9月任职)
王顶岐(3月离任)
周连华(3月离任)
刘　晓
唐会礼(3月任职,12月离任)
刘有先(3月离任)
饶明忠(3月离任)

庄　鸣(3月离任)
唐福泉(3月离任)
张庆盈(女,3月任职)
韩国祥
许建国
李灿玉(3月任职)
刘东军(3月任职)
特邀咨询　宋锡坤(3月离任)
刘有先(3月任职)
饶明忠(3月任职)
苏　勇
市长助理　李跃刚(挂职,3月离任)
党组书记　周清利(9月离任)
徐景颜(9月任职)
党组副书记　王顶岐(3月离任)
周连华(3月离任)
刘　晓
唐会礼(12月离任)
秘书长　蒲绪章(4月离任)
刘荣喜(4月任职)
副秘书长　刘秉敏(3月离任)
张鲁辛(3月离任)
刘新胜
赵水清
郑广庆
孙中华
王锡良(12月任职)
石志全(12月任职)
霍自国(12月离任)
闫桂新(12月离任)
王克海
杜德俊(12月任职)
范桂君(12月任职)

中国人民政治协商会议淄博市委员会

主　席　岳长志(2月离任)
陈家金(2月任职)
副主席　王同和(2月离任)
王法亮(2月离任)
高峰岭(2月离任)
张建祥(2月离任)
尚秋云(女,2月离任)
王树武(2月离任)
马爱国(2月任职)
董学武
达建文
吴宗杰
蒲绪章(2月任职)
李　敏(女,2月任职)
王修德(2月任职)
王济众(2月任职)
党组书记　岳长志(3月离任)
陈家金(3月任职)
党组副书记　陈家金(2月任职,3月离任)
王同和(3月离任)
马爱国
秘书长　李先坤
副秘书长　于秀栋
王怀宾
张义堂(1月离任)
金晓莉(女)
国先彧(3月任职)

中国共产党淄博市纪律检查委员会

书　记　赵启全
常务副书记　张维政
副书记　胡博生(2月离任)
穆若英(女)
赵中华(2月任职)
常　委　赵启全
张维政
胡博生(2月离任)
穆若英(女)
陈凤勤(2月离任)
赵中华
王建军
崔平生
吉　凯(2月离任)
张寅玲(女,2月任职)
陈　晶(2月任职)
杨新胜(2月任职)
秘书长　王建军(4月离任)
杨新胜(4月任职)

市委工作机构

办公厅

主　　任　周京明
副 主 任　杨　刚
　　　　　任汝刚
　　　　　于国防

督查室

主　　任　魏坤隆
副 主 任　张元森

机要局

局　　长　任汝刚

保密委员会办公室(市政府保密局)

主任(局长)　陈保会
副主任(副局长)　孙玉海

信息中心

主　　任　张　建

组织部

部　　长　王成方
常务副部长　王亚黎
副 部 长　张守华
　　　　　段名钰
　　　　　贾素英(女)
　　　　　刘　伟

组织员办公室

副 主 任　苗立欣

宣传部

部　　长　郭利民
常务副部长　李贡平(3月离任)
副 部 长　张洪兴
　　　　　张守君(女)
　　　　　朱建伟
　　　　　于康梅(女)

市精神文明建设委员会办公室

主　　任　张守君(女)
副 主 任　王东宏
　　　　　巩绪民

对外宣传办公室(市政府新闻办公室)

主　　任　傅　斌

统一战线工作部

部　　长　魏艳菊(女)
常务副部长　国先彧
副 部 长　于精忠(兼,满族)
　　　　　康振东
　　　　　路盛芝
　　　　　吕爱国

政法委员会

书　　记　岳华东(2月离任)
　　　　　尚龙江(2月任职)
常务副书记　王树银(3月离任)
副 书 记　张翠芬(女)
　　　　　许传杰
　　　　　朱　辉

市社会治安综合治理委员会办公室(与政法委合署)

主　　任　许传杰
副 主 任　邢书军

市维护稳定工作领导小组办公室

主　　任　王树银(3月离任)
副 主 任　周庆涛
　　　　　王爱玲(女)

政策研究室

主　　任　张承友
副 主 任　李建民
　　　　　王允永

市机构编制委员会办公室

主　　任　张守华
副 主 任　李克忠
　　　　　孙庆元
　　　　　迟文质

台湾工作办公室(市政府台湾事务办公室)

主　　任　王秀辉
副 主 任　吴振青(女)
　　　　　王树贤

市直机关工作委员会

书　　记　田建民(4月离任)
　　　　　魏坤隆(4月任职)
副 书 记　高　杰
　　　　　刘晓明

市政府工作部门

办公厅

主　　任　刘秉敏(4月离任)
副 主 任　赵兰弟(12月离任)
　　　　　田茂庚(12月离任)
　　　　　杜德俊(12月离任)
　　　　　范桂君(12月离任)
　　　　　付克金(12月任职)

周洪刚(12月任职)
张苍安(12月任职)
李向东(12月任职)
党组书记　蒲绪章(3月离任)
刘荣喜(3月任职)
党组副书记　刘秉敏(3月离任)

发展和改革委员会(市委统筹城乡发展工作委员会与其一个机构两块牌子)

主　任　李树民
副主任　李延永(1月离任)
张宇信(2月离任)
袁　晖
王　瑛
于道琪
张玉宝
齐孝福
党组书记　李树民
党组副书记　袁　晖(12月任职)
工委书记　李树民
工委副书记　齐孝福(12月离任)
魏新军(12月任职)

经济和信息化委员会(市委经济和信息化工作委员会与其一个机构两块牌子)

主　任　魏玉蛟
副主任　韩大力(5月离任)
赵悦杰(12月离任)
于明磊
葛春平
彭学华(女,12月任职)
工委书记　魏玉蛟
工委副书记　马小平(2月离任)
赵悦杰(12月任职)

经济和信息化委员会信息产业处(市政府信息化办公室)

副处长(副主任)　马春安
范继英(女,12月离任)
毕　泉

教育局

局　长　赵新法
副局长　尹玉法
唐　勋
王世军
党委书记　赵新法
党委副书记　卞　军(女)

科学技术局

局　长　周元军(4月离任)
王纯国(4月任职)
副局长　王纯国(4月离任)
牛圣银
周献忠(1月离任)
毕红卫(女,12月离任)
张旭东
臧金强(12月任职)
党委书记　周元军(4月离任)
王纯国(4月任职)
党委副书记　张旭东(12月任职)

知识产权局

局　长　王纯国(12月离任)
毕红卫(女,12月任职)
副局长　曹修琦
胡庆乙

公安局

局　长　丁冠勇(回族)
副局长　于洪德
许文安
周立华(12月离任)
顾国星
倪　强
柳　奇
党委书记　丁冠勇(回族)
党委副书记　于洪德
许文安(4月任职)

监察局(与市纪委机关合署)

局　长　张维政
副局长　陈凤勤(3月离任)
张京河
赵中华(3月离任)
崔平生

派驻第一监察室

主　任　韩晓华
副主任　张寅玲(女,5月离任)
张小博
寇宗华
冯衍君(5月任职)

李沛英(女,5月任职)

派驻第二监察室

主　　任　丁莉莎(女)

副 主 任　王雪巍

王以忠

陈思海

李德武

派驻第三监察室

主　　任　宋　娟(女,3月离任)

朱庆雷(3月任职,12月离任)

副 主 任　朱永常

徐　可

陈　晶(5月离任)

李　润

张　萍(女,5月任职)

派驻第四监察室

主　　任　林永春(3月离任)

傅曙光(女,3月任职)

副 主 任　孙　燕(女)

梁永泉

韩志农

田旭东

派驻第五监察室

主　　任　薛　南(女)

副 主 任　张成让

李富广

王新成

由少华

派驻第六监察室

主　　任　吕成法

副 主 任　王　鹏

段庆峥

蔡延凤(女)

牛玉斌

派驻第七监察室

主　　任　刘　涌

副 主 任　刘路生

吕　浩

彭光坤

姜艳艳(女)

派驻第八监察室

主　　任　黄宗光(3月离任)

翟惠博(3月任职)

副 主 任　谷　虹(女)

宗福顺

张　华

高　伟

民政局

局　　长　耿衍飞

副 局 长　张兴忠

邓红双(女)

白全永

党委书记　耿衍飞

司法局

局　　长　陈维刚

副 局 长　郑建业

徐长厚

贾　刚

党委书记　陈维刚

党委副书记　祁连山(3月离任)

财政局

局　　长　王修德(4月离任)

卜德兰(4月任职)

副 局 长　卜德兰(4月离任)

王守恕

董　博(12月任职)

张景明(12月任职)

党组书记　王修德(3月离任)

卜德兰(3月任职)

党组副书记　卜德兰(3月离任)

国有资产管理办公室

主　　任　卜德兰(12月离任)

王守恕(12月任职)

副 主 任　魏　波

孙鸣文

人力资源和社会保障局

局　　长　孙树仁

副 局 长　朱拥军(12月离任)

孟丽莉(女)

赵林超

王泮义(12月任职)

党委书记　孙树仁

党委副书记　孙　戈(11月离任)

朱拥军(12月任职)

国土资源局

局　　长　王同顺(1月离任)
董云波(1月任职)

副 局 长　宋长清(1月离任)
孙　恒
马　红(女)
郭　刚
张德平(1月任职)

党委书记　王同顺(1月离任)
董云波(1月任职)

党委副书记　董云波(1月离任)
张兴忠(1月任职)

住房和城乡建设局

局　　长　刘东军(4月离任)
王树银(4月任职)

副 局 长　杨继明
林治国
刘建业
刘超军
尚明楼(12月任职)

党委书记　刘东军(3月离任)
王树银(3月任职)

党委副书记　赵衍杰(12月离任)
邵克武(12月离任)
蔡玉亭(11月离任)

交通运输局

局　　长　孙家友(4月离任)
翟乃利(4月任职)

副 局 长　牛少成
高林海(12月离任)
任迎远
高天长
王建华
王　兴

党委书记　孙家友(12月离任)
翟乃利(12月任职)

党委副书记　翟乃利(4月任职,12月离任)
牛少成

农业局

局　　长　王恩明

副 局 长　朱卫东
杨明永
李洪锴
王培勇

党委书记　王恩明

党委副书记　张连波(4月离任)

水利与渔业局

局　　长　王永胜

副 局 长　苗其山
蒋卫霞(女)
丁守森

党委书记　王永胜

党委副书记　王　强

林业局

局　　长　孙来斌

副 局 长　于学祥
王允刚
国建忠(2月离任)
崔新花(女)

党委书记　孙来斌

森林公安局

局　　长　王尊庆

政　　委　张振伟

商务局

局　　长　丁晓军

副 局 长　刘大力
傅　军
毛中强(12月离任)
王太松(12月任职)

党委书记　丁晓军

党委副书记　刘大力(12月任职)

文化广电新闻出版局

局　　长　曹庆文(4月离任)
李贡平(4月任职)

副 局 长　张振香
李玉福
宓传庆

党委书记　曹庆文(3月离任)
李贡平(3月任职)

党委副书记　韩克新(4月任职)

卫生局

局　　长　李　敏(女,4月离任)
张鲁辛(4月任职)

副　局　长　肖洪涛(12月离任)
孙　辉
刘观湘
党委书记　李　敏(女,3月离任)
张鲁辛(3月任职)
党委副书记　宋晓东

人口和计划生育委员会

主　　任　马国舟
副　主　任　于永平
王　辉
刘志强
党组书记　马国舟

审计局

局　　长　侯全明
副　局　长　杜贞耐
梅立凯
房　虹(女)
党组书记　侯全明
党组副书记　杜贞耐

环境保护局

局　　长　李　洋
副　局　长　谢锡锋
于照春
吴国栋
李学太
党组书记　李　洋
党组副书记　谢锡锋

民族宗教事务局

局　　长　于精忠(满族)
副　局　长　王爱军(女,回族)
张文堂
党组书记　于精忠(满族)

体育局

局　　长　翟慎政
副　局　长　徐俊国(5月离任)
高义波
张洪德
高凤兰(女,12月离任)
董武德
党组书记　翟慎政
党组副书记　徐俊国(4月离任)
高义波

统计局

局　　长　邱承江
副　局　长　张成旭
吴　娟(女)
司继长
张吉祥
党组书记　邱承江

规划局

局　　长　鹿斌佐
副　局　长　王　成
国　强
崔克辉
党委书记　鹿斌佐
党委副书记　南自立

旅游局

局　　长　常传喜
副　局　长　乔聚文
荆茂彬
严　旭
党组书记　常传喜

市政府外事办公室(市政府港澳事务办公室)

主　　任　王先义(4月离任)
田建民(4月任职)
副　主　任　魏向群
赵红霞(女)
王建忠
党组书记　王先义(4月离任)
田建民(4月任职)

市政府侨务办公室(市归国华侨联合会与其合署)

主　　任　王明智
副　主　任　郝　芳(女)
宋作平
岳纪玲(女)
党组书记　王明智

市政府法制办公室(市政府行政复议办公室)

主　　任　张志超
副　主　任　徐和平(12月离任)
任良成
周继轲
赵常华(女)
党组书记　徐和平(12月离任)

市政府金融证券工作办公室

主　　任　胡希德
副 主 任　李　雪(女)
邵世文
张　颖
党组书记　胡希德
党组副书记　李　雪(12月任职)

人民防空办公室

主　　任　王嗣忠
副 主 任　刘薛生(2月离任)
崔永军
阚淑华(女,12月离任)
岳　杰
田晨光(援藏)
党组书记　王嗣忠

安全生产监督管理局

局　　长　勾东升
副 局 长　王刚云
王　瑛
杨　海(12月离任)
党组书记　勾东升

城市管理行政执法局

局　　长　刘丙伦
副 局 长　孙立国(1月离任)
刘德明
邹宗森
党组书记　刘丙伦

食品药品监督管理局

局　　长　王少华
副 局 长　王立民
刘雨春
安烈忠
刘德鹏(1月离任)
党委书记　王少华
党委副书记　王立民

物价局

局　　长　石广博
副 局 长　单连荣
赵淑温
路荣伟
党组书记　石广博

市中级人民法院

院　　长　刘亚宁
副 院 长　姜乐亭(4月离任)
于晓东
陶志民
马学炬(回族)
张　敏
王淑玲(女)
王新强
党组书记　刘亚宁
党组副书记　姜乐亭(3月离任)
于晓东(3月任职)

市人民检察院

检 察 长　黄敬波(3月任职)
代理检察长　黄敬波(3月离任)
副检察长　黄敬波(3月离任)
靳承家
孙昆峰
刘洪海
毛　军(女)
韩　敏
党组书记　黄敬波
党组副书记　靳承家
谭振民

人民团体

淄博市总工会

主　　席　王世庆
常务副主席　郭乃焕(1月离任)
副 主 席　祝远根(1月任职)
葛泓泉
刘　蓬(女)
马瑞才
党组书记　王世庆
秘 书 长　宋海杰

共青团淄博市委员会

书　　记　马召芹(女)
副 书 记　赵晓煜
陈　霞(女)
李厚永

党组书记 马召芹(女)
秘书长 丁　雷

淄博市妇女联合会

主　　席 翟乃翠(女)
副主席 许艳萍(女)
崔云芝(女)
伊书霞(女)
党组书记 翟乃翠(女)
秘书长 刘　虹(女)

淄博市科学技术协会

主　　席 王维华
副主席 袁盛刚
王克伟
鹿　林(不驻会)
姚　德(不驻会)
徐丙垠(不驻会)
刘昌俊(不驻会)
孙希奎(不驻会)
许尚峰(不驻会)
党组书记 王维华

淄博市文学艺术界联合会

主　　席 宗俊海
副主席 姜　岩
何象斌
王建新(不驻会)
宓传庆(不驻会)
赵长刚(不驻会)
唐秀玲(女,不驻会)
吕其顺(不驻会)
郝永勃(不驻会)
范　杰(不驻会)
党组书记 张洪兴
党组副书记 宗俊海

淄博市社会科学界联合会

主　　席 王春林
副主席 王　远
司文秀(女)
王学真(不驻会)
鹿　林(不驻会)
孙学海(不驻会)
李建民(不驻会)
李树博(不驻会)
王克林(不驻会)
杨　林(不驻会)
王亮方(不驻会)
党组书记 李贡平(3月离任)
党组副书记 王春林
王　远

淄博市归国华侨联合会(政府侨办与其合署)

副主席 魏光利
黄钟煦(不驻会)
王昌晖(女,不驻会)

淄博市工商业联合会

主　　席 董学武
第一副主席 国先彧
副主席 祝　云(女)
周　勇
范家平
吕丕军(兼)
赵　军(兼)
戴继锋(兼)
石光华(兼)
崔政亮(兼)
赵鸿富(兼)
李学峰(兼)
张建宏(兼)
刘启仁(兼)
张希忠(兼)
冯宝令(兼)
朱宣军(兼)
鹿成滨(兼)
党组书记 国先彧(兼)
秘书长 韩少山

淄博市残疾人联合会

理事长 刘　平
副理事长 李丙富
马海通
党组书记 刘　平

淄博市红十字会

会　　长 韩国祥(兼任)
常务副会长 王长春(女)
副会长 刘永锋
王修德(不驻会)
王济雨(不驻会)

刘新胜(不驻会)
孙　辉(不驻会)
李贡平(不驻会)
张玉宝(不驻会)
张守华(不驻会)
张爱民(不驻会)
张鲁辛(不驻会)
赵新法(不驻会)
段名钰(不驻会)
侯全明(不驻会)
耿衍飞(不驻会)
桑培伦(不驻会)

党组书记　王长春(女)

淄博市慈善总会

会　　长　刘有先(兼)

市人大常委会、政协、纪委工作机构

市人大常委会各专门委员会

法制委员会

主任委员　王世庆(兼,3月离任)
尚秋云(女,3月任职)

副主任委员　王文玲(3月离任)
李胜利(3月离任)
逯平之
王志勇(3月任职)
杨志军(3月任职)

内务司法委员会

主任委员　林春明(兼,3月离任)
尚秋云(女,3月任职)

副主任委员　赵希成(3月离任)
王永新(3月离任)
程嗣福(3月离任)
王正全(3月任职)
姜乐亭(3月任职)

财政经济委员会

主任委员　曹在堂(兼,3月离任)
王树武(3月任职)

副主任委员　侯瑞铜
张亚平(3月离任)
周祖兴(3月离任)
王振升(3月离任)
胡博生(3月任职)
李跃刚(3月任职)

农业与农村委员会

主任委员　林春明(兼,3月离任)
王树武(3月任职)

副主任委员　刘传忠
申文良(3月离任)
沈滋毅(3月离任)
刘　强(3月任职)
张洪范(3月任职)

城乡建设环境保护委员会

主任委员　韩家华(兼,3月离任)
王树武(3月任职)

副主任委员　梅学峻(女,3月离任)
张可君(3月离任)
聂建军
孙家友(3月任职)
宋　娟(女,3月任职)

教育科学文化卫生人口委员会

主任委员　段立武(女,3月离任)
王树槐(3月任职)

副主任委员　刘　峰(3月离任)
陈继华(3月离任)
张照青(3月离任)
王化福(3月任职)
曹庆文(3月任职)
孙兆海(3月任职)

民族侨务外事委员会

主任委员　韩家华(兼,3月离任)
王树槐(3月任职)

副主任委员　司志峰(兼,3月离任)
王旭泽(3月离任)
吴宗乐(3月任职)
王先义(3月任职)
路跃成(3月任职)

市人大常委会工作机构

办公厅

主　　任　王志勇

副 主 任　李庆国
姜　华(女)
周国桥
赵勇军(满族)

人事代表工作委员会

主　　任　张　波
副 主 任　张学林
　　　　　吴　艳(女)

研究室

主　　任　杨志军
副 主 任　程　皓
　　　　　王　鹏

法制工作委员会

主　　任　逯平之
副 主 任　尹　达
　　　　　王力辛

内务司法委员会工作室

主　　任　程嗣福(4月离任)
　　　　　陈福菱(女,回族,4月任职)
副 主 任　陈福菱(女,回族,4月离任)
　　　　　王永勤

财政经济委员会工作室

主　　任　侯瑞铜
副 主 任　王化福(2月离任)
　　　　　焦振军

农业与农村委员会工作室

主　　任　刘传忠
副 主 任　陈长升
　　　　　魏秀芹(女)

城乡建设环境保护委员会工作室

主　　任　聂建军
副 主 任　杜春胜
　　　　　王明君

教育科学文化卫生人口委员会工作室

主　　任　王化福(2月任职)
副 主 任　秦利学(女)
　　　　　曹迎雪(女)

民族侨务外事委员会工作室

主　　任　吴宗乐
副 主 任　王秀光(女)
　　　　　昃欣萍(女)

市政协工作机构

办公厅

主　　任　于秀栋(兼)
副 主 任　尚　武(1月离任)

研究室

主　　任　董　琨

委员活动工作室

主　　任　王志凤(女)
副 主 任　苏少龙

提案委员会

主　　任　张义堂(1月离任)
　　　　　刘绵昌(1月任职)
副 主 任　丁乃河(兼,2月离任)
　　　　　卜德兰(兼,2月离任)
　　　　　王　军(兼)
　　　　　王济众(兼,2月离任)
　　　　　王新平(兼,2月离任)
　　　　　车　立(兼,2月离任)
　　　　　张玉兰(女,兼,2月离任)
　　　　　李胜利(兼,2月离任)
　　　　　孙　戈(兼,2月任职)
　　　　　孙中华(兼,2月任职)
　　　　　杨继明(兼,2月任职)
　　　　　张京河(兼,2月任职)
　　　　　段名钰(兼,2月任职)
　　　　　侯全明(兼,2月任职)

人口资源环境委员会

主　　任　周安颇
副 主 任　王同顺(兼,2月离任)
　　　　　于永平(兼,2月任职)
　　　　　王永胜(兼,2月任职)
　　　　　牛少成(兼,2月任职)
　　　　　刘玉泽(女,兼,2月任职)
　　　　　李　洋(兼)
　　　　　邱承江(兼,2月任职)
　　　　　张振宝(兼)
　　　　　范玉美(女,兼,2月离任)
　　　　　赵有梅(兼,2月离任)
　　　　　赵衍杰(兼,2月离任)
　　　　　林治国(兼,2月任职)
　　　　　常传喜(兼,2月任职)
　　　　　崔建国
　　　　　路跃成(兼,2月离任)

文史资料委员会

主　　任　李美英(女)
副 主 任　丁　涛(兼)
　　　　　王春林(兼)

刘继海(兼,2月离任)
刘昕剑(兼,2月任职)
赵新法(兼,2月离任)
翟乃利(兼,2月离任)
李玉福(兼,2月任职)
李贡平(兼,2月任职)
宋少飞(兼,2月任职)
禚淑萍(女,兼,2月任职)

经济科技委员会

主　　任　成亮文
副 主 任　马立山(兼,2月离任)
王子林(兼,2月离任)
王怀宾(兼,2月离任)
王衍明(兼,2月离任)
李延永(兼,2月离任)
周元军(兼,2月离任)
于明磊(兼,2月任职)
王恩明(兼,2月任职)
王维华(兼,2月任职)
毕红卫(女,兼,2月任职)
袁　晖(兼,2月任职)
栾召金(兼,2月任职)
高庆云
常　红(女)
韩　林(兼)
潘荣文(兼)

文教卫体委员会

主　　任　孙永绥
副 主 任　李　敏(女,兼,2月离任)
张洪亮(兼,2月离任)
孟鸿声(兼,2月离任)
高义波(兼,2月离任)
曹庆文(兼,2月离任)
王少华(兼,2月任职)
王长春(女,兼,2月任职)
刘长江(兼,2月任职)
宋晓东(兼,2月任职)
张　梅(女)
赵新法(兼,2月任职)
徐和峰(兼,2月任职)
翟慎政(兼,2月任职)

社会法制委员会

主　　任　马家军(回族)
副 主 任　于洪德(兼,2月任职)
于精忠(兼,满族)
王正全(兼,2月离任)
牟志斌(兼,2月离任)
胡博生(兼,2月离任)
赵荣生(兼,2月离任)
马学矩(兼,2月任职)
杨士进
张翠芬(女,2月任职)
耿衍飞(兼)
葛泓泉(兼,2月任职)
靳承家(兼,2月任职)

台港澳侨和外事委员会

主　　任　林　榕
副 主 任　王　博(兼,2月离任)
王先义(兼,2月离任)
王明智(兼,2月离任)
王秀辉(兼,2月任职)
巴新福(兼,2月任职)
刘　平(兼,2月任职)
林红霞(女,高山族,兼)
韩祥亮(兼,2月离任)
郝　博(兼,2月任职)
荆　波(兼,2月任职)
魏光利(兼,2月任职)
魏向群(兼,2月任职)

市纪委工作机构

市纪委

办公厅

主　　任　杨新胜(4月离任)
孙春生(4月任职)

监察综合室

主　　任　杨德俊

研究室

主　　任　李德波

干部管理室

主　　任　赫文国

信访室(市国家行政机关工作人员违法违纪举报中心)

主　　任　贾宝成

案件审理室

主　　任　高长生(4月任职)

党风廉政建设室

主　　任　王　俐(女,3月任职)

纠正部门和行业不正之风室(市纠正部门和行业不正之风办公室)

主　　任　荆培鲁

执法监察室

主　　任　王京海

宣传教育室

主　　任　乔　华(女)

政策法规室

主　　任　孙　斌

纪检监察一室

主　　任　王　彬

纪检监察二室

主　　任　孙春生(4月离任)
　　　　　王学圃(4月任职)

经济环境和机关效能投诉中心

主　　任　陈凤勤
副 主 任　周心广(11月离任)
　　　　　车春雷

案件监督管理室

主　　任　赵建波

机关党委

专职副书记　王　莉(女,3月离任)
　　　　　申其功(4月任职)
副秘书长　白念博

派驻第一纪检组

书　　记　韩晓华
副 书 记　张寅玲(女,4月离任)
　　　　　张小博
　　　　　寇宗华
　　　　　冯衍君(4月任职)
　　　　　李沛英(女,4月任职)

派驻第二纪检组

书　　记　丁莉莎(女)
副 书 记　王雪巍
　　　　　王以忠
　　　　　陈思海
　　　　　李德武

派驻第三纪检组

书　　记　宋　娟(女,3月离任)
　　　　　朱庆雷(3月任职,12月离任)
副 书 记　朱永常
　　　　　徐　可
　　　　　陈　晶(4月离任)
　　　　　李　润
　　　　　张　萍(女,4月任职)

派驻第四纪检组

书　　记　林永春(3月离任)
　　　　　傅曙光(女,3月任职)
副 书 记　孙　燕(女)
　　　　　梁永泉
　　　　　韩志农
　　　　　田旭东

派驻第五纪检组

书　　记　薛　南(女)
副 书 记　张成让
　　　　　李富广
　　　　　王新成
　　　　　由少华

派驻第六纪检组

书　　记　吕成法
副 书 记　王　鹏
　　　　　段庆峥
　　　　　蔡延凤(女)
　　　　　牛玉斌

派驻第七纪检组

书　　记　刘　涌
副 书 记　刘路生
　　　　　吕　浩
　　　　　彭光坤
　　　　　姜艳艳(女)

派驻第八纪检组

书　　记　黄宗光(3月离任)
　　　　　翟惠博(3月任职)
副 书 记　谷　虹(女)
　　　　　宗福顺
　　　　　张　华
　　　　　高　伟

市委、市政府直属事业单位及经济组织

市委党史资料征集研究委员会

主　　任　司志兰(女)
副 主 任　孟海滨
　　　　　韩国华

市委党校

校　　长　刘慧晏(兼,9月离任)
　　　　　周清利(兼,9月任职)
常务副校长　曹家才
副 校 长　刘继海(11月离任)
　　　　　刘昕剑
　　　　　张洪超
　　　　　孙学海
党委书记　曹家才
党委副书记　刘继海(11月离任)

淄博日报社

社　　长　任传斗
总 编 辑　潘海涛
副 社 长　王　胜(11月离任)
副总编辑　孙廷国
　　　　　鞠庆田
　　　　　张其林
　　　　　毕玉国
　　　　　石光胜
党委书记　任传斗
党委副书记　潘海涛
　　　　　孙廷国

淄博报业传媒集团

董 事 长　任传斗
总 编 辑　潘海涛
副总编辑　鞠庆田
　　　　　张其林
　　　　　毕玉国
　　　　　石光胜
副总经理　王　胜(12月离任)
党委书记　任传斗
党委副书记　潘海涛
　　　　　孙廷国

市委农村工作领导小组办公室

主　　任　王正全(3月离任)
　　　　　祁连山(3月任职)
副 主 任　孙玉昌

广播电视总台

台　　长　徐和峰
副 台 长　王增福
　　　　　朱庆雷(12月任职)
　　　　　苗建辉(12月任职)
党委书记　徐和峰
党委副书记　王增福

文化市场执法局

局　　长　刘长江
副 局 长　李炳平
　　　　　魏凡龙
　　　　　侯本兵
党组书记　刘长江

煤炭工业管理局

局　　长　路跃成(5月离任)
　　　　　董以琦(5月任职)
副 局 长　董以琦(5月离任)
　　　　　何　沛
　　　　　张兆兴
党组书记　路跃成(4月离任)
　　　　　董以琦(4月任职)

地震局

局　　长　王　健
副 局 长　张志毅
　　　　　罗玉芹(女)
党组书记　王　健

老龄工作委员会办公室

主　　任　吕宜民(12月离任)
　　　　　李　勇(12月任职)
副 主 任　赵炜生
　　　　　刘延军
党组书记　吕宜民(12月离任)
　　　　　李　勇(12月任职)

淄博仲裁委员会办公室

主　　任　刘　强(5月离任)
　　　　　徐俊国(5月任职)
副 主 任　张景民
　　　　　马　龙
　　　　　傅国普
党组书记　刘　强(4月离任)
　　　　　徐俊国(4月任职)

党组副书记　张景民

物资集团总公司

总　经　理　刘绵昌（1月离任）
副 总 经 理　任应城
　　许　博

商业集团总公司

总　经　理　张　波（1月离任）
副 总 经 理　程　忠
　　王俊忠

供销合作社联合社

主　　任　宋少飞
副　主　任　伊永祥
　　孙树田
　　吴东荣
监事会主任　伊永祥
监事会副主任　谭立斌（2月离任）
党 委 书 记　宋少飞

住房公积金管理中心

主　　任　孙忠廷
副　主　任　巩庆民
　　李　涛
党 组 书 记　孙忠廷

畜牧兽医局

局　　长　张洪范（5月离任）
　　张连波（5月任职）
副　局　长　徐建光（5月离任）
　　张志祥
党 组 书 记　张洪范（4月离任）
　　张连波（4月任职）

农业综合开发办公室

主　　任　姜延海
副　主　任　李士堂
　　张传勇
　　李东标
党 组 书 记　姜延海

中心城区旧城改造办公室

主　　任　孙中华
副　主　任　闫德刚
　　边立群
党 组 书 记　邵克武

淄博保税物流中心管理办公室

主　　任　庄　鸣
副　主　任　韩其伟

部门管理或领导的单位

市委、市政府信访局（市委群众工作部）

局　　长（部长）　翟乃利（4月离任）
　　许子森（4月任职）
副　局　长（副部长）　张　涛
　　安桂芳（女）
　　翟　敏（女）

档案馆（局）

馆（局）长　闫佳敏（女）
副馆（局）长　沈凤英（女）
　　毕研一
党 组 书 记　闫佳敏（女）

市委接待处（市级机关事务管理局）

处　　长　孙晓东
局　　长　孙晓东
副　处　长　王汉国
　　李　洁（女）

市委老干部局

局　　长　段名钰
副　局　长　徐文勇
　　翟阳厚

市级机关干部休养所

所　　长　徐文勇
副　所　长　刘　军
　　方迎春（女）

政府研究室

主　　任　闫桂新（12月任职）
副　主　任　李树博
　　高乾长

地方史志办公室

主　　任　董振忠（1月离任）
　　毕建国（1月任职）
副　主　任　毕建国（1月离任）
　　安永善
　　徐　杰
党 组 书 记　毕建国

粮食局

局　　长　于根亭
副　局　长　王延科（12月离任）
　　花　东

杨士鹏
党委书记 于根亭

招商局

局长 王立军
副局长 王玉周
孙国强
夏 磊
党组书记 王立军

经济合作局

局长 钟 群
副局长 王向阳
孔祥礼
齐兴武
党总支书记 魏玉蛟
党总支副书记 钟 群

公用事业管理局

局长 赵衍杰
副局长 聂曙光
苏嗣君
党委书记 赵衍杰

服务业办公室

主任 李延永(1月离任)
袁 晖(1月任职,12月离任)
张玉宝(12月任职)
副主任 李庆洪
吕 伟
付金海
党组书记 袁 晖(12月离任)
张玉宝(12月任职)

中小企业局(乡镇企业管理局)

局长 李明涛
副局长 李 勇(12月离任)
杨 文(12月任职)
范立玉(12月任职)
党总支书记 李明涛

机械行业协会

会长 董存良
副会长 赵增永
周龙贤
王海涛(12月任职)
党总支书记 董存良

轻工行业协会

会长 邱万勇
副会长 刘锋章(蒙古族)
何雅英(女)
党总支书记 邱万勇

纺织行业协会

会长 赵 鹏
副会长 刘贵华(1月离任)
蔡志刚
李 谦(12月任职)
党总支书记 赵 鹏

建材冶金行业协会

会长 侯 勇
副会长 黄业嵩
冯翠云(女)
张志勇
党总支书记 侯 勇

化工行业协会

会长 乔昌明
副会长 段秀庆
霍同高
赵恩俊
党总支书记 乔昌明

陶瓷行业协会(山东省陶瓷公司)

会长 韩克新
副会长 李 雷
崔 刚
经理 韩克新
副经理 李 雷
党总支书记 韩克新

医药行业协会

会长 李祥麟
副会长 邱 峰
赵 林(12月任职)
党总支书记 李祥麟

房产管理局

局长 杨继明
副局长 周茂双
高 燕(女)
孙志杰
党委书记 杨继明

南水北调工程建设管理局(引黄供水工程指挥部)

局　　长　王绍臣
副 局 长　翟海波
　　　　　李　晶
党支部书记　王绍臣

农业机械管理局

局　　长　许子森(5月离任)
　　　　　韩大力(5月任职)
副 局 长　齐英玉
　　　　　王守山
党委书记　许子森(4月离任)
　　　　　韩大力(4月任职)

民主党派

中国国民党革命委员会淄博市委员会

主　　委　王怀宾
副 主 委　张庆盈(女)
　　　　　苗　玉
　　　　　郝　博
　　　　　曹令兴

中国民主同盟淄博市委员会

主　　委　达建文
副 主 委　林红霞(女,高山族)
　　　　　马志忠
　　　　　裴培科
秘 书 长　高　清

中国民主建国会淄博市委员会

主　　委　王法亮
副 主 委　林治国
　　　　　王　军(12月离任)
　　　　　毕玉秀(女)
　　　　　徐兴明
秘 书 长　王　军(兼,11月离任)

中国民主促进会淄博市委员会

主　　委　禚淑萍(女)
副 主 委　孙晓萍(女)
　　　　　王新刚
　　　　　董本亮
　　　　　杜元刚

中国农工民主党淄博市委员会

主　　委　张京河
副 主 委　郑　杰
　　　　　张振宝
　　　　　苏成宝
　　　　　武守南
秘 书 长　张振宝(兼)

中国致公党淄博市委员会

主　　委　吴宗杰
副 主 委　刘玉泽(女)
　　　　　赵　毅

九三学社淄博市委员会

主　　委　王济众
副 主 委　孟　强
　　　　　魏会东
　　　　　闸建文
　　　　　张新清

张店区

区　委

书　　记　王　咏
副 书 记　沙向东
　　　　　徐　磊
常　　委　王　咏
　　　　　沙向东
　　　　　徐　磊
　　　　　杜海圣
　　　　　王　勇(1月任职)
　　　　　汪德法
　　　　　孙激波
　　　　　赵晨光
　　　　　徐俊杰
　　　　　张　苗(女)
　　　　　孙君明

区人大常委会

主　　任　王　咏
第一副主任　杨爱群
副 主 任　徐国庆
　　　　　杨全华(1月离任)
　　　　　陈长鹏
　　　　　李晓明(女)
　　　　　张晓林(1月任职)

区政府

区　　长　沙向东
副 区 长　王　勇
　　　　　汪德法(1月任职)

	刘玉泽(女)
	孙宏业
	王海波(1月任职)
	孔　杰

区政协

主　　席	周　明
副 主 席	赵　峰(1月离任)
	王建国
	庄步才(1月离任)
	曹维淮(1月离任)
	禚淑萍(女)
	王建东(1月任职)
	陈　斌(1月任职)
	姜尚敬(1月任职)
	王立文(1月任职)

区纪委

书　　记	杜海圣

淄川区

区　委

书　　记	杨洪涛
	白平和(援藏)
副 书 记	李新胜
	阎炳义(1月任职)
常　　委	杨洪涛
	李新胜
	阎炳义
	工召槐
	白相房
	张学锋(1月离任)
	李　涌
	冯丽萍(女)
	杨国明
	尚　武
	包希安
	高　方(1月任职)

区人大常委会

主　　任	杨洪涛
第一副主任	陈涟远(1月离任)
	张学锋(1月任职)
副 主 任	王秉忠(1月离任)
	唐凤德
	杨福信
	路英霞(女)
	郭　庆(1月任职)

区政府

区　　长	李新胜
副 区 长	王召槐
	李　涌
	苗　波(女)
	宁治坤
	孙月东
	徐统兵

区政协

主　　席	李淑湘(1月离任)
	陈涟远(1月任职)
副 主 席	王秉忠(1月任职)
	苏成宝
	李　玲(女,1月离任)
	于加宁(1月离任)
	郭尚书(1月离任)
	崔爱农
	贾元柱
	宿孝杰(1月任职)

区纪委

书　　记	冯丽萍(女)

博山区

区　委

书　　记	许　冰
副 书 记	任书升
	周茂松
常　　委	许　冰
	任书升
	周茂松
	宗志坚
	周庆德
	郑德庆(4月离任)
	刘承志
	李同军(1月任职)
	张　华
	成　文(女)
	高　健
	冯友明(4月任职)

区人大常委会

主　　任　王树槐(1月离任)
许　冰(1月任职)
第一副主任　宋元爱(女,1月离任)
李　森(1月任职)
副　主　任　黄汝丰(1月离任)
孙昆华
赵　德
邓迎春(女,1月任职)
房宽良
郑德庆(12月任职)

区政府

区　　长　任书升(1月任职)
代理区长　任书升(1月离任)
副　区　长　任书升(1月离任)
宗志坚
刘承志
段迎春(女)
李　森(1月离任)
齐进山
李同军(1月离任)
王　冲
杨玉峰(1月任职)

区政协

主　　席　崔振德(1月离任)
周茂松(1月任职)
副　主　席　李继唐(1月离任)
杨　博(女)
李玉森
李建国(1月任职)
丁修海
张新清
王在靖

区纪委

书　　记　成　文(女)

周村区

区　委

书　　记　韩昆山
副　书　记　陈思林
张学武
常　　委　韩昆山
陈思林
张学武
于　军
曲　明(女)
阚金智
刘长民
蔡华刚
于　清
李　军

区人大常委会

主　　任　韩昆山
第一副主任　李作霖
副　主　任　李军生
周　勇(1月离任)
解翠红(女,1月任职)
韩桂芳(女)
马鸿基

区政府

区　　长　陈思林(1月任职)
代理区长　陈思林(1月离任)
副　区　长　陈思林(1月离任)
于　军
刘长民
解翠红(女,1月离任)
耿玉河
王怀志
王　星(1月任职)
李寅萍(女)

区政协

主　　席　康仲新
副　主　席　王翔宇
曹元成(1月离任)
李玉清(女)
黄永志
崔来远(1月离任)
张继胜(1月离任)
胡　军(1月任职)
朱德强(1月任职)
张红蕾(女,1月任职)

区纪委

书　　记　于　清

临淄区

区委

书记　毕荣青(女)

副书记　宋振波
巩曰锋
潘清(援藏)

常委　毕荣青(女)
宋振波
巩曰锋
许刚(1月离任)
孙海青(女)
邢强
王义朴
曹丕祯
路玉田
周尔清
董红光
卢华栋(1月任职)
于海
武守南(1月离任)
于星光(1月离任)
崔来祥
苗玉
刘志同(1月任职)
李文远(1月任职)
李松龄(1月任职)

区人大常委会

主任　毕荣青(女)

第一副主任　李胜联(1月离任)
许刚(1月任职)

副主任　路剑三(1月离任)
王延珍(1月离任)
武守南(1月任职)
朱锦锋
马克久(回族,1月任职)
刘素梅(女,1月任职)

区政府

区长　宋振波

副区长　许刚(1月离任)
孙海青(女)
王义朴(1月任职)
齐昌成
王克林
马克久(回族,1月离任)
张召才
王功

区政协

主席　王秀荣(女)

副主席　王新荣(1月离任)

区纪委

书记　邢强

桓台县

县委

书记　王可杰

副书记　贾刚
刘春杰

常委　王可杰
贾刚
刘春杰
高连义(1月离任)
伊茂彦(1月离任)
蒲先农
张成利
赵霞(女)
孙长顺
王金栋(1月任职)
李向东(1月任职)
刘帅
门玉海

县人大常委会

主任　任德盈(1月离任)
王可杰(1月任职)

第一副主任　高连义(1月任职)

副书记　荆树璞(1月离任)
王玲(女,1月离任)
伊茂彦(1月任职)
李崇伦
李向东(1月离任)
邵明义
王素芳(女,1月任职)

县政府

县长　贾刚(1月任职)

代理县长　贾　刚(1月离任)
副 县 长　贾　刚(1月离任)
高连义(1月离任)
伊茂彦(1月离任)
蒲先农(1月任职)
王金栋
尹　鹏
王晓平
何向东(12月离任)
周　婷(女)

县政协

主　　席　张　明(1月离任)
刘春杰(1月任职)
副 主 席　裴培科
毕玉秀(女)
崔亦伦(1月离任)
荆　锐
王子义
李向阳
王道友(1月任职)

县纪委

书　　记　张成利

高青县

县　委

书　　记　徐培栋
副 书 记　刘忠远
边江风(女,1月任职)
常　　委　徐培栋
刘忠远
边江风(女)
李　勇
孙英涛
于新华(1月离任)
满　军
崔玉栋
耿庆玮
张守伟
高连家(1月任职)
李厚海

县人大常委会

主　　任　李灿玉(1月离任)
徐培栋(1月任职)
第一副主任　白明河(1月离任)
于新华(1月任职)
副 主 任　张　瑞
王智平(1月离任)
孙元荣(女,1月离任)
张玉华
刘金锋(1月任职)
王晓燕(女,1月任职)

县政府

县　　长　刘忠远(1月任职)
代理县长　刘忠远(1月离任)
副 县 长　刘忠远(1月离任)
李　勇(1月任职)
崔玉栋
刘　军
高连家(1月离任)
于双胜
张亮云
张欣欣(女)

县政协

主　　席　刘云燕(1月离任)
白明河(1月任职)
副 主 席　王永民(1月离任)
李俊国
吴志明
于凤云(女)
范维树(1月任职)
王　伟
王晓燕(女,1月离任)
王照达(1月任职)

县纪委

书　　记　耿庆玮

沂源县

县　委

书　　记　苏　星
副 书 记　谭秀中
陆汉明
常　　委　苏　星
谭秀中
陆汉明

李庆彪(1月离任)
王学刚
聂玉彬
王龙辉
陈保华(1月任职)
周士亮
胡敬涛(1月任职)
黄雪颂(女)
史本龙

县人大常委会

主　　任　苏　星
第一副主任　刘传新
副 主 任　郭宝庆
何剑明
秦明兰(女,1月离任)
苗希峰
吴桂枝(女,1月任职)

县政府

县　　长　谭秀中
副 县 长　聂玉彬
王龙辉(1月任职)
李庆彪(1月离任)
陈保华(1月离任)
胡敬涛(1月离任)
李　玲(女)
王　超
崔伟春(援藏)
沈照生(1月任职)
张志东(1月任职)

县政协

主　　席　赵希忠
副 主 席　李庆彪(1月任职)
董玉贞(女)
陈传禄
朱万玲(1月离任)
张和慈(1月离任)
张振军(1月离任)
魏成浩
王永军(1月任职)

县纪委

书　　记　黄雪颂(女)

淄博高新技术产业开发区

中共淄博高新技术产业开发区工作委员会

书　　记　庄　鸣
副 书 记　韩志强(3月离任)
孙兆海(3月离任)
陈德诚

淄博高新技术产业开发区管理委员会

主　　任　庄　鸣
常务副主任　韩志强(3月离任)
副 主 任　鹿奉俊(3月离任)
程光磊
牛圣银
孙　刚
周　军
申佃军

纪委(监察局)

书　　记　孙兆海(3月离任)
王建军(4月任职)
局　　长　花光常

办公室

主　　任　郭　成

组织人事部(人力资源和社会保障局)

部　　长　张新平
局　　长　张新平

经济发展局

局　　长　逄锦波

规划建设土地局

局　　长　张永泉

财政局

局　　长　杜玉林

审计物价局

局　　长　焦　刚

地方事业局

局　　长　解　典

科学技术局

局　　长　牟先泉

高新区人民法院

院　　长　孙星光
副 院 长　张明洲
张敦金
朱玉生(4月离任)

党组书记　孙星光

高新区人民检察院

检察长　李家玉

副检察长　马连生

纪善明(4月离任)

党组书记　李家玉

市公安局高新区分局

局长　伊若健(12月离任)

政委　董俊生

副局长　邢延明

聂玉鸿

赵化林

党委书记　伊若健(12月离任)

党委副书记　董俊生

邢延明

淄博齐鲁化学工业区

中共淄博齐鲁化学工业区工作委员会

书记　毕荣青(女)

副书记　宋振波

巩曰锋

淄博齐鲁化学工业区管理委员会

主任　宋振波

淄博市文昌湖旅游度假区

中共淄博市委文昌湖旅游度假区工作委员会

书记　常跃之

副书记　杜春雷

张亮

市文昌湖旅游度假区管理委员会

主任　杜春雷

副主任　李炳胜

张丽红(女)

尹斌

中国人民解放军淄博军分区

党委第一书记　刘慧晏(9月离任)

周清利(9月任职)

书记　张顺华

副书记　刘春国

司令员　刘春国

政治委员　张顺华

副司令员　阎相宣

油朝康

副政治委员　赵光军

刘炳才

参谋长　李峰

政治部主任　栾春胜

后勤部部长　王路军

中国人民武装警察部队淄博市支队

支队长　黄顺生(3月离任)

吕军(3月任职)

第一政委　岳华东(3月离任)

丁冠勇(3月任职)

政委　张春禹

副支队长　南俊峰

副政委　隋新磊(3月离任)

左志军

参谋长　吕军(3月离任)

陈太华(3月任职)

政治处主任　王冰

后勤处处长　杨崇红(3月离任)

郝亮光(3月任职)

国务院部属、省属单位

中国石化集团资产经营管理有限公司齐鲁石化分公司

经理　李安喜

副经理　吴耘

翟丕沐

党委书记　李安喜

党委副书记　王洪亮

中国石油化工股份有限公司齐鲁分公司

经理　李安喜

副经理　张绍光

孟祥德

孙振光(8月任职)

韩峰(8月任职)

山东铝业公司

经理　王再云

副经理　于健

张正基

党委书记　尹雪春

中国铝业股份有限公司山东分公司

总　经　理　王再云
副总经理　尹雪春
刘昌俊(6月离任)
王克岳
孙　波

淄博矿业集团有限责任公司

董　事　长　张寿利
总　经　理　孙中辉
副总经理　张传业
段绪兵
赵清珠
徐其端
张若祥(7月离任)
孙清华
包政礼(7月任职)
党委书记　张寿利
党委副书记　孙中辉
张道纶

淄博市邮政局

局　　长　宋立华(7月离任)
王冬生(7月任职)
副　局　长　李勇林
刘洪光
张　波(2月任职)
党委书记　宋立华(7月离任)
王冬生(7月任职)

中国联合网络通信有限公司淄博市分公司

总　经　理　魏德胜(3月离任)
张　明(3月任职)
副总经理　邢福俊
李永涛(3月离任)
李　涛(3月任职)
韩金祥
周　波
李国庆
魏玉兵(7月任职)
党委书记　魏德胜(3月离任)
张　明(3月任职)
党委副书记　邢福俊

中国移动通信集团山东有限公司淄博分公司

总　经　理　孙晓燕(女)
副总经理　秦志敏(女，3月离任)
刘　鹏
孙传敬
田玉科(3月任职)
党委书记　李建新

淄博市气象局

局　　长　贺业坤(4月离任)
臧传花(女，4月任职)
副　局　长　王俊华
臧传花(女，4月离任)
党组书记　贺业坤(4月离任)
臧传花(女，4月任职)

淄博供电公司

总　经　理　杨列銮
副总经理　于金涛
王照晨(4月离任)
安　勇(4月任职)
张　鑫(9月离任)
赵　峰
胡朝贞
党委书记　于金涛
党委副书记　杨列銮

淄博市国家税务局

局　　长　王胜斌
副　局　长　张在峰
杨　林(11月离任)
刘普照
赵长亮(8月任职)
党组书记　王胜斌

淄博市地方税务局

局　　长　于　波
副　局　长　潘荣文
衣建军(2月离任)
赵德森
石光华
司　平(4月任职)
党组书记　于　波
党组副书记　潘荣文(2月任职)

淄博市工商行政管理局

局　　长　刘　波
副　局　长　吕丕军
王光春
刘成亮

王明亮
党委书记　刘　波
党委副书记　栾召金

淄博市质量技术监督局

局　　长　林　平(2月离任)
　　　　　周建昌(2月任职)
副 局 长　赵　军
　　　　　刘宁博
　　　　　王　磊
　　　　　张同秀(女)
党组书记　林　平(2月离任)
　　　　　周建昌(2月任职)

淄博市国家安全局

局　　长　赵水清
党委书记　赵水清

中国人民银行淄博市中心支行
(与国家外汇管理局淄博中心支局合署)

行　　长　张光森
副 行 长　徐　宁
　　　　　刘　洁(女)
　　　　　张维建
　　　　　杨远军(挂职)
党委书记　张光森

中国银行业监督管理委员会淄博监管分局

局　　长　陈保君
副 局 长　姜立惠(6月离任)
　　　　　郭传刚
　　　　　宋海澎(11月任职)
党委书记　陈保君

中国工商银行淄博市分行

行　　长　赵玉良(8月离任)
　　　　　王世明(8月任职)
副 行 长　王国友(9月离任)
　　　　　王立亭
　　　　　石志国
　　　　　祝广成(1月离任)
　　　　　肖方俊
　　　　　王光生(5月任职)
　　　　　李　炬(5月任职)
党委书记　赵玉良(7月离任)
　　　　　王世明(7月任职)

中国农业银行淄博市分行

行　　长　李长波
副 行 长　宋作家(10月离任)
　　　　　付　晓(9月任职)
　　　　　韩文英
　　　　　韩怀德(9月离任)
　　　　　范建强
党委书记　李长波
党委副书记　宋作家(10月离任)
　　　　　付　晓(9月任职)

中国建设银行淄博市分行

行　　长　张凌波(3月离任)
　　　　　闫天兵(3月任职)
副 行 长　邵　磊
　　　　　张兆鹏
　　　　　吴广庆(5月离任)
　　　　　魏成花(女)
　　　　　孟祥晶(8月任职)
党委书记　张凌波(3月离任)
　　　　　闫天兵(3月任职)

中国农业发展银行淄博市分行

行　　长　张志强
副 行 长　李　钢
　　　　　杨庆岭
　　　　　李长红
党委书记　张志强

中国银行淄博分行

行　　长　薛广义(8月离任)
　　　　　张　军(8月任职)
副 行 长　朱国庆
　　　　　王　军
　　　　　张　铭
党委书记　薛广义(8月离任)
　　　　　张　军(8月任职)
党委副书记　杨京连(5月离任)

交通银行淄博分行

行　　长　孙传刚(9月离任)
　　　　　桑　剑(9月任职)
副 行 长　鲁林法
　　　　　丁绍波
党委书记　孙传刚(9月离任)
　　　　　桑　剑(9月任职)

中国人民财产保险股份有限公司淄博分公司

总　经　理　　赵德亭
副总经理　　孙　涛
　　　　　　毕德丽(女)
　　　　　　王　宾(9月任职)
党委书记　　赵德亭

中国人寿保险股份有限公司淄博分公司

总　经　理　　康小川(10月离任)
　　　　　　杨建敏(10月任职)
副总经理　　关明明
　　　　　　张仕祯(2月离任)
　　　　　　黄　斌
党委书记　　康小川(10月离任)
　　　　　　杨建敏(10月任职)

中国太平洋财产保险股份有限公司淄博中心支公司

总　经　理　　周彦斌(12月离任)
　　　　　　胡勤海(12月任职)
副总经理　　周　玮(女)
　　　　　　李　华(女)
　　　　　　孙　俊
　　　　　　于　磊
党委书记　　周彦斌(12月离任)
　　　　　　胡勤海(12月任职)

中国太平洋人寿保险股份有限公司淄博中心支公司

总　经　理　　王宗民(12月离任)
　　　　　　郎旭昌(12月任职)
副总经理　　贾方纪
　　　　　　刘　剑(2月任职)
　　　　　　徐振军(4月任职)
　　　　　　宋　燕(女,2月任职)
党委书记　　王宗民(12月离任)
　　　　　　郎旭昌(12月任职)

中国平安人寿保险股份有限公司淄博中心支公司

总　经　理　　王　孟
副总经理　　翟　敏(女)
　　　　　　刘　刚
党支部书记　　王　孟

中国平安财产保险股份有限公司淄博中心支公司

总　经　理　　庄乾元
副总经理　　毕新宇(女)
　　　　　　李丰生(10月离任)

中华人民共和国淄博出入境检验检疫局

局　　　长　　王作来
副　局　长　　刘星火
　　　　　　王克刚
　　　　　　张承文
党组书记　　王作来

中华人民共和国淄博海关

关　　　长　　邱　林
副　关　长　　刘禄玲
　　　　　　王　宏(女)
党组书记　　邱　林

淄博市丝绸公司

经　　　理　　焦连栋
副　经　理　　曹永志(7月离任)
党委书记　　焦连栋

淄博市烟草专卖局(公司)

局　　　长　　谢　云
总　经　理　　谢　云
副　局　长　　翟汉臣
　　　　　　闫厚强(9月任职)
副总经理　　翟　义
　　　　　　王健民
　　　　　　马天任
　　　　　　闫厚强(挂职,9月离任)
党委书记　　谢　云

淄博黄河河务局

局　　　长　　李振玉
副　局　长　　丁惠新
　　　　　　赵建勇
　　　　　　冷继省
党组书记　　李振玉
党组副书记　　丁惠新

国家统计局淄博调查队

队　　　长　　盛明三
副　队　长　　李　锐
党组书记　　盛明三

中国电信集团公司山东省淄博市电信分公司

总　经　理　　孙明泉(10月离任)
　　　　　　周继群(10月任职)
副总经理　　张继东
　　　　　　姚鲁生
　　　　　　尹常青
党委书记　　孙明泉(10月离任)
　　　　　　周继群(10月任职)

(王建军整理)

淄博市国民经济和社会发展统计资料

说明:淄博市国民经济和社会发展统计资料是根据2012年快报数字整理的。资料中所有价值指标除注明不变价外,均按当年价格计算,指数按可比价格计算。表中的“空格”表示该项数据不详,“—”表示无该项数据,“#”表示其中项。

行政区划及人口密度

表1

地　区	镇、街道(个)	镇(个)	街道(个)	居委会(个)	村民委员会(个)	自然村(个)	土地面积(平方公里)	人口密度(人/平方公里)
全　市	88	59	29	455	3102	3716	5965	710
市辖区	58	34	24	414	1382	1417	2989	940
淄川区	13	9	4	82	379	408	960	697
张店区	13	6	7	121	156	156	360	2099
博山区	10	7	3	111	209	209	698	651
临淄区	12	7	5	67	414	420	664	922
周村区	10	5	5	33	224	224	307	1033
桓台县	9	7	2	15	335	327	831	600
高青县	9	7	2	11	759	759	509	719
沂源县	12	11	1	15	626	1213	1636	344

注:1.张店区含高新区,周村区含文昌湖区;2.人口密度按户籍人口计算。

自然资源

表2

指　标　名　称	单位	2012年	指　标　名　称	单位	2012年
一、土地面积	公顷	596492	交通运输及水利设施用地	公顷	16726.1
农用地合计	公顷	420385.8	未利用地	公顷	59470.0
耕地	公顷	211857.8	二、森林		
园地	公顷	58806.3	森林覆盖率	%	36.5
林地	公顷	104701.5	林木蓄积量	万立方米	598
其他农用地	公顷	45020.3	三、水文、水利		
建设用地	公顷	116636.2	1.全年水资源总量	万立方米	120174
城镇村及工矿用地	公顷	99910.1	#大中型水库蓄水量	万立方米	23190
#城市	公顷	18560.3	2.多年平均地下水资源量	万立方米	94548
建制镇	公顷	20468.7	#年开采总量	万立方米	64587
村庄	公顷	54445.0			

综　　合

表 3

指　标　名　称	单位	2012 年	比 2011 年增长(%)	指　标　名　称	单位	2012 年	比 2011 年增长(%)
地区生产总值	亿元	3557.2	10.5	非营利性服务业	亿元	271.9	8.9
第一产业	亿元	123.8	5.2	地区生产总值构成		100	—
第二产业	亿元	2101.2	11.5	第一产业	%	3.5	-0.1
工业	亿元	1897.6	11.5	第二产业	%	59.0	-1.2
建筑业	亿元	203.6	10.8	第三产业	%	37.5	1.3
第三产业	亿元	1332.3	9.4	人均地区生产总值	元	77876	10.0
交通运输、仓储及邮政业	亿元	236.3	5.3	地方财政收入占 GDP 比重	%	6.6	0.4
批发和零售业	亿元	392.7	15.7	税收占 GDP 比重	%	12.0	0.03
住宿和餐饮业	亿元	102.4	12.6	服务业增加值占 GDP 比重	%	37.5	1.3
金融业	亿元	90.8	18.9	进出口总值占 GDP 比重	%	16.9	-0.9
房地产业	亿元	113.4	2.1	出口总值占 GDP 比重	%	9.4	-1.1
营利性服务业	亿元	124.8	0.1				

注:单位是%的增长栏为比 2011 年增减百分点。

农林牧渔业主要指标

表 4

指　标　名　称	单位	2012 年	比 2011 年增长(%)	指　标　名　称	单位	2011 年	比 2011 年增长(%)
一、种植业				家禽存养数	万只	1607.53	6.9
粮　食	万吨	177.91	0.2	三、渔业			
夏　粮	万吨	77.67	0.4	水产品产量	万吨	2.58	3.6
秋　粮	万吨	100.24	持平	四、其他			
棉　花	万吨	0.81	-24.7	农机总动力	万千瓦	352.41	3.5
油　料	万吨	2.47	0.5	#农用排灌动力	万千瓦	82.24	-2.8
蔬　菜	万吨	221.52	2.2	化肥使用折纯量	万吨	9.91	1.1
瓜、果类	万吨	129.12	5.9	农村用电量	亿千瓦时	52.30	0.2
#水果	万吨	110.28	8.0	有效灌溉面积	万公顷	12.65	0.8
二、畜牧业				五、农林牧渔业总产值	亿元	219.41	5.3
肉类总产量	万吨	18.50	4.2	农业总产值	亿元	143.66	5.3
奶类产量	万吨	12.57	2.3	林业总产值	亿元	11.75	6.9
禽蛋产量	万吨	7.20	2.2	牧业总产值	亿元	53.19	5.0
牛年底存栏	万头	15.44	5.1	渔业总产值	亿元	4.35	4.3
猪年底存栏	万头	67.24	3.5	农林牧渔业服务业产值	亿元	6.46	5.9
羊年底存栏	万只	48.85	-0.2				

规模以上工业主要指标

表5

指标名称	单位	2012年	比2011年增长(%)	指标名称	单位	2012年	比2011年增长(%)
工业企业单位数	个	3143		重工业	亿元		12.01
#亏损企业	个	161		#大中型工业企业	亿元		7.29
工业总产值	亿元	10531.54	14.15	#国有企业	亿元		2.07
#高新技术产业产值	亿元	2983.83	21.30	#非公有制企业	亿元		13.68
占规模以上工业产值的比重	%	28.33	1.23	工业销售产值	亿元	10316.21	12.92
工业增加值	亿元		11.43	#出口交货值	亿元	393.49	-1.99
#轻工业	亿元		8.13				

注:1. 规模以上工业指年主营业务收入2000万元及以上单位。
2. 规模以上工业主要指标数据不含市电力公司。

固定资产投资

表6

指标名称	单位	2012年	比2011年增长(%)	指标名称	单位	2012年	比2011年增长(%)
固定资产投资	亿元	1743.33	20.5	能源工业	亿元	67.66	33.6
#住宅投资	亿元	226.57	-12.9	煤炭	亿元	2.00	-9.9
#地方投资	亿元	1730.48	21.3	石油	亿元	28.66	31.8
#非公有投资	亿元	1325.46	19.2	电力	亿元	37.01	38.8
#民间投资	亿元	1565.42	23.3	原材料工业	亿元	296.19	34.1
按建设性质分				冶金	亿元	19.64	-39.9
#新建	亿元	145.37	22.6	化工	亿元	276.55	47.0
扩建	亿元	272.17	-2.3	机械电子工业	亿元	210.50	18.2
改建和技术改造	亿元	1084.77	42.1	机械	亿元	196.42	13.6
按构成分				电子	亿元	14.08	171.6
建筑工程	亿元	668.94	2.9	轻纺工业	亿元	80.81	-2.0
安装工程	亿元	173.53	46.1	轻工	亿元	51.23	-18.7
设备工器具购置	亿元	689.42	17.0	纺织	亿元	29.59	51.8
其他费用	亿元	211.43	49.7	其他工业	亿元	185.00	23.6
商品房销售面积	万平方米	464.05	-34.5	建筑业	亿元	9.86	14.6
#住宅	万平方米	423.06	-35.5	第三产业	亿元	860.97	17.0
商品房销售额	亿元	207.36	-32.8	#交通运输仓储邮电通信业	亿元	110.16	49.8
#住宅	亿元	183.09	-35.2	批发零售餐饮业	亿元	112.84	102.8
固定资产投资	亿元	1743.33	20.5	金融业	亿元	7.65	259.5
第一产业	亿元	28.72	40.5	房地产业	亿元	308.74	-4.3
第二产业	亿元	853.63	23.7	环境和公共设施管理业	亿元	68.11	-28.1
工业	亿元	840.16	23.2				

社会消费品零售额

表 7　　　　单位：亿元

指　标　名　称	2012 年	比 2011 年增长(%)	指　标　名　称	2012 年	比 2011 年增长(%)
社会消费品零售额	1363.64	15.0	按行业分组		
按销售单位所在地分组			批发业	187.73	12.0
城镇	1159.24	15.0	零售业	1028.77	15.7
＃城区	833.49	15.0	住宿业	11.71	5.2
乡村	204.40	14.9	餐饮业	135.43	14.6

限额以上批发和零售业商品销售分类情况

表 8　　　　单位：亿元

指　标　名　称	2012 年	比 2011 年增长(%)	指　标　名　称	2012 年	比 2011 年增长(%)
合　计	747.15	17.1	中西药品类	7.735	－0.1
粮油、食品、饮料、烟酒类	83.21	8.3	文化办公用品类	9.71	20.2
服装、鞋帽、针纺织品类	119.07	18.5	家具类	93.84	18.7
化妆品类	4.89	11.2	通讯器材类	10.14	16.7
金银珠宝类	7.75	14.2	煤炭及制品类	6.81	12.6
日用品类	24.76	12.8	石油及制品类	43.88	20.6
五金、电料类	11.25	10.9	建筑及装潢材料类	24.22	14.9
体育、娱乐用品类	1.31	3.5	机电产品及设备类	8.51	3.5
书报杂志类	2.95	－9.3	汽车类	194.47	23.7
电子出版物及音像制品类	0.21	6.5	其他类	49.50	27.6
家用电器和音像器材类	42.85	4.1			

公共财政预算收支

表 9

单位：万元

指　标　名　称	2012 年	比 2011 年增长(%)	指　标　名　称	2012 年	比 2011 年增长(%)
全市公共财政预算收入	2362826	16.1	公共财政预算支出	2908832	14.9
#税收收入	1621141	18.0	#一般公共服务	371535	11.4
#增值税	254063	3.0	国防	4815	-7.7
营业税	353356	18.2	公共安全	168774	17.0
企业所得税	177727	-8.1	教育	733622	19.6
个人所得税	35230	-3.8	科学技术	79820	24.0
资源税	37694	181.1	文化体育与传媒	459824	14.2
城市维护建设税	119203	-1.8	社会保障和就业	315131	14.3
房产税	51039	43.9	医疗卫生	199781	22.9
城镇土地使用税	109283	19.5	节能保护	87631	22.1
耕地占用税	209877	140.9	城乡社区事务	181097	-10.7
契税	111594	-30.5	农林水事务	295559	21.7
非税收入	741685	12.1	交通运输	74733	19.1
			住房保障	46792	217.8

注：从 2012 年开始，地方财政收入(支出)改为公共财政预算收入(支出)。

进出口与利用外资

表 10

指　标　名　称	单位	2012 年	比 2011 年增长(%)	指　标　名　称	单位	2012 年	比 2011 年增长(%)
进出口总值	万美元	952805	5.5	机电产品	万美元	74032	17.4
进口	万美元	420733	13.5	轻工产品	万美元	64195	6.7
出口	万美元	532072	-0.1	服装	万美元	62225	10.4
#国有企业出口	万美元	40300	-0.6	医药	万美元	43879	-8.7
三资企业出口	万美元	261869	-1.7	冶金矿产	万美元	14969	-16.7
#一般贸易出口	万美元	377134	-1.1	建材产品	万美元	17671	24.7
加工贸易出口	万美元	153067	1.1	农副产品	万美元	10292	60.1
#欧盟	万美元	78909	-10.9	高新技术	万美元	16407	9.6
美国	万美元	108221	5.1	利用外资			
韩国	万美元	36980	-16.4	项目个数	个	24	
日本	万美元	32148	-8.3	合同外资金额	万美元	59300	
#石油化工塑料橡胶	万美元	144792	-10.0	实际利用外资金额	万美元	79200	11.4
纺织品	万美元	88191	-5.5				

运输、邮电及旅游业

表 11

指　标　名　称	单位	2012 年	比 2011 年增长(%)	指　标　名　称	单位	2012 年	比 2011 年增长(%)
公路通车里程	公里	10601	1.09	＃外国人	万人次	14.05	2.33
公路客运量	万人	42029	4.19	香港同胞	万人次	4.69	28.14
公路货运量	万吨	26216	3.31	澳门同胞	万人次	0.15	15.38
公路客运周转量	万人公里	1408207	2.37	台湾同胞	万人次	4.33	26.98
公路货运周转量	万吨公里	8851175	3.14	国内游客	万人次	3496.58	14.11
邮政业务总量	亿元	2.42	0.50	旅游总收入	亿元	310.91	18.44
电信业务总量	亿元	35.42	12.31	旅游外汇收入	万美元	12800.67	11.89
游客总人数	万人次	3519.80	14.09	国内旅游收入	亿元	302.85	18.69
＃入境游客人数	万人次	23.22	10.99				

注:邮政业务总量不包括淄博市邮政银行、速递物流公司数据。

城市居民生活

表 12

指　标　名　称	单位	2012 年	比 2011 年增长(%)	指　标　名　称	单位	2012 年	比 2011 年增长(%)
平均每户家庭人口数	人	2.71	-0.4	＃食品支出	元	5247	10.4
每一就业者负担系数(含本人)	人	1.77	-0.6	衣着支出	元	2857	39.0
年末人均现住房建筑面积	平方米	34.90	1.5	居住支出	元	1800	-6.9
家庭总收入	元	29802.97	12.3	家庭设备、用品及服务支出	元	1207	-6.4
＃可支配收入	元	28189	13.0	医疗保健支出	元	842	-14.5
＃工资性收入	元	18326	17.7	交通和通讯支出	元	1737	-29.0
工资及补贴收入	元	17778	17.0	教育文化娱乐服务支出	元	1951	13.2
其他劳动收入	元	547	47.4	其他商品和服务支出	元	1277	58.6
经营净收入	元	2891	-3.0	购房与建房支出	元	—	—
财产性收入	元	982	-26.3	转移性支出	元	2347.69	0.7
转移性收入	元	7604	14.2	财产性支出	元	56.96	5.3
借贷收入	元	8315	-23.6	社会保障支出	元	1561.66	2.8
家庭总支出	元	20884	3.7	年存入储蓄款	元	14619.66	-4.2
消费支出	元	16917	5.8	年末手存现金	元	4105.72	26.5

注:家庭收支均为人均指标。

农村居民生活

表 13

指标名称	单位	2012 年	比 2011 年增长(%)	指标名称	单位	2012 年	比 2011 年增长(%)
平均每户常住人口数	人	3.17	0.0	财产性收入	元	274	-5.6
每一就业者负担系数(含本人)	人	1.42	0.0	转移性收入	元	879	32.2
人均年末生活用房面积	平方米	36.89	3.2	总支出	元	10704	12.6
总收入	元	15174	11.7	家庭经营费用支出	元	2158	6.4
纯收入	元	12378	13.8	购置生产性固定资产支出	元	58	-31.8
工资性收入	元	7247	13.1	生活消费支出	元	7334	13.6
#在本乡地域内劳动得到收入	元	5742	15.0	#服务性支出	元	2073	17.6
外出从业得到收入	元	1222	6.6	#食品	元	2572	13.5
家庭经营纯收入	元	3979	13.1	衣着	元	612	14.5
第一产业纯收入	元	2694	3.9	居住	元	1205	20.9
#农业收入	元	2403	15.0	家庭设备、用品	元	461	6.2
牧业收入	元	278	-35.7	交通和通信	元	1043	12.6
非农产业纯收入	元	1285	39.0	文化教育、娱乐	元	673	5.0
第二产业纯收入	元	88	-41.1	医疗保健	元	629	16.5
第三产业纯收入	元	1197	54.4	其他商品和服务	元	139	16.3

注:家庭收支均为人均指标。

人口和劳动工资

表 14

指标名称	单位	2012 年	比 2011 年增长(%)	指标名称	单位	2012 年	比 2011 年增长(%)
年末总人口(户籍)	万人	423.67	-0.04	在岗职工工资总额	亿元	308.54	18.26
人口出生率	‰	9.13	0.92	企业单位	亿元	230.05	21.17
人口死亡率	‰	8.40	2.50	事业单位	亿元	58.39	12.12
人口自然增长率	‰	0.72	-1.59	机关单位	亿元	19.48	6.86
年末常住人口	万人	457.93	0.50	在岗职工平均工资	元	42106	10.98
在岗职工年平均人数	万人	71.28	6.58	企业单位	元	40058	12.96
企业单位	万人	57.43	7.27	事业单位	元	50938	6.87
事业单位	万人	11.46	4.91	机关单位	元	45867	3.86
机关单位	万人	4.25	2.86				

注:1. 人口出生率、死亡率及自然增长率增长栏为比 2011 年增减千分点。

2. 从 2012 年开始,在岗职工包含劳务派遣人员。

城市建设

表15

指标名称	单位	2012年	2011年	指标名称	单位	2012年	2011年
市政公用基础设施完成投资	亿元	32.15	38.4	城市使用液化气、煤制气、天然气总户数	万户	120	71.2
年末城市道路面积	万平方米	4537.76	3265	城市气化率	%	98.08	98
人均拥有道路面积	平方米	23.23	17.24	集中供热面积	万平方米	4300	4778
年末营运公交车总数	辆	2920	2827	人均公园绿地面积	平方米	16.6	16
年末实有出租汽车	辆	6462	6491	建成区绿化覆盖率	%	43.4	42.6
城市平均每天供水量	万吨	87.7	87.4	污水处理率	%	95	93.5

社会保障

表16

指标名称	单位	2012年	2011年	指标名称	单位	2012年	2011年
城镇新增就业数	万人	14.7	13.24	企业	万元	79.75	41.68
转移农村劳动力人数	万人	9.98	9.12	发放养老金	万元	26.2	22.76
城镇登记失业率	%	2.53	2.75	#机关事业	万元	4.58	4.36
城镇居民最低生活保障人数	万人	3.12	3.48	企业	万元	21.62	18.4
农村居民最低生活保障人数	万人	8.2	8.23	新型农村社会养老保险参保人数	万人	136.04	132.62
城镇养老保险参保人数	万人	103.05	101.1	城镇职工医疗保险参保人数	万人	121.5	114.23
#机关事业	万人	12.43	12.34	城镇居民医疗保险参保人数	万人	84.03	81.7
企业	万人	90.7	88.75	失业保险参保人数	万人	68.6	65.75
收缴养老保险费	万元	92.1	52.18	工伤保险参保人数	万人	89.3	83.76
#机关事业	万元	12.35	10.5	生育保险参保人数	人	60.6	57.63

本部类编　辑：王　娟
副主编：徐　杰
校　对：张耀江
杨建明

政党 政务

中国共产党淄博市委员会

·重要会议·

1月6日，市委、市政府召开工作情况通报会，向老干部通报2011年工作情况、2012年工作打算。

1月19日，中国共产党淄博市委十届十五次全体会议举行。决定中共淄博市第十一次代表大会于2012年2月1—5日在张店召开。

1月19日，市委召开民主协商会议，向各民主党派、工商联和无党派人士代表通报出席中共山东省第十次代表大会候选人初步人选推荐提名情况，并听取意见。

2月2日，中国共产党淄博市第十一次代表大会开幕。刘慧晏代表中共淄博市第十届委员会向大会作《强化生态文明，加快内涵发展，为建设殷实和谐经济文化强市而奋斗》的报告。

2月5日，中国共产党淄博市第十一届委员会第一次全体会议举行。

2月14日，全市政法维稳工作暨实施固本强基维稳工程表彰大会召开。

2月16日，全市反腐倡廉工作暨中共淄博市纪委十一届二次全体会议召开。

2月27日，市委召开常委会议，传达学习省"两会"精神及中央纪委、中央组织部和省纪委、省委组织部严肃换届纪律、深入整治用人上不正之风工作推进会议精神，研究贯彻落实意见。

3月23日，市委、市政府召开生态淄博建设暨环境保护大会。

3月24日，市委、市政府召开全市创建全国文明城市表彰大会。

4月11日，市委、市政府召开全市科学技术奖励大会。

4月21日，举行庆祝"五一"国际劳动节大会。

5月5日，全市纪念中国共产主义青年团成立90周年大会召开。

5月16日，市委召开常委会议，研究部署工作，强调进一步强化工作措施，加大推进力度，努力保持经济社会平稳较快发展。

5月29日，市委召开常委扩大会议，传达省第十次党代会精神，研究贯彻落实意见。

6月11日，市委、市政府召开全市道德领域突出问题专项教育和治理工作会议。

6月13日，中国共产党淄博市第十一届委员会第二次全体会议举行，审议通过《中共淄博市委关于深入学习贯彻省第十次党代会精神的决定》。

6月15日，全市妇女儿童工作会议召开。

6月30日，市委召开创先争优争做淄博先锋活动表彰大会。

7月9日，市委召开常委扩大会议，传达学习全省推动县域科学发展整体提升综合实力工作会议精神。

7月17日，市委、市政府召开全市上半年经济运行分析会议，强调要正确把握形势，狠抓工作落实，努力促进经济社会平稳较快发展。

7月24日，全市“两区三村”改造建设工作表彰暨小城镇建设工作会议召开。

7月25日，市委、市政府召开庆祝八一建军节暨获全国双拥模范城“七连冠”表彰大会。

7月30日，市委召开常委扩大会议，传达学习省委理论学习中心组读书会和全省领导干部会议精神。

8月2—6日，市委举办理论学习中心组读书会。

8月7日，市委、市政府召开全市推动区县域科学发展工作会议。

8月10日，市委、市政府召开全市迎接全国城市文明程度指数测评动员会。

8月28日，市委召开常委扩大会议，研究部署工作。

9月6日，第十二届中国(淄博)国际陶瓷博览会·第十一届中国(淄博)新材料技术论坛在淄博国际会展中心开幕。

9月19日，市委召开全市领导干部会议。省委常委、组织部部长高晓兵宣布中共山东省委关于淄博市党政主要负责同志职务调整的决定并作重要讲话。省委决定：周清利任中共淄博市委书记、市委党校校长；徐景颜任中共淄博市委副书记。省委同意，提名周清利为淄博市人大常委会主任候选人；提名徐景颜为淄博市人民政府市长候选人。

9月29日，全市经济运行分析会议召开。

10月13日，全市重大项目推进会召开。

10月15—19日，全市区县域科学发展现场观摩点评会议召开。

11月28日，市委召开常委会议，传达学习省委十届二次全体会议精神。

12月2日，中国共产党淄博市第十一届委员会第三次全体会议举行，深入学习贯彻党的十八大和省委十届二次全会精神，审议通过《中共淄博市委关于深入学习宣传贯彻党的十八大精神的决议》。

12月10日，全市领导干部学习贯彻党的十八大精神专题培训班开班。

12月25日，市委召开常委会，传达学习省委十届三次全体会议和全省经济工作会议精神，科学谋划2013年工作，推动经济持续健康发展。

12月27日，中共淄博市委十一届四次全体(扩大)会议举行。学习贯彻党的十八大、中央经济工作会议和省委十届三次全会、全省经济工作会议精神，研究部署2013年经济社会发展任务。审议通过《中国共产党淄博市第十一届委员会第四次全体(扩大)会议公报》。 (于海鹏)

·重要决策和工作部署·

2月7日，市委印发《关于认真学习贯彻市第十一次党代会精神的通知》。要求各级各部门认真组织学习宣传，全面深刻领会大会精神实质，创造性地落实好党代会的各项任务。

3月31日，市委、市政府印发《关于加快农业科技创新和生态文明乡村建设，再创农业农村发展新优势的意见》。要求全面贯彻中央农村工作会议、全省农村工作会议精神，落实市第十一次党代会确定的“强化生态文明，加快内涵发展”的要求，促进农业生产上新层次、农民收入上新台阶、新农村建设上新水平，再创农业农村发展新优势。

4月9日，市委印发《关于在创先争优活动中开展基层组织建设年的实施意见》。提出开展基层组织建设年的总体要求、主要目标和方法步骤，分领域有重点地推进基层组织建设。

4月10日，市委、市政府印发《关于建设生态淄博的决定》。提出生态淄博建设的总体要求、奋斗目标、工作重点和主要任务。

4月10日，市委、市政府印发《关于建立健全文明城市创建长效机制，深化巩固全国文明城市创建成果的意见》。提出深化巩固全国文明城市的指导思想、总体目标、主要任务和工作措施。

4月12日，市委、市政府印发《关于2012年全市党风廉政建设和反腐败工作实施意见》。提出全市党风廉政建设和反腐败工作的指导思想、任务要求、组织领导和保障措施。

6月20日，市委印发《市纪委负责人同区县和市直部门党政主要负责人廉政谈话制度(试行)》。

6月20日，市委印发《区县党政领导班子成员及镇(街道)、部门党政正职向区县纪委全委会专题述廉制度(试行)》。

9月12日，市委、市政府印发《关于加快推进小城镇建设和发展的意见》。明确加快推进小城镇建设和发展的指导思想、总体思路和发展目标。

10月18日，市委、市政府印发《关于推动县域科学发展，加快提升综合实力的意见》。提出推动区县域科学发展的指导思想、基本原则、发展目标、工作重点和政策措施。

11月29日，市委、市政府印发《关于创建国家森林城市，建设森林淄博的意见》。提出创建森林城市的指导思想、任务目标、工作重点和保障措施。

12月4日，市委印发《关于深入学习宣传贯彻党的十八大精神的决议》。对深入学习贯彻党的十八大精神作出部署和安排。（于海鹏）

·组织工作·

【全市组织工作会议】 1月18日召开，传达全省组织部长会议等有关会议精神和市委书记、市人大常委会主任刘慧晏在市委常委会听取汇报时的讲话精神，回顾总结2011年全市组织工作，通报表彰2011年度全市组织工作创新奖，研究部署2012年工作任务。市委常委、组织部部长王成方出席会议并讲话。（于 君）

【基层组织建设年】 市委印发《关于在创先争优活动中开展基层组织建设年的实施意见》，全市66个市属党(工)委对15433个基层党组织进行分类定级。市委常委每人联系1个区县，137名区县党政领导班子成员联系88个镇和274个基层党组织，604名镇党政领导班子成员联系860个村，至少帮助解决1个突出问题、建立1项管用制度。累计走访慰问困难党员群众5000余名，帮助解决实际困难。中央组织部《组工通讯》刊发文章，介绍该做法。

【选派“第一书记”】 4月，从市、县、镇三级选拔966名优秀干部，到882个村、48个社区、36个非公有制企业担任“第一书记”。以区县为单位成立临时党支部，确定32名专家组成专家服务团，编印《农村政策应知应会实用手册》，筛选116名资深律师、225名干部分别担任“第一书记”法律顾问和导师。“第一书记”累计协调物资资金4932万元，引进致富项目276个，结成帮扶对子11196个，健全村级管理制度2139个。《大众日报》《山东组工信息》《省选派“第一书记”工作简报》对该做法予以报道。（吕红星）

【农村“双代”服务机制全面推行】 全市建立“村级事务乡镇代理、群众事务干部代办”的农村“双代”服务机制，建立镇级代理代办服务中心88个、村级代理代办服务站3000余个，对3102个村的资金、公章实行代理，代管村级集体资金18.05亿元，审核程序不合理的村级决策事项215项，拒付村级不合理支出351.6万元；1万余名基层干部担任专兼职代办员，累计服务群众27.3万人次，受理代办事项19.8万件，办结19.4万件，群众满意率达99%。《人民日报》《大众日报》《山东新闻联播》等介绍该做法。（宋成富 刘志勇）

【创先争优活动】 指导每个党支部建立1～2项务实管用的制度，健全创先争优活动长效机制。指导沂源县开展“信仰、信念、信心”教育试点工作。6月30日，市委召开创先争优争做淄博先锋活动表彰大会，对100个基层党组织和100名党员进行表彰。8个基层党组织和5名党员受中央组织部或省委表彰。（刘 晓）

【各级党代会代表推选】 组织淄博市出席省、市党代会的代表推荐、考察、公示等工作，选举产生市党代会代表496名、省党代会代表42名，代表各项构成比例符合省、市委规定要求。协助省委组织部做好淄博市出席党的十八大代表的考察、公示工作。（纪志远）

【建组织扩覆盖活动】 是年，开展建组织扩覆盖活动，加大“兼合式”党组织组建力度，把非公有制企业和社会组织中的党员及时纳入党组织管理，扩大党的组织覆盖，全市非公有制企业、社会组织党组织覆盖率分别达到77.4%、74.5%。在临淄区开展非公有制企业、社会组织党建项目经费竞标试点。全国个体劳动者协会、私营企业协会推进非公有制企业党建工作现场会在淄博市召开。中央组织部《组工通讯》刊发文章，介绍淄博市加强小微企业党建的做法。（马 骁）

【援藏干部服务网络体系建设】 充实第六批援藏干部、第十六批援藏专业技术干部信息库，完善市委组织部、区县委组织部、援藏干部派出单位和家属所在单位的“四位一体”服务网络。分别召开第六批援藏干部、援藏干部家属座谈会。4 月，选派 4 名专业技术干部进藏进行短期技术服务。8 月，赴藏开展新闻宣传等工作，在《大众日报》等刊发《昂仁援建铭刻“淄博思路”》。10—11 月，在省、市级新闻媒体宣传援藏干部和家属先进典型。

【选调生工作】 组织 2012 年报考淄博市的选调生报名、资格审查、面试、体检、考察、培训等工作。446 名考生参加面试，录取 60 人。11 月 19—30 日，在淄博警察培训基地举办全市 2011—2012 年选调生培训班，2 届 113 名选调生参加培训。

【选派机关年轻干部到村任职工作结束】 该项工作自 2010 年 6 月开始，2012 年 7 月结束。2 年内，全市 40 名机关年轻干部被选派到 20 个村担任村党组织副书记，向任职村无偿提供或协调争取资金 500 多万元，帮扶物资 210 万元，走访慰问党员和困难户 600 余户，慰问物资折合现金 30 余万元。

【一村一名大学生安置工作】 指导各区县制定安置工作方案，抽调专人与 2008 年聘用的服务期满的大学生分别座谈，做好思想疏导工作。为受聘大学生搭建就业平台，加大招考招聘力度，对解除聘用合同的未就业人员及时办理失业保险，推荐参加各种招聘，妥善做好后续工作。

【选拔优秀青年干部入伍】 11 月，印发《关于从全市公务员中选拔优秀青年干部应征入伍的通知》，从公务员中选拔优秀青年干部应征入伍。全市符合条件的 27 名公务员报名，7 人通过体检、考核等环节，应征入伍。 （刘胜虎）

【异地挂职干部接收安置】 配合中央组织部、中央统战部、国家民族事务委员会做好西部地区和其他少数民族地区的 8 名县级干部到淄博市挂职锻炼工作。接收安置宁夏石嘴山市 5 名挂职干部、重庆市石柱县 2 名挂职干部。选派 2 名干部到重庆市石柱县挂职锻炼、对口帮扶。

【招考招聘阳光工程】 全市招考公务员（参照公务员法管理单位工作人员）415 人，招聘市属事业单位紧缺人才 106 人，招考市属事业单位工作人员 473 人，配合省委组织部录取初任法官、检察官 23 人，为市委政法委遴选工作人员 5 人，审核办理公务员（参照公务员法管理人员）登记手续 420 余人。在各类招考、招聘中，坚持公开、平等、竞争、择优原则，实施招考招聘阳光工程。

（张栾琳）

【市、区县领导班子换届】 完成市委、市人大常委会、市政府和市政协领导班子成员以及法院院长和检察院检察长的换届选举工作。坚持定期调度、现场指导区县党代会、人代会、政协会选举工作。换届后，8 个区县党政领导班子成员 119 人，平均年龄 43.4 岁，其中 40 岁及以下的干部 24 人，占成员总数的 20.2%；全日制大学本科学历的干部 51 人，占成员总数的 42.9%；有乡镇党政正职经历的干部 50 人，占成员总数的 42.0%。换届交流 73 人，其中区县班子间交流 32 人，市直部门与区县间交流 41 人。新进班子的年轻干部全部异地交流任职，16 名法院院长和检察院检察长中有 15 名交流任职。

【领导班子思想政治建设】 组织编写《淄博市政治纪律、党性观念、民主集中制、用人准则学习教育读本》，发放给市县领导班子成员学习参考。开展专题调研，系统总结淄博市近年来党委内部制度建设的主要工作情况，对现有制度进行梳理完善。对加强党委领导班子内部制度建设进行安排部署，指导区县有针对性地抓好制度建设。

（杨新国　李　杰）

【领导干部“双向约谈”机制建立】 印发《关于建立领导干部“双向约谈”工作机制的意见》，将约谈对象扩大到全市各单位、所有干部。采取主动约谈与接受约谈相结合的方式，与干部深入交流，对思想有情绪、群众有反映、家庭有困难、长期在条件艰苦地方工作的干部重点约谈。各区县、市直各部门约谈干部 5032 人次，解决实际

问题350个。（王建军）

【师团职军转干部安置】 印发《2012年淄博市考试考核择优安置军队转业干部办法》。在团职军转干部安置中，坚持做到公开考试考核办法、公开安置计划、公开考试考核成绩、公开排列名次、公开安置去向。年内，安置师职军转干部1人、团职军转干部32人。（许邦友）

【健全完善引才政策体系】 研究制定引进海外高层次人才的配套支持政策，从2012年起，对在淄博市行政区域内申报入选的国家“千人计划”专家配套支持100万元，省“泰山学者海外特聘专家”配套支持50万元。制定《关于出国招商与招才引智结合进行的实施意见》，将出国招商与招才引智结合进行，扩大引才途径，降低引才成本，提高引才效率。

【高层次人才队伍建设】 组织实施引进海外人才“515”计划，山东三林集团德森机电科技股份有限公司刘秀飞入选第七批国家“千人计划”，引进涂志云、王卫2名国家“千人计划”专家到淄博高新区创办企业。1人入选国家首批青年拔尖人才，4人入选“泰山学者特聘专家(教授)”。东岳集团含氟功能膜材料创新团队被评为省优秀创新团队，张永明获2012年度何梁何利基金科学与技术进步奖。

【人才发展精细化服务】 印发《淄博市高层次人才服务窗口运行暂行办法》，开设高层次人才服务窗口，对高层次人才引进和待遇落实实行“一站式”服务，年内为15名高层次人才办理相关手续，接受业务咨询70余人次，发放引进高层次人才补贴405万元。组建“千人计划”专家服务团队，定期对“千人计划”专家及其团队实行“多对一”“点对点”政策咨询指导服务。（李碧录 杨 超）

【领导干部调整】 根据全市领导班子和干部队伍建设的实际需要，在充分酝酿分析、严格推荐考察的基础上，对部分党政机关和企事业单位领导班子进行调整充实。调整领导干部230人，其中提拔重用131人。（战化水 王洪波）

【高职院校中层岗位干部竞聘】 8月，指导淄博职业学院完成第四次干部竞聘。按照市编委批复的内设机构和领导职数，设置内设机构和干部岗位，设定任职资格条件，对竞聘工作全程监督，指导学院分批次完成115个中层岗位的竞争上岗工作，为36名市管干部办理任职备案手续。

（战化水 孙启娜）

【跟踪考察企事业单位重点项目】 5月，对企事业单位承担的重点项目、重要工作进行备案登记管理，确定17个项目进行重点跟踪考察。10月，对部分重点项目进行实地察看，了解项目建设和干部作用发挥、现实表现情况，考察结果作为干部选拔任用、培养、锻炼和评先树优依据。

（马 忠）

【年度考核】 组成6个考核组，对淄博高新区、文昌湖旅游度假区、95个市直部门、173家市属企事业单位领导班子、1533名县级干部进行考核。组织12102名干部群众参加民主测评会议，与5812人进行个别谈话。把干部选拔任用“一报告两评议”工作纳入年度考核同步完成。在完成实地考核的基础上，研究提出考核等次建议名单，并通过集中谈话与个别谈话进行考核反馈。

（李海霞 孙启娜）

【信访举报受理查核】 畅通“12380”举报电话、举报网站和信访“三位一体”的举报受理平台，坚持24小时专人值守。党的十八大召开前在全市摸排信访积案31件，明确责任单位和化解期限。严格执行各项规定程序，对信访举报查核处理情况进行全程记录，对受理举报情况进行季度通报，查核工作完成后5天内进行反馈。

【干部日常管理监督】 推进从严管理干部行动计划，构建干部日常管理监督系统工程。年内对48名市管干部进行经济责任审计，2392人次领导干部报告个人有关事项。做好干部调整监督关口前移工作，对128名拟提拔或重用为副县级以上考察人选，由市纪委作出廉政鉴定意见。对区县拟调整科级干部人选的资格条件进行事前审查审核。完善及时发现问题机制，落实经常谈心谈话等制度，坚持诫勉谈话和函询制度。

【严肃换届纪律】 全市党代会、人代会、政协会期间，给“两代表一委员”发放严肃换届纪律的一封信和中央纪委、中央组织部《关于严肃换届纪律保证换届风清气正的通知》。进行换届风气问卷测评，党代表、人大代表、政协委员对全市换届风气总体评价“很好”的比例为98.77%、99.27%和97.54%。（袁长会　李海霞）

【全市公务员信息数据库建设】 研究制定《淄博市公务员信息数据库建设实施意见》，组织召开全市公务员管理信息系统建设部署暨培训会议，依托数字化档案系统和干部信息库，对入库人员年龄、党龄、工龄、学历学位、职务、职级、身份、个人简历等信息进行审核，研发公务员信息审核系统，重点对身份证信息、学历和职务等信息进行审核规范。11月中旬，建成全市公务员信息数据库，入库各类人员2.39万人。

（翟煜民　韩立峰）

【干部基本信息查核】 从4月开始，对全市干部档案进行查核，审核市管干部档案1800余本。抓好区县委书记、组织部部长等重点岗位的干部档案审核工作，据实填写《干部档案审核情况登记表》《干部基本信息审核表》，反馈干部本人签字后归入个人档案。（李淑爱　张　泳）

【党内统计和干部(公务员)统计】 抓好部署培训、指导检查、审核汇总3个环节，完成全市2011年度党内统计、干部(公务员)统计和2012年党内统计半年报工作。被评为2011年度全省党内统计全优报表单位、2011年度全省公务员统计全优报表单位，有关经验做法在山东组织工作网和《山东组工信息》刊发。（张　泳）

【专题培训和省级以上培训学员选调】 年初，围绕全市中心工作，设计生态淄博建设、城乡规划建设管理、价值链与企业战略管理、生态文明乡村建设等30余个培训专题。会同市直有关部门赴清华大学、浙江大学、同济大学等高校，举办价值链管理与资本运作、生态淄博建设、城乡规划建设管理等13个专题培训班，培训干部800余人次。选调268人次参加省级以上培训。

【新提拔县级领导干部暨新进区县领导班子人员培训】 7—8月举办，采取个人自学、集中培训、网络培训和导师施教的分段式培训模式，对120名学员进行为期1个月的培训，并组织到省党员领导干部党性教育基地进行党性教育和马克思主义群众观教育。组建与实体班次同步的网上虚拟班级，学员撰写文章189篇，经专家筛选优秀文章14篇，《淄博社会科学》刊用7篇。

【完成西藏日喀则地区干部培训】 4—5月，分2期举办西藏日喀则地区科级干部培训班，每期17天，培训干部147人。合理安排培训板块和内容，创新培训形式，协调市公安局、市卫生局和市食品药品监督管理局抽调人员全程服务，有关做法在中央电视台、山东电视台、《大众日报》等媒体报道刊发。

【干部“导师制”培训】 年内，举办“第一书记”、新进区县领导班子年轻干部、新任县级事业单位主要负责人等“导师制”培训班。为927名干部选配“导师”568名。《中国组织人事报》《大众日报》等对此做法予以报道。

【十八大精神轮训班】 12月，会同市委党校分6期举办学习贯彻十八大精神轮训班，对全市县级机关干部、企事业单位正职和镇(街道)党(工)委书记1565人轮训一遍。设置政治、党务、经济、社会、民生、政法6个专题，8名市领导、2名省委党校专家教授和部分市直部门主要负责人作专题辅导报告。（冯炳涛　牛　涛）

【高端培训】 7—8月，分别赴新加坡、香港举办全市社会管理创新和人力资源开发与人才发展战略2期高端培训班，区县、市直有关部门40名负责人参加培训。（冯炳涛）

【组织干部在线学习】 制定《全市干部在线学习工作方案》，召开全市干部在线学习管理员工作会议，安排部署全市干部在线学习工作。依托山东干部学习网，组织103个市直部门（单位）及各区县14784名干部参加网上在线学习。依托“淄博市干部教育网上班级”，组建新提拔县级领导干部、“第一书记”、干部“导师制”培训网络培训班，延伸培训链条。

【名师送教】 利用省市名师资源优势深入开展名师送教行动，推动高端、优质培训资源向基层倾斜。年内，邀请省干部教育名师15人次到淄博市送教，培训干部2830余人次；组织市级送教103场，培训干部12300余人次。（牛 涛）

【远程教育】 实施开放远程教育拓展提升工程，新建“开放远教”站点90余处。开发建设站点信息管理系统，实现站点信息分类查询、统计汇总等功能。实行远程教育工作项目经费竞标制，确定实施“淄川区实施远教喇叭村村响”等10个中标项目。拍摄制作《新班子新气象》《十八大精神解读》等9个系列80余部专题片；围绕组织部门重点工作，拍摄制作《领导班子内部制度建设巡礼》《“双代”服务促和谐》等3个系列40余部专题片；加大创先争优先进典型宣传力度，拍摄制作《燃情岁月》《情牵高原》等专题片30余部。

（齐成舸　张 涛）

【党员教育“五上”工作】 推进党员教育“上电视、上手机、上互联网、上广播、上报纸”工作，构建党员教育综合平台。建立健全需求调研和满意度测评、选题策划、信息共享、审核把关等工作机制，保证各平台规范高效运行。召开工作经验交流会和《淄博党建》栏目开播一周年座谈会，推动“五上”工作顺利开展。市电视台播出《淄博党建》160期，发送淄博共产党员手机报25期，在市广播电台播发各类党建专题信息300余条。

（周宏伟　樊德欣）

【组工团队建设】 是年，集中开展“听民声、问民计、解民忧、强素质”“讲党性、守纪律、树形象”和“什么是组工干部的党性”大讨论活动。组织全市年轻组工干部到临沂党性教育基地、焦裕禄纪念馆接受现场体验式教育，开展“学党史、知党情、跟党走”系列活动，带头直接联系、服务群众，全市组织部门建立基层联系点68个，结对帮扶群众277户。开展“问计调查”活动，全市组织部门征求意见建议805条，集中抓好整改。编印《组工干部警示教育案例》，举办“珍惜岗位远离职务犯罪”警示教育报告会。（魏 涛）

【《党建周刊》创刊】 与淄博日报社联合创办，5月2日正式创刊。《党建周刊》每周一期，以宣传推介党建工作、推进党务公开、提升党建科学化水平为主旨。设置《观察思考》《党员（人才）风采》《热点评论》等栏目，全面介绍淄博市党建方面的重点创新工作。年内刊发34期。

【调研信息宣传】 开展增强组织工作实效性、组织工作服务县域科学发展等重点调研活动。完成中央组织部党建研究所“干部直接联系基层服务群众问题研究”课题，获一等奖。全年被中央组织部、省委组织部刊发通讯信息稿件140余篇（条），2篇稿件得到省委组织部领导批示。

（于 君）

·宣传工作·

【党的十八大精神宣传】 党的十八大召开之前，召开全市迎接党的十八大理论宣传工作座谈会，研究部署十八大理论宣传工作。党的十八大召开后，迅速召开全市宣传部长会议，对学习宣传党的十八大精神作出具体安排。在市属各新闻媒体开设专题专栏，宣传十八大的重要意义和历史贡献，宣传十八大提出的重大理论观点、重大方针政策、重大工作部署，宣传各级各部门学习贯彻十八大精神的经验做法。利用网络优势，采取在线访谈、网上座谈、网民互动等形式，发挥微博、手机报等新兴媒体的作用，形成网上正面宣传舆论强势。利用市内外各种外宣阵地，开展对外宣传，营造学习贯彻十八大的浓厚氛围。把党的十八大精神的学习作为党委（党组）理论中心组学习的中心内容，通过报告会、座谈会、读书会及知识竞赛等形式，组织面向基层干部群众的学习活动。邀请中央党校教授高新民作学习党的十八大精神的辅导报告，举办全市学习党的十八大精神理论骨干培训班，组织市内知名社科专家、学者、教授、理论教育骨干召开理论研讨会。

【理论宣讲】 对128个学习型党组织建设工作先进单位、76个先进领导班子和127名先进个人进行评选表彰，进一步推动全市学习型党组织建设工作的深入开展。成立民生政策宣讲站工作协调小组，开展民生政策宣讲月活动和民生政策宣讲比赛活动，提高宣讲水平和理论服务基层的能力。建设民生政策宣讲站，推进马克思主义理论大众化的经验做法，被确定为全省典型，《人民日报》《光明日报》等中央媒体和省各大主流媒体进行了集中宣传推广。在全市组织开展理论普及“四进四入”活动，推进理论武装“进乡村入农户、进学校入课堂、进企业入车间、进社区入家庭”。组织开展“保持党的纯洁性、增强政治坚定性”主题宣讲活动，宣讲100余场次，直接听众15000余人。举办全市党委中心组学习秘书读书会，建立学习秘书信息档案。加强理论宣讲人才队伍建设，评选表彰优秀宣讲员30名、优秀宣讲稿45篇。

【新闻宣传】 组织党的十八大、省市党代会、人代会、政协会等重要会议的宣传报道，组织全国文明城市创建成果、转方式调结构、“印象齐都”齐文化体验之旅大型文化系列活动、民生工作等事关全局、意义重大的主题宣传，开展全市县域经济发展现场会、创先争优活动和“第一书记”的宣传。把握正确舆论导向，加强对新闻宣传工作的动态管理和调控，做好热点敏感问题的舆论引导，不断巩固壮大健康向上的主流舆论。协调中央、省级媒体先后对全市民生政策宣讲站、“善小”志愿者、沂源“信仰、信念、信心”教育、服务业发展、齐鲁股权托管中心、秸秆禁烧等亮点进行报道。2012年，全市累计对外发稿12000多篇（条）。在《大众日报》刊发的重点稿和优质稿数量均保持全省第一的成绩。市广播电台在中央人民广播电台播发新闻报道数量位列全国城市台第三名，市电视台在中央电视台播发新闻报道数量名列全国城市台第四名。在山东电视台和《山东新闻联播》发稿数量均保持全省17市第一的成绩。

【精神文明建设】 召开全市文明城市创建工作表彰大会，对在创建工作中做出突出贡献的单位和个人进行表彰。拍摄录制《文明中国淄博篇——109年的传奇》和《全国文明城市书记（市长）访谈活动》，利用网络、电视等多种媒体广泛宣传创城的经验成果。以深化文明城市、文明村镇、文明单位创建为重点，开展群众性精神文明创建活动、文明单位和文明社区创建活动、文明交通行动计划、“文明餐桌”行动、第八届淄博邻居节等群众性创建活动，丰富创建活动载体。对全市文明单位进行复查，并从中发现典型，发挥示范带动作用，推动全市群众性精神文明创建活动的深入开展。组织开展道德讲堂建设活动，全市建成道德讲堂532个，开展各级各类活动1976次，推动全市公民道德建设工作的深入开展。以“乡村文明行动”为重点，推进农村精神文明建设，评选出3个区县、5个镇、20个村作为“乡村文明行动”示范区县、示范乡镇（街道）、示范村（社区）。开展文明村镇创建活动，深化全市新农村文明信用工程建设。制定乡村学校少年宫使用管理办法、档案建设标准、考核评估标准，推进乡村学校少年宫建设的规范化。完成中央财政专项彩票公益金支持乡村学校少年宫建设项目的实施工作，新争取中央、省公益资金支持项目12个，365万元公益资金划拨到位。开展多种形式的学雷锋活动，推进学雷锋活动机制化、常态化。成立淄博市志愿服务工作领导协调小组，组织开展以关爱他人、关爱社会、关爱自然为主要内容的“三关爱”志愿服务活动。完善志愿服务工作机制，面向社会征集和推广各类志愿服务项目，加强社区志愿服务项目库建设。

【典型宣传】 制定《中共淄博市委宣传部典型宣传管理实施办法（试行）》，提高典型宣传工作的科学化水平。人民日报社、新华社、中央电视台等十几家中央媒体到淄博采访报道孟祥民先进事迹。孟祥民先进事迹报告团在全国进行巡回宣讲。中央宣传部确定吕绪兰为全国民政系统4名重点宣传对象之一，组织中央媒体进行集中宣传。组织开展“一切为了群众，一切依靠群众，一切服务群众”的群众路线主题教育活动，在全省宣传文化系统“三个一切”群众路线主题教育活动座谈会上，介绍主题教育活动取得的进展成效和经验做法。

开展社会主义核心价值观学习教育。深入开展“四德践行日”主题实践活动，组织举办“学雷锋、见行动”“消费与安全”“帮扶孤残儿童、共享阳光行动”等11项主题实践活动。6月28—29日，全省社会主义核心价值体系建设“四德”工程现场观摩会在淄川区召开，现场观摩学习淄川区“爱德工程、诚德工程、孝德工程、仁德工程”建设情况。制定《全市爱国主义教育基地管理办法(讨论稿)》，提升爱国主义教育基地建设、管理和使用水平。围绕社会主义核心价值体系建设，开展企业思想政治工作专题调研活动，举办全市企业职工践行社会主义核心价值观演讲比赛。开展企业文化品牌网络评选展示活动，表彰淄博市企业文化建设十佳示范单位，加强企业文化创新发展，提升企业核心竞争力。借助中央电视台到山东拍摄《大道鲁商》的时机，展示淄博市部分优秀企业的文化品牌魅力。加强重点品牌文化的典型推广，淄博供电公司“善小”文化品牌获山东省首届十大企业文化品牌称号。

【群众性文化活动】 组织2012年文化科技卫生“三下乡”活动，春节期间全市安排各种群众文化活动100多项，中秋节、国庆节期间安排各种群众文化活动74项。组织全市民间剧团开展“百场公益戏曲乡村行”活动，丰富农村群众的文化生活。组织第九届淄博市优秀民间剧团展演。

【对外宣传】 完成2012年国际体联体操世界杯A级赛(淄博站)的对外宣传工作，国内外媒体刊(播)发报道2520多篇(条)，图片5000多幅。组织“港澳媒体山东行”采访团的采访考察活动。组织陶博会、新材料技术论坛的对外宣传报道，累计发稿1100多篇(条)，其中省级以上媒体发稿近400篇(条)。出版《空中看淄博》(2012版)画册。在中央电视台《走遍中国》栏目播出《冶铁之源》《新城——半朝王家》，《探索·发现》栏目播出《手艺Ⅱ——琉光璃彩》等大型电视纪录片。人民网首页刊发《淄博4年蝉联全省节能考核第一》等273条新闻，新华网山东频道首页刊发《“淄博建筑”10个国家打品牌》等518条新闻。邀请聚焦“乡村文明行动”——全国网络媒体山东行采访团到淄博进行采访。全年在省级以上重点外宣媒体发稿6500余篇，在中国黄河电视台发稿34篇，在中国新闻社发稿384篇，发稿数量居全省首位。

【网络舆情管理】 印发《关于规范党政机关及党政干部运用微博客的意见(试行)的通知》，有效处置天津蓟县火灾、四川什邡群体性事件等省网络管理指示781条。对“涉日游行”“十八大维稳”“桓台浦发投资公司董事长宋佃涛被杀案”“临淄金珍堂事件”等新闻和论坛热点进行跟踪监控，及时处置网上涉及淄博的负面信息，最大程度地消除不良影响。策划组织“2012淄博市首届优秀网站评选活动”“寄语党的十八大”微博大赛、“喜迎十八大、感受新变化”主题征文大赛等系列活动。

【调研和信息】 组织实施“小(型)专(业化)课题”调研项目，“党的十六大以来宣传思想文化工作”和“建设民生政策宣讲站推进科学理论大众化”两项课题调研成果被省委宣传部采用；《打造品牌影城，做大电影市场——淄博市电影有限公司改革发展探索》在省委宣传部《决策参考》刊发，《让理论政策之光普照百姓生活——山东淄博打造“民生政策宣讲站”推进理论大众化纪实》作为创新工作案例，被省委宣传部推荐上报中央宣传部。全年报送舆情信息9000多篇(条)，中央宣传部采用63篇(条)；完成省委宣传部委托重要舆情分析报告25篇，省委办公厅采用8篇，领导批示6次，舆情信息整体工作保持全省第一位。组织实施《淄博宣传》期刊优化设计项目。《淄博宣传》被全国城市宣传刊物研究会评选为全国城市宣传优秀刊物。

(张　猛)

·统战工作·

【全市统战工作会议召开】 3月9日召开，总结回顾2011年统战工作，研究部署2012年工作，并对全市统战工作先进单位和先进个人进行表彰。

【思想政治教育】 组织召开学习贯彻党的十八大精神座谈会，市委十一届三次、四次全体会议精神通报会，将思想认识统一到中央和省、市委决策部署上来。以“同心”思想为主要内容，组织开展“同心”思想大讨论、学习践行社会主义核心价值体系教育活动，举办“社会主义核心价值体系建设”专题讲座、“同心杯”统战知识竞赛，引导广大干部、成员自觉践行“同心”思想，筑牢统一战线共同思想政治基础。

2012 年 11 月 12 日，市党外知识分子联谊会成立大会暨第一届理事大会召开 （王海娟 摄）

【党外代表人士工作】 12 月 4 日，市委召开加强党外代表人士队伍建设电视电话会议，印发《关于加强新形势下党外代表人士队伍建设的实施意见》和具体分工方案。验收民主党派规范化活动室 55 个，建立 30 个党外知识分子工作联系点和 75 人的联络员队伍。走访调研市直部门、高校、非公有制企业 110 家，调整充实党外代表人士队伍。在井冈山干部教育学院、中央社会主义学院等举办党外领导干部能力提升研修班、非公有制经济代表人士培训班等各类学习班、培训班 35 次，培训 2370 人次。新建实践锻炼基地和活动基地 17 处。推荐省政协委员 33 名、党外省人大代表 6 名，提拔科级以上党外干部 34 人。表彰 20 名优秀中国特色社会主义事业建设者，推荐的 3 名党外代表人士获振兴淄博劳动奖章，2 人分获淄博青年五四奖章和淄博青年五四奖章提名奖。

【服务经济文化建设】 引导各民主党派和工商联参政议政、建言献策，提交各类提案、议案 343 件，其中 12 件得到市委、市政府主要领导批示。继续深化服务民营企业“1＋1＋1”活动，协助高校与民营企业开展项目和技术合作 39 项。深入开展“民企帮村”“整村推进”等活动，协调 150 家民营企业投入资金 2130 万元，为帮扶村建设各类经济、社会项目 73 项。

【民主党派和工商联工作】 协助民主党派搞好政治交接，严把成员入口关，着力推进基层组织规范化活动室建设，完善各项规章制度，民主党派自身建设得到加强。强化非公有制经济领域统战工作，协助市委召开全市工商联工作会议，印发《关于加强和改进新形势下工商联工作的实施意见》。发挥工商联党组的领导核心作用，扩大非公有制经济组织党建工作覆盖面，促进非公有制经济人士健康成长和非公有制经济健康发展。

【社会管理】 开展“走基层、交挚友、谋发展、促和谐”活动，走访基层党外代表人士 95 名，加强联谊交友，全面了解情况、征求意见和建议，切实帮助解决实际问题。全面贯彻落实党的民族宗教方针政策，广泛开展民族团结进步宣传活动，巩固和发展各民族团结进步的良好局面。稳妥做好宗教领域各项工作。

【调研宣传】 组织开展基层统战工作情况调研、区县统战部目标管理考核工作调研、党外代表人士队伍建设等工作调研。举办全市统战调研宣传工作骨干培训班，建立统战理论研究基地，形成调研成果 42 篇，宣传成果 79 篇，在“淄博统一战线”网站贴发各类图片 114 张、文字稿件 84 篇。举办全市统战信息工作培训班，全年向上级统战部门、市委办公厅报送信息 485 条，编发《淄博统战信息》89 期，采编信息 800 余条，信息工作获全省一等奖。 （王海娟）

· 对台工作 ·

【对台经济】 全年新批台资项目 9 个，总投资 13682 万美元，合同利用台资 11131 万美元，实际利用台资11030万美元。组织32家企业全程参与山东省第十八届鲁台经贸洽谈会，达成合作意向8个，意向金额8000万美元。9月上旬，组织参加“2012海外台商齐鲁行”的台商到淄博市考察参观淄博高新区高新技术创业园、新华医疗集团和齐国历史博物馆、中国陶瓷馆等。10月中旬，组织53家企业参加“2012山东（青岛）台湾名品博览会”，达成采购意向32个，采购商品涉及27个种类，意向金额2.3亿元。4名市领导带队到台湾定向招商，推动在谈和在建项目。

【交往交流】 2012年，全市32个团组236人赴台交流，其中县级以上领导干部47人。11人随山东省相关团组赴台考察。除8个经贸类团组赴台考察交流外，区县、行业、市直部门等进一步拓宽两地交流空间。年内，先后有41批784人次的台湾团组到淄博访问，在经贸、文化、科技、医疗等领域与相关单位进行深入交流与合作洽谈。参加“情系齐鲁——两岸文化联谊行”大型文化交流活动，进一步增进了台湾文化教育界人士对淄博市的了解，扩大了淄博和台湾两地的文化交流与合作。

【对台宣传】 全年通过各级各类媒体刊发稿件106篇、配发图片103幅。其中“两岸摄影家齐鲁文化行掠影”等12篇（幅）稿件，被国务院台湾事务办公室《台湾工作通讯》《两岸关系》、人民网、新华网等媒体报道或转发。年内，在全国台办系统率先在中国台湾网“山东与台湾”网页开设《淄博之声》在线广播栏目，实现涉台新闻的网络音频播发。台湾联合报社记者对淄博高新区20年的发展成就进行专题采访和实地考察。11月初，台湾中国电视公司《大陆——盛世绝艺》摄制组对入选国家非物质文化遗产名录的周村烧饼手工制作技艺、聊斋俚曲、蹴鞠、鹧鸪戏以及相关历史文化景点进行拍摄，制作专题电视片在台湾播放。

（王殿茂）

·政策研究·

【文稿起草】 先后参与市第十一次党代会报告、党代会报告中相关情况的说明、市委学习贯彻党的十八大精神的决议、学习贯彻省第十次党代会精神的决定和市委、市政府关于建设生态淄博的决定等文件的起草工作，参与起草市委关于建立健全文明城市创建长效机制的意见等市委重要会议材料和重要文件。参与起草刘慧晏、周清利等市委领导在生态淄博建设大会、全市领导干部学习党的十八大精神专题培训班、市委十一届四次全会等重要会议上的讲话。起草《关于市委常委民主生活会征求意见情况的报告》等。

【宣传工作】 先后在中央政策研究室《学习与研究》，省委机关刊物《山东通讯》，省委政策研究室《调查与研究》及《山东省情手册》等发表署名文章。参与《淄博民间文化丛书》编撰工作，负责该丛书的编审，并具体负责《淄博古民居》部分的编写。

【课题调研】 围绕贯彻落实市第十一次党代会精神，在全市党政机关领导干部中组织开展贯彻落实党代会精神大型综合调研活动，对涉及全市及各区县、各部门经济社会发展一系列重大问题进行专题研究，结集出版《淄博市领导干部调研文集》。围绕事关淄博可持续发展的战略问题，先后就生态淄博建设、创建生态园林城市、全面推进小康社会建设进程、齐鲁股权托管交易中心建设等问题进行调研，所提对策建议为市委、市政府决策提供重要依据。围绕转变经济发展方式，就培植壮大战略性新兴产业、建设综合保税区、建设国家级研发平台、发展工业设计产业等进行调研，调研报告的有关建议进入各专项工作及相关职能部门的工作决策。对区县域经济发展数据进行分析研究，并赴省内外先进地区考察学习，参与起草市委、市政府县域经济发展的意见。围绕党建及社会建设，对基层组织建设年活动情况、社会发展水平情况、基层团组织建设情况等进行调研与分析。先后参与全国重大典型孟祥民先进事迹宣传报道工作、创建全国文明城市经验的宣传推广工作、社会管理创新“六位一体”经验的宣传总结工作等。

【《淄博工作》】 《淄博工作》由黑白印刷改为全彩色印刷，组织召开《淄博工作》创刊20周年暨改版座谈会，出版发行《淄博工作》创刊20周年特刊。

组织专门稿件宣传报道党的十八大、市第十一届党代会和全市“两会”，编辑出版“党代会”“两会”专刊；宣传报道各区县、各部门的工作思路、工作计划和各区县、各部门在贯彻落实市委、市政府决策部署方面的典型、经验、做法。坚持面向基层、服务基层，及时报道基层改革发展的新实践、新探索，注重宣传基层重大典型、重要经验和重点工作。全年刊发反映基层工作的稿件占到总稿件的60%。与全国近300个城市进行刊物交流。年内，《淄博工作》被评为全国十佳党刊。

（郑海岩）

・编制工作・

【事业单位改革】 拟定全市分类推进事业单位改革的意见及相关配套文件，组织开展市属事业单位模拟分类，将400余家市属事业单位划分为行政类、经营类、公益一类、公益二类和公益三类5大项。提出全市事业单位清理规范的意见。

【政府机构改革】 全面完成乡镇机构改革评估工作。将原分布在83个科室的365项许可和服务事项全部整合到行政许可科进行办理，收回21个事业单位承担的行政许可职能。与市法制办联合，对行政审批制度改革“两集中、两到位”情况进行检查评估，推动部门行政审批服务职能向一个科室集中，部门行政审批服务科室向审批中心集中；推进部门行政审批项目进驻审批中心落实到位，部门对窗口人员的授权到位。推进经济发达镇行政管理体制改革。承办全省经济发达镇行政管理体制改革工作座谈会，桓台县马桥镇作为全省8个试点镇之一，组织实施省机构编制委员会办公室批复的方案。召开改革试点工作推进会，61项权限下放等重点工作进展顺利。印发市级试点临淄凤凰镇、淄川昆仑镇的改革方案。

【重点行业和领域的体制改革】 推进文化产业体制改革，分别将市歌舞剧院、市京剧院和淄博剧院改制为市歌舞剧院有限责任公司、市京剧院有限责任公司和淄博剧院有限责任公司，将市五音戏剧院改为市五音戏艺术传承保护中心。整合转企改制后的3个有限责任公司，组建淄博演艺集团。淄博声屏报社改制为淄博广播电视报业有限公司。

【机构编制管理】 印发《关于贯彻鲁厅字〔2012〕13号文件严格控制机构编制的通知》，严控机构编制。全面完成市、区县、镇各级党政群机构和事业单位的机构编制核查工作。建立市属事业单位机构编制信息管理系统。推进县域经济发展、社会管理等方面的机制调整和优化，及时调整财政、科技、人力资源、公路、人才服务等部门单位的职责。完成省高速公路体制调整编制划转工作。为煤炭安全、水利等部门单位适当增加人员编制。

【人员编制管理】 组织完成全市机构编制实名制审核公示工作。推进全市机构编制综合管理信息系统建设，涉及500个市直机关事业单位和近30000人的实名制信息数据全部录入完成。进一步强化编制使用审批和备案管理，制定《进一步加强机关事业单位编制使用管理的意见》；经省机构编制委员会办公室核准，确定2012年市及区县机关事业单位编制使用数额，先后对市属和部分区县事业单位有关公开招考计划进行编制和人员结构审核，涉及人员863人，为近2000余人办理编制使用和编制备案，完成2012年度军转干部安置计划和2011年度冬季退伍士兵安置到事业单位计划的审核工作，并向有关部门出具审核意见。完成21个市直部门单位的科级干部竞争上岗审核工作。

【机构编制监督检查和事业单位监管】 将机构编制管理情况纳入科学发展观综合考核体系，并作为独立项目进行考核。开展重点专项督查工作，组成联合调查组，对8个食品安全监管部门开展履行职责情况检查工作，召开全市食品安全监管部门履职情况座谈会。完成2011年度事业单位年检工作。结合年检工作，开展事业单位宗旨和业务范围情况的审核，对双重法人事业单位进行清理。对市直及有关区县的教育、卫生、交通等事业单位进行登记监管业务知识和信息系统应用培训。推进事业单位绩效考核工作，做好公立医院试点改革工作。

（魏　猛）

·保密工作·

【培训工作】 重点加强领导干部、涉密人员、公务员保密教育培训,将保密教育纳入全市干部教育培训规划,作为全市干部教育和公务员培训必修课,规范教学内容,提高教学质量。组织开展党校保密教学研讨交流活动,增强保密教育效果。组织开展涉密网络管理、保密资质审查认证、保密技术防护和检查等方面的业务培训,对专兼职保密干部进行培训。8月,举办全市保密干部培训班,各区县保密办(局)主任(局长),大企业、高等院校保密办主任,市直部门专兼职保密干部,各军工企业保密办主任132人参加培训。重点对《全市保密工作目标管理及考核办法》《保密技术防护专用系统配备管理规定》《关于保密技术防护专用系统配备工作的实施意见》等法律法规知识进行培训。

【宣传教育】 采取宣传教育月、讲座授课、观看窃密泄密演示等多种形式,进一步加大警示教育力度。为张店区、淄川区、博山区、桓台县、沂源县、山东铝业公司、淄博矿业集团、淄博柴油机总公司等18个单位举办的培训班授课和进行警示教育,进一步增强广大涉密人员和保密干部的保密意识。全年订购《保密技术防范常识(光盘)》《保密知识简明读本》《保密工作》等2370册,各机关单位组织向《山东保密》等刊物投稿30余篇,被刊用6篇。

【技术防范】 印发《关于对我市重要涉密单位开展互联网接入口调研工作的通知》《关于进一步加强机关单位互联网门户网站保密管理的紧急通知》等,对购买和使用被禁用的网络设备情况进行清查,对重要涉密单位互联网接入口情况、机关单位互联网门户网站保密管理情况进行调研,及时上报清查和调研情况。对五区三县、市高校工委、市民政局、市编办等30余个单位的100余台计算机进行检查;配合省保密局对市委办公厅、淄川区委政法委计算机网络清理检查情况进行抽查;配合省国家安全厅和市国家安全局做好对鲁中晨报社、山东理工大学网站的安全检查工作。对市委办公厅各科室所有计算机进行彻底的清理检查,对淄川区整改情况进行复查,确保十八大期间计算机信息的安全。印发《关于开展保密技术防护专用系统配备工作的通知》,转发山东省《保密技术防护专用系统配备使用管理规定》和《关于保密技术防护专用系统配备工作的实施意见》。同时配合中孚公司完成涉密计算机违规外联监控平台升级改造任务。对淄博火炬能源有限责任公司、中材高新材料股份有限公司、山东特种工业集团公司、山博电机集团有限公司、国利新电源科技有限公司等5家单位的涉密科研项目情况进行检查。为市委办公厅、市委统战部、市委组织部等单位涉密会议做好手机信号屏蔽服务工作,确保国家秘密信息的安全。

【督查管理】 做好党政专用通信网管理,及时更换损坏的显示器,移装保密电话,确保十八大期间党政专用通信网的安全畅通。博山新颖传感器厂、山东第二机械有限公司、淄博柴油机总公司3家企业通过三级保密资格认证或复审。依法开展涉密载体、废旧公文资料回收销毁工作,收缴、销毁密级文件和公文资料达12.2吨。配合市教育局、市人力资源和社会保障局、市财政局、市招办、市卫生局、市司法局、市畜牧局等部门做好全国高考、研究生考试及各类专业资格考试的相关保密管理工作。严格依法组织查处淄川区中小学社会实践活动基地网站涉嫌泄密事件。(李兆军)

·离休干部管理·

【概况】 截至年底,全市有离休干部3772人。其中,机关1139人,事业单位989人,企业单位1644人;红军时期参加工作1人,抗日战争时期参加工作694人,解放战争时期参加工作3077人;享受局级待遇2人,享受副局级待遇87人,享受处级待遇244人,享受副处级待遇1364人,享受科级及其他待遇2075人。

【落实政治待遇】 1月6日、7月23日,市委书记、市人大常委会主任刘慧晏代表市委、市政府向老干部通报全市经济社会发展情况,市委常委、组织部部长王成方通报组织工作情况。春节和中秋节期间,两次对39名担任过副市级以上领导职务的离退休干部、2名驻淄博老红军和51名市直行政14级以上离休干部逐户进行走访慰问。5月、10月，两次组织担任过副市级以上领导职务的离退休干部到区县参观考察经济社会发展情况。

【落实生活待遇】 印发《关于调整离休干部护理费标准的通知》，把离休干部护理费由每人每月600元增加到1300元（老红军增加到2000元）。及时督导药材公司、硅酸盐研究所等单位落实离休干部医疗统筹金33万元。春节前夕，为市直部门60名特困离退休干部和遗属、252名无固定收入的离休干部遗属直接发放救助金、缴纳医疗保险金19.8万元。为鲁中宾馆、市京剧院、市交通技校等单位离休干部落实取暖费、阳光补贴、电话费等各类生活补贴津贴53万元。做好军休干部房改工作，测算追加军休干部房改款240万元，为军休干部及遗属发放服装费、军粮补贴22万元。

【服务管理】 对全市3973名离休干部进行逐一走访，开展“进家门、送温暖、听心声”调研活动，听取收集意见建议1.3万条，现场解决问题5300多个。开展“无障碍设施进家门”关爱活动，为身体患病行动不便的老干部赠送轮椅、可视门铃等扶助器具110件（套）。进一步健全完善联系老干部工作制度，印制亲情服务联系卡，市委老干部局建立老干部党支部联系点12个，结对联系离休干部61人。5月25日，举办全市离退休干部健康知识报告会，邀请山东师范大学心理学教授讲授心理健康知识。全年接待信访800多人次，为老干部提供各项服务1500多人次。

【开展活动】 在全市离退休干部党组织和党员中开展迎接十八大主题实践活动。组织全市1200多名离退休干部党支部书记（党小组长）深入开展“百名书记谈党建”活动。组织离退休干部参加中央组织部“诗书画影抒情怀、喜迎党的十八大”主题活动，收到书画、诗词、摄影作品1000多幅（篇），76幅（篇）分别被评为一、二、三等奖。与老年书画学会、老年刻瓷学会共同举办首届蒲松龄艺术奖——喜迎十八大全市老年书画大展。组织离退休干部进社区村居、企业、学校，为居民、职工和学生进行形势报告、传统教育和文艺演出23场次。

【调研宣传】 组织撰写调研报告47篇。在中央组织部《老干部工作情况交流》、省委老干部局《工作通讯》《情况反映》和《工作通报》刊发经验介绍和信息43篇（条）。年内，编发《老干部工作信息》25期。6月6日，在市博物馆广场举办全市纪念干部离退休制度建立30周年回顾展。10月18日，举办全市老干部工作系统“学先进、见行动、争优秀”演讲比赛。 （孙业忠 刘立璇）

·党史工作·

【市党史纪念馆筹建】 向市机构编制委员会办公室报送《关于成立中共淄博市党史纪念馆的请示》，申请成立党史馆机构。组织人员先后到冀鲁豫边区革命纪念馆（菏泽）、渤海革命老区纪念馆（滨州）等近20处场馆参观学习，形成10余万字的布展大纲。在《淄博日报》、市电视台及网络媒体等刊登《关于公开征集党史文物和史料的公告》，向社会各界征集党史资料。赴浙江、江苏、上海、北京、广东、福建等地，登门拜访淄博籍或曾在淄博工作、战斗过的老同志或其亲属子女，征集包括老照片、书籍在内的实物139件，拍摄照片1072张，录制视频1052分钟。

【《中共淄博年鉴》出版】 市委决定自2012年开始编纂《中共淄博年鉴》，由党史部门负责。2012年的编纂工作历时9个月，12月正式出版，全书110万字。12月10日，市委举行《中共淄博年鉴》首发仪式。

【党史编研】 修改《中共淄博历史（第二卷）》，对1953—1956年部分内容进行补充，增加4万余字的文字材料；对1976—1978年部分内容进行初步修改。编辑修改《王怀远书记口述史》。审阅剧本《铁山魂》，对不符合历史事实的内容进行删改。深入区县党史部门调查研究，就地方史第二卷编写及其他业务工作进行指导。博山区、桓台县已经出版地方史第二卷，张店区、淄川区、周村区、临淄区完成初稿。

【宣传教育】 与市委组织部、市电视台联合拍摄《市历次党代会》专题片。与鲁中晨报社联合开展"红色村落行"采访活动，发稿6篇近5万字。对淄博党史网站进行改版，及时维护、更新网站内容，开辟《红色村落行》《红色追寻》等专栏。

（郑功臣）

·党校工作·

【学习宣传党的十八大精神】 选派18名教师赴中央党校、省委党校参加专题培训。12月10—27日，举办6期党的十八大精神培训班，对全市1565名县处级干部和镇（街道）党（工）委书记培训一遍。抽调6人参加省市宣讲团，23人组成市委党校宣讲团。截至年底，对外宣讲105场，媒体宣讲12人次，发表文章7篇。

【培训教学】 年内，举办主体班次、联合办班37个，培训规模近万人。班次设置、办班主题、授课内容、教学方式，都紧紧围绕市委、市政府重大决策部署、重大工作任务、重点工作项目和社会热点难点问题展开。2期"强化生态文明、加快内涵发展"专题研讨班形成研究报告30余篇。12人次外聘专家和41人次市领导及部门领导讲课。

【科研工作】 立项、结项各级各类课题47项；出版专著6部，发表论文80余篇。45项成果获各级各类奖励；11项成果获市第二十五次社会科学优秀成果奖。

【信息化工作】 投资60余万元对信息化设施设备进行调整改造、优化升级，保障摄像录像、网络办公、信息资料、学科馆员服务、论文数据库建设等日常工作。 （张学鹏）

·市直机关党的工作·

【学习贯彻党的十八大精神】 把学习贯彻党的十八大精神作为首要政治任务，结合学习习近平一系列重要讲话精神、省市党代会精神和全市区县域经济科学发展现场观摩会等重要会议精神，制定学习意见。在《淄博日报》开辟《学习十八大，服务主旋律，机关怎么办》专栏，组织20多个部门主要负责人结合部门工作实际，畅谈学习体会、工作思路及打算。为市直机关9800名党员干部购买党的十八大报告单行本。市直各部门机关党组织结合工作实际，采取举办报告会、学习辅导、集中培训、专题研讨、座谈交流、知识竞赛、演讲比赛等多种形式，推进党的十八大精神的学习贯彻。

【学习型党组织建设】 开展好书佳作推荐评选和"我读经典"读书征文活动，各区县、市直各部门推荐书目424本、佳作274篇、征文563篇，评选出"我最喜欢的书"10本、"最感动我的佳作"10篇、优秀征文45篇。举办"半年一讲"学习讲坛，从全市机关193名选手中选拔出12人，联系自身业务，围绕全市经济社会发展重点问题进行讲解。在淄博机关建设网站开设专栏，宣传展示各部门推荐书目、佳作和征文。举办佳作诵读会，编印《阅读使人生更精彩——学习型机关党组织建设文集》。

【机关文化建设】 举办"建设机关文化塑造机关精神"演讲比赛电视展播，选择部分获奖选手演讲视频在市电视台《淄博党建》《党员课堂》栏目播出14期。开展"格言·人生"征文活动，深化机关文化长廊建设，市直机关60%的单位建成文化长廊。引导有条件的单位开展局（委、办）歌创编工作。开展机关党建工作调研、创新和优秀理论成果评选活动，65个单位报送调研课题103项，6项调研成果获省党建研究会表彰。

【扎实推进创先争优活动】 扎实推进以"创先走在前、争优做表率"为主题的创先争优活动，强化分类指导，突出抓好市直窗口单位和服务行业开展的"群众满意窗口、优质服务品牌、优秀服务标兵"争创活动。市直各窗口单位和服务行业先后组织开展职业道德、服务技能、文明用语等主题教育实践活动，先后打造"红盾帮扶工程""六小警务""党员示范岗""巾帼英雄岗""青年创业""阳光大姐"等服务载体，形成一批社会知名度高、群众信任度高的优质服务品牌。召开市直机关纪念建党91周年暨创先争优活动表彰大会，对50个先进基层党组织、159名优秀共产党员进行通报

2012 年 11 月 2 日，全市推进学习型机关党组织建设学习讲坛现场

（郑功卓　摄）

表彰。

【党建工作标准化管理】　印发机关党建质量标准化程序性文件和执行性文件，完善考评细则，指导各部门做好党建工作标准化管理认证工作。加大标准化党员活动室建设指导、督导力度，市直机关 62％的单位建成标准化党员活动室。印发《关于实行机关党的组织生活有关事项报告制度的通知》，指导机关基层党组织严格党的组织生活。

【基层组织建设年】　对市直机关党组织进行分类定级，指导“一般”党组织做好整顿转化、晋位升级工作。市直所有党组织全部进入先进行列。指导 13 个基层党组织进行换届公推直选，调整充实党务干部 22 名。举办 2 期入党积极分子培训班，培训 122 名入党积极分子。发展党员 110 人，转正 136 人。举办党务干部培训班，培训专职书记、副书记及其他党务干部 102 名。实施党员亲情式管理，走访慰问困难党员和城镇无职业老党员。完善 104 个机关党组织、9600 余名党员信息数据库建设，做好党内统计工作。完成市直 100 个部门机关党建年度考核工作。完成党的十八大代表和省十次党代会代表公示、信息核查以及市十一次党代会市直机关代表团服务工作。

【机关作风建设】　结合部门领导班子年度工作考核，组织开展 2011 年度“万人评机关”活动和机关效能评议，对 135 个部门（单位）年度工作进行综合评价并书面征求意见和建议。按照市纪委、市委组织部的要求，做好市直 41 个部门领导干部民主生活会的管理工作。春节后两周的时间，集中开展了学习教育活动。

【岗位练兵技能比武】　印发《全市机关岗位练兵技能比武工作三年规划（2012 — 2014 年）》，进一步健全完善组织领导和激励机制。对岗位练兵公共项目学习资料进行重新修订，汇总印发市直各部门专业练兵目录。把未参加比武和新进公务员队伍人员作为重点，组织全市机关岗位练兵公共项目技能比武，市直和各区县 105 支代表队 610 名机关干部参加公文写作、法律法规、计算机办公应用、英语应用比武。市委办公厅、市政府办公厅通报先进单位 20 个、优秀选手 40 名。

【机关精神文明建设】　制定 2012 年市直机关精神文明建设意见，推荐省级文明单位 5 个、市级文明单位 19 个。做好城市文明程度指数测评有关工作，在市直机关倡议、推行“文明餐桌”行动，为市直 43 个机关食堂、餐厅统一配备告示牌、宣传画和桌牌。抓好“道德讲堂”建设，市直各部门普遍设立活动场所，制作道德讲堂标识及宣传牌，按照道德讲堂流程开展形式多样的讲堂活动，教育引导机关党员干部模范践行社会主义荣辱观，讲党性、重品行、作表率。

【群团工作】　工会组织开展节日“送温暖”活动，春节期间帮扶机关困难职工 30 名。组织“慈心一日捐”活动，市直机关干部职工捐款 237 万元。推荐 1 个单位、6 名个人参评振兴淄博劳动奖状、奖章。举办市直机关第五届乒乓球比赛，69 支代表队、489 名运动员参赛。组队参加市第二届全民健身运动会广播体操比赛和全省第九套广播体操比赛。共青团组织以纪念建团 90 周年为契机，开展创建青年文明号和争当青年岗位能手活动，深

2012年5月28日，市直机关第五届乒乓球比赛　（郑功卓　摄）

化青年志愿者活动。探索青工委创建试点工作，构建“团组织＋青年工委”工作网络。组织30个机关团组织与市福利院举行联谊活动，捐助款物4万元。妇女组织深化巾帼文明岗、争当巾帼建功标兵活动，组织开展五好文明家庭创建活动。

【机关维稳工作】　建立市直机关反邪教工作联络体系，调整充实各部门领导小组和工作联络员。与市直104个部门签订防范和处理邪教工作目标责任书，深入开展“四无”（无进京滋事、无当地聚集滋事、无电视插播、无有影响的极端事件）争创活动和反邪教警示教育。完成党的十八大期间的安保任务。　（郑功卓）

·信访工作·

【概况】　2012年，全市信访总量持续下降。群众信访4073件批，与2011年相比，下降28％。接待群众到访1228起12549人次，分别下降13.4％和16.5％，其中群众集体上访495起11066人次，分别下降13.6％和16.9％；办理群众信件2845件，下降32.9％，群众省以上写信总量下降36.3％。办案质量显著提高。事项网上录入率、网上转送交办信访事项按期办结率和回复率、各级领导批示重要信访案件到期结案率、上级业务部门交办重要信访案件结案上报率均达到100％。中央信访工作督导组、省十八大信访稳定工作督导组、省十八大暗访抽查组等对淄博市信访工作给予充分肯定。国家《人民信访》、省《信访情况》、《山东信访》等刊物先后30多次刊载淄博市群众信访工作的经验做法。

【完善信访机制】　重点健全形成3项机制，即“一岗双责”机制、调度推进机制和考核奖惩机制。市委、市政府主要领导阅批重要人民信件578件，对信访工作作出重要批示41件，各分管领导作出重要批示80件。召开各类重要会议30余次，在各重要敏感时期，先后5次启动集中联合办公机制，每天两调度、每周一通报。

【接访下访】　规范工作制度、领导包案和接访方式，印发《关于建立领导干部群众信访工作联系点制度的通知》。15位市委、市政府领导先后到市信访局公开接访；各区县参与公开接访下访县级领导干部2004人次，接待群众987起4812人次，其中区县党政主要领导接待群众293起1217人次，接访案件累计结案率90％。

【信访预防】　全市排查各类矛盾纠纷2967起，就地化解率90％。在市、区县层面，重点建设群众服务大厅，构建综合性管理服务平台。在镇（街道）层面，重点打造集沟通、服务、管理于一体的“绿色平台”，建设“两网三化”，即建立社会信息网、服务管理网，实行制度化沟通、自我化管理、人本化服务。在村层面，重点建立家族调解员、村民小组调解组、村调解委员会的三层调解网络。在社区层面，重点推行社区工作者、社区管理员、楼长、单元小组长四级网格化服务管理。基层联络员上报各类预警信息53732条。市及区县投资130万元，建成淄博市网上信访系统，10月9日开通，实现市及各区县和20个重点市直部门、部分镇（街道）的互联互通。

【积案化解】　召开专题会，及时调度案件化解进展情况，分析研究突出问题，划分类别、逐案分析，研究针对性对策。市委、市政府成立5个督办组，确定30起难度最大的信访积案，由市领导带队，直接到现场调查，同当事人沟通、分析处理，其余案件全部实行挂牌督办、限期解决。市财政拨专款300万元，设立信访应急处置和困难救助资金，全市筹措资金1096.47万元与中央专项资金配套，成功化解重点案件79件。在信访积案化解方面先后投入资金达3000余万元。已终结备案信访事项8件，待国家信访局审核备案6件。

【创新信访工作机制】 四级群众工作网络实现“四个100%”，即市及区县党委群众工作部、镇(街道)群众工作站和村(社区)群众工作室设置挂牌率100%，市及区县群众服务大厅和镇(街道)群众服务中心建成达标率100%，抽调优秀年轻后备干部集中开展联合接访工作到位率100%，村(社区)群众工作信息员配备率100%。市及区县投入资金3000余万元，新建、改建或调剂接访场所1.1万平方米，新增内设机构12个，新增人员编制近50个，抽调120余名干部联合接访。制定《关于进一步加强驻京信访维稳工作的意见》。驻京值班工作实现“四个统一、一个增加”，即驻京值班人员统一租用居住场所，统一生活、交通、通信标准，统一压茬轮换，统一指挥调度，在京常驻值班干警、值班人员增加至27人。深入开展“信访工作规范化、精细化建设年”活动，制定落实《群众服务大厅工作规范》《精益化办信细则》《“四位一体”立体化办信实施意见》等规章制度。制定《关于在群众信访工作中引入心理疏导和人文关怀服务机制的意见》，成立由20名专家学者组成的信访心理咨询志愿服务团。 (宋程程)

淄博市人民代表大会常务委员会

【淄博市第十四届人民代表大会第一次会议】 2月26日至3月2日举行，与会代表419名。听取审议市长周清利所作的《政府工作报告》；审议市政府《关于淄博市2011年国民经济和社会发展计划执行情况与2012年计划草案的报告》和《关于淄博市2011年预算执行情况和2012年预算草案的报告》；审查、批准《关于淄博市2011年国民经济和社会发展计划执行情况与2012年计划草案的报告》和《关于淄博市2011年预算执行情况和2012年预算草案的报告》；听取审议侯法生所作的市人大常委会工作报告；听取审议刘亚宁所作的市中级人民法院工作报告；听取审议马爱国所作的市人民检察院工作报告。经过表决，一致通过关于上述各项报告的决议。选举产生新一届淄博市人大常委会，刘慧晏为市人大常委会主任，王顶岐为第一副主任，王法亮、尚秋云、王树斌、王树槐为副主任；选举产生新一届市政府领导班子，周清利为市人民政府市长，刘晓、唐会礼、张庆盈、韩国祥、许建国、李灿玉、刘东军为副市长。选举刘亚宁为市中级人民法院院长，黄敬波为市人民检察院院长。

【重要会议】 市十四届人大常委会第一次会议。4月27—28日举行，表决通过《淄博市消防条例》《淄博市人大常委会关于加强自身建设的意见》《淄博市人大常委会关于充分发挥专门委员会作用的意见》《淄博市第十四届人大常委会代表资格审查委员会组成人员名单》和人事任免案。

市十四届人大常委会第二次会议。6月27—28日举行，表决通过关于修改《淄博市土地监察条例》等六件地方性法规的决定、关于终止魏德胜市十四届人大代表资格的审查报告、关于批准2011年市级决算的决议和人事任免案。

市十四届人大常委会第三次会议。8月31日举行，听取审议市人大法制委员会关于《淄博市萌山水库保护管理条例(修订草案修改稿)》修改情况的报告、市政府关于2012年上半年国民经济和社会发展计划执行情况的报告、市政府关于2012年上半年预算执行情况的报告、市政府关于全市特色畜牧业发展情况的报告。表决通过《淄博市萌山水库保护管理条例(修订草案表决稿)》。

十四届人大常委会第四次会议。9月22日举行，听取审议《淄博市人民政府关于提请决定任命徐景颜职务的议案》；听取审议淄博市人民代表大会常务委员会关于接受刘慧晏辞去淄博市第十四届人民代表大会常务委员会主任职务请求的决定(草案);听取审议淄博市人民代表大会常务委员会关于接受周清利辞去淄博市人民政府市长职务请求的决定(草案);听取审议淄博市人大常委会主任会议关于提请决定徐景颜任淄博市代理市长的报告。表决通过《淄博市人民代表大会常务委员会关于接受刘慧晏辞去淄博市第十四届人民代表大会常务委员会主任职务请求的决定》《淄博市人民代表大会常务委员会关于接受周清利辞去淄博市人民政府市长职务请求的决定》。决定任命徐景颜为淄博市副市长并代理市长。

市十四届人大常委会第五次会议。10 月 31 日举行,听取审议《淄博市户外广告设置和建(构)筑物外立面保洁管理条例(草案)》,市人大常委会视察组关于生态淄博建设情况的视察报告,市人大常委会代表资格审查委员会关于淄博市第十四届人民代表大会个别代表的代表资格的审查报告,市政府关于全市人口计生利益导向机制建设工作情况的报告,市政府关于大力发展电子信息产业、推动信息化与工业化融合、加快内涵发展的报告以及人事任免案。表决通过市人大常委会代表资格审查委员会关于淄博市第十四届人民代表大会个别代表的代表资格的审查报告以及人事任免案。

市十四届人大常委会第六次会议。11 月 23 日举行,听取市人大常委会视察组关于全市旅游业发展情况的视察报告,市政府关于市十四届人大一次会议代表所提建议、批评和意见办理情况的报告;审议市人大常委会主任会议关于提请审议《淄博市人民代表大会常务委员会关于召开淄博市第十四届人民代表大会第二次会议的决定(草案)》的议案,市人大常委会视察组关于全市旅游业发展情况的视察报告,市政府关于市十四届人大一次会议代表所提建议、批评和意见办理情况的报告;表决通过《淄博市人民代表大会常务委员会关于召开淄博市第十四届人民代表大会第二次会议的决定》,决定淄博市第十四届人民代表大会第二次会议于 2013 年 1 月 5 日在张店召开。

【重大决议、决定】 一、淄博市人民代表大会常务委员会关于淄博市第十四届人民代表大会第一次会议列席人员范围的决定。

二、淄博市人民代表大会常务委员会关于接受刘慧晏辞去淄博市第十四届人民代表大会常务委员会主任职务请求的决定。

三、淄博市人民代表大会常务委员会关于接受周清利辞去淄博市人民政府市长职务请求的决定。

四、淄博市人民代表大会常务委员会关于徐景颜任淄博市人民政府代理市长的决定。

五、淄博市人民代表大会常务委员会关于许可对唐会礼予以行政拘留处罚的决定。

六、淄博市人民代表大会常务委员会关于决定撤销唐会礼淄博市人民政府副市长职务的通知。

七、淄博市人民代表大会常务委员会关于加大太河水库水源地保护力度,建立长期稳定的生态补偿机制的决议。

八、淄博市人民代表大会常务委员会关于进一步整合张店东部城区教育资源,促进教育均衡发展的决议。

九、淄博市人民代表大会常务委员会关于召开淄博市第十四届人民代表大会第二次会议的决定。

【地方立法】 年内,经省人大常委会批准颁布《淄博市萌山水库保护管理条例》和《淄博市消防条例》。

【监督工作】 市人大常委会听取市政府关于生态淄博建设工作报告,集中视察生态淄博建设情况,督促有关方面完善生态建设规划,优化生态环境,努力建设生态和谐宜居城市。将加快旅游业发展作为提升现代服务业水平的重要措施,组织人员到外地及市内相关区县考察调研,集中视察旅游业发展情况,提出发挥政府主导作用,理顺管理体制,以齐文化为突破口,做大做强旅游龙头品牌的建议。常委会主任会议成员先后到各区县调研经济社会发展及重点项目建设情况,强调要把项目建设作为推动科学发展的总抓手,带动稳增长、调结构、惠民生、保稳定等工作。常委会先后听取审议市政府关于电子信息产业发展、主城区规划、计划生育利益导向机制建设、公共文化体系建设、特色畜牧业发展、外事工作等 14 项工作报告和市法院关于全市法院基层建设、市检察院关于全市检察机关基层建设等工作报告，促进相关工作开展。

关注“两区一村”整治改造和保障性安居工程建设，听取审议市政府关于全市“两区一村”整治改造工作的报告，就该项工作进行视察，对基础设施配套、后续运营管理等方面工作提出建议和意见。先后就农村扶贫开发、政府教育投入、就业再就业、老龄工作等组织视察和调研。继续开展淄博环保世纪行活动，多次组织集中采访和专题采访活动，宣传“倡导低碳绿色、建设生态淄博、保障群众身体健康”主题，努力营造生态淄博建设良好氛围。

年内，受理和交办人民群众信访738件次，其中已办结687件次，办结率达93.1%。

【代表工作】 针对换届后代表变化大、成分新的实际情况，及时制定培训计划，通过办培训班、以会代训等多种方式，组织市、区县、镇人大代表系统学习宪法、代表法、地方组织法以及人民代表大会制度等知识，增强代表职务意识、履职意识、法律意识，提升代表履职能力和水平。按照便于组织和开展活动的原则，组建代表小组23个，配齐配强代表小组召集人，进一步规范代表小组及活动室建设，确保全市代表小组活动规范健康。开展代表专题调研、视察活动，制定市代表年度集中视察和专题调研活动意见，委托各区县人大常委会重点抓好市人大代表年中专题调研和会前集中视察。继续在人大代表中开展“四争做”和“访、听、提”活动，发挥代表联系群众桥梁纽带作用、贯彻执行宪法法律和党的路线方针政策宣传作用、推动政府工作参谋监督作用和经济建设模范带头作用。

代表议案建议办理工作。常委会高度重视市十四届人大一次会议主席团确定的整合东部化工区教育资源和太河水库水源地保护两件议案，充分听取有关区县、人大代表和人民群众意见，加强与市政府沟通协调。市委书记周清利专门听取议案办理情况汇报并提出明确要求，市政府代市长徐景颜带领市政府分管领导及相关部门专题调研，确定议案办理的思路和原则。有关部门已初步研究制定东部城区教育资源整合规划、太河水库库区生态补偿办法，标志着两项事关民生和生态保障的重要工作正式启动。对市十四届人大一次会议期间代表提出的174件建议、批评和意见，常委会与市政府联合召开专门会议，及时交“一府两院”等承办机关和单位办理。市人大各专门委员会和常委会工作机构通过督查、参加代表建议面复会、跟踪问效等形式，督促承办单位认真做好代表建议办理工作。在市政府及有关部门努力下，代表所提建议已经全部办结，代表对办理结果满意度进一步提高。

【依法行使任免权】 年内，任命市人大常委会代表资格审查委员会组成人员和机关工作人员12名；决定任命市政府组成人员37名；任命市法院审判人员、市检察院检察人员26名；批准任命区县检察长8名。免去、决定免去17名和决定撤销1名国家机关工作人员的职务。　（巨荣俊）

淄博市人民政府

·重要会议·

第五十七次市政府常务会议。1月19日召开，听取市政府办公厅关于提交市十四届人大一次会议审议的《政府工作报告（讨论稿）》起草情况的汇报、市发展和改革委员会关于《淄博市2011年国民经济和社会发展计划执行情况与2012年计划草案的报告（汇报稿）》及说明的汇报、市财政局关于《淄博市2011年预算执行情况和2012年预算草案的报告（讨论稿）》及说明的汇报。

市政府第五次全体（扩大）会议。1月30日召开，讨论修改将提交市十四届人大一次会议审议的《政府工作报告（讨论稿）》。

第一次市政府常务会议。3月3日召开，研究新一届市政府领导成员工作分工、《市政府领导工作补位制度》；就加强政府自身建设作出安排部署，研究经济运行、社会稳定、安全生产等重点工作。

第二次市政府常务会议。3月22日召开，听取市委宣传部（文明办）关于全市创建全国文明城市表彰大会筹备等有关情况的汇报，市委政研室、市环保局、市人力资源和社会保障局关于生态淄博建设暨环境保护大会筹备等有关情况的汇报，市委农工办、市农业局、市人力资源和社会保障局关于全市农村工作会议筹备等有关情况的汇报，通报第十一届全国人民代表大会第五次会议精神和全市经济运行情况。

第三次市政府常务会议。4月9日召开，听取市科技局、市法制办关于全市科学技术奖励暨科技工作会议筹备情况和《淄博市科学技术奖励办法（审议稿）》及修改说明的汇报，市人口和计划生育委员会关于2012年全市人口计生工作会议筹备等有关情况的汇报，市安监局关于淄博市安全生产"十二五"规划的汇报，市法制办关于《淄博市地名管理办法（审议稿）》及说明的汇报。

第四次市政府常务会议。7月2日召开，听取市政府办公厅关于2012年陶博会筹备工作情况的汇报，市法制办关于《淄博市危化品运输违法行为举报奖励办法》有关情况的汇报，市发展和改革委员会（医改办）关于省医改会贯彻落实意见、"十二五"医改规划暨实施方案的汇报，市经济和信息化委员会关于全市节能降耗工作会议筹备情况的汇报，市农业局关于全市扶贫开发工作会议筹备情况的汇报，市食品药品监督管理局关于《淄博市药品安全"十二五"规划（草案）》有关情况的汇报。

第五次市政府常务会议。8月14日召开，听取市民政局《关于第二十三次全省民政会议精神及贯彻落实意见》的汇报、市人力资源和社会保障局《关于调整部分社会保险政策的意见》的汇报、市公安局关于进一步加强公共安全防范工作的意见的汇报、市住房和城乡建设局关于《中共淄博市委、淄博市人民政府关于加快推进小城镇建设和发展的意见》的汇报、市法制办关于《淄博市户外广告设置和建（构）筑物外立面保洁管理条例（草案）》及说明情况的汇报、市法制办关于《淄博市地下管线建设管理办法（审议稿）》及说明情况的汇报、市环保局关于《淄博市环境保护"十二五"规划》的汇报、市旅游局关于《淄博市旅游产业发展总体规划（修编）》等3个规划编制情况的汇报、市发展和改革委员会关于经济运行情况的汇报。

第六次市政府常务会议。9月24日召开，传达学习市委书记周清利9月19日在市委常委会上的讲话，通报市十四届人大常委会第四次会议有关决定事项，研究市政府领导工作分工；市委书记周清利，市委副书记、代市长徐景颜讲话，研究经济运行、安全生产和维护稳定等工作。

第一次市长办公会议。10月9日，市委副书记、代市长徐景颜主持召开。会议指出，要认清困难，坚定信心，抓住关键，实现突破，切实扭转经济下行被动局面。要坚定不移地把思想统一到市委确定的"发展发展再发展，实干实干再实干"的工作主旋律上来。要以"聚精会神抓发展"作为政府工作的主基调，全力推动重点工作突破和亮点培植、打造。要确立以项目建设为支撑体系的重点工作推进机制和考评监督机制，重点抓好对财政增收有重大推动作用的项目，对提升淄博核心竞争力有巨大作用的项目，能迅速改善淄博形象、提升知名度的项目，有利于改善民生的项目。要密切关注经济运行，防范和化解风险，抓"两头"、带中间，重点抓好500强企业的税收征管工作。要高度重视安全生产，以制度和科技提高安全生产管理水平。市政府一班人要密切配合、互相支持，讲政治、顾大局、求团结、比贡献，同呼吸、心连心，形成互助互信、团结友爱、协同配合、和谐奋进的坚强集体。通报国庆节、中秋节期间有关工作情况。

第七次市政府常务会议。10月26日召开，听取市林业局《关于创建国家森林城市建设森杯淄博的意见》的汇报，市监察局关于推进全市公共资源交易统一规范管理工作情况的汇报，市民政局关于提高城市居民最低生活保障标准的汇报，市科技局关于2012年淄博市科学技术奖评审情况的汇报，市住房和城乡建设局关于公布市级示范镇名单的汇报，市财政局《关于扶持全市纳税"双500强"企业加快发展的实施意见》《关于建立以税收为核心的考核奖励机制的实施意见》《关于加强财源建设领导完善财政收入征管机制的实施意见》的汇报，市财政局关于设立市城乡统筹产业基金、成立市国有资产运营中心、建立市级行政事业单位公物仓等的汇报。

市政府党组（扩大）会议。11月19日召开，市委副书记、代市长徐景颜讲话，对学习贯彻党的十八大精神提出明确要求。会议要求迅速掀起学习贯彻十八大精神的热潮。要以学习贯彻党的十八大精神为动力，坚持把即期经济运行牢牢抓在手上，确保完成2012年经济社会发展各项目标任务；要集中力量抓好第四季度及2013年上半年拟开工的重大项目建设；要深入扎实地抓好惠民生、保稳定、促和谐各项工作。要以党的十八大精神为指导，科学谋划好2013年工作，坚定不移加快科学发展；要用心研究事关淄博科学发展全局的关键问题；要认真研究推进服务型政府建设、提高政府工作效能的措施；要做好全市经济工作会议和市十四届人大二次会议的筹备工作。

第八次市政府常务会议。12月10日召开，听取市住房和城乡建设局关于全省城镇化工作会议精神及贯彻落实意见的汇报、市民政局关于全省社会养老服务体系建设工作会议精神及贯彻落实意见的汇报、市文化广电新闻出版局关于第十届中国艺术节第二次部省联席会议暨山东省第四次全体会议精神及贯彻落实意见的汇报，学习《非物质文化遗产法》《中华人民共和国招标投标法实施条例》《土地复垦条例》和《山东省行政程序规定》。

市政府第一次全体(扩大)会议。12月19日召开，讨论修改将提交市十四届人大二次会议审议的《政府工作报告(讨论稿)》。

第九次市政府常务会议。12月19日召开，听取市民政局《关于在全市开展向吕绪兰同志学习活动的决定》的汇报，市委宣传部关于召开全市文化体制改革暨“文艺精品工程”会议筹备情况的汇报，市人力资源和社会保障局关于表彰全市文化体制改革工作先进单位和先进个人有关情况的汇报、关于表彰孟祥民同志先进事迹报告团工作先进单位和先进个人有关情况的汇报、关于表彰青银高速“10·7”交通事故处置工作先进单位和先进个人有关情况的汇报、关于调整市级机关事业单位社会养老保险缴费比例的汇报、关于2013年调整城镇基本医疗保险有关政策的汇报，市公安局《关于贯彻山东省人民政府办公厅(鲁政办发〔2011〕40号)文件积极推进户籍管理制度改革的意见》的汇报，市金融办《关于推动齐鲁股权托管交易中心加快发展的意见》的汇报，市发展和改革委员会《关于推进重大项目建设的意见》的汇报和关于2013年市重大项目筛选情况的汇报，市法制办《关于淄博市节约能源条例(草案)》《淄博市太河水库保护管理条例(修订草案)》的汇报，学习《中华人民共和国车船税法》及其实施条例。

(荣 华 张希民)

·重要决策和工作部署·

1月4日，市政府印发《淄博市2012年安全生产工作要点》。

1月8日，市政府办公厅印发《关于进一步加强道路客运交通安全工作的意见》。

1月20日，市政府公布《淄博市人民政府关于淄博市市级行政强制主体清理结果的决定》。

1月20日，市政府印发《淄博市退役士兵职业教育和技能培训办法》。

1月22日，市政府印发《关于贯彻鲁政发〔2011〕37号文件加强和改进政府服务促进企业转型升级的意见》。

1月22日，市政府印发《关于进一步加强职业培训促进就业工作的意见》。

2月6日，市政府印发《关于进一步加强城乡生活垃圾处理工作的意见》。

2月12日，市政府印发《关于建立淄博市土地审批联席会议制度的通知》。

2月13日，市政府办公厅印发《关于开展区县教育现代化建设工作的通知》。

2月29日，市政府印发《关于贯彻鲁政发〔2011〕39号文件精神进一步加大财政教育投入的意见》。

2月29日，市政府办公厅印发《关于实施放心早餐工程的意见》。

3月1日，市政府办公厅印发《关于推进县域义务教育均衡发展的意见》。

3月19日，市政府办公厅印发《淄博市农村集体土地确权登记发证工作实施方案》。

3月26日，市政府印发《关于加快服务外包产业发展的意见》。

3月31日，市政府印发《关于公布2012年市重大项目名单的通知》。

4月6日，市政府印发《关于进一步加快创建国家生态园林城市工作的意见》。

4月10日，市政府印发《关于2011年度淄博市科学技术奖励的决定》。

4月10日，市政府印发《淄博市2012年国民经济和社会发展计划》。

4月12日，市政府办公厅印发《2012年全市食品安全工作要点》。

4月19日，市政府公布《淄博市地名管理办法》。

4月19日，市政府办公厅印发《淄博市安全生产"十二五"规划》。

4月23日，市政府公布《淄博市科学技术奖励办法》。

5月14日，市政府办公厅印发《淄博市食品安全举报奖励办法》。

5月15日，市政府办公厅印发《淄博市打击传销举报奖励办法》。

5月15日，市政府办公厅印发《淄博市鲜活农产品流通体系建设工作方案》。

5月21日，市政府办公厅印发《关于提高全市农村居民最低生活保障标准的通知》。

5月31日，市政府办公厅印发《淄博市节能突出问题约谈制度》。

6月18日，市政府印发《关于实施商标战略促进全市经济发展的意见》。

6月24日，市政府印发《关于促进全市广告产业发展的意见》。

7月7日，市政府公布《淄博市危险化学品运输违法行为举报奖励办法》。

7月7日，市政府印发《淄博市"十二五"期间深化医药卫生体制改革规划暨实施方案》。

7月19日，市政府办公厅印发《淄博市药品安全"十二五"规划》。

7月20日，市政府办公厅印发《淄博市限价商品住房建设和管理办法》。

7月23日，市政府印发《关于继续推进"两区三村"改造建设的通知》。

7月31日，市政府印发《关于进一步加强和改进消防工作的意见》。

8月22日，市政府公布《淄博市地下管线建设管理办法》。

8月28日，市政府印发《关于进一步促进中小企业发展的意见》。

9月3日，市政府印发《淄博市环境保护"十二五"规划》。

9月16日，市政府印发《关于认真贯彻鲁政发〔2012〕27号文件进一步加强事业单位监督管理的通知》。

9月24日，市政府印发《淄博市促进就业规划(2011—2015年)》。

11月8日，市政府办公厅印发《关于提高城市居民最低生活保障标准的通知》。

11月29日，市政府印发《关于进一步完善对区县政府教育工作督导评估制度的实施意见》。

12月3日，市政府印发《关于2012年度淄博市科学技术奖励的决定》。

12月10日，市政府印发《关于贯彻落实〈山东省流动人口服务管理办法〉的实施意见》。

12月25日，市政府办公厅转发市人力资源和社会保障局等部门《关于进一步做好离校未就业高校毕业生就业工作的意见》。

12月27日，市政府办公厅印发《关于2013年调整城镇基本医疗保险有关政策的通知》。

（于文哲）

·市民投诉暨市民建议征集·

【概况】 全年受理群众投诉电话59863件、市长公开信箱电子邮件428件，办理市民各类建议82件、人民网淄博视窗留言16件，办结率均达95%以上；办理领导批示件43件，承办省长信箱来件132件，办结率均为100%。

【全市市民投诉工作会议】 5月25日召开，围绕全面提升服务标杆、提高服务质量、继续巩固服务质量年活动取得的成果等方面进行安排部署。对张店区政府办公室等35个市民投诉工作先进单位进行通报表扬，有关部门、单位进行典型发言。

【提升受话服务质量和水平】 严格落实各项受话工作制度，进一步实现受话服务的规范化和标准化。在全体受话工作人员中进行受话服务讲评，定期或不定期抽取受话人员通话录音，按照《受话服务质量综合质检办法》百分制量化考核的要求逐条逐项进行对照，指出存在的问题和不足，及时予以纠正和解决，使受话服务质量达到更高水平，基本实现受话服务零投诉的目标。严格规范运行，及时高效办理，确保群众投诉反映的问题在第一时间得到有效解决。

【强化督办落实力度】　印发《关于进一步加强督办落实工作的通知》，修改补充《市民投诉中心受话、督办工作机制》等工作制度，全面落实首问负责制和对网络单位实行跟踪服务和督查联系制度，把每名工作人员与各网络单位的办理质量和效率挂钩，形成全员抓督办、促落实的格局。加大对来话人回访反馈的工作力度，通过回访、二次回访等形式检查督促各有关承办单位提高办理质量和效率，取得明显的效果。年内，市民投诉中心共为群众办实事6426件次，收到群众表扬电话730件次。

【调研工作】　开展短平快调研，及时把社情民意反馈给领导，超前服务，为领导决策提供可靠的信息和依据。《关于我市餐饮服务从业人员办理健康证存在的问题及几点建议》《我市土地征收、房屋拆迁过程中存在的问题和几点建议》《市民要求尽快对廉租房进行分配》《建议整治淄博客运中心、公交东站出租车管理混乱现象》《市民建议加强公共水域救生设施建设》等进入领导决策，解决群众关心的热点、难点问题。年内，市民投诉中心通过各种形式向市委、市政府领导提供有价值的调研报告和有关信息材料750余件条。

【市民建议征集】　加大与新闻媒体的合作力度，进一步扩大市民建议征集工作的社会影响力。2月，市"两会"召开之际，对《鲁中晨报》收集整理的"市民两会建议"进行汇总、整理和转办，均按期办结。《鲁中晨报》进行集中宣传报道，进一步营造社会各界关心、支持、参与市民建议征集工作的舆论氛围。全年收到各类市民建议82件，涉及城建、交通、环保、质检、规划、教育、劳动保障等多个方面，许多建议被各级政府吸纳或参考。

（郑　强）

·应急管理·

【突发事件处置】　全年发生7起较大以上事故："1·19"滨博高速高青段连环撞车交通事故、"3·12"山东国弘重工机械有限公司塔吊倒塌事故、"7·30"临淄区危险化学品运输罐车爆燃事故、"8·25"山东国金化工厂双氧水生产装置爆燃事故、"9·5"周村区大货车侧翻事故、"9·23"山东东泰煤矿冒顶事故、"12·31"张店区轿车和拖拉机侧面相撞事故，各类事故均得到妥善处置。另外，完成青银高速"10·7"临淄段交通事故的处置工作。

【宣传培训】　9月，市政府办公厅印发《关于认真实施〈山东省突发事件应对条例〉有关问题的通知》。9月，在中国科学院应急管理研究中心举办全市领导干部应急管理高级研修班，65名副县级以上领导干部参加培训。11月1日，《淄博日报》刊登副市长许建国《贯彻落实〈山东省突发事件应对条例〉，全面加强应急管理工作》的署名文章。12月，市政府应急管理办公室举办《山东省突发事件应对条例》网络知识竞赛。

【应急预案及演练】　8月，市政府办公厅印发《关于做好2012年度应急预案修订及备案工作的通知》，对全市应急预案修订和演练工作做出安排。市教育局、市人防办、市政府应急办联合印发《关于在全市中小学结合年度"9·18"警报试鸣开展应急互动演练工作的通知》。参与国务院应急办"完善应急预案管理"征文活动，临淄区应急办撰写的《浅析地方政府应急预案量化考核》被《中国应急管理》刊登。

【机制建设】　3月和12月，市政府办公厅两次印发通知，要求各级、各有关部门进一步加强和规范突发事件信息报告工作，完善突发事件信息报送机制；定期召开区县应急办主任季度例会和应急委成员单位联席会议，建立突发事件风险隐患排查机制。7月，市政府印发《市政府、淄博军分区关于推进国防动员体系与政府应急管理体系融合建设的实施意见》，发挥国防动员体系"平时服务、急时应急、战时应战"的职能作用；协助驻军71345部队进行全市重要目标信息数据库建设，签订应急救援日用物资储备协议。

【平台建设】　淄博高新区投资5200万元建设"六

位一体”的应急联动指挥中心，以科技创新推动社会管理，以体制创新推动应急管理。淄川区般阳街道三维数字社会管理服务平台，寓应急管理于社会管理，以社会管理推动应急管理。全市83个部门和单位确立应急信息联络员127人。

【基层基础工作】 1月，市政府办公厅印发《2012年全市应急管理工作要点》，要求各级抓好全市第二批应急管理示范点建设工作。12月，市政府办公厅印发《淄博市应急避难场所管理办法》，对全市应急避难场所规划、建设和管理提出明确要求。

（郑春红）

·食品安全工作·

【机构设置】 2月10日，根据市机构编制委员会办公室印发的《关于市政府食品安全工作办公室设置问题的通知》，淄博市食品安全委员会办公室更名为淄博市人民政府食品安全工作办公室，为市食品安全委员会的办事机构，设在市政府办公厅，职责、编制不变。4月12日，市政府办公厅印发《关于调整充实淄博市食品安全委员会的通知》，对淄博市食品安全委员会组成人员进行调整，成员由原来的25个单位分管负责人调整为单位主要负责人，同时增补市委政法委、市住房和城乡建设局、市城市管理行政执法局为市食品安全委员会成员单位。

【全市食品安全工作会议】 4月16日，在齐盛宾馆会议中心召开，传达国务院、省政府会议精神，要求开展专项整治，依法严厉打击食品安全违法犯罪行为，全面提高食品安全工作水平，保障饮食安全，市政府与区县政府签订食品安全目标责任书。8月15日，在淄博宾馆召开，通报上半年全市食品安全工作总体情况，安排部署下半年工作任务。

【专项整治】 6月19日，印发《关于加强大型饮食文化活动食品安全监管的通知》，市、区（县）两级同步开展大型饮食文化活动联合执法，防止因天气炎热、气温高、湿度大、食物腐败变质等引发重大食品安全事故。

9月7日，印发《关于开展2012年国庆节前食品安全专项集中整治的通知》，组织市公安局、市卫生局、市工商局、市质监局、市食品药品监督管理局、市畜牧兽医局和市商务局等部门，对各类食品批发市场和大型农贸市场、学校周边餐饮及食品经营环境和“鲜奶吧”等进行为期一个月的专项集中整治，消除隐患，规范市场秩序。

12月3日，联合市教育局、市公安局和市食品药品监督管理局印发《关于加强全市学生小饭桌食品安全监管工作的通知》，通过联合执法，解决日常监管中存在的交叉和空白现象，确保全市中小学生校外饮食安全。

12月7日、12月26日，分别印发《关于开展全市餐饮具消毒专项治理活动的通知》和《关于开展餐饮具消毒专项治理联合督查的通知》，组织市公安局、市卫生局、市食品药品监督管理局、市工商局以及张店区食品安全办公室，对张店区部分餐饮具消毒配送站、餐饮具消毒服务部和部分大中型饭店，进行集中检查和座谈整改，规范和整治全市餐饮具集中消毒单位和餐饮服务单位的餐饮具消毒工作，确保餐饮环节食品安全。

【应急演练】 1月10日，修订《淄博市食品安全

2012年12月27日，开展餐饮具联合执法检查　　（巴锦伟　摄）

事故应急预案》，明确事故类型和事故报告时限，规范应急处理程序。8月29日，与市食品药品监督管理局联合承办全省餐饮服务食品安全突发事件应急演练现场观摩会，检验省、市应急预案的可行性与操作性。

【举报奖励机制】 5月21日，印发《淄博市食品安全举报奖励办法实施细则》，取消奖励总额50万元的限制，将每次举报奖励最高金额由3万元调高至30万元，扩大奖励范围，加大奖励力度。各区县也先后制定举报奖励办法并落实奖励资金。高青县设立每年50万元的举报奖励资金，沂源县印发《食品安全举报奖励保密制度》，切实保护举报人合法权益。年内，全市各区县、各有关部门共受理举报案件403起，兑现奖励资金22290元。

【调查研究】 5月，组织市公安局、市监察局、市农业局、市水利渔业局、市商务局、市食品药品监督管理局、市粮食局、市畜牧兽医局、市工商局、市质监局等10个部门，分5个组，对五区三县、淄博高新区和文昌湖区开展基层食品安全工作调研，了解和掌握全市基层食品安全工作开展情况、机构建设情况和工作中存在的问题。7月，组织市食品药品监督管理局、市水利与渔业局、桓台县食品安全办公室和高青县食品安全办公室，赴广州、深圳和陕西渭南调研，考察学习外地食品安全监管体制和行业协会发展情况。9月，先后调研市畜牧兽医局、市质监局、市工商局和市食品药品监督管理局，充分听取有关监管部门的意见和建议，制定《淄博市"鲜奶吧"管理暂行办法》及实施细则，明确各部门监管职责，规范整治"鲜奶吧"这一新兴业态。9—11月，协调市联通、移动、电信三大运营商研究开发食品安全管理信息软件，先后座谈10余次，交流意见、修改方案，为依托市政府建立的"云计算"中心，建设覆盖市、区县、镇（街道）、村（社区）四级的食品安全监管信息平台奠定基础。10月，市食品安全办公室与市住房和城乡建设局调研座谈餐厨废弃物综合利用项目建设情况，督促制定餐厨废弃物处理方案并按时实施项目建设，严格按照省政府的统一部署，确保工程在2013年底前建成运行。

【食品安全宣传】 贯彻落实《关于加强全市食品安全信息工作的意见》，建立健全信息报送和通报制度，加大信息报送调度和通报力度，全年编发《淄博食品安全简报》和《专报》28期，为省食品安全办公室和齐鲁网、大众网报送信息量位居全省前列。在市政府门户网站增设食品安全专栏。

6月11日，市暨张店区政府在博物馆广场联合举行2012年食品安全宣传周活动启动仪式，全面启动以"共建诚信家园，同铸食品安全"为主题的食品安全宣传周活动。市电视台、市电台及《淄博晚报》等媒体报道食品安全宣传周活动启动仪式及9个"主题日"宣传活动。同时在全市范围内投放食品安全公益广告短信60余万条。各有关部门开展食品安全进社区、进学校、进农村、进企业、进机关"五进"活动，推进食品安全知识科学普及，开展违法案件警示教育活动。临淄区投资30万元制作130个食品安全宣传栏免费安装到农村和社区。市食品药品监督管理局与市教育局联合举办学校食堂开放

2012年6月11日，淄博市暨张店区食品安全宣传周活动启动仪式现场
（巴锦伟 摄）

日活动，邀请食品安全社会监督员、学生家长、新闻媒体走进学校食堂加工制作间，充分征求意见，加强食品安全。在宣传周期间，全市各区县、各职能部门共计制作各类宣传展板160余块，发放食品安全宣传材料3.8万余份，接受群众现场咨询1500余人次。

【业务培训】 8月15—17日，与市委组织部在淄博宾馆联合举办为期三天的全市食品安全监管人员专题培训班，聘请国内知名专家、教授授课，培训食品安全基础知识、法律法规、应急管理与媒体沟通等内容。全市各级、各有关部门也分级开展食品安全培训工作，共举办各类培训班647个，培训人员3.8万余人次。 （韦夫芝）

·法制工作·

【政府立法】 2012年，对9部地方性法规草案和政府规章草案进行审查；提请市政府常务会议审议通过地方性法规草案和政府规章草案4部。其中，《淄博市地下管线管理办法》填补山东省城市地下管线建设的制度空白，得到国家、省住建部门的高度评价。对国家和省的7部立法草案，提出修改建议70余条。起草《淄博市重大行政决策程序规定(草案)》。在《鲁中晨报》、鲁中手机报、鲁中网开设《开门立法听民意》专栏，向社会公开征集政府立法建议，使政府立法工作更加贴近民生、符合民意。全面落实规范性文件“三统一”(统一登记、统一编号、统一公布)制度。率先在全省研发启用规范性文件电子登记备案系统，并对全市规范性文件管理工作进行培训和检查，提高了规范性文件质量。全年统一登记、公布规范性文件86件；审查市级规范性文件94件，审查区县政府和市直部门报备的规范性文件114件。向国务院、省政府、省人大常委会和市人大常委会备案政府规章4件、市政府规范性文件37件，报备率、及时率、规范率均为100%。

【法制监督协调】 创新行政执法监督工作。建立以行政执法主体确认、执法依据及事项梳理、执法责任分解、行政执法评议考核和责任追究为主体的行政执法责任制体系。省法制办对全市法制监督工作给予高度评价，并委托淄博市起草《山东省行政执法监督条例》。加强行政执法队伍管理。在全国率先完成行政强制主体清理工作，以政府令的形式予以公布。修改《淄博市行政执法证件管理办法》。按照编制部门公布的机构、人员编制，对全市8455个行政执法证件进行清理和审验。以模拟行政处罚听证会的方式，对全市264名新增行政处罚听证主持人进行培训。联合市监察局、市人力资源和社会保障局、市文明办制定《淄博市行政执法人员文明执法若干规定》，为提高全市行政执法队伍综合素质奠定基础。发挥政府法制协调职能。对全市餐饮服务从业人员健康证办理、非煤矿山采空区监管、康恩贝玫瑰油软胶囊监管事项的行政执法主体争议问题，进行研究论证，向市政府提交3篇专题报告，对如何界定相关部门的行政执法责任提出建议。加强行政执法监督检查。推行行政执法检查登记制度和行政执法案件统计报告制度。对66个市级行政执法单位的84个行政处罚案卷进行评查。

【行政审批制度改革】 在涉及改革的37个市直部门中，36个部门的行政许可科已经市编办批复，27个部门的行政许可科基本组建完成，19个部门的行政许可科已整体进驻行政服务中心集中办公。在全市108个镇(街道)中，有90%建成便民中心，30%的便民中心实现高标准、高效率运行。全面落实首问负责、限时办结等行政许可制度，规范行政许可程序，行政服务效能进一步提高。2012年，市行政服务中心受理行政许可审批(服务)事项46368件，办结46185件，按期办结率100%，接受企业和群众咨询16253人次。

【行政复议应诉】 按照“政府主导、专业保障、社会监督”的原则，制定工作方案，明确行政复议委员会的功能定位、职责范围、组织形式和工作机制。12月，市政府办公厅印发《关于成立淄博市人民政府行政复议委员会的通知》。根据省政府的统一部署，按照市、区(县)政府对行政复议案件集中受理、集中审查、集中决定，政府工作部门不再办理行政复议案件的思路，拟定相对集中复议权工作方案报省政府。12月，省政府印发《关于同意淄博市及下辖县(区)人民政府集中行使行政复议职权的批复》。发挥市法制办、临淄区法制局、淄川区法制局全省行政复议示范点的带动作用，推广临淄区引入ISO 9001：2008系列质量管理标准化体系建设和淄川区设立24小时"全天候"受理行政复议专线电话服务的做法。加强行政复议规范化建设，实现复议机构、复议制度、人员管理、硬件装备、工作机制、档案管理、工作考核和监督检查的"八个"规范化。严格依法办理行政复议案件，坚决纠正违法或不当行政行为。2012年，办理行政复议案件249件，纠正违法或不当行政行为51起。做好行政诉讼案件应诉，代理市政府出庭应诉6次，全部胜诉。

【宣传培训调研】 2012年，全市法治工作信息被国务院法制办网站采用50条，被省政府法制办网站采用140条。在《法制日报》《淄博日报》等新闻媒体刊发宣传稿件40篇。组织开展全市依法行政宣传日活动，发放宣传材料10万份，接受咨询2万人次。举办3期新增行政执法人员培训班，1300人接受培训。在全国首家研发行政执法人员网上在线考试系统，组织全市1万名行政执法人员参加《中华人民共和国行政强制法》和《山东省行政程序规定》网上在线考试。做好对文昌湖旅游度假区赋予区级行政管理权限和下放部分市级行政管理权限调研。起草《关于理顺东岳集团氟硅材料产业园区管理体制机制问题的报告》。全年办理市领导批示50件，提出意见建议120条。完善全市依法行政考核工作实施方案和细则。对全市各区县政府、市直部门及驻淄博市有关单位的依法行政工作进行考核。在2011年全省科学发展综合考核中，淄博市依法行政工作名列全省第一。全年答复人大代表建议和政协委员提案15件，答复率、满意率100%。

【"行政程序年"活动】 制定"行政程序年"活动工作方案，召开全市"行政程序年"新闻发布会和工作座谈会，成立《山东省行政程序规定》宣讲团，对全市行政执法人员进行全员集中培训，举办培训16场，宣讲60次，培训1万人次。充分发挥"行政程序建设示范单位"带动作用，督促指导各级各部门强化程序意识、完善行政程序、规范行政行为。制定考核办法，对各级各部门开展"行政程序年"活动情况进行检查考核。在全省"行政程序年"考核中，淄博市的规范性文件管理、行政复议规范化建设、行政执法人员网上在线考试工作、行政执法检查登记及案件统计报告工作，被认定为全省政府法制的创新工作。 （周洪光）

•对外及对港澳工作•

【外事接待】 2012年，接待到访团组24批348人次，主要有非洲法语国家7国政党青年领导人研修班考察团、罗马尼亚克鲁日县中央特派员考察团、韩国广州市政府代表团、瑞士国际联合水务集团考察团、日本经贸振兴机构信息中心代表团、日本山口县知事团、巴西巴拉纳州华人文化协会代表团、德国马格德堡市政府经贸代表团等。年内，回复照会5次，接待3批10人次驻华领事官员到淄博考察访问。

【对外交流】 组织相关企业参加第十二届山东

2012年6月18日，市委副书记、市长周清利会见德国马格德堡市政府经贸代表团 （王国栋 摄）

省—山口县经贸洽谈会、山东—日本环保企业洽谈会、韩国大企业对华合作战略说明会；组织环保代表团赴日本周南市学习先进技术、管理经验，探讨合作；与英国萨里郡加强中国陶瓷文化展后续交流；引导淄博职业学院与俄罗斯诺夫哥罗德国立大学开展教育交流；推动山东理工大学与罗马尼亚克鲁日—纳波卡大学建立友好合作关系；与德国马格德堡市探讨在建筑节能、环保产业等领域开展交流与合作；与日本、韩国开展青少年交流；与韩国广州市开展陶瓷、体育交流；与加拿大旺市签署友好合作关系意向书。

【出国(境)管理】 全年审批因公出访团组193批575人次。由市领导带队出访的友好经贸代表团16批次，拓展与有关国家、城市和公司的交流合作，巩固和开辟一批国际交往关系渠道。7月，周清利率团出访香港，会见拜访香港知名人士和商界友人150余人，通过参加洽谈会、招商会，签订重点合作项目7个，投资总额17.05亿美元。周连华、赵启全、庄鸣、张庆盈等市领导先后率团访问美国、加拿大、澳大利亚、南非等20多个国家和地区，举办洽谈会、招商会，与有关国家地方政府、企业领导进行会谈，签订系列经济、文化、教育、体育等领域的交流合作协议。

办理因公护照195批571本，出访结束后证照收缴率100%。深入区县举办亚洲太平洋经济合作组织(APEC)商务旅行卡推介会7场，260家企业参加。197名企业高管申办资料已报送省外办、外交部。

【友好城市】 年内，建立友好合作城市1对，友好联络城市2对。全市各类友好关系发展到141对，其中友城11对，合作关系城市11对，基层友好关系119对。加强对友城、在建友城以及友城周边城市的研究，充分了解其资源情况、产业优势、发展潜力，建立完善的资料数据库，便于围绕不同时期的中心工作，选择不同的交流主题，配合和呼应全市重大项目的开展和落实。

【涉外管理】 年内，办理外国人到淄博邀请函348批488人，其中经济技术类317批454人，文教类31批34人，无一发生问题。履行涉外案件处理牵头部门职能，并妥善处理涉外案事件4起。9月中日关系紧张之际，快速、稳妥处理一起日本人在淄博交通肇事事件，有力配合国家总体外交。根据中央和省内政策及有关文件要求，严格执行在淄博举办国际会议、国际活动管理报批制度，年内申报国际会议3项，国际活动7项。组织相关区县、部门，深入排查"走出去"企业和外派劳务方面的管理盲点和漏洞，分类制订《境外领事保护预案》，编发《境外领事保护和协助指南》，增强企业规避风险能力。协调处理境外领事保护事件2起。

2012年10月24日，市委副书记、代市长徐景颜会见罗马尼亚克鲁日县中央特派员考察团 （王国栋 摄）

【重大涉外活动】 服务国际体联体操世界杯A级赛(淄博站)比赛，协同体育部门，完成国际体联体操世界杯A级赛服务人员培训、赛事秩序册、场馆标识、领导致辞等翻译工作。做好陶博会服务保障工作，针对翻译资料量大、专业术语多的特点，成立专门翻译小组，对翻译的资料进行反复核实，并专门协调部分外国专家对翻译文稿进行校对，完成陶博会开幕式、欢迎宴会现场翻译和陶博会相关文字材料的翻译工作任务。做好全市招才引智工作服务保障工作，全年在国外建立5个海外人才引进站，并确定联络人；充分利用重要团组到访、出访等时机，积极宣传推介招才引智政策，为招才引智出访团组提供优质服务。

2012年淄博市重要到访团组一览表

表17

到访日期	到访团组	代表团团长	到访目的
1月13日	日本山口县结好30周年协议团	渡边繁树	参加山东省与山口县结好30周年纪念活动
2月21日	瑞士国际联合水务集团考察团	尼可·拉格	探讨城乡饮用水净化及运营领域合作
3月7日	日本山口县贸易专家访鲁团	原田耕良	参加山东省与山口县结好30周年纪念活动
3月8日	澳大利亚中澳人工耳蜗植入中心	吴珍妮	举行“中澳人工耳蜗植入中心”签约暨揭牌仪式
3月12日	日本山口县教育旅行访问团	三浦健治	教育旅行访问
3月15日	驻华使节团(10国)	贝碧·阿拉维	参加印象齐都文化产业园奠基仪式
3月29日	美国PPG公司	查尔斯	拜会市领导并与东佳集团洽谈合作
4月8日	国际禁止化学武器组织核查团		核查化学武器
4月20日	日本山口县政府代表团	二井关成	参加山东省与山口县结好30周年纪念大会
4月20日	日本山口县友协代表团	木村茂美	参加山东省与山口县结好30周年纪念大会
4月20日	日本山口县国际交流协会团	桥本宪二	参加山东省与山口县结好30周年纪念大会
5月12日	巴西巴拉纳州华人文化协会代表团	郭祖德	探讨经贸、旅游等领域的交流与合作
6月8日	美国伊利市友城委员会	王大亮	探讨交流与合作
6月15日	非洲法语国家7国政党青年领导人研修班考察团	柯南 伯尔旦 夸迪奥	考察新农村建设
6月18日	德国马格德堡市政府经贸代表团	赖讷·尼采	探讨经贸合作
7月31日	韩国广州青少年友好交流团	李基馥	增进青少年交流
8月7日	山东省友协国际青少年文化之旅(8国)	陈云芹	青少年文化交流

续表 17

到访日期	到访团组	代表团团长	到访目的
9月4日	韩国广州市陶艺家团组	韩基爽	参加2012年陶博会
9月5日	韩国广州市政府代表团	赵亿东	出席2012年陶博会开幕式
10月24—25日	罗马尼亚克鲁日县中央特派员考察团	奥尔基·尤安·乌斯坎	拜会市领导，与山东理工大学建立友好合作关系
11月9日	韩国广州市体育代表团	郑夏谨	体育友好交流
11月30日	加拿大旺市政府代表团	吉诺·罗萨蒂	拜会市领导并探讨经贸合作
12月6日	美国辛辛那提大学代表团	瑞吉	签署新兴人才战略合作协议

（郑凯圆）

·经济合作·

【石嘴山淄博工业园区建设】 开展基础设施建设年和大项目服务年活动。大武口园区基础设施建设累计完成投资9147万元，部分道路和污水工程施工完毕；1号公寓楼外墙保温施工全部完成。惠农园区基础设施建设累计完成路基挖方22.6万立方米，填方27.1万立方米，弃方1.8万立方米；完成路槽整形9600米，道路级配砂砾底基层5600平方米；铺设雨水管道9571米，污水管道6029米，完成检查井砌筑380座；31号公寓楼外墙塑钢窗安装完毕。加快入园项目建设，不断完善园区综合服务功能。大武口园区临时性混凝土搅拌站项目建成投产。鲁中耐火材料碳化硅基陶瓷项目基本完成一期厂房、设备、实验室等附属设施建设，并投产运营。9月下旬，石嘴山市2012年第三批重点项目暨宁夏金晶科技玻璃项目开工仪式在工业园举行。10月下旬，宁夏汇晟管业有限公司年产5万吨塑料制品项目开工仪式在工业园举行，该项目完成土方回填、地勘、公司注册、设备购置、土地招拍挂、施工单位招标等工作。山东银浩投资有限公司高档玻璃包装制品项目正在进行可研报告、节能评估、环境影响评价的前期工作。加强园区建设管理。先后制定《工业园建设管理办法》《企业项目入园管理办法》《入园项目审批流程手册》《入园企业服务细则》和《淄博石嘴山工业园招商引资奖励办法》等。争取国家发改委原则同意批准园区为首家“西部地区承接东部地区产业转移示范园区”。7月下旬，在淄博齐盛国际宾馆举行淄博石嘴山工业园第二批入园项目签约仪式暨第三批入园企业推介会，市内100余家企业参加会议，德州、济南、潍坊、青岛、烟台、东营六市发改委、经信委、招商等部门组织30余家企业参会，第二批7家入园企业举行签约仪式，投资规模达到17亿元。

【签约项目的跟踪落实】 淄博保税物流中心与天津港在口岸业务方面的合作取得实质性进展，陆路口岸建设基本完成并开始开展业务。崇正集团在天津静海投资建材项目，实现再扩产100万吨。宏信集团在天津滨海新区投资建设的天齐广场楼宇施工接近尾声。妙典网络游戏公司被确定为市服务业重点建设项目之一，研发的第一款产品经国家有关部门批准上网。

【区域合作领域】 先后与天津、沈阳、赤峰、葫芦岛、朝阳等地，在楼宇经济、机械装备制造、电子商务、陶瓷建材、人力资源整合及劳务用工派遣等方面开展合作。5月中旬，淄博高新区与内蒙古自治区赤峰市克什克腾旗举行缔结友好单位签约仪式暨招商引资旅游推介会，傅山企业集团、三林新型材料有限公司等6家企业分别与克什克腾旗人民政府签订投资合作项目协议。与天津重点高校及科研院所产学研对接，先后两批搜集发布189个最新科研成果，组织开展一对一对接落实，与天津科技大学食品工程与生物技术学院开展“教授团产学研对接活动”等。4月下旬，组织华光陶瓷股份有限公司、泰山瓷业有限公司等企业参加在广西北流举办的第二届中国(北流)国际陶瓷博览会。5月中旬,牵头组成淄博市代表团参加在重庆市举办的第十五届中国(重庆)国际投资暨全球采购会,集中展示城市形象、扶贫协作石柱县项目建设成果和重点企业发展情况,达成经贸合作合同、意向8个,项目总金额12亿元。继续做好与陕西省铜川市“淄博耐火材料工业园”的磋商和洽谈;继续加强与山西省朔州市,甘肃省武威市,内蒙古兴安盟、赤峰市,辽宁省朝阳市,河南省安阳市、南阳市等城市的交流、对接与商谈。

【环渤海区域合作】 参加在天津和赤峰召开的两次市长特派员会议和2012年环渤海区域银地、银企对接活动,重点到天津王朝葡萄酒公司、雷沃动力股份有限公司以及赤峰红山物流园区、赤峰远联钢铁公司等企业进行考察。组织参加7月在天津举办的2012台湾名品博览会,淄博贵宝经贸有限公司分别与台湾名峰茶业、陆延茗茶及佳欣国际开发有限公司等企业签约合作。通过《渤海早报》《经合天地》、环渤海信息网、淄博经合网等媒体宣传全市的经济社会发展成就、产业优势、投资环境以及经济合作工作情况。其中,在《渤海早报》环渤海周刊推出专版《周村烧饼叫响齐鲁大地》《淄博陶瓷 当代国窑》,重点介绍全市的特色产业及产品;《渤海早报》专版《飞地经济成功起飞》宣传推介石嘴山淄博工业园的建设情况,《台湾名品吸引环渤海企业眼球》介绍与台湾企业的经贸合作情况。

【对口支援】 与重庆市忠县政府有关部门协商确定“十二五”时期和2012年度对口支援三峡库区工作计划。9月下旬和10月上旬,分两批接待忠县122名党政领导干部考察学习,在城市建设、文化保护传承、经济发展和社会养老等方面进行深入探讨交流。5月,接待新疆伊犁市政府代表团,就两地开展经贸合作事宜达成一致意见,并组织10多家市内企业参加伊犁市在淄博市举办的招商推介会。继续做好对口支援西藏工作,协助落实援藏项目,做好援藏干部服务工作。

【扶贫协作】 1月和10月,接待重庆市石柱县代表团走访考察,分别安排到新华制药集团、新华医疗器械集团、东岳集团等企业进行参观考察和座谈;多次组团到石柱县考察交流,组织对2011年度扶贫协作援建项目完成情况进行检查验收,与石柱县达成的两个合作项目在山东·重庆扶贫协作暨经贸合作项目签约仪式上签约,制订《淄博市2012年度扶贫协作石柱县工作计划》,确定两市县互派挂职干部等事宜。确定2012年度扶贫石柱县开发建设项目,结合“农村整村脱贫”计划,帮助石柱县37个贫困偏远农村建设村卫生室。每个村卫生室建设规模80平方米,建筑造价8万元。项目总投资380万元,其中淄博市援助300万元建设资金已及时拨款,石柱县配套43万元建设资金和37万元医疗设备。项目直接服务人口7万多人,辐射人口11万人。14个对口扶贫市、县互派1名县级、1名科级优秀干部,到对方相关部门挂职交流半年。10月底,双方挂职干部顺利到对方接受单位报到上任。 (杨世春)

·史志工作·

【全市史志工作会议】 3月27日召开,会议总结全市史志工作情况,根据“强化依法编修、打造志鉴精品、创新馆网开发、建设四型机关”的工作思路,安排部署2012年工作任务。要求增强做好新时期史志工作的紧迫感和责任感,科学规划,突出重点,促进全市史志事业科学发展。

【法制建设】 年内,继续做好《地方志工作条例》《山东省地方史志工作条例》《淄博市地方史志工作条例》的学习、宣传和贯彻工作。通过报刊、展板、网站等多种形式,宣传史志工作法规政策,展示全市史志系统工作成果。推动各级、各部门切实提高法制意识,按照条例和规章的规定,依法履行好本行政区域、本部门的职责。配合市人大教科文卫委员会5年立法计划和2013年工作要点的调研,开展主题为“依法修志,修用并举,服务经济文化强市建设”的调研活动。

【志书编修】 做好《淄博市志(1986—2002)》申报中国地方志精品工程工作。1月,中国地方志精品工程专家组对申报志书进行了首次评议。根据专家组反馈的意见和建议，确定详细的修改方案，调整篇目设置、规范志书体例、完善正文记述、补充照片资料。5月初，完成志稿修改任务，整部志稿从430余万字压缩为390万字，照片由1250幅压缩到1072幅。9月下旬，在中国地方志精品工程专家组评审会议上，《淄博市志（1986－2002）》被评定为四部地方志精品工程志书之一。

加强对区县志和基层志书编纂的指导工作。4月，完成对《沂源县志》志稿的第三次审查，提出具体的修改意见，对《沂源县志》的出版作出批复。年内，对《淄博市地税志》《傅山村志》《淄博市第三医院志》《淄博市第四医院志》《北金村志》《山东金岭铁矿志》等进行业务指导，评议志稿250万字。其中，《傅山村志》6月出版；《淄博市第三医院志》《淄博市第四医院志》8月出版；《淄博市地税志》11月出版。

4月，在全省史志系统2011年度“八个一优秀”史志成果评选中，市地方史志办公室获唯一的优秀史志工作单位奖，《续修博山县志（校勘本）》入围优秀读志用志成果奖。

【年鉴编纂】 《淄博年鉴（2012）》11月初出版发行，设28个部类、1200余个条目，近100万字，文内图片200余幅、图表60余幅。新设“全国文明城市——淄博”“淄博工业铸就辉煌——淄博市工业总产值、工业主营业务收入双过万亿元”专题，集中展示年度成就和地方特色。将“民营经济”部类更名为“中小企业”，同时增加“编制工作”“食品安全工作”“水文”“住房公积金管理”“红十字会工作”等分目，进一步拓宽记述范围。在《临淄年鉴》《张店年鉴》《博山年鉴》实现一年一卷的基础上，推进其他区县加强年鉴编纂工作，确保区县年鉴编纂工作实现常态化、连续化。高青县政府常务会议确定《高青年鉴》“一年一鉴”，《高青年鉴（2012）》完成编纂；《周村年鉴（2011）》编纂工作开始启动；《桓台年鉴（2009－2010）》于10月出版发行；《淄川年鉴（2003－2011）》编纂工作启动。完成市政府交办的《中国城市年鉴》（淄博部分）1万字和《山东年鉴》（淄博部分）约10万字的供稿任务。

8月，《淄博年鉴（2011）》在第六届全国年鉴编校质量检查评比中获得特等奖。12月，《淄博年鉴（2012）》在第四届全省优秀年鉴评奖中获得综合奖项特等奖。

【方志馆建设】 8月，以政府采购的形式对方志馆布展方案设计进行公开招标。11月9日，召开方志馆地情展厅文案专家评议会，十余名淄博地方文化专家学者，就市方志馆地情展厅文案进行全面评议。做好市方志馆机构编制争取和志鉴交流、库存志书管理工作，为方志馆的顺利建设和运营打好基础。

【地情网站建设】 做好淄博市情网的日常管理维护、对省情网动态信息上传以及淄博市政府门户网站的维护和管理工作。及时添加地情资料，对网站内容板块做部分调整。完成《历史上的今天》《领导简介》《淄博概况》等栏目资料的更新，上传“淄博工业历程”图片资料到《图说淄博》栏目。做好《史志动态》和《聚焦淄博》栏目的发布，全年发布史志动态67条，发新闻570条，被省情网采用信息34条。淄博市地情网站群全网资料总量达1.2亿字、1.2万余幅图片。

【史志成果开发利用】 完成《〈颜山杂记〉校注》的编纂、出版，12月25日召开《〈颜山杂记〉校注》出版发行座谈会。淄川区完成反映新中国成立以后淄川巨变的首本综合性画册《印象淄川》的编纂工作。博山区进行《颜神镇志》的校勘整理工作。张店区组织编纂弘扬地域文化、服务城市发展的《魅力之城——幸福张店》（丛书）。临淄区完成康熙《临淄县志》的校勘整理工作。周村区编辑发行研究周村历史资料、挖掘商埠文化的期刊《周村史志之窗》，开展史志成果进机关、进企业、进社区、进学校、进酒店（宾馆）的“五进”活动。高青县整理历史文物保护单位资料，采集、整理曲艺、手工艺等非物质文化遗产，服务全县文化旅游事业。桓台县为淄博天马特产公司的金丝鸭蛋、荆家实秆芹菜申报国家地理标志产品提供相关资料。淄博高新区为配合建区20周年，编纂出版《淄博高新技术产业开发区大事记》，于11月19日举行首发式。

（群 言）

中国人民政治协商会议淄博市委员会

【中国人民政治协商会议第十一届淄博市委员会第一次会议】 2月25—29日在张店召开。应到委员407名，实到404名。听取并讨论市委书记刘慧晏讲话；听取并批准岳长志代表政协第十届淄博市委员会常务委员会所作的工作报告；听取并批准尚秋云所作的提案工作报告；列席淄博市第十四届人民代表大会第一次会议，听取和讨论市长周清利所作的市政府工作报告及其他有关报告；审议通过政协第十一届淄博市委员会第一次会议决议、市政协十一届一次会议关于政协第十届淄博市委员会常委会工作报告的决议、市政协十一届一次会议关于政协第十届淄博市委员会常委会提案工作报告的决议和市政协提案审查委员会关于市政协十一届一次会议提案审查情况的报告。选举产生政协第十一届淄博市委员会领导集体，陈家金为政协主席，马爱国、董学武、达建文、吴宗杰、蒲绪章、李敏、王修德、王济众为副主席。收到提案437件，立案408件。书面表彰市政协十届四次会议以来的30件优秀提案。

【重要会议】 中国人民政治协商会议第十届淄博市委员会常务委员会第二十二次会议。1月17日在张店召开，听取市政府关于市政协十届四次会议以来提案办理情况的通报；审议通过关于召开政协第十一届淄博市委员会第一次会议的决定及会议的议程（草案）、日程（草案）；审议通过政协第十届淄博市委员会常务委员会工作报告并推举岳长志为报告人；审议通过政协第十届淄博市委员会常务委员会提案工作报告并推举尚秋云为报告人；审议通过政协第十一届淄博市委员会参加单位、委员名额和人选及界别设置的决定：设置26个界别，委员总名额430名，十一届一次会议安排407名；审议通过政协第十一届淄博市委员会第一次会议主席团、秘书长名单（草案）。决定刘绵昌任政协淄博市委员会副秘书长、提案委员会主任；张义堂不再担任政协淄博市委员会副秘书长、提案委员会主任职务；尚武不再担任政协淄博市委员会办公厅副主任职务。

中国人民政治协商会议第十一届淄博市委员会常务委员会第一次会议。2月29日在张店召开，审议通过十一届市政协常务委员会关于设置专门委员会的决定，同意设置提案委员会、人口资源环境委员会、文史资料委员会、经济科技委员会、文教卫体委员会、社会法制委员会、台港澳侨和外事委员会；审议通过各专门委员会组成人员名单；同意于秀栋、王怀宾、金晓莉、刘绵昌任政协第十一届淄博市委员会副秘书长。

中国人民政治协商会议第十一届淄博市委员会常务委员会第二次会议。3月31日在张店召开，传达学习全国“两会”精神和省政协十届二十五次常委会议精神；传达学习中共中央〔2006〕5号文件精神；通报《政协淄博市委员会2012年工作要点》；研究安排政协工作；会议决定国先彧任政协淄博市委员会副秘书长。

中国人民政治协商会议第十一届淄博市委员会常务委员会第三次会议。7月24日在张店召开，传达学习省第十次党代会精神、市委十一届二次全体会议精神和全市上半年经济运行分析会议精神；听取市委常委、副市长刘晓关于上半年全市经济社会发展情况的通报；审议通过《关于生态淄博建设情况的视察报告》《市政协关于我市建材冶金、化工、纺织产业发展情况的调研报告》《市政协关于进一步发挥界别作用的意见》。

中国人民政治协商会议第十一届淄博市委员会常务委员会第四次会议。12月6日在张店召开，传达学习中共十八大、省市委全会和省政协十届二十七次常委会议精神，审议通过《政协淄博市委员会关于深入学习宣传贯彻中国共产党第十八次全国代表大会精神的决议》；听取副市长韩国祥关于市政协十一届一次会议以来提案办理情况的通报；审议通过关于召开政协第十一届淄博市委员会第二次会议的决定及会议的议程（草案）、日程（草案）；审议通过政协第十一届淄博市委员会常务委员会工作报告并推举陈家金为报告人；审议通过政协第十一届淄博市委员会常务委员会提案工作报告并推举蒲绪章为报告人；审议通过政协第十一届淄博市委员会第二次会议秘书长、副秘书长名单，常务委员轮值名单，各组召集人名单。

【理论学习】 深入开展“四个一”学习实践活动，学习一个专题、开展一次调研或考察、研究一个方面的问题、推动一方面工作，做到“学以立德、学以增智、学以创业”。围绕市委、市政府中心工作，安排学习内容，充分利用主席会议、常委会议、读书会议、专题讲座、委员培训班、编发学习辅导材料、市内外考察学习等多种形式，坚持集体学习和个人自学相结合、学习和履行职责相结合、理论学习和调研考察相结合，组织政协委员和政协机关干部学习中共十八大精神、政协章程、《中共中央关于加强人民政协工作的意见》、省市党代会精神和市委市政府一系列重要决策部署，听取转方式调结构、环境保护、生态绿化专题讲座等。举办新一届政协委员学习培训班，对全体政协委员和机关工作人员进行集中学习培训。

【履行职能】 围绕省、市党代会确定的目标任务，组织有关界别、党派、政协委员，着重就环境保护、造林绿化、城市园林、都市农业发展、水资源保护等生态市建设中的重点工作，深入区县和基层进行专题考察，听取相关部门的情况通报，多次召开座谈会、咨询论证会，经过反复讨论研究，形成《关于生态淄博建设情况的视察报告》，报送市委、市政府决策参考，市委、市政府主要领导给予充分肯定。针对经济下行压力加大的新情况、新问题，组织经济、科技等界别委员中的专家学者和各民主党派、工商联委员，着重围绕全市建材冶金、纺织、化工产业发展中的困难和问题、加快转方式调结构稳增长的措施和对策等问题进行专题调研，提出应对建议和措施。在全市经济运行分析会议上，市政府将市政协的调研报告印发各区县政府及相关部门学习研究。根据全市区县域科学发展现场观摩点评会议精神，市政协组织驻淄博的省政协委员就全市部分重点民生项目建设情况进行考察。市政协及各专门委员会组织政协委员先后对全市“两区一村”改造和保障性住房建设、农业科技创新、扶持中小企业发展、壮大发展服务业、城市园林绿化、创建和谐宗教活动场所、食品药品安全、社会诚信体系建设、交通安全保障等方面专题进行考察。

【提案工作】 政协委员、各参加单位和各专门委员会提交提案486件。经审查立案452件。其中，委员提案374件，各民主党派市委和市工商联提案72件，人民团体提案1件，界别提案3件，专门委员会提案2件。经济建设方面的提案188件，科教文卫体方面的提案123件，劳动人事、社会保障和民主法制等方面的提案141件。立案提案送交77个承办单位办理，截至11月20日已全部办复。其中，已经解决或采纳的179件，占39.6%；正在解决或拟采纳的235件，占52%；用作参考的38件，占8.4%。从反馈情况看，提案者都表示满意或基本满意。

2012年8月21日，市政协主席陈家金带领部分政协委员到山东布莱凯特黑牛科技股份有限公司农业生态园内查看蚯蚓养殖情况　（孙　前　摄）

【其他工作】 历时两年多编纂的《山东区域文化通览·淄博卷》出版发行。组织召开各界人士座谈会、台商联谊会、组织政协委员赴台港澳开展经贸考察等活动，进一步密切同台湾同胞、港澳同胞和海外侨胞的联系，展示淄博良好形象，促进经贸合作和文化交流。贯彻党和政府民族宗教工作方针政策，加强同民族、宗教界人士的联系和沟通，促进民族团结、宗教和睦。编辑整理社情民意信息38篇，其中8篇被省政协采用后专报或综报全国政协办公厅，11篇被省、市领导批示。在各级新闻媒体、网站发表宣传人民政协新闻稿件760多篇次。（赵秀秀）

中共淄博市纪律检查委员会

【重要会议】 1月18日，市纪委十届八次全体会议召开，讨论并通过《中共淄博市纪律检查委员会向市第十一次党代表大会的工作报告》，听取关于《中共淄博市纪律检查委员会向市第十一次党代表大会的工作报告》起草情况的说明。

2月5日，中共淄博市第十一届纪律检查委员会举行第一次全体会议，选举产生中共淄博市第十一届纪律检查委员会常务委员和书记、副书记，并经市委十一届一次全会通过。

2月7日，市纪委召开常委会议，传达学习《中共淄博市委常委会关于进一步加强自身建设带头保持党的先进性纯洁性的意见》，研究加强市纪委常委会自身建设的意见。

2月16日，中共淄博市纪委十一届二次全体会议召开，回顾总结2011年全市反腐倡廉工作，研究部署2012年工作任务。

4月16日，全市纪检监察机关查办案件和信访举报工作会议召开，传达贯彻全省纪检监察机关查办案件和信访举报工作会议精神，总结2011年全市纪检监察机关查办案件和信访举报工作，交流经验，部署2012年工作任务。

12月1日，市纪委十一届三次全体会议召开，学习贯彻党的十八大和省纪委十届二次全会、市委十一届三次全会精神，对全市纪检监察机关学习贯彻党的十八大精神做出部署。

12月14日，纪念《政风行风热线》创办十周年暨全市政风行风热线工作会议召开，回顾总结“热线”创办十年来的经验做法，表彰先进，部署工作。

12月25日，全市农村党风廉政建设工作会议召开，总结交流实施“123”农廉工程试点工作，部署开展下一步工作。

【领导干部廉洁自律】 落实廉政谈话、领导干部个人重大事项报告、述职述廉、离任审计、党风廉政建设责任制等制度，督促领导干部严格执行廉洁自律各项规定。年内，全市各级领导干部报告个人有关事项情况9090人次。对2011年全市81名领导干部经济责任审计情况进行汇总，对发现的问题集中督促整改。全年组织干部述职述廉11438人次，廉政谈话1361人次，诫勉谈话169人次。

【监督检查】 加强对转变经济发展方式的监督检查，开展监督检查625次，发现各类问题2471个，整改问题2343个。加强对重要领域的监督检查，会同有关部门开展对建筑市场、房地产市场、环境保护、节能减排、水利改革发展、节约用地、保障和改善民生等政策落实情况的监督检查，通过挂牌督办、台账销号等措施，确保问题整改到位。加强对重大工程项目的监督检查，对2011年以后新开工、投资额500万元以上的政府投资和使用国有资金的工程项目进行排查，集中开展挂靠借用资质投标、违规出借资质问题的专项清理，加强问题整改，确保项目安全。

【查办案件】 全市纪检监察机关受理信访举报1601件次，立查案件430起，处分党员干部375人。查处商业贿赂案件40起，涉案总金额1012.2万元。把从严惩治与依纪依法、安全文明办案贯穿到立案、调查、审理、处分、执行各个环节，既严厉惩处极少数严重腐败分子，又注意保护党员干部的合法权益；既有力查处危害经济社会发展的消极腐败现象，又充分调动广大党员干部干事创业的积极性。

【党风廉政教育】 在全市党员领导干部中开展“恪守从政道德、保持党的纯洁性”主题教育活动。创办刊物《淄博纪检监察》，改进“淄博廉政在线”

网站,创建5处市级反腐倡廉教育基地和68个廉政文化示范点,构建以领导干部为重点、面向全市党员群众的廉政教育网络。1051批次4.5万余人次参观焦裕禄纪念馆(故居)、鲁中监狱、齐国历史博物馆三大廉政教育基地,开展教育活动。

【信访举报】 全市纪检监察机关受理群众信访举报1601件次(不含上级纪委转来的239件次),其中信件1214件次、到访269批次、电话举报82件次、其它方式36件次。在受理的1601件次信访中,市纪委直接受理群众信访举报829件次,各区县、淄博高新区纪委受理749件次。通过信访举报渠道提供党员干部违纪违法线索345起,转立案162起。

【源头治理】 深入实施"123"农廉工程,即深入开展农村党风廉政建设示范村创建一个活动,健全完善和严格执行重大事项民主决策和村务监督委员会两项制度,着力构建"三资"(资金、资产、资源)管理、"三务"(党务、政务、村务)公开和"三级"(区级、镇级、村级)便民服务网络三个平台。建设"淄博农廉网",形成市、县、镇、村四级互联互通、上下联动的农廉网络监管平台体系。创建农村基层党风廉政建设示范村628个,在3549个村(社区)建立村务监督委员会,清产核资工作实现村(社区)全覆盖。按照"风险定到岗、制度建到岗、责任落到岗"的要求,指导督促有关部门规范和完善规章制度900多项,初步建立预警、防范、监督三位一体的廉政风险防控机制。全面落实党内监督各项制度,完成中央纪委"两委"委员提出罢免或撤换要求处理办法和省纪委制度廉洁性评估试点工作。稳妥推进基层党务公开工作,建立党务公开示范点和联系点314个,筹建"淄博党务公开网",推动党务公开长效化。全面推进廉政风险防范管理工作,初步建立"权力阳光运行、风险动态防控、监督全程跟踪、腐败有效预防"的廉政风险防控机制。开展制度廉洁性评估试点工作,评估规范性文件644件,修订完善28件,废止26件。

【作风效能建设】 加强对作风效能建设情况的监督检查,完善企业联系点、投诉通报、质询诫勉制度和投诉问题快速解决机制,拓宽投诉受理渠道,形成市、区(县)两级多方位、多领域的政务环境监测机制。搭建作风效能建设载体,深入开展民主评议政风行风活动,开展"百个科室大家评"和民主评议部门、基层站所活动,将与人民群众生产生活关系密切的52个部门的106个科室及68个部门行业、1000余个基层站所纳入评议范围,分类开展民主评议活动,推动政风行风建设。拓展"政风行风热线"功能,形成"网线结合"的政风行风建设监督和评价体系。《政风行风热线》栏目获全国广播栏目民生影响力10强称号。

【治理群众反映强烈的突出问题】 开展纠正大型零售企业向供应商违规收费问题、物流领域乱收费和公路"三乱"问题、教育乱收费问题以及涉农乱收费等六项治理任务。拓展工程建设领域项目信息公开共享平台功能,将项目信息公开与保障性住房建设监管相结合,增设《保障性住房》栏目,将2011年以后组织实施的45个保障性住房建设项目,严格按照规定目录,向社会全面公开,促进分配环节公开、公平、公正。继续推行网上药品集中采购制度,全市集中采购药品总金额10.5亿元,降价幅度8%。

【制度创新】 建立专题述廉制度,组织区县党政班子成员、部门和镇党政正职向区县纪委全委会述廉,拓宽县级纪委全委会履职途径,强化对党员干部特别是领导干部的监督。健全廉政谈话制度,由市纪委定期与区县和部门党政主要负责人约谈,结合对谈话对象信访线索的收集分析,对领导干部有针对性地开展廉政教育。建立监督问责办法,重点围绕反腐败工作领导体制和工作机制、党风廉政建设责任制、廉洁自律等制度的执行情况,严格问责程序,强化追究措施,确保反腐倡廉制度的执行力和严肃性。建立廉政指标体系,科学设计指标,严格数据采集,对党风廉政状况进行客观、真实评估,切实增强反腐倡廉建设的科学性、主动性和前瞻性。 (王海峰)

民主党派

【中国国民党革命委员会淄博市委员会】　思想建设。民革市委先后两次召开主委扩大会议，学习贯彻中共十八大精神，市委领导班子成员先后参加市委统战部在中央社会主义学院举办的中共十八大精神培训班、省委宣讲团十八大精神报告会、市委组织部十八大精神培训班，民革市委在网站上刊登中共十八大报告解读专题、部分党员的心得体会。印发《关于继续开展学习践行社会主义核心价值体系活动，实践"同心"思想的通知》，通过培训班、书画展或征文等形式，将践行社会主义核心价值体系、推进政治交接主题实践活动融于"同心"思想活动中。5月，民革市委主委、副主委参加全市统战系统领导干部能力提升研修班。12月，民革市委组织多幅书画作品参加民革省委成立65周年书画展。

参政议政。向市政协十一届一次会议提交个人提案26件，集体提案5件。4件被评为优秀提案。向中共淄博市委报送《在经济下行压力背景下加快我市转方式调结构的建议》和《关于建立常态化公益性农产品产销信息发布机制，防止价格反复剧烈波动的建议》调研报告，均受到市委主要领导的高度重视。

组织建设。加强人才管理，扩大人才范围，并进行分类和动态管理，进行有计划、有针对性的培训。各级组织发展党员19名。

服务社会。根据中共淄博市委的统一部署，博山区石匣村成为民革市委帮扶对象。4月，民革市委到该村进行对接。6月，组织10名医卫界党员赴石匣村义诊，诊治病人100余名，免费发放药品价值5000余元，走访看望该村一位新中国成立前入党的中共老党员。9月，民革市委召开经济工作委员会会议，要求各位委员充分发挥经济界的优势，开展"践行'同心'思想，为帮扶做贡献"活动，党员企业要针对民革市委帮扶村的实际情况，充分发挥自身优势，采取切实可行的方式，有计划、有组织的为包村帮扶工作献计出力。党员领办的企业——长治泵业有限公司、淄博罗斯得流量仪表有限公司、淄博中农置业有限公司、玉黛湖高科技生态园等企业接受中央和省市统战部领导的考察调研。　　（梁文刚）

【中国民主同盟淄博市委员会】　思想建设。先后举办全国"两会"精神座谈、五四青年节交流、红色教育、重阳节座谈等活动，传达贯彻中共十八大、全国"两会"精神，增强组织凝聚力和向心力。8月，举办骨干盟员暨新盟员培训班，学习盟章盟史，传达省、市党代会精神，参训盟员80余人。

参政议政。先后召开3次提案部署会议，对政协会议提案进行整理分析、集中把关。民盟界别共向人大、政协会议提交议案、提案40余件，《关于淄博市建立人才特区引进和培养优秀人才的提案》《关于为"居家养老"提供更好服务的提案》2件提案被市政协表彰为优秀提案。《关于恢复建设农村广播"村村响"工程的提案》得到市广电总台的重视。11月，淄川区农村有线广播"村村响"开播。6月中旬，开展化工行业发展现状调研，先后考察临淄、桓台、张店的多家企业，形成《化危机为机遇，强化措施，确保全市化工行业平稳较快发展》的调研报告。组织农业专家深入临淄、桓台等重点区县考察，撰写《关于淄博市生态循环农业发展状况的调研报告》，提交中共淄博市委。

组织建设。发展盟员30名，平均年龄36.8岁，盟员整体结构和素质继续改善和提高。7月，成立民盟淄博市委经济委员会。11月，按照市委统战部部署，对周村、桓台、淄川、博山、临淄、张店、市直等9个盟员活动室进行复查验收，促进各基层组织建设。12月，成立民盟淄博职业学院支部，选举产生支部领导班子，完善基层组织网络。

社会服务。先后于4月、6月组织农业专家到包村联系点博山区博山镇考察调研，确定应发展的特色优势产业，并长期提供技术指导。8月上旬，号召盟员企业家向帮扶村捐款5万元，用于改造基础设施。各基层组织先后开展为四川省甘孜藏区儿童献爱心、调研晶鑫晶体有限公司、义诊送健康、提供农业技术指导等活动。

宣传工作。年内更新网站信息46条，在市级以上刊物发表信息10条。8月，完成理论调研《民主党派内部监督机制研究》。10月，选送4篇

论文参加盟省委文化论坛交流，并全部被收入盟省委出版的论文集。（民盟市委）

【中国民主建国会淄博市委员会】 思想建设。及时印发学习中共十八大精神的通知，市委中心组带头学习，并赴周村、淄川等地进行巡回辅导，各级组织通过报告会、座谈会等多种形式学习。8月24日，举行纪念民建市委成立50周年大会，同月举办书画展、征文、文艺汇演等系列纪念活动。组织会员学习践行社会主义核心价值体系。

组织建设。年内发展会员38名，举办新会员培训班，加强代表性人士培养推荐工作，创建民建QQ群，吸纳会员近200人；继续开展创建规范化活动室活动。17个支部活动室达到全市统战系统工作要求。参政议政、理论宣传、企业工作等五个专门工作委员会相继举行年会，制定活动规划。

参政议政。《关于淄博市公共机构节能的调查与建议》《关于我市新型职业农民的调查与建议》等议政报告得到中共淄博市委和市政府领导批转。向市政协十一届一次会议提交提案111件。《关于促进我市现代物流业快速发展的建议》等4件提案被评为优秀提案；向省政协十届五次会议提交提案11件，张德卿撰写的《关于进一步加强农村财务管理的建议》被省政协评为优秀提案；向市政协、民建省委报送社情民意信息30余条，《关于规范职能部门使用协管员管理的建议》，经省政协专报全国政协办公厅；《关于加强农业科技推广网络建设》等6件社情民意信息被评为优秀参政议政成果。

社会服务。按照中共淄博市委要求，做好对淄川区罗圈峪村的帮扶，多次实地调研，确定联系制度，制定建设党员活动室、村委办公室、卫生室、农家书屋、水池及绿色特产开发等措施；走访部分困难家庭，组织企业家赞助3万元帮扶资金；组织6名会员出资1万元资助5名贫困大学生。打造“同心”品牌，相继建立同心·社会实践齐山文化活动基地、仁德结对助学示范点等8处基地，彰显民建特色。6月，民建市委暨红十字会“同心”法律援助志愿队成立。

宣传工作。先后在民建中央网站、《联合日报》《淄博日报》等媒体发表稿件100篇；编纂会刊4期；《爱植心底，善行常为》等两篇报道被民建省委评为2012年度新闻宣传优秀作品。

（王安徽）

【中国民主促进会淄博市委员会】 思想建设。推荐领导班子成员和会员参加统战部、民进省委组织的各类培训、考察活动。5月，两位领导班子成员参加井冈山党外领导干部能力提升专题研修班；以民进省委换届活动为契机，民进淄博市20余名会员在济南参加多个座谈会，几位会员代表参加全国人大常委会副委员长、民进中央主席严隽琪出席的关于征集会章修订意见的座谈会并提出建议。7月，召开2012年度暑休会，各基层委员会主委就上半年工作进行交流，并对下半年参政议政、社会服务、组织发展等工作提出建议。

组织建设。年内，发展会员16名。12月12日，民进市委组织会内几十名企业界会员成立淄博民进企业界会员联谊会，促进企业界会员的联谊、交流与合作，组织企业界会员开展参政议政、社会服务及各种形式的自我教育活动。

参政议政。《农村卫生机构运行状况与分析》《地方金融业管理现状与分析》于12月提交中共淄博市委。在市政协十一届一次会议上，民进市委《关于加强齐文化品牌推广和淄博历史名城宣传的提案》以及2件个人提案被评为优秀提案。

社会服务。民进市委联合民进淄川区基层委员会，向民进市委帮扶村——淄川区太河镇西余粮村、民进淄川区基层委员会帮扶村——昆仑镇小范村捐赠两处农家书屋，各赠送3组书橱，捐赠涉及科技、养殖、养生等六大种类的图书各1500余册，价值5万余元。民进淄博市直工商支部、机关支部采购白菜1万公斤，分别赠送给淄川区天伦养老院、淄川区特殊教育中心、傅家镇敬老院。会员企业淄博朗达复合材料有限公司为淄博特教中心的130余名盲人儿童捐赠价值3万余元的140根碳纤维盲杖。（陈艳君）

【中国农工民主党淄博市委员会】 思想建设。印发理论材料，采取集中学习与个人自学、学习讨论与写心得、网络学习与听专题报告相结合等形式，加强对中共十八大精神的学习，进一步增强党员的理论素养和政治素养。引导全市广大农工党员坚持与中国共产党思想上同心同德，目标上同心同向，行动上同心同行。考察部分骨干党员单位，组织座谈交流，开展“交挚友、谋发展、促和谐”等主题活动。举办新一届市委会班子成员培训、基层支部党员骨干培训、领导干部能力提升培训，参训人员60多人次；下半年组织52人参加党员骨干培训，重点培训调研宣传信息、参政议政、多党合作和形势教育、廉政建设培训、博士论坛等内容。

组织建设。开展庆祝三八节、重阳节和迎新春活动。坚持开展送温暖活动，及时探望患病住院党员，慰问过世党员家属，春节走访历届老主委、老委员，增强市委会和基层组织凝聚力。以基层党员活动室建设为契机，加强基层组织建设。在观摩临淄区基层委员会党员活动室建设的基础上，重点建设周村、张店、博山3个区的党员活动室。17名入党积极分子被批准加入农工党组织，其中医药卫生界9人、科技界3人、文教界2人、非公经济界3人。

参政议政。向市政协十一届一次会议提交提案43件。市委会提交的《关于我市中小企业有关用地问题制约企业经营发展的提案》和李居富提交的《充分发挥我市医疗资源，构建优质医疗资源共享体系的提案》被评为优秀提案。

社会服务。市委会与沂源县西里镇江家峪村结成帮扶对象，制定帮扶工作计划，组织党内医疗专家和律师，到帮扶村开展送医送药、义诊和法律咨询活动，诊治病患者170余名，发放科普宣传材料130余份，党员陈洪升为活动提供价值1.3万元的药品，徐向阳捐款2万元支援村里的沼气池建设。市委会与市体育局协调，为该村配备价值10万余元的体育器材，完善体育文化活动设施；新建乡村文化大院，为村民整治绿化道路、安装路灯；成立桃木工艺加工基地。张店区基层委员会到沣水镇开展社会服务活动，并转赠价值2万余元的药品。周村区基层委员会组织党员、医疗专家前往灯塔社区开展义诊送医送药活动，并在灯塔社区少数民族聚集地建立健康教育基地。博山区医院支部到博山青苹果幼儿园进行义务查体。淄川区基层委员会组织党员到社区开展义诊活动。临淄区基层委员会组织党员先后到社区和敬老院开展义诊和捐赠活动。为农工党山东省委帮扶村——滨州市无棣县佘家镇王官庄村捐献书籍，建设农工党“同心”图书室1处，筹集书籍1000余册，价值6000余元。开展“环境与健康”和“国际科学与和平”宣传活动。组织部分医疗卫生专家到各区、县社区进行义诊和健康宣传活动，免费为1000余名群众服务诊治，发放宣传手册1200余份。组织专家到沂源县西里镇开展土壤环境与妇女健康专题讲座及妇女病义务咨询等活动，为偏僻村民送医送药、健康咨询和提供法律服务，受益群众200余人。

宣传工作。向农工党山东省委报送信息56条，录用13条，论文投稿18篇，录用4篇；向市政协输送信息34条，录用10条；向市委统战部输送信息66条，录用33条。 （王先富）

【九三学社淄博市委员会】 思想建设。社市委把贯彻中共十八大精神、全国“两会”和省党代会精神，深刻认识“同心”思想的内涵，当作思想建设的重要任务，以社市委会成员为重点，各个基层委员会和直属支社为枢纽，组织全体社员开展各项学习活动。8月28日，社市委举办骨干社员培训班，邀请专家围绕“同心、参政议政”内容作题为“强化生态文明、加快内涵发展”的专题报告及“统战理论调研宣传工作”的专题讲座。11月21日，召开九三学社淄博市委七届四次全委（扩大）会议，传达学习中共十八大会议精神并进行集体讨论。

组织建设。社市委将“抓基层、打基础”作为组织工作的重中之重，继续深入开展“强班子、建队伍、树形象”活动。2月，山东理工大学社员李宏军获国家科技进步奖，九三学社中央主席韩启德发贺信祝贺。9月，王济众参加中央社会主义学院第二十八期民主党派干部进修班。全年发展社员26人。

参政议政。向省政协十届五次会议提交提案9件，2项内容被省公安厅、省民政厅现场答复，《鲁中晨报》等进行专题报道；提交的提案《关于进一步加快我省老年事业发展的建议》得到省编制办公室行政机构编制处的面复。5月，由社市委重点课题调研组撰写的以社省委名义提交的集体提案《加强相对集中行政处罚权工作的建议》被省政协评为重点提案。7月，提案《关于见义勇为保障机制完善的建议》被省政协采用后，专报全国政协办公厅。向市政协会议提交提案51件，其中集体提案8件、个人提案43件，5件提案被表彰为优秀提案。集体提案《拓宽融资渠道，促进小微企业发展壮大》，被列为一号提案和市政协副主席督办提案。组织部分社员专题调研博山区整建制发展有机农业的情况，形成《关于现代农业示范区建设的调研报告》，报送中共淄博市委。10月，社市委围绕全市水资源管理和节约保护工作开展情况进行专题调研，形成《对淄博市水资源管理和节约保护工作的建议》报送中共淄博市委。

信息宣传。3月，社市委被市委统战部表彰为调研宣传工作先进单位。11月，《积极学习贯彻五中全会精神，为服务民生维护和谐做新奉献》被中国领导科学研究会《领导干部创新社会管理的理论与实践》收录。编发《议政参考》3期，《淄博九三》1期。

社会服务。开展"整村推进"结对帮扶工作。5月，社内部分农业、医疗专家到高青县常家镇翟家寺村进行结对帮扶调研。6月，张店区基层委员会在张店区小孙村举行共建"幸福张店"启动仪式，举办健康讲座，并在市直机关医院为40户村民办理健康查体套餐，2名律师受聘担任小孙村的常年法律顾问。7月初，社市委组织社内医疗专家7人到翟家寺村开展义诊送医送药活动，赠送价值5000余元的药品，接受诊疗的群众达200余人。8月，桓台县基层委员会捐建的麦田图书室在沂源县南鲁山镇芝芳村小学正式落成。将高青县常家镇翟家寺村、张店区小孙村、淄川区淄河镇后香峪村、周村区灯塔社区、博山区源泉村、桓台县邢家村6个帮扶村作为锻炼基地，开展"送医药、科技、法律进乡村、进社区"活动8次，50余名社员接受锻炼。（马　健）

【中国致公党淄博市委员会】 思想建设。重点组织学习中共十八大会议精神、中共山东省第十次代表大会精神及致公党山东省第五次代表大会精神。向基层组织下发学习中共十八大会议精神文件，市委会集体学习并由主委做辅导。突出"同心教育"，在全市各级组织和全体党员中开展"同心讲坛"主题讲座活动，不断提高思想觉悟和政治素质。继续开展社会主义核心价值体系学习教育活动。

组织建设。配合市委统战部开展"走基层、联党派、交挚友、谋发展、促和谐"活动，对多家党员企业进行调研。继续对党员活动室进行检查督促，做好规范化活动室的创建、验收、复查工作，确保组织建设规范化。新建立党员活动室2处，至年底，张店区基层委员会5个支部全部建立比较规范的党员活动室。定期召开组织工作会议，对组织发展工作情况进行总结通报及研究部署。年内，新发展党员5名，其中1名为博士。年内，成立致公党张店区第五支部和致公党淄博职业学院支部。截至年底，全市已建立4个基层委员会、2个直属支部，党员112名。按照致公党省委要求，重点抓高层次人才和"侨海"代表人士的发展，强化特色优势，优化党员队伍结构。

参政议政。以致公党市委名义向市政协十一届一次会议提交集体提案4件、党员个人提交提案21件，其中3件列入政协领导督办的重点提案。致公党市委在市政协十届四次会议上提交的《关于建设和谐高效交通体系，打造交通文明城市的提案》及市委委员丁涛提交的《关于加强抗生素应用管理的提案》均被表彰为优秀提案。致公党市委提交的《关于在我市建立"五侨"联席会议制度的提案》，受到市委、市政府的重视。中共淄博市委下发文件，成立联席会议领导小组，开辟全市为侨服务、维护归侨侨眷利益的新途径。年内，致公党淄博市委向致公党省委申报调研课题6个，向市委统战部申报调研课题3个，向中共淄博市委提交的《关于创新社会管理中新生代农民工问题的调查报告》和《淄博市中心城区南部区域产业转型调研报告》，得到中共淄博市委主要领导的批示和肯定。市委会举办参政议政培训班，对参政议政工作委员会进行调整充实，重新制定并印发《参政议政工作委员会工作规则》。

宣传工作。做好淄博致公网站的日常维护，及时更新网站部分栏目内容。在网站开辟《践行同心思想》专栏。年内，淄博致公网站更新信息80余条，更新交流文章6篇。向市委统战部报送信息共计60余条，被市委统战部采用20余条；向致公党省委报送信息30余条，被致公党中央网站采用信息20余条。5月，在《人民政协报》的统战专版上刊登《致力为公，参政兴市》的宣传文章。

社会服务。成立社会服务工作委员会，同时举办社会服务工作研讨会，对社会服务工作委员会进行调整充实，重新制定印发《社会服务工作委员会工作规则》。致公党市委与高青县木李镇木李村结对帮扶，成立对口帮扶活动领导小组，制定帮扶工作方案，建立定期联系制度。木李村和致公党联系企业山东大地黑牛清真食品有限公司达成协议，山东大地黑牛清真食品有限公司在木李村投资建立山东黑牛养殖基地。走访慰问周村区基层委员会对口帮扶村——周村经济开发区礼官村的困难家庭。

海外联谊。在全市党员范围内开展归国人员动态情况调查工作。4 月，市委委员丁涛随市委统战部考察团赴台湾进行友好访问。

（杨 曼）

群众团体

·淄博市总工会·

【概况】 市总工会辖五区三县和淄博高新区总工会、45 个委(局)公司工会、13 个企业集团工会、60 个企事业工会。截至年底，全市基层工会组织发展到 12023 个，覆盖法人单位 27478 个，会员 139 万人；全市实行厂务公开民主管理制度的各类企事业单位 8100 家，7200 多家企事业单位建立职代会制度。国有、集体及其控股企事业单位职代会建制率 100%，已建工会的非公企业职代会建制率 81%，规模以上非公企业建制率 90%。全市签订工资协议 7701 份，覆盖企业 22398 家，覆盖职工 108.6 万人，工资集体协商建制率 91.1%。

【学习党的十八大精神】 分 8 个专题，利用每周学习日组织机关干部进行深入学习。在全市工会干部中开展“四比四看”学习教育实践活动，即比学习，看谁学有所获多；比宣传，看谁宣讲解读透；比实干，看谁以干促学干劲大；比落实，看谁学以致用效果好。在全市职工中开展以“学、看、做”为主要内容的学习教育实践活动，原原本本学，班前班后学，集中教育讲堂学；看国家和全市发展变化，看企业(单位)发展变化，看身边发展变化；做熟知十八大精神的“明白人”，做立足岗位奉献的“体面人”，做促进社会和谐与进步的“文明人”。11 月下旬，利用全市工会干部联系职工活动日，组织全市工会干部到企业、进车间向职工宣讲党的十八大精神，举办座谈会 678 场次，参加职工达 8.5 万人次。

【服务职工“六个一”活动】 1. 畅通万名工会干部联系服务职工“一班车”。工会干部联系基层“活动日”由每季一日扩展为每月一日，组织全市万名工会干部下基层搞服务。各级工会干部与 1.1 万名职工结成联系对子，为职工办实事、解难题达 8.2 万件次。2. 设立服务职工民情“一本账”。职工动态直报点和一线信息员分别由 100 个扩展为 300 个，并建立千名职工动态联络员队伍。依托市职工服务中心网络系统设立工会服务职工“民情台账”，对各方面收集到的职工意见和要求记入台账，做好职工舆情的预警、预报和处置工作。3. 公开服务职工办实事“一承诺”。把每年为职工办好“十件实事”以制度形式固定下来，面向全市公开承诺。所办的“为 100 家中小企业工会聘请 100 名职工维权法律顾问，帮助 300 名特困职工家庭子女实现就业”等“十件实事”得到全面落实。4. 打造职工服务中心“一张网”。职工服务中心“四级网络”实现联网管理和服务互动。拓展窗口一站式服务、部门联动式服务、下基层现场式服务、进家门一对一服务、爱心一条龙服务、热线网络直通式服务等路径和方式。各级职工服务中心接待职工来访来电 4.36 万人次，其中职工服务热线 3.3 万人次、职工维权和法律援助 4310 人次；实施困难帮扶 2.6 万人次，帮扶金额达 2380 万元；免费培训失业人员、农民工 2345 人次，开展职业介绍 5122 人次，使 2113 人实现就业或创业。5. 架起服务职工“一座联心桥”。在各级群众工作室设立一个中心(职工诉求中心)、四支队伍(社情民意信息员队伍、政策法规解读员队伍、矛盾纠纷调解员队伍和职工权益监督员队伍)，推行“四个一”(群众工作室主任每天一谈心，每周一接访，每月一家访，每季一恳谈)工作法，把群众工作室建成政策解读室、心理疏导室、劳动争议调解室。全市各级工会已建立群众工作室 870

个，开展接访谈心活动4.8万人次，接待职工信访7900多人次，调解劳动纠纷298件次。6. 延伸爱心服务“一条龙”。与社会有关方面合作，新设立爱心药店、爱心公交、爱心供热和爱心安居，使爱心服务项目达到11个，建立28处爱心服务基地，吸引大批社会爱心人士和组织为职工献爱心、送服务。年内，各类爱心项目为职工累计扶持、减免或优惠资金1280万元。

【爱心帮扶】 元旦、春节期间，市总工会利用工会干部联系职工活动日，开展送温暖“百、千、万”爱心服务大联动，发动125名企业家劳模、1049名律师和心理咨询师、11500名工会干部，同一天到10600户困难职工家中，发放救助款物950万余元，为贫困职工安排870多个就业岗位，为3.2万名职工提供心理咨询服务，举办法制讲座75场次，解答职工法律咨询1100多人次。7月25—31日，开展送法律、送保险、送岗位、送文化、送健康、送助学活动。在“送法律”活动中，市职工心理咨询顾问团成员举办心理咨询讲座41场，5500人次的职工参加讲座。在“送岗位”活动中，196名特困职工子女与58家用人单位成功签约。在“送文化”活动中，发动全市万名工会干部每人向职工书屋捐赠一本具有知识性、学习性和实用性的书籍；利用工人文化宫、俱乐部为基层送电影、消夏文艺演出230多场次。在“送健康”活动中，市总工会联合市第八人民医院开展“关爱女职工、预防两癌”健康普查活动，对430名特困女职工进行免费体检，为150家企业培训150名职工心理疏导员。在“送助学”活动中，市总工会向全社会发出金秋助学行动倡议书，发动全社会向困难职工子女献爱心。周村区12名民营企业家主动找到市总工会，为困难职工子女捐款捐物。全市各级工会筹集发放助学金达335万元，资助困难职工子女1420名。10月25日，开展“送关爱到家门、送服务到企业、送和谐到社会”活动，全市万名工会干部集中走访慰问10600户，发放慰问物资150万余元，化解矛盾纠纷165起；职工维权律师顾问团、心理咨询服务顾问团成员和心理疏导员走进企业，为职工提供法律咨询、心理咨询及各种维权服务，开展心理健康讲座113场次，为11276名职工解疑释惑；爱心公交、爱心药店、爱心安居3个爱心服务项目、28处爱心服务基地同时启动。

【职工服务中心实现四级联网管理】 开发职工服务管理软件，除职工服务中心触摸演示系统外，新增加3个数据模块，形成“一个主题、三个系统、八个模块”的职工服务网络信息管理软件。一个主题即为职工服务；三个系统即全国总工会帮扶管理系统，省总工会软件，市总工会服务管理软件；八个模块即来访服务、困难帮扶、就业服务、职工（农民工）维权、“12351”服务热线、劳动争议调解、法律援助、心理咨询。3月27日，在山东技师学院专门举办全市工会职工服务网络信息管理软件培训班，对全市109名工会干部进行相关知识的培训。截至年底，全市所有区县、乡镇、规模以上企业职工服务中心联网2230家，输入相关信息5万余条，市总工会职工服务中心、区县职工服务中心、镇（街道）职工服务中心和社区、企业职工服务中心四级网络基本实现联网管理和服务互动。

【职工竞赛】 与开展的“百万职工大练兵”相呼应，市总工会明确提出并开展“百万职工大家赛”活动，突出岗位的参与性、行业的技能性和创新的先行性，在岗位争创工人先锋岗，在车间争创工人先锋号，在企业争创劳动竞赛优胜单位。全市8000多家企业、100万余名职工参加活动，其中11万名职工参加156个重点工程竞赛，职工技术创新节创价值达5.58亿元。

【技能大赛】 12月5—6日，市总工会、市委组织部、市人力资源和社会保障局、淄博高新区管委会联合举办的全市职工天车工、叉车工、电焊工、可编程序控制系统设计师技能大赛在淄博高新区中航三林公司、山东莱茵科技设备有限公司举行。全市各行业31支代表队的218名选手参加大赛，淄博三林新型材料有限公司的胡海明、王晓峰，中国铝业山东分公司的孙洪岭，淄博市技师学院的王子锋分别获得天车工、叉车工、电焊工、可编程序控制系统设计师4个工种的第一名。市总工会向符合条件的各工种第一名的选手颁发振兴淄博劳动奖章，市人力资源和社会保障局授予淄博市技术能手称号，其他获奖选手获得行业岗位能手等称号，并纳入全市人才库统一管理，优先评聘专业技术职务。

【工资集体协商】 市总工会制定工资集体协商工作三年规划，将2012年确定为“工资集体协商规范提升年”，印发《关于开展“工资集体协商规范提升年”活动的实施意见》，在全省率先提出通过把好协商关、审议关、履约关3个关口，做到协商代表产生、要约承诺、集体协商、审议通过、报审公布、监督检查6个规范，制订《淄博市企业工资集体协商工作标准》。政协委员进行专题调研，提出提案，得到市委、市政府的高度重视。每年3月和10月确定为工资集体协商集中推进月和要约行动月，采取“自行要约、上代下、上参下、协商层级上提”等方式，推动企业工资集体协商工作开展，全市发出要约书7860份，应约7701份，应约率达98%。召开全市区域性行业性工资集体协商推进会，印发《区域性行业性工资集体协商操作规程》，全市签订区域性行业性工资协议1324份，覆盖企业17069家，覆盖职工43.7万人。建立目标责任制和考核通报制度，细化、量化工作任务，年底，依据各区县提供的工作台账，对各区县新开展工资集体协商企业进行随机抽查。全年签订工资协议7701份，覆盖企业22398家，覆盖职工108.6万人，工资集体协商建制率达91.1%，全市工资集体协商规范化率达62.7%，工资协议的履约率达95%。

【表彰“十佳和谐企业”】 将劳动关系和谐企业创建活动提升为劳动关系、社会关系、环境关系、企业发展、社会责任、企业文化六位一体的和谐企业创建活动。4月21日，在全市庆祝五一国际劳动节大会上，对“十佳和谐企业”进行表彰。这10家企业分别是：淄博供电公司、山东金岭铁矿、山东东泰工程咨询有限公司、山东方大工程有限责任公司、淄博鲁中水泥有限公司、山东齐鲁华信实业股份有限公司、山东齐峰特种纸业股份有限公司、山东长征教育科技有限公司、中国农业银行股份有限公司高青县支行和山东鲁阳股份有限公司。

【农民工获赠“爱心药箱”】 4月24日，向农民工赠送“爱心药箱”仪式在淄博宏仁堂医药连锁有限公司王府井总店举行。价值3.2万余元，装有外敷、内用30余个品种药物的100个“爱心药箱”发放到农民工代表手中。 （韩 兵）

·中国共产主义青年团淄博市委员会·

【纪念建团90周年】 召开全市纪念中国共产主义青年团成立90周年座谈会，举办全市纪念建团90周年文艺晚会、书画摄影文化作品展评、三人制青年男子篮球邀请赛和征文比赛等活动，出版淄博共青团建团90周年纪念画册。广泛开展“学雷锋，做淄博好青年”“道德榜样面对面”“红领巾心向党”“学党史、知党情、跟党走”“学雷锋、心向党、讲品德、见行动”等主题教育活动。

【服务新农村建设】 开展农村青年春季培训行动，落实培训资金6.2万元，培训农村青年6352人次；开展送金融知识下乡活动，举办培训班13期，培训997人次；开展“双百”工程，为100个落后村投入基础设施建设资金135.2万元，新上各类项目37个；继续推进农村青年信用示范户创建工作，向280个新评定的示范户发放贷款1338万元。

【青年就业创业】 深入实施青工技能振兴计划，举办全市青年职业技能大赛，推荐2人代表山东省参加第八届“振兴杯”全国青年职业技能大赛，分别获得第一名和第九名的成绩。建立全市优秀青年人才库，择优审核确定100名优秀青年作为首批入库人员，成立青年人才导师团，实施青年人才导师培养计划。组建43人的青年就业创业导师团，开展优秀创业学生访谈、优秀毕业生报告会等活动，为青年就业创业提供观念引导、政策指导和技能辅导。开展“创业房地产2012——青年创业在淄博”系列活动，1100余名创业青年报名参赛，经过综合培训、创业计划书、沙盘演练和评委面试等环节，12名选手分获创业组和创意组的金、银、铜奖。举办全市青年专场招聘会，200余家企业参会，提供就业岗位2000余个，达成初步就业意向500余人次。加强与金融机构的合作力度，为创业青年提供资金扶持，发放青年创业小额贷款3088.1万元，扶持创业项目243个，带动就业人数1576人。在全市22家银行业金融机构开

2012年5月13日，淄博市大中专院校优秀创业学生访谈活动在淄博职业学院举行 （王朋哲 摄）

展青年创业小额贷款金融服务项目，在执行优惠利率政策的基础上进一步简化贷款流程。为21名创业青年申请到山东省青年创业就业基金会扶持资金138万元，为16名创业青年申请到青春创业贴息专项资金46.4万元，为桓台县巨惠养殖农民专业合作社申请到省财政厅扶持资金15万元，向市创业促进会择优推荐的16个创业项目申请到无息免担保借款80万元，切实帮助创业青年解决资金瓶颈和融资担保问题。

【青少年思想道德教育】 通过主题培训、召开座谈会、分批调研等形式，全面完成第二和第三批6个区县、16家国有(控股)企业和748家非公有制企业团组织分类。开展淄博青年五四奖章、全市先进基层团组织、优秀团员和优秀团干部的评选表彰，表彰10名淄博青年五四奖章获得者、30个五四红旗团委、50个五四红旗团支部、20名共青团系统先进个人、100名优秀团员和60名优秀团干部。1个单位、2人受到团中央表彰，19个单位、11人受到团省委表彰，2人获山东青年五四奖章。

【青少年维权】 进一步完善"12355"青少年服务台建设，举办家庭教育公益大讲堂、"轻松备考12355与你同行"阳光行动。开展未成年人法制手抄报大赛、"温馨五月·感恩母亲""珍爱生命·远离毒品""彩虹伞"自护教育巡展等主题活动，发放《青少年自护教育掌中宝》2000余册。开展送电影进工地活动，满足进城务工青年的精神文化需求。开展排查摸底集中行动，掌握重点青少年群体的有关统计数据，加强与驻地高校合作，探索建设专兼职相结合的青少年社会化工作者队伍。市"两会"期间提交建议、提案10余件。分季度开展团干部走进青年恳谈活动，分别以走进青年社会组织、走进大(中)学生、走进基层机关和企事业单位青年和走进弱势青少年群体为主题，召开座谈会、组织实践活动、走访慰问等，了解青年需求，关心青年成长，参加活动各级团干部达到2300余人次。

【团组织建设】 对全市各类青年社会组织进行调查摸底，初步掌握辖区内青年社会组织发展状况，形成市、区县两级青年社会组织工作台账。加强与民政部门交流沟通，并确定较为成熟的2家作为首批由团市委指导进行登记注册的青年社会组织。组织部分街道、社区负责人赴香港、广东等地考察学习，探索青年社会组织的规范化发展、科学化管理。邀请KAB创业教育(中国)项目培训师、国家高级职业指导师、大学生公益创业教育专家等成立顾问团，指导青年组织制定发展规划、开展志愿服务与公益创业等。稳步扩大基层团组织的有效覆盖，全面部署乡镇实体化"大团委"建设，新建和改建直属团组织961个。全面推进新建非公企业、新社会组织团建工作，全市新建非公企业团组织767个，新社会组织团组织132个，对1930家非公企业团组织进行达标验收。稳步推进中学共青团工作，联合教育行政部门印发规范性建设文件，召开全市中学共青团工作会议。

【青少年组织体系建设】 加强市青年联合会、市学生联合会、市青年企业家协会等青年组织建设，召开市青年联合会十一届三次常委(扩大)会议，完成市青年书法家协会等协会组织的换届工作，组织开展“青春导航——青联委员公益行”、金融综合服务沙龙等活动。开展首届“淄博美德少年”评选，全市8名少先队员、7名少先队辅导员和13个少先队集体获得省级荣誉，2项少先队课题获得省级立项。打造傅山村毛主席影像展览馆、周村西塘村“关爱乐园”等典型，促进“五老”志愿者作用发挥。先后成立山东理工大学美术学院大学生实践基地、淄博师专实践教学就业实践基地、淄博职业学院社会服务实践基地等校外活动阵地。

【希望工程】 开展希望工程圆梦行动，筹集资金189.1万元，救助困难大学生447名，协调捐建希望小学2所、希望乐园1所、希望电脑室4个。开展关爱农民工子女志愿服务行动，公益课堂为近300名农民工子女开展10余项8000余课时的免费培训，69个志愿服务队与14452名农民工子女结对服务。推进“心愿直通车”关爱行动，为2000余名留守儿童、进城务工人员子女和贫困家庭子女满足心愿，折合资金30万元。筹建完成“公益0533”网站建设，为关爱弱势青少年群体搭建新的平台。

【志愿者工作】 组织开展各类志愿服务活动，完成2012年国际体联体操世界杯（淄博站）、第十二届中国（淄博）国际陶瓷博览会、第十一届中国（淄博）新材料技术论坛、全国文明城市测评复核、国家森林城市创建等重大活动的志愿服务任务，1100余名青年志愿者累计提供志愿服务18600小时；利用学雷锋纪念日、国际青年志愿者日和周末、国庆节、春节等时间，组织青年志愿者走近空巢老人、留守儿童、农民工、残疾人等弱势群体，广泛开展医疗保健、生活照料、心理抚慰、法律援助、课业辅导等各类志愿服务活动。开展春季植树活动，5.3万名青少年认种树苗29万株，绿化面积400公顷。组建保护母亲河突击队、青年绿化工程小分队等一批特色志愿者队伍，开展生态环保主题活动。

2012年8月24日，希望工程圆梦行动助学金发放现场　（于　磊　摄）

【微博宣传】 在新浪网、腾讯网开通团市委官方微博——青春淄博，开展“关注党代会”“关注淄博两会”“学雷锋，做淄博好人”“感悟十八大·青春正能量”等专题活动，编发微博5478条，粉丝突破13万人；指导各基层团组织在新浪网和腾讯网分别开通微博244个和237个，初步形成全市共青团微博工作体系。（吕　迅）

·淄博市妇女联合会·

【组织建设】 在全市组织开展以“五帮五送”为主要内容的“下基层，访妇情，办实事”活动，送温暖、送政策、送项目、送资源、送知识，帮解困、帮维权、帮致富、帮强基、帮培训，深入180个村（社区）联系点走访，直接联系妇女群众7115人次，解决工作难题346件次，为健全妇联基层组织提供重要支持。健全妇女组织网络，指导淄博市技师学院建立妇女委员会，在全市评选53个妇联基层组织建设示范点。与市委组织部联合在浙江大学举办女干部思维创新专题培训班，着力提高女干部综合素质和群众工作能力。开展基层妇女组织、妇联干部、女大学生村官调研活动。

【妇女维权】 为全市妇女儿童办十件实事，编辑出版画册《十年进取》，录播新闻宣传片《妇女儿童事业发展与社会文明共进》，举办知识竞赛宣传普及

2012年5月30日，全市庆六一"争做雷锋式好儿童"主题活动文艺演出

（张 青 摄）

《淄博市妇女发展"十二五"规划》和《淄博市儿童发展"十二五"规划》。制定妇联系统"六五"普法规划，成立由12个部门组成的市维护妇女儿童及残疾人合法权益联席会议，创建省、市妇女维权示范站60个，基层妇女维权站2305个，开展面对面排查化解矛盾纠纷活动，实现维权工作与参与社会管理的有机融合。在全市广泛开展"三八"妇女维权周系列活动，举办维权宣传日、发放公益短信、拍摄专题片，开设维权专栏96期，走进10个社区开展"走基层、送法律"维权服务活动，为家庭提供近在身边的维权服务。区县以上妇联接待来信来访来电787件次，处结率99%。

【家庭文化建设】 各级妇联组织以"传承优秀文化，建设幸福家庭"为主题，开展"品读万千经典，共建幸福人家"家庭读书征文、"我家的幸福生活"摄影大赛、家庭文化论坛等活动289场次，集中展现广大妇女和家庭参与文化建设成果。制定"节能减排·生态文明家园"五年规划，举办全市妇女健身风采展示大赛和首期妇女健身示范站点负责人培训班，全市各级开展"时尚健身·欢乐家庭"社区行活动103场次，推动低碳文化、健康理念进家庭。制定《淄博市关于指导推进家庭教育的五年规划》，举行全市庆六一"争做雷锋式好儿童"主题活动文艺演出、"心灵的乐章"少年儿童才艺大赛，举办"父母是孩子最好的老师"、"爱在家庭"亲子教育与婚姻家庭大型公益讲座，组织"知心姐姐"公益大讲堂30场，传播优秀家庭教育理念。

【妇女创业就业】 评选妇女手工编织示范基地10处，争取5万元扶持巾帼创业基地建设，带动9000余名妇女就业。组织巾帼技能比武活动，举办全市女大学生公益专场招聘会，开展创业导师进校园活动，面对面指导女大学生创业就业。组织女性创业就业公益专场招聘会和"春风行动"，提供1.1万个岗位。开展"巾帼科技淄博行"活动，各级妇联培训妇女1.3万余人，捐赠农资、物品、药品折合现金26.49万元。建成占地3600平方米的市妇联妇女就业创业服务中心，注册成立淄博安心家政服务有限公司，签订用工合同2800余份。举办全市首届家庭服务职业风采大赛，表彰获奖单位和岗位能手。不断丰富家政服务培训内容，增设好妈妈上岗、家常面食制作和家

2012年3月8日，市妇联在博山秋谷社区举行妇女儿童家园揭牌仪式

（张 青 摄）

政中级培训，提升家政服务人员职业技能。落实妇女小额担保贷款工作专项经费20万元。加强与财政、人力资源等部门协作，先后20多次深入区县调研督导，破解担保基金存量不足、担保方式单一等难题，探索出妇联组织主导推进的小额担保贷款模式。

【妇女儿童家园建设】 争取省6万元专项经费在高青县6个村(社区)实施"妇女之家"扶持项目，推动"妇女之家"规范化建设。争取省、市158万元项目资金筹建14处妇女儿童家园，通过签订协议书、举行揭牌仪式、召开家园样板观摩会、开展自查评估等，高标准建设妇女儿童家园。

【巾帼志愿服务】 确立"蒲公英"作为巾帼志愿服务活动标志，对全市巾帼志愿者队伍进行实名登记，吸收女律师协会、家庭教育讲师团、女摄影家协会等为巾帼志愿团体会员。以"践行雷锋精神、巾帼志愿者在行动"为主题，相继开展送温暖、绿色植树、摄影行、爱心妈妈等志愿服务活动532次，服务群众1.3万人。全市建有四级巾帼志愿服务队伍1253支，巾帼志愿者34182人。

【贫困救助服务】 成立省抗癌协会桓台乳腺病防治基地，争取资金234万元，为6.71万名农村妇女进行免减费检查，为36名患病贫困妇女提供32万元救治资金。先后走进淄川西河小学、博山白塔中心校开展"快乐的一节课"和结对赠书活动，关爱流动留守儿童心灵成长。组织市女摄影家协会会员用镜头真实记录留守儿童的学习生活，为210名"春蕾女童"发放42100元慰问金，资助54名贫困女大学生22.4万元助学款。与鲁中晨报社联合举办"特别的爱献给特别的母亲"公益活动，集中报道为残疾孩子默默付出的母亲，并组织30对特殊母子游览威海赤山风景区。参与"拒绝毒品，牵手幸福"宣传教育周活动，走进省第二女子强制隔离戒毒所，通过举办专题报告会、开展帮教活动，引导强制戒毒妇女重塑幸福人生。

（张 青）

·淄博市工商业联合会·

【参政议政】 2月，组织召开市工商联参政议政座谈会。12月，组织工商联界别政协委员赴博山考察座谈。向市政协十一届一次会议提出《关于加强校企合作，搭建用工就业平台的建议》等3件团体提案，其中1件被列为政协主席督办提案。年内，开展全市纺织行业发展情况、小微企业发展状况、民间投资进入农村金融领域等专题调研活动。《关于加快推动我市行业协会商会改革发展的调研报告》获全省统战系统"四新工程"二等奖。

【思想政治工作】 继续实施民营企业家培训工程，分别在遵义和延安举办市工商联第六、七期民营企业家培训班。8月，在青岛海尔国际培训中心举办淄博市工商联青年企业家拓展培训班。会同市委统战部等部门开展第三届淄博市优秀中国特色社会主义事业建设者评选表彰活动，20名非公有制经济人士和社会新阶层人士受到表彰。办好《淄博商会》《商会简讯》《商会工作动态》和网站等自身宣传载体，编辑出版《成就——淄博商界风采录》，完成《传承百年商会历史，建设现代新型商

2012年8月9日，淄博市工商联青年企业家拓展培训班在青岛海尔国际培训中心举办　（耿 靖 摄）

会组织》等理论调研报告。在《人民政协报》《淄博日报》等媒体发表稿件22篇。

2012年9月8日，淄博市工商联第七期民营企业家培训班在延安举办

（李　阳　摄）

【组织建设】　市委、市政府印发《关于加强和改进新形势下工商联工作的实施意见》。5月，召开全市工商联工作会议。加强县级工商联建设，实施《关于开展县级工商联建设年活动的实施方案》《驻会领导分片区联系指导区县工商联工作制度》。发展会员887个。截至年末，全市工商联会员达到11500多个。通过新会员入会仪式、定期走访执常委、建设执常委后备人才库等方式加强代表人士培养。抓好“双基”建设，完善行业商会管理和工作指导制度，召开直属（行业）商会会长工作会议、异地商会会长座谈会、商会秘书长联席会议，在行业自律、银企合作、考察学习、维护权益、教育培训、回报社会等方面进行探索。

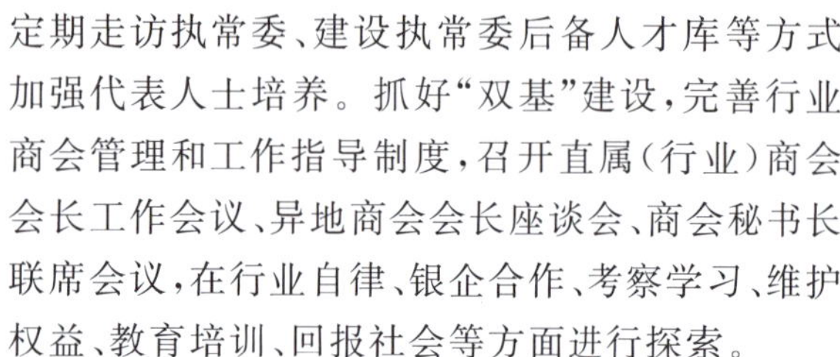

【服务民企】　通过以会代训、调研会、座谈会等形式，利用会刊、网站、刊物等自身宣传平台，印发《工商联学习材料汇编》，宣传贯彻党的十八大精神和省十次党代会、市十一次党代会精神和促进非公经济发展的政策措施。6月，举办第二期民营企业办公室主任培训班、民营企业财务人员培训班。7月，举办淄博市工商联民营企业管理经验现场交流会，邀请职能部门讲解促进中小企业发展的政策措施，交流管理经验。9月，与建行淄博分行达成战略合作协议，协助首批20家中小企业融资。年内，全市各级工商联组织通过银企洽谈会等方式帮助企业融资8.62亿元。组织市工商联科技服务委员会和行业商会开展“民营企业科技行”活动，协助企业实施产品技改项目265个。与公安等部门协调推进“非公有制经济领域风险防范联席制度”建设。

【经济联络】　是年，组织会员企业参加“民企携手湖北，共促中部崛起”经贸洽谈会、全省民营企业“走出去”工作推进会、“全国民营企业家莱州行”、山东半岛蓝黄经济区民营企业财经人才专场招聘会等活动。11月，组织民营企业赴澳大利亚、新西兰进行经贸考察。与澳大利亚澳中发展商会、贵阳市工商联、武汉市工商联等6家工商联（商会）组织缔结为友好商会。截至年底，友好商会达到48家。

【社会服务】　年内，开展民营企业思源感恩行动。组织110余家会员企业参与“民企帮村”活动，涉及项目60多个、资金1960万元。组织430余名会员参与民企助学、民企帮老等回报社会活动。

【非公有制经济组织党建】　年内，市编办批复设立市非公有制经济组织党工委办公室，作为市工商联内设机构，明确工作职责。4月，召开全市非公有制经济组织党建工作推进会。截至年底，组建非公企业党组织3603个，覆盖企业4580家。

（高茜　耿靖）

本部类编　辑：马震刚
副主编：徐　杰
校　对：郭延志
张爱云

地 方 军 事

淄博军分区

【队伍建设】 2012年，淄博军分区党委以加强能力建设、先进性建设和班子作风建设为主线，在团以上党委机关和党员干部中开展“培植学习力、增强凝聚力、激发创新力、强化执行力、提高战斗力”“讲政治、顾大局、守纪律”“学习廉政规定、规范从政行为、树立清廉形象”“防止精神懈怠、激发干部动力”等活动，进一步强化党员干部的政治意识、廉政意识和进取意识。重视党风廉政建设，加强对工程建设、物资采购、经费使用、兵员征集、干部调整的监督检查，有效防止和纠正不正之风。实施人才培养战略工程，加大人才培养力度，建立完善人才培养的激励机制。采取集中训练、岗位练兵等多种途径，优化干部知识结构，提高现役干部队伍整体素质。

【军事训练】 着力提高遂行多样化军事任务能力，抓好战备训练、现役干部训练和专职人民武装干部训练考核，在山东省军区组织的参谋业务和专职人民武装干部集训中取得优异成绩。着眼实战化训练要求，抓好重点分队和各类专业分队的反恐维稳、抢险救灾、应急处置突发事件训练。完成天宫一号与神舟九号载人交会对接应急搜救备勤任务；完成全省民兵工作现场会民兵防空分队空中设障课目演示任务。协调驻军完成全市高校42200名新生的军训任务。

【国防动员】 6月，市政府、淄博军分区联合印发

2012年3月24日，集训人员学习轻武器知识 （淄博军分区 供稿）

《关于推进国防动员体系与政府应急管理体系融合建设的实施意见》，为建立军地衔接、平战结合、权威高效的联合指挥机构，形成情报互通、信息共享、应急联动的工作运行机制提供政策支撑和制度保障。12月，机动指挥车列装，并接入军分区自动化指挥平台。

【征兵工作】 年内，按照"一季征兵、全年准备"的总要求，做好平时征兵准备工作。山东省军区在淄博市召开征兵工作业务培训现场会议并进行经验推广。在张店区、博山区、临淄区探索从公务员中征集兵员的新途径，完成直招士官和新兵征集任务。2012年大专以上学历新兵占新兵总数的38%，创历年新高。

【安全管理】 坚持把安全稳定工作放在重要位置，加大依法从严治军力度，军分区实现连续17年无案件、无重大责任事故、无严重违纪的"三无"目标。开展"学法规、用法规、守法规"活动，强化官兵法纪意识；把严格落实规章制度贯穿于部队管理各个方面，完善落实量化管理考评制度；组织实施驾驶员教育整顿，发挥车辆定位管理系统的全时监控作用，部队安全管理正规有序；在涉密场所配置电磁干扰器和手机存放柜，张贴警示标志；统一为涉密计算机安装标签和水印管理系统，提升重要敏感部位安防设施水平。

【装备管理】 严格枪支弹药管理使用，全面升级改造分区仓库安全防护设施，对重要目标和重点部位实行全天候、全时段、全方位监控。继续实行人民武装部副部长轮流值班制度，实行安全目标责任制，民兵预备役装备连续30年无丢失、无被盗、无锈蚀、无霉烂变质。

【双拥共建】 组织召开区县人民武装部党委第一书记述职会议，开展"党管武装好书记"、关心国防建设"双十佳"评选活动，强化地方党政领导党管武装观念和群众国防意识，营造全社会关心支持国防建设的氛围。发挥桥梁纽带作用，协调地方党委、政府为驻军解难题、办实事。在转业干部和随军随调家属安置、军人子女入学、困难军人家庭救助等方面，赢得官兵及其亲属的赞誉。协调召开全市双拥创城表彰暨庆"八一"双拥座谈会，表彰成绩突出的单位和个人。举办贾元友先进事迹报告会，巩固扩大双拥模范城创建成果。

【国防教育】 以第十二个全民国防教育日为契机，以"热爱人民军队，共筑钢铁长城"为主题，在全市进行国防历史和军队优良传统教育。9月15日全民国防教育日前后，在各区县主要街道和居民区张贴国防知识挂图，营造全民参与学习国防知识的浓厚氛围。

【后勤保障】 修订完善各类后勤保障方案、计划，狠抓战备设施建设，及时补充更换战备器材，加强后勤战备能力。全军区官兵夏季、冬季服装适体率100%。投资800万元开工建设机关干部公寓楼、公共用房工程。完善应急医疗处置预案，与部队体系医院及驻地地方医院建立应急医疗救治联动机制，提高后勤保障的时效性。

（左孝春）

武警淄博市支队

【队伍建设】 2012年，武警淄博市支队发挥党委核心领导作用，加强部队建设。开展"讲政治、顾大局、守纪律"教育整顿活动，组织领导干部廉政承诺；总结形成的"基层日、周、月、季经常性工作规范"等成果在武警部队推广。严密组织精细化管理试点，形成《机关、基层精细化管理规范细则》，推动部队全面建设水平整体跃升。协调召开市委常委议警会议，形成《关于加快推进武警支队现代化建设的意见》，为支队长远建设发展提供政策支持。年内，张店区中队被省武警总队表彰为基层建设标兵中队。

【军事行政工作】 严格落实五级联控、联管、联查、连带责任制，狠抓执勤隐患治理，确保固定执勤目标绝对安全。严密组织新兵训练、勤训轮换、专勤专训，开展军事技能比武，有效提高训练水平。抓好战备教育和战备制度落实，精心组织"卫

2012年5月25日，参加鲁皖成品油管线泄漏抢险。

（武警淄博市支队　供稿）

士一12”演习和市反恐怖实战对抗演练，圆满完成十八大安保、“涉日”维稳、抢险救援等任务。全年出动兵力3200人次，完成押解押运、重大任务安保、打黑除恶等临时性勤务182起。坚持依法从严治警，组织部队深入开展“条令学习月”、百日安全竞赛、作风纪律整顿和正规化管理达标检查验收等系列活动。突出抓好“人车枪弹酒、水火电毒密、小散远直差、钱物库网赌”等安全防范重点，健全落实各项制度，层层签订责任书，筑牢安全屏障，实现政治安全、执勤安全、生命安全的日标。

【政治工作】　组织开展“赞颂科学发展成就”主题教育和“四爱”专项教育，积极参加喜迎十八大系列文化活动，持续培育当代革命军人核心价值观，广大官兵高举旗帜、听党指挥、履行使命的政治信念更加坚定。经常性思想工作扎实有效，常态化抓好形势政策、法纪法规等教育，依托暖心服务队，做好个别人思想排查帮教转化工作，确保部队思想稳定。深化警地“文化共建联创”成果，建设特色警营文化，组织开展群众性文体活动，官兵文化生活丰富活跃。“涉日”维稳等任务中政治工作跟进及时，双拥共建工作成效明显。采取岗位练兵、以会代训、轮岗锻炼等形式，坚持经常性考核，兑现奖惩激励机制，提高干部队伍整体素质。

【后勤建设】　结合实际任务，研究修订各类保障预案，探索走出警民融合式应急保障路子。组织实兵实装保障训练，遂行保障任务能力有新提高。开展“学法规、知法规、用法规”活动，加大专业人才培训力度，认真落实后勤规范化管理，创新副食品社会保障模式，统一研制配发炊事机械，打造现代警营饮食文化，综合保障效能作用明显。关注基层发展，帮助基层解决困难，争取资金对部分单位的基础设施进行更新完善。2012年，支队被总部表彰为营区房地产正规化管理优秀单位。　（于颖杰）

2012年10月7日，参加青银高速淄博段特大交通事故救援

（武警淄博市支队　供稿）

人民防空

【概况】 2012年，全市人防部门开展以“提高人防能力，促进科学发展”为主题的“人防能力建设年”活动，抓好“两防一体”（防空、防灾一体化建设）“两建同步”（人防建设与城市建设同步）工作，以建设“团结向上的和谐人防”“生机勃勃的活力人防”和“科学发展的事业人防”为主线，各项工作稳步推进。4月6日，市政府、淄博军分区联合召开全市人防民防工作会议，总结全市人防工作，对全市人防民防工作先进单位、先进个人进行表彰。市人防办被评为2012年度全省人民防空军政联合考核先进单位。

【人防工程建设管理】 年初，市人防办委托上海同济城市规划设计研究院、淄博市规划设计研究院编制的《淄博市城区地下空间开发利用与人防工程规划（2012—2020）》完稿。8月24日，市政府召开专家评审会，在提出修改意见的基础上，通过规划论证，于年底批复执行。汇金大厦、金帝广场、盛世康城等“结建”（结合民用建筑修建防空地下室）工程相继完工。11月20日，周村凤凰山人防疏散基地工程开工建设。深化人防产权制度改革，推进人防工程建设社会化，鼓励社会资金在法定义务外单建人防工程。由贵和百货投资的沂源商务大厦地下超市工程开工，全市人防工程面积持续增加。人防工程平战结合开发利用率达80%。免费开放人防工程13处，为群众提供休闲纳凉场所，实现战备效益、社会效益和经济效益的有效互动。

【指挥通信工作】 配套升级人防信息专网、人防无线短波通信二级网及空情接收系统，实现与省人防办政务内网、视频会议系统的互联互通。完成首都防空区低空预警系统站点建设的可行性报告。建成张店区人防信息化管理平台，顺利通过济南军区、国家人防办组织的信息化建设检查。市人防办被评为全国人民防空信息化建设先进单位。加强防空警报系统建设管理，完成博山区、临淄区防空警报控制中转台的迁移、改造，警报设备实现电源与信号智能双控。做好防空警报社会化管理，定期对防空警报系统进行更新维护，圆满完成“九·一八”年度防空警报试鸣活动，警报设备完好率、鸣响率100%。健全完善人口疏散体系，结合社区人防机构建设组建人口疏散志愿者队伍。3月23日、4月27日和10月29日，淄博十八中、周村区第二中学、张店区凯瑞小学分别举行防空防灾疏散演练。加强人防应急管理，为驻淄大中专院校和市属文化单位配发人防应急箱。市人防办印发《全市群众防空组织建设实施细则》，修订完善《人防应急救援队具体行动方案》。5月25日，鲁皖输油管道淄博段发生柴油泄漏事故，市人防办紧急启动应急预案三级响应，出动市人防通信应急救援队采集灾害现场信息，实时传送现场图像至应急指挥平台，为指挥决策提供及时准确的信息传输保障。

2012年11月30日，为市博物馆免费配置防空应急救援箱

（市人防办　供稿）

【法制建设】 完善人防法律法规体系，印发《关于进一步规范和加强人防行政执法工作意见》。坚持依法行政，全年上门

2012 年 10 月 29 日，组织小学生开展防空防灾疏散演练

（市人防办　供稿）

执法 400 余次，查处违法违规案件 10 起。加强执法队伍人员素质建设，全年未发生行政执法责任问题和行政复议案件。按照省人防办部署，开展防空地下室专项执法检查"回头看"活动。7 月 20 日，省人防办对全省防空地下室建设管理专项执法检查进行反馈。市政府主要领导高度重视反馈意见，责成有关单位对存在的问题进行认真整改，并将整改措施上报省人防办。

【宣传教育】 举办全市人防教育师资培训班，进一步规范全市中小学人防教育。升级改造市人防展馆，建成人防幻影成像室，将其与张店阳光花园人防工程示范点和周村凤凰山宣传教育展室整合为市人防、民防教育基地。该基地被省科协命名为山东省三星级科普教育基地。市人防办依托全国优秀消防科普宣传工作者孙晓云领军的张店区消防宣传志愿巡展团，组建淄博市人民防空宣传队，走进机关、学校、厂矿、社区义务宣传人防知识和防护技能。编辑《淄博人防信息》23 期，在市级以上媒体发稿 60 篇，印制《防空防灾知识手册》2 万册，发送人防宣传短信 30 万条。

【机构建设】 7 月 12 日，市编办批复淄博市人民防空监察站更名为淄博市人防工程监督站，并加挂淄博市人防监察执法大队牌子，增加科级领导职位 2 个。

（杨　蕾）

本部类编辑：赵建国

副主编：王世伟

校　对：王　娟

王　峰

法　　治

政法与综合治理

【维护社会稳定】 2012年，市委政法委坚持每周召开政法信访维稳例会，按月组织维稳形势分析例会、编发《全市政法工作要点专报》。成立网络舆情监管与应对工作小组，加强对舆情信息的监测和引导，健全完善信息收集、分析、研判、预警机制。组织开展联合集中办公，在中共十八大、省第十次党代会期间，市及区县从20多个相关政法部门抽调人员，分别开展为期60天、40天的联合集中办公，及时处置化解突发性矛盾和问题。强化驻京信访值班工作，市委、市政府印发《关于进一步加强驻京信访维稳工作的意见》，选派精干力量进京值班，夯实筑牢维护社会稳定的最后一道防线。省第十次党代会期间，全市无一起到省登记上访事件；中共十八大召开期间，全市实现进京上访"零登记"。9月，成立"涉日"维稳指挥部，组织公安、信访、教育、武警等18个部门，实行每天一调度、一研判、一部署、一通报。成立5000人的应急处突队伍，对在淄博日本企业和日本人逐个落实安保措施。全市未发生大规模群众聚集游行和恶性打砸抢事件。做好重点群体、重点人员管理服务工作，排查出6类119件重点不稳定因素、400余名重点人员和139名重点稳控对象，妥善化解一批串联聚集上访活动。破获邪教案件36起，封堵、删除各类违法有害信息3700条。

【服务经济社会发展】 开展预防非法集资、防范和化解金融风险工作，印发《关于非法集资案件资产处置有关问题的通知》，组织区县和有关部门对经济领域的不稳定因素进行排查摸底，协调处理"金珍堂"等一批涉及人数多、金额大的非法集资案件。审判机关制定服务项目建设和区县域科学发展36条意见，提出民间借贷、涉烟案件等20项司法建议，开展"无上访法院、无上访法庭、无上访法官"创建活动，全年受理各类民商事案件29986件，审结27323件，标的额67.59亿元。检察机关深化法律监督说理答疑、民生检察服务热线工作，深入企业召开专题党组会，制定服务全市经济社会科学发展意见和服务民营经济发展12条意见，办理民生检察热线反映事项2849件，提供法律咨询、维权救助、协助解决民生事项2062件。公安机关组织开展打击经济犯罪"破案会战"，破获各类经济犯罪799起，侦办非法吸收公众存款案33起，追回经济损失3.95亿元。司法行政机关组建法律宣传、中小企业咨询服务、新农村建设等律师服务团，办理各类法律事务7173件，避免和挽回经济损失3亿元。

【社会管理综合治理】 4月，市社会治安综合治理委员会更名为市社会管理综合治理委员会。调整充实77个成员单位，成立11个专项组、5个联席会议，建立10项工作制度。制定《关于深入推进社会管理创新立体化全覆盖的实施办法》，横向强化"六位一体"社会管理创新(以科学发展、构建和谐指导社会管理创新，以服务群众、改善民生贯穿社会管理创新，以实施固本强基维稳工程夯实社会管理创新，以信息化建设支撑社会管理创新，以法治化建设规范社会管理创新，以完善责任体系保障社会管理创新)全覆盖,纵向强化市、区县、镇(街道)、村(社区)“四级管理”立体化。确定网格化管理、信息化建设和社区化建设“三大工程”,制订《关于全面实施“三大工程”加快推进社会管理创新的工作方案》,在淄川区召开现场会进行安排部署。推进“社会管理创新突破年”活动,编制66个重点项目,确定7项重点工作,部分区县和部门开展重点项目试点。淄川区将军路街道推行网格化走访、网格化服务、网格化代办的经验做法和沂源县加强和创新流动人口服务管理的做法受到上级肯定。中央政法委、中央政策研究室、新华社、《光明日报》《大众日报》等部门、媒体分别刊发、报道淄博市构建“六位一体”立体化全覆盖社会管理新格局的做法。9月,在全市组织开展“万人下基层”面对面排查化解矛盾纠纷活动,市委书记周清利、代市长徐景颜等带队入户走访,走访入户率91%,排查化解各类矛盾纠纷2100件,解决群众实际困难1200个,为群众办实事好事600件。构建矛盾纠纷排查化解网络,在市、区县建设群众服务大厅,在镇(街道)建立矛盾调处中心,在村居建立“三层”调解网络,在行业内部建立医患纠纷、交通事故等专业性调解组织,全市矛盾纠纷化解成功率95.77%。3月,分6批向有关区县和部门集中交办263起重点疑难信访案件,实行领导包案、责任到人,按照一案一策、一案多策研究化解办法。在十八大召开之前,成功化解259起,剩余4起案件全部落实稳控措施。组织严打整治专项行动,破获刑事案件14490起,抓获犯罪嫌疑人6042名,批捕1967人,起诉3792人。全市火灾事故起数、死亡人数和经济损失数比2011年分别下降5.7%、50%和24.1%,交通事故死亡人数下降2.9%。组织开展打击传销、校园校车安全监管、油区综合整治、铁路护路等一系列治安专项治理行动,群众对社会治安状况的综合满意率97.73%,同比上升0.51个百分点。强化公共场所安全防范,建立完善全覆盖、全时段、网格化、数字化“两全两化”的管理防范体系。

【见义勇为事业】 6月15日,市委政法委、市综治委、市见义勇为基金会在山东丝绸纺织职业学院召开表彰大会,授予学生黄浦振淄博市见义勇为先进分子称号。黄浦振在会上介绍了自己从冰窟中成功救起落水儿童的事迹。2012年,全市涌现见义勇为先进群体2个,见义勇为先进分子48人。

【固本强基维稳工程】 制定《关于深入实施固本强基维稳工程的意见》,进一步落实工作责任。总结出24个典型经验,编印成《典型经验汇编》,制作成专题片,在市、区县、镇(街道)、村(社区)推广。市委政法委坚持对典型经验推广情况每月一调度、每月一通报,分别于5月、11月两次组织政法综治维稳相关部门负责人到典型经验原创地开展观摩活动,对各区县推广典型经验46个点进行学习观摩、打分排名。在年初召开的全省政法维稳工作会议上,淄博市就基层基础工作作典型发言;省第十次党代会将“六小警务”经验写进工作报告。

【政法队伍建设】 开展“忠诚、为民、公正、廉洁”核心价值观教育实践活动,举办“坚守核心价值、履行神圣使命”专题报告会,增强政法干警执法为民意识。召开加强干部队伍建设调度会,印发《关于深入推进认真专业务实廉洁品牌政法队伍建设的通知》,组织开展“感动淄博”十大基层政法人物评选。组织政法干警签订《廉政责任书》并向社会公开,自觉接受监督。举办全市政法信访维稳干部培训班,对全市400余名基层政法信访维稳干部进行专题培训。制定《关于进一步加强执法规范化建设的实施意见》和《关于推行执法办案“三制”建设实施“四色预警”机制的意见》,推广沂源、临淄的经验做法。市、区县政法机关分别作出向吕绪兰等5名先进个人学习的决定。2012年,全市各区县新发涉法涉诉信访案件比2011年下降87.5%,无一起到市及市以上新发涉法涉诉上访案件。

(革建军 娄恒源)

公 安

【概况】 2012年,在省委对各市、市委对各区县的2012年度科学发展指标八个方面的群众满意度测评中,市、区县(含淄博高新技术产业开发区、文昌湖旅游度假区)社会治安满意度均列第一位;市公安局被评为2012年度省级文明单位、省级优秀公安局。全市公安机关共有1个集体和6名个人受到省部级表彰,158个集体和234名个人受到市(厅)级表彰,47个集体和290名个人立一、二、三等功。

2012年,市公安局圆满完成十八大安保各项任务。全市重大不安定因素预警稳控率100%,实现了十八大期间进京上访"零登记"。全市破获各类刑事案件17898起,抓获犯罪嫌疑人6504人,打掉犯罪集团190个,成员816人,可防性案件下降6.2%。破获各类经济案件998起,追回经济损失7.6亿元,市公安局被评为全国公安机关打击经济犯罪"破案会战"成绩突出集体。

【维护公共安全】 至年底,全市2600个企事业单位建立1.8万余人的综治保卫组织,3552个村居建立4045支巡逻队伍,巡逻队员19947人。政府出资的专职保安巡逻队145支2638人。在重点部位安装监控探头46520个,重要路口建设治安卡口144个,社会治安驾驭能力进一步提高。全市1431所中小学幼儿园全部纳入治安保卫重点单位管理,研发应用淄博市校车及驾驶人安全监管平台,实现对全市908辆校车及驾驶人的动态实时监管。加强道路交通安全管理,道路交通事故四项指标全面下降。全市59个镇全部建立消防队,率先实现省政府提出的"一镇一队一车"任务目标。火灾事故起数、死亡人数、经济损失数比2011年分别下降1.1%、50%和6.6%。

【社会管理创新】 继续推行"六小警务",实施"创意警务"活动,沂源县"流动人口服务管理新模式"、高青县"治安向导员"等社会管理先进经验和工作模式被推广。探索建立与环保、水利、国土等部门联动执法机制,实现行政执法和刑事司法无缝对接,有效破解环保行政执法"调查难、取证难、执行难"等问题。扩展推出经侦工作"六个延伸",与全市16个行政执法单位建立宣传防范、信息共享、案件移送、执法协作、调查研判五项协作长效机制。在全市布建101个车管服务站点,打造"城区三公里、农村五公里"服务圈,市车管所被评为全国一等车管所和全国首家雷锋车管所。开通并完善"淄博公安民生服务在线"等服务平台,淄博警方微博被评为全国公安政务微博百强、2012年度全省公安十大政务微博,"淄博公安民生服务在线"入选山东省优秀网站。全市群众安全感和对公安工作满意度为97.73%和98.11%,比2011年分别提升0.51和0.76个百分点。

【打击刑事犯罪】 2012年,以深化"打黑恶、反盗抢"安民行动为主线,组织开展攻坚大会战、打黑除恶"飓风"行动、缉捕重大逃犯攻坚行动等专项斗争。先后侦破"9·12"系列杀人伤害案、周村"8·02"故意杀人案等命案51起,命案现案破案率98%。破获各类刑事案件16049起,其中现案6431起;抓获犯罪嫌疑人6042人,查获团伙172个、成员743人。

【打击经济犯罪】 2012年,在全市部署开展经侦工作向派出所、行政执法部门、行业协会、金融系统、企业、互联网等6个方面延伸工作,提高打击预防经济犯罪效能。全市经侦部门共立各类经济

2012年1月18日,开展打击整治突出犯罪和治安问题、防案件、防事故、防破坏、防重大事件集中统一行动 (赵雪莲 摄)

犯罪案件5328起，涉案总价值54.6亿元，破案998起，抓获犯罪嫌疑人2468人，挽回经济损失7.6亿元。市公安局经侦支队被评为全市实施固本强基维稳工程先进集体、全国公安机关经侦部门“清网行动”成绩突出先进集体，被省公安厅记集体二等功。

【治安管理】　2012年，对全市旅馆、洗浴中心、按摩店及歌舞娱乐场所进行地毯式检查，下发隐患通知书465份，取缔非法营业娱乐场所46家。推广应用场所行业治安管理信息系统，通过该系统直接抓获违法犯罪嫌疑人154人，其中公安部网上通缉逃犯62人。加强涉危涉爆物品安全管理。全市检查涉枪涉爆涉烟花爆竹单位7000余家次，查破涉枪涉爆案件1起，抓获公安部督办逃犯1人，收缴炸药、雷管等涉枪涉爆物品一宗。暗查涉枪涉爆涉毒单位253家，查改隐患25条。强化中小学幼儿园安保工作。全市625所中、小学和915所幼儿园全部纳入治安保卫重点单位管理。年内，检查内保单位3756个次，检查要害部位5010处，督促整改各类隐患2363个，对市公安局35家直管单位进行检查摸底和建立档案工作。

【户籍管理制度改革】　2012年，制定印发《关于积极稳妥推进户籍管理制度改革的意见》。全年审批市外迁入户口3149户4755人。加强管理创新，推行流动人口居住证制度。全市登记流动人口255505人，通过互联网申报16856人，办理居住证22457张，组建协管机构514个，发展信息采集员1006人。推广使用户政内务管理系统和淄博市户政管理网上审批系统，提高户政管理信息化应用水平。在市公安局组织的最佳创意警务项目评比中，淄博市户政管理网上审批系统被评为最佳创意警务项目。

【签发启用电子护照】　按省公安厅要求，市公安局为全市8个出入境接待大厅所有受理窗口配置全套设备，先后3次选派业务骨干赴省公安厅参加电子护照业务学习。3月，市公安局正式启用电子护照，公民出国（境）受理审批工作实现新跨越。全年受理、审批签发公民电子护照申请21797人次。在2012年全省公安出入境管理工作会议上，出入境管理分局被省公安厅记集体二等功。

【执法规范化建设】　市公安局通过日常考评、阶段性考评、年终考评相结合的方式，对民警执法能力、案件办理、行政管理、执法安全管理、执法监督、社会矛盾化解、社会评价等7个方面进行重点考评。随机抽取110名民警参加法律能力测试，实地检查一线执法办案单位27个，抽查考评案件297起，抽查考评接处警同步录音录像视频资料177起，抽查考评案件讯（询）问同步录音录像视频资料175起。制定《淄博市公安局关于进一步加强法制员队伍建设工作的实施意见》，对法制员的遴选标准、职责权限、奖惩机制等方面作进一步细化规范。全市举办各类执法培训班60期，培训民警5000人次。12月24日，淄博市公安局通过省公安厅组织的执法规范化建设三年规划工作任务检查验收。推行案件主办人、执法告知、劳教案件公开聆询、火灾和道路交通事故公开认定、疑难信访案件公开听证等制度，完善治安案件公开处理模式，落实刑事案件回告、告知规范要求。开展执法质量考评，健全完善执法信息共享机制，全市

2012年3月14日，工作人员正在签发电子护照　　（赵雪莲　摄）

公安机关基本实现执法台账全部网上建立、执法程序全部网上流转、法律文书全部网上制作、执法监督全程跟踪管理。全市133个派出所和37个刑警执法中队全部完成执法场所功能分区，220个一线执法所队达到省级执法示范单位标准。

【信息化建设】 2012年，全市公安机关7项成果获省公安厅科技进步奖，其中智能交通综合管控平台获得一等奖，淄博刑侦现场勘查信息平台、交互式日志数据管理系统、重点车辆及驾驶人安全监管平台、环形交叉口评价指标选取及服务水平分级获二等奖，活力蜘蛛信息汇聚分析系统、便携式电子数据取证设备获三等奖。4项成果通过科技鉴定，其中省级鉴定2项，厅级鉴定2项。

【宣传工作】 2012年，全市公安机关在新闻媒体发稿10840篇，其中中央级358篇、省级978篇、市级9504篇；编辑、制作《淄博警方报道》电视栏目42期；制作宣传栏108块；摄制电视专题片82个；拍摄资料图片9500幅。宗利华、邵泽剑、贾红获第五届齐鲁金盾文化工作先进个人称号。宗利华的小说《越跑越追》获2012年第十一届全国公安系统“金盾文化工程”金盾文学奖一等奖。

【淄博校车管理工作经验被推广】 2012年，市公安局交警支队研发应用重点车辆及驾驶人安全监管平台，运用科技手段对校车运行实时监控管理，构建校车安全社会化监管体系。省政府调研组对此予以高度评价。中央电视台《焦点访谈》栏目以《保孩子一路平安》为题，报道推广淄博校车管理的经验做法。

【全国首个“雷锋车管所”】 8月18日，雷锋生前战友乔安山，雷锋班第二十二任班长吴锡有，第二十三任班长薛步瑞和抚顺市公共行政服务中心主任金铎，代表雷锋生前所在团授予淄博市公安局交警支队车管所“雷锋车管所”铜牌并赠送雷锋雕像，该所系全国首个获此殊荣的车管所。

【消防管理】 2012年，市消防支队先后部署开展“清剿火患”战役、消防安全“打非治违”、十八大消防安全保卫战、“除火患、保平安”冬春专项行动。联合住建、工商等部门开展易燃易爆场所火灾隐患专项排查、建筑外墙保温材料消防安全专项整治、消防产品专项治理活动，累计检查单位3.5万家(次)，督促整改火灾隐患4.9万处。临时查封单位427家，责令“三停”(停止施工、停止使用、停产停业)单位219家，行政拘留96人，对42家重大火灾隐患单位进行政府挂牌督办。分级别分岗位开展全员岗位大练兵，强化排险抑爆、破拆堵漏和紧急避险等20余项操法训练，出色完成“1·10”山东海力化工、“8·25”山东国金化工、“12·12”山东东佳化工爆炸火灾扑救和“10·7”青银高速重大交通事故抢险救援工作。

【禁毒工作】 2012年，以“破大案、摧网络、缴毒品、追财产、抓毒枭”为主攻方向，提升禁毒执法能力。共破获毒品犯罪案件123起，依法打击吸毒人员95人，其中强制隔离戒毒8人次，社区戒毒14人次。

【大巡防建设】 根据2012年印发的《关于进一步加强全市巡逻防控工作的意见》精神，建立巡逻力量登记报备制度，对全市巡逻防控实力进行重新统计；建立巡逻防控工作日报制度，要求各分县局巡特警大队每天报送巡逻警力、车辆、“两抢一盗”发案情况、巡逻抓获违法嫌疑人数量等工作信息。加强指导检查，对各区县巡逻民警执勤点、流动警务室、治安检查站、堵截卡点检查指导设卡盘查、治安巡查、安全防护、街面巡逻执勤情况，交通主干道、大型商场周边、人员密集的各类场所、重点敏感部位等区域的屯警情况，以及分县局巡警大队应急机动力量值班备勤在岗在位情况等开展工作指导。年内，共督查巡逻区域154处、巡逻执勤点737处、巡逻线路318条。

【特警队伍建设】 2012年，新招录41名民警充实到特警支队。组织特警队员进行4个月的全封闭集训，强化体能和实战课目训练。定期召开反恐工作例会，强化对供水、供电、客运等重点单位的督导检查，确保重点目标部位不发生问题。成功组织2012处置多点连环爆炸反恐实战演练，有效提升全市应急力量的实战能力。

【警风建设】 年内，局领导带领有关部门负责人参与“政风行风热线”直播节目，接听群众热线电话，解决困难问题。组织开展以“正风肃纪、提振精神，全面做好十八大安保工作”为主题内容的全市公安机关纪律作风集中教育整顿活动。制定印发《淄博市公安机关执法执纪十条严禁》。组织开展座谈会、恳谈会、联席会等432场次，征求意见738条，汇总梳理出5类意见38个共性问题，落实具体整改措施463项，签订整改责任书1356份。在2012年全市行风评议中，市公安局取得优异成绩。

【网络安全监察】 2012年，加大互联网巡查处置、情报信息搜集研判、信息网络监督管理、涉网犯罪侦查等打击力度。网络安全监察支队先后被评为全国深化打击整治网络违法犯罪专项行动先进集体、全省公安机关网络安全保卫基层基础建设先进集体，24名民警受到表彰奖励。

【公安信访】 2012年，市县两级公安机关接待处理群众来信来访929件，处结902件，处结率97.1%，接处各级督办、交办、函查案件29件，处结29件，处结率100%。开展重点信访案件专项治理活动，公安部、省公安厅交办重点信访案件全部息诉，市局交办重点信访案件35起，息诉32起，息诉率91.4%，成功息诉2起信访积案，基本实现信访积案“清仓见底”。十八大期间，淄博市是全省唯一没有到公安部上访的市。

【监所管理】 2012年，市看守所强化管理，全力提升监所安全防范能力。加强教育转化工作，获取线索1183条，协助破获刑事案件367起。推进警务公开，打造“阳光”监所，全年对社会开放12次，200余人到所参观。与市第四人民医院建立医疗协作机制，畅通与市中心医院的就医“绿色通道”，保障在押人员生命健康。市看守所连续22年实现无监所安全事故、无违法违纪，连续6年被公安部评为全国一级看守所，并立集体二等功。

【建立联动执法机制】 2012年，直属分局行政执法不断创新工作模式，先后与城管、国土、水利、环保、食品药品监督等部门开展联动执法活动。对淄博市探索建立公安环保联动执法机制的做法，省长姜大明做出批示，要求在全省总结推广。《山东政务信息》特刊（2012年第14期）以《淄博市建立公安环保联动执法机制破解环境保护难题》为题作深入报道。省公安厅、环保厅联合到淄博调研，形成《关于报送淄博市探索建立环保公安联动执法机制调研情况的报告》并印发全省。

【民警教育培训】 2012年，在全市公安机关组织开展“全警大练兵、实战大比武”活动。8月，集中组织开展“千名优秀青年民警大轮训”，分3期对全市公安机关841名青年民警进行为期10天的轮训。按照“轮训轮值、战训合一”模式，战时组织参与城区巡防、安保执勤和维稳处置。举办警衔晋升训练班7期，培训民警456人；分5期对全市560名科所队长、法制民警、法制员进行新修订的《中华人民共和国刑事诉讼法》集中培训；选派6名政工干部赴北京大学参加高级研修培训；指导各分县局和警种部门举办各类集中培训班78期，培训民警3200人。

【淄博警察训练基地】 2012年，淄博人民警察训

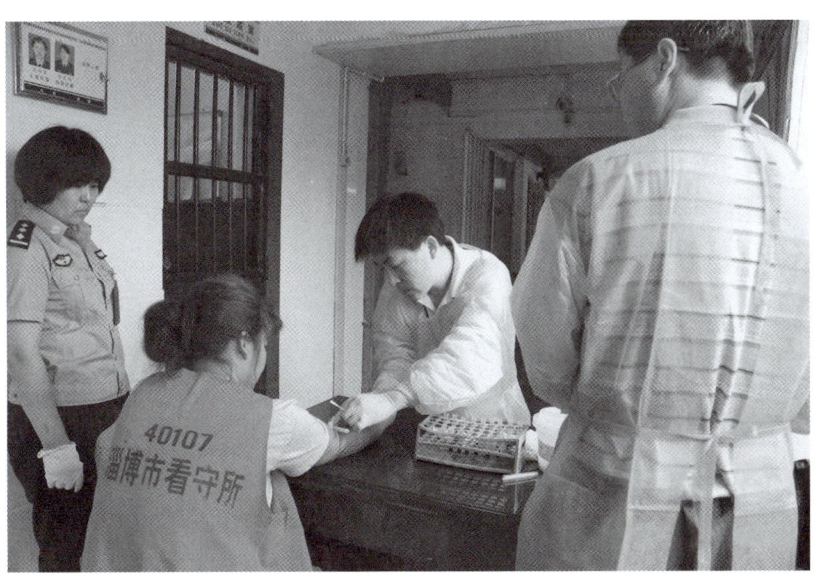

2012年6月，组织被收押人员体检　　（赵雪莲　摄）

练基地完成19个主体班次的训练任务，培训学员3000人次，举办各类公安短训班和技能比武30次。成立公安大学在职研究生山东教学站，提升教育培训层次。完善教学训练奖励机制，发放奖励20万元，研发新课题7个，推出20个课题开展精品课程展评活动。实行“轮训轮值、战训合一”训练模式，在省公安厅组织的新警五项考核中，夺得四项第一。在省公安厅组织的年度市级基地综合考评中以总分345分的成绩列第一名。

【警务保障】 2012年，警务保障部门共为市局机关一次性着装民警257人订做发放春秋常服、执勤服2600套，调换服装500套，量体套号2000人次。完成武警支队机动中队营房楼、刑警支队实验楼、指挥中心业务用房等项目的施工督导、决算审计和财务管理等工作。市公安局保障经费增长69%，为各项工作开展提供有力支撑。

【淄博公安民生服务在线】 2012年，淄博公安民生服务在线网站新增网上信访预约、门楼牌申请、出具无违法犯罪记录证明申请三项业务。全年办理网上公安业务62.5万件，答复群众咨询2700次，发布各类警务信息2600条，网站日均访问量突破1万人次。通过QQ群解答群众咨询9800件(条)，接受群众求助517起。“淄博警方”微博共发布公安机关重大警务活动、案件侦破要闻500篇，通过微博实时受理、答复群众咨询和意见建议1万条；成功与上海警方协作，找回出走至淄博的未成年少女；受理紧急救助27次，救助40人次，寻回走失老人3名，找回丢失物品70件。至年底，“淄博警方”微博拥有关注者23万，发布微博6800条，被转发、评论9万次，被评为全国公安政务微博百强、全省公安十大政务微博。

【保安服务工作】 2012年，全市保安从业人员10176人，其中公司直管保安6079人(市公司保安员250人、武装守押人员513人)，接收、纳管社会保安4097人，固定资产1812万元。市保安服务公司被聘为全国保安协会第四届理事会常务理事单位，李广清被聘为全国保安协会常务理事、被省公安厅记二等功。

【机关党建】 组织开展党建调研活动，调研课题8个，其中1篇论文在省机关作风能力建设调研成果交流会上作交流。3名民警被授予全市机关岗位能手称号。开展“捐建爱心图书室”活动，为高青县田镇义和小学捐赠书籍1200册。为市局机关党龄满30年的党员颁发纪念章、纪念册。

【工会工作】 2012年，经市公安局工会推荐，全市公安机关10个单位获得省、市级先进集体称号。搭建比武竞赛平台，80名成绩优秀的民警被纳入市人才库管理。组织民警参加市第二届全民健身运动会暨巾帼健身风采展示大赛，获特等奖第一名。向全市公安系统4名全国劳模及烈属、3名全省劳模、1名困难民警发放慰问金2.12万元，对16名困难民警申请帮扶救助资金7.2万元。市公安局工会被市总工会授予2011年度全市工会工作先进单位，1名民警荣立二等功。

(单联国　常德功)

检　察

【服务大局】 2012年，全市检察机关坚持围绕中心、服务大局，努力为殷实和谐经济文化强市建设提供强有力的司法保障。制定服务经济社会科学发展意见13条，撰写调研报告18篇。细化出台12条服务措施，帮助民营企业解决发展中出现的问题。开展打击非法集资型犯罪专项行动，立查涉及此类案件579人，涉案总金额51亿元。开展治理商业贿赂、查办工程建设领域职务犯罪专项工作，立查此类案件89人。围绕强化生态文明建设，查办破坏生态环境、林业资源、矿产资源渎职犯罪案件8人；严厉打击污染环境犯罪，批捕24人。围绕城乡建设内涵发展，查办“涉农惠民”领域职务犯罪案件72人。围绕文化建设内涵发展，起诉侵犯知识产权和制售假冒伪劣商品犯罪嫌疑人34人。

【服务民生】 与有关部门建立打击危害食品药品安全犯罪长效机制，查办国家机关工作人员玩忽职守，放纵制售有毒有害食品药品案件8人，起诉

2012 年 11 月 27 日，全市检察机关深入推进派驻检察室建设工作现场会召开 （市检察院 供稿）

生产销售“地沟油”“毒胶囊”等危害食品药品安全犯罪嫌疑人 12 人。查办教育、医疗卫生、交通系统职务犯罪案件 24 人；批准逮捕侵害残疾人、老年人以及农村留守妇女、儿童的犯罪嫌疑人 85 人；监督纠正涉及劳动争议、保险纠纷等民事行政诉讼监督案件 14 件，收到锦旗、牌匾 43 面。组织干警到乡村、农户、社区、企业、学校，听民声、解民难、化民怨、暖民心，走访基层单位 1500 个，走访群众 5000 余人，帮助企业解决问题 38 个，资助困难群众款物 30 万元，帮扶困难学生 84 人。做好刑事被害人救助工作，办理刑事救助案件 9 件，发放刑事被害人救助金 27 万元。着力加强便民、利民工作措施。依托派驻检察室，建立 177 个民生检察联络室，聘请 556 名民生检察联络员，畅通服务民生渠道，方便群众诉求表达。民生检察服务热线办理民生事项 3113 件。坚持对危害公共利益犯罪、侵害民生民利犯罪和涉众型犯罪案件优先受理、优先审查；对涉及老年人、残疾人、生活困难人员的案件优先接待、优先办理，做到公益为重、民利为先。

【维护社会稳定】 全市检察机关坚持把为十八大召开营造和谐稳定的社会环境作为首要政治任务，坚持“严打”方针不动摇，批准逮捕各类刑事犯罪嫌疑人 2176 人，起诉 4088 人，其中批准逮捕故意杀人、放火、绑架等严重刑事犯罪嫌疑人 220 人，起诉 276 人。制订重要会议期间信访维稳工作预案，开展“万人下基层”面对面排查化解矛盾纠纷、“信访积案化解月”等活动；坚持检察长接访、带案下访巡访等制度，深化法律监督说理答疑、执法办案风险评估预警等工作，及时防范影响社会稳定的苗头和隐患。全年受理群众来信来访 2072 件次（含集体访 8 件），检察长接访 524 人次，实现重要会议期间到省进京“零上访”目标。

【查办和预防职务犯罪】 把惩治腐败的矛头指向阻碍政令畅通、影响经济发展、破坏社会稳定、侵害民生民利的大案要案。全年立查职务犯罪案件 180 人，其中贪污贿赂犯罪案件 133 人，渎职侵权犯罪案件 47 人；国家机关工作人员 78 人，县级干部 3 人，科级干部 50 人。与 11 家市直行政执法部门签署预防职务犯罪意见，联合 105 个单位集中开展预防职务犯罪公共宣传活动，“珍惜岗位，远离职务犯罪”宣讲团走进党校、行政机关、企事业单位宣讲 60 场次，受教育 3 万人。在 15 个重大工程项目中进行同步预防，提供行贿犯罪档案查询 1783 次，对 8 个单位市场准入资格提出取消建议。深入研究职务犯罪的特点规律，向党委、政府和有关部门提出预防对策建议 125 条。

【诉讼监督】 加强立案监督，监督有关部门立案 106 件，纠正不应当立案而立案 71 件。加强侦查活动监督，依法决定追加逮捕 80 人，追加起诉 189 人，不批准逮捕 702 人，不起诉 107 人。加强审判监督，对认为确有错误的刑事判决、裁定提出抗诉 19 件。加强刑罚执行和监管活动监督，审核减刑、假释、保外就医 5402 人次，纠正刑罚执行和变更执行中的违法行为为 102 件，办理被监管人员又犯罪案件 81 件 108 人。加强民事行政诉讼监督，立案 163 件，提出和提请省检察院抗诉 102 件，提出再审检察建议 48 件，法院再审改判、发回重审和调解结案 48 件，办理执行监督、调解监督、督促支持起诉案件 87 件，办理诉讼违法调查案件

71件，组织听证26次，切实保障社会公共利益和当事人合法权益。

【推进“三项建设”】 年内，全市检察机关坚持“工作向实处抓，重心往基层移”，以“三项建设”为抓手，深入实施强基固本工程，基层基础工作进一步强化。1. 推进执法规范化建设。开展执法规范化建设“回头看”活动，对工作制度、工作流程进行全面梳理修订，新建捕后羁押必要性审查等制度35项，确保事事有规范、处处有遵循；加强内部执法监督，市、区县两级检察院全部成立案件管理中心，实现对执法办案的动态、全过程监督管理；推进办案工作区规范化建设，配齐同步录音录像等专用设施，以抽签方式对周村区院、桓台县院执法规范化建设情况进行考核评估，组织规范执法检查、案件质量评查等活动19次，提升执法规范化整体水平。2. 推进检察信息化建设。加强高清视频会议系统改造，推进专线网升级、扩容，建设查询监管改造场所信息共享平台，升级改造淄博检察网站后台管理系统，加快推进派驻检察室四级专线网建设和远程视频讯问系统、接访系统、大要案侦查指挥平台建设，全面完成市院新建业务技术大楼信息化建设，以信息化促进检察工作提质增效。3. 推进基层基础建设。加强办案用房、技术用房建设，专题向市人大常委会报告基层基础建设情况，落实市人大常委会审议决议，确立打造精品工程、廉洁工程建设思路，办案用房、技术用房明显改善。加强派驻检察室建设，专题向市委常委会汇报进一步加强派驻检察室建设意见，市委办公厅、市政府办公厅转发该意见，有力推动了派驻检察室建设。

【队伍建设】 扎实开展“忠诚、为民、公正、廉洁”政法干警核心价值观教育实践活动，健全思想政治工作网络，强化检察文化建设。完善业务部门设立专职党支部副书记等制度。制定加强领导班子自身建设意见，推行双向约谈制度。市院党组成员到基层调研80余次，帮助解决基层困难和问题。坚持党组理论学习中心组集体学习和党组会、检委会会前例行学习制度，规范党组会、检委会议题程序，确保决策科学化、民主化。实施“素质工程”，与山东理工大学建立合作机制，对业务部门干警分批进行集中专题培训。开展“检察官教检察官”、知识竞赛、岗位练兵等活动428场次。制定加强司法考试工作意见，市、区县两级检察院互派干部挂职锻炼意见和从基层检察院遴选干警意见，优化队伍结构。构建“大督察”工作格局，成立检务督察委员会，开展专题督察17次。全市检察机关组织创新课题111项，其中29项课题在省检察院获奖。48项经验材料被最高检察院、省检察院和市委转发，36个集体和58名个人受到市级以上表彰。 （王玉红　司书林）

审　判

【概况】 2012年，全市法院新收各类审判执行案件48798件，审执结47673件（含旧存，下同）；其中市法院新收3495件，审执结3310件。以“公信法院”创建为统领，加强法院文化、领导能力、诚信司法“三项建设”，提升自身工作软实力。市法院涉案资产集中管理、司法警察执法规范化、少年审判等经验做法被上级总结推广。

【服务经济发展】 强化“司法服务跟着项目建设走”意识，把法院工作融入全市中心大局进行谋划和部署。制定印发《关于充分发挥审判职能作用，保障和促进全市经济保持平稳较快发展的指导意见》《关于依法服务项目建设和区县域科学发展，保障全市经济社会增创新优势实现新跨越的指导意见》。加强诚信司法建设，保护诚实守信者，打击失信行为。健全形势分析研判、重大项目提前介入、定期走访企业、司法建议、大要案专报等工作机制，增强司法服务的针对性、前瞻性和有效性。

【刑事审判】 2012年，全市法院受理一审刑事案件2892件，审结2706件，判处罪犯3960人。发挥刑事审判的打击职能，制定《2012年严打整治行动实施方案》，依法严惩故意杀人等严重暴力犯罪以及“两抢一盗”等多发性侵财犯罪，审理相关案件1303件，381名罪犯被判处五年以上有期徒刑至死刑。3次集中公开宣判“两抢一盗”犯罪案件，扩大影响，震慑犯罪。妥善审结苏长生、苏文生重大恶性杀人案等一批社会影响大、群众关注度高的大要案。加大经济犯罪打击力度，依法严惩非法吸收公众存款、集资诈骗等涉众型经济犯罪行为，审理相关案件44件。依法严惩贪污贿赂和渎职侵权犯罪案件81件，122名被告人被依法追究刑事责任。

【民商事审判】 2012年，全市法院受理一审民事案件18789件，审结18361件，案件标的额28.03亿元。审理涉婚姻家庭案件5083件。召开全市婚姻家庭类案件质量评查暨疑难问题与法律适用研讨会，进一步规范审理标准，统一裁判尺度。审理民间借贷案件4388件。撰写《民间借贷与非法吸收公众存款和集资诈骗犯罪若干问题研究》和《关于妥善化解民间借贷风险的司法建议》等理论文章。审理人身、财产损害赔偿案件5916件。审理劳动争议案件955件。

2012年，全市法院受理一审商事案件10042件，审结9749件，案件标的额47.02亿元。依法、平等保护各类商事主体在商事活动中的平等地位，审理涉重点项目、重点工程等合同案件314件。审理涉金融合同纠纷案件4004件，依法保护金融债权。运用重整、和解法律机制，审理嘉周化工等改制相关案件5件。市法院民事二庭获全省法院破产工作先进集体称号。加强知识产权司法保护，市法院受理一审知识产权案件353件，审结313件。陶瓷产业知识产权司法保护工作被《人民法院报》宣传报道。

【行政审判】 是年，全市法院受理一审行政案件1712件，审结1710件。做好行政诉讼中行政机关负责人出庭应诉工作，进一步推行“一案两建议”制度和联席会议制度，完善非诉行政案件审查机制。实行行政审判白皮书制度，向行政机关、新闻媒体以及社会各界发布行政审判司法审查报告，与各行政机关代表进行座谈，对行政执法中存在的问题提出预警和对策，促进司法裁判与行政执法良性互动。将行政诉讼案件协调处理纳入“大调解”工作格局，成功化解一起因修路拆迁引发的长达4年的涉访行政纠纷。

【执行工作】 2012年，全市法院新收各类执行案件12530件，执结12512件，案件标的额23.14亿元。加大执行工作规范化建设力度，进一步完善执行中止、执行终结等机制，健全指定执行、提级执行、执行督办等措施。参与社会诚信体系建设，健全完善执行联动、执行威慑、立审执衔接、重大案件汇报协调等机制。加大对逃避执行、抗拒执行的惩治力度，对8案13人次实施限制出境措施，依法对472人实施司法拘留。开展涉公权力机关案件专项执行活动，执结相关案件117件，相关经验做法被省法院宣传推广。

【审判监督和涉诉信访】 严格依法受理，防止恶意、虚假诉讼案件进入司法领域。坚持“有理推定”，审理申诉、申请再审案件74件，保障当事人诉讼权利。开展“无上访法院、无上访法庭、无上访法官”创建活动，进一步完善诉访分离、信访终结、信访风险评估等制度，市法院被表彰为全市实施固本强基维稳工程工作先进集体。坚持“上下联动、统筹协作、标本兼治”，完成重大会议、活动期间的维稳任务和安保值班工作。推广淄川区法

2012年11月28日，邀请人大代表旁听典型案件庭审

（市中级人民法院　供稿）

院“将心理咨询服务引入信访工作机制”的经验，相关做法被市委政法委转发。

【社会管理创新】 落实“宽严相济”刑事政策，对3034名符合法定条件的服刑人员予以减刑、假释。加强未成年人审判工作，撰写完成《关于近年来未成年人犯罪案件的调查报告》。推进“量刑规范化”改革，《量刑庭审操作规程》被省法院总结推广。行政和解做法被确定为全市固本强基维稳工程及社会管理创新工作典型经验进行推广。提出涉及企业改制、民间借贷等内容的司法建议20余项。

【司法为民】 继续完善建立以人民法庭、法官便民工作站，巡回审判点，便民联络员等“庭站点员”四位一体的便民服务网络，全面推进诉讼服务中心规范化建设，切实为群众提供全方位、一站式服务。是年，34处法官便民工作站提供法律咨询5557人次，指导人民调解组织诉前化解矛盾纠纷2747起。针对拖欠职工工资、人身损害赔偿等涉弱势群体案件，开展集中执行涉弱势群体案件专项活动，及时排查清理、及时执行过付、及时沟通救助，《人民法院报》以“心系农民工，节前送温暖”为题进行了报道。建立完善司法救助机制，是年，全市法院为172起案件当事人缓减免诉讼费86.54万元；市法院向20名生活确有困难的当事人发放救助资金60万元。

【司法公开】 坚持党对法院工作的绝对领导，重点工作及时向党委汇报。印发《淄博市中级人民法院要案专报制度》，规定8类案件须及时向有关部门和领导汇报。完善商事审判要情专报制度，加强法院与政府及有关部门、新闻媒体的沟通协调。印发《加强和规范人大代表、政协委员旁听案件庭审的实施方案》，自觉接受人大及其常委会的监督。2012年，市法院邀请人大代表、政协委员旁听案件29人次。认真对待检察机关提出的检察建议，支持、配合检察机关依法履行法律监督职责。年内，全市365名人民陪审员共参与审理案件8332件。定期开展到社区、学校开庭，进一步加大公开开庭审理力度。建立完善院长接访日、回访案件当事人等制度，公开举报电话、举报信箱，邀请企业家代表召开座谈会，增进公众对法院工作的了解和监督。

【审判管理】 深化案件流程管理，严格落实随机分案排期、庭审当日合议等制度，促进审判效率稳步提升。是年，全市法院审限内结案率99.41%，结案均衡度达到0.81。科学设定数据指标体系，克服年底突击结案和消极收案等不良倾向。市法院一审判决案件改判发回重审率比2011年下降0.39个百分点。2012年，全市法院进行庭审评查1754次，评查裁判文书3577份。利用信息化手段，实现庭审过程同步录音录像；制定《案件信息录入暂行规定》和《电子卷宗管理办法》，促进办案水平不断提升。继续深化涉案资产及司法评估拍卖管理，建立涉案资产管理中心、司法拍卖大厅，总结形成以法院为主导，公开、集约、规范的涉案资产及司法评估拍卖管理模式，最高法院、省法院对此予以充分肯定。

【基层基础与司法保障】 是年，全市基层法院和人民法庭共审执结各类案件44363件，占全市法院审执结案件总数的93.06%。支持基层法院加强基础设施建设，对全市26处人民法庭逐一进行实地查看和现场点评。淄川区、高新区、高青县法院新建综合审判楼进入启动、实施阶段。确保人民法庭职权配置、物质保障，不断优化法庭布局，9处人民法庭完成改扩建工程。健全审级监督指导机制，完善人民法庭工作、管理和考核制度，推动全市基层法院和人民法庭实现均衡发展。2012年，市法院受理各类二审、再审案件2291件，基层法院一审服判息诉率93.23%。

【队伍建设】 坚持正面教育引导，以提升法官人格魅力为主线，结合开展政法干警核心价值观等主题教育实践活动，引导干警大力弘扬新风正气、坚定理想信念。发挥先进典型的示范引领作用，开展向心系群众的好法官申孝国学习活动。全市法院新招录公务员26人，招录事业编制书记员10人。制定出台《庭长、副庭长担任审判长审理案件的意见》，《人民法院报》头版予以宣传报道。加大司法巡查工作力度，市法院先后对周村区、临淄区法院进行巡查，及时督促、整改问题。2012

年，全市法院61个集体、95名个人受到市级以上表彰。落实党风廉政责任制，依托数字化审判管理平台和信息化手段应用，实现对廉政风险的系统控制和节点管理。制定完善《关于建立领导干部“双向约谈”工作机制的实施方案》《司法巡查工作办法》等制度，开展审务政务督察，发挥廉政监察员和特邀监督员作用，确保队伍清正廉洁。

（毕青龙）

司法行政

【“法治淄博”建设】 2012年，全市司法部门推动“法治淄博”建设工作向纵深发展。6月27日，市委办公厅、市政府办公厅印发《关于在全市开展“法治淄博”建设社会管理创新服务年工作的意见》，确定“法治淄博”社会管理创新服务年的指导思想。严格落实牵头责任和具体责任，发挥齐抓共管、协调推进的机制优势，如期完成各项工作任务。7月9日，市委、市政府印发《关于调整“法治淄博”建设工作领导小组组成人员的通知》，调整充实“法治淄博”建设工作领导小组成员。市司法局与市委宣传部等八部门联合印发《关于开展法治文化建设的意见》，在法治文化理论研究、阵地建设、产品创作等5个方面拓展法治文化建设途径。12月4日，市委副书记周连华在《淄博日报》发表署名文章《深入学习十八大精神，加快“法治淄博”建设》。淄博市被司法部表彰为2011—2012年度全国法治城市创建活动先进单位，临淄区被表彰为全国法治县（市、区）创建活动先进单位，淄川区双杨镇赵瓦村被司法部、民政部命名为全国民主法治示范村，张店区傅家镇营子村等12个村被省司法厅、省民政厅命名为第五批全省民主法治示范村。

【普法依法治理】 开展送法进基层活动，加强对重点普法对象的法制宣传教育工作，提高公民学法用法守法的自觉性。3月22日，组织开展全国依法行政宣传日宣传一条街活动。11月27日，市司法局与市委宣传部、全民普法依法治理领导小组办公室联合印发《关于成立淄博市“六五”普法讲师团的通知》，组建成立“六五”普法讲师团。

【律师工作】 2012年，以党的建设带动和促进律师事务所向品牌化、规范化、规模化发展。12家“优秀律师事务所”简况在《淄博日报》刊登。10名律师担任市人大立法咨询员。山东大地人律师事务所崔冠军当选市十一届党代会代表。5月8日，中华全国律师协会会长王俊峰对淄博律师行业党建工作、创先争优情况和万名党员律师为民服务百日活动情况进行调研。市委组织部、市司法局择优确定116名政治素质高、执业经验丰富的优秀律师担任市直部门单位选派“第一书记”帮包村法律顾问，为“第一书记”驻村开展工作提供法律服务，挽回经济损失500万元。组建法律宣传、中小企业咨询服务、涉法涉诉信访、职工维权等11个专项律师服务团。11月23日，市委统战部、市司法局等七部门联合印发《关于充分发挥党外代表人士作用组建“同心”服务团队深入开展“同心”实践的意见》，市司法局、市律师协会推荐30名优秀律师组建同心·法律援助服务团队，为统一战线广大成员提供法律帮助。2012年，全市律师办理各类法律事务12704件，避免和挽回经济损失3亿多元。

【公证工作】 是年，在全市公证行业开展“公证业务创新升级”工程，针对新形势新任务对法律服务的新需求，拓展业务领域，提升服务水平。贯彻落实《山东省公证法律援助实施办法（试行）》，为贫弱群体提供法律援助，全年办理公证援助事项135件，减免公证费20万元。在全市公证机构和公证队伍中组织开展以“规范、创新、提升”为主题的竞赛活动，推动公证质量和公证公信力的进一步提高。市司法局、市公证员协会强化检查力度，于5月、7月两次开展质量检查活动，对8个公证机构的425份卷宗进行全面检查，对检查中发现的问题进行梳理和反馈，并督促公证机构及时进行整改。7月7—8日，组织举办2012年全市公证人员职业培训班，全市各公证机构的60多名公证人员参加培训。所有执业公证员全部完成“1篇论文、2篇案例、3篇信息”的撰写任务。在省司法厅举行的论文案例评比活动中，淄博市6篇论文获奖。市司法局公证管理科被省公证协会授予全省公证管理工作先进集体称号，市公证员协会被省公证协会表彰为全省公证质量先进集体。全年办理各类公证业务21979件，比2011年增长35.2%。

【基层法律服务】 是年，以年检注册为手段，进一步规范基层法律服务所建设。开展基层法律服务工作者考核录用工作，新考核录用基层法律服务工作者52人。坚持重大敏感案件请示报告制度，指导法律服务所配合张店区政府妥善处理一起学生在校致伤信访案件。推广"平安和谐共建"活动，聘请基层法律服务工作者担任乡镇、村居首席人民调解员。年内，全市基层法律服务队伍共与353个村居结成法律服务对子；担任法律顾问723家，代理法律事务近6000件，为乡镇、村居化解矛盾纠纷1600余件。淄川旗舰法律服务所等3个法律服务所和刘国鹏等7名法律服务工作者被省司法厅表彰为省级文明法律服务所和优秀基层法律服务工作者。

【法律援助】 2012年，集中开展"法律援助为民服务争先创优年"活动，在全市开展"资深律师法律援助在行动"活动，完善便民服务示范窗口建设，为贫弱群体提供便捷、高效法律服务。3月1日，市法律援助中心与市妇联、市人力资源和社会保障局联合组织开展"亿万家庭学法律，户户平安促和谐"的妇女维权宣传咨询日活动，现场解答群众法律咨询，发放宣传资料2000册。5月20日，市司法局联合市检察院印发《关于在审查起诉阶段对符合法律援助条件的当事人提供法律援助的意见》，加强和规范刑事法律援助工作。6月15日，成立淄博市特殊教育中心法律援助联络站，大地人律师事务所律师代表与特教中心学生"一对一"签订永久性法律援助协议。在市电视台开办《法律援助在身边》栏目，在《鲁中晨报》开辟法律援助宣传专栏并投放夹报2万份，在全市500辆公交车的LED显示屏上投放法律援助广告。7月，组建山东理工大学法律援助暑期社会实践队，组织开展多次大型宣传活动，发放各种法律援助宣传资料3000份。全年受理法律援助案件4240件，比2011年增长45%，代书798封，接待来访当事人9000余次，接听咨询来电10026个，其中"148"法律热线8003个，免收案件代理费460万元，为当事人避免挽回经济损失5308万元，为农民工讨薪1104万元。

【司法鉴定】 是年，深化行政管理和行业管理"两结合"的司法鉴定管理工作机制，加大监管和案件评查力度，加大对司法鉴定人的执业纪律和职业道德的教育培训力度，促进司法鉴定公信力的提升。年初，对全市司法鉴定机构进行检查考核，提高各鉴定机构规范开展鉴定业务。制订《淄博市司法鉴定法律援助实施办法(试行)》，建立完善评价制度和办案质量评估体系，将司法鉴定事项纳入法律援助的范畴。9月，组织举办全市司法鉴定机构行政工作人员培训班，并按照省司法厅要求，组织三批207人次参加全省统一业务培训。10月，在全市"三大类"司法鉴定机构中组织案卷评查，促进全市鉴定文书档案质量整体提高。全年全市司法鉴定机构完成司法鉴定案件6295件，被采信率99%。

【司法考试工作】 6月27日，市政府办公厅印发《关于建立淄博市国家司法考试工作联席会议制度的通知》，为司法考试工作的顺利开展提供制度保障。完成2012年度国家司法考试淄博考区考试考务工作，全市1405人报考，150人成绩合格。

【司法所建设】 2012年，加强司法所组织、队伍和基础设施建设，稳步提升服务水平和工作效能。9月，沂源增设1个司法所。10月，高青县司法所升格为副科级建制。淄川区、周村区、高青县通过转任、调任、招考等方式，配齐副科级司法所所长。桓台县、淄川区为司法所招考工作人员。组织各区县司法所长培训和工作人员轮训，提升司法所工作人员的业务能力。区县司法所全部配备微机、打印机、数码相机等办公设备，实现信息联网，并保障办公及业务用房。淄川区司法局昆仑司法所等15个司法所被省司法厅命名表彰为省级规范化司法所。

【人民调解】 是年，大力加强矛盾纠纷排查调处工作，积极加强专业性行业性人民调解组织建设。4—12月，在全市开展矛盾纠纷"大排查、大调解"

专项活动，排查调处各类矛盾纠纷18000件，调处成功率96%。继续开展"争当人民调解能手"活动，王炳方等7名人民调解员被司法部表彰为"全国人民调解能手"。5月，市委政法委做出决定，在全市政法系统深入开展向王炳方学习活动。6月，淄博电视台成立热心大妈人民调解委员会。11月，淄川区在区县一级率先建立医疗纠纷人民调解委员会，与保险公司合作建立医疗纠纷责任保险机制。

【安置帮教】 2012年，加强服务管理，深化"教育改造与安置帮教一体化"工程。4月30日，与淄博监狱联合对100多名即将出监的刑满释放、假释等人员进行出监教育，详细介绍社区矫正和安置帮教工作及程序，使服刑人员全面清楚地了解出监后政府的相关规定和政策，消除其思想和心理压力，增强其回归社会的信心。7—10月，组织开展服刑在教人员未成年子女排查帮扶活动和社区矫正及刑释解教人员"大排查、大走访"专项活动，对正在接受矫正的社区矫正人员和刑满释放5年内、解除劳教3年内的刑释解教人员，集中开展一次全方位、拉网式的排查走访活动。对排查出的重点对象，逐一见面、逐一谈话、逐一建立排查走访档案。全年，全市安置帮教对象2801人，安置率96%以上，帮教率100%，重新违法犯罪率2%以下。

【社区矫正工作】 3月13日，市中级法院、市检察院、市公安局、市司法局联合印发《关于认真贯彻落实〈社区矫正实施办法〉的意见》，对做好社区矫正工作做出部署。10月25日，市委办公厅、市政府办公厅印发《关于转发〈淄博市社会管理综合治理委员会关于加强社区矫正工作的意见〉的通知》，进一步推进全市社区矫正工作制度化、规范化建设。10月26日，全市社区矫正工作现场会在沂源县召开。2012年，全市累计接收社区矫正对象2957人，累计解除1028人，取得良好的法律和社会效果。

【监狱劳教工作】 2012年，驻淄博狱所保持场所持续安全稳定。市劳教所深入开展政法干警核心价值观教育实践活动和基层基础建设年活动，坚持重心下移、警力下沉，使一线警力比例达85%，成为全国劳教系统下沉警力最大的劳教所之一，形成"大基层、小机关"的工作格局。更新教育理念，创新教育方法，推行"跟踪式"个别教育，使所内改好率由过去的95.5%提升到98.7%。完善安全研判、安全防控、安全督查、应急处置和领导责任五项机制，深化精细化管理，劳教场所连续13年实现"四无"（无劳教人员逃跑、无劳教人员非正常死亡、无所内案件发生、无重大安全生产事故）。10月1日，场所新址迁建手续全部办理完毕。2012年，市劳教所被司法部记集体一等功，表彰为全国监狱劳教戒毒场所规范化管理年活动先进单位，被省司法厅记集体二等功，被市委市政府表彰为全市实施固本强基维稳工作先进集体，被省劳教局表彰为先进劳教所。

【队伍建设】 是年，继续深入开展创先争优、政法干警核心价值观教育系列活动，着力加强党员干部的思想作风建设。4月，组织开展科级干部竞争上岗，严格履行九项规定程序，10名年轻干部走上领导岗位。发挥典型的示范引导作用，先后涌现"全国优秀人民调解员"王炳方、市劳教所优秀干警毕新华等典型。注重系统法制工作，加强对系统执法人员的培训，促进依法行政，局机关执法人员全部一次通过市里统一考试。廉政建设坚持常抓不懈，制定出台《关于开展制度廉洁性评估工作的实施方案》，对制定的规范性文件全部进行廉洁评估，对重点行业、重点岗位都制定廉政风险防范措施，从源头上避免和预防腐败现象的发生。2012年，全系统共有32个集体、48名个人受到市级以上表彰。 （姜淑怡）

仲 裁

【概况】 2012年，淄博仲裁委员会办公室发挥仲裁法律制度的特点和优势，重点抓好制度推行和质量效率，促进仲裁事业健康快速发展。全年受理各类经济纠纷1248件，比2011年增长8.2%；涉案标的额3.8亿元，增长22.6%。

【仲裁法律制度推行】 在市级媒体和大型企业自办媒体开设仲裁宣传栏目，在大型商贸活动现场提供法律咨询，宣传推介仲裁法律制度。利用仲裁门户网站、《淄博仲裁信息》及时传递工作动态。开展“百家企业大走访”活动，全年走访规模以上企业118家，举办法律知识培训班19期，赠送合同文本5万份。与司法部门和律师界进行联系沟通，借助政府资源和平台推行仲裁法律制度，依托律师等专业群体为制度推行和提升办案质量提供专业平台和人才支撑。

【仲裁案件办理】 强化办案各环节的衔接和监督，规范办案程序，使按期结案率保持高位运行。加强仲裁员队伍的培训、使用、监督、考核，注重专业技能的提高和职业道德的培养，提高仲裁员队伍的综合素质。发挥专家咨询和裁决书（调解书）核阅小组的作用，重大、疑难案件及时进行研究讨论，保障裁决结果的公平公正。发挥专业人才优势，成立办案专业小组。以建设工程、房地产、保险等为类别分组实行轮流推荐办案制度，不定期进行专业问题交流研讨，提升办案水平。全年审理结案1186件，按期结案率95%，和解调解率85%，平均结案天数在60天之内。

【道路交通事故仲裁调解】 围绕创新社会管理，化解矛盾纠纷，市仲裁办加大交通事故损害赔偿仲裁调解工作力度。先后在8个区县开展仲裁调解业务，全年调解交通事故损害赔偿争议954件，涉案争议额2000万元，全部通过调解方式结案，调解和解率100%，当事人自动履行率100%，取得良好的社会效果，成为全市多元化化解矛盾纠纷的新亮点。 （闫世学　张　珂）

本部类编　辑：赵建国
副主编：王世伟
校　对：马震刚
杨　凤

工　业

综　述

【概况】 2012年，全市规模以上工业企业3143家，完成增加值比2011年增长11.43%，其中轻工业增长8.13%，重工业增长12.01%。全市规模以上工业实现主营业务收入10327.8亿元，增长12.30%；实现利税1279.95亿元、利润780.11亿元，分别增长18.98%和8.68%。全市地方纳税500强企业中工业企业231家，占总数的46.2%，实现地方税收40.6亿元，占纳税500强企业地方税收总额的53.42%。

【结构调整】 组织实施工业"十二五"发展规划和电子信息、机械、轻工、纺织、建材、冶金、化工、医药、陶瓷9个行业规划，推动全市工业结构调整和转型升级。2012年，全市规模以上工业完成固定资产投资840.16亿元，增长23.20%，其中技术改造投资715亿元，增长21.90%，占工业投资的85.1%。高新技术产业产值实现2983.8亿元(新口径)，占规模以上工业总产值的28.3%。创新成长型工业企业销售收入增长25%。物流业等生产性服务业快速发展。2012年，物流相关行业完成固定资产投资186.14亿元，增长54.6%；实现增加值283.20亿元，增长9.5%，占全市地区生产总值(GDP)和第三产业比重分别为8.0%和21.3%。

【重点项目建设】 2012年，市百项重点工业项目102项，计划总投资509.82亿元，94个项目开工建设，竣工46个，完成固定资产投资152.29亿元，占年度固定资产投资计划的74.24%。101个项目列入2012年省企业重点技术改造项目导向计划，总投资257.57亿元。119个国家、省技术改造专项项目，竣工70个。53个重点物流项目，开工51个，竣工29个。IGBT(绝缘栅双极性晶体管)等电子信息产业链关键环节项目相继投产达效。

【战略性新兴产业】 2012年，新材料、精细化工、新能源及节能环保设备、新医药、电子信息、汽车及机电装备六大战略性新兴产业实现主营业务收入2933.3亿元，比2011年增长22.34%，占规模以上工业主营业务收入的28.4%；实现利税、利润分别增长27.0%、23.6%，利税、利润增速分别快于规模以上工业18.0个和14.9个百分点。

【企业自主创新】 2012年，新增省级以上研发机构16家，其中国家级3家。全市省级以上研发机构达212家(国家级11家)，院士工作站54个。省级以上企业技术中心企业科技经费支出占销售收入的3.71%。全年开发新产品、新技术2000余项，新产品销售收入占40%。282个项目列入省技术创新计划。成功举办陶博会、精细化工产学研洽谈会、新医药论坛等产学研活动。组织270家企业与47家高校、20家科研机构开展产学研对接，实施产学研合作重点项目50项，引进国内外科技创新团队20个，新建各类创新研发平台30个。金城医药、淄柴集团的2个项目列入国家重大科技成果转化项目。漂浮式液压海浪发电站、锂电池隔膜、海藻纤维等一批重大项目产业化步伐加快。核级泵、高超特大型水环真空泵、船用余热利用汽轮机等军民结合项目合作加快推进。

2012 年通过认定的国家级企业技术中心

山东鲁阳股份有限公司

淄博柴油机总公司

2012 年通过认定的山东省企业技术中心

山东华安新材料有限公司

山东统一陶瓷科技有限公司

莱芜钢铁集团淄博锚链有限公司

山东兰骏集团有限公司

淄博银仕来纺织有限公司

山东起凤建工股份有限公司

淄博中轩生化有限公司

山东鲁丰染织有限公司

山东慧科助剂股份有限公司

山东天鹤塑胶股份有限公司

【创新成长型工业企业】 年内,完善创新成长型工业企业综合培育机制,落实《关于支持创新成长型工业企业加快发展的意见》,足额兑现财政奖扶资金,加大资金、电力等要素保障力度,53 户创新成长型企业成长迅速,主要经济指标增长 25%以上,对全市新兴产业发展的引领带动作用不断增强。

淄博市创新成长型工业企业名单(第一批)

1. 山东淄博民康药业包装有限公司
2. 山东凯胜电子股份有限公司
3. 山东长征教育科技有限公司

淄博市创新成长型工业企业名单(第二批)

4. 山东联创节能新材料股份有限公司
5. 山东雷帕得弹簧有限公司
6. 山东鲁丰织染有限公司
7. 淄博汇银纺织有限公司
8. 淄博市兴鲁化工有限公司
9. 淄博市临淄银河高技术开发有限公司
10. 山东华夏神舟新材料有限公司
11. 山东德信皮业有限公司
12. 山东鑫泉医药有限公司
13. 山东东大一诺威聚氨酯有限公司
14. 山东博润工业技术有限公司
15. 山东淄博新达制药有限公司
16. 山东新华安得医疗用品有限公司
17. 淄博淄柴新能源有限公司

淄博市创新成长型工业企业名单(第三批)

18. 淄博万昌科技股份有限公司
19. 山东博洋新材料科技股份有限公司
20. 淄博海洲粉末冶金有限公司
21. 山东华安新材料有限公司
22. 淄博欧木特种纸业有限公司
23. 山东天野塑化有限公司
24. 山东正华隔膜技术有限公司
25. 山东长志泵业有限公司
26. 山东中保康医疗器具有限公司
27. 淄博永华滤清器制造有限公司
28. 帝斯曼淄博制药有限公司
29. 山东德森机电科技股份有限公司
30. 淄博莱宝电力电容器有限公司
31. 山东金苹果实业有限公司
32. 山东齐芯微系统科技有限公司
33. 淄博国利新电源科技有限公司

淄博市创新成长型工业企业名单(第四批)

34. 淄博美林电子有限公司
35. 山东鲲鹏新材料科技股份有限公司
36. 淄博中食歌瑞生物技术有限公司
37. 淄博佳能石化机械有限公司
38. 山东福泰陶瓷有限公司
39. 山东山博电机集团有限公司
40. 山东赫达股份有限公司
41. 山东科明光电科技有限公司
42. 山东华群新材料科技有限公司
43. 山东瀛寰化工有限公司
44. 淄博中南塑胶有限公司
45. 山东东油石油装备有限公司
46. 山东思达电气有限公司
47. 山东新世纪钢结构工程有限公司
48. 山东海思堡服饰有限公司
49. 淄博泰维润滑油有限公司
50. 山东慧科助剂股份有限公司
51. 山东世拓高分子材料股份有限公司
52. 山东恒汇电子科技有限公司
53. 山东妙典网络文化有限公司

【节能降耗】 2012年,建立节能目标完成情况"晴雨表"制度和节能突出问题约谈制度,完善三级预警调控机制。全市万元GDP能耗降低3.7%,完成省里下达的目标任务。全年对600个投资项目进行节能评估和审查。制定塑料、棉纺、炼油等行业节能减排及结构调整方案,分行业推动节能技术改造。围绕摩擦压力机、绿色照明产品、循环系统和余热余压利用四大节能改造工程,实施重点节能项目134个,累计实现节能量65万吨标准煤。"节能30项"项目进展顺利,年可节能23.7万吨标准煤。5个项目入选国家2012年节能技术改造财政奖励项目。12个项目列入2012年省重大节能技术产业化资金奖励项目。征集并筛选公布涉及建材、化工等7个行业21项节能技术、产品和设备。1项技术获山东省重大节能成果奖,2项技术被评为山东省优秀节能成果。组织实施"325"节能环保产业倍增工程,公布20家节能环保示范企业和20项节能环保示范项目,8个项目列入省节能环保产业重大项目导向计划。推进循环经济和清洁生产,2个项目列入省循环经济专项资金项目,90家企业通过清洁生产审核。

【淘汰落后产能】 2012年,29家企业被列入全市淘汰落后产能计划。截至年末,29家企业的落后生产设备全部拆除并通过省审核验收,全面完成国家和省淘汰落后产能任务。加强淘汰落后产能补助资金申报和争取工作,增强企业主动淘汰积极性。截至年末,共获淘汰落后产能补助资金1850万元。

【企业管理】 组织评选市级管理创新成果38项,其中32项被评为省级优秀成果。邀请国务院参事室特约研究员姚景源、工业和信息化部总工程师朱宏任等专家参加2012鲁中经济论坛、国内经济形势及未来发展报告会等活动。在清华大学、上海交大、香港金融管理学院成功举办三期高级研修班,培训企业家370人次。大企业集团龙头作用突出,销售收入过100亿元的10家,过50亿元的14家,过10亿元的121家。工业企业安全生产形势持续稳定。加强企业安全标准化达标升级建设,370家企业通过达标或升级验收。集中开展4次重点行动和"打非治违"专项行动,排查整改各类隐患1488处,"打非治违"445起,全年工业企业发生各类事故数和死亡人数分别下降57%和29%,工业安全生产形势总体保持稳定。

【现代物流业】 围绕建设鲁中"旱码头"战略目标,以四大物流园区建设为抓手,强化规划引导,加强物流重点项目建设,培育壮大物流企业,全市物流业快速发展。筛选确定2012年重点物流项目28个,总投资59.36亿元,年可新增营业收入159.73亿元,利润11亿元,税金7亿元。3个项目列入"省转方式调结构1000项",3个项目列入省现代物流类新兴产业和重点行业发展专项资金计划。加强重点物流企业培育。新增国家4A级物流企业3家,总数达5家。5家企业入选省第一批星级物流企业,淄博保税物流中心获评II级物流园区。正本物流有限公司成为全市首家被中国物流与采购联合会确定的中国物流实验基地物流企业。

【生产要素保障】 全年统调主力电厂电煤调运量903万吨,库存稳定在26天用量以上。中石化淄博分公司和中石油淄博分公司销售成品油81.96万吨。召开重点项目对接会、政银企合作推介会,协调金融机构为340家企业、370个项目签订授信协议1700亿元,落实贷款573亿元。推动实施结构性减税、节能产品惠民工程等政策,推动企业生产企稳回升。全年106个项目获得国家和省2.18亿元资金支持,兑付财政奖励资金5869.4万元,支持创新成长型工业企业发展,利用固定资产增值税抵扣13.05亿元。

【电力、交通运输、邮政、电信情况】 2012年,全市工业用电量283.93亿千瓦小时,占全社会用电总量的86.50%。铁路运输实现运输收入24.53亿元,比2011年增长7.34%。公路运输完成客运周转量、货运周转量分别增长2.37%和3.14%。邮政、电信业务总量分别增长4.38%和5.48%。国际进出口集装箱增长14.06%,其中,进口集装箱办理量增长24.85%,出口集装箱办理量增长7.07%。 (孙耀祖)

煤炭工业

【概况】 截至年底，全市有地方煤炭生产企业22家，年核定生产能力487万吨，全行业实现销售收入470亿元。关闭资源枯竭矿井3处，全市煤矿安全生产形势持续稳定。煤炭经营企业351家，全年经营购销煤炭4800万吨。19家煤炭生产、经营企业进入全市纳税500强企业行列。市煤炭局被人力资源和社会保障部、全国煤炭工业协会表彰为全国煤炭工业先进集体。

【煤矿“双基”建设】 开展安全生产基层基础强化年活动，抓好煤矿安全质量标准化建设。市煤炭局每半年召开一次全市煤矿安全质量标准化现场会，区县每季度召开一次现场会，把质量标准化创建情况作为煤矿安全考核的重要依据。督促煤矿开展达标创建活动，14处矿井达到省一级标准，达标率63.6%。与淄矿集团合作，聘请20名煤矿安全专家于5月、8月，对受水害、瓦斯隐患威胁的矿井进行专项排查，有效治理重大隐患。专家查隐患的经验做法在全省推广。编写的《淄博煤矿安全教育培训手册》，汇集煤矿安全培训法规、执法依据、工作流程等内容。持续加大从业人员培训力度，全年培训5387人，超额完成培训计划。扎实组织煤矿开展应急预案演练，联合淄川区政府在光正公司开展综合性应急演练。严格执行灾害性天气停产撤人规定，汛期共撤出井下作业人员23658人次。

【煤矿安全监管执法】 7月，在全国范围招录80名市级驻矿督查员，经集中培训后于8月1日派驻到25处煤矿实施现场督查，率先在全省完善市级和区县监管执法、市级驻矿督查的三级安全监管体系。截至年底，市级驻矿督查员发现隐患问题8716条，现场整改6101条，其余均按期整改。由驻矿督查员提供线索查处案件6起，责令停头停面10处。经市政府批准，执法支队增设驻矿督查管理科，增编4人，新配备执法车辆3部，行政执法力量更为充实。积极创新执法理念，在煤矿停产检修、复产及重要会议节庆期间，成立突击执法检查小分队，打破作息时间限制，不下通知、不定路线，局领导带队，重点查中班、查夜班、查双休日，有效督促企业依法安全生产。组织编写《煤矿防治水执法稽查规范》等7项执法稽查规范和《驻矿督查规范》，规范执法（督查）内容、法规依据、执法程序等。

【煤炭经营市场监管】 严格煤炭经营企业市场准入和退出机制，认真做好煤炭经营资格年检和变更、延续等动态管理工作，依法吊销5家企业煤炭经营资格。市煤炭经营协会与各大金融机构签署战略合作协议，组织召开银企对接会，帮助企业解决发展资金3亿元。编纂出版《淄博煤矿及非煤产业发展实录》和《淄博煤炭供应的主力军》。

【队伍建设】 举办全市煤炭系统廉政建设警示教育报告会，建成机关廉政文化长廊，市煤炭局机关被确定为全市首批廉政文化建设示范点。加强机关文化建设，设计注册了局徽，推出誓词、局歌、队歌，开设健康歌曲语音广播，逢重大节日组织干部职工举行唱国歌升国旗和集体宣誓活动。在全市

2012年8月1日，市级驻矿督查员出征仪式　　（市煤炭局　供稿）

煤炭系统开展向山东滨岭矿业有限公司王聿国学习活动。围绕热点问题开展调研，7月，暂停收取煤炭价格调节基金，助推企业安全发展。

（刘建德）

淄博矿业集团

【概况】 2012年，淄博矿业集团公司资产总额328亿元，煤炭产量2017万吨，实现增加值9.17亿元。全公司基本建设投资实际完成19.39亿元，其中完成矿建5.47亿元、土建3.84亿元、安装1.25亿元、设备3.04亿元、其他5.79亿元。3月27日，在河南郑煤集团召开的全国煤炭系统企业文化暨"五精"(精细、精准、精确、精益、精美)管理现场推广会议上，淄矿集团公司被命名为全国煤炭工业"五精"管理示范基地。

【经济运行】 集团公司在急剧变化的市场形势面前，及时转变工作思路、调整经营策略，把工作的着力点转到强销售、控成本、调结构、防风险、促创新、保安全上。原煤制造成本和完全成本分别比年度预算降低24元/吨和34元/吨，依靠降本增收5.1亿元。2012年，集团公司煤炭产量突破2000万吨，比2011年增长28%；完成销售收入289亿元，增长16%。

【产业发展】 按照长远可持续、当期不亏损、生产重集约的总体思路，转变煤炭生产方式。完成许厂、葛亭煤矿两套充填开采系统联合试运转，形成4个下组煤回采面，全公司充填采煤产量50.5万吨，全年累计找煤扩量120万吨。加快高产高效矿井建设，4个大采高综采工作面的产量占总产量的60%。调整产区结构，抢在煤炭市场"由盛转弱"之前，转让了云南吉克煤矿，获益3.5亿元。非煤产业总体销售收入逆势而上，比2011年增长30.7%，达196亿元。其中，医疗器械、物流贸易、建筑安装等产业板块的经济总量和效益均实现大幅增长。

【项目建设】 坚持内外统筹，高效推进重点项目建设。历时118天建成杨家村煤矿500万吨末煤重介选煤厂。克服水文条件复杂、施工难度大等诸多困难，提前实现巴彦高勒矿井"两贯通、一进入"目标。高家堡矿井3个井筒当年开工、当年到底，创造基岩冻深大断面井筒掘砌全国最高纪录。油房壕矿井项目展开前期准备工作。世林化工公司克服困难，加快工程施工和装置调试，生产出高品质甲醇投放市场。新华医疗周村园区建成，实现感染控制产品线的整体搬迁。新河矿业公司生产经营和矿井延深"两线作战"进展顺利。亭南煤业和唐口煤业通风系统改造等项目扎实推进。陕西煤机装备制造园区和水泥建材项目的各项筹备工作有序展开。

【转方式调结构】 优化产品结构，实施精煤战略。成立煤炭产品开发中心，超前定位高家堡、巴彦高勒的煤炭产品方案。完成唐口煤业第二条末煤洗选系统和岱庄煤矿末煤洗煤厂建设准备工作。全年精煤销量308万吨，增加61万吨，依靠调结构增加效益1亿元。2012年，人均产量、创收、效益、税费、资产分别为645吨、93万元、8万元、8万元和106万元，有4项指标位居山东能源集团首位。医疗器械产业收购多家企业，实现低成本扩张。推进节能减排工作，全年完成节能量42000吨标准煤，万元产值综合能耗、原煤综合能耗和原煤生产综合电耗分别比2011年下降5.08%、1.19%和1.66%。

【安全生产】 开展安全生产基层基础强化年活动，毫不放松地抓好安全生产。提升系统装备水平，全年安全性支出2.86亿元。推进动态安全质量标准化建设，强化安全隐患排查治理和危险源辨识。推进应急救援和应急避险体系建设，安全防控能力持续增强。坚持依靠"科技兴安"，加强灾害防治，亭南煤业瓦斯综合治理、唐口煤业冲击地压防治能力明显提升，巴彦高勒矿井井筒防治水工作成效显著。重视职业健康管理，开展无尘工作面创建活动，改善职工工作条件。

【管理创新】 创新资产监管机制，完善产权代表报告工作制度，对报告事项、报告程序、联署报告人等作出明确规范，强化对派出产权代表履职尽责情况的督导。推进商业模式创新，确立商业模式创新思路和项目。许厂煤矿试点推行的内部市场化管理和新华医疗器械的整体解决方案收到良好效果。创新用人机制，27人走上副处级管理岗位。推进技术创新，全年科技投入3.2亿元，完成科技项目110项。在巴彦高勒矿井开展千万吨无人智能工作面装备研究，为实现煤炭自动化生产奠定基础；医疗器械产业充分发挥本部、上海、北京“一体两翼”技术研发体系作用，全方位强化技术创新。

【和谐矿区建设】 重视和维护职工切身利益，公开作出严峻形势下不裁员、不降薪的承诺。对2944户困难职工发放援助金、助学金共472万元。集团公司自筹资金4.5亿元确保离退休人员统筹外支出，筹集6211万元为3575名“老家属工”补缴养老保险金，投入1530万元提高职工补充医疗保险报销比例。着力加快民生和文化工程建设，亭南单身职工公寓建成投用，彬长矿区职工公寓开工建设，济北职工住宅楼加紧完善辅助工程，淄博煤矿展览馆整修和布展工作全面完成并复馆。投资2000万元购进双源CT机等，改善职工就医条件。履行社会责任，捐助资金600万元。稳妥淘汰落后产能，许厂电厂实施关停，124名职工实现有序分流和转岗。

【杨家村矿井建设】 双欣矿业公司杨家村矿井位于内蒙古自治区鄂尔多斯市东胜区塔拉豪镇。淄矿集团公司拥有55%的股权。井田面积36.84平方公里，矿井地质资源量98276万吨，设计可采储量43395万吨。年设计生产能力500万吨，设计服务年限62年。2011年12月，矿井及选煤厂通过内蒙古自治区煤炭工业局竣工验收。2012年2月27日，双欣矿业公司末煤洗选项目正式开工。末煤洗选项目总投资1.37亿元，采用重介旋流器加螺旋分选机工艺，年洗选能力为500万吨，9月底完工试车。末煤入洗后，发热量提高到17162焦耳/千克。2012年，完成铁路专用线投资225万元。

【油房壕煤矿建设】 油房壕矿井位于鄂尔多斯市东胜区泊江海子镇。矿权属归内蒙古杭锦旗聚能能源有限公司，淄矿集团公司拥有该公司50%的股权。井田面积125.58平方公里，总资源量94268万吨，设计可采储量43173万吨。矿井年设计生产能力500万吨，服务年限61.7年。项目概算总投资29.8亿元。2012年3月，油房壕煤矿项目列入国家能源局公布的煤炭工业“十二五”规划，产能由300万吨调整为500万吨。同年12月取得国土资源部矿区范围划定批复。全年完成基本建设投资2022万元。

【高家堡矿井建设】 高家堡矿井位于陕西省咸阳市长武县境内。由淄博矿业集团有限责任公司独资组建、陕西正通煤业有限责任公司负责开发建设。矿井井田面积219.17平方公里，井田探矿权范围内查明的各煤层资源量79604万吨，工业资源是71858万吨，设计可采储量42836万吨。年设计生产能力500万吨，设计服务年限61.2年。2011年1月，国家能源局批准高家堡矿井开展前期工作。2011年12月31日，高家堡矿井工业广场用地手续获陕西省人民政府批复。2012年1月31日，主井井筒开工，同年12月主井外壁、副井外壁掘砌到底。全年完成基本建设投资8.38亿元。累计完成投资20.09亿元。

【巴颜高勒矿井建设】 巴彦高勒矿井位于鄂尔多斯市乌审旗乌兰陶勒盖镇。矿权属归内蒙古黄陶勒盖煤炭有限责任公司，淄矿集团公司拥有该公司60%的股权。项目由黄陶勒盖煤炭有限责任公司负责开发建设和生产经营。矿井井田面积65.27平方公里，地质资源量为102700万吨，设计可采储量59339万吨。矿井设计年生产能力400万吨，设计服务年限53年。矿井概算投资45.89亿元（不含铁路专用线）。2012年2月6日，巴彦高勒矿井及选煤厂项目核准取得国家发改委的批复；3月2日，地面土建工程开工。当年完成基本建设投资7.98亿元。

【世林化工煤制甲醇项目生产线试运转】 2010年，淄矿集团公司收购世林化工煤制甲醇项目。公司注册资本5.8亿元，其中淄矿集团公司持股60%，尤氏投资公司占40%。项目总体规划为

4×30万吨煤制甲醇。2012年完成基本建设投资2.8亿元，完成计划的128.22%；累计完成投资17.6亿元。2012年9月，生产线开始联合试运转。至年底生产甲醇5398吨。　（赵海喜）

电力工业

【概况】 2012年底，全市有35千伏～500千伏变电站347座，变电总容量1981.84万千伏安，35千伏～500千伏线路410条，线路长度3640.72公里。是年，淄博电网年最高供电负荷409.4万千瓦，全市社会用电总计完成327.52亿千瓦小时，比2011年减少0.61%。其中，工业用电完成283.93亿千瓦小时，占全社会用电的86.69%，降低0.72%；城乡居民生活用电完成22.68亿千瓦小时，占全社会用电的6.62%，降低2.64%。网内华电淄博热电有限公司和华能辛店电厂、白杨河电厂等省统调电厂完成年发电量109.84亿千瓦小时，地方电厂及企业自备电厂完成年发电量86.96亿千瓦小时。

【淄博供电公司】 截至年底，淄博供电公司有职工1579人，辖35千伏及以上变电站98座，变电总容量1152.77万千伏安，输电线路2123公里，年售电量287亿千瓦小时，公司企业规模、设备容量、售电量等均居全省供电单位前列。是年，公司加快坚强智能电网建设，做好电力保障和优质服务，连续6年保持全国“安康杯”竞赛优胜企业称号，获全国电力行业用户满意服务单位称号，在全市行风评议中获第一名。

坚强智能电网建设。5月5日，山东电力集团公司与市政府举行战略会谈，签署《关于共同推进山东（淄博）坚强智能电网建设战略合作协议》。“十二五”期间，淄博电网计划投资130亿元，是“十一五”总投资的三倍。截至年底，累计落实资金101亿元。2012年，一批坚强智能电网重点工程项目开工。4月，220千伏石马变电站投运，全面提升淄博南部电网供电能力。220千伏位庄变电站提前完成老旧设备改造，彻底解决供电安全隐患，有效缓解淄博北网用电高峰时期的负荷压力。500千伏临淄变电站开工建设。年内，公司建成投运35千伏～220千伏输变电工程19项，新开工18项，投运变电容量194万千伏安、输电线路343公里。直供智能配网建设高效推进，直供线路智能化改造完成539条（居全省首位），张店区和淄博高新区率先建成全省规模最大的智能配网，直供区配电自动化覆盖率82%，高青县城区智能配网改造完成，配电可靠性和自动化水平全面提升。城乡中低压电网正在加快改造，全市建成5个电气化区县、62个电气化镇和1855个电气化村。城市“一户一表”直供区改造完成10万户（累计完成35万户），年度智能表安装56.6万只、用电信息采集29.1万户，累计智能表安装98.2万只、用电信息采集97.9万户，智能表应用率和用电信息采集覆盖率均为100%；县公司智能表应用率和用电信息采集覆盖率分别达到26.3%和44.9%，居民用电逐步实现智能化。

城乡一体化服务。秉承“你用电、我用心”服务理念，抓好服务窗口标准化建设，实行24小时服务监督和行风投诉制度，确保兑现供电服务“十项承诺”。实行城乡服务标准、服务措施、服务装

2012年10月9日，淄博电力调度控制中心　（淄博供电公司　供稿）

备和服务信息四个一体化管理，建成1156个城区缴费点和8398个农村缴费点。在城区实行“一柜通”业务综合办理，建成全省第一家24小时自助营业厅。开通12种电费缴纳渠道，城区形成“30分钟抢修圈—10分钟缴费圈”，农村实现缴费“村村设点”，城乡一体化服务体系初步形成。开通“阳光业扩”快速通道，建立以客户需求为导向的营配协同机制，对全市55个重点项目建立业扩动态档案，对110千伏以上供电客户建立VIP客户数据库，为客户提供一对一、全过程、差异化服务。狠抓电压合格率、供电可靠率专项治理，强化客户安全用电管理。开展电气化铁路供电隐患专项治理，指导全市132个重要客户做好设备检修维护，对客户用电隐患由市经信委督促限期整改。建立客户服务应急体系，高压业扩接电时间平均缩短4天，客户故障恢复送电时间平均缩短16.21%。制订《重要电力用户安全性评价细则》，联合市经信委推广漏电保护器安装工作。发布国网系统首个《合同能源管理项目推进计划书》，签订合同能源项目6个。公司获得全省供电部营销服务标杆第一名，“95598”远程工作站获全国电力用户满意服务明星班组称号。

安全生产。把安全生产放在一切工作首位，开展安全年活动，抓好隐患排查治理和安全风险管控，建立涵盖各专业、各层级的“大安全”管理体系。推出线路护区施工审批机制，改善电网运行环境。深化电力应急体系建设，省内第一套智能调度系统投入运行。成立全省首家配电应急抢修中心，实现“调控一体化”“地县一体化”。完成体操世界杯赛保电、“5·25”鲁皖输油管线故障抢险等工作。台风“达维”通过淄博期间，主网110千伏及以上线路和设备未发生跳闸停电事故。至10月19日，公司连续安全生产实现5000天，位居全国同规模供电企业前列。

企业管理。按照统一部署，实施“大规划、大建设、大检修、大运行、大营销”体系建设，深化人财物集约化管理，实现管理体制和机制的全新变革，企业管理步入标准化、集约化、信息化阶段。淄博电力综合监控中心建成投运，生产管理、营销业务、调度自动化等系统全面建成，装备水平实现全新提升。加强县供电企业规范化管理，初步建立一体化运行机制。围绕城市发展大局，抓好路灯建设和管理，完成原山大道路灯新建、张辛路路灯改造等重点工程，公司所辖路灯亮灯率保持99%，原山大道路灯工程获山东省市政金杯示范工程奖。推动电动汽车服务网络建设，成立电动汽车服务公司，扩建积家充电站，为136路电动公交车充电2.3万次。

企业文化和队伍建设。实施创先争优十项金牌工程，增强党组织创新活力。开展以“五项便民措施、四项惠民工程、三项‘善小’关爱行动”为主要内容的为民服务创先争优活动，建立市公司、区供电中心(县公司)、镇供电所三级“共产党员服务队”和“善小志愿服务队”，形成创先争优项目化管理长效机制。公司获山东省为民服务创先争优示范窗口称号，2个团队获山东省青年突击队称号。公司“善小”道德教育与实践活动社会影响力不断增强。加强思想政治工作，落实有针对性的员工关爱措施。公司作为全国13个代表之一参加国际质量年大会，并获得最高奖——三星成果奖。两个班组获全国工人先锋号称号，3个班组获全国质量信得过班组称号，中华全国总工会在全国推广公司班组建设经验。1人入选国家电网公司十大专业领军人才，1人成为山东省突出贡献中青年专家，3人入选山东电力集团公司十大专业领军人才。

(吴 哲)

建材冶金工业

【概况】 2012年，全市建材冶金行业保持平稳发展。龙泉股份、华联矿业、宏达矿业成功上市。全市建材冶金工业限额以上企业676家，完成工业总产值2255亿元，比2011年增长8.89%；主营业务收入2196亿元，增长5.98%；利税290亿元，增长5.59%；利润192亿元，增长8.94%；出口交货值50亿元，增长20.41%。

建材工业限额以上企业364户，完成工业总产值1006亿元、主营业务收入969亿元、利税141亿元、利润90亿元，分别增长8.00%、4.63%、1.50%、3.91%，实现出口交货值20亿元，下降3.58%。

冶金工业限额以上企业312户，完成工业总产值1249亿元、主营业务收入1227亿元、利税149亿元、利润102亿元、出口交货值30亿元,分别增长9.62%、7.07%、9.78%、13.76%、44.04%。

【重点项目建设】　是年,全市建材冶金行业44个技改项目列入市技改导向计划,总投资115亿元。其中20个项目列入市百项重点工程,总投资46亿元,截至年底,18个项目开工,完成固定资产投资18.6亿元,占年度投资的80%。2012年,一批新材料和节能减排项目建成投产,分别是:中凯不锈钢年产30万吨不锈钢线材项目、山东鲁阳股份公司10万吨玄武岩纤维保温板项目、新力玻纤有限公司的2000万平方米的玻纤装饰布项目、淄博宏泰防腐高性能镁合金项目、淄博三林新材料有限公司投资35亿元的航空新材料产业链项目、北金集团投资2亿元的120万吨矿渣钢渣微粉项目、中国铝业公司山东分公司投资1.1亿元的拜耳法赤泥选铁项目。

【产学研结合】　2012年,市建材冶金行业协会举办合作论坛3次,组织企业与7所大专院校和研究单位开展产学研合作。南金兆集团与北京科技大学的"低成本综合炼铁技术"合作项目取得明显效果。淄博强赛特陶瓷公司与山东理工大学合作成立山东理工大学绿色建筑陶瓷工程技术研究中心,利用建陶废料生产出轻质、保温、防火的泡沫外墙装饰陶瓷砖。山东重山集团与天津大学合作开展硼-10的开发研究,并建成中试线,使中国成为全世界第三个突破这一关键技术的国家。协会与中国建材经济研究会、中国工业设计协会联合开展中国工业设计建材行淄博站活动。

【节能减排】　在重点能耗企业开展能效水平对标、达标活动,引导企业落实节能减排措施,实现降本增效。截至年底,19种产品能耗达到淄博市"十二五"末的能耗定额标准,达标率83%。推动"3个节能30项"项目的实施。建材冶金行业6个项目列入全市2012年节能30项,年可节约标煤2万吨,处理建筑垃圾150万立方米,回收轧制油1800吨。制定全市耐火材料行业节能减排意见,引导耐火材料企业实现节能减排目标。2012年列入国家淘汰计划的25家水泥企业、1家钢铁企业、1家焦化企业全部完成淘汰任务并通过省考核组验收,淘汰落后水泥产能1035万吨,粗钢产能40万吨,焦化产能35万吨,落实淘汰落后补助资金1455万元。

【行业管理与服务】　加强建材冶金两大行业经济运行监测分析和调度。每月编印《建材冶金经济运行情况》《建材行业政策与动态》《冶金行业政策与动态》,做好行业信息传递及情况反映。6月,配合市政协完成全市建材冶金行业经济运行情况的调研,提出促进行业发展的建议。配合市经信委完成全市钢铁企业重组方案的编报,10月26日省政府批准同意淄博市以南金兆集团、傅山集团、北金集团为主体组建钢铁集团方案。截至年底,市建材冶金行业共获得中国驰名商标7件、山东省著名商标32件。建材工业协会组织企业参加第二十五届中国(广州)国际陶瓷技术装备及建筑卫生洁具产品展览会、意大利博洛尼亚陶瓷博览会。组织重点建陶企业赴新疆伊犁市、内蒙古赤峰市考察资源及市场情况,推动企业"走出去"。组织全市水泥节能新技术经验交流会,邀请专家介绍当前开发和研制的实用新型节能技术。冶金工业协会组织企业参加第十三届冶金工业展览会和"科技与竞争"战略论坛。做好全市建材冶金行业工程技术人员初级职称评审工作,73名专业人员取得初级专业技术职务资格。

【冶金建材骨干企业】　重点冶金企业(根据2012年产值排列):南金兆集团有限公司、山东淄博傅山企业集团有限公司、山东北金集团有限公司、中国铝业股份有限公司山东分公司、张店钢铁总厂、山东金顺达集团有限公司、山东金岭铁矿、山东华联矿业股份有限公司、山东中凯不锈钢有限公司、山东鲁阳股份有限公司。

重点建材企业(根据2012年产值排列):金晶(集团)有限公司、淄博山水水泥有限公司、山东崇正控股有限公司、山东东华水泥有限公司、山东重山集团有限公司、山东祥和集团股份有限公司、山东龙泉管道工程股份有限公司、山东耿瓷集团有限公司、淄博狮王陶瓷有限公司、山东统一陶瓷有限公司。　　(陈振福　黄　明)

中国铝业公司山东企业

【概况】 中国铝业公司山东企业(山东铝业公司、中国铝业山东分公司,以下简称公司)位于淄博市张店区。2012年,山东铝业公司资产总额25.06亿元,实现营业收入16.33亿元;中国铝业山东分公司资产总额65.21亿元,实现营业收入70.55亿元。公司在岗员工12478名。

【生产经营】 2012年,公司以降本增效为工作重心,完成氧化铝194.8万吨;化学品氧化铝商品总量76.3万吨;水泥164.6万吨,熟料192.3万吨;折百商品碱16.9万吨,液氯14.5万吨;铝锭(含来料加工)8.3万吨。

启动拜耳法氧化铝弹性生产,矿耗、水耗等主要消耗指标明显优化。化学品氧化铝生产开展原料区降本增效专项攻关,生产成本降低10元/立方米。电解铝生产采用异形阴极、低电压等技术,原铝直流电耗12862千瓦小时/吨,创历史最好水平。水泥生产实施降耗提质和限产保价等灵活产销模式,成本下降18.6元/吨。氯碱生产实施避峰填谷、无泄漏治理和电解槽零极距技术改造,实现持续盈利。

在印度尼西亚停止出口矿石70天的情况下,多方组织原料来源,确保公司的氧化铝持续生产。加强外委检修项目集中管理,鼓励外委内干,内部检修工作量达检修总量的80%。盘活阳泉矿闲置矿用车等资产850万元。落实基本电费政策,节约用电费用。优化供应商结构,提高煤炭直供率,减少中间贸易商数量。加强化学品氧化铝产销互动,销量大幅增加,保持市场领先优势。

【结构调整】 确定化学品氧化铝和盐化工两大主业,优化氧化铝、电解铝、水泥等传统产业,搞活赤泥综合利用等三产辅业,实现以产养人的总体发展思路。完善拜耳法氧化铝生产线资产置换方案。青岛博信搬迁改造暨有色设备制造基地建设项目在胶州市马店镇开工。公司牵头组建的中铝职业教育集团揭牌,成为全国首个由中央企业牵头创办的紧密型、行业型职业教育集团。职业学院被确定为全国职工教育培训示范点。公司职业技能鉴定所成为国家级职业技能鉴定所。实施厂区物流矿场设施改造项目,优化矿场和物流布局,降低倒运费和扬尘污染。完成青岛美特容器有限公司股权转让。中铝煅后焦供应基地项目、医院门诊综合楼项目上报中铝公司审批立项。开发出沸石分子筛、中和法大孔拟薄水铝石等新产品;建成高纯氧化铝和活铝球生产线;800吨压铸机项目投产,全年销售压铸件20.5万件;取得食品级盐酸产品许可证;打造以钒为核心的小金属产业链,400吨偏钒酸铵生产线启动。与美国休伯公司达成合作意向;与外商就马来西亚某矿区的合作开发达成共识。与中建材集团积极探索水泥公司重组工作。恒成机械厂外部业务量达90%。智诚建设公司中标多项重大监理项目。设计院中标烟台万润精细化工项目和中州、遵义氧化铝焙烧炉项目。

【企业管理】 第二氧化铝厂运营转型进入持续改善阶段,启动氧化铝厂、化学品氧化铝厂、氯碱厂等单位运营转型工作。实施50个转型项目,实现转型收益9154万元。焙烧炉、锅炉、电机(风机)3个重点项目能源效率模块建设稳步推进。调整管控模式,下移管理重心,部室精简下放审批事项和事务性工作81项;精简机构22.6%,撤并岗位16.5%,减少科级干部26.3%,21%的机关人员与基层进行轮岗交流。大宗原燃料取制样全面实现视频监控,并实施取制样人员轮换制度。选聘56名四级内训师、完善核心人才和骨干员工职业发展通道。建设基础管理信息平台,实现远程办公。鲁中实业实现盈利,医院经营收入创历史最好水平,电子公司利润增加200万元。开展安全专项整治和碳素现场综合治理。应用干法筑坝工艺,改进堆存方式,解决了赤泥堆场安全隐患。推进氧化铝、电解铝安全生产标准化企业创建,通过国家一级审核。

【生态文明建设】 履行央企社会责任,深化生态文明治理行动。厂区、社区道路定时洒水,厂区原料堆场全部加设抑尘网。第一赤泥堆场坝顶、边坡绿化5.3万平方米。第二赤泥堆场进场道路硬化升级改造、蓄洪池建设及矿山区域绿化美化启动,初步建成生态园林式产业园区。实施望花山排土场复垦绿化,协助地方政府投资对白家庄矿区采空区进行生态修复。启动利用7号熟料窑赤泥还原铁综合利用项目。合作建设的赤泥砂化生产线投产,可对全部拜耳法赤泥进行分砂处理,实现常规矿条件下选铁分砂的突破。赤泥分砂率33%,全年减排赤泥68万吨,赤泥综合利用产业园粗具规模。赤泥低成本处理与资源化关键技术及示范项目列入国家"863"科技计划项目。"氧化铝绿色生产技术集成创新及产业化"资源综合利用项目达到国际领先水平。第一堆场赤泥综合应用研究取得重要突破,在水泥公司工业试验中赤泥掺配比例达15%。利用高温窑余热制取热水项目完工,节能效果明显。粉煤灰砖销量增长28.5%。阀门再制造工作年节创价值120万元。中国铝业山东分公司获得第三届节能中国先进单位、淄博市节能先进单位称号。

【党建和民生建设】　开展具有山铝特色的创先争优活动,公司党委被授予全国创先争优先进基层党组织荣誉称号。廉洁风险防控体系建设和"治庸转作风、问责提效能"工作阶段性成果显著。朱传国等4人获全国有色金属行业技术能手称号;徐鸿等12人获得富民兴鲁劳动奖章、振兴淄博劳动奖章;氯碱厂获富民兴鲁劳动奖状,公司医院获振兴淄博劳动奖状。在困境中,企业承诺员工收入不降低。组织479名一线骨干、先模人物和中层管理人员进行荣誉疗养。健全职工医疗救助、日常帮扶救助和专项救助制度体系,累计发放救助金250万元。老旧工矿居住区改造累计建成投用5.7万平方米,6716户居民用上天然气。宿舍区自来水供水管网划拨市自来水公司,居民用水实现社会化管理。　　（赵　垒）

化学工业

【概况】　2012年全市规模以上化工企业688家,因调整行业划类,比2011年减少37家。完成工业总产值3964.08亿元,实现销售收入3913.26亿元,利税421.26亿元,利润224.67亿元,分别增长16.87%、14.99%、0.75%、-5.39%。

【化工骨干企业】　2012年,全市30家重点骨干企业整体水平再上新台阶。龙头企业带动效应明显。金诚石化销售收入近300亿元,东岳集团、汇丰石化超过200亿元,海力化工、蓝帆集团超过100亿元,齐旺达集团、清源集团超过50亿元。中央企业的"十二五"发展布局全面展开。蓝星东大、大成集团、山东新华制药以并入中化集团、华鲁控股为契机,加快对现有产品装置的技术改造,进一步扩大产品市场占有率,结合厂区搬迁积极谋划纳入央企的全国战略布局。联创节能成功上市,鲁华泓锦等6家企业完成上市前准备工作。按照产值排名前十位企业:山东金诚石化集团有限公司、山东东岳集团、山东汇丰石化有限公司、山东海力化工有限公司、山东清源集团有限公司、山东齐旺达石油化工有限公司、山东宏信化工股份有限公司、阳煤集团齐鲁第一化肥有限公司、淄博齐翔石油化工集团有限公司、山东齐鲁增塑剂股份公司。

【重点项目建设】　2012年,列入市百项重点化工项目35项,开工建设31项,开工率88.6%。建成投产和即将建成投产的较大项目:齐翔腾达10万吨丁二烯项目、隆华科技20万吨聚醚项目(一期)、山东万鑫240万套全钢子午线载重轮胎一期(80万套)、广通化工1万吨高纯氧化锆项目、鲁华泓锦5万吨异戊橡胶项目、宏信化工6万吨苯酐及4万吨顺酐项目、一诺威6万吨预聚体项目、蓝帆化工15万吨丁辛醇项目、海力化工20万吨己内酰胺等。开工在建的较大项目有:齐翔腾达橡胶新材料项目、东岳集团2.45万吨功能性有机硅材料项目、万昌科技丙烯腈废气氢氰酸综合利用项目、联创节能4万吨生物基聚醚多元醇项目、华安新材料5000吨五氟乙烷项目、中石化催化剂齐鲁分公司4万吨催化剂项目、飞源化工氟材料循环经济项目、山东汇盈5.5万吨丁二醇及2.5万吨PBS项目、汇丰石化200万吨油品质量升级技改、联合化工15万吨硝酸节能技改及3万吨三聚氰胺联产硝酸铵项目等。

【产学研结合】 市化工行业协会组织召开全市炼油、氯碱行业发展专题研讨会，邀请省石化协会专家作《炼油、氯碱行业发展现状及产业延伸》专题讲座。为高校与化工企业搭建良好的合作平台，成功举办第五届中国·淄博精细化工产学研洽谈会，征集全市化工企业技术难题75项，征集高校和科研院所推介项目400余项，现场签订合作和技术转让协议12项。组织全市重点化工企业赴天津大学等国内重点高校进行项目洽谈。

【化工服务平台建设】 市化工行业人才培训平台发挥显著效用。化工协会联合金诚石化等6家重点化工企业和淄博职业学院，建成全市唯一的化工行业人才培训基地，全年为全市100多家化工企业培训化工人才1000余人次。化工协会专业网站和淄博化工通讯两大信息平台逐渐成为化工行业对外宣传和招商引资的重要阵地，成为化工企业与高校专家联系沟通的重要平台。全年有50家企业与高校达成共建协议，高分子材料创业园与10多家高校达成入园协议。精细化工产学研洽谈会在规模和影响力上进一步扩大。

【禁化武履约工作】 顺利通过国际禁化武组织对淄博凯美可工贸有限公司的履约核查工作。审批和监控7家企业拆除监控化学品生产设施。审批新建监控化学品生产企业11家，对180家监控化学品生产企业进行年度核准，对16家企业进行现场考核检查。在全市部署开展监控化学品生产企业大检查，在承诺期内完成监控化学品生产企业的批准或核准工作。组织80多家企业参加禁化武履约培训，对核查准备、数据宣布等内容进行全面培训。

【农药生产企业管理】 及时为农药生产企业办理相关手续，全年审核上报农药新产品和换证产品22个。完成省农药生产条件考核组接待工作。针对全市农药生产企业状况，开展转方式调结构的调研活动。会同有关部门查处一起非法转移生产设施案件，并予以妥善处理。 （代丽丽）

齐鲁石化

【概况】 中国石油化工股份有限公司齐鲁分公司（简称齐鲁分公司）、中国石化集团资产经营管理有限公司齐鲁石化分公司（简称齐鲁石化分公司）通称齐鲁石化，是中国石化集团直属的拥有石油化工、盐化工、煤化工、天然气化工等加工工艺最为齐全的炼化企业。拥有大型石油化工生产装置90余套，可生产各类石化产品120余种。

截至年底，齐鲁石化固定资产原值394.52亿元，净值142.15亿元。设直属单位28个，机关部门25个；直属机构7个，部门挂靠机构8个，驻外机构4个。用工总量33165人。其中，正式员工25953人，劳务用工7212人。共有专业技术人员3072人。其中，高级职称510人，中级职称1625人，初级职称937人。

2012年，公司加工原油1027.6万吨，生产乙烯80万吨、塑料106万吨、橡胶40.6万吨、丁辛醇34.3万吨、烧碱45.9万吨、丙烯腈10.3万吨、腈纶6万吨，热电发电37.7亿千瓦小时。其中，橡胶产量、丁辛醇和丙烯腈产量再创历史新高。实现营业收入782.6亿元，上缴税金94亿元，累计挖潜增效17.5亿元。其中存续部分盈利2177.6万元，自2007年首次实现整体扭亏为盈。

【贺国强视察齐鲁石化】 4月22日，中共中央政治局常委、中央纪律检查委员会书记贺国强到齐鲁石化考察调研，贺国强先后视察齐鲁石化炼油厂联合装置车间、橡胶厂丁苯二车间、烯烃厂裂解装置。他要求企业加强技术改造，推进产品创新，不断提高企业经营水平和效益。

【经济运行】 公司深挖装置潜力，经济运行水平大幅提升。41项主要经济技术指标中的29项创历史最好水平，11项达到系统内先进水平，其中原油加工损失率降至0.42%；乙烯加工损失率降至0.19%，乙烯高附收率达59.97%。分析研判国际原油价格变化，把握时机提高现货合同比例，开辟阿尔滨和冷湖2个新油种，进口原油采购降低成本2.6亿元。

【企业管理】 按照“经营一元钱，节约一分钱”的要求，推进全员成本目标管理，强化全面预算管理，严格控制成本费用支出，压减修理费、非生产性费用1.5亿元；优化结算流程，多渠道筹集资金，节约财务费用4518万元。全年清收欠款5623万元，废旧物资处置增效6635万元。规范盘活房地产增效1299万元，社区水、电损耗分别由30.6%、10.4%降至15%、7%。按照标准化、文本化、信息化的要求，完成规章制度的标准化改造，工资系统、合同管理系统成功上线。完成物资采购业务、销售业务专业化集中管理，减少机构45个，减少科级干部166人。

【节能减排】 公用工程持续优化，热电锅炉达标提效改造顺利完成，天然气进厂同比增加5403万立方米，减少液化气用量2013吨，节约氮气1270万立方米，吨油耗氢降低0.52千克。全年累计节能6.38万吨标准油、节电5449万千瓦小时，节水146万吨、减排工业废水179万吨，化学需氧量、二氧化硫分别减少排放19.66%、11.12%，污水处理厂连续达标排放800天。

【合成橡胶产量连续3年全国第一】 2012年，橡胶厂深度优化装置生产，做大总量，摊薄成本。全年合成橡胶装置负荷始终保持在137%运行，3套合成橡胶装置产量同创历史新高。截至年底，橡胶厂累计生产合成橡胶40.6万吨，产品加工损失率降低0.09%，目的产品可比能耗降低5.26%，均创历史最好水平，其中合成橡胶产量连续3年全国第一。

【25万吨/年高密度聚乙烯装置建成中交】 25万吨/年高密度聚乙烯装置（简称PE）项目总投资8.77亿元，2011年3月桩基工程开工，2012年11月20日建成中交。整套装置采用GPE国产化聚乙烯工艺技术路线，年生产能力为25万吨高密度聚乙烯产品，其规模由原料乙烯综合平衡后确定，乙烯原料来自乙烯裂解装置，可供乙烯量为24.12万吨/年。该项目挤压造粒机组和循环气压缩机组首次实现国产化。

【炼油装置扩能改造】 2012年，胜利炼油厂加工高硫高酸原油适应性改造圆满完成。三焦化装置由140万吨/年扩能改造为170万吨/年；三加氢装置由260万吨/年扩建为340万吨/年，确保了柴油质量达到国Ⅲ标准要求。扩能改造任务的完成，实现一次加工装置和二次加工装置的能力配套，为炼油厂原油加工能力提升至1200万吨奠定基础。11月，炼油厂90万吨/年S－2orb装置扩能改造项目获中国石化总部批复，总投资2250万元。实施后，可消除装置瓶颈，处理能力达120万吨/年。

【13万吨/年丙烯腈项目合资合同签订】 13万吨/年丙烯腈合资项目是齐鲁石化与民营企业万达集团的合作项目，位于东营港经济开发区石化工业园内，合资期限30年。项目总投资15.76亿元，一期占地面积约40公顷。2012年12月18日，项目合资合同签署。

【催化干气回收乙烯项目通过节能竣工验收】 8月28日，淄博市经济和信息化委员会同临淄区经信局组织专家，对胜利炼油厂催化干气回收乙烯项目进行节能竣工专项验收。验收组认为齐鲁石化采取的节能措施达到项目要求，项目通过验收。该项目于2010年9月开工建设，2011年9月装置试运行，2012年2月23日正式运行。

【李安喜事迹宣传报道】 9月12—14日，《人民日报》、中央电视台、新华社等26家中央和国家主流媒体的35名记者进驻齐鲁石化，参加走进中国石化——国企带头人李安喜先进事迹宣传报道媒体采访活动。新华社以《中石化总经理助理李安喜：国企“老黄牛”的时代担当》为题发出通稿，《人民日报》以《“挑刺儿”挑出高效益》为标题，《中国青年报》以《齐鲁石化李安喜：拿命换效益》为标题，介绍李安喜的事迹。新华网等20家媒体推出相关报道。中央电视台《东方时空》人物专栏介绍了李安喜的事迹。

【人才成长通道建设】 健全管理、技术和操作三个序列职位选聘和薪酬运行机制，完成副主任技师、高级技师等职位授聘。举办强化管理挖潜增效研讨班和贯彻十八大精神厂处级干部研讨班。组织财务审计和机关党群干部开展生产经营管理知识专业培训，完成对2223名班组长的系统培训，对8260人进行技能鉴定，队伍综合素质进一步提高。在中国石化集团公司年度业务竞赛中，齐鲁石化金牌总数、奖牌总数、团体成绩均列炼化企业第一名。

【和谐企业建设】 把"企业发展、职工幸福"当作齐鲁石化的最高追求，积极为职工群众办实事、解难事。采取提高基本薪酬标准等措施，在岗职工收入大幅增加。调整劳动家属的养老金和内退职工的基本生活费。提高军转干部补助标准，历史遗留问题全部解决。推进三级帮扶和车间互助会建设，拓宽帮扶救助范围，发放帮扶救助金2271万元。5名优秀党员干部进驻郯城县泉源乡10个村担任"第一书记"抓党建促脱贫。

（曹钰梅）

医药工业

【概况】 2012年，全市规模以上医药工业企业63家，完成工业总产值391.52亿元，比2011年增长14.81%；实现销售收入380.02亿元，增长15.99%；实现利税54.09亿元，增长20.75%；实现利润33.60亿元，增长18.28%。经济总量位居全省第一。瑞阳制药、新华制药、齐都药业进入2012中国化学制药行业工业企业综合实力百强；齐都药业获2012年中国医药工业最具投资价值企业(非上市)称号。

【项目建设】 2012年，全市医药工业完成固定资产投资40.78万元，比2011年增长64.10%。重点投资项目36个，总投资51.68亿元，其中开工29个、竣工投产11个。6个项目被列入山东省工业转方式调结构1000项重点项目，13个项目被列入淄博市百项重点项目。代表项目：山东新华制药股份有限公司的安乃近系列产品搬迁改造项目、山东瑞阳制药有限公司的非青霉素类冻干粉针技术改造项目、山东金城医药化工股份有限公司的年产500吨呋喃铵盐产业化项目、山东新华医疗器械股份有新公司的低温灭菌设备及数字一体化手术室工程项目、山东省药用玻璃股份有限公司的年产26亿只模抗瓶节能与环保治理技术改造项目、山东淄博民康医药公司的预灌封注射器项目三期工程、山东淄博山川医用器材有限公司的药械生产一体化项目等。

【出口贸易】 2012年，全市医药工业规模以上企业完成出口交货值66.11亿元，比2011年增长3.30%。新华制药加大制剂产品出口工作力度，全年实现布洛芬片剂出口1.73亿片，增长359%。齐都药业大输液产品出口实现"零"的突破。

【技术创新】 市委组织部、市经信委、市医药行业协会联合印发《淄博市医药行业技术创新及产业升级人才支撑行动计划(2013—2015)》，对医药人才的引进和培育等方面提出指导性意见。市医药行业协会组织山东理工大学、淄博职业学院等12家单位的50余名医药博士，创建全省首个医药博士技术创新促进联盟。组织开展首届全市医药行业十佳技术创新人才奖评选和淄博医药技术创新方略论坛。在陶博会期间，组织开展医药产学研项目洽谈专题活动，邀请浙江大学、中国药科大学、沈阳药科大学、山东大学等高校发布新药科研成果项目145个。截至年底，全市医药工业在研的新产品127个，产学研合作项目46项，12项列入省重点技术创新项目，29项获专项资金支持，31个新产品上市。瑞阳制药、新华医疗、金城医药、齐都药业创建省重点实验室；鲁维药业、世博金都、鑫泉医药、金洋药业创建省工程技术研究中心；新华制药创建院士工作站和博士科技工作站。瑞阳制药获2012年中国医药研发产品线最佳工业企业称号。2月，金城医药与济南大学研发的第三代头孢抗菌素中间体活性酯关键技术及产业化项目获2011年度国家科技进步奖二等奖。

【品牌建设】 组织开展品牌建设年活动，对医药工业品牌建设情况开展专题调研。新华制药获

2012中国化学制药行业原料药出口型企业品牌十强和制剂出口型优秀企业称号；瑞阳制药注射用美洛西林钠舒巴坦钠获2012中国化学制药行业抗感染类产品品牌十强称号；齐都药业获2012中国化学制药行业成长型企业品牌十强称号，其羟乙基淀粉130/0.4氯化钠注射液获2012中国化学制药行业血液及造血系统类优秀产品品牌；新达制药获2012中国化学制药行业创新型企业品牌十强称号。

【行业服务】　加强经济运行监测、调度，定期召开经济运行分析调度会，准确把握行业和重点企业发展情况及出现的问题，及时为市委、市政府提供决策依据。对全市医疗器械和制药装备生产企业开展专题调研，组织引导产业加快发展。编制《淄博市医药工业推进两化融合(2012—2015)行动计划》，围绕重点企业和重点环节，推进实施6个重点项目建设。举办淄博医药产业转型升级高峰论坛，邀请业内专家作医药转型升级专题报告。组织医药及医药工程初级技术职务评审，409人获初级专业技术职务任职资格。与淄博电视台合作、编辑播出《淄博医药发展思考》专题节目。“淄博医药网”升级改版，被市委宣传部、市网络办评为淄博市首届优秀网站。

【骨干企业】　按照2012年产值排名前十位的企业：山东瑞阳制药有限公司、山东药玻集团、山东新华医药集团有限责任公司、淄博金城实业股份有限公司、山东淄博山川医用器材有限公司、山东新华医疗器械集团、山东鲁维制药有限公司、山东齐都药业有限公司、山东侨牌集团有限公司、山东鑫泉医药有限公司。　　（商玉芳）

机械工业

【概况】　2012年，全市机械工业实现主营业务收入1707.2亿元，占全市工业的16.8%，比2011年增长18.3%，高出全市平均水平6个百分点；实现利税、利润分别增长23.0%、23.1%，高出全市平均水平14个和14.4个百分点。佶缔纳士机械有限公司、华成集团等33家机械企业进入淄博市纳税500强。

年内，淄博市被列为山东省高端装备制造产业基地；淄川经济开发区被列为山东省高端装备制造产业园和山东省新型工业化产业示范基地。淄博柴油机总公司搬迁改造暨新能源项目奠基；企业技术中心被认定为国家级企业技术中心；“淄柴”牌双燃料发动机研制成功。唐骏欧铃汽车制造有限公司电动微卡列入国家汽车产业目录。淄博市机械工业百年史话——4集大型纪录片《铁流》拍摄完成。

【技术创新】　全市装备制造业转型升级明显，自主创新能力显著增强。2012年度全行业技改投资占固定资产投资比例达94%，新增国家级企业技术中心1个、省级企业技术中心4个、市级企业技术中心8个；新增院士工作站5家；新增专利2000余项，其中发明专利160余项；制定各类标准530项，其中国家标准30余项；20项技术成果获山东省机械工业科技进步奖，17项技术成果获淄博市科学技术进步奖，5个产品获山东省重点领域首台套技术装备称号。

【开拓国际市场】　行业对外开放度明显提升。组织100余家企业参加欧洲各国以及东南亚等新兴市场的商务活动和专业展会7次。2012年机电产品出口创汇7.02亿美元，增长水平高出全市平均水平18.5个百分点。淄博柴油机总公司以技术输出方式为缅甸建设柴油机厂；博润公司在美国肯塔基建设洗选和储运设备生产基地；富力澳公司在越南承建汽车板簧生产线；三金玻璃和欧锴空调公司与跨国公司合作取得实质进展，产品质量和技术水平明显提升。

【新产品研发】　2012年，全市机械行业一批新产品相继研发成功，分别是：山东山博电机集团研发的大功率高速永磁同步发电机，淄博大力矿山机械有限公司研发的WJD-1电动铲运机，山东嘉丰玻璃机械有限公司研发的H6-6-34F型六组六滴料行列式制瓶机，华成集团研发的KPL系列重载圆锥圆柱行星，山东万丰煤化工设备制造有限公司研发的硫化床粉煤气化煤气发生炉，山东胜利钢管有限公司研发的预精焊螺旋缝埋弧焊管，淄博柴油机总公司研发的6210准内混式电控燃气喷射/柴油双燃料发动机，山东计保电气有限公司研发的10千伏高压电能计量标准装置，山东晨钟机械股份有限公司研发的35千瓦漂浮式液压海浪发电站，高青磁谷风电设备制造有限公司研发的磁悬磁动风电机组。

【一批新产品被确定为山东省重点领域首台套技术装备】 年内，一批新产品被确定为2012年度山东省重点领域首台套技术装备，分别是：淄博市王庄煤矿生产的300立方米搅拌型高水膨胀材料充填成套装置，山东嘉丰玻璃机械有限公司生产的六组六滴料行列式制瓶机，淄博义丰机械工程有限公司生产的新型节能CG3Q3.6－2A两段式煤气发生炉，山东派力迪环保工程有限公司生产的双介质阻挡放电产生低温等离子体处理异味气体装置，山东省生建重工有限责任公司生产的ME360－19 A5门式起重机。

【14种新产品被列为山东省高端技术装备新产品】 14种产品被列为山东省高端技术装备新产品，分别是：山东新华医疗器械股份有限公司生产的RSY2－1－2500型大输液软包装全自动制袋灌封机，山东博润工业技术有限公司生产的BSB1133型卧式筛网沉降式离心机，山东博润工业技术有限公司生产的PLS80/240－5000型精确快速智能装车系统，淄博泰光电力器材厂生产的FXBZW－1100/160－840型直流棒形复合绝缘子，山东思达电气有限公司生产的MNG－27.5/4500kVar型磁控电抗器式动态无功补偿及谐波治理成套装置，山东派力迪环保工程有限公司生产的I－64、II－96、III－160型低温等离子废气处理装置，山东天晟煤矿装备有限公司生产3种支架、中材淄博重型机械有限公司生产的TE-Su－330TESu型双双分离式高效选粉机，淄博华成泵业有限公司生产的TL系列脱硫循环泵，淄博水环真空泵厂有限公司生产的2BEC系列大型水环真空泵(瓦斯抽放泵站)，山东华成中德传动设备有限公司生产的HB系列精密减速机，淄博大亚金属科技股份有限公司生产的S70－S930型低贝铸钢丸，山东万丰煤化工设备制造有限公司生产的WF/FL10A型流化床粉煤气化煤气发生炉，淄博义丰机械工程有限公司生产的CG3Q3.6－2A型节能两段式气化炉。

【企业管理】 2012年，山东唐骏欧铃汽车制造有限公司、山东特种工业集团有限公司获中国机械工业管理进步示范企业称号。山东颜山泵业有限公司、山东祥和集团股份有限公司、山东美陵化工设备股份有限公司、山东万丰煤化工设备制造有限公司、山东巨明机械有限公司的商标获中国驰名商标称号。山东新华医疗器械股份有限公司、淄博水环真空泵厂有限公司、山东美陵化工设备股份有限公司获淄博市首届市长质量管理奖。淄博泰勒换热设备股份有限公司、山东上德电气股份有限公司、淄博金龙电力设备股份有限公司3家企业在齐鲁股权托管交易中心上柜融资。

(张振富　王万忠)

电子信息产业

【概况】 2012年，全市电子信息产业保持快速健康发展的良好态势。全市电子信息制造业规模以上企业164家，实现主营业务收入301.65亿元、利税44.09亿元、利润31.51亿元，比2011年分别增长22.84%、25.78%和22.45%。软件服务业主营业务收入增长82.6%。1个园区和3家企业分别被认定为省级信息技术产业园区和省级工程技术中心。

【产业链项目】 进一步推进项目实施，及时调度、监测实施过程中出现的问题，帮助企业排忧解难。淄博市4条电子信息产业链共12个项目，总投资57.68亿元，完成年度投资6.15亿元。

【对台合作】 2012年4月，市人大常委会第一副主任王顶岐率市经贸考察团到台湾参加淄博—台湾产业交流会并考察企业，推动淄博市与台湾信息产业的合作。会上签订合作协议7项。其中，市政府与台湾电电公会及资策会各签订协议1项，市经信委与台湾清华大学签订合作协议1项，淄博市企业与台湾企业签订产业合作项目4项。

【项目和资金争取】 2012年，1个项目列入工信部电子信息制造业专项资金项目，获补助资金500万元。3个项目列入省信息技术制造业专项扶持项目，获扶持资金170万元，其中山东信通电器有限公司移动物联网智能终端项目获得扶持资金120万元、山东泰宝防伪技术有限公司获得扶持资金20万元、山东计保电气有限公司获得扶持资金30万元。

【美林电子IGBT新产品研发成功】 2012年11月30日，淄博美林电子有限公司举行IGBT产品发布会，宣告推出7款最新研发的IGBT产品。IGBT是绝缘栅双极性晶体管的英文缩写。IGBT是各类制造业中变频、节能应用的“金钥匙”。淄博美林电子有限公司IGBT新产品的成功研发，打破国际技术垄断，对于完善淄博市电子信息产业链条、壮大电子信息产业、提高电子信息产业的核心竞争力具有重要意义。

【企业信息化建设】 淄博市深入推进信息技术改造传统产业，信息技术在企业产品研发设计、生产过程控制、产品营销、企业管理等关键环节得到广泛应用，90%规模以上企业应用各种信息系统进行管理，逐步向工艺设计电脑化、生产制造自动化、经营管理信息化方向发展。信息技术的应用使企业产品设计周期缩短62%，开发成本降低37%。信息化对企业效益增长平均贡献率达28%，对于水泥、玻璃等行业节能减排的贡献率达50%。

【“两化”融合】 成立信息化工业化融合促进中心，成功搭建国内首家纺织服装虚拟信息化平台。10家企业入选省“两化”融合“四个一百”工程（到2015年，全省培育、认定100个信息技术推广中心、100个数字化装备制造中心、100个智能化供应链管理中心、100个能源监测自动化控制中心）。淄博高新区被认定为省级物联网产业基地，8家企业被认定为省级物联网重点示范企业。5家企业被认定为省电子商务企业。卓创资讯、乐物科技等电子商务平台发展迅速。

【社会信息化】 开展专项保密、数据安全管理备案等检查，为全市信息安全提供保障。加强“无线城市”建设，全市基本实现城区、主要乡镇网络全覆盖。山东城联一卡通公司正式获得中国人民银行支付牌照，成为全省第二家开展预付卡发行与受理业务的非金融机构。工程建设领域项目信息和信用信息公开共享系统、人口基础信息数据库备份系统、地理信息数据库系统等项目建设顺利推进。“无线城市”基本建成，“智慧淄博”建设开始启动，淄川般阳社区“三维数字信息平台”、淄博高新区“智慧城市数字港”等项目有效助力社会管理和政府服务创新。 （孙耀祖）

陶瓷工业

【概况】 2012年，全市陶瓷行业规模以上企业112个，全行业完成工业总产值248亿元，比2011年增长16.4%；工业增加值54亿元，增长14%；实现销售收入240亿元，增长17.07%；利税总额36亿元，增长37.40%；利润25亿元，增长29.53%。淄博“国瓷汇”陶瓷文化创意园开园。

【三项国家标准颁布】 由淄博市陶瓷行业协会牵头组织起草申报的《镁质强化瓷器》《高石英质瓷器》《抗菌骨质瓷器》三项国家标准2011年12月31日颁布。

【醴陵釉下五彩展览】 5月，市陶瓷行业协会和湖南省陶瓷行业协会协作，在淄博中国陶瓷馆举办醴陵釉下五彩陶瓷大师艺术作品展，旨在交流陶瓷艺术创作技艺，探讨陶瓷艺术创作技法，推动山东淄博和湖南醴陵陶瓷艺术创新发展。20位陶瓷艺术大师的40余件作品参展。

【淄博陶瓷在中国陶瓷文化艺术创意展上获奖】 6月，在北京举行的第二届中国陶瓷文化艺术创意精品展览会上，淄博市的8家企业、3名个人参加展会，获金奖6个、银奖10个、铜奖8个。金马瓷器的彩绘陶板《陶韵》、马志河的高温窑变28英寸刻瓷装饰盘《春江水暖》、华光陶瓷的魏美丽和李旭的华青瓷系列艺术花瓶，高太鲁、孙庆萍的《花香怡人》餐茶具，周祖毅、周冠丞的28英寸雨点釉圆盘和信德盛的双耳马头罗纹瓶《大自然传奇》获金奖。

【淄博陶瓷行业品牌工作指导站成立】 9月7日，淄博陶瓷行业品牌工作指导站成立，中国陶协理事长何天雄为品牌工作指导站授牌。淄博市陶瓷行业品牌工作指导站旨在推动陶瓷企业转型升级逐步走向规范化、正规化。为企业的商标注册、专利申报、品牌申报和管理等方面做好咨询，对企业品牌建设进行指导服务。

【"国华杯"陶瓷设计创新精品大赛】 8月16—17日，市陶瓷行业协会在淄博中国陶瓷馆举办"国华杯"全省陶瓷艺术设计创新评比。全国7所院校、15家企业、200多个艺术工作室及艺人的442套2944余件作品参评。评出金奖53个、银奖62个、铜奖79个。

【淄博陶瓷走入伦敦奥运】 在伦敦举行的第三十届奥林匹克运动会开幕前夕，淄博国华瓷器有限公司2万件咖啡杯、餐盘等西餐具获准进入伦敦奥运会奥运村。

【淄博"国瓷汇"陶瓷文化创意园】 9月5日，淄博"国瓷汇"陶瓷文化创意园开园。山东硅苑科技、淄博华光陶瓷、淄博泰山瓷业、淄博福泰陶瓷、淄博国华瓷器、淄博金马陶瓷、淄博鲁玉陶瓷等知名陶瓷企业及江西景德镇、福建德化、浙江龙泉、湖南醴陵等陶瓷产区率先入驻。淄博"国瓷汇"陶瓷文化创意园设在中国陶瓷馆东一楼，首期工程面积10000平方米。

【全国第二届国家陶艺大师作品展】 9月5日至11月5日，全国第二届中国陶瓷艺术大师作品展在中国陶瓷馆举行。展览共展出93位大师的陶瓷艺术精品93件(套)。

【尹干陶艺50年回顾展】 9月5日至10月15日，中国陶瓷艺术大师尹干从事陶艺创作50年回顾展在中国陶瓷馆举行，共展出20多个系列的陶瓷艺术作品200余件(套)。

【淄博陶博会·新材料技术论坛】 9月6日，第十二届中国(淄博)国际陶瓷博览会·第十一届中国(淄博)新材料技术论坛暨国际科技成果招商洽谈会在中国陶瓷科技城举行。展会总展览面积30万平方米，参展、参会单位1824家，参展产品3万余种，客流量20万余人次。20多个国家和地区的外宾、外商代表，11个国家和地区的800多名经销商前来采购和洽谈合作，总交易额43.5亿元。其中现场交易18.5亿元、达成意向25亿元。

【"淄博陶瓷 当代国窑"展】 9月6—9日，"淄博陶瓷 当代国窑"展开展。展览分"制定国标 彰显国窑""名师国画 添彩国窑""创新精品 引领国窑""走出国门 弘扬国窑""地域品牌 提升国窑""市民参与 感悟国窑"6个展区。

【"淄博陶瓷 当代国窑"地域品牌授权】 9月7日，"淄博陶瓷 当代国窑"地域品牌第五批授权使用仪式在陶瓷科技城国家质检中心举行。授权淄博银海瓷业有限公司、淄博中意陶瓷有限公司使用"淄博陶瓷"地理标志证明商标和"淄博陶瓷 当代国窑"地域品牌。山东省淄博华洋陶瓷有限公司、山东国华瓷器有限公司、淄博泰山瓷业有限公司、山东福泰陶瓷有限公司4家企业获准续延使用。

【9家企业获山东省品牌建设示范企业称号】 9月7日，山东省品牌建设示范企业授牌仪式在市质检中心举行，淄博市授权使用"淄博陶瓷"地理标志证明商标和"淄博陶瓷 当代国窑"地域品牌的淄博华光陶瓷、山东硅苑科技、淄博华洋陶瓷、淄博泰山瓷业、山东福泰陶瓷、山东国华瓷器、淄博金马陶瓷、淄博华浩陶瓷、淄博鲁玉陶瓷9家企业被山东省经信委授予山东省品牌建设示范企业称号。

【陶瓷精品拍卖会】 9月7日，由淄博中国陶瓷馆、荣宝斋淄博有限公司、淄博市陶瓷行业协会承办的2012"淄博陶瓷 当代国窑"陶瓷艺术品拍卖

(展示)会在淄博荣宝大厦举行。现场成交额1454.6万元。其中,现代拍品成交额902.6万元,古代拍品成交额552万元。

【陶瓷材质研发获突破】　12月25日,山东硅苑科技研制的"欣玉瓷材质及关键技术的研究"和"氧化焰青瓷的研制"两个项目,通过市科技局组织的成果鉴定。

欣玉瓷,白度高、透光度好、釉面光润,使原料成本比同类制品低30%～40%。其抗热震性高达210℃～20℃水一次热交换不炸裂,综合技术水平国际领先,产品被评为全省陶瓷创新一等奖。硅元青瓷,与传统青瓷相比,呈色更加稳定、色泽青翠、质感温润。与传统还原焰烧成方法相比,工艺操作简单,产品成品率高,易于推广,技术达到国内领先水平。

【刻瓷烤彩】　刻瓷烤彩是将镌刻的作品,赋以陶瓷颜色,再入窑经过800℃左右的高温烧烤,颜色艳丽,永不褪色。董善习经一年多的反复试验终获成功。董善习的刻瓷烤彩艺术作品获得全省陶瓷创新评比金奖。　　(钱景华)

纺织工业

【概况】　2012年,全市规模以上纺织企业完成工业总产值321.85亿元,比2011年增长7.87%。生产纱16.37万吨,增长4.48%;布9.76亿米,增长70.37%;服装7596万件,增长7.49%;化学纤维20.45万吨,增长44.15%。受棉花价格上涨影响,全市纺织企业调整原料结构和产品结构,减少棉花纤维的用量,加大涤纶、粘胶纤维用量,生产混纺布5.42亿米,增长537.64%,占同期全市产布量的55.49%,有效规避棉花价格风险。

全市规模以上纺织企业完成销售产值311.37亿元,增长6.89%;产销率96.75%,产销衔接平稳。实现销售收入318.07亿元,增长6.05%;利润26.71亿元,下降5.23%;利税38.19亿元,下降5.12%。行业销售利润率仍保持在8%以上,高于全省、全国平均水平(全省销售利润率为5.92%,全国为4.5%)。全年完成出口创汇15.04亿元,增长0.5%。其中,纺织业出口创汇8.82亿元,下降5.5%;服装业出口创汇6.22亿元,增长10.4%。

【科技创新】　是年,市政府与国家纺织品开发中心签署战略合作协议,国家纺织品开发中心将指导、帮助搭建淄博纺织创新服务平台,组建基于纺织产业链的产品开发协作体系,提高淄博纺织企业的产品开发能力和纺织产业链集成创新能力。鲁泰纺织服装工程研究院启用。鲁泰集团的4个项目获"纺织之光"2012年度中纺联科学技术奖,其中《泡沫整理技术在轻薄面料上的产业化应用》《新型改性淀粉浆料生产与替代PVA应用关键技术》获二等奖,《电晕技术在浆纱工艺中的研究及应用》《扭妥纺工业化成套技术推广及其产业化》获得三等奖。

【纺织创意设计】　是年,由中国棉纺协会主办,省纺织协会、市经信委、市纺织协会承办的第二届全国"银仕来杯"大提花面料创意设计大赛成功举办。共收到参赛作品670幅,评出金奖1名、银奖2名、铜奖3名,最佳设计、创意、色彩、工艺、市场潜力奖各1名。"华丽·依步达"2012秋冬新品发布会在深圳举办,展示了公司在创意设计方面取得的丰硕成果。祥业公司和山东丝绸纺织职业学院建立定向设计合作关系,祥业公司2013上海家纺展的产品设计画稿由山东丝绸纺织职业学院设计制作完成。东华大学服装设计学院为海思堡设计的秋冬时装专场发布会在2012年"东华时尚周"期间举办,尽展时尚创意魅力。市纺织协会组织30家企业赴台学习转型经验,开展经贸合作,达成多项合作协议。

【绿色纺织建设】　是年,市纺织协会积极协调奈琦尔公司、流云公司、海思堡公司共同推进海藻纤维产业化项目。流云公司申报的海藻纤维产业化项目列入黄河三角洲重点扶持项目,获得省发改委拨款600万元。年底,青岛大学康通公司海藻纤维生产线一次试车成功。鲁泰集团、鲁丰公司、兰雁集团、沃源新型面料公司、大染坊集团、飞狮市被公司6家印染企业进入国家首批印染行业准入企业名单(全省11家),印染准入工作走在全省前列。金浩公司、大染坊集团、祥源公司等企业获得淘汰落后印染产能补贴。市纺织协会在全行业推广LED节能灯6万只。国家PVA浆料推广基地在鲁泰集团建成。流云公司的淄博市生态纤维工程实验室通过验收。

【数字纺织建设】 是年,淄博创意纺织培训班在山东丝绸纺织职业学院举办。市纺织行业协会、山东丝绸纺织职业学院、台湾羽冠电脑公司、海思堡服饰公司联合建设淄博市纺织产业云公共服务平台合作协议签署。美国PTC、深圳博克、海思堡公司向山东丝绸纺织职业学院捐赠价值870万元的纺织服装设计虚拟仿真平台软件。银仕来公司的"智慧工厂"项目启动,在台湾羽冠公司专家的努力下,银仕来公司将各自独立的几百套高端装备实现数字化连接,智慧车间和智慧仓库极大地提升了企业的生产和物流水平。

【企业管理】 是年,鲁泰集团、银仕来公司、兰雁集团、流云公司、大染坊集团、齐赛公司6家企业入围中国纺织服装企业竞争力500强;鲁泰集团、银仕来公司、兰雁集团3家企业进入棉纺织竞争力20强。海思堡服饰有限公司进入由工信部、中纺联重点跟踪培育的全国111家服装家纺自主品牌企业名单。市纺织协会与市标准化协会联合举办《国家纺织产品基本安全技术规范》等强制性标准宣传贯彻培训班,邀请标准主要起草人郑宇英研究员对标准进行详细解读,50家纺织企业负责人参加培训。市纺织协会印发《淄博市纺织工业企业安全管理规范》,被授予全省纺织行业安全生产先进单位称号。鲁泰公司、兰雁集团、大染坊集团、齐赛公司、兰骏集团、沃源公司、北斗星公司获全省纺织行业安全生产先进企业称号,8人获全省纺织行业安全生产先进个人称号。兰雁集团通过全球有机棉管理体系认证和日本白名单管理体系认证。飞狮巾被公司被中纺联授予第二批白名单资质企业称号。鲁泰公司获首届全国纺织行业质量奖,云涛公司、兰雁集团获全国纺织行业实施卓越绩效模式先进单位称号。

【行业管理与服务】 市纺织协会应邀在全国棉纺产业集群建设会议、全省纺织工作会议作典型经验介绍。组织企业赴京参加全国纺织创新大会和产品开发基地活动。应高青县邀请,组织省、市纺织协会联合调研组,对高青纺织集群建设进行调研,撰写调研报告。编辑出版发行《淄博纺织会刊》6期,编纂年终卷——《转型之维》。重点开展"当高手、当推手、不伸手"活动,加强党风廉政建设,落实党风廉政建设责任制,履行"一岗双责"。市纺织协会、市人社局、市妇联、市总工会联合举办2012年全市纺织服装职业技能大赛。

【骨干企业】 2012年,按照销售收入排名前9位的企业分别是:鲁泰集团、兰雁集团、银仕来集团、兰骏集团、钜创纺织、山东齐赛、沃源纺织、大染坊集团、流云纺织。 (李 谦)

丝 绸 工 业

【概况】 2012年,全市有桑园800公顷,生产蚕茧120万公斤、桑葚12万公斤。丝绸企业生产厂丝146.85吨、丝织品1208.72万米、印染丝织品2967.62万米、服装1.9万件、制品130万件、染丝490.35吨。实现销售收入5.66亿元,创汇1617万美元,上缴税金1974.7万元。淄博大染坊丝绸集团有限公司进入周村区2012年度纳税10强、淄博市纳税500强。

【技术改造】 淄博大染坊集团投资5000万元,购置K88新型剑杆织机10台、改进型样机2台、宽幅提花剑杆织机14台、宽幅提花喷气织机10台、R880剑杆织机14台、宽幅喷气织机8台,淘汰置换有梭织机100台,巩固了全国宽幅丝绸家纺面料龙头企业及织造产量全国第一的地位;投入1320万元,更新置换轧染生产线和印花生产线有底连续蒸化机及印花单元,提升产品档次、附加值和竞争力。淄博凯利公司在多梭及选梭技术、熟丝色织工艺、颜色层次过渡与织物组织的编排上获得突破。

【新产品研发】 淄博大染坊集团开发的三色异彩丝提花面料获2012年度中国优秀印染面料二等奖。淄博大染坊集团生产的宽幅渐进染色丝棉缎、真丝丝带披肩与淄博海润公司研发的於陵帛，在全国丝绸创新产品推介活动中获金奖；大染坊集团的蓝色佩兹利真丝天丝床上四件套与淄博海润公司开发的真丝针织无缝弹力内衣获银奖。淄博凯利公司研制的彩色真丝鲁锦《周村八景图》系列产品获第十届山东省旅游商品创新设计大赛金奖和山东省外事礼品展优秀奖，被省旅游局授于“旅游商品研发基地”称号。淄博恒盛丝绸公司生产的蚕蛹食品取得国家食品生产许可，申请注册“老丝厂”商标，并申请包装设计专利，开发不同口味的新品种，成为极富淄博特色的健康食品。

【植桑养蚕】 配合支持高青和润公司黄河淤背建园，推进雄蚕专养、全省小蚕人工饲料育示范基地、桑蚕良种合作繁育基地、良种桑苗繁育基地、桑林圣果采摘观光生态园、桑芽茶开发和蚕虫草规模化生物技术开发等项目。中国蚕学会在高青召开全国小蚕人工饲料育技术交流现场会，全国20个省的60名专家参会。至2012年年底，高青县发展黄河淤背植桑200公顷。

【丝绸文化】 组织淄博大染坊集团、淄博海润公司、淄博凯利公司、高青和润公司等企业参加“昆仑鲁青瓷杯”中国淄博第四届文化创意产业大赛暨文化创意周活动。36件作品参赛。其中，淄博凯利公司的鲁锦画框《周村八景图》获二等奖（一等奖空缺），淄博海润公司的於陵帛书画《丝绸赋》、淄博凯利公司的鲁锦画框《缇萦救父》、淄博大染坊集团的《丝绸报》和高青和润公司的《桑芽茶》获三等奖，大染坊集团的丝绸画《毛泽东像》、淄博海润公司的丝绸版《〈大众日报〉创刊号》、淄博凯利公司的《清明上河图》、高青和润公司的《丝绸蚕丝被》获优秀奖。淄博凯利公司、淄博大染坊集团、淄博海润公司被评为2012年度全省丝绸系统文化创新优秀企业。《淄博丝绸志》（1875－1985）由中国文联出版社出版。

【行业服务】 山东丝绸协会淄博办事处到淄博大染坊集团召开座谈会，学习“高端高质高效”发展的经验；到高青和润公司召开现场会，学习“以项目建设为抓手”的发展经验；到淄博凯利公司召开座谈会，就真丝织锦开发征求意见。协调国家茧丝办，争取到淄博大染坊集团技改扶持资金60万元、高青和润公司小蚕人工饲料育专项扶持资金25万元；争取到市黄河河务局、市财政局扶持桑蚕基地建设扶持资金10万元。在民营企业淄博凯利公司建立党委和工会。 （陈维生）

轻 工 业

【概况】 2012年，全市轻工行业规模以上工业企业485家，完成工业总产值935亿元，比2011年增长10%；实现销售收入920亿元，增长9%；利税105亿元，增长16%；利润69亿元，增长16%。

【科技创新】 组织举办全市首届红木企业技术骨干培训班，100多人参加培训。推荐获评首届山东省工艺美术名人79名，山东省首席技师1名，山东省轻工行业首席技师5名，技师、高级技师40名，20人考取省白酒评委或资格评委，5人获山东省轻工业优秀企业家称号。建立行业专家数据库及企业数据库。推进20家企业技术（工程）研发中心升级。建成国内首个白酒企业院士工作站；金晶集团首创建筑用超白玻璃达到世界先进水平；汇祥跑步机和“宝泉清”玻璃制品获得国家专利。

【品牌建设】 制定全市轻工行业品牌建设方案，15家企业通过山东省名牌复审，13家企业被授予山东省轻工联社系统综合竞争力十佳品牌、最具潜力品牌和十佳行业品牌典范企业称号。5家企业的商标获中国驰名商标称号。全市轻工行业累计拥有中国名牌、中国驰名商标、山东省名牌和山东省著名商标超过200个。

【节能减排】 制定全市塑料行业节能减排意见，配合完成对轻工行业淘汰落后产能的检查验收。1条酒精生产线和2家造纸企业共获国家政策支持资金110万元。引进先进节能技术和设备，促进行业企业综合利用各种资源，推广LED节能灯取得初步成效。

【基地(集群)建设】 制定装饰原纸产业链建设方案。组织完成淄博市国家级健身器材生产基地和桓台县大口径塑料管材管件省级研发生产基地的申报以及桓台县“山东省造纸产业基地”的复审工作。临淄建成山东省优质农膜产品生产基地。

【服务行业发展】 及时更新完善淄博轻工网、淄博工艺美术网和淄博家具网，办好《淄博轻工信息》和《齐鲁工美》刊物，发表宣传稿件100余篇，形成优势互补的信息服务网络体系。组织举办体操世界杯礼品纪念品设计大赛、2012中国(淄博)古典红木家具暨书画艺术品博览会、首届中国红木家具“鲁班奖”评选、“华光杯”全国工艺美术创新评选。

【骨干企业】 依据2012年企业产值排序，轻工行业前十名的公司为：山东博汇集团有限公司、山东凤阳集团股份有限公司、山东扳倒井集团、山东齐峰特种纸业股份有限公司、山东淄博德元制革有限公司、山东华狮啤酒有限公司、淄博环鑫家电配件有限公司、山东贵和纸业集团有限公司、山东德信皮业有限公司、沂源海达食品有限公司。

(孙启钊)

中小企业

【概况】 截至年底，全市有中小企业3.7万家，其中规模以上企业3000多家，产值过亿元企业1000多家，从业人员100多万人，新增城镇就业8.3万人，转移农村剩余劳动力6.7万人。2012年，全市规模以上中小企业完成增加值1449.78亿元，比2011年增长16.90%，高于全市规模工业3.78个百分点；实现主营业务收入6716.72亿元，增长16.87%，高于全市规模工业4.57个百分点；实现利润627.93亿元，增长23.77%，高于全市规模工业15.09个百分点；实现利税957.24亿元，增长22.57%，高于全市规模工业13.59个百分点。小微企业完成工业产值455.54亿元，增长11.80%。其中，工业企业完成产值349亿元，增长13.77%；个体工业完成产值106.54亿元，增长5.80%。

【政策扶持】 8月28日，市政府印发《关于进一步促进全市中小企业发展的意见》。9月29日，市政府办公厅印发《关于成立促进中小企业发展领导小组的通知》。《关于进一步促进中小企业发展的意见》从加强财政扶持力度、拓宽融资渠道、支持创业、优化发展环境等方面对中小微企业的发展提出促进措施，首次提出将中小企业发展工作纳入到政府工作考核范围。新成立淄博市促进中小企业发展领导小组，由分管市长任组长，市政府有关部门参加，并在市中小企业局设立领导小组办公室，负责日常工作督察、协调和年终考核。

【全市中小企业工作会议召开】 12月6日，全市中小企业工作会议在齐盛宾馆召开。市委常委、常务副市长刘晓出席会议并讲话。会议传达全省落实小型微型企业政策工作会议精神，督促落实国家、省、市一系列扶持中小企业发展的政策措施，总结中小企业工作，对下一步工作进行部署。

【调查研究】 年初，市政府将全市中小企业发展研究列入2012年度16个重大调研课题范围。5月，市中小企业局会同市政府研究室对淄博市及武汉市中小企业发展情况进行考察调研，撰写完成《武汉市中小企业考察报告》《关于全市中小企业发展报告》，分别由市政府《参阅件》第18、28期刊发，其中《关于全市中小企业发展报告》获省政府优秀调研成果二等奖。5月，组织部分区县中小企业局、担保公司负责人对温州市中小企业信用担保体系建设及推动小微企业信用体系建设进行考察，撰写完成《创新担保业务，服务中小企业》。6月，组织部分区县中小企业局、经济强镇(街道)、重点企业负责人赴成都考察学习创业基地建设工作，实地考察成都软件工业园和天府新谷科技创业孵化社区，撰写完成《学习先进地区经验，助推我市创业基地发展》的考察报告，刊登于

2012 年 4 月 12 日，市中小企业局到企业一线调研

（市中小企业局 供稿）

《经济社会发展》2012 年第六期。

【资金争取】 争取各类国家和省中小企业专项资金 1300 万元。组织申报 2012 年度国家和省中小企业信用担保资金补助项目。上报 13 家担保公司争取信用担保资金补助项目，其中沂源安信担保有限公司获国家中小企业信用担保资金扶持 140 万元，淄博融信担保有限公司等 9 家担保公司获得山东省中小企业信用担保资金扶持 365 万元。组织申报 2012 年国家、省中小企业专项资金扶持项目。推荐上报重点项目 17 个，实际争取项目 16 个，资金总额 870 万元。市级中小企业专项资金将根据市级财政状况逐年增加。

【项目建设】 完成淄博市中小企业发展专项资金项目储备和推荐工作，通过筛选、审核，申报项目 103 个，储备 53 个；推荐上报重点项目 17 个，实际争取项目 13 个，数量列全省第三位。

【技术创新】 新增省级中小企业"一企一技术"研发中心 10 家和创新企业 13 家，市级中小企业"一企一技术"研发中心 50 家和创新企业 50 家。其中省级研发中心和创新企业的新认定数量和总数量均居全省首位。截至年底，全市省级中小企业"一企一技术"研发中心 15 家，省级"一企一技术"创新企业 13 家。此外，有 3 家省级"一企一技术"研发中心的 4 个项目的研发费用共计 2000 万元列入税前加计扣除。

【产业集群】 2012 年，全市年营业收入过 10 亿元的中小企业产业集群 42 个，比 2011 年增加 7 个；集群内企业 5629 家，占全市中小企业的 20%；从业人员 58 万人，占全市中小企业的 40%。年营业收入过百亿元的产业集群 22 个。新材料、医药、电子电器等新兴产业发展迅速，实现营业收入 2200 亿元，增速高于集群平均发展速度 7 个百分点。建材、化工、机械制造等传统产业加大转方式调结构力度，产业链逐步延伸，效益稳步提高。沂源医药、临淄特种纸、桓台氟硅材料等产业特色鲜明、比较优势突出，国内市场份额占到 30%。2012 年，沂源县医药产业集群新增为省级示范产业集群，全市拥有省级示范产业集群 6 个、特色产业镇 12 个、公共技术服务平台 7 个。

【融资服务】 2012 年，全市中小企业信用担保机构注册资本迅速膨胀，注册资本 1 亿元以上的担保机构 17 家，比 2011 年增加 6 家，完成中小企业贷款担保额 62 亿元，服务中小企业 3000 家。年初，市中小企业局与招商银行签订"伙伴工程"战略合作协议，向招商银行推介有融资需求的中小企业 60 家，协助沂源安信等 6 家担保公司做好准入工作。2012 年招商银行小额贷款中心向全市 115 家中小企业贷款 8 亿元，其中担保公司担保贷款 2.5 亿元。与市银监局联合开展"2012 小微企业金融服务年"活动，向银监局推介企业 110 家，联合银监分局组织银企推介会，达成贷款意向 5 亿元。与齐商银行小额贷款中心合作，为 874 家小微企业提供贷款 13.4 亿元。

【信用担保建设】 市中小企业局与市财政局联合

印发《淄博市十佳信用担保机构评价考核计分办法》。3月15日，全市中小企业信用担保工作会议暨市担保业协会二届二次大会召开，表彰全市服务中小企业十佳担保机构，认定公布全市首批三星级担保机构4家、二星级担保机构7家。组织承办全省第五期担保专业工商管理高级研修班。5月12日，由省担保行业协会和浙江大学管理学院联合举办的山东省第五期担保专业工商管理高级研修班开学典礼在市中小企业服务中心举行。6月，组织市内担保公司参加省第五期担保专业工商管理高级研修班的公开课，48人参加。做好担保诉讼保全业务试点工作，淄博市成为全省唯一一家诉讼保全担保业务试点。与市法院沟通协调，制定诉讼保全担保业务流程。多家担保机构与市法院建立业务关系，试点工作有序开展。

【服务体系建设】 加强市中小企业服务中心的建设，完善中心运营机制，争取国家、省级中小企业服务体系专项资金，打造投融资服务等特色服务平台，重点培育创业、人才与培训、市场开拓等服务项目。全年组织核心服务机构走进临淄区、博山区、淄博高新区、文昌湖旅游度假区，服务企业50余家。组织中德技术中心、隆众公司等核心服务商赴滨州市进行推介。开展送服务到企业活动，帮助淄博市的服务提供商在全省范围内开展业务。组织服务机构做好山东省中小企业服务机构的网上申报。淄博德信软件有限公司等7家服务机构被评为山东省中小企业服务机构，数量列全省第四位。市中小企业局与市财政局联合制定《政府购买服务扶持小微企业实施方案》，就管理咨询、信息化、人才培训、事务代理等进行采购试点，实现政府财政资金扶持企业的创新。

【经济运行监测】 每个季度召开全市中小企业经济运行分析会，做好中小企业经济运行分析与调度，运用现有152户监测直报企业数据进行运行分析，准确把握中小微企业经济运行情况，及时了解和掌握中小企业发展中出现的新情况新问题。做好五区三县、淄博高新区、文昌湖旅游度假区中小企业生产经营运行监测直报点和150个直报企业的监测直报工作，报送率由95%提高到100%，直报数和直报率均位列全省前列。做好《全市中小企业、民营经济、乡镇企业经济运行信息》手册的编撰印发，为决策者提供有效参考。

【企业管理】 参与全省中小微企业管理提升“百千万”(每年组织百家专业管理咨询和信息化服务机构，进入千家中小微企业，带动万家企业管理水平提升)活动，制定管理提升“百千万”活动实施方案，全市260家企业列入省“百千万”提升计划，数量居全省第二。举办专题培训、管理诊断和咨询对接等服务活动，培训相关人员600人次，为60家企业提供免费管理诊断，为28家企业进行咨询对接，245家企业顺利完成提升。3家企业被认定为省级精细化管理样板企业，4家企业被认定为省级管理提升优秀企业，数量列全省第一。

【创业基地建设】 推荐的博山经济开发区机电产业孵化区被认定为全省第七批小企业创业基地。全市省级小企业创业基地达到7处。建立59名市级创业辅导师队伍，成功推荐6人获得省级创业辅导师资质；向市创业促进会推荐30名YBC(中国青年创业国际计划)创业导师志愿者。

【“金种子”计划】 印发《关于在全市小微企业中实施“金种子”计划加快发展的意见》。从全市选择30～50家产品高技术含量、高附加值和高成长型的小微企业，作为全市“金种子”，通过金融、财税等政策扶持，助其发展为全市创新成长型工业企业。计划扶持15家，带动更多的小微企业优化结构、健康发展。

【组织企业参加会展交流】 6月22—25日，组织朗法博粉末、万吉塑胶和汇祥健身器材3家企业参加第七届APEC中小企业技术交流暨展览会，集中展示淄博市中小企业“一企一技术”创新成果。9月22—25日，组织山东宏达玻璃制品有限公司等10家企业参加第九届中国国际中小企业博览会。淄博展区以“魅力淄博”为主题，凸显“当代国窑、泵业名城、陶琉之乡、新材料名都”的城市品牌。淄博市获得第九届中博会山东组参展工作优胜奖。10月30—31日，组织布莱凯特黑牛公司、地安科技、汇祥健身器材公司等3家企业参加中国东北环渤海地区中小企业专精特新产品技术展览洽谈会。组织7家中小企业参加第十二届山东省—山口县经贸洽谈会;组织山东博润公司、齐峰特种纸业公司、和合智慧(北京)教育咨询集团3家企业参加在北京举办的中瑞中小企业论坛;组织玉兔食品和周村烧饼2家企业参加全国农产品加工百家院所百家企业对接活动。

【"中小企业服务年"活动】 年初,印发《淄博市中小企业局关于开展"中小企业服务年"活动实施意见》和《淄博市中小企业局关于开展"中小企业转型升级服务年"活动实施意见》,确定在全市开展以服务中小企业为主要内容的专题活动,全力扶助中小微企业解决发展中的难题,助力企业健康快速发展。

【人才培训】 4月,组织参加在济南举办的"小企业会计准则"培训会。5月6日,举办全市中小微企业风险把控及管理提升培训班,120人免费参加培训。5月13日,组织桓台县、沂源县两个统计直报点参加农业部乡镇企业局在杭州组织的统计员培训班。5月27日,组织2012年第一期担保行业从业资格认证考试,106人参加考试。7月6日,组织管理专家在淄川区龙泉镇举办"精益生产的落地与实践"和"中小企业的内部控制及风险管理"专题培训。7月26日,与经济导报社联合举办2012年淄博首届中小企业融资发展论坛,400人参加。8月4日,在齐盛宾馆举办"借力资本市场"淄博市中小企业首届投融资论坛,400人参加。8月,组织20家中小企业董事长、总经理等高层管理人员参加在济南举办的经济形势分析与应对对策培训班。全年组织各类培训9次,举办中小企业研修班9期,培训高级管理人才2000人次。

【经济强镇(街道)】 2012年,根据全市各镇、街道的经济发展状况,公布全市30个经济强镇(街道)名单,其中新入围的镇(街道)3个,优选15个镇(街道)纳入省百强经济强镇备案,其中12个入围全省"十二五"期间各级中小企业专项资金重点支持的产业强镇名单,全省共130个,淄博市入围总数列全省第三位。

2012年淄博市规模以上中小企业效益指标

表18　　　　单位:万元

指标名称	利润总额				利税总额			
	中小企业		全部规模工业		中小企业		全部规模工业	
	累计	增减(±%)	累计	增减(±%)	累计	增减(±%)	累计	增减(±%)
淄博市	6279255	23.77	7748490	8.68	9572412	22.57	12708303	8.98
淄川区	1233123	27.15	1676038	16.25	1884525	26.77	2551745	16.90
张店区	1651793	37.66	1789622	31.48	2752626	34.11	2985590	28.32
博山区	497575	10.31	533406	1.91	759592	3.82	825191	－2.90
临淄区	1213291	24.43	1420828	1.00	1680171	24.37	2870710	1.55
周村区	619072	21.46	641002	21.70	934436	22.41	974386	22.80
桓台县	323825	－17.05	552531	－40.94	499548	－6.73	804813	－34.70
高青县	150291	17.98	173846	20.05	258285	13.87	356978	20.61
沂源县	256633	21.72	592269	20.65	345185	14.49	827690	15.55
淄博高新区	299462	45.57	334758	26.16	410518	35.01	463674	22.06
文昌湖区	34190	2.17	34190	2.17	47526	－16.16	47526	－16.16

2012年淄博市规模以下工业各区县推算总体总量数据

表19 单位:万元

区县名称	工业总产值					
	合计值	增长(%)	其中:工业企业	增长(%)	其中:个体工业	增长(%)
全市	4555403	11.80	3489986	13.77	1065417	5.80
淄川区	716695	10.98	513017	13.27	203678	5.60
张店区	400422	10.75	346040	11.95	54382	3.70
博山区	704546	11.59	515192	13.83	189354	5.91
临淄区	665218	11.56	515075	13.60	150143	5.10
周村区	435427	10.97	309188	13.09	126239	6.08
桓台县	476953	11.05	410041	11.96	66912	5.78
高青县	264476	13.80	213048	16.03	51428	5.42
沂源县	530370	14.03	368901	16.98	161469	7.84
淄博高新区	218294	14.07	188576	15.97	29718	3.32
文昌湖区	143002	10.96	110908	12.74	32094	5.20

注:以上数据按新划分标准调查,即年营业收入2000万元以下。

(孙 林)

本部类编 辑:赵建国
副主编:安永善
校 对:王世伟
耿 超

农　　业

综　　述

【农业和农村经济】　2012年，全市实现农业总产值143.7亿元，比2011年增长5.3%。农民人均纯收入12379元，增长13.8%，连续10年快速增长且连续3年增幅高于城镇居民人均可支配收入。其中，工资性收入7247元，增长13.1%；家庭经营性收入3979元，增长13.1%；财产性收入274元，下降5.6%；转移性收入879元，增长32.2%。粮食总产量177.9万吨，增长0.2%，连续十年增产。其中，夏粮77.7万吨，增长0.4%，秋粮100.2万吨，与2011年持平。全市蔬菜播种面积7.01万公顷，总产量412万吨，总产值45.4亿元。加快推进都市农业，命名全市十佳都市农业园区。农业标准化及品牌农业发展势头良好，"三品一标"(无公害农产品、绿色食品、有机农产品和农产品地理标志)产品达到257个。农业产业化水平得到提高，市级重点龙头企业新增10家，总数达到132家。农民专业合作社快速发展，总数达到1903家。加强农业基础建设，增强农业综合生产能力。实施阳光工程，培训农民1.4万人次。加强农业科研工作，全市农业科研项目立项实施35项，获全国农业科技进步三等奖1项、获省科技进步奖或市农业丰收奖24项。新建农村户用沼气池6571个，农村户用沼气池保有量达到100316个。在全市继续实施玉米秸秆全面禁烧和转化利用工作，禁烧区内9.16万公顷玉米秸秆转化利用率95%。各项惠农政策全面落实，兑付粮食直补资金2.29亿元，良种补贴3890万元。年内，评选出全市农业发展10件大事。

（朱锡玉　王　卫）

【项目争取】　全年争取省以上项目35项，总投资3.82亿元，比2011年增加4702.95万元，增长14%。沂源现代果业、国家新增千亿斤粮食产能规划等项目落户淄博。沂源县旱作农业示范项目，高青县、桓台县的有害生物预警项目和桓台县的粮食产能项目等4个农业基本建设项目通过省级验收。

（李安忠）

【《淄博农民手机报》开通试运行】　年内，《淄博农民手机报》开通试运行。淄博现代农业频道、"12316"三农服务热线、淄博农业信息网、《淄博农业》《淄博农民手机报》等构成全市数字电视、电话热线、手机短信、网络信息、纸质刊物为一体的综合服务平台。

（刘海明）

【都市农业】　年内，确定张店吉田园都市休闲农业观光园等100家园区为2012年度市级都市农业示范园区，共开发利用面积1.17万公顷，完成投资34亿元，转移农村劳动力1.7万人，收益7.6亿元。首次评出淄博市十佳都市农业园，分别为：张店吉田园都市休闲农业观光园、淄博玉黛湖生态乡村庄园、淄博潭溪山生态旅游区、山东上水有机金银花示范园、桓台马踏湖湿地、沂源县燕崖大樱桃观光园、淄博高新区长青树生态庄园、淄博文昌湖萌山湖荷花生态园、淄博文昌湖都市农业生态博览园、淄博桓公台生态家园。对十佳都市农业园实行动态管理，期限2年，凡监测不合格

的，取消资格。（吕承强）

【农业龙头企业集群建设】 是年，继续组织实施培育壮大龙头企业集群建设工程，市级以上农业产业化重点龙头企业达到132家，其中国家级2家、省级29家。市级以上龙头企业固定资产59亿元，比2011年增长7.27％；实现销售收入165亿元，增长5.77％；实现利税10.8亿元，增长2.86％。带动市内农户45万户，带动基地11.13万公顷，转移农村剩余劳动力4.5万人，新建、技改、续建项目75个，总投资25亿元。沂源县中庄镇（中庄苹果）被评为第二批全国一村一品专业示范村镇；山东得益乳业股份有限公司高青示范牧场被评为第五批国家学生奶奶源示范基地。

【命名“十佳”农业龙头企业】 年内，市政府首次评选命名淄博市“十佳”农业产业化龙头企业，分别为：山东得益乳业股份有限公司、山东佳农饲料有限公司、山东七河生物科技股份有限公司、山东周村烧饼有限公司、山东巧媳妇食品集团有限公司、淄博山珍园食品有限公司、山东布莱凯特黑牛科技股份有限公司、山东华盛果品股份有限公司、山东鞠乡食品有限公司、山东海王农牧科技集团有限公司。“十佳”企业管理有效期限为2012年8月至2015年8月。

【对外合作】 是年，全市农产品出口额1.03亿美元，比2011年增长60.1％。组织4家农业龙头企业的50余种优质产品参加新加坡精品展，共签订合同、协议价值7000万元人民币。淄博熙明食品有限公司和淄博市山川果蔬有限公司被列为省出口农产品质量安全示范企业，分别获得省财政补助资金40万元。（王 兵）

【农民专业合作社】 截至年底，全市在工商部门登记注册农民专业合作社1903家。组织评选30家市级农民专业合作示范社和10家全市十佳农民专业合作社，建成淄博市农民专业合作社网站，在中国农业大学举办淄博市促进农民专业合作社发展专题研修班，培训40余人。10月16日，中央电视台《新闻直播间》对淄博市农民专业合作社进行专题报道。年内，有8家合作社被评为全省农民专业合作示范社，沂源联大果品专业合作社被评选为全国农民专业合作示范社。

【农村集体经济组织清产核资】 是年，全市86个镇（街道）、3314个村（社区）组织开展农村集体经济组织清产核资工作，累计清理核实各类资产198.31亿元，新增资产16.37亿元，核销资产6.57亿元，清理各类经济合同21.47万份，清理农村集体资源总面积40.78万公顷。所有镇（街道）均成立农村集体“三资”（资金、资产、资源）委托代理服务中心，临淄区、桓台县建立农村集体“三资”监管平台。省《三农内参》刊发淄博市清产核资工作的开展情况及做法。临淄区、桓台县分别被农业部、省农业厅确定为全国、省农村集体“三资”管理示范县。（魏汝春）

【基层农技推广体系建设】 是年，基层农技推广服务体系建设项目覆盖全市59个镇。8个区县全部实施基层农技推广体系改革与建设补助项目，总投资590万元，建设农业科技试验示范基地20个，筛选确定小麦、玉米、蔬菜、林果、中药材5个主导产业、44个主导品种和38项主推技术；培育农业科技示范户5600个，集中培训基层农技人员560名。农业科技促进年活动扎实开展，苹果新品种“沂源红”填补省内条红短枝型红富士苹果的空白。

【农业公共服务机构建设】 是年，认真贯彻落实中央1号文件提出的“实现基层农技推广在岗人员工资收入与基层事业单位平均水平相衔接”要求，全市59个镇、9个街道办事处设立了全额事业编制的农业综合服务站（所）。市政府印发《关于加快推进乡镇农业公共服务机构建设的意见》，明确将乡镇农业公共服务机构定为公益类事业单位，在保障人员的工资待遇的基础上，将乡镇农业公共服务机构的办公经费和新品种新技术引进、试验、示范、推广等专项业务经费纳入财政预算。加强乡镇农业公共服务机构队伍建设，确定启动实施农业技术推广服务特岗计划，两年内为每个镇招聘2～3名涉农专业大学生担任特岗人员。建立健全农技推广责任制度，根据公益性职能和任务合理确定服务岗位，探索技术推广责任区和重大技术推广分工负责制，推行网格化技术服务。推进管理体制改革，确定沂源县在“三权在县”(县里将县、镇两级农技推广机构的人事、劳资、财产权收上来，由县农业局统一管理，实行“县建县管”)改革方面先行先试。

【农民培训】　年内，配合粮棉油高产创建项目，首次开展万亩示范片农民培训；首次举办都市农业园区负责人、农业龙头企业财务管理人员和农产品质量监管人员培训班。完成农民培训1.53万人、技能鉴定5000人。首次筛选26名农民专家进入农民培训师资库。　（张　平）

【种子繁育】　加强种子繁种基地建设。结合全市粮食生产和优势农产品区域布局规划，开展小麦标准化种子生产示范点工作，小麦种子田达到4667公顷，在甘肃省和内蒙古自治区建立玉米制种基地467公顷，不仅满足全市生产用种需要，还向周边区域提供良种。基地全部签订制种合同，建立健全生产档案，加强对种子田田间去杂的抽查检验，种子质量明显提高。育种实现新突破。2012年，全市有24个农作物品种参加省品种试验，鲁中农作物研究所选育的淄玉308玉米品种，通过省农作物品种委员会审定。做好《农作物种子生产经营许可管理办法》的贯彻实施，引导种子企业通过项目开发、加大投入、资产重组做大做强。全市有5家种子企业根据新管理办法办理了种子生产经营许可证，3家种子企业注册资本达到3000万元，1家种子企业成为省级龙头企业，2家种子企业成为市级龙头企业。　（罗汉民）

【农业科研】　是年，农业科研成果共获奖15项。“除草剂减量使用新技术”获全国农业科学技术进步三等奖，“蓖麻杂交育种及加工利用”获山东省科学技术进步三等奖，“西葫芦新品种淄葫三号的选育”获山东省自然科学学术创新成果三等奖。1项成果通过省级验收；2项成果通过专家鉴定，达国内领先水平。10个农作物新品系入选山东省新品种试验。组织全市农业丰收奖评审会，评出合作奖2项、成果奖12项。组织省、市专家召开项目成果鉴定会5次。淄博市农业科学研究院成立山东省创新团队棉花综合试验站，1人被评为山东省第三批现代农业产业技术体系棉花产业创新团队病虫害防控岗位专家，继玉米、小麦综合试验站之后第三次进入山东省产业技术体系创新团队。加强试验育种基地建设。市农业科学研究院实验基地承担各类科研项目、国内外合作项目及30余项试验项目。继续在海南建立育种基地，鉴定和繁殖各类育种材料，测配杂交组合，加快育种进程。开展小麦、玉米、蔬菜、蓖麻、食用菌、植物保护等6个科研项目。　（钟　芳　张　平）

【科技交流与合作】　是年，参加国际蓖麻油协会2012年年会、亚太种子理事会、亚洲玉米大会等国际学术会议6人次，参加中国农技推广协会五届二次理事会、第五届全国小杂粮产业大会以及山东省农学会理事会、山东省食用菌协会年会等国内学术会议20余人次，赴国外技术指导10余人次，接待国外客户50余人次。淄博市农业科学研究院被亚太种子理事会接收为会员单位。

【农学会活动】　2012年，市农学会通过市科协验收，达到二星级学会标准。推荐3人参加市老年科技工作者协会第二次年会。建立淄博市农学会网站并开始运行。组织编纂《淄博现代农业理论与实践》一书并由山东科技出版社出版。有5篇论文被农业部科教司评为优秀论文，1篇被华东地区农学会评为优秀论文，3篇被山东省农学会评为优秀论文。　（钟　芳）

【参加第七届全国农民运动会】　9月14—22日，淄博市组队参加在河南省南阳市举办的第七届全国农民运动会。全市24名运动员在毽球、游泳等22个比赛项目中，获得1个二等奖(银牌)、1个三等奖(铜牌)、6个优秀奖，游泳队和4名个人获得体育道德风尚奖。　（张　平）

【农产品质量安全监管】　截至2012年底，全市有59个镇全部成立农产品质量安全监管站(办公室)，3053个行政村聘请3061名监管信息员，健全完善了市、区(县)、镇、村四级监管体系。11月

13—14 日，临淄区、高青县、沂源县 3 个质监站建设项目顺利通过省农业厅组织的县级农产品质量检测站项目的竣工验收。开展农产品质量安全整治和农资打假等专项行动，全年共出动执法人员 2772 人次、执法车辆 600 台次，检查农资经营门店 1210 个，立案查处违法行为 83 起，有效遏制假冒伪劣农资坑农害农事件的发生。

（王 敬）

2012 年 10 月 29 日，农业部农药检定所“农药进出口登记管理放行通知单”省所办理试点工作启动仪式（刁春明 摄）

【绿色有机示范区县、镇创建】 2012 年，市农业局联合市财政局等部门继续开展绿色有机示范区（镇）创建、农业标准化示范基地创建等活动。对桓台县和博山区源泉镇等 6 个示范县和镇、淄博宏泉猕猴桃专业合作社有机猕猴桃标准化基地等 11 个农业标准化示范基地、淄博山水缘蔬菜标准园等 8 个蔬菜标准园、鲁中蔬菜批发市场等 28 个基层速测点、临淄长盛农产品专业合作社等 24 个“三品一标”认证单位等进行奖励，共奖励资金 185.72 万元。（王 敬）

【农药经营登记备案和高毒农药定点经营】 截至 2012 年底，全市完成 9 批农药经营产品的登记备案，对 186 个农药生产企业申请的 1442 个产品进行登记备案，农药经营登记备案率达到 100%。高毒农药全部定点经营，有定点经营单位 53 家。淄博市农药检定管理所被评为全省十佳农药监管单位。（王 敬 刁春明）

【农产品检测】 是年，全市正式增加氨基甲酸酯类农药残留等检测项目，达到与农业部例行监测同步标准，在全省率先实施 50 种农药残留例行监测。农业部对获得绿色食品认证的淄博市诺香伦食品有限公司、山东思远蔬菜专业合作社、淄博临淄众得利蔬菜专业合作社等 3 家蔬菜生产基地进行监督抽查，共抽检西红柿、西葫芦等 10 个蔬菜样品，检测合格率 100%。完成农业部药检所 14 个农药登记田间药效试验任务并通过验收，淄博药检所试验点正式列入全省农药登记田间药效试验点序列。淄博市农业环境暨农产品质量监督检测中心顺利通过国家“农产品产地土壤重金属污染防治”检测机构能力验证考核，成为全国首批 48 家考核合格机构之一；通过省农业厅农产品质量安全检测机构考核，准许刻制并使用农产品质量安全检测考核标志（CATL），实现计量认证和农产品检测考核认证“双认证”。

（李晓莉 王 敬 刁春明）

【农业部“农药进出口放行通知单”省所办理试点工作在淄博市启动】 10 月 29 日，农业部农药检定所“农药进出口登记管理放行通知单”省所办理试点工作启动仪式在淄博饭店举行，注册地在山东省的农药生产及进出口企业的 145 名负责人参加了启动仪式和培训班。（刁春明）

【扶贫开发】 是年，扶持实施主导产业项目，小型水利、生产路等基础设施建设项目，贫困劳动力农业科技培训项目、扶贫贷款贴息项目和国家、省级互助资金试点项目等扶贫开发项目建设。共落实中央、省、市财政扶贫资金 2483.5 万元，覆盖贫困村 230 个、低收入人口 4.5 万人，实现人均增收 1000 元，2.6 万人稳定脱贫。沂源县在全省扶贫开发绩效考核中位列第一。开展扶贫科技特派员帮扶工作。从市、区（县）两级农业、畜牧、林业等部门选派扶贫科技特派员 24 名，分 8 个组，对全市 4 个区县 8 个镇的 150 个省级重点贫困村进行科技帮扶。12 月 26 日，市委、市政府召开全市农村扶贫开发工作会议，市委书记周清利、代市长徐景颜出席会议并作讲话，表彰奖励先进集体 49

个、模范个人10名（享受市级劳动模范待遇）、先进个人59名。　　（刘世富　张　平）

【《淄博市农村扶贫开发规划（2011—2020年）》】

是年，市委、市政府印发《淄博市农村扶贫开发规划（2011—2020年）》。确定淄博市新的扶贫标准为年农民人均纯收入2600元，分别比全国、全省标准高出300元、100元。将贫困山区、库区、黄河滩区、盐碱涝洼区作为全市重点扶贫区域。“十二五”期间，在重点扶贫区域内，省重点扶持8个镇、150个贫困村，市重点扶持100个人均年纯收入2600元以下的人口较集中的贫困村。任务目标：到2020年，稳定实现扶贫对象不愁吃、不愁穿，保障其义务教育、基本医疗和住房；贫困地区农民人均纯收入增长幅度高于全市平均水平，基本公共服务主要领域指标接近全市平均水平，扭转发展差距扩大趋势。到2015年，省、市重点扶持贫困村的扶贫对象95％以上收入实现翻番；贫困村达到基础设施完善，致富产业优化，村容村貌整洁，农民素质提升，社会保障健全，基本实现“五通”（通路、通电、通自来水、通广播电视、通信息）、“十有”（有旱涝保收田、有致富项目、有办公房、有卫生室服务、有卫生保洁制度、有学前教育、有文化活动室、有健身场所、有良好生态环境、有就业保障措施）。　　（刘世富）

【首届农业创业大赛暨第二届农业创意设计大赛】

9月2日，由市农业局、淄博市农村信用社、淄博晚报社联合举办的“农信杯”淄博市首届农业创业大赛暨第二届农业创意设计大赛决赛在张店区玉黛湖生态庄园举行。大赛收到参赛农业创业项目和创意项目共205个，60个项目进入决赛，其中创业项目27个、创意作品33个。评出金奖2个，奖金各5000元；银奖6个，奖金各1000元；优秀奖12个；优秀组织奖9个。市农村信用社对山东颜春饮料食品有限公司、淄博海基生物科技有限公司、高青县桂杰农业开发有限公司等单位举行现场授信签约仪式，授信金额1300万元。

【评选首批市级循环农业示范园】　12月27日，淄博市首批市级循环农业示范园评审会议在市农业技术推广中心召开。评出山东上园鲁中有机绿茶采摘园循环农业示范园等31家示范园区为淄博市首批市级循环农业示范园。淄博市评选市级循环农业示范园区，在全省是首家。

【休闲农业与乡村旅游】　是年，淄博高新区牧龙山生态旅游森林公园入选183家全国休闲农业与乡村旅游星级示范创建企业（园区），是全市唯一一家入选企业。省农业厅、省旅游局联合对全省休闲农业与乡村旅游示范点进行评选，玉黛湖生态乡村庄园成为20个省级休闲农业与乡村旅游示范点之一。10月13—14日，在全国休闲农业创意精品大赛中，淄博市选送的淄博于佳园农业发展有限公司《熏衣草艺术挂件》、沂源县杜氏木艺坊《牛郎织女》木艺获得银奖。

【首次中标全国农村沼气服务体系专用设备招标项目】　是年，淄博彦治沼气设备有限公司生产的ZZ2.0YZ－2沼液沼渣出料车成功中标农业部科技教育司组织的2012年全国农村沼气服务体系专用设备招标项目。这是淄博市首家企业入围农业部全国农村沼气服务体系专用设备招标项目。　　（张　浩）

【农业依法行政】　2012年，市农业局扎实开展“行政程序年”活动，加强学习宣传、制度建设、规范性文件管理，规范执法行为，在全省农业系统法律法规知识竞赛、农业行政执法规范化建设考核和农业行政处罚案卷评查中，夺得3个第一名。市级农业行政执法案件无一被行政复议或提起行政诉讼。4月，行政许可科人员进驻淄博市行政服务中心，完成行政审批制度改革任务。全面推行说理式执法文书。9月，组织开展全市农业行政处罚案卷评查活动，评出博山区、高青县2个市级优秀案卷。选报4个案卷参加全国、全省农业行政处罚案卷评查，其中1个被评为农业部农业行政处罚优秀案卷，3个被评为省级农业行政处罚优秀案卷。12月，淄博市所报案卷连续四年被评为全国农业行政处罚优秀案卷，为全省唯一。年内，五区三县农业综合执法队伍全部实现机构设置正规化。全市在岗执法人员56名。其中，公务员编制2名，参照公务员管理8名，事业编制45名，其他1名；有大学专科以上学历的54名；

有法律专业人员4名。（臧传军）

种 植 业

【概况】 是年，全市粮食作物播种面积25.15万公顷，比2011年减少3800公顷；单产471.6公斤，增加8公斤；总产177.91万吨，增加0.34万吨。其中，夏粮77.7万吨，增长0.4%；秋粮100.2万吨，与2011年持平。粮食总产实现连续十年增长。桓台县小麦平均单产549公斤，蝉联全省第一。高青县、桓台县、临淄区被省政府表彰为全省粮食生产十连增优胜单位。全省重大病虫统防统治暨“一喷三防”（在小麦穗期使用杀虫剂、杀菌剂、植物生长调节剂、叶面肥、微肥等混配剂喷雾，达到防病虫害、防干热风、防倒伏，增粒增重的目的）现场会在桓台县召开。全市春播面积4.06万公顷，比2011年减少1467公顷，下降3.5%。粮食作物春播面积1万公顷，增加667公顷，增长6.8%。其中，春玉米种植面积6667公顷，增加867公顷，增长15.3%；春地瓜种植面积2667公顷，略减。受种植成本增加、收益下降等因素影响，全市共种植棉花6200公顷，比2011年减少1867公顷，下降23.1%。蔬菜、瓜类等种植面积稳定。花生种植面积6867公顷，瓜类种植面积3600公顷，分别增长1.3%和2.0%。蔬菜春播面积1万公顷，减少267公顷，下降2.6%。

【粮食高产创建示范片建设】 2012年，全市共承担22个国家级小麦、玉米高产创建万亩示范片建设任务，比2011年增加8个。按照“十、百、万”高产创建要求，积极整合测土配方施肥、病虫害统防统治、科技培训等项目资源，万亩示范片在新品种展示、新技术推广、高产样板等方面发挥了示范作用。经省、市专家测产，全市7个小麦万亩示范片平均单产608.3公斤，比大田增产5.8%；15个玉米万亩示范片平均单产587.2公斤，比大田增产6.2%。

【良种补贴】 2012年，小麦、玉米、棉花、水稻良种推广补贴项目实现覆盖。实际完成小麦良种推广补贴10.57万公顷，补贴农户309386户，补贴小麦良种1170.67万公斤，兑付补贴资金1585.4万元；完成玉米良种推广补贴14.46万公顷，补贴农户599415户，兑付补贴资金2168.4万元；完成棉花良种推广补贴5660公顷，补贴农户42224户，兑付补贴资金127.38万元；完成水稻良种补贴407公顷，补贴农户1297户，兑付补贴资金9.18万元。

【小麦种植面积核定】 是年，通过自报、核实、公示、确定等环节，全市共核定小麦种植面积12.73万公顷，比2011年减少6200公顷，核定20公顷以上种粮大户59户，面积2513公顷。按粮食直补14元/亩和农资综合补贴106元/亩的补贴标准，共兑付补贴资金22920万元。

【秸秆禁烧和转化利用】 2012年，按照“抓转化、促巩固、提水平”的要求，进一步调整奖补政策，努力培植、壮大秸秆青贮、固化等转化利用企业，对秸秆转化利用企业的奖补资金由2011年的400万元增加到700万元。全市规模以上秸秆转化利用企业达62家，转化利用秸秆4.47万公顷，禁烧区内9.16万公顷玉米秸秆转化利用率达到95%，连续5年实现大田“不着一把火、不冒一处烟”的任务目标。（齐鲁涛）

【周村区、高青县、沂源县通过2012年山东省耕地地力评价项目验收】 2月28—29日，山东省耕地地力评价项目验收会议在淄博市召开，济宁、潍坊、威海、淄博4个市的7个项目县参加评审验收，周村区、高青县和沂源县顺利通过项目验收。

（车呈瑾）

【种植制度改革】 2012年，全市继续稳步推进种植制度改革。多次召开技术研讨会和现场会，通过电视台、电台、报纸、网站、举办培训班等多种形式，加大技术培训和宣传力度，大力推广小麦宽幅精播和玉米“一增四改”（合理增加种植密度，改种耐密型品种、改套种为直播、改粗放用肥为配方施肥、改人工种植为机械作业）高产栽培技术。夏玉米直播面积5.84万公顷，比2011年增加6200公顷；夏玉米晚收面积8.78万公顷，增加8200公顷。小麦宽幅精播面积5.39万公顷，占适宜播种面积的49.9%，比2011年增加1.66万公顷，桓台县实现小麦宽幅精播高产栽培技术全覆盖。完成省科技创新项目“小麦（玉米）播期播量（密度）试验”，承担省农科院玉米所“山东麦玉两熟区三节高产技术体系集成研究与示范”试验5项。

（李　鹏）

【引进3项绿色控害新技术】 1. 针对全市蔬菜大棚中烟粉虱发生重且抗药性增强的现状，引进色板＋信息素的防治技术。色板＋信息素作为一种强有力的非化学防治措施，二者集成使用比单独使用色板诱杀害虫效果明显，害虫密度明显降低，避免或减少使用化学农药对环境的污染，有利于保护害虫天敌种群的增长。2. 引进电动静电喷雾器。该器械是农业部门重点试验推广的新型施药器械，可使正面喷药反面吸附，杀虫效果显著，和传统喷雾器比可省水50%～80%、省药30%～50%，操作方便，机身轻巧，经久耐用，受到菜农欢迎。3. 引进“植物疫苗”——寡糖-海岛素。寡糖-海岛素作为生物提取物质，已开始被广泛应用于病害的防治和提高作物抗性上。该物质在果树、蔬菜上应用可起到抗病增产的效果，尤其在病害发生初期或轻发生时对病情发展有明显抑制作用，可有效解决因化学农药重复使用导致的环境污染、产生激素等对人体的危害问题。

【在全省首次引入使用植保无人机】 11月21日，在桓台县马桥镇东圈村农田使用遥控式植保无人直升机进行农药喷洒作业，为全省首次。植保无人机体型小、功能强，防治效果好，可负载10公斤农药进行低空喷洒，每分钟可完成1亩地作业，喷洒效率是传统人工的30倍，单机日防治能力达33.33公顷(500亩)。

【获全国百强专业化防治优秀组织奖】 是年，桓台县供销益农粮食种植农民专业合作社被农业部评为全国百强专业化防治优秀组织。该合作社是由桓台县供销联华农业生产资料有限公司和种粮大户共同发起的农民专业合作社，有社员1207户，机械化防治人员90人，基地面积2000公顷。拥有小型机械320台，大、中型防治机械40余台，日病虫害防治能力达667公顷(1万亩)，成为全省三个遥控飞行喷雾器试点合作社之一。

（周　真）

农业综合开发

【概况】 2012年，全市完成农业综合开发投资1.22亿元。其中，中央和省财政资金8485万元，市、县财政配套资金638万元，县以下自筹资金3119.5万元。

【土地治理项目】 2012年，全市完成土地治理项目5267公顷，其中中低产田改造4600公顷、高标准农田建设示范667公顷。总投资8416万元，其中中央和省财政资金7298万元。项目安排重点围绕淄博市北部精准农业示范区、中部都市农业示范区和南部生态有机农业示范区三大功能片区

2012年11月21日，在桓台县马桥镇东圈村使用遥控式植保无人直升机进行农药喷洒作业　　（周真　摄）

2012年4月1日，桓台县马桥镇农业综合开发土地治理项目施工现场
（宗 宁 摄）

建设，立足群众需要，坚持高标准规划设计，突出解决制约项目区农业发展的关键障碍因素。项目区山水林田路得到彻底整治，沟渠路林桥涵闸机电井泵房管全面配套，形成田成方、林成网、沟相通、路相连、旱能浇、涝能排的田园化新格局。先进适用的农业科技成果得到广泛应用，建成优质、高产、稳产、节水、高效的基本农田及部分高标准农田，抗御自然灾害的能力显著增强，农业综合生产能力大幅提高。年新增粮食生产能力1984万公斤（其中优质粮食970万公斤），蔬菜419.5万公斤，其他农产品453.5万公斤，新增种植业总产值4454万元，项目区农民年收入增加总额2838万元。

【农业产业化】 是年，完成产业化经营项目19个。其中，财政补助项目10个，项目总投资3163.5万元（其中省以上财政资金524万元，市级配套资金19万元，县级配套资金27万元，企业自筹2593.5万元）；贷款贴息项目9个，中央财政贴息663万元，贴息贷款额3.15亿元。建成的产业化经营补助项目显示出良好的赢利能力和龙头带动作用，年新增水果148.5万公斤，提供蔬菜种苗100万株，提供种畜1.2万头，新增鲜奶110万公斤，饲料加工能力达2000万公斤，农产品储藏能力达3000万公斤。年新增产值1.03亿元，新增利税1256万元，带动农户6000个，受益农户增收总额4500万元。

【项目运行管护】 2012年，全市共投入管护资金449万元，管护协会达到56个，有管护员428人，维修桥涵232座、井房203座、防渗渠72公里，补植农田林网7.4万株。2008—2010年项目区公益工程优良率94.3%，农灌工程完好率100%。

【支持农业转方式调结构】 是年，依托农业综合开发平台，支持发展特色农业、都市农业、有机农业等高效农业开发，增加农民收入。在张店区围绕都市农业发展，重点对湖田项目区苗木基地进行开发建设，建成兼具生产、生态功能的高效都市农业示范片，景观效益突出。在博山区、淄川区、沂源县、高青县支持发展有机农业，改善生产条件，扶持龙头企业，推广应用科技成果，项目区有机农业基地面积达到7867公顷，认证品种达30余个。

【新农村建设】 发挥农业综合开发项目和资金优势，统筹城乡发展，把农业综合开发纳入新农村建设的有机整体。积极推动农村二、三产业建设，提高农民组织化程度和产业发展水平，促进农村劳动力的有序转移。在博山区石马镇项目区进行促进城乡统筹试点，全镇1333公顷耕地全部进行流转，所有村庄合并为4个社区，农业产业结构得到优化调整，促进农民增收，提高了当地城乡一体化水平。在淄川区龙泉镇项目区建设金毫相富硒生态循环农业示范基地，积极引入工商资本，拓展开发投入渠道。 （宗 宁）

蔬 菜 业

【概况】 2012年，全市蔬菜播种面积完成7.01万公顷，比2011年增长0.6%；总产量412万吨

（含瓜、果类），增长4.8%；总产值45.4亿元，增长1.3%。淄博市被评为全省食用菌行业先进市。

【蔬菜科技示范推广】　是年，全市先后引进七彩甜椒、银耳、大球盖菇等蔬菜新品种32个，推广茄子嫁接、瓜类套袋栽培、大棚速生菜多茬连作等成熟实用技术11项。其中，秸秆生物反应堆应用面积达到733公顷，套袋栽培推广373公顷，80%以上的日光温室采用黄篮板诱杀技术。集约化育苗稳步推进，重点建设的淄博广城绿色庄园有限公司、济南伟丽种业有限公司桓台育苗中心、高青县育琨禾美种苗有限公司等3处集约化育苗中心，年育苗能力9000万株。深入开展"菜园子专家送科技下乡"活动，为农服务更加贴近生产实际、贴近菜农。全年举办技术讲座48场，印发技术意见4期580份，发放明白纸5600余份，培训技术骨干2700余人。

【蔬菜示范基地建设】　通过完善基础设施、调整种植结构、强化质量监管，扎实推进菜篮子工程示范基地建设。全面推广抗病、优质、高产、适合市场需求的新品种；全面执行绿色食品、有机食品生产技术规程，并对基地内菜农进行统一技术培训；采用张挂色板、反光幕、防虫网等一系列生态、物理技术进行病虫害防控。年内，全市共建设菜篮子工程示范基地6867公顷。其中，日光温室蔬菜2667公顷，城郊优质蔬菜1467公顷，优质西瓜1400公顷，越夏蔬菜1333公顷。截至年底，全市菜篮子工程优质蔬菜基地总面积达到1.35万公顷。

【蔬菜标准园创建】　建立国家、市、区县三级标准化园区联创机制，积极推进蔬菜标准化园区建设，全市建成蔬菜标准园区61处。抓好沂源悦庄韭菜、临淄翠竹蔬菜等4处国家级标准园的续建工作，认真落实"五个百"（100%采用集约化种苗、100%推广标准化技术规程、100%落实蔬菜基地质量监管制度、100%安装实时视频监控系统和100%实行产品包装和品牌化销售）要求。积极争取国家级蔬菜标准园创建计划，淄川七河食用菌标准园、临淄乐采蔬菜标准园、桓台荆家四色韭黄标准园完成建设任务并高分通过农业部和省农业厅验收，3处国家级蔬菜标准园各享受国家奖补50万元。年内，评选市级蔬菜标准园21处，表彰全市十佳蔬菜标准园10处，有8处园区和8处基地获得市财政资金扶持。

【项目建设】　2012年，全市蔬菜部门共争取项目31个，争取资金916万元。组织实施的7个国家级蔬菜标准园项目全部通过验收，每个园区获得农业部扶持资金50万元。完成"日光温室蔬菜安全生产关键技术示范与推广""珍稀食用菌周年高效栽培技术示范推广"等3个省财政重点支农项目的验收。本着建设一批、储备一批、策划一批的原则，在着力实施在建项目的同时，积极寻找项目载体，策划启动蔬菜产业项目库建设工作。项目库主要包括蔬菜（食用菌）基地建设项目、蔬菜（食用菌）标准园创建项目、蔬菜集约化育苗中心建设项目、蔬菜产品质量安全检测项目等共15个大项，已策划50个符合国家、省蔬菜产业政策的项目。

【蔬菜产品检测】　2012年，全市建成蔬菜速测点316个，在张店区率先开展蔬菜速测点整改提升试点，采取更新设备、培训人员、规范程序等措施，对基层速测点进行升级改造。年内，共完成32家基层蔬菜速测点的整改工作，速测能力得到有效提升。争取资金40万余元，对市菜篮子产品监督检测中心进行设施配套，增加检测项目，规范抽样手续，完善检测程序，提升规范化水平。认真组织基地、超市蔬菜日检、批检，以及每月一次的例行产品抽检送检工作。先后配合农业部、省农业厅开展蔬菜产品质量抽检4次，抽检合格率98%；安排全市生产基地、批发市场蔬菜产品例行送检2478个，检测合格率98.5%。

【蔬菜流通】　是年，组织淄博市第三届名优蔬菜评选活动，评出16种淄博名优蔬菜。深入推进"农超对接"，组织淄博众得利公司等蔬菜配送企业，开拓北京物美集团、北京美廉美超市、北京华普超市等省外市场，直供超市达到100余家。与北京物美集团的"农超对接"产品达20余种，高峰期日配量50余吨。加强与商务部门、居民社区的沟通协调，周末车载放心菜进社区活动规模不断扩大，淄博长青树、淄博中农等6家蔬菜标准园、蔬菜合作社在20个社区开展周末车载放心菜进社区活动。积极争取对冬菜储备工作的政策扶持，提高企业参与储备工作的积极性。确定2家企业和6处基地参与储备，并协调市商务局为2家企业先期拨付资金40万元，启动首批450万公斤冬菜储备工作。

2012年12月18—19日，山东省食用菌协会第四届会员代表大会暨第十届经贸洽谈会在淄川区举行（巩法江　摄）

【第四届中国·淄博名优蔬菜展销推介会开幕】 11月29日，由市政府主办，市农业局、市蔬菜办承办的第四届中国·淄博名优蔬菜展销推介会在市博物馆开幕。省农业厅副厅长王登启，市人大常委会副主任王树武，市政协副主席蒲绪章出席开幕式。推介会为期2天，集中展示45家企业、农民专业合作社的蔬菜产品近500种，社会反响强烈。

【省食用菌协会第四届会员代表大会在淄川区召开】 12月18—19日，山东省食用菌协会第四届会员代表大会暨第十届经贸洽谈会在淄川区举行。中国食用菌协会秘书长何海龙、省政府办公厅巡视员高洪波、省农业厅副厅长王登启、淄博市副市长李灿玉到会并讲话。淄博市及淄川区、临淄区齐都镇分别获得全省食用菌行业先进市、先进县（区）、先进镇称号，山东七河生物科技股份有限公司、淄博亿百合食用菌发展有限公司及周村康恒食用菌专业合作社分别获得全省食用菌行业优秀龙头企业、优秀合作社称号。

【高青县、临淄区被列为全国蔬菜重点县（区）】 年内，国务院印发的《全国蔬菜产业发展规划（2011—2020年）》要求集中发展黄淮海与环渤海设施蔬菜优势区域等六大蔬菜产业优势区域。淄博市的高青县、临淄区被列为蔬菜产业重点县（区）。（耿　波）

2012年11月29日，第四届中国·淄博名优蔬菜展销推介会在市博物馆开幕（巩法江　摄）

已进入专家评审阶段。

林　业

【概况】 2012年，全市完成造林10220公顷，新建农田林网5667公顷，林业育苗1334公顷，完成骨干道路绿化205公里，林业总产值达到160亿元，比2011年增长33.3%，超额完成全年林业生产计划。3月27日，淄博市人民政府被全国绿化委员会授予国土绿化突出贡献单位称号。

【国家森林城市创建工作】 在成功创建为全国绿化模范城市的基础上，淄博市提出创建国家森林城市的工作目标。3月26日，国家林业局批复同意淄博市创建国家森林城市。市委、市政府高度重视，成立以市长为组长的创建国家森林城市领导小组，制定《关于创建国家森林城市建设森林淄博的意见》。10月20日，淄博市创建国家森林城市启动暨原山林场20亿元投资项目奠基仪式在原山林场举行，国家林业局局长赵树丛、副省长王随莲、省林业厅厅长贾崇福等出席仪式。委托国家林业局调查规划设计院编制《淄博国家森林城市建设总体规划》。11月24日，召开淄博国家森林城市建设总体规划评审会议，与会专家一致同意通过《淄博国家森林城市建设总体规划》评审。启动市树、市花评选工作，评选自12月1日起，分为宣传发动、公众投票、专家评审、市绿化委员会审核、市政府审定、市人大常委会审议6个步骤，已进入专家评审阶段。

【森林资源培育】 1.森林围城工程。重点实施中心城区大外环区域内的绿化工程，计划完成造林面积1867公顷，其中列入城建项目1333公顷。实际完成造林2202公顷，栽植各类苗木348.43万株，完成总任务的118%，其中城建项目完成造林1782公顷，栽植各类苗木257.43万株，完成总任务的134%。2.林业产业振兴工程。在南部山区新建优质标准化果品基地1333公顷、改造提升4800公顷，完成年计划的133%。全市经济林总面积达到7.56万公顷，果品产量达到15亿公斤。各区县积极进行土地流转，发展花卉苗木基地1200公顷，占年计划的138.5%，全市苗木花卉面积达到3067公顷。结合农业内部结构调整，在高青、桓台县建设工业原料林基地900公顷，占年计划的103.8%，全市丰产林面积达到2.65万公顷。在全市开展省级、市级龙头企业和市级经济林示范园创建工作。2012年，全市新增林业省级龙头企业12家，总数达到17家；新增市级龙头企业20家，总数达到40家；新增市级经济林示范园11家，总数达到24家。在第九届中国林产品交易会上，淄博市有6个产品获得金奖，3个产品获得优秀奖，市林业局获得优秀组织奖。在第五届山东省花卉博览会上，淄博市获团体一等奖、设计布置金奖和优秀组织奖，有4件展品获得金奖、21件展品获得银奖、34件展品获得铜奖、18件展品获得优秀奖。3.荒山绿化工程。实行专业队、合同化管理的造林模式，在南部山区完成造林3513公顷，完成年度计划任务。4.路域水系绿化和湿地保护工程。以保护水源地为重点，在太河水库、文昌湖、田庄水库周围及淄河、孝妇河等主要河流两侧完成造林867公顷。加强湿地公园建设，申报4处省级湿地公园。完成主要道路绿化205公里。其中，对境内57.2公里济青高速公路两侧杨树林带全部进行采伐更新，共采伐杨树29.6万株，蓄积2.95万立方米，栽植各类苗木31.3万株，

2012年10月20日，淄博市创建国家森林城市启动暨原山林场20亿元投资项目奠基仪式在原山林场举行　（闫旭峰　摄）

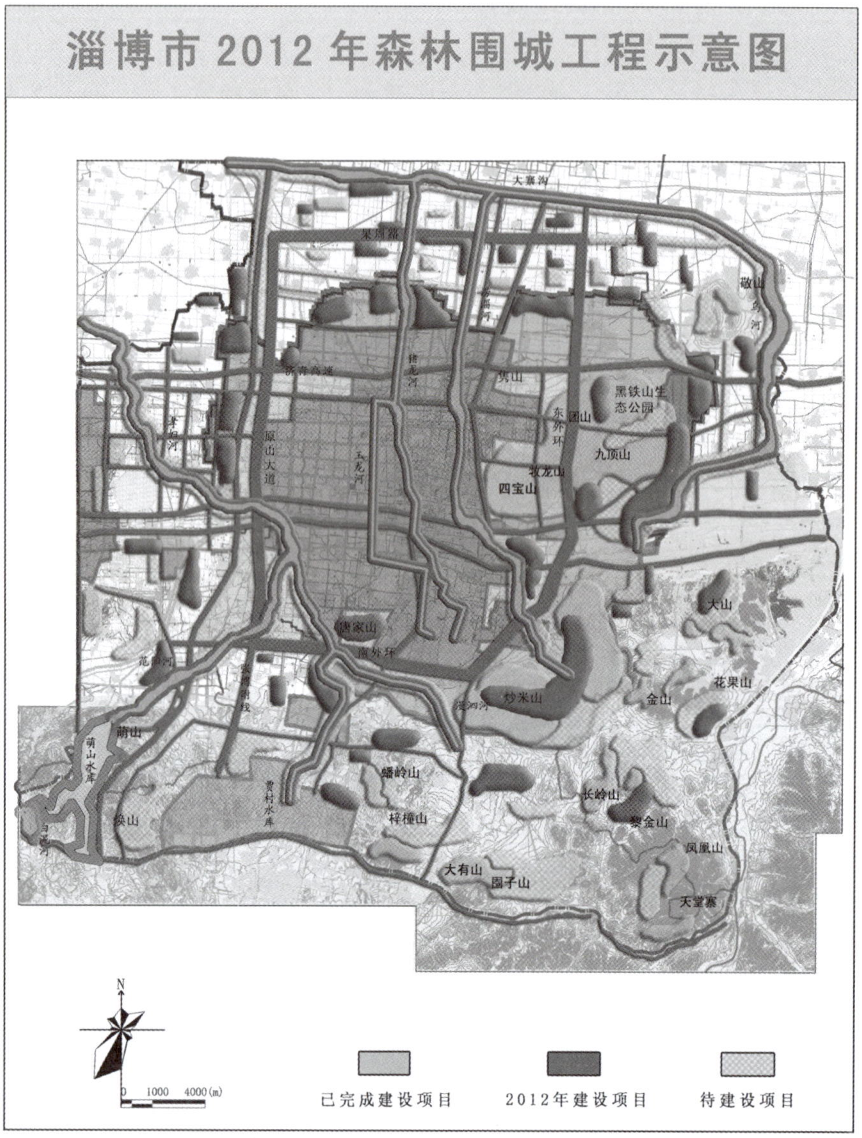

淄博市2012年森林围城工程示意图

已完成建设项目　2012年建设项目　待建设项目

淄博市2012年森林围城工程示意图　（市林业局　供稿）

项目累计投资5000万余元，林带景观效果显著提升。启动滨博高速公路两侧杨树林带采伐更新工作。5. 中心村镇绿化美化及农田林网建设工程。建设5个绿化模范镇、50个绿化示范村，完成年度任务。建设高标准农田林网5667公顷，完成年度任务的106.3%。

【集体林权制度改革】 是年，启动林权抵押贷款试点。与人民银行淄博市中心支行联合制定《淄博市林权抵押贷款管理实施办法（试行）》，推进林权抵押贷款业务开展。全市林权抵押贷款额3000万余元，有8项抵押贷款正在办理中，其中2项已进行评估，评估额1.8亿元。推动林权管理服务中心建设。淄川区、博山区、周村区、沂源县完成林权管理服务中心建设任务，为林农搭建起林权交易平台。积极引导扶持农民林业专业合作社发展。鼓励种植大户、龙头企业等领办合作组织，全市农民林业合作社发展到387家。开展农民林业专业合作社示范社创建活动，制订《淄博市农民林业专业合作社市级示范社标准》，评选出市级示范社20家，3家被农业部等部委联合命名为国家级示范社，6家被省林业厅命名为省级示范社。

【森林资源保护管理】 2012年，全市实现无重大森林火灾、无重大林木病虫害、无重大毁林案件的管护目标。1. 森林防火工作。层层落实行政首长负责制，制订森林防火预案；强化宣传，组织开展森林防火宣传月活动，在电视台、电台播放公益广告；加强技能培训，进行防扑火演练；完善森林防火基础设施建设，市、区县财政投资1000余万元，购置运兵车、远程灭火炮等防火装备，防扑火能力进一步提升。落实领导带班、防火工作人员24小时值班制度。加强火源管理，加大巡查力度，对重点时期、重点部位实行重点防范。市森林防火指挥部、淄川区林业局、市原山林场被省森林防火指挥部授予2011—2012年度全省森林防火工作先进单位称号，4人被评为先进个人。淄川区、博山区、沂源县和鲁山林场、原山林场、淄川林场被授予全省森林防火能力建设达标县（市、区，国有林场）称号，沂源县和原山林场分别被授予全省森林防火能力建设达标示范县和示范国有林场称号。2. 林业有害生物防控工作。制定以防控美国白蛾为重点的林业有害生物防控工作意见和实施方案，开展美国白蛾监测，进行美国白蛾越冬基数调查，举办美国白蛾生物防治技术班。张店区在中心城区实行第一代幼虫飞防，飞防面积8667公顷。年内，全市未发现美国白蛾疫情。开展松材线虫病春季普查工作，普查面积14万亩次。为防止病源传播，鲁山林场对松材线虫病实施飞机防治，飞防面积约4万亩次。适时开展杨尺蠖、草履蚧等其他有害生物的防控工作，杨尺蠖防治作业面积6000公顷，草履蚧防治作业面积113公顷，均未发生大面积虫害。全市各项防控指标均达到省指标要求。加大对野生动物保护力度，实施野生动物救护行动35起、80余人次，收容救治蛇类、鸟类等野生动物33只。3. 林政执法工作。加大执法力度，严厉查处乱占滥用林地、滥砍滥伐林木等各种毁林案件，全年共查处林业行政案件37起，处罚37人次，罚款30.8万元。加强林政管理，办理征占用林地手续18份，发放林木采伐许可证859份、木材运输证1725份、木材经营加工许可证46份、检疫证38份、野生动物驯养繁殖许可证6份。

【国有场圃建设】 各场圃和森林公园在保护好森林资源的前提下，积极进行森林旅游开发，场圃经济得到健康持续发展。峨庄古村落国家森林公园总体规划顺利通过专家评审；沂源县鲁山景区、织女洞景区通过淘宝网、涉旅酒店开展门票销售，在百度沂源吧开展“你跟帖，我优惠”活动。原山林场引进两只大熊猫，经济收入再创新高，投资20亿元的六大项目开工建设。鲁山林场举办“登山旅游节”“赏槐节”等活动，着力打造生态旅游品牌。大力开展集体林场建设，沂源县政府新批准建设集体林场7处，总面积1.03万公顷。

（刘新宁）

农 机

【概况】 2012年，全市农机总动力达到352.4万千瓦，农机总值29.98亿元，农机总收入32.12亿元。拖拉机拥有量27339台，其中大、中型拖拉机16503台；拖拉机配套机具55204部，其中大、中型32876部；联合收获机9198台，其中玉米联合收获机3667台。全市实现机耕面积15.13万公顷，机播面积25.28万公顷，机收面积24.15万公顷。其中，粮食作物机播水平达94.86%，机收水平达92.27%。全市农作物耕种收综合机械化水平达到87.43%，其中粮食作物耕种收综合机械化水平达到95.46%。6月，开通“114”农机服务热线。9月，对淄博农机网进行改版。11月5日，全省农机补贴监督检查情况座谈会在淄博召开，省农机局副局长侯英忠出席座谈会并讲话。年内，桓台县农机局1人被农业部评为2012年度全国粮食生产先进工作者。

【农机购置补贴】 是年，全市共落实中央农机购置补贴资金6390万元，其中包括报废更新补贴资金150万元，比2011年增加1070万元。补贴各类农机具37624台(件)，受益农户10708户，带动农民投资近1.3亿元，各类农业机械均衡增长，农

2012年10月10日，高青县40公顷水稻示范园区内水稻机收场景

（市农机局 供稿）

机装备结构得到优化。

【玉米秸秆综合利用】 “三秋”期间，推广秸秆还田机械、青贮机械、压块固化、铡草、剥皮等机械193台，提升秸秆综合利用水平，共完成秸秆机械深耕还田6.67万公顷，节本增效约1.2亿元，完成秸秆青贮5.69万公顷，其他转化1.3万余公顷。经测算，共减少碳排量214.5万吨，取得良好的经济效益、生态效益和社会效益。9月26日，《大众日报》以《淄博：农机牵起秸秆产业链》为题，对淄博市玉米秸秆机械转化和综合利用工作进行专题报道。

【经济作物机械化】 是年，全市共建立7个马铃薯、10个花生、10个棉花、25个日光温室示范基地，22个设施农业示范园区，示范面积达733公顷。花生、马铃薯、棉花综合机械化水平分别达到53%、53.6%、67 %，全市经济作物生产综合机械化水平达到60%。水稻机械化生产实现新突破，高青县40公顷水稻示范园区全部实现生产机械化。

【农机推广】 是年，积极推广深耕松土、宽幅精播等关键增产技术。全市共推广土壤深松机180台，保有量达309台，完成深松面积1.03万公顷；推广小麦机械化宽幅精播机95台，保有量达895台，完成小麦宽幅精播5.33万公顷，桓台县小麦宽幅精播实现区域全覆盖。推广大型茎穗兼收型玉米联收机、剥皮型玉米联收机132台，实现玉米机收、剥皮、还田一条龙作业。淄川区被表彰为全省科技兴农先进单位。

2012年9月18日，“三秋”期间临淄区玉米机收场景（市农机局　供稿）

【农机监理】 是年，全市共检验拖拉机、联合收割机18852台，办理新落户拖拉机1748台，新办驾驶证1569个，机械检测拖拉机3378台，农机挂牌率、年检率、持证率分别达83%、85%、82%，实现全年安全生产无事故。“为民服务创先争优”示范窗口创建活动取得优异成绩，高青县农机监理站长张洪、桓台县农机监理站分别被农业部命名为全国首批“为民服务创先争优”示范岗位标兵和示范窗口单位。“平安农机”创建活动深入开展，共创建示范县（区）5个，示范镇44个，示范村284个，示范农机合作组织19个，示范户1753户，临淄区被评为全省农机安全示范县（区）。

【农机修配管理】 是年，全市有检验农机维修厂（点）468家，持“农业机械维修技术合格证”并检验合格的452家，检验合格率97%；有检查修理工1302人，持有效资格证书的1263人，修理工持证率97%。全年接受农机消费咨询57次，受理投诉案件4起，全部调解成功。

【农机服务体系建设】 是年，张店区、临淄区、淄川区、沂源县、淄博高新区等建立区县农机协会，博山区建立全市第一家镇农机服务中心。全市有5个农机合作社得到35万元资金扶持，合作社总数达171个，55个农机合作社达到省“五有”（有完善的基础设施、有良好的运行机制、有健全的财务制度、有较大的服务规模、有显著的综合效益）标准，6个合作社成为全省示范合作社，4个合作社成为全国示范合作社。以星级文明厂（点）创建为引领，建立健全农机维修公共服务体系。8月，各区县培育、推荐15个集销售、维修、培训、服务于一体的综合性维修服务中心，承担80%以上大型农机具的维修、保养任务，提高了农机化公共服务水平和公共保障能力。区域性农机维修中心建设的做法作为典型在全省进行经验交流和推广，桓台大田农机农民专业合作社被省农机局命名为五星级文明农机维修网点。

【农机人员培训】 是年，以农机化管理、技术和作业服务3支人才队伍建设为重点，结合春季及“三夏”“三秋”生产，围绕经济作物机械化、农机安全生产，通过举办培训班、机具演示会、展示会等方式，多层次对农机管理人员、农机技术人员、农机操作人员、农机大户进行技能培训。全年共举办各类培训班、现场演示会296场次，培训各类农机人员5.4万余人。 （苏　婷）

畜　牧　业

【概况】 截至2012年底，全市生猪存栏113.7万头，牛存栏23.5万头(其中奶牛存栏6.6万头)，羊存栏72.4万只，家禽存栏2453.5万只，肉蛋奶总产71.6万吨(其中肉类总产37.4万吨、奶类总产23.2万吨、禽蛋总产11万吨)，畜禽产品供应能力明显增强。全市有通过GMP认证兽药生产企业3家，年产值1410万元；有通过兽药GSP验收的兽药经营企业134家。

【特色养殖板块建设】 1.山东黑牛产业优势板块。10万头山东黑牛产业开发项目列为省长菜篮子工程和山东省科技厅自主创新重大专项。省政府以淄博市高青县为核心启动黄河三角洲优质肉牛示范工程暨“十百千万”工程，面向全省沿黄4市的10县推广山东黑牛，山东黑牛存栏3.8万头。2.良种生猪产业优势板块。大力发展标准化、规模化生猪生产，临淄、淄川、周村三区生猪存栏65.2万头，有年出栏500头以上生猪养殖场177处，形成稳固的生猪供应基地。3.沂蒙黑山羊产业优势板块。建设沂蒙黑山羊原种场、10个沂蒙黑山羊繁育场，组建沂源黑山羊、红山羊工程技术研究中心。沂源县山羊存栏50.4万只。4.优势肉禽板块。肉禽产业化发展势头强劲，高青县肉鸭年出栏1970万只，桓台县标准化肉鸡养殖年出栏约1500万只，基地建设更加稳固。

【项目及政策扶持】 2012年，共组织申报、实施项目10类82个，包括生猪标准化改造项目，菜篮子项目，奶牛、种公羊良种补贴项目，山东省基层农业技术推广体系改革与建设项目，省财政支持农业技术推广项目，现代农业生产发展资金地方畜禽资源产业化开发等多个类别，涉及省级以上财政资金2197.48万元，提升了全市畜牧业整体竞争力。

高青县山东黑牛国家标准化示范区养殖基地

（薛乐全　摄于2012年10月）

【饲料生产】 2012年，全市共有饲料生产企业45家。其中，浓缩饲料、配合饲料、精料补充料、单一饲料生产企业30家，动物源性饲料生产企业2家，添加剂和添加剂预混合剂饲料生产企业13家。有从业人员1546人，年产量10万吨以上企业1家，2万吨以上企业9家。全年饲料生产总量达54万吨，比2011年增加4万吨，增长8%；饲料工业总产值16.5亿元，增加1.5亿元，增长10%，饲料产量与产值再创新高。

【玉米秸秆青贮】 是年，全市有青贮池5426个，总容积241万立方米，其中新建120个；有青贮机械3417台，其中新购178台。青贮玉米秸秆总量达215万立方米，约5万公顷，其中带穗青贮5333公顷。

【品牌化创建】 是年，山东大地肉牛清真食品股份有限公司和山东布莱凯特黑牛科技股份有限公司分别在天津股权交易所和齐鲁股权托管交易中心挂牌上市。全市有41个养殖场获得无公害畜产品产地认证，13个养殖场获得无公害畜产品认证；有种畜禽生产经营企业14家，存养各类种畜禽37万余只。山东藏獒俱乐部落户淄博。野猪、大雁、肉鸽等特色养殖形成产业特色。马踏湖蛋鸭作为地方良种，已完成种质系谱测定。顺利进行齐御黑猪地方良种4个配套品系培育。

【标准化生态饲养】 启动国家、省、市、县四级标准化小区联创机制，通过政策引导和示范带动，推动全市畜禽标准化养殖小区（场）建设，建成产业特色鲜明、科技含量较高、设施设备先进、运行机制灵活、综合效益显著的市级现代畜牧业标准化示范场。2012年，新增国家级标准化示范场2家，省级标准化示范场9家。全市有国家级示范场13家，省级示范场20家，市级16家；有市级以上畜牧龙头企业33家，其中国家级1家、省级6家、市级26家。全市林下养殖面积超过1.67万公顷，生猪发酵床面积达到25万平方米，存养生猪20万头。

【畜产品质量安全监管】 加强畜产品安全监管体系建设，在全市集中开展“瘦肉精”、生鲜乳、兽用抗菌药、农资打假等专项整治行动。严格畜禽及其产品检疫监督，确保畜产品质量安全。对全市1320家规模养殖场全部实行统一管理，进行兽医监管，确保养殖环节安全。在农业部和省畜牧兽医局组织的多次三聚氰胺抽检中，乳品企业、奶站、运输车、饲料合格率达100%。全市78家生鲜乳收购站、46辆生鲜乳运输车全部实现标准化管理。逐步推行中心城区报检中心、畜禽生产远程监控等手段，维护畜产品安全。全市现有定点屠宰场53个、动物检疫申报点143个、交易市场316个、加工场所142个，全部纳入各级动物卫生监督机构监管。

【检疫监督】 严格产地检疫和屠宰检疫，落实检疫申报制度，规范检疫操作程序，确保出栏和屠宰畜禽质量安全。2012年，全市产地检疫生猪108.72万头、牛羊15.34万头（只）、禽类7530.2万只、其他动物1.8万只。屠宰环节检疫生猪41.4万头、牛羊1.72万头（只）、禽3132.6万只。检出病畜禽5136头（只），全部进行了无害化处理。

得益乳业安全高效的现代化挤奶设施　（魏念军　摄于2012年5月）

【重大动物疫病防控】 按照“依法防控、科学防控、群防群控、果断处置”的要求，组织全市突发疫情应急演练，调整充实3291人的村防疫员队伍，构建科学合理的责任体系。高致病性禽流感、口蹄疫、高致病性猪蓝耳病、猪瘟4种动物疫病免疫密度均保持100%。全年共免疫家禽4008万羽（次）、生猪157.08万头、牛羊95.04万头（只）。7家区级实验室通过省兽医实验室考核。巩固全市无重大动物疫情成果，市畜牧兽医局连续8年获得全省重大动物疫病防控工作先进单位。开展兽药市场整治，规范兽药市场秩序，134家兽药经营企业通过兽药GSP验收，注销非兽药GSP企业87家，取缔无证经营企业58家，查处案件2起，查获假劣药481盒、73.5公斤。

【畜牧业产学研结合】 2月9日，经市畜牧兽医局牵头组织，市政府与中国农业大学、山东农业大学、青岛农业大学3所高校正式签订现代畜牧业产学研全面合作协议，排定“十二五”期间30个特色畜牧业重点项目和30处产学研基地，为产学研合作提供载体平台，已建成淄博市肉禽养殖环境控制工程技术研究中心、沂蒙黑山羊工程技术研究所和淄博豪艺生态养殖技术研发中心。山东邦基集团与中国农业科学院、山东农业大学联合创建的山东畜牧(动物生命)科学研究院包含诊断防治等6个中心板块，落户淄博高新技术产业开发区生物医药产业创新园。 (卢 利)

水利与渔业

【水资源管理】 2012年，继续推进实施最严格的水资源管理制度，提高计划用水、节约用水水平。全市用水总量控制取得初步成效，地下水开采量由8亿立方米以上减至6.6亿立方米。扩大客水资源利用量，黄河水的用量由不足2亿立方米增至2.8亿立方米。节约用水工作取得显著成效，全市万元GDP取水量下降到33.12立方米，工业用水重复利用率提高到95%。加强企业用水监管。8月30日，完成全市水资源专项执法检查活动，查清3178家规模以上企业的取水、用水、排水情况，查出未纳入计划管理取用水量8000万余立方米，追缴水资源费和污水处理费600万余元。全市累计纳入计划用水管理的用水户由873户增至3500余户，规模以上企业计划用水实施率达到100%。认真抓好后备饮用水水源地开发利用工作。9月10日，完成大武水源地上游刘征地区水文地质勘探工作，查明允许开采水量5.5万立方米/天，水质良好，可作为生活饮用水水源。全年征收水资源费19075万元、污水处理费7938万元。加强水资源法律法规体系建设。1月1日，由市人大常委会修订颁布的《淄博市水资源保护管理条例》正式施行。1月19日，市水利与渔业局印发《淄博市取水许可水资源论证和凿井管理规定》。11月1日，由市人大常委会修订颁布的《淄博市萌山水库保护管理条例》正式施行。11月8日，市政府办公厅印发《淄博市河道管理范围内建设项目管理规定》。12月14日，市水利与渔业局、市发展和改革委员会等5部门联合印发《淄博市建设项目节水设施建设管理办法》。

【防汛减灾】 是年，投资230万元，建成覆盖各区县的防汛抗旱异地调度高清视频会商系统。推进实施病险小型水库、水闸、塘坝的除险加固工作，将16座小型水库列入省新一轮病险小型水库除险加固计划，计划总投资1898.78万元。投资559.12万元，完成太河水库西溢洪道出口段应急加固工程。加强南部山丘区山洪地质灾害防治工作，提高灾害预警预报能力。投资1760万元，完成淄川区、博山区、沂源县山洪灾害防治非工程措施体系建设任务；成功争取概算总投资2500万元的淄川区、博山区山洪沟治理项目。11月30日，淄河干流近期治理工程(临淄段)通过投入使用验收。全市列入2009—2012年国家和省中小河流治理规划的孝妇河、淄河、北支新河3条河道、6个项目、8个工程全面完工，累计完成投资2.01亿元，治理河道90公里。成功将淄河、孝妇河、乌河、范阳河、西猪龙河5条河道、8个项目列入2013—2015年全国重点中小河流治理规划，争取概算总投资1.5亿元的小清河淄博段综合整治项目和概算总投资4.19亿元的沂源县全国中小河流治理重点县项目。

【生态建设】 是年，实施2011年度国家水土保持重点工程、2011年度中央预算内专项资金水土保持项目、2012年度国家重点工程等13条小流域建设任务，全市共治理水土流失面积101.5平方公里，完成投资3784.45万元，其中国家投资2475万元。沂源龙巷小流域等5条小流域被列入沂蒙山区国家水土保持重点建设项目。2012年底新增投资部分治理工程，总投资2031.23万元，治理水土流失面积58平方公里，成为全市国家水土保持重点建设工程投资最大的单项工程。严格在建项目水土流失监管，认真落实水土保持"三同时"（同时规划、同时实施、同时竣工）制度，推进实施张店、博山、周村、临淄区和桓台、高青县等6个区县第二批全国水土保持监督管理能力建设试点县工作。年内，征收水土保持设施补偿费380万元，全市编报生产建设项目水土保持方案72项，其中完成审批47项、批复38项。积极创建水利风景区，沂源青龙湖水利风景区被省水利厅评为山东省水利风景区。

2012年7月26日，南水北调东线山东省淄博市续建配套工程在全省率先开工建设　（王兆成　摄）

【农村水利】　4月，桓台县、高青县、沂源县2011年度全国小型农田水利重点县项目全部完工并通过省级验收，均获得绩效考评优秀等次，其中桓台县2009—2011年第一轮全国小型农田水利重点县项目完成全部建设任务。5月，桓台县获得第二轮全国小型农田水利重点县建设项目资格，高青县、沂源县分别获得省以上项目奖励资金500万元，临淄区成功竞标全国小型农田水利重点县，全市全国小型农田水利重点县数目达到4个。10月，启动实施总投资1.32亿元的桓台县、高青县、沂源县及临淄区2012年度全国小型农田水利重点县项目和总投资1200万元的周村区、桓台县中央拉动内需追加全国小型农田水利重点县项目，年底前完成省规定节点目标，建成"旱能浇、涝能排"高标准农田13333公顷，其中高效节水灌溉面积7733公顷。加快推进以"城乡同源同网同质"供水为重点的农村饮水安全建设，全年组织实施两批中央投资农村饮水安全工程，完成投资9961万元，解决了18.44万农村居民和3.27万农村学校师生的饮水安全问题，全市农村自来水普及率达到97.8%。

【城市供水】　7月26日，南水北调东线山东省淄博市续建配套工程在全省率先开工。该工程依托引黄供水工程进行建设，概算总投资7.62亿元，主要包括引水、调蓄、输水工程三部分，一期引用长江水5000万立方米/年，供水区域辐射张店区、周村区、临淄区、桓台县和淄博高新区。截至年底，该工程累计完成投资1.22亿元，其中引水工程过水面以下工程完成5300米，占引水工程总长度的47%，调蓄工程库底清淤工作启动实施。积极做好城市供水管网延伸改造工作。其中，中心城区供水管线改造工程加快推进，年内完成投资1100万余元，新建和改造中心城区道路供水管线6.7公里；张店区东部化工区供水设施配套工程扎实推进，年内敷设供水管线7.7公里，建成临时泵站1座，解决民基化工、新华制药等已入园企业的用水问题。加强城市供水水质监管，对全市城市供水水质进行定期检测并通报。加强水质质检机构建设。淄博市自来水公司水质检测管理中心通过山东省质量技术监督局实验室资质认定扩项评审，具备对《生活饮用水卫生标准》所规定的全部106项指标进行检测的能力。年内，市引黄供水有限公司安全供水7492万立方米、生态引水392万立方米，市自来水公司（含博山区自来水公司）安全供水10179万立方米（其中市自来水公司供水8466万立方米）、售水7422万立方米（其中市自来水公司6200万立方米）。

【现代渔业】　是年，全市渔业养殖面积达到5547

2012年4月21日，山东·淄博首届生态放鱼季活动启动（王兆成　摄）

公顷，养殖产量达到2.58万吨，渔业总产值实现23.64亿元。全市创建国家级、省级水产健康养殖示范区14个，面积1153公顷；建成无公害基地8处，认证无公害产品28个，面积1687公顷；建成渔业专业合作社15个，水产养殖户入社率100%。加强水产品质量检验检测中心的软硬件设施建设。在全省率先推行水产品质量预警机制，全年共抽检产地水产样品82个、流通市场水产样品521个，平均达标率95%。开展市级优质鱼基地创建活动，积极打造具有本土特色的优质鱼品牌，在全市范围内选树10处优质鱼养殖基地，建成淄河鲶鱼省级种质资源保护区。该保护区位于太河水库，面积达到600公顷。举办首届鱼王大赛暨现代渔业科技成果展示会，全市30家养殖企业和养殖大户选送90余种水产养殖品参加鱼王角逐和特色鱼品展示。创新开展渔业增殖放流活动，组织实施山东·淄博首届生态放鱼季活动，全年累计组织增殖放流10次，投放大规格鱼种5万千克，共计100万余尾。

【水利移民】 2月13日，三峡移民新增补偿资金使用实施工作正式启动，各区县以户为基本单元，选择实施三峡移民扶持项目。项目扶持类型主要涉及危旧房改造补助、户内生活设施改善补助、生活困难补助、分户生产发展补助、土地改造项目等5个大类。3月底，三峡移民新增补偿资金使用实施工作基本完成，共实施项目335个，完成投资1314.64万元。12月7日，市政府办公厅印发《关于进一步加强水库移民工作的实施意见》，为加强水库移民管理工作提供重要依据。加强移民人口动态管理工作。截至年底，全市大中型水库移民人口为34743人，全年核减434人，累计核减人口1848人。认真开展大中型水库移民后期扶持资金兑付工作，全年兑付到移民手中资金2109.33万元。此项工作自2006年启动，按照每年每人600元的标准按季度发放，截至2012年12月底累计兑付水利移民后扶资金1.32亿元。积极抓好水利移民后期扶持项目的规划、争取和实施工作，实施大中型水库移民后期扶持结余资金项目27个、小型水库移民扶助基金项目11个，分别完成投资1230万元和350万元，其中培训水利移民288人。此项工作自2008年启动实施，截至2012年12月底，累计争取上级资金4089.7万元，完成项目141个，其中培训移民983人。淄博市在全省水利移民工作年底考核中连续两年被评为优秀等次。

【管理体制改革】 是年，沂源县田庄水库管理处、沂源县红旗水库管理所、市太河水库管理局先后通过省水利厅组织的管理体制改革验收，博山区石马水库管理所通过市水利与渔业局组织的管理体制改革验收。其中，沂源县红旗水库管理所、市太河水库管理局分别被省水利厅验收评定为省一级、省二级规范化管理单位。加强基层水利服务能力建设，印发《关于加强基层水利服务体系建设的实施意见》，积极推进基层水利服务组织、防汛抗旱供水专业服务组织和农民用水合作组织“三位一体”的基层水利服务体系建设。年内，桓台县、沂源县、高青县及临淄区4个全国小型农村水利重点县完成基层水利服务体系建设任务并通过省级验收。其中，对镇水务站实行区县水行政主管部门和镇政府双重领导、“条块结合，以条为主”的管理体制。桓台县被省水利厅确定为基层水利服务体系建设试点县。9月14日，全省水利基层服务体系建设现场会在桓台县召开，在全省推广淄博市工作经验。创新开展河道管理工作，加强涉河事务监管，基本完成河道蓝线规划和确权划界工作，建立562人的河道管护队伍，在临淄区成功实行“河长制”管理模式试点。

【水利规划设计】 强化规划先行、规划为准理念，积极整合水利资源，为水利项目建设提供可靠依据。6月，编制完成《淄博市现代水网建设规划》，计划到2020年基本建成“3+1”大框架体系，即防洪排涝工程体系、水资源合理配置体系、水系生态环境安全保障体系以及覆盖全市的水利信息化体系，估算总投资108.72亿元。9月，编制完成《淄博市“旱能浇、涝能排”高标准农田建设规划》。淄博市现有耕地面积16.9万公顷，规划到2020年建成“旱能浇、涝能排”高标准农田14.7万公顷，工程估算总投资30.37亿元。认真开展水利科研工作，制定《加强水利科技创新的实施意见》，对水利科技工作重点、财政投入等作出安排部署。全年共有10项科研成果获省专利技术奖、省科技进步奖和省软科学奖等奖项，有69篇论文在省级以上优秀论文评选中获奖或在《中国水利》《山东水利》等核心刊物刊发。其中，淄博市水利勘测设计院编制的《淄博市现代水网建设规划》和《淄博市水利发展“十二五”规划》分别获山东省水利软科学优秀成果奖励一等奖和二等奖，《长距离无调蓄高落差渠道输水工程关键技术研究》获山东省水利科学技术进步二等奖，《临淄区乌河309国道段综合治理工程设计方案》获山东省工程建设(勘察设计)优秀QC小组作品。

(贾希征　王兆成)

黄河河务

【黄河防汛】 汛前，市政府专门成立由市长任指挥的黄河防汛抗旱指挥部，并作为常设机构设立。按照“重点突出、层次分明、条理清晰、言简意赅、通俗易懂”的原则，修订完善市、县黄河防汛预案、防洪工程抢险方案等8项预案。开展“防汛宣传月”活动，完成水尺校测、工程普查、河势查勘和根石探测等防汛基础性技术工作。全年共组织落实防汛队伍3.37万人，一线队伍培训面达到60%。开展黄河民兵防汛抢险演练和黄河防汛应急演习，防汛队伍的应急处置能力和规范化程度进一步增强。对国家常备防汛物资进行清仓查库、翻晒保养，对辖区内防汛抢险物资生产销售企业进行调查登记，并建立联系档案。加强防汛信息化建设，数字防汛、网络调度能力得到长足发展。全面扎实地做好调水调沙各项工作。

【工程建设与管理】 2012年，积极申请国家无偿资金投入，争取正式批复淄博市黄河防洪工程建设资金2.12亿元。工程建设前期工作全面展开，迁占工作深入推进，完成工程建设资金支付5047万元。年内，全面完成永久性占地征收、地面附着物清除和具备搬迁条件的村庄搬迁等重点工作。继续加强基层单位基础设施建设，基层单位饮水

2012年8月，淄博黄河建设管理基地竣工并投入应用　(李斌　摄)

工程全部完成并通过验收。8月，淄博黄河建设管理基地竣工并投入应用，实现基层资源整合与共享，改善了一线职工的办公生活条件。顺利完成水利普查各阶段工作任务。深入实施淤背工程综合治理工作，杜绝违章建筑和乱垦乱植现象。完成春季植树工作，共计植树1.9万株，成活率97%。确保工程管理工作顺利实施，全年累计完成维修养护土方4.8万立方米、石方0.91万立方米，完成维修养护投资936万元。大力开展示范工程创建工作，投资100万余元对马扎子险工、段王控导进行整修，并分别被评为黄河水利委员会示范工程和山东黄河示范工程。市黄河河务局共有11项工程被评为山东黄河示范工程，其中7项为黄河水利委员会示范工程。10月，经水利部验收，高青河务局晋升为国家级水利工程管理单位。

【行政执法管理】　是年，围绕“立法、普法、执法”三个关键环节，大力开展水行政执法工作。开展涉及行政强制的实施主体和地方性法规规章清理工作，并通过审查，确立市黄河河务局行政强制主体资格。启动“六五”普法教育工作，“世界水日”和“中国水周”期间，开展“深化‘法律六进’服务科学发展”法制宣传、依法行政宣传一条街、入乡村入集市入学校巡回宣传等活动，并在沿黄堤段建成100余米图文并茂的普法宣传长廊。针对不同季节易发案件特点，分别针对违章种植、河道采砂等违章行为，采取不同形式的应对措施。全年共组织河道巡查70余次，处理水事案件15起，为各项治河工作顺利开展提供良好的法治环境。

【黄河水资源管理】　是年，深入开展水资源状况调查，积极向水利部、黄河水利委员员争取增加用水指标，为全市经济社会发展争取到水资源优势。严肃调水纪律，严格用水计划管理，保持良好的水资源管理秩序；及时通报水情，积极与灌区管理部门、用水企业沟通情况，适时引蓄黄河水。在生态用水方面，争取到无偿用水指标，及时向高青千乘湖、桓台红莲湖和马踏湖供水，对改善当地人居环境和生态修复起到较大推动作用。全年实现供黄河水2亿立方米，基本满足全市工农业生产和生态用水需求。

【黄河文化展厅建成】　年内，对反映淄博治黄发展轨迹的文化物品进行搜集、整理，建成淄博黄河文化展厅。展厅以“黄河治理文化”为主题，系统展示各个时期的防汛抢险、工程建设以及工作生活物品等。　　（李　斌）

本部类编辑：纪　瑗
副主编：安永善
校　对：王世伟
耿　超

服务业　国内贸易

服　务　业

【概况】 2012年，全市服务业以项目建设为总抓手，突出改造提升传统服务业，大力发展现代服务业，重点推进现代服务业集聚区规划建设和培育服务业重点骨干企业发展。全年实现增加值1332.27亿元，比2011年增长9.4%；增加值占比37.5%，提高1.3个百分点。服务业固定资产投资完成860.97亿元，占全社会固定资产投资的比重达49.39%；服务业地税收入完成93.06亿元，增长48.32%。

【规划布局】 贯彻落实《淄博市服务业发展第十二个五年规划纲要》，把握规划确定的产业发展重点和规划布局，研究制定年度工作思路。引导各区县抓好区域服务业规划的编制工作，搞好重大项目规划布局安排。开展淄博融入省会城市群经济圈的服务业规划定位研究，提出淄博市作为省会城市群服务业次中心的功能定位的建议，及时上报省服务业办公室。协调和引导区县抓好现代服务业集聚区规划，提出“十二五”期间重点提升发展和规划建设50个现代服务业集聚区的总体目标。

【载体培育】 2012年，围绕现代服务业集聚区和服务业企业发展，组织开展全市现代服务业集聚区空间布局标准研究，分析近年来现代服务业集聚区的功能定位和空间布局情况，借鉴先进地区关于现代服务业集聚区认定管理办法，提出适应淄博市现代服务业集聚区发展的空间布局标准。截至年底，初步确定53个市级现代服务业重点集聚区和58家市级现代服务业重点企业。

【重点项目建设】 围绕加快年初市政府确定的全市服务业重点项目建设进度，实行档案化、台账式管理，坚持每月一调度、每季一通报。2012年，全市92个服务业重点建设项目(含续建项目54个，新建项目38个)总投资609亿元，年度计划投资218亿元，开工建设81个，开工率88.04%，完工或基本完工项目18个。全年完成投资180.10亿元，占年度计划投资的82.56%。其中，新建项目实际完成投资57.94亿元，占全部项目年度完成投资的32.17%；续建项目实际完成投资122.16亿元，占全部项目年度完成投资的67.83%。

【优化发展环境】 落实在全省开展的“服务业政策落实年”活动，对政策落实情况进行分类梳理和自查，以市政府名义向省发展改革委提交专题报告，将2006年后国家、省、市制定的服务业发展政策汇编成册，发放到各区县及企业。全力对上争取，年内落实到位国家、省服务业发展引导资金扶持项目5个，争取国家和省无偿资金1300万元。研究制定《淄博市服务业引导资金管理办法》，对引导资金的产业引导方向、扶持标准等进行详细规定，保障服务业引导资金的规范使用。完善《淄博市服务业四大载体考核办法》，研究确定年度发展目标，研究制定全市服务业发展目标任务分解落实意见，将任务层层分解落实到各区县、高新区和文昌湖区以及市直有关部门。

【调查研究】　围绕现代服务业集聚区的空间布局问题，开展全市现代服务业集聚区空间布局标准化研究，形成《淄博现代服务业集聚区空间布局标准研究》调研报告。围绕淄博服务业在省会城市群服务业发展中的定位研究，形成《淄博市现代服务业发展规划有关问题的研究报告》。围绕全市冷链物流业发展水平相对较低的实际，形成《淄博冷链物流业发展研究》。《淄博现代服务业集聚区空间布局标准研究》《淄博市现代服务业发展规划有关问题的研究报告》两个调研报告被市委宣传部和市委讲师团评为2012年全市经济社会发展重大理论与实践问题对策研究课题调研成果一等奖。

【调度分析】　发挥全市服务业发展领导小组办公室的职能作用，组织成立新的全市服务业发展领导小组，适时调整全市服务业重点产业和重点工作协调推进制度。引导服务业发展领导小组成员单位认真落实和实施重点产业和重点工作协调推进机制，建立健全月调度、季分析制度，及时调度全市服务业重点行业发展情况，加强6个省级重点服务业城区、5个省级服务业重点园区和6个省级服务业重点企业的调度监测，搞好全市服务业运行情况分析，提出工作意见和建议。

【非核心业务剥离】　按照《山东省人民政府办公厅关于加快推进企业剥离非核心业务工作的意见》和《淄博市人民政府办公厅关于印发〈淄博市企业非核心业务剥离工作实施方案〉的通知》要求，从市服务业办公室、市发改委、市统计局、市地税局抽调精干工作人员组成领导小组办公室，引导区县服务业主管部门和相关企业推进企业非核心业务剥离工作。2012年，全市完成剥离企业(项目)216家(个)，实现营业收入356.08亿元，完成税收1.9亿元。　（孙　洁）

国内贸易

【概况】　2012年，全市消费品市场实现社会消费品零售总额1363.6亿元，比2011年增长15%，其中限额以上企业实现零售额820.4亿元，增长17.7%。城乡市场协调发展。城镇社会消费品零售总额实现1159.2亿元，增长15%；乡村社会消费品零售总额实现204.4亿元，增长14.9%。在限额以上企业商品零售中，金银珠宝类增长14.2%，服装、鞋帽、纺织品类零售额增长18.5%，家具类增长18.7%，建筑及装潢材料类增长14.9%，石油及制品类增长20.6%；汽车类实现零售额194.5亿元，增长23.7%，占限额以上批零企业零售额的26%，比2011年提高1.2个百分点。

【万村千乡市场工程】　2012年，全市新建或改造标准化连锁农家店352个，改扩农村连锁物流配送中心2处。截至年底，全市有标准化连锁农家店3377个，大型连锁经营物流配送中心和各类乡镇配送中心12处，农村现代流通网络更加完善。

【商品交易市场建设】　2012年，全市在建或拟建商品交易市场25个，开工建设7个。截至年底，全市120个商品交易市场中，年交易额亿元以上商品市场54个，10亿元以上27个，淄川建材城、淄川服装城和中国科技陶瓷城突破百亿元，成交额分别达190亿元、181亿元和100亿元。

【放心早餐工程】　2012年，全市放心早餐工程取得重要阶段性成果。中心城区首批放心早餐工程包括3家骨干企业和40处早餐网点正式营业，初步形成以骨干企业为主体，主食加工配送中心为支撑，早餐直销连锁网点、早餐示范点和移动点为载体的早餐服务体系。

【肉菜追溯体系建设】　6月，全市正式启动肉菜追溯体系建设，以中心城区(张店区)为试点，按照“先肉类，后蔬菜”的原则，在肉类流通追溯的5个节点(屠宰、批发、查验点、超市、团体消费单位)，选择12家试点单位进行建设。截至年底，4个子系统和市级追溯管理平台的安装调试顺利完成，第一期试点单位的追溯链条成功链接。

【生猪屠宰管理】　截至年底，全市56家屠宰企业,经商务、环保、畜牧部门联合审核,拟保留33家。其中,机械化屠宰厂22家,小型屠宰场点11家。加大对生猪定点屠宰企业监督检查力度,建立日常巡查、结果反馈、监督整改、复查验收、惩治处罚五项监管制度。继续开展打击私屠乱宰强化肉品卫生安全治理行动,对大型的肉类批发市场、农贸市场、重点企业进行突击检查,确保肉类市场规范有序。

【市场运行与监测】 2012年,淄博市市场运行监测工作考核列全省第三,被省商务厅表彰为全省市场监测工作先进集体。全市50家大型商贸流通企业被分别纳入商务部六大监测系统,累计发布商务预报信息1690条。重要商品储备和应急体系建设进展迅速。2012年,完成全年每季度储备入栏4000头、以猪肉活体储备为主体的国家级储备任务;淄博城区冬春蔬菜储备制度初步建立。全市登记备案酒类流通企业45家,申领发放酒类流通随附单1700本。市商务局结合淄博市酒类流通协会和淄博市酒类行业协会的年度审核工作,批准成立淄博市红酒协会。

【企业品牌建设】 2012年,全市企业品牌建设取得新突破,桓台宾馆被评为国家五钻级酒家;淄博银座商城有限责任公司周村购物广场成为商务部第一批流通领域节能环保"百城千店"示范企业。

【家政服务企业培育】 2012年,市商务局突出抓好重点家政企业培育工作,新增省级家政定点培训机构1家,省级家政定点培训机构累计4家,年培训6000人次。

【鲁菜创新】 2012年,市商务局成功举办淄博市第二届鲁菜创新大赛,并组队参加山东省第二届鲁菜创新大赛,获7枚金牌、3枚银牌和2个最佳制作奖,金牌总数位居全省第一。

【鲜活农产品流通体系建设】 2012年,全市新建或提升改造大型鲜活农产品批发市场2个、农贸市场8个,建设社区便利店100家,开展周末车载蔬菜进社区活动100余次,培育年销售量达两万吨或销售额过5000万元大型鲜活农产品流通企业5家。

【特殊行业管理】 2012年,全市典当行业实现典当余额3.23亿元,累计典当总额19.67亿元。举行拍卖会398场,成交金额16.56亿元。4家二手车交易市场交易二手车49359辆,交易金额18.08亿元,分别增长25.9%和43.7%;拆解报废汽车1070辆,增长23.4%。

【商务综合执法】 开展为期半年的打击私屠滥宰专项活动,与工商、畜牧、公安等部门开展大型联合执法行动4次。结合日常巡查和专项检查,加大对区县商务综合执法工作的指导督查,全年出动执法人员200人次,检查企业280家次,下达整改意见书20份。6月,与高青县商务综合执法大队联合查处一个非法注入有毒物质的屠宰窝点。

(王艳秋　牛广牧　贾纯国)

市属商业

【淄博市商业集团总公司】 2012年,市属4家商业企业(山东淄博饭店集团股份有限公司、山东省淄博糖酒站股份有限公司、淄博捷安物流有限公司、淄博雷尔泰食品有限公司)实现商品销售(营业)收入2.12亿元。按照可比口径统计,完成年度计划的106%,增长11.2%;实现利润608万元,完成年度计划的101.3%,增长9%;上缴税金757万元,完成年度计划的108.1%,增长8.5%。

企业经营发展。深圳茂业控股有限公司投资3.5亿元,改扩建原金帝购物广场,12万平方米的主体建筑完工,进入装修、招商阶段。淄博捷安物流有限公司投资400万元建设的世纪路大饭店开业。

帮扶困难职工群体。发挥市属商业职工服务中心职能作用,组织实施"爱心超市、爱心医疗、爱心药店、爱民公交""大病救助""金秋助学""帮困帮扶""健康查体"等送温暖活动。全年走访、慰问、救助困难老党员、军转干部、特困职工、老干部等430人次,发放救助金及物资32万元。

发挥行业职能。组织参加中国商业联合会举

办的第二届全国零售商供应商公平交易(诚信)评价评选活动、2012 年全国商业服务业“顾客满意企业”评选活动、“3·15”消费与民生主题日活动。与市商务局、市饭店烹饪协会组织全市第二批淄博餐饮名店、淄博特色餐饮名店评选。淄博商厦被评为全国商业质量效益型企业和全国商业服务业顾客满意企业。　（刘济生）

【淄博市物资集团总公司】 2012 年，市属物资系统改制企业实现物资销售收入 23 亿元，服务性收入 6245 万元。上缴税金 2010 万元，比 2011 年下降 12%。主要物资供应量：销售钢材 47 万吨，增长 17.5%；销售商品混凝土 14.3 万立方米，下降 50%；销售汽车 4206 辆，稍有下降；维修汽车 5.8 万台(次)，增长 5%；销售炸药 8000 吨，下降 17%；销售雷管 170 万发，下降 30%；旧机动车交易 1.52 万辆，增长 4%；物资吞吐 100 万吨，与 2011 年持平。

山东和济集团铁路线二期项目，投资 2000 余万元，完成规划、设计、审批手续。淄博众智汽车维修公司投资 1000 万元，将上海大众淄博特约维修站改造扩建为上海大众福悦 4S 店。广汽丰田 4S 店，雷克萨斯 4S 店开业运营。山东物华租赁有限公司投资 800 万元，优化租赁物资结构。淄博新辰基建物资有限公司办公楼原址由华润集团整体开发，完成搬迁与补偿工作。淄博民爆器材专卖有限公司投资 200 万元对 101 仓库进行全面改建。淄博市燃料公司与山西交运集团签署合作协议，承接山西交运集团到鲁中地区煤炭储运业务。　（赵继儒）

粮　食

【概况】 2012 年，全市各级粮食部门以保障粮食安全为中心，以稳市场、强产业、惠民生为重点，着力推进粮食保供稳价、惠民工程建设、粮食市场监管、粮食产业发展。全市累计收购粮食 125.38 万吨，其中国有粮食企业收购 12.56 万吨。落实跨省移库大豆 1.5 万吨，订单收购粮食 1.07 万吨。累计销售和转化粮食 133.94 万吨，其中国有粮食企业销售和转化粮食 15.14 万吨。实施以“放心粮油工程、放心馒头工程、农户科学储粮工程”为重点的三项惠民工程。推进国有粮食企业改革发展，全市粮食系统实现销售收入 5.04 亿元，实现利润 721.59 万元。

【放心粮油工程建设】 2012 年是放心粮油工程三年建设规划的收官之年。全市着力推动放心粮油购销网络向社区、村镇延伸，加强对示范销售店、示范企业的认定和监管，促进放心粮油工程健康发展。至年底，全市累计创建放心粮油示范销售店 326 家，设立配送网点 600 余个，放心粮油年销量 31.54 万吨；创建放心粮油示范加工企业 19 家，年生产能力 80 万吨；创建示范主食厨房 18 家，营业面积 4880 平方米，经营花色品种 180 个。至此，全市超额完成三年建设任务，放心粮油产品覆盖五区三县，服务人口 300 余万人。

【放心馒头工程建设】 按照“政府引导，市场化运作，骨干企业示范引领”的总体思路，在全市实施放心馒头主食工业化工程。引导馒头生产企业健全完善质量管理体系，提升标准化生产水平，推动馒头生产质量上等级、服务上水平。2012 年，全市创建放心馒头加工企业 12 家，设立销售网点 800 个，放心馒头日生产能力 50 吨，市场占有率 30%。

【农户科学储粮工程】 全年争取配套专项资金 160 万元，完成 6000 个农户科学储粮示范仓的制作发放工作。在 66 个镇、558 个自然村，累计发放农户科学储粮示范仓 21450 个，年减少农户存粮损失 1100 吨。

【省级粮食规范化执法示范县创建】 继续开展创建省级规范化执法示范县活动。按照省粮食局新修订的示范县考核验收细则，全面梳理执法流程，完善执法制度，及时整改不规范行为。五区三县及淄博高新区全部通过省粮食局组织的执法示范县统一考核，淄博市成为全省唯一连续三年实现整建制达标的市。

【粮食市场监测】 2012 年，全市设立粮油价格监测点78个,落实城乡居民粮情固定调查点431个,将411家涉粮企业纳入统计范围,对全市粮食收购、销售、库存、加工等环节进行全面监测,及时准确地掌握市场价格动态及供求形势,为制定调控措施提供可靠依据。

【提高粮油保管补贴标准】 是年,市级储备粮及部分区县的地方储备粮保管费用补贴标准,由每吨80元提高到100元。

【淄博面粉厂新建面条生产线】 淄博面粉厂投资600万元,新建日产50吨面条生产线一条。该项目的建成,拉长该厂的产业链条,增强了企业竞争力。

【粮食安全科研】 市粮油质检中心、淄博东郊国家粮食储备库组织开展“粮食安全储存技术研究与推广”课题,围绕粮食储存中的保水、通风、熏蒸等重要环节,制订粮食储存技术规范,有效地减少粮食在储存期间的熏蒸次数和用药量,粮食保管费用每吨降低0.25~0.4元。该项目被市政府授予全市科技进步三等奖。 (赵 焱)

供销合作

【概况】 2012年,淄博市供销社系统实现商品总销售额121.94亿元,比2011年增长10.5%;利税总额首次突破两亿元大关,实现2.01亿元,增长38.81%;利润总额首次突破亿元大关,达1.03亿元,增长55.62%。市供销社被人力资源和社会保障部、中华全国供销合作总社表彰为全国供销合作社系统先进集体。

【农村现代流通网络】 2012年,全市供销社新建农村日用品超市81个,总数达到891个。周村、博山、高青日用品“超市下乡”实现新发展,供销社农村日用品流通网络体系进一步健全完善。新发展农业生产资料直营店52个,总数发展到226个,连锁店总数1500个。巩固县域农资现代经营服务网络全覆盖成果,开展以“货真、价实、服务优”为主要内容的“淄博供销·诚信农资”活动。组织开展化肥联合采购,全系统直供化肥8.8万吨,让利农民800万元。新星集团在电子商务领域实现突破。4月14日,省委书记姜异康视察山东新星集团和淄博众得利集团,对供销社企业为农服务的做法予以肯定。

【农产品经营服务体系】 年内,全市供销社新发展农民专业合作社126个,领办创办的专业社533个。其中,3个被评为全国供销合作社系统示范专业合作社,1个被评为全国供销合作社系统文明服务示范单位,19个入选全市农民专业合作社示范社,4个入选2012年全市十佳农民专业合作社。落实市政府办公厅《关于发挥供销合作社优势加强农产品经营服务体系建设的通知》精神,组织开展“农超对接”,实现农产品购销20亿元,助农增收2亿元。参与玉米秸秆禁烧工作,完成对转化利用龙头企业专项奖补任务。

【农村社会化服务】 2012年,全市供销社参与建设农村社区服务中心20个,总数达255个。农村服务中心成为新农村建设的重要平台。组织开展

2012年4月19日,供销社组织开展大田作物机械化统防统治

(市供销社 供稿)

大田作物系列化服务，机械化统防统治面积发展到6700公顷。桓台联华农资公司购买自走式喷药机械70台、无人驾驶喷药飞机2架，建立156人的专业机防队伍，形成县供销社牵头、专业公司实施、基层社参与的“三位一体”大田作物服务体系。4月19日，省供销社在桓台召开全省供销社大田作物生产经营服务创新推进现场会，推广其先进经验。组织系统内27个单位开展小额贷款、信用担保和资金互助合作，年内调剂资金10亿元。

【骨干龙头企业】 2012年，全市供销社企业集团发展到3家，年销售额过亿元的龙头企业达9家，组织建设的46个重点项目完成投资8.6亿元，争取各级扶持资金3200万元。淄博众得利集团农资及农产品配送中心等3个项目被列为2012年度全市重点物流项目。沂源世纪东方超市县城旗舰店、高青彩乐农业发展有限公司苗木花卉基地等一批优势突出的项目顺利建成，成为带动全市供销社创新发展的新亮点。年内，全系统实现农资供应总值10.22亿元、再生资源销售额3.45亿元、鞭炮烟花业务销售额3202万元。

【基层供销合作社】 2012年，全市基层供销社实现商品销售额14.46亿元，增长11.71%；实现利润465万元，增长27.4%。开展“提升发展年”活动，抓好分类指导，全市基层供销社开发建设各类经营服务项目32个，参(控)股专业社发展到98个。实施人才强社战略，市供销社先后举办基层供销社主任和超市店长等培训班5期，培训200余人。（王厚东）

烟草专卖

【概况】 2012年，全市销售卷烟17.09万箱，比2011年增长2.55%；种植烤烟933公顷，收购烟叶153.5万公斤；“两烟”实现利税7.4亿元，增长4.21%。山东淄博烟草有限公司上缴税收名列2012年度淄博市纳税500强企业第7位。

【专卖管理】 加强专卖执法协作机制建设，市、区县两级均完善规范烟草市场秩序联席会议制度，成员扩至13个单位。拓宽与省内、省外有关地市烟草专卖局跨区域协作，实现信息互通、协作配合、案件串并、成果共享。专控体系平台核实查处案件作用不断提高，全年通过专控体系分析查获的非法卷烟量占查获非法卷烟总量的37%。重视“法治烟草”建设，举办首届领导干部学法用法法律知识竞赛、纪念《中华人民共和国烟草专卖法》实施20周年有奖知识竞答活动。全年查获各类违法卷烟2062万支，总案值767万元，破获5万元以上案件23起；破获符合公安部、国家烟草专卖局立案标准的假冒卷烟网络案件4起，拘留87人，判刑21人。

【卷烟销售】 成立“爱心”志愿者服务队，建立“齐惠”慈善基金，开展“结对致富”活动、融资服务、邮政便民服务，多维度构建立体式帮扶格局。拓宽零售客户盈利空间，扎实推进卷烟零售户致富工程。实施品牌培育工程，依据成长性、竞争力和贡献度三个指标，结合上柜率和动销率，进行科学测评，形成倒金字塔形品类布局特点，初步建立具有淄博特色的名牌市场。为零售客户提供针对性强、指导性高和效果好的营销服务指导，持续提升营销队伍服务能力和水平。

【烟叶生产】 2012年，烟叶生产分布在3个区县、8个镇、79个村，有烟农486户，户均规模1.92公顷，烟叶种植集中度和规模化水平有新提升。现代烟草农业建设扎实推进，投入458万元，建成烟叶生产基础设施项目389个，成立3个综合服务型烟农专业合作社。烟叶收购秩序稳定，中上等烟比例达92.55%，烟叶等级合格率达83.7%，为历年来最高水平。8月，台风“达维”对烟草生产造成损失后，全市烟草系统出台救灾扶持政策，协调保险理赔，为受灾烟农捐款，到受灾烟田指导协助救灾，将烟农损失降到最低。

【企业管理】 推进“工程投资、物资采购、宣传促销”和办事公开民主管理工作。严格组织预算定额体系编写和预算定额实施，培养全员参与管理意识。贯彻标准工作顺利通过省级审核及第三方

2012年6月26日，走访慰问残疾人零售客户 (魏国迎 摄)

认证审核，质量管理体系由试运行阶段转入正式运行阶段。启动创新型企业建设，从业务体系和支撑体系两个方面搭建创新体系架构，搭建“产学研”合作平台。推进安全生产标准化建设，通过省安监局二级达标评审。加强企业文化建设，“齐善”企业文化和“滋心”服务品牌成功发布。

(李 春 魏国迎)

盐 务

【概况】 2012年，全市盐业部门实现主营业务收入1.51亿元，比2011年增长5.51%；实现利税总额1596.50万元，减少16.59%；实现利润总额708.72万元，减少32.02%。年末资产总额1.03亿元，负债总额6038.62万元，所有者权益总额4265.34万元，资产保值增值率110.20%。

【盐业供应】 严格执行食盐专营政策和各项管理规定，坚决杜绝食盐计划、价格执行、结算方式方面的违规违纪行为。加强库存管理和应急管理，确保市场有效供应和新标准食盐的及时投放。加强宣传引导，推广低钠盐，做好减盐防控高血压工作。坚持产品、用户、市场同步优化的原则，拓展以绿色盐为主的多品种盐市场。完善电话访销平台，强化流程再造，提高配送时效。推行全过程、全方位、全天候服务，实现监管与服务双赢。2012年，盐产品购进总量67795吨，其中食盐购进41161吨，占年度计划的131.09%；小包装食盐完成购进16636吨，占年度计划的114.73%；多品种盐完成购进11479吨，占年度计划的791.62%；其他工业盐完成购进26417吨，占年度计划的125.80%。

【盐政管理】 全市盐政执法突出重点地区、重点对象、重大案件的整治，开展联合执法，切实保障城乡居民的食盐安全。参加“政风行风热线”，主动接受社会监督。完善盐政执法考核评价、督查督办和奖惩激励内部运行机制，严格责任奖惩，规范盐政执法行为。全年查获各类涉盐违法案件937起，查没私盐486.30吨；罚款43.93万元；查处20吨以上大案5起，端掉制售假窝点1个。

【企业管理】 全面落实食盐经营计划，强化营销队伍建设。注重抓管理上水平，积极开展对标管理，建立联系点制度，加强财务、资产、依法治企、增收节支、安全生产等内控管理。将非盐业务纳入统计、纳入核算、纳入考核、纳入分配。

【结构调整】 市公司立足整体推进，成立非盐经济委员会，建立非盐产业扶持制度，规范非盐业务发展。市公司投入230万元签订4个产品的市级总代理。淄川公司投资80万元搭建商品、配送、信息、结算四个平台。临淄公司代理银鹭系列业务，销售额突破200万大关。沂源公司果品收储、经贸公司、红酒专卖店及养殖场均实现健康发展。

(孙立敏)

本部类编 辑：赵建国
副主编：安永善
校 对：吴建利
纪 瑗

外 经 外 贸

对外经贸

【进出口贸易】 2012 年，全市完成进出口 95.3 亿美元，比 2011 年增长 5.5%，出口 53.2 亿美元，进口 42.1 亿美元。全市机电产品进出口 9.9 亿美元，增长 6.4%，其中出口 7.4 亿美元，增长 17.6%，增幅高于全市外贸出口增幅 17.7 个百分点，高出全省机电产品出口 18.5 个百分点。

大宗资源性商品占据进口主要地位。2012 年，全市进口额居前五位的商品是成品油、铁矿石、有机化学品、塑料原料和生皮及皮革，合计占比 60.4%。

新兴市场占比增加，传统市场增速放缓。2012 年，淄博市前三大贸易伙伴是东盟(16.37 亿美元)、美国(14.70 亿美元)和欧盟(11.61 亿美元)，与新兴市场贸易额已连续三年超过传统市场。

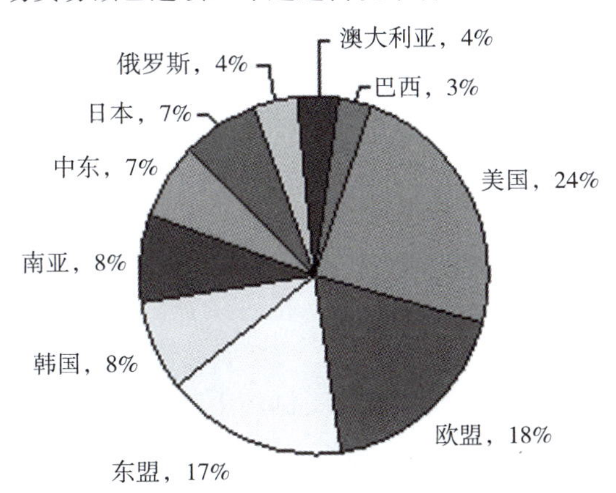

2012 年淄博市出口市场结构占比示意图

机电、轻工、服装、建材、农副等行业出口实现较快增长。2012 年，九大行业中出口实现增长的行业是机电产品(17.4%)、轻工产品(6.7%)、服装(10.4%)、建材产品(24.7%)和农副产品(60.1%)，数据表明全市新兴产业发展空间逐步扩大。

【利用外资及港澳台资】 2012 年，全市新批外商及港澳台商投资企业 24 家，新增合同外资及港澳台资 5.93 亿美元；实际利用外资及港澳台资 7.92 亿美元，增长 11.4%，其中直接投资 5 亿美元，增长 11.2%。全市新批外商及港澳台商投资企业及增资项目中，总投资超过 1000 万美元的项目 18 个，合同金额 5.36 亿美元，占全市总额的 90.3%；总投资超过 3000 万美元的项目 13 个，合同金额 4.78 亿美元，占全市总额的 80.6%。总投资超过 1000 万美元的项目直接投资额 3.32 亿美元，占全市外商及港澳台商直接投资额的 66.4%。

2012 年，全市新批及增资第三产业项目 20 个，合同资金 4.7 亿美元，占全市总额的 79.2%；外商及港澳台商直接投资 1.78 亿美元，占全市总额的 35.6%，占比提高 8.3 个百分点。

2012 年，全市新批增资项目 18 个，合同金额 1.88 亿美元，占全市总额的 31.7%；增资项目直接投资额 1.54 亿美元，占全市总额的 30.8%，所占比重比 2011 年提高 10.9 个百分点。项目增资成效明显。

2012 年，全市新批来自香港的合同投资 5.08 亿美元，外商直接投资 2.02 亿美元，分别占全市总额的 85.7%和 40.4%。新批来自日本、韩国的合同投资 5368 万美元；外商直接投资 6062 万美元。来自欧洲的外商直接投资 8370.8 万美元，增长 29.3%。利用外资及港澳台资趋向多元。

【境外投资】 2012 年，全市新批境外投资企业 15 家，完成中方协议投资额 1.57 亿美元，增长 65.16%。对外承包劳务营业额 3.28 亿美元，增长 15.57%。

境外资源开发。全市企业在境外取得 31 个矿权，实际拥有境外铁矿石储量 35 亿吨，锑矿 4 万吨。宏达矿业秘鲁邦沟铁矿项目被列为山东省重点项目，勘探工作已经完成。山东耀昌集团、华联矿业境外铁矿石合作开发项目开始运营，截至年底，回运铁矿石 10 万吨。优势产能境外转移有序推进。入驻柬埔寨、越南的兰雁集团、德信皮业等 9 家企业完成中方协议投资额 1.4 亿美元，生产效益良好，对全市纺织、轻工类企业产能境外转移示范带动作用明显。

【服务外包】 2012 年，全市签订服务外包合同 1515 份，合同金额 2.84 亿美元，分别比 2011 年增长 160.3% 和 187%，其中签订离岸合同数 1000 份，离岸合同金额 2.65 亿美元，分别增长 100.4% 和 270.2%；全年服务外包完成执行金额 6923 万美元，增长 40.4%，其中离岸执行金额 5695 万美元，增长 38%。全市服务外包企业新增 11 家。截至年底，全市有服务外包企业 96 家。

骨干企业带动作用增强。2012 年全市完成执行额逾 100 万美元的服务外包企业达 16 家，比 2011 年增加 4 家，占全市完成总量 83.2%。发包企业国别增多。2012 年全市服务外包企业承接离岸业务的国别达 49 个国家和地区，增加 12 个。人才支撑体系更加巩固。2012 年全市新增省级服务外包人才培训机构 3 家，累计达 6 家，年培训能力 2000 人次。新增软件能力成熟度模型集成 3 级（CMMI3）认证企业 1 家、ISO27001 信息安全认证企业 2 家，全市服务外包企业累计通过软件能力成熟度模型集成 3 级（CMMI3）认证 8 家、ISO27001 信息安全认证 2 家。

（王艳秋　牛广牧　贾纯国）

海　　关

【扶持保税物流】 2012 年，淄博海关把扶持淄博保税物流中心和正本物流公用型保税仓库业务发展作为服务外经贸发展的重点项目。发放《海关监管及税收政策须知》，赴各区县及滨州等地调研，加强政策推介，撰写完成《关于依托保税物流中心加强与港口合作的建议》。协调黄岛、龙口等海关对保税监管场所进口棉花、燃料油等大宗货物采取直通监管模式，促进保税监管场所功能效益的发挥。是年，淄博保税物流中心进出货值 4.7 亿美元，监管货运量 27.6 万吨，征税 1.8 亿元；进口燃料油 10.4 亿美元，占全市进口总值的 24.7%，有效拉动全市外经贸稳定增长。

【降低外贸成本】 年内，淄博海关取消进出口货物证明联打印费等 3 项费用，年均为企业节约成本 150 万元。对骨干企业和重点项目的减免税审批实施专人负责、跟踪服务、限时办结，共为鲁泰纺织等大企业办理减免税审批 117 笔，减免税款 2877 万元。继续推进博汇集团等 5 家公司实施废纸进口直通监管模式，年均为企业节约物流费用 2000 万元。新批准皮革类备料型保税仓库 1 个，辖区备料型保税仓库达 5 个。

【通关业务改革】 组织“促外贸、稳增长”海关政策宣讲会，引导企业用足用好分类管理政策，辖区有 AA 类企业 19 家、A 类企业 188 家。对包含保税物流中心监管现场在内的所有进出口货物全面实行分类通关，对 B 类以上企业全面推广出口海运货物通关作业无纸化改革。加大对多点报关和属地申报、口岸验放通关模式的宣传力度，为 770 余家 B 类以上企业开通授权，为企业异地通关提供便利。在通关监管业务一线开展承诺践诺活动，培育创建“通关有境、服务无境”“情系鲁中”等服务品牌，落实首问负责制和限时服务制，继续为企业开通周末绿色通道，周六上午按正常工作日办理通关手续。

2012 年 12 月 7 日，淄博海关到敬老院开展“关爱孤寡老人”志愿服务活动
（淄博海关 供稿）

【海关监管】 以开展“国门之盾”行动为契机，坚持“量质并举、以质为先”的工作思路，提升执法质量和水平。全年办理案件 11 起，案值 3.8 亿元，涉税 4800 万元，罚没入库 167 万元。受理进出口报关单 9.7 万票，增长 10.2%；监管货值 61.8 亿美元，增长 0.9%；税收入库 30.2 亿元，增长 30.2%，均创同期最高水平。备案加工贸易手册 851 份，备案值 3.7 亿美元；实际监管加工贸易进出口货物 21.7 亿美元，内销补税 6139 万元。对 30 家企业实施常规稽查、验证稽查和专项稽查，稽查有效率 60% 以上；对 58 家企业开展保税核查，对 15 家企业进行前期验厂和放弃保税货物核查；稽核查追补税 270.8 万元。开展医药、化工 2 项贸易调查和塑料、精梳落棉等 3 项专项稽核查。保税物流中心管理更加规范。实现对进出货物的全天候监管和中心内货物的全方位监控，综合运用监控系统对中心各项业务规范执行情况进行定期监控。

【海关队伍建设】 以青年关员为主，成立 13 人的志愿服务队，开展“关爱孤寡老人”活动和与山区小学结对共建活动，增强关员的社会责任感。制定《淄博海关论文调研工作奖励办法》，发表调研文章 11 篇。强化内控体系建设，降低执法风险。围绕重点敏感商品和高风险业务环节开展作业单证审计复核，主动开展缴税利息征收、采购项目和工程预决算执行、重点行业内销情况等 3 项专项督察及常规督察审计工作，共分析电子数据 7.2 万条，复核作业单证 6.5 万份，查纠问题 33 个，有效提高业务基础工作的规范化水平。强化党风廉政建设，提升队伍拒腐防变能力。关长带头开展廉政工作的批评与自我批评。开展百家企业廉政问卷调查，主动接受社会监督。加强准军事化纪律部队建设，加强值班管理，强化值班检查及通报考核等方面细化要求，确保各类突发事件处理妥当。强化民主管理，对重大敏感事项推行实名投票决策；制定《关长接待日实施办法》，由 3 位关领导轮流接待内外部来访，加大内务公开工作力度。

（赵彦鹏）

出入境检验检疫

【概况】 2012 年，淄博出入境检验检疫局检验检疫出入境货物 4.76 万批，货值 32.28 亿美元，比 2011 年分别增长 8.5% 和 11.9%。其中出境 4.34 万批、22.93 亿美元，分别增长 7.5% 和 4.0%；入境 4206 批、9.36 亿美元，分别增长 20.1% 和 37.7%。检出不合格货物 1137 批，货值 4.77 亿美元，批次减少 4.1%，货值增长 26.5%。连续 3 年被山东检验检疫局表彰为全省检验检疫系统先进集体，连续 5 年被市委、市政府表彰为全市目标管理考核优秀领导班子。

【动植物检验检疫】 全年检验检疫进口皮张 776 批，货值 1.74 亿美元，比 2011 年分别减少 7% 和 0.8%。检验出口蔬菜 1270 批，货值 2753 万美元，分别增长 46% 和 18%。检验出口木制品及木制家具 1946 批，货值 9019.3 万美元，分别减少 31% 和 13%。检验出境草柳编制品 155 批，货值 278 万美元，批次减少 8.3%，货值增长 39.9%。

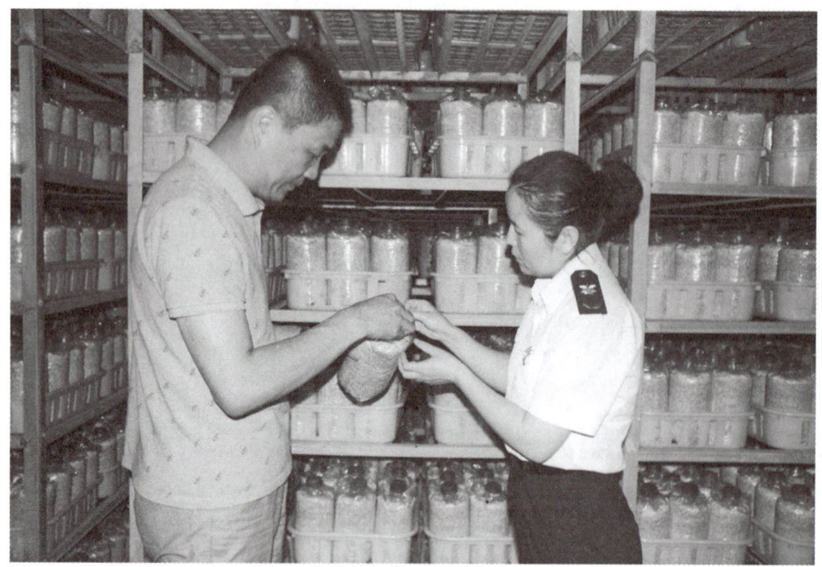

2012年5月22日，检验检疫人员在出口菌棒培养车间现场指导
（王满刚 摄）

货值813万美元，分别减少31.6%和9.9%。检验检疫出口冻兔肉53批，货值475.9万美元，分别增长120%和91.6%。检验检疫出境水果18批，货值75.3万美元，分别减少138.8%和96.6%。检验检疫出境种苗花卉217批，货值251.3万美元，分别减少7.4%和7.3%。检验检疫进境木材69批，货值213.2万美元，分别减少117%和54.2%。检验检疫出口饲料和饲料添加剂137批，货值1060.2万美元，批次增长29.2%，货值减少35.12%

【机电化矿检验检疫】 是年，检验检疫出口小家电产品845批，货值1983.2万美元，比2011年批次增长4.1%，货值减少8.2%。检验出口机动车辆119批，货值1583.6万美元，分别增长54.6%和26.5%。检验出口电子电气产品388批，货值688.5万美元，分别减少0.5%和1.7%。检验出口蓄电池281批，货值1071.8万美元，分别增长13.3%和1.8%。检验出口金属材料302批，货值1.21亿美元，批次减少26.7%，货值增长4.1%。检验进口机电产品415批，货值1.39亿美元，分别减少8.2%和3.3%。检验检疫出口化工品6654批，货值5.74亿美元，分别增长90.3%和44.2%。检验检疫出口矿产品83批，货值1902万美元，分别增长40.7%和257.9%。检验检疫进口化工品361批，货值1998万美元，分别增长60.4%和46.3%。检验检疫进口矿产品29批，货值272万美元，分别增长93.3%和98.7%。

【轻工纺织检验检疫】 全年检验检疫进口棉花608批，货值4.32亿美元，比2011年分别增长146%和76%。检验出口日用陶瓷9872批，货值1.91亿美元，分别减少13.4%和13.9%。检验出口卫生陶瓷产品93批，货值432万美元，分别减少17.7%和13.6%。检验出口面料10428批，货值6.03亿美元，批次增长18.1%，货值减少5.4%。检验出口服装6837批，货值4.17亿美元，批次增长2.3%，货值减少5.2%。检验出口玻璃制品430批，货值962万美元，分别减少15%和26%。检验出口其他轻工产品208批，

2012年10月19日，原产地优惠政策培训班现场 （王满刚 摄）

【入境废旧原料查验】 全年检验检疫进口废纸961批，重量26.28万吨，货值5555.54万美元，

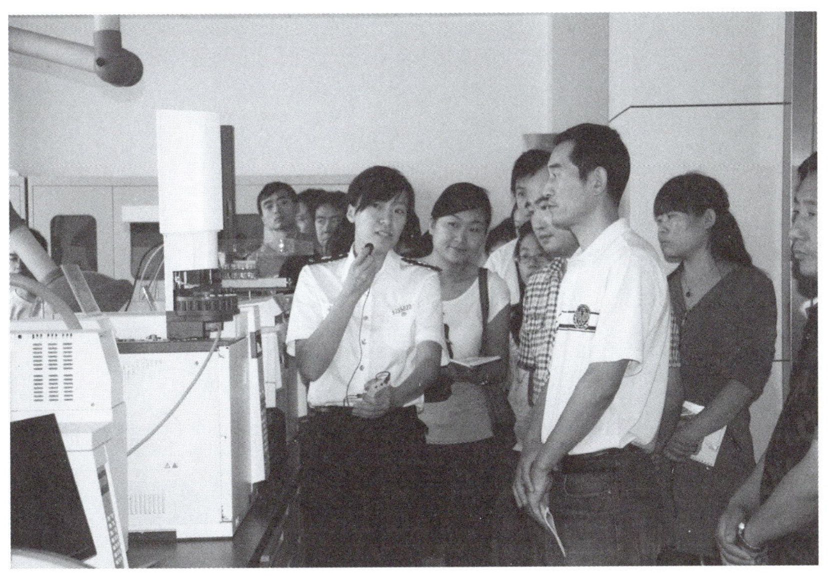

2012年9月20日，实验室开放日活动 （王满刚 摄）

比2011年批次减少1.7%，重量增长0.4%，货值减少18.4%。检疫监管进境废塑料876批，集装箱800个，货值1164万美元，分别下降21.0%、18.6%和17.2%。出境木质包装标志加施企业共完成木质包装除害处理4901批，加施出境木质包装检验检疫标志51.51万件，分别增加6.8%和28.4%。

【保税物流中心检验检疫】 全年检验检疫直通入区仓储棉花254批，6.67万吨，5535个标箱。查验进出区流转货物48批，414.25吨。保税仓储棉花出库核销128批。检验检疫进口葡萄酒、橄榄油4批30个品种。其中，检疫不合格货物36批，检出一般性有害生物46种次，鸟粪、土壤、老鼠等禁止进境物8批次，均按规定及时进行熏蒸除害或焚烧处理，有效防止外来有害生物传播。

【服务外经外贸发展】 与必维国际检验集团开展实验室检测合作，为出口企业搭建起便捷的国际检验通道。与中国银行淄博分行协调，在全省系统分支机构中率先开通运行“银检通”电子缴费系统，实现报检收费方式由手工收款向电子划款的转变，企业缴费更加便捷高效。面向进出口企业开通“检务之家”公共咨询服务邮箱和“检务之声”播报，提高业务办理质量和效率。推行新的检验监管模式，东佳集团的钛白粉被列入国家质检总局2013年出口免验商品审查计划；对进口棉花集装箱实施衡重模式管理，提高效率，降低成本。全年为企业减免收费880万元，协助进口企业对外索赔622万美元。截至年底，辖区优惠原产地签证注册企业达815家，签发普惠制和区域性优惠原产地证书21586份，签证金额9.81亿美元，获关税减免3.04亿元人民币。助推企业开拓海外市场，海达兔肉恢复出口俄罗斯、唐骏欧铃电动汽车首次出口欧洲市场、山东厨用陶瓷刀和扳倒井白酒首次出口韩国，山东福源轻工制品有限公司生产的灯具通过美国UL认证。协助4家日用陶瓷企业获得输美认证，全市输美日用陶瓷认证企业达30家。

【科研与实验室建设】 2012年，淄博出入境检验检疫局7项科研课题获得山东出入境检验检疫局立项，3项课题被推荐国家质检总局立项，立项数量居全省前列。承担和参与的《纸质包装中汞含量的测定，固体进样直接测汞法》等3项行业标准，被国家认证认可监督管理委员会正式立项。科研课题《X一射线全谱拟合法在纳米精细陶瓷粉体晶粒度测定中的应用研究》，获淄博市科技发展计划立项。淄博出入境检验检疫局技术中心以优异成绩通过由中国合格评定国家认可委员会组织的水中铅和镉含量能力验证，在全国646家参与实验室中名列前茅。国家级陶瓷检测重点实验室成功组织2012年度全国日用陶瓷铅镉溶出量检测能力验证计划。开发葡萄酒检测项目，实现对进口葡萄酒全项目检测。截至年底，认可检测项目达68类产品、334项，包括辖区陶瓷、玻璃、食品、农产品、化矿、包装、纺织、木制品等商品。

（王满刚）

本部类编　辑：赵建国
副主编：安永善
校　对：马震刚
杨　凤

招 商 引 资

【概况】 2012年,全市外来投资3000万元以上招商引资项目169个,实际到位外来投资230.3亿元,比2011年增长13.0%,完成年度计划的109.7%。

【大项目招商】 2012年,全市实际到位外来投资过亿元的招商引资项目73个,比2011年增加8个,实际到位外来投资175.1亿元,占全部外来投资的76.0%。其中,中海外文昌湖旅游度假区、华润城市综合体、富通汇金大厦、汇盈新材料等一批重大招商引资项目进展顺利。在谈大项目取得新突破,总投资75亿元的淄博现代国际新城、总投资50亿元的石油陶粒支撑剂及相关产学研基地、总投资30亿元的红星美凯龙城市综合体、总投资30亿元的万达城市广场等过5亿元在谈项目近50个,计划总投资875亿元,比2011年提高25.8%。

【工业项目招商】 工业招商质量明显提高。全市外来投资3000万元以上工业项目95个,实际到位外来投资137.7亿元,占全部外来投资的59.8%,工业项目吸引外来投资占据主导地位,新材料、精细化工、新能源及节能环保设备等战略性新兴产业项目明显增多。2012年,全市招商项目中战略性新兴产业项目56个,占工业项目数量的58.9%,实际利用外来投资71.5亿元,占工业项目利用外来投资的51.9%。天璨环保高效无毒脱硝催化剂、华夏神舟高分子聚合物、汇盈新材料丁二醇及可降解塑料、海华汽车板簧及空气悬架等为代表的一批战略性新兴产业项目开工建设,将成为推动全市工业转型升级的重要力量。

【服务业招商】 服务业利用外来投资快速增长。2012年,全市外来投资3000万元以上服务业项目75个,实际到位外来投资86.7亿元,比2011年增长59.1%,占全部外来投资的37.6%,投资比重比2011年提高10.9个百分点。服务业利用外来投资的规模、比重均呈现快速增长势头。其中,以太平洋保险淄博电销中心、麦德龙仓储管理、鲁中煤炭物流中心、天湖旅游度假区等项目为代表的金融保险、现代物流、文化旅游等新兴现代服务业快速发展,成为淄博市丰富商业业态、完善城区服务功能重要推动力量。

【农业招商】 农业利用外来投资成为新亮点。2012年,全市农业招商项目9个,实际到位外来投资5.9亿元,比2011年增长78.8%,占全部外来投资的2.6%。其中,布莱凯特生态农业、益丰利农业开发等农业产业化项目正逐渐形成规模,山东树木园综合植物种植、尚逸农业综合开发等一批将农业和旅游业相结合的休闲农业项目正在建设。

【股权招商及上市融资】 股权招商及上市融资继续取得新进展。2012年,龙泉股份、银仕来控股、联创节能等企业先后在境内外资本市场完成上市,新华医疗实现配股增发,欧锴空调、鲁华泓锦化工、布莱凯特黑牛科技等企业实施股权招商,全市通过股权及上市融资的项目13个,实际到位外来投资31.4亿元,占全部外来投资总额的13.6%。

【招商活动】 2月中旬，组织招商小分队拜会海峡交流基金会、台湾联华神通集团、台北市文化教育交流发展协会等，参观考察中国制釉集团、精诚资讯、新峰机械等企业，针对电子信息产业合作、产业转移等事项进行详细探讨和交流，进一步扩大对外交流和合作。5月下旬，组织小分队考察润恒物流、颐高电子、强强集团、顾家家居等企业，推动招商项目的顺利进展。7月，在全市开展以央企为重点的大项目招商，与华润集团、中铝集团、山东能源集团等多家知名大企业成功对接，初步达成20多个意向。9月，在全市启动“2012淄博市网上招商月”活动，利用淄博招商信息网站平台，发布重点招商项目70个，开展网上洽谈160人次，签订合作协议4个，涉及外来投资19.08亿元；达成合作意向16个，涉及外来投资111.2亿元。

【招商基础工作】 3月，在全市开展项目征集活动，累计策划包装218个重点招商项目，更新完善招商引资项目库，编印2012年度重点招商项目册，加大对外宣传和推介力度。建立和完善招商引资客商库、招商引资中介库，加强与客商、相关商会、协会、中介组织的联络沟通，及时了解捕捉投资信息，实现以商招商的低成本高效率。进一步丰富完善淄博招商信息网站功能，更新发布项目300多个，发布信息400多条，开展接待网上洽谈260人次，适时调整外文网站，与央视网招商频道等多家网站建立密切合作，共享宣传资源。

【综合管理工作】 市招商局加强对全市招商引资工作的科学有效管理，于年初完成2011年度招商引资考核认定工作。5月，全市招商引资暨金融工作会议召开，表彰2011年度全市招商引资突出贡献单位、招商引资优秀服务单位，下达2012年度全市指导计划。完善重点招商引资项目调度机制，对全市部分重点项目进行跟踪和调度，强化招商引资通报督查机制，编印《招商情况通报》，及时通报全市招商引资重点工作的进展情况。修改完善《淄博市招商引资考核认定实施细则》，更加科学地反映和评价全市招商引资成果。对区县2012年上半年及全年的招商引资完成情况进行调研，协助企业解决在生产建设中遇到的困难和问题，为茂业金帝购物广场扩建等项目落实招商引资优惠政策，确保项目顺利建设。

2012年淄博市各区县招商引资任务完成情况

表20 单位：万元

单位名称	计划指标	实际完成	完成比例
张店区	269000	296048	110.06%
淄川区	232000	253432	109.24%
博山区	192000	207495	108.07%
周村区	190000	193853	102.03%
临淄区	305000	326492	107.05%
桓台县	290000	311054	107.26%
高青县	150000	168952	112.63%
沂源县	152000	173680	114.26%
淄博高新区	260000	286758	110.29%
文昌湖旅游度假区	60000	85213	142.02%
合　计	2100000	2302977	109.67%

（张淑维）

本部类编　辑：赵建国
副主编：安永善
校　对：孟　明
李　建

城建　环保

城乡建设

【城建重点工程】 2012年，在城市建设融资难度加大，重点工程资金需求矛盾突出的形势下，全市市政公用基础设施建设完成投资32.15亿元，新建道路27.93公里，改造道路54.31公里，新增雨水管道69.33公里，新增污水管道98.58公里，启动新城区水系建设、北京路南段取直及慢车道建设、城乡生活垃圾处理设施建设等一系列重点项目。新区文化中心建设、新老城区地下管线普查、环保热电厂建设等项目统筹推进。全市新开工建设垃圾中转站12座，其中10座基本完工。全市城市生活垃圾无害化处理率100％。

【园林绿化】 围绕国家生态园林城市的创建，《淄博市城乡绿地系统规划（2012－2020）》编制工作启动。截至年底，全市新建绿地308公顷，改建绿地221公顷，完成投资6.98亿元。新区休闲公园等重点项目稳步推进，张店和平路游园、博山文姜公园二期等工程全面竣工。开展城市“绿荫行动”，全市完成10个停车场、8个广场、17条道路、11个庭院小区的林荫建设。继续实施“鲜花进城”工程，提升城市绿化品位和景观水平。强化行业管理，推动绿地养护管理向专业化、精细化迈进。

【建筑业】 2012年，全市建筑业完成总产值

2012年5月16日，联通路华光路之间的玉龙河　（陆洋　摄）

800.94 亿元，比 2011 年增长 18.59%；实现增加值 213.07 亿元，增长 20.97%；实缴税金 28.25 亿元，增长 26.62%。其中，资质内建筑企业完成建筑业总产值 746.5 亿元，增长 21.2%。全市建筑企业 674 家，办理外出施工手续 260 家，外出施工产值 363.04 亿元，增长 25.19%。严格执法程序，强化对招投标、造价、监理等行为的监督管理，进一步规范建筑市场秩序。

【房地产开发】 严格房地产开发项目管理和竣工综合验收备案管理，实现开发项目全程闭合监管。截至年底，全市房地产市场完成开发投资 179.8 亿元，比 2011 年下降 12.57%；商品房新开工面积 494.41 万平方米，下降 37.15%。

【建筑质量安全】 市建筑工程质量安全监督站全年监督工程项目 1087 个，单体工程 3140 个，建筑面积 2173 万平方米。对 99 个超过一定规模且危险性较大的工程进行专家论证。严格执行法定基本建设程序，加大对保障住房、农房建设等各类工程检查力度，积极开展建筑检测和住宅质量通病防治。

【城镇化】 抓好 7 个省级示范镇和 7 个市级示范镇建设，加快示范镇发展速度，提高发展质量。扎实推进中心镇、中心村建设。截至年底，中心镇基础设施建设开工 165 项，完成投资 9.37 亿元；中心村建设开工 48 项，完成投资 4818.3 万元。继续推进农村住房建设与危房改造工作，2012 年全市农村住房建设新开工 13191 户，完成投资 12.64 亿元；农村危房改造竣工 1090 户，完成投资 3244 万元。开展村容村貌综合整治，达标村庄 976 个。

【建设科技及建筑节能】 2012 年，全市生产新型墙材约 13.66 亿块标准砖，利用工业废渣 2219 万吨。新建节能建筑竣工面积 303 万平方米，一次性验收达标率 98.8%。既有居住建筑节能改造开工面积 93.4 万平方米，完成年度任务的 155.7%。完成 43 栋机关办公和公共建筑能源审计，11 栋公共建筑实施节能改造，总投资 1782 万元。全市完成太阳能光热建筑一体化应用项目 50 个，光热利用建筑面积 186.7 万平方米，超额完成 90 万平方米的任务指标。

【依法行政】 推进行政执法规范化建设，制订和完善 23 项工作制度。《淄博市城市地下管线管理办法》由市政府颁布实施。加强对不良市场行为的制裁力度，按照一般程序立案 13 起。开展行政执法规范化建设活动，重点在执法主体规范化、执法程序规范化、执法文书规范化、执法队伍规范化和执法监督考核规范化方面进行细化。组织编写《市住房城乡建设系统服务指南》，收集整理服务项目 97 项。　（陆　洋）

【旧城改造】 淄博市中心城区旧城改造办公室于 2010 年 9 月 30 日正式建立，为市政府直属正县级事业单位，编制 12 名。主要职责任务是做好中心城区旧城改造的有关工作。

2010 年 9 月 28 日，市政府与华润集团签署协议，建设中心城区华润城市综合体项目。项目坐落于金晶大道两侧城市核心商业地段，2011 年 3 月 30 日开工，计划 2016 年竣工，总投资 60 亿元。该项目由东部、西部两幅地块组成，包含大型商业综合体五彩城、高端商业住宅中央公园、凯旋门三个组团，是华润集团在淄博投资开发的第一个大型商业地产项目，也是国务院《国有土地上房屋征收与补偿条例》自 2011 年 1 月 21 日颁布后全市实施的最大的旧城改造项目。

2011 年 3 月 30 日，淄博市中心城区城市综合体华润中心项目开工奠基。2012 年 5 月 17 日，淄博华润中心五彩城开工。华润城市综合体项目地块征收补偿共涉及非住宅单位 22 家，建筑面积 11.62 万平方米；住宅类 720 户，建筑面积 6.24 万平方米。2012 年 12 月 23 日，淄博市人民政府发布房屋征收决定，正式启动华润城市综合体建设项目（体育场地块、淄博宾馆地块，合计住宅 214 户）房屋征收工作。　（杜东东）

环境保护

【概况】 2012 年，全市环保投入 50 亿元，整治污染企业1576家，关停各类土小企业687家。全市环境空气质量连续5年持续改善。全年良好以上天数221天，比2011年增加36天，良好率超过60.4%。二氧化硫和可吸入颗粒物(PM10)平均浓度分别下降19.8%、12.8%，重点河流出境断面化学含氧量和氨氮浓度分别降低2.2%和7.9%，省控河流断面全部达到恢复常见鱼类生长的要求。全市所有饮用水源地水质达标率100%。区域环境噪声全部达到环境功能区划标准。公众对城市环境保护满意率达到85%以上。孟祥民被评为全国环保卫士、全国创先争优优秀共产党员。

【项目审批】 全市102个重点工业项目中的76个、55个重大项目中的42个获得环保部门审批。全年审批项目302个，投资额500多亿元。为环保产业发展提供全方位的服务，推荐5个项目申报山东省重点环保技术项目。组织15家环保产业企业参加山东省第三届绿博会暨东北亚地区环保产业洽谈会。全市环保产业企业逾200家，产值近200亿元。

【生态淄博建设】 印发《关于建设生态淄博的决定》，借助生态淄博建设平台，将环保基础设施建设、河道治理、生态恢复等32项、146个生态建设项目进行细化分解。开展生态系列创建工作，沂源县和张店区成功创建为省级生态区县。组织9个镇、6个村创建全国生态镇、生态村。在全市开展生态优美乡镇(街道)评选活动。起草《生态淄博建设专项资金管理办法》，狠抓清洁生产审核。在52家重点企业和5大重点企业集团开展清洁生产审核工作。树立金晶科技、淄博灵芝化工等12家清洁生产典型企业。通过实施清洁生产审核，年减排二氧化硫742.44吨、化学需氧量393.11吨，年节水2757.5万吨、蒸汽18.69万吨，产生经济效益2.75亿元。

【主要污染物减排】 全年计划削减化学需氧量5037吨，氨氮减排644吨，削减二氧化硫2.7万吨。启动10家电厂的整合替代工作，实施电厂余热利用的移动热源替代工程，替代小型燃煤锅炉26台，年节煤2.6万吨。狠抓脱硝减排工程建设，支持山东天璨环保科技有限公司研发上马新型无毒高效催化剂项目，在华能白杨河电厂建成投用国内电力行业第一个脱硝减排示范工程，累计实施脱硝项目39个。抓好农业源减排项目建设，完成12个农业源减排项目。依法实施关停和淘汰中心城区煤矸石砖厂，对其他区县的煤矸石砖厂实施治理、关停和淘汰。对中心城区大外环以内的建陶企业实施搬迁；对不符合环境管理规范的建陶、砖瓦、耐火材料、铸造企业及混凝土搅拌站等依法实施关停取缔，共实施87个结构调整减排项目。推动能源结构调整，对涉及燃煤的建筑陶瓷、耐火材料、钢铁铸造、餐饮洗浴等行业实施清洁能源替代。全年新增加天然气企业用户108家，每年可减少用煤量80万吨。认真执行污染物总量确认替代比例，严格控制新增量，全年确认项目121个。

【大气污染治理】 实施企业无尘化清洁生产工程，对200家重点企业实施全面监管。严格实施污染物排放控制标准，在全市37家燃煤电厂进行脱硫、脱硝综合治理，派驻驻厂员监督电厂的运行状况。对照新标准督促全市所有燃煤锅炉、水泥熟料、石油炼制及玻璃生产企业进行脱硫脱硝整治。对全市130家重点化工企业进行整治，36家被责令停产治理。督促临淄区开展以深度治理化工异味为重点的化工行业综合整治。周村区对6家企业通过焚烧、低温等离子技术对化工尾气进行处理，建成废气处理设备13台套。对沣水、南定、傅山等9大片区和57个重点镇进行扬尘治理，联合交警、城管等部门开展专项行动11次，硬化道口、物流园区路面近10万平方米，安装防尘抑尘网5万平方米。全市整治矿山91座，淄川区突出石灰石开采和钙业加工企业专项治理整顿，严格落实道路硬化、除尘喷淋设施安装、储存场地密闭等措施，关停石灰石矿山开采企业56家。临淄区对全部11家矿山企业进行集中关停整治，推广使用国际、国内领先的技术设备和密闭式运输车辆。搞好机动车排气污染防治，新购机动车执行国Ⅳ标准，外埠车辆过户到淄博必须达到国Ⅳ标准。全年检测车辆25.1万辆，合格率86.8%，抽检、路检车辆3.5万辆，超标率占5.1%，对超标严重的584辆车进行督促整改。中心城区公交、出租车双燃料改造率分别达到93%、97%。

【水污染治理】 淄川双杨、博山环科、周村淦清、桓台环科、临淄古城等污水处理厂的新扩改建设稳步推进，其中双杨污水处理厂建成投用。全市新增污水处理能力10万吨/日。建设生态湿地15处，面积106.7公顷。深化污染点源治理，实施齐鲁石化高盐废水回收利用、山东新华制药东园污水处理系统改造、山东东佳集团中水回用、中石化催化剂齐鲁分公司氨氮深度治理等126项重点污水治理工程，新上治污设施107台套。加大管理力度，建立污水处理厂超标应急机制。印发《全市进一步加强水环境管理的意见》，规范企业及污水处理厂的环境管理。制定5大类33小项考核指标，按月对污水处理厂实施百分制考核。

【环境监管】 建立环保、公安一体化执法机制，成立联动执法领导小组和办公室，印发实施《关于建立环保公安联动执法工作机制的实施意见》。实行信息共享、机制联动、共同执法、案件会商等制度，有效解决环保执法“调查难、取证难、执行难”问题。对淄川寨里倾倒化工废液、文昌湖新韩村地下水污染、淄博天豪耐火材料非法排放废液、高青小清河倾倒化工废料等环境污染案件进行及时查处。全年办理环保违法治安案件6起，行政拘留21人，办理环保违法刑事案件15起，刑拘16人，逮捕12人，取保候审39人，起诉24人。

【环境信访】 制定信息通报、公示、约谈等14项规章制度。印发《环境信访基本制度》《环境信访工作手册》，制定领导干部公开接待群众来访、干部下访、矛盾纠纷排查和积案化解工作计划和实施方案。全年受理环境信访案件4000余件，处理率100%。

【危险废物监管】 在全省率先开展危险废物减量化、资源化、无害化工作，印发《关于开展全市重点企业危险废物减量化、资源化和无害化工作的实施意见》，要求企业努力做到危险废物不落地、不出厂、不出园区。确定首批18个工程项目，建成后全市危险废物自行处置的数量将增加65万吨。开展涉危险废物环保专项执法行动和环境安全百日大检查，查出产生危险废物的企业192家，涉及25个行业，29类危险废物，危险废物产生总量113万吨。完成70个样品的色质谱图分析收集工作。严格落实危险废物转移联单等管理制度，申请转移危险废物的企业77家，审核转移手续240余次，发放危险废物转移联单2313份，接收21份。

【数字环保】 抓好环境空气质量自动监测网络建设，投资1100万元对6个原有空气质量自动站进行升级改造，完成10个新建环境空气质量自动监测站的建设工作。全市环境空气质量检测实现全覆盖、24小时自动监控。加强重点污染源的监控建设，全市安装联网在线监控设备187家251台，占全市85%以上排污总量的点源被纳入在线监控系统。污染源在线设备全部实行第三方运营，建成覆盖全市重点废气污染区域的30路视频监控网络，实现全市大气污染重点区域的现代化监控。

【环境应急】 制定《淄博市环境应急预案》，共启动应急预案169起，妥善处置高新区“5·25”中石化柴油管道泄漏事件及高青县“7·27”小清河唐口桥恶意倾倒工业废物2起环境污染事件，依法取缔涉重金属土小企业3家。完成环境安全百日大检查活动，检查512家重点企业。

【环境监测】 在13个空气监测站配备可入肺颗粒物(PM2.5)监测设备，在3个空气监测站配备能见度监测设备，并开始试运行。定期开展空气质量夜间应急调控，监测重点废气污染源176处次，工业炉窑、燃煤锅炉362台次。抓好全市57个重点镇、街道每月环境空气质量监测工作，对全市河流出境断面实行日采日报，完成全市8家饮用水源地有机物及重金属监测分析任务，饮用水达标率100%。

【环保宣教】 在市级以上各类媒体、网站发稿1500篇(条)。组织开展纪念“六·五”世界环境日系列宣传和淄博环保世纪行活动。与市歌舞歌剧院联合开展环保文艺巡演，组织举办第三届迎新春“环保杯”老年环保书画展、太河水库捡拾垃圾、绿色创建等多项大型社会宣传活动。编印《孟祥民故事集》等汇报材料。与电视台联合开展生态优美镇(街道)及优秀环保志愿者评选活动。编辑出版《生态文明淄博》画册。（徐 伟）

国土资源管理

【用地保障】 2012年，市国土资源局完成全市区县土地利用总体规划修编与二次调查成果的对接及规划数据库建设工作，印发《关于多措并举破解难题进一步提高建设用地保障能力的意见》，为土地供应如何保障经济社会发展提供切实有效的政策性引导。实施差别化的用地政策，对用地项目进行严格预审，对不符合土地利用年度计划及国家产业政策的一律不予通过。全力争取用地指标，对重点能源、交通、水利、矿山等项目，争取省单独选址计划，在省国土资源厅未下达年度新增建设用地指标的情况下，协调提前预支指标用于各类项目建设。2012年，全市使用新增建设用地指标1355.07公顷，其中省分配指标419公顷，额外多争取省级指标795.13公顷，挖潜指标140.94公顷。落实《淄博市城乡建设用地增减挂钩试点管理办法》，对部分正在实施的项目进行规划调整，启动土地整治规划编制工作。实施中的城乡建设用地增减挂钩试点项目62个，总拆旧面积1437.2公顷，复垦耕地421.87公顷，安置区新建村庄47个，安置1万余户，提前预支指标255.8公顷。14个工矿废弃地复垦调整利用项目进展顺利，全部完成后可产生挂钩指标82.47公顷。

【土地利用】 编制实施2012年国有建设用地供应计划和住房用地计划，开展开发区土地集约利用评价成果更新工作，全市1个国家级开发区和11个省级开发区土地集约利用评价更新成果通过验收。开展批而未供、供而未用、储备土地的清理工作，全市共盘活低效利用土地199宗，面积1000公顷。强化土地市场监管，建立健全房地产用地开竣工申报、动态监测、定期通报和实地核查等制度，有效防止新的闲置土地产生。开展耕地质量等级成果补充完善工作，形成耕地质量等级补充完善成果；全面开展国土资源节约集约达标和模范县(市)创建活动，五区三县首批全部通过全省国土资源节约集约利用验收并达标，淄博市被省国土资源厅推荐为全国国土资源节约集约模范市，并通过国家实地验收。分解落实单位地区生产总值对土地占用量下降目标并下达各区县政府，“十二五”末单位地区生产总值建设用地规模目标为29.3公顷/亿元。2012年，全市出让国有建设用地444宗，面积1167.37公顷，成交额95.66亿元，实现政府纯收益76.44亿元。其中：市级出让230宗，面积859.97公顷，成交额80.3亿元，实现政府纯收益68.32亿元。

【耕地保护】 严格落实土地利用总体规划，超额完成耕地保护任务，全市耕地保有量保持在21.04万公顷，基本农田保护面积划定为20.25万公顷。推进土地复垦、开发整理、综合整治等耕地补充工作，确保耕地占补平衡。投入1.47亿元，建设高标准基本农田2.93万公顷。全市共批准4个农村土地综合整治项目，总规模1.75万公顷。其中：农用地整治新增耕地790.71公顷，农村居民点拆旧复垦耕地(挂钩指标)面积847.62公顷，项目农用地整治总投资5.87亿元。逐步建立健全国土资源执法监察长效机制，加大日常巡查以及对各类国土资源违法行为的查处力度。国家土地督察济南局对淄博市进行例行督察，各项工作顺利通过验收。高标准开展2011年度土地卫片执法检查(利用卫星遥感信息资料对土地开发利用和矿产资源勘查开采开展执法检查)，党政纪处分落实率、罚没款收缴率、违法建筑物没收率分别达98.2%、97%、99.1%，顺利通过国务院和省政府的检查验收。

【矿政管理】 编制矿业权设置方案并通过省级评审，在规划期内拟新设探矿权41个、新设采矿权42个、已有探矿权转采矿权14个、已设采矿权整合9个、已设采矿权范围调整76个。全市具备安装条件的47个矿山全部完成井下监控系统的安装，在全省率先实现科技管矿全覆盖。制订《2011年度采矿权人矿产资源开发利用与保护检查方案》《年检工作规程》，对企业矿产资源开发利用与保护情况实行量化考评，对228家矿山企业进行年检，发现并依法查处超层越界开采矿山5处。组织安全检查和专项行动30次，例行检查矿山企业700余次，发现并处理各类安全隐患260处，取缔无证采矿窝点30个，5人被移交司法机关追究刑事责任。全面巡查全市149处地质灾害隐患点，发放防灾明白卡和避险明白卡12000份，争取环境治理、地质灾害治理、地质遗迹保护资金3000万元。完成沂源县西里镇隽家峪村和燕崖镇杏花村两处受滑坡威胁的94户245人的搬迁避让工作，对淄川区太河中学地质灾害隐患进行初步工程加固。淄川区昆仑镇滴水泉村地质灾害隐患点治理完毕。

【基础业务工作】 加快推进农村集体土地确权登记发证工作，做好地籍管理信息化和规范化建设工作，升级更新城镇地籍管理信息系统。开展2012年度土地变更调查，推进土地调查成果的具体应用。初步实现土地矿业权网上交易，完成网络集群建设和土地执法监察信息化建设，手持GPS(全球定位系统)在基层所日常巡查工作中得到普及应用。国土资源综合电子政务平台作为示范项目在全省推广。“数字城市”建设全面完成，为开展“智慧城市”试点提供了大量基础数据和技术支撑。在全省率先推出《启用2000国家大地坐标系实施方案》，并计划用3至5年时间，完成全市各类基础测绘成果向2000坐标系的转换。

【服务社会民生】 推进政府信息公开，完成8件人大代表、政协委员的建议、提案的办理工作。加强普法宣传和依法行政培训工作，参与“法治淄博”建设活动，编印《区县领导干部国土资源知识读本》。在市行政服务中心成立行政许可科，制定落实《淄博市国土资源局关于进一步深化行政审批制度改革的实施意见》和《淄博市国土资源局行政许可(服务)事项工作流程》；成立行政许可(服务)事项业务工作协调领导小组，确保重大和疑难业务事项得到及时协商解决。开展百家联创共建“12336”为民服务示范窗口活动，认真调查每一件举报信息，对重复访、越级访等案件进行全面梳理，开展领导包案带案下访等专项活动，全年受理信访案件271件，办结249件，办结率为91.88%。全市抗旱打井131眼，解决了72000人、1100头大牲畜的饮水问题，保苗灌溉933.33公顷。全年发布拟征收(收回)土地公告162份；对经批准征收的58个批次和单选项目进行征收土地公告，涉及新增建设用地1056.6公顷；对29宗划拨、村集体使用土地77.78公顷土地依法办理公告公示。保障性安居工程用地供应工作顺利完成，78个保障性住房项目、22796套保障性住房全部落实用地并开工建设。 (徐廷君)

城乡规划

【规划调研】 为优化全市发展空间布局，分四个区域开展主城区空间布局研究。在南部区域开展200平方公里的产业研究、专项规划和控制性规划编制，重点对南部产业结构调整、空间布局优化等进行规划引导。在东部区域编制城区概念性规划、东部化工区控制性规划，为东部生态体系重建、旧城区改造提升提供规划技术支撑。在北部区域开展覆盖76.5平方公里的区域发展规划，重点提出区域发展战略，优化北部城区产业发展布局。在西部区域加大控规动态维护力度，推动实施新城区各项规划，完善新城区核心区周边配套建设，提升新城区的综合承载力。淄博市有6篇学术论文被收录《2012年中国城市规划年会文集》，1篇在会场现场宣读，有1人被评为杰出学会工作者。

【规划编制】 新一轮《淄博市城市总体规划(2010—2020)》，通过国务院部际联席会议审查。桓台、高青、沂源三个县的总体规划编制完成，并按照法定程序批复。根据住建部和省住建厅要求，组织编制《淄博市城市近期建设规划(2011—2015)》，分两次征求各区县政府和市直有关部门意见并修改完毕。按照市政府《关于进一步加强城镇控制性详细规划全覆盖工作的意见》要求，全市规划建成区控规编制实现全覆盖。按照市政府《关于进一步加强城市基础设施专项规划编制工作的意见》，各项专项规划编制工作均按进度要求进展顺利。做好临淄区金山镇，博山区源泉镇、博山镇等

14个省、市级示范镇的总体规划修编工作。启动主要河流道理两侧的控规编制工作，加强城市连接带的交通廊道和生态廊道控制。全市城乡规划全覆盖工作在广度和深度上有较大提高。

【规划管理】 配合省住建厅开展《山东省城乡规划条例》制定工作，提出的意见和建议，均被省住建厅采纳。组织制定进一步加强和改进管理工作的《淄博市规划局政务督查制度(试行)》《淄博市规划局关于加强信息宣传工作的意见(试行)》等5项制度，为推动全市规划系统各项工作规范化、制度化提供重要制度保障。

【规划许可】 2012年，市规划局办理项目选址意见书189件，建设规模481.1万平方米；建设用地规划许可证296件，用地面积721.8万平方米；建设工程规划许可证343件，建筑面积961.6万平方米；竣工验收合格证197件，验收面积554.95万平方米；乡村建设工程规划许可证11件，面积47.65万平方米；临时工程17件，工程量16.4万平方米。

【中心镇试点镇、中心村试点村规划编制】 临淄区金山镇，博山区源泉镇、博山镇等6个中心镇的总体规划修编以及中心村(农村社区)建设规划修编形成规划成果。编制完成卫固镇、中埠镇、萌水镇、商家镇总体规划。

【中心城区控规体系维护】 2012年度控规动态维护工作包括根据总规、专项规划编制城市蓝绿线宽度表，对中心城区街坊控规成果(约6平方公里)、老城区东部街坊公益性公共设施布局调整(约2平方公里)、新城区地块指标变化后公益性公共服务设施规模(约21平方公里)进行调研与调整等内容。完成城市绿线、蓝线维护，下发各区县试行；收到主城区维护申请92项，面积33.59平方千米，完成25项控规维护工作，占控规维护申请面积的34.44%。起草《市规划局关于进一步加快控规审批进度的报告》；组织制定《控制性详细规划维护成果规定》，对控规内容、图纸形式、控制方式等做了研究探讨；整合老城区、新城区规划成果，校核市政及公共服务设施规划，对被动维护地块进行分析、评估、完善成果，测算新老城区总体开发建设容量，为市政及公共服务设施配建提供支撑。

【中心城区规划管理基础数据平台建设】 中心城区规划管理基础数据平台系统开发初步完成，完善平台系统设计，开发办公会汇报系统并投入应用；推进和规范数据整理录入工作，完成存量数据录入和数据平台技术培训。至年底，数据平台建设工作全面完成。

【重点项目规划设计】 编制完成商务中心城市设计，与多家拟投资企业集团进行接洽。有入驻商务中心意向的企业12家，其中11家有意入驻商务中心金融区。新城区规划展览馆完成建设任务，土建施工、内部装修和地下车库建设完成。中心城区南部区域控制性详细规划编制、张店南部城区控制性详细规划编制、四宝山片区生态恢复工程前期规划编制、中心城区北部区域发展性规划编制、新城区核心区金带概念设计、行政审批服务中心建设、城乡一体化试点项目建设、医疗中心建设、城市快速轨道交通建设性规划编制、支线机场规划编制等工作全面完成。 (马呈礼)

房产管理

【住房保障】 2012年，全市保障性住房和城市棚户区改造项目开工建设21430套，竣工8731套，新增享受货币补贴的廉租住房户780户。实行保障性住房分配公开摇号制度，确保分配的公开、公平、公正。全年组织分配廉租住房744套、经济适用住房3161套。

【房地产市场管理】 2012年，淄博市房地产交易市场交易量相对平稳。全市新建商品房销售37348套，比2011年增长9.8%，销售面积459万平方米，增加13.8%；存量房销售合同备案14199套，下降21.4%，销售面积132.6万平方米，下降11.5%，商品房价格涨势趋于平稳。严格预售条件和办理程序，加强商品房预售管理。根据住建部《关于进一步加强房地产市场监管完善商品房预售制度有关问题的通知》要求，加大对商品房预售制度的管理力度。市政府办公厅印发《淄博市商品房预售款监管实施办法的通知》，加强预售资金监管。规范开发商销售行为，严格落实商品房销售明码标价规定。对20家开发企业135个项目的销售情况进行现场巡查，对存在违规销售行为的开发企业进行约谈，督促限期整改。加强房地产评估机构和中介机构管理，对中介机构实施年度审核制度。

【物业管理】 2012年，全市有物业管理资质的企业301家，其中本地企业283家；物业管理项目913个，管理面积4767.66万平方米，物业从业人员1.5万人。争创国家级物业管理示范项目9个，省级优秀物业管理项目47个，市级优秀物业管理项目82个。加强物业服务企业资质管理，建立物业企业资质动态考核和市场退出机制，对服务质量差、业主反映大、服务不规范的企业，限期整改，存在严重问题不整改的，吊销其从业资质。加强物业服务企业监管，提高从业人员素质，全面实施前期物业管理招投标，积极推广社区居委会、业主委员会、物业服务企业“三位一体”的管理模式。加强住宅专项维修资金和物业质量保修金管理，简化资金申请程序。全年归集物业专项维修资金11.46亿元，收取质保金1.54亿元。实行住宅小区物业服务量化考核和星级管理，推行物业服务菜单式收费。加强中心城区老旧小区物业管理工作，制定《淄博市中心城区老旧小区简易物业管理办法》，将物业管理纳入区政府、街道办事处(镇)城市综合管理体系。

【产权产籍管理】 2012年，全市发放房屋所有权证76325本，比2011年减少10.78%；发放他项权证39039本，减少7.46%；受理房产测绘登记6672件，完成测绘面积800万平方米。贯彻落实《房屋登记办法》和《房地产登记技术规程》，建立疑难问题、重大标的查封登记、执行过户统一审核制度。建立房屋登记审核委员会和房屋登记质量抽检制度，完善《淄博市房屋登记规范》，确保房屋登记工作安全规范有序开展。组织全市117名房产登记人员参加住建部举办的《房地产登记技术规程》培训，工作人员全部持证上岗。规范房屋测绘工作，建立房屋测绘重大项目及疑难问题会商、测绘项目统计抽查制度。全年收取直管公房租金600万元，接管廉租住房414套。完成直管公房维修工程75项，工程合格率100%。

【房屋征收】 2012年，市及各区县计划房屋征收项目13个，征收房屋面积30.25万平方米，发布房屋征收决定项目1个，征收房屋面积2.36万平方米。建立市政府主导的房屋征收决策运行机制，明确房管部门为征收主管部门。制订《淄博市国有土地上房屋征收评估管理规定》，起草《淄博市国有土地上房屋征收与补偿实施办法》。评选20家社会信誉好和综合实力强的房屋征收价格评估机构，成立由房地产估价师、城市规划、土地、价格、法律、房地产等方面组成的市房地产价格评估专家委员会。服务好市政府重点工程建设，配合市中心城区旧城改造办公室做好房屋征收与补偿工作。做好马南路(北京路—东四路段)改造、淄博火车站南广场项目的房屋征收准备工作。

(宗风刚)

住房公积金管理

【概况】 2012年，全市归集住房公积金26.77亿元，住房公积金累计缴存额达到152.54亿元；为4.96万名职工办理住房公积金提取10.3亿元，累计为31万名职工提取住房公积金51.73亿元；为6967户职工家庭发放个人住房公积金贷款17.55亿元，累计为6.5万户职工家庭发放住房公积金贷款86.95亿元；实现增值收益1.53亿元。

【归集管理】 2012年，全市有4118个单位建立住房公积金制度，实际缴存住房公积金人数达到47万人，比2011年增加230个单位、5.13万人，全市住房公积金覆盖率69.39%。

【使用管理】 制定合理的住房公积金政策，扩大按揭项目合作范围。全年新增按揭合作楼盘756

个，新增贷款4.85亿元。加大住房公积金制度向中低收入家庭倾斜的力度。与市总工会、市房管局联合设立"爱心安居"服务项目，为困难职工保障性住房提供绿色通道。淄博市获批成为利用住房公积金贷款支持保障性住房试点城市，首批住房公积金保障性住房贷款项目14个，额度9.56亿元，成为全国同类城市中获准项目最多的城市。全年发放住房公积金贷款17.55亿元，其中按揭贷款13.5亿元、抵押贷款3.33亿元、保证贷款737.2万元、置业担保贷款6203.9万元、组合贷款388万元。发放项目贷款3100万元。当年提取住房公积金1.03亿元，购房提取3.75亿元，归还住房贷款提取2.95亿元，职工销户提取3.56亿元，大病提取421万元。

2012年10月19日，市住房公积金管理中心干部职工测试比武现场

（市住房公积金管理中心　供稿）

【资金运营】 加强财务管理，优化资金结构，加大运营力度，当年实现住房公积金增值收益1.53亿元，用于廉租住房建设补充资金1.28亿元。

【风险防范】 深化"管营分离"的内部管理体制，实行业务受理与审批分离、审批与拨款分离、运营与监管分离，完善内控措施，强化风险防控。推进住房公积金信息化系统建设。采用科学管理手段，完善防范措施，为防止资金风险提供技术保障。严格住房公积金提取、贷款条件的审核，杜绝骗提、骗贷现象。加强贷后管理，建立逾期贷款预警机制，建立健全逾期贷款定期通报制度，积极落实抵押工作，确保担保措施到位。

【便民服务体系建设】 完善住房公积金服务体系建设，便民服务体系初步形成。市直管理部服务厅正式启用，全市市直及各区县、高新区均建立并启用公积金办公服务厅。开通住房公积金"12329"服务热线。优化服务厅岗位设置，严格执行值班主任、聘请社会监督员等制度，加强服务规范化建设。建立起多渠道的政务公开体系。转变工作作风，建立健全维护群众利益的保障机制，切实解决群众反映强烈的突出问题。（王爱国）

公用事业

【概况】 截至年底，全市有供热、热源企业57家，新增供热面积370万平方米（中心城区增加120万平方米），总供热面积达5018万平方米（中心城区供热面积1900万平方米），集中供热普及率69%；供热企业共有燃煤调峰锅炉35台，总容量1235吨/小时，锅炉供热面积约800万平方米，热电联产供热面积约4200万平方米。

全市有燃气经营企业93家，汽车加气经营企业25家，管道天然气居民用户52.47万户，工业用户587户，商业用户1100户，天然气年供应总量11.87亿立方米，居全省首位。对《淄博市燃气管理条例》进行修订。委托中国市政工程华北设计研究总院编制全市燃气专项规划。

【安全目标管理】 制定全市燃气供热安全生产工作意见，市及区县行业管理部门与燃气企业签订安全生产目标责任书，形成全方位安全责任管理体系。修订《淄博市燃气安全事故应急预案》，推广燃气安全生产责任险，完善应急救援体系。在全市范围开展“走千家、进万户”燃气安全检查宣传活动，发动区县燃气管理部门和燃气企业排查各类燃气设施，对居民用户进行拉网式入户检查，治理安全隐患190处。

【行业监管】 组织对全市56家供热企业进行许可年检和规范化管理考核，对新申办经营许可的企业严格按照程序和标准审批发证。分两期对全市32家省批燃气企业、15家市批燃气企业、38个燃气供应站点进行燃气经营许可、供应许可年检审查。继续加强市政施工企业管理，对10家市政施工企业进行年检考核，对1家企业进行资质转正。加强进淄企业备案管理，共备案设计、施工、监理企业83家。

【供热工程建设】 2012年，全市新建热源工程2处，新增供热能力150吨/小时；新建、改建换热站30座；新建、改建供热管网100公里；实施“蒸汽退城”等管网改造项目50项；建成低温循环水项目一期工程，实现供热面积420万平方米。华电淄博热电有限公司建成2台33万千瓦机组。

【液化气市场治理整顿】 根据市政府办公厅《关于进一步规范液化石油气经营管理工作的意见》，采取措施规范钢瓶管理，逐步整合液化石油气经营企业，依法规范液化石油气市场管理工作。

【供热计量改革】 印发《关于新建建筑供热计量装置专项费用等有关问题的通知》，明确计量装置专项费用的标准、建设范围和管理使用，规范供热工程建设秩序和供热装置收费行为。调整供热计量收费基本热价和计量热价标准。全市累计安装供热计量装置的房屋面积达424万平方米，供热计量改革取得明显成效。组织开展供热计量装置备案，对产品单位的资信水平、产品质量、技术条件和售后服务进行公开评审，已备案产品单位60家。

【职业技能大赛】 由市人才工作领导小组办公室、市总工会、市人社局、团市委和市公用局联合举办全市公用事业职工职业技能大赛，强化技能竞赛和岗位练兵。全省各市燃气管理部门负责人及燃气企业代表到淄博市现场观摩。组队参加全省第二届燃气行业职业技能竞赛，获团体铜奖、最佳组织奖和特殊贡献奖。

【燃气热力行业规范化考核】 落实《山东省燃气热力行业规范化管理考核工作指导意见》，提高燃气热力管理和服务工作水平。全市2家燃气企业、2家供热企业获全省燃气热力行业规范化考核优秀企业称号，市公用事业管理局被评为全省燃气热力行业规范化考核先进单位。

（李宝林）

城市管理行政执法

【和谐城管】 牢固树立保障和改善民生的工作理念，加快便民市场建设和“数字城管”建设，集中力量为民办实事办好事。制定印发《全市创建和谐城管活动方案》和《示范项目创建标准》，确定示范路（街）45条、示范广场18个、示范小区18个。16个示范项目通过省住建厅的审核。组织召开全市和谐城管创建现场会，突出强化执法人员的创先争优意识和以人为本理念。

【便民市场建设管理】 建设便民农贸市场是市政府确立的年度重点工程项目之一。年内，全市建成投用便民农贸市场13处，辐射周边44个小区，受益群众超过27万人。规范早市、夜市、专业市场，疏导扶持修车点、修鞋点等便民服务点320处。在瓜果大量上市的季节，采取设置绿色通道、印发“西瓜地图”、制作便民服务卡、劝导卡等形式加大市场管理和引导力度。

【城管执法“三进”活动】 开展城管执法“三进”活动，在企业、社区、学校设立城管服务室140处，确立联络员100余名，为相关企业、社区、学校办实事、解难题1100件。组织全市城管执法系统开展“城管进学校，小手拉大手”“我是城管小队员”“城管守护在身边”等主题活动，努力营造城管执法社会参与、双向互动、和谐有序的良好氛围。

【“数字城管”建设】 坚持高标准推进“数字城管”建设，投资200万元，装备车载视频仪器，在中心城区主要路段设立12个固定视频点。与中心城区数字平台联网，市级平台已具备运行条件。指导张店区、淄川区、博山区和淄博高新区城管执法局健全完善数字城管系统，初步实现城市管理由粗放到集约、高效的转变。

【优化执法环境】《淄博市户外广告设置和建筑物外立面保持整洁管理条例》草案通过市人大常委会第一次审议。强化部门协作，建立健全城管公安联动执法工作机制，牵头五部门组织联合执法检查，对拒不执行行政处罚决定的案件，适时引入司法强制措施，城管执法法制保障工作进一步强化。

【市容市貌精细化管理】 先后组织开展以城区、镇驻地、主次道路、窗口地段为重点的城乡环境综合整治、学校周边环境综合整治、迎新春环境综合整治等多层次环境综合整治活动。2012年，全市综合整治主次道路200条、背街小巷420条，清理取缔马路市场350处，取缔占道经营、流动摊点3万余处(次)，整治乱摆乱放5万余处(次)。

【“两线一点”环境综合整治】 年内，开展济青高速、胶济铁路沿线及火车站周边(两线一点)环境综合整治行动，共出动人员1.3万人次、车辆2300台次，清理乱堆乱放点280处，清运各类垃圾3.1万立方米。拆除广告牌匾、落地灯箱475个，拆除违章建筑2300平方米，新建围墙1000米。种植、补植各类苗木4.5万株。“两线一点”环境得到明显改善。

【户外广告管理】 健全完善户外广告检查巡查、行政许可、备案、安全检测等制度，严格落实《淄博市门头牌匾设置导则》和《中心城区门头牌匾管理暂行规定》，户外广告管理体制机制初步完善。开展集中拆除违规广告行动，全年开展集中行动21次，拆除大型立柱广告48块，规范门头牌匾7600块，拆除违章设置广告牌匾6900处。

【建筑物外立面综合整治】 坚持把建筑物外立面综合整治作为市容市貌管理的精品、亮点工程，高标准设计，高质量整治。至年底，全市投入6亿元，整治建筑物外立面道路57条、320公里，做到乱堆乱放清干净、乱贴乱画刷干净、乱搭乱建拆干净、破旧建筑粉饰一新、广告牌匾设置一新、沿街门脸修饰一新。

【城乡规划执法监察】 2012年，市城市管理行政执法局落实“属地管理、责任明晰、全面覆盖、查处及时”的城乡规划执法监察机制，明确执法责任和区域，做到区域全覆盖、责任全覆盖。坚持预防为主、关口前移，参与建设工程的放验线，强化过程监管，实现动态管理。推行阳光规划执法，健全违法建设防控机制，将违法建设消除在萌芽状态。严格执行违法建设日报告制度，做到随报随查，保持查处违法建设的高压态势。组织拉网式城乡规划摸排普查，共普查工程建设面积720万平方米，查处或纠正违规建设行为为267件。牵头组织联合执法检查，抽查在建工程项目132个，总计建设面积326万平方米，立案查处24个。

【环保、市政、园林执法】 加大对建筑工地、市政工地、拆迁工地等扬尘污染的查处力度。落实出入口硬化、工地围挡、施工降尘、运输车辆清洗等规范化管理制度。对在建工地实施重点监控，坚决杜绝出入工地车辆沾带泥土上路。加强建筑垃圾建筑渣土治理。按照市委考核办要求，淄博市将建筑垃圾治理列入区县党政领导班子目标管理考核指标。按照“抓两头、控途中”的工作要求，强化建筑工地属地管理责任。开展建筑垃圾清理活动，强化建筑渣土运输途中管理。实施噪声整治行动，严格执行国家建筑噪声污染防治标准，严肃查处建筑施工噪声污染、生活噪声扰民等违法行为。查处噪声污染行为600起，整治露天烧烤、处理油烟排放污染行为930起，查处散装物料车辆撒漏222起，查处挖掘、占用城市道路案件97件，查处破坏、占用城市绿地案件63件(合3450平方米)。

【规范化建设】 以"规范化建设年"活动为主线，开展全省城建行业规范化管理和规范化服务创建活动。召开全市规范化管理工作专题会议，交流经验，查摆问题，整改提高。从日常点滴抓起，使文明执法、人性化执法和规范化执法成为广大执法人员的自觉行为。健全完善人大代表、政协委员、新闻媒体、市民群众、内部专门督察队伍"五位一体"的监督检查机制，督导队员自觉维护良好形象。对参与执法活动的协管员、执法车辆进行督察，做到有问题早发现、早解决。组织四期全市业务骨干培训班，培训业务骨干600人次。

【行风建设】 落实民主评议政风行风工作方案，做到一把手亲自抓、分管领导具体抓、业务科室直接抓、各科室协同抓。按时登陆淄博纠风网，两次参加市"政风行风热线"直播节目，对群众反映的占道经营、乱搭乱建、噪音扰民等问题，进行及时处理，及时反馈，办结率和群众满意率均为100%。健全完善首问负责制、服务承诺制和快速反应工作机制，公布市局及区县局投诉电话11部，24小时受理群众投诉。改变简单处罚模式，执法中注重疏导，管理中突出服务，推广"首违不罚"等工作模式。（李春波）

本部类编　辑：赵建国
副主编：安永善
校　对：孟　明
李　建

·成语　典故·

以民为天

齐桓公问管仲，君王应该最看中什么？管仲说君王看重的应该是天。齐桓公抬头看着天，管仲说，统治人的人应以百姓为天，百姓拥护他，天下就太平；百姓辅助他，天下就强大；百姓非难他，天下就危险；百姓背叛他，天下就灭亡。在这段谈话里，管仲告诫统治者要重视人民的利益，多做对人民有利的事情，表现出深刻的民本思想。

交通　信息

交通运输

【重点工程建设】 2012年，全市实施7个公路重点项目，完成投资6.79亿元。其中，省道329薛馆路沂源段、省道246庆淄路高青段、省道326泉王路、国道205博山乐疃至莱芜界、国道29滨莱高速路面维修等5个项目竣工通车，省道319广青线大杜家至青城段、省道703张店绕城线义集至田家段(北京路南延)完成年度建设计划。高品质打造市域内86.4公里国道205改造示范工程，当年完成路域植树30.3万株，清理垃圾2.45万立方米，硬化平交道口、治理沿线建筑289处。实施精细化管理，提高细节质量控制标准，连续6次获省"工程优质杯"第一名。截至年底，全市公路通车里程1.06万公里。其中，国、省道1203.2公里，农村公路里程9397.6公里，公路网密度每百平方公里177.6公里，居全省第四位。

【农村公路建设】 2012年，全市农村公路改造和养护工程完成路面317.3公里，改造加固危桥7座，完成投资3.54亿元。农村公路新改建工程合格率100%。临淄区、桓台县农村公路网化工程试点全面完成，完成路面567.7公里，完成投资3.6亿元。

【交通运输服务保障】 全年完成养护总投资3.7亿元，优良路率87.56%。一级路全部实现中央硬隔离。新增8条不停车电子收费系统(以下简称ETC)车道，高速公路收费站实现ETC车道全覆盖。新增危险化学品运输车辆323台，更新客运出租汽车467台，运力结构不断优化。全年完成公路客运量4.2亿人次、货运量2.6亿吨，比2011年分别增长4.19%和3.31%。提高应急保障能力，圆满完成"5·25"燃油管线泄漏抢险运输工作。推广使用新能源汽车，136路电动公交车和长运集团20辆纯电动出租汽车试运营进展顺利。国庆节、春节期间严格执行重大节假日7座及以下小客车免收通行费政策。全年累计减免绿色通道、电煤运输等车辆通行费3310万元。

【公共交通】 优化线网布局，收回公交线路3条，收购线路1条，通过调整、延时等方式优化公交线路12条，新增线路长度41.3公里，新增站点37个，线路总长度达到2834.7公里。新增、更新公交客运车辆404台，公交运输能力进一步增强。坚持执行公交IC卡四、六折优惠和65岁以上老年人等特殊群体免费乘车政策，中心城区公交出行分担率提升至18%。全年承担公益性支出1.43亿元。推行"爱心公交卡"，为中心城区1155名困难市民充值4万元。

【运输市场监管】 加快推进市场诚信体系建设，对全市从事客运、危险货物运输、普通货运、机动车维修、机动车综合性能检测和机动车驾驶员培训的1512家企业进行质量信誉考核。加大路面执法力度，共检查车辆26万辆次，查处违章车辆19608辆次。开展"打非治违"专项行动，检查各类运输车辆7500台次，查处运输市场违法违规经营行为839起，追踪处理超限、超载车辆854台次。做好创城、陶博会期间出租汽车超范围营运治理工作。集中开展旅游包车专项整治活动，查处违规违章车辆43台。推进全市724台道路客运车辆、316台旅游客运车辆、5005台危险货物运输车辆GPS（全球定位系统）接入省技术服务平台，实现联网联控。开展驾驶培训市场专项整治，查处机动车驾驶员非法培训点、报名点36处，查扣违规教练车18台。从业资格培训和考试启用“一卡通”管理系统。联合工商、城管执法部门开展机动车维修市场清理整顿活动。按照统一品牌形象、统一经营管理、统一技术规范、统一服务标准的“四统一”原则，推出“淄博快修”服务品牌，鼓励大型维修企业发展汽车快修连锁经营。

【平安交通建设】 以“基层基础强化年”“道路客运安全年”“沉一线、查问题、抓整改”等专项行动为载体，积极推进本质安全建设。组织开展公路安保、危险路段和危桥改造三项工程，优化公路通行条件。年内，全系统未发生较大以上责任事故，水上安全生产形势持续稳定，一般事故起数、死亡人数比2011年分别下降12%、9%。在全市安全生产会上以市直部门第一名的成绩受到市政府表彰，获得全省交通运输部门安全生产第二名。

【文明和谐交通建设】 积极参加迎接全国城市文明程度指数测评工作，保证客运场站、公交出租等环节的文明规范服务。自觉接受人大代表、政协委员监督指导，及时办复40件建议和提案。整合志愿者队伍，制定《淄博市交通运输系统志愿服务队章程》。开展道德领域突出问题专项教育和治理活动，建成“道德讲堂”21个。加强文化建设，被评为全国交通运输行业第三批文化建设示范单位。加强和谐行业建设，通过送慰问金、送生活物资、“金秋助学”、就业服务等形式，资助困难职工200多人。

【省道246庆淄路高青段改建工程】 该工程为一、二级路，全长21.17公里。其中，一级路18.4公里，路面宽23米；二级路2.77公里，路面宽10.5米～12米。项目总投资2.81亿元。2011年8月开工，2011年11月底完成一级路起点至花沟路段11.3公里，并正式通车，2012年11月1日全线建成通车。

【省道329薛馆路沂源段改建工程】 该工程为二级路，全长44.4公里，路面宽10米～21米，新建大桥1座、中桥3座，加固改造中桥5座。项目总投资3.5亿元。2010年完成刘家大峪至莱芜界段13.5公里，并正式通车；2011年完成南踅庄至刘家大峪段17.4公里，并正式通车；2012年9月26日全线建成通车。

【国道205山深线乐疃至博山莱城界段改建工程】

该项目为交通运输部确定的国道205改造示范工程的组成部分，二级路，全长4.221公里，路面宽7.5米。项目总投资1241万元。2012年7月开工，2012年12月1日建成通车。

【省道319广青线大杜家至青城段改建工程】 该工程由一级路，全长18.4公里，路面宽23米，新建中桥1座。项目总投资2.47亿元。2012年完成改线段9.9公里，并正式通车。

【省道703张店绕城线张店区义集村至田家段路面翻修工程】 该工程为一级路，全长12.89公里，机动车道路面宽25米，全线共设大中桥3座。项目总投资1.77亿元。2012年7月开工建设，2012年完成昌国路口至向阳村段3.8公里，并正式通车。

（申乐利　吕　婷）

铁　路

【安全风险管理】 2012年，济南铁路局淄博车务段注重安全风险管理，在作业过程中强化控制，在逐级考核中强化责任，在工作落实中强化管理。排查风险源，修订岗位责任制和工作标准，加强规章管理，安全管理基础工作得到加强。坚持安全定期分析等制度，量化现场作业控制指标，实施“视频监控、预检鞋、录音监听”等9种检查方法，纠正不良作业习惯，现场控制得到进一步加强。修订安全风险管理逐级负责制，完善安全百日考核办法，严格考核兑现。加强客货安全管理，开展客货安全专项整治，落实关键时期安全工作要求，确保了全年客货运输安全。

【客货运输】 加强客运组织，做好春运、暑运及中秋、国庆等节假日运输，实现黄金时段收获黄金效益。加强售票组织工作，利用票额共用、席位复用、互联网售票、电话订票、自助售票等形式，方便旅客购票。开展“服务旅客创先争优”活动，落实服务标准和工作流程，提高服务质量。加强货运组织，对重点货主实行运力倾斜，稳定大宗货源。稳步推进货运网上受理和“实货制”，方便货主办理业务。全年完成运输收入24.53亿元，再创历史新高，增收1.69亿元，比2011年增长7.4%。完成旅客发送量581万人，增加63万人，增长11%；完成货物发送量1145万吨，比2011年下降14.2%。

【经营管理】 推进精细管理，制订实施科室职能考核办法，实现工作目标日清日结，每月考核。坚持经营管理性文件法律审核、技术规章文件技术审核和目录登记制度，确保制发文件的合法性和一致性。强化业务科室合同管理职责，严格执行合同审查制度，有效防范和化解经营风险。加强预算过程控制，坚持职能部门与财务部门双向联挂、同等考核，实现成本管理均衡支出、有序控制。强化劳资管理，理顺分配关系，坚持收入分配向运输一线职工倾斜，向苦累脏险、责任大、技术含量高、贡献大的岗位倾斜。根据生产组织变化，动态优化定编定员；严格经营业绩考核和科室职能考核，引导各级干部重心下移，服务现场。

【干部作风建设】 实行责任倒推联挂，凡职工发生较为严重的问题，逐级逆向追溯管理问题，逐级追究有关干部的责任，强化干部服务现场意识。建立干部作风月度通报制度，每月对干部安全管理职责履行情况进行检查通报，每月对车站干部盯控施工、调车作业情况进行分析通报，通报问题纳入月度逐级负责制考核，促进干部作风转变。建立“网上评书”制度，组织有关干部对“通知书”进行定量测定，每月评定质量较高和最差“通知书”，并通报全段。

【职工队伍】 落实《职工教育培训计划》，全年培训13186人次。开展练功比武，举办行车、客货运等18个工种岗位练功和职业技能竞赛，选拔车务段一级技术能手14名。开展季度安全风险管理综合考核，全年平推176站次，促进职工作业标准化。开展全面质量管理攻关，解决了一批安全生产关键问题，全段取得全面质量管理成果32个，获济南铁路局优秀成果3个。

【改善职工生活】 坚持以安全保收入，以增运促增资，确保职工收入持续稳步增长。2012年，全段职工人均收入较2011年增长17.1%。多方筹措资金，改善职工生产生活条件，更新现场生产岗位空调86台；整修车站单身宿舍、食堂和小浴室12个；实施南定、铁石、马尚站站区和车务段综合办公楼供暖设施改造，淄博、章丘客运设施集中整治；对金岭镇站自来水管路和道路、湖田行车室、调车组进行改造，对淄博等6站的强制休息室、土暖炉间进行改建。全年发放困难补助费45.5万元，医疗补助金63.5万元、助学金7.6万元。

2012年淄博车务段主要经济技术指标统计表

表21

旅客发送		行李包裹发送		货物发送		运输进款	
实际完成（万人）	与2011年比较（±）%	实际完成（万件）	与2011年比较（±）%	实际完成（万元）	与2011年比较（±）%	实际完成（元）	与2011年比较（±）%
581	+12.1%	65.3	−15%	1144.6	−12.4%	245320.1	+27.1%

（孙守章　乔　红）

邮　政

【概况】 淄博市邮政局下辖7个区县局：淄川区邮政局、博山区邮政局、周村区邮政局、临淄区邮政局、桓台县邮政局、沂源县邮政局、高青县邮政局；内设6个职能机构：综合办公室、市场经营部、计划财务部、人力资源部、监督检查与安全保卫部和工会。下设8个经营生产单位：发行投递局、报刊零售公司、集邮公司、函件广告局、机要通信分局、代理金融业务局、分销业务局、电子商务局(信息技术中心);另设2个直属单位:运行维护中心、后勤服务中心。

截至2012年末,全局邮电支局所137处(其中,城市网点35处,农村网点102处),储蓄网点115处;自动柜员机(ATM)44台,邮资机22台,过戳机13台,邮筒(箱)544个;邮政汽车158辆(其中,邮运车辆17辆),邮政摩托车418辆;邮路总长度2290.9公里,汽车邮路36条(其中:省内干线邮路1条,邮区内邮路34条);城乡投递段道541条,2012新增127条,撤销16条,变动120条;投递总里程达21156.17公里,新增里程3544.92公里;服务面积5965平方公里,服务人口455.63万人。

全局从业人员1913人,其中合同用工A类669人,合同用工B类105人,劳务工1138人;大专以上学历1098人;高级职称3人,中级职称43人,初级职称68人。

2012年,全市邮政部门完成业务收入2.79亿元,比2011年增长7.38%。完成收支差额581万元。全面完成山东省邮政公司考核的通信质量指标。邮件作业计划合格率100%,执行率100%,邮件时限准时率95%。继续保持山东省文明单位、山东省消费者满意单位称号。

【普遍服务】 全市所有邮政营业网点全部开办普遍服务业务,在营业时间和时限频次上,均超过国家邮政普遍服务基本要求。圆满完成《人民日报》《求是》、新华社系列报刊、《大众日报》等报刊的发行任务。

【特殊服务】 机要通信安全畅通、优质高效。扎实开展机要通信管理达标活动,确保全市机要通信万无一失,连续30年实现质量全红。

【惠农惠民服务】 截至年底,全市信报箱群1154组(个)。新增社区代投点15个、信报箱格口6007个,总数达116068个(组)。

组织开展“825阳光便民惠农”行动,深入社区、村庄、集市,了解群众需求,以会员制、合作社和科技村等形式满足群众用邮需求,做到“为民服务、送邮到家”。2012年,全市邮政便民服务站达2488处,为群众提供通讯费收缴服务,火车票、汽车票、机票订购服务,水电费缴纳,违章代办等服务。全市建成乡镇区域物流配送中心16处,乡镇直营店81处,村级加盟店1208处,酒水社会代理网点813处。参与政府“抗旱保苗”和“弱苗补助”采购招标、“新农保”工作。组织服务三农工作会,建成覆盖全市的物流配送网络。聘请高级农艺师进行技术培训,将农资产品、农技知识送到农民家门口。组织开展中国邮政“万亩示范田”活动。组建鸿雁农业合作社8个,创建示范田783.3公顷,吸纳会员6160户,以“合作社+科技下乡+农资配送+邮政综合服务”的新模式,助力农户实现增产增收。

【服务质量】 2012年,邮政服务用户满意度得分94.34分,较2011年提高2.75分。用户投诉处理及时率达到100%。沂源南麻支局被评为四星级营业窗口,柳泉路支局、博山池上支局、淄川磁村支局、临淄敬仲支局、高青樊林支局被评为三星级营业窗口,市邮政局兴学街投递部、华光路投递部、桓台城区投递部被评为三星级投递部,运行维护中心邮件押运班被评为三星级转押运班组。

【10项承诺】 2012年,市邮政局立足创先争优,开展落实邮政服务十项承诺活动。成立十项承诺支撑领导小组,各相关部门组成工作小组。将十项承诺内容纳入通信服务质量月度考核指标,按月通报考核。

10项承诺:1. 邮政网点按照公示的营业时间对外营业;2. 营业、投递人员着工装、挂工号牌上岗;3. 在营业场所公示资费标准,不强迫用户使用高资费业务及有偿金融服务,不搭售及违规销售产品;4. 对集邮票品预定客户,保证及时足额供应;5. 邮政分销产品杜绝假货;6. 新建单位、住宅楼房,具备通邮条件的新客户,自登记起一周内安排投递;7. 省内17市城区有效车次前互寄的特快专递邮件,次日上午安排投递(不可抗因素及特别约定除外);8. 查询期满或因邮政责任造成的邮件丢失、损毁,自确认之日起7日内给予赔偿;9. 发生缺报少刊问题本埠3天内、外埠15天内补送或退款;10. 营业场所公示邮政服务监督电话,受理的客户投诉,三天内告知查处情况或结果。

【业务发展】 2012年,邮务类业务实现收入1.23亿元,占总收入44%。报刊数据库营销发展迅速,完成省公司计划的105.2%。集邮专业项目营销成果显著，定向邮品开发名列全省第一。函件专业整合资源，传统业务继续发力，银企账单实现淄博地区13家银行全覆盖；账单运行列全省前三位，妥投率100%，回收率98%。金融业务实现收入1.45亿元，增长9%。全市储蓄余额净增3.13亿元，发放邮政储蓄绿卡9.5万张，布放助农取款点306处。全年发展保费6.20亿元，比2011年增长90%，列全省第四名。

【企业管理】 深化综合效益评价和成本标杆体系等财务工具应用。推进各专业、转型网点损益核算，专业损益核算和责任中心损益核算取得阶段性成果。加强对资金的动态监控和集中统一管理。细化成本费用预算管理，抓好营销环节成本管理。全市邮政企业资产负债率降低0.92个百分点。以人事制度改革推进机制创新转型，树立正确的用人导向，加大干部队伍的培养、锻炼力度。强化教育培训，组织各工种职业技能鉴定考核1472人次，持证上岗率大幅提高。

【名址数据库建设规范达标】 全市小区、信报箱、投递方式标注率达100%，建筑物属性标注率达100%。组织机构库日常维护全面达标，全市组织机构准确率100%，党政机关、金融企业、教育单位、医疗机构的组织机构数据准确率、覆盖率均为100%。

【创先争优】 全市有7个集体、6名个人受到市级以上表彰。17个支局（班组）获得山东邮政工人先锋号，2个集体获得淄博市工人先锋号。组织开展优秀劳务人员评选，评选出62名优秀劳务人员。市邮政局成功创建山东省劳动关系和谐企业，6个区县局被授予淄博市劳动关系和谐企业称号。

【专业化改革】 2012年，市邮政局全面开展金融、保险、报刊发行、报刊零售、函件、集邮、电子商务、分销八大专业化经营机制改革，建立专业化经营体制框架，确立运营机制，组建专业营销队伍，完善绩效考核体系和分配机制，并实施专业化损益核算。

【金融网点销售化转型】 成立销售化转型项目组，加大软硬件改造力度，制订相应政策方案，夯实转型基础管理培训。市邮政局试点2个省级示范网点，功能类指标增长明显，竞争化优势初显。

【邮政能力建设】 完成12处营业网点改造，对张店共青团路支局、淄川杨寨支局进行转型网点改造。更换网点微机设备136台，验钞仪80台，更新空调38台；新增自动柜员机10台，商易通358部。

【邮政网络运行】 完成大宗收寄平台设置工作，实现国内小包及其他大宗邮件收寄、制作、分拣、发运的一体化作业。与长途汽车站接洽设立快捷配送平台及服务区事宜。将综合作业计划导入时限监控系统。邮件全程时限准时率达到95%的考核要求，邮件作业计划合格率和执行率均达到100%，居全省前列。

【审计与风险防范】 开展年度绩效、经济责任等专项审计，重视工程全过程审计，工程审减额196.28万元，审减率22.32 %。开展安全、质量和风险的监督检查、隐患整改；重视保险经营和应急预案处置管理，建立邮保联合应急处理预案和联动机制。增加安全基础设施投入，抓好防控措施落实。

【职工队伍】 推动分配机制改革，收入向一线员工倾斜，一线人员收入增幅高于管理人员。实现薪酬集中发放全员覆盖。员工生产生活条件得到逐步改善。农村支局职工小家、网络培训站点配套建设率100%，新建城市投递员之家4个。实施企业补充医疗保险，为患大病员工发放救助款6万元。全年组织业务培训250期，培训员工1.6万人次。举办全市邮政投递业务技术比武大赛及全市邮政储汇业务员职业技能竞赛。取得全省邮政储汇业务员职业技能竞赛和投递业务技术比赛团体第一名、第四名的历史最好成绩。定期向离退休和内退人员通报企业改革发展情况，关心离退休人员的生活。

【《壬辰年》《中华龙典》邮票首发式】 2012年1月5日，市邮政局、市集邮公司配合中国邮政集团公司《壬辰年》邮票首发，在市集邮公司营业厅门前举行《壬辰年》特种邮票及《中华龙典》个性化邮票首发式。淄博市首届生肖集邮展览同时开展。

【淄博市 2012 珍邮巡回展览】 5 月 31 日至 6 月 17 日，市邮政局在全市举办“2012 珍邮巡回展览”。展品分为珍邮精品系列、世界珍邮系列、清代珍邮系列、解放区珍邮系列、新中国珍邮系列、版票珍邮系列、错体票珍邮系列、生肖珍邮系列等八大系列。著名的《祖国山河一片红》、第一轮生肖猴整版票、世界上第一枚邮票“黑便士”、中国第一套邮票“大清大龙邮票”等珍罕邮品，深受集邮者喜爱的“老纪特”“文革票”“JT 票”“1～3 轮生肖票”等热门邮品均列其中，且品相上乘。

（许清丽）

通信服务业

【中国联合网络通信有限公司淄博市分公司】 2012 年，淄博联通公司全力保障通信畅通和信息安全，发挥信息化建设主力军作用，实现企业规模效益的快速增长，全年上缴地方税收 5100 万元，

信息化建设。与高青县政府签署“智慧高青”战略合作框架协议。投资建成全市规模最大、设施最全的信息化应用展览。在淄博信息港建港 15 周年之际，启动“智慧淄博”掌上平台。主导开发的淄博市妇幼保健院“医务通”数字化医院项目，被《人民日报》等多家中央媒体报道。推进电子政务“畅通工程”、农村信息化“惠农工程”和视频监控“平安工程”，先后承建淄博市电子政务内外网、淄博市行政电子监察平台、淄博市 120 急救中心等项目。

通信保障。2012 年，重点推进“FTTH 小区提速改造”工程，网络结构不断优化。3G 站点、2G 站点、室内分布站点及 WLAN 覆盖热点达 4000 个。全市城区、镇驻地及交通干线实现 3G 网络 100% 覆盖，村村通工程覆盖率 100%。网络覆盖范围大幅拓展，网络规模、覆盖范围及质量进一步提升。完成体操世界杯 A 级赛（淄博站）等重点通信保障任务。加大投资建设“光网城市”，为信息化发展奠定网络基础。

客户服务。开展服务质量提升活动，公开服务承诺，建立先行赔付机制。在全市行风热线评议中连续获得通信行业第一名，在省、市消费者满意单位评比中实现市公司、各区县公司“满堂红”。完成联通集团 BSS 融合系统割接上线工作，全市 350 万用户同时用上运行稳定、功能完善的新系统。

网站建设。完善推广由门户主站、商赢电子商务网、淄博时空新闻网、中华宽带娱乐网为四大主题的淄博信息港网站，网站日均访问量 40 万次，稳居本地门户网站首位。其中“淄博时空”网站承担市委宣传部外宣网站任务，拥有专职记者队伍。

基础管理。提高成本管控能力，实施“零基预算”，建立“横向到边，纵向到底”的立体化成本管控和责任成本考核体系。实施薪酬分配优化，增加基层员工待遇。开展降本增效工作，努力降低各项成本费用和能耗。创新完善考核激励机制，逐步建立科学有效的考核体系，以科学合理的考核激发员工干事创业热情。

2012 年 10 月，中国联通集团 BSS 融合系统上线

（中国联通淄博分公司　供稿）

2012 年 10 月 27 日，淄博信息港建港十五周年暨智慧淄博掌上平台启动
（中国联通淄博分公司　供稿）

和谐企业建设。推进安全标准化、规范化建设。严格安全管理流程，按照"一岗双责"和"管生产必须管安全"要求，落实领导责任制，严防死守抓好安全管理。全年无责任死亡事故和通信安全事故。（张文超）

【中国移动通信集团山东有限公司淄博分公司】2012 年，客户规模保持快速增长，客户总数突破 400 万户，移动电话市场占有率 75%，在行业中保持主导地位，移动客户普及率 80%。全年运营收入、净利润均保持平稳增长态势，盈利能力持续增强。上缴利税超过 2 亿元，列全市通信行业首位。

业务发展。全年开发推广产品及新业务种类 200 余种，全市营销服务网点累计超过 2 万家，短信营业厅、网上营业厅等电子渠道得到推广，电子渠道占比 65%。针对农村市场大幅下调手机资费，以赠机、赠话费等形式推出普及型手机。开发和推出适合年轻人的新业务，将短信、彩信、亲情通话等业务实行打包优惠。针对老年人群体推出老年人手机。

服务质量。2012 年，推出多项服务标准，加强服务窗口标准化、规范化、精细化管理。开展"便捷服务，满意 100"主题服务活动，推出透明消费服务新举措。持续推行服务监督机制，实施精细化网络覆盖和优化工作，切实解决客户投诉热点问题，客户满意率达 99.7%。开展"以服务促营销，向服务要效益"的体验营销活动，推进营业厅由单一服务厅向营销服务综合厅转型。

网络建设。2012 年，网络建设投资 3 亿元，新建 2G、3G 基站 500 处，基站总数达 3000 处，城乡网络信号覆盖率 99.99%，有效改善农村地区、偏远山区、城区热点区域的网络覆盖。采取多种网络优化创新技术手段开展预防性网络维护，全年实现网络安全畅通。

助力新农村建设。加大农村地区通信基础设施建设力度，着力提升农村信息化水平。截至年底，累计投资 10 亿元，建设农村基站 1000 处，实现全市所有镇、村庄 2G 网络无缝覆盖，3G/WLAN 网络重点覆盖。年内，建成移动信息化示范村 500 个，开办镇营业厅 100 余个、农村代办点 1 万余个，扶持和带动 2 万余名农民就业增收。

"智慧淄博"建设。发挥通信技术业务优势，针对政务、农业、行业、企业、公共事业等领域开发多项行业应用和信息化产品。先后开发城管通、政务 OA 系统、移动警务系统、党建平台和移动 400 服务平台等移动电子政务和办公应用。位置通、移动营销平台、一卡通等移动电子商务应用，助推企事业单位提升运转效率。推出移动生活圈、个人手机支付等综合信息服务产品。面向三农推出农政通、农信通、农业物联网应用项目。完成全省首家"金税三期"建设项目，助推全市国税系统信息化。与山东城联一卡通公司合作推出公交、出租车无线刷卡业务，淄博成为全省首个提供此项服务的城市。专线和"校讯通"业务发展位居全省首位。

无线城市建设。淄博市作为全省首批试点城市，于 2010 年启动"无线城市"建设。通过建设和优化 TD+WLAN 无线宽带网络，配合市政府推进"无线城市"建设进程。TD 网络覆盖范围由市区扩展到郊区及部分镇。开展无线宽带网络建设，全年建设开通无线宽带访问节点 5.4 万个，覆盖热点区域 1100 个。

和谐企业建设。持续推进“关爱员工”和“送温暖”工程，激发员工的积极性、主动性和创造性。优化人力资源配置，搭建员工转岗竞聘平台，为企业持续发展注入活力。捐建5所学校“全球通红十字”书库，协办“全民健身节”“爱心送考”“捐助贫困女大学生”等社会公益活动。公司获全省“安康杯”竞赛优胜企业、淄博市首届最具影响力示范诚信企业称号。（孙志超）

【中国电信股份有限公司淄博分公司】 2012年，中国电信股份有限公司淄博分公司业务发展持续增长，收入规模、市场份额不断提升，基础网络建设趋于完善。截至年底，公司用户规模突破50万户。

政企信息化建设。以“无线城市”建设为龙头，重点推进工商、烟草、安监、交警、数字矿山、企业翼机通等行业信息化工程。其中，淄博市政府应急指挥平台获2011年中国应急管理信息化发展进步奖。推进企业智能管理系统、“信息服务”助手等信息化产品应用，提升企业管理水平。其中由淄博电信公司承建的山东药玻集团等30家大中型企业智能管理系统，实现企业全天多波段、全智能化的考勤、门禁、排班、视频监控。

“光网城市”建设。以“光网城市”建设为依托，推进宽带小区“光纤入户”“光进铜退”工程建设。2012年全市新建、改造光纤宽带小区近160个，生成光纤接入能力10万余线。对网络质量不达标、用户资源受限的宽带网络进行提速改造整治。对全市40个老旧小区进行统计划分，完成网络整治。

农村信息化应用。开展农村专项优化活动，解决偏远地区农村通讯问题，进一步提升农村网络性能。重点加强对农村基础网络设施的建设改造，确保实现重点镇实现有线宽带的快速接入。落实各项惠民资费政策，加快推进“天翼村”项目建设。

网络建设保障。全年网络建设投资近亿元，为“智慧城市”建设奠定坚实基础。按照城域网建设要求，首先满足主要城区、商务楼宇、工业园区和大客户聚集区的宽带接入，其次是城区成熟小区、新建小区、镇驻地及周边地区的接入。无线网络建设围绕“规模突破、智能机引领”的发展思路，优先满足深度覆盖需求、保障重点区域网络覆盖、提升基站传输成环比例。全市新建基站50个，新建室内分布系统30处。（孙强健）

本部类编　辑：赵建国
副主编：安永善
校　对：王　娟
王　峰

旅　游

【概况】 全年接待国内游客3496.58万人次，比2011年增长14.11%，实现国内旅游综合收入302.85亿元，增长18.69%。接待入境游客23.22万人次，增长10.96%，实现旅游外汇收入12800.67万美元，增长11.89%。实现旅游总收入311.21亿元，增长18.56%。截至年底，全市开发建成A级以上景区37处，其中AAAA级景区10处；星级旅游饭店34家，其中5星级2家；发展旅行社106家，其中AAAAA级1家。文昌湖旅游度假区建设成为省级旅游度假区，沂源县建成省级旅游强县，全市有旅游强镇14个、特色村20个、国家及省级工农业旅游示范点44个。

【行业管理】 提出建设国内知名旅游目的地城市目标，并作为打造全市现代服务业四大优势品牌之一。3月，召开全市旅游工作会议。10月，市人大常委会对全市旅游业进行视察，市十四届人大常委会第六次会议通过《关于全市旅游业发展情况的视察报告》。12月14日，市政府组织召开淄博市旅游业重点项目研讨会，对齐文化、天齐渊、齐故城遗址、蹴鞠、周村古商城、聊斋、牛郎织女景区、齐长城等重点项目进行研讨。博山区印发《博山区加快旅游业发展的暂行规定》；沂源县制订《沂源优惠二日游规范管理办法》《沂源县旅游奖励细则》；临淄区印制临淄旅游导图；桓台县依托中国历史文化名镇——新城，加大财力投入，打造具有地域特色的文化旅游品牌。

【规划编制】 市政府第五次常务会议听取《淄博市旅游业发展总体规划》《淄博市环城游憩旅游专项规划》有关情况的汇报，并对以上规划批复实施。同时结合区域旅游规划、镇域旅游规划编制及项目开发建设，促进全市旅游业发展总体规划、“十二五”执行规划的贯彻实施。协调完成高青国井古城、沂源苹果博览园等旅游项目专项规划。

【项目及配套设施建设】 年初，调度确定年内建设旅游项目30个，总投资近600余亿元，其中列入省重点项目14个、市重点项目25个。对重点项目建设实行季调度，通过召开现场办公会、现场

潭溪山美女峰　　　　（市旅游局　供稿）

督导等方式，开展指导协调和服务，加快项目形成实物工作量。在建项目完成投资50余亿元；齐山开发项目年内完成投资3300万元，进行规划、征地和相关景点建设；天湖旅游度假区完成基础商业设施、滑草、漂流等配套设施建设。

周村古商城景区实施立面整治和美化绿化工程，酒文化博物馆、三星庙基本建设完成；潭溪山景区投入提升项目资金4700万元，完成游客中心商务客房楼、生态采摘园和水系、购物等基础设施建设；梓橦山新建滑索、漂流、滑雪场等项目。牛郎织女景区、鲁山溶洞群、红莲湖、峨庄瀑布群等景区分别实施相关提升建设。

【商品研发】 1家旅游商品企业创建成为山东省旅游商品研发基地，2家旅游商品企业成全省旅游商品购物金牌店。旅游商品获国家级铜奖2个，周村古商城旅游商业街区被评为首批省特色商业街。

【假期旅游】 春节黄金周期间，结合“冬游淄博休闲快乐”好客山东贺年会系列活动的开展，接待游客130.75万人次，比2011年增长18.37%，实现旅游综合收入7.33亿元，增长26.28%；五一期间，全市接待游客199.5万人次，实现旅游收入13.25亿元，分别增长23%和27%；中秋节和国庆节期间（9月30日至10月7日），接待游客382.9万人次，实现旅游总收入32.17亿元，分别增长22.3%和28.3%。

【海外旅游市场促销】 加大力度促进港澳台及海外市场发展，深化同台湾的友好县——彰化县的交流。对“齐鲁文化旅游线”“淄博陶瓷 当代国窑”为主题的多条精品旅游线路进行重点营销，“到周村过大年”成为春节期间的品牌产品，美国、俄罗斯、英国等30余个国家的100多名游客在周村古商城度过龙年春节。

【国内旅游市场促销】 推动“齐风陶韵 生态淄博”城市旅游品牌建设，在中央电视台定制全年广告。淄博电视台时长30分钟的《旅游天下》栏目正式开播。推出特色突出，优势明显的齐文化、陶琉文化一日游、二日游、周末游等旅游线路产品。国庆节期间，策划“探鲁商之源，品齐都古韵”淄博自驾二日游、“齐风陶韵，生态淄博”全景自驾七日游等8条自驾游线路。有针对性地开展熊猫旅游营销。举办第三届贺年会、第二届休闲汇、中国·临淄第九届国际齐文化旅游节、第五届中国（沂源）七夕情侣节、第六届博山孝文化旅游节、首届中国（高青）黑牛旅游文化节、第六届中国知名景区和旅行社走进淄博旅游洽谈会等活动，开拓旅游市场。张店区申报铁山为“中国冶铁发源地”，并会同《走遍中国》栏目拍摄完成冶铁文化专题纪录片；周村区在古商城拍摄纪录片《大道鲁商》；沂源县拍摄《新杏坛》七夕特别节目。与新华网、人民网等10多家网络媒体合作，开设淄博旅游专版专栏，随时报道淄博旅游动态。

【市场监管】 开展旅游市场整治活动，全年检查旅行社及其分支机构150余家，没收违法宣传材料15000余份，检查星级酒店20余家、A级景区30余家、导游210名，解答各类旅游投诉咨询690余次；处理旅游投诉33起，结案率100%，为游客挽回损失1万余元，维护旅游者和旅游经营者的合法权益。

【旅游企业建设】 淄博国际旅行社有限公司等3家企业获批省级首批旅游标准化试点企业，淄博国际旅行社有限公司先后在青岛等市设立分公司，引进济南大华国际旅行社有限公司淄博分公司等5家分公司。开展诚信旅游示范单位创建活动，向省旅游局推荐省级示范单位13家。周村古商城等4家单位创建为全省旅游人才开发示范基地。19家单位建设为首批山东省“逍遥游”示范点。3个旅游强乡镇、5个旅游特色村、1个工业旅游示范点、7个农业旅游示范点通过省旅游局验收。沂源县入围2012年中国最佳休闲小城。周村古商城被评为山东省十佳文化旅游品牌，获得第十八届亚洲旅游业金旅奖、2012最具文化特色风景名胜区。

【旅游安全】 层层签订《消防安全目标责任书》《安全目标责任书》《安全生产目标责任书》，与省旅游局签订《旅游安全承诺书》，确保旅游安全管理工作落到实处。旅行社责任险投保按期续保率达100%。元旦、春节及五一、暑期和中秋、国庆及休闲汇期间对全市旅游企业进行安全检查，其中食品安全方面检查星级酒店及旅游景区(点)内餐饮单位40余家，提出整改措施20余条，确保了全年无食品安全事故发生。

【导游管理】 2人通过高级导游考试、3人通过中级导游考试，100人取得初级导游资格证。915名导游员参加培训，新增导游上讲台、培训景区实践等环节，增强导游员的实际带团技巧。1个团队和4名导游入选山东省首批“好客导游团队”和“好客导游”，3名选手参加第三届山东省导游大赛。

2012年淄博市主要旅游活动一览表

表22

区县	活动名称	时间	地点
张店区	第六届中国知名景区旅行社走进淄博旅游洽谈会	3月12日	张店区文化艺术活动中心
	第二届BOBO音乐节	4月29日至5月1日	玉黛湖
	2012中国淄博花灯艺术节	农历腊月初三至正月底	张店区
淄川区	民间艺术进城表演	农历正月十五	淄川区
	淄川区历史文化展	1月1日至2月10日	淄川区
	梦泉采摘节	7月—10月底	梦泉景区
	潭溪山第二届山水旅游节	8月13—26日	潭溪山旅游区
	峨庄瀑布群漂流季	7月—10月初	峨庄瀑布群景区
临淄区	齐文化旅游节	9月12日	临淄区
	“我们的节日贺年会”摄影大赛	1月1日至3月4日	临淄区
	民间游戏技艺达人赛	1月1日至3月4日	临淄区
	梨园大师走进临淄	9月14—16日	临淄区
	第三届中国(临淄)齐文化博览会暨民间收藏展	9月11—16日	临淄区
博山区	好客山东博山“贺年会”启动仪式	元宵节期间	博山区
	贺新年博山万桌美食宴	1月15日至2月10日	博山区
	百名内画大师画龙大赛	1月10—25日	博山区
	正月十五闹元宵扮玩民俗大串联	农历正月十三至正月十五	博山区
	诚信孝乡万人签名活动	1月10—15日	博山区
周村区	老外又来过大年	农历正月初一	周村古商城
	“周村民俗年”系列表演参与活动	1月23日至2月7日	周村古商城
	夜游古商城	8月11日至10月31日	周村古商城
	第四届“幸福周村”群众文化艺术节	8月	周村区
	首届周村区“和谐之声”歌手大赛、金周戏曲票友大赛	7—9月	周村区
	“拜月古商城，佳节聚周村”休闲周活动	9月30日至10月7日	周村古商城

续表22

区县	活动名称	时间	地点
桓台县	“探古迹 访民俗 赏荷花”快乐休闲周	8月6—16日	桓台县
	马踏湖第十一届民俗风情旅游节暨桓台县2012年国民休闲汇开幕式	8月6日	桓台县
	全民健身日活动	8月8日	桓台县
	中国(淄博)第二届书画艺术品博览月	9月	桓台县
	第二届“休闲中秋”草柳编创新大赛	9月底	桓台县
	“迎国庆 相约马踏湖休闲芦苇荡 赏芦花休闲周”系列活动	国庆节期间	桓台县
	桓台县第二届歌手电视大赛	10月	桓台县
	“新桓台 新美景 新美食”群众推选活动	元旦至元宵节期间	桓台县
高青县	首届“温泉花乡”旅游节	春节至元宵节	高青县
	田横美食文化节	贺年会期间	高青县
	温泉花乡形象大使评选	7月下旬至10月7日	高青县
	黑牛节开幕式	9月25日	高青县
	五彩农业博览会	9月25日至10月7日	高青县
	黑牛产业国际高端论坛	9月25—26日	高青县
	扳倒井封藏大典	9月26日至10月7日	高青县
沂源县	第二届沂源苹果文化节	10月下旬	沂源县中华大果园
	绿兰莎狂欢之夜	8月22—26日	沂源县文化广场
	非物质文化遗产民间传承艺人才艺展示	8月22—26日	沂源县牛郎织女景区
	“画说沂源”摄影展	8月22—26日	沂源县牛郎织女景区
	山东卫视《新杏坛》“七夕”特别节目——《我们的故事 我们的爱》访谈	8月5日	沂源县影剧院
	最美爱情故事征文颁奖暨爱情故事墙揭牌仪式	8月23日	沂源县牛郎织女景区
	沂源旅游形象标识和牛郎织女卡通形象征集颁奖典礼	8月22日	沂源县牛郎织女景区
	第五届中国(沂源)七夕情侣节开幕式	8月22日	沂源县牛郎织女景区

（张晓林）

本部类编　辑：马震刚
副主编：王　娟
校　对：张耀江
杨建明

综合管理监督

发展和改革

【决策服务】 年初，起草《淄博市2012年国民经济和社会发展计划》，由市十四届人大一次会议审议通过，并以市政府文件正式印发实施。分季度及时提出经济形势分析报告及对策建议，多次向市委常委扩大会议作专题汇报，为市委、市政府主要领导在全委会上的讲话提供重要参考。深入开展老工业基地振兴和资源型城市转型、省会城市群经济圈、战略性新兴产业发展、全市铅酸蓄电池产业等宏观问题研究，形成《淄博市老工业基地振兴和资源型城市转型研究报告》《淄博市省会城市群经济圈工作情况调研报告》《关于加快培育和发展淄博市战略性新兴产业的实施意见》等，为市委、市政府决策提供参考。

【项目建设管理】 年内，组织策划2012年度规模以上项目1220个，总投资达到3002亿元。牵头组织筛选总投资776亿元的55个市级重大项目。46个建设项目完成投资148.6亿元；9个前期项目手续办理顺利，其中有2个开工建设。筛选确定总投资906亿元的92个市级服务业重点项目，完成投资178.2亿元，其中18个项目竣工投产。争取总投资65亿元的7个项目列入省级重点项目，完成投资28.85亿元，完成年度计划的110.96%，其中4个项目超额完成建设任务。第四季度，公布亟待开工建设的总投资656亿元的100个重大项目，调度下一年度总投资4771亿元的1585个在建、拟建重点项目，初步筛选出总投资1323亿元的152个市级重大项目，为持续增长提供重要支撑。全年累计争取中央、省各类资金25亿元。其中，围绕中央、省重点投向，争取下达中央、省投资项目150个，争取中央预算内投资3.99亿元，省预算内投资1.15亿元。成功发行15亿元的“2012淄博城运债”，争取淄川资源枯竭城市和沂源革命老区中央扶持资金4亿元，国外贷款1376万美元。修改完善《建设项目审批、核准、备案事项受理暂行规定》，制定实施《加强和规范建设项目管理工作要求》和《关于服务项目建设的20条措施》，研究起草《关于进一步加快重大项目建设的9条意见》等政策文件。做好项目审批服务工作，市发改委服务窗口共审批各类项目219个，计划总投资679亿元。

【转方式调结构】 继续推进淄博市种业振兴规划、太河水源保护区经济社会发展规划编制和生态补偿机制起草工作。争取太河水库灌区续建配套和节水改造项目、沂源县节水灌溉项目列入国家投资计划。策划107个技术水平高、带动作用强的项目，建立市战略性新兴产业项目库。围绕国家重点投向，申报国家高技术产业发展项目6个、省第三批战略性新兴产业项目37个、省高技术服务业项目9个，争取国家下达专项资金5260万元，省下达配套资金300万元。大力推动企业自主研发机构升级发展，争取国家级研发机构3家、省级研发机构3家，认定市级研发平台36家。加强对服务业载体培育管理，筛选上报总投资588亿元的67个服务业储备项目、12个服务业招商引资项目、10个服务业重点对外推介项目。围绕服务业重点专项，上报总投资2.04亿元的中央投资流通领域储备项目3个，总投资5.38亿元的省级服务业引导资金项目5个。已下达投资计划项目5个，上级补助资金1300万元。

【经济对外交流合作】 先后组团参加第十六届中国东西部合作与投资贸易洽谈会、2012中国青海绿色经济投资贸易洽谈会等大型经济合作活动，达成签约项目93个，签约金额281.39亿元。争取省发改委核准外商投资项目8个，总投资10.51亿美元；核准境外投资项目6个，总投资8.66亿美元；办理博山新型机械厂进口设备免税确认书，用汇额97万美元；批复市消防支队利用国外贷款购置消防设备项目，拟从美国进出口银行融资1376万美元。同时，争取7个项目列入省发改委利用国外贷款备选项目。

【统筹社会事业发展】 加强社会民生项目策划申报和审批管理，年内共争取中央投资社会事业项目19个，总投资1.49亿元，争取国家、省专项补助资金4112万元，比2011年增长41.79%；批复社会事业类项目29个，总投资4.08亿元，为社会事业持续健康发展提供有力支撑。组织编报2013年中央预算内投资项目，共涉及4个专项58个项目，总投资5.82亿元。编制2012年经济适用房和廉租房投资计划，会同有关部门完成全市房屋拆迁计划的编报。共下达经济适用房投资计划项目25个，年内施工面积122.75万平方米；廉租房投资计划项目1个。做好国民经济动员工作，制定《淄博市国民经济动员发展“十二五”规划》。

【“蓝黄”两区建设】 争取高青县绿色种植业、生态畜牧业和新材料、科技创新平台等项目获省“蓝黄”两区专项扶持资金5000万元，促进高青县优势产业发展。组织参加2012年“蓝黄”两区经贸洽谈会暨中小企业融资推介会，签约项目35个，合同金额175亿元。组织编制4个蓝色经济区海洋产业联动发展示范基地建设方案，通过省发改委审查论证并下发实施。

【中心城区东部化工区搬迁】 年内，园区道路、管网等基础设施建设基本完成并投入使用，累计完成投资14.73亿元。园区搬迁和招商引资企业共规划建设项目54个，总投资470.32亿元。开工项目17个，完成投资19.46亿元，其中8个项目竣工投产。整个搬迁改造工程取得积极进展。

【铁路规划建设】 总投资43亿元、长54公里的晋豫鲁铁路通道沂源段工程总体进展顺利，累计完成投资11.01亿元。总投资18.5亿元的寿平（寿光—邹平）地方铁路桓台段施工图设计基本完成，积极开展征地拆迁工作。完成淄博火车站南广场规划设计编制。修改完善《淄博市城市轨道交通线网规划》，并向市政府作出汇报。

【医药卫生体制改革】 在全省率先实行职工、居民医保普通门诊统筹，城镇职工、城镇居民和新农合政策范围内报销比例分别达到85%、70%和75%。全面实施国家基本药物制度，基层医疗卫生机构及纳入规划设置的村卫生室全部实行基本药物集中采购、配备使用和零差率销售，基本药物价格平均下降45%。巩固完善基本药物制度和基层运行新机制，积极推进债务化解工作，全市共锁定债务7117.9万元，已化解3239万元，有效巩固了改革成果；积极推进县级公立医院综合试点工作，出台《关于县级公立医院综合改革试点工作的实施意见》。有序开展城乡居民大病保险工作，落实工作责任，完善推进机制，及时、足额按省标准拨付大病保险资金。 （周国文）

物价管理

【概况】 2012年，全市居民消费价格总指数为102.3%，居民消费价格总水平比2011年上涨2.3%，比全省高0.2个百分点，比全国低0.3个百分点，物价运行总体平稳。在构成居民消费价格总指数的八大类商品（服务）中，呈“六升二降”态势。其中，食品类、烟酒类、衣着类、家庭设备用品及维修服务类、医疗保健和个人用品类、居住类六大类商品和服务价格均不同程度上涨，涨幅分别为4.2%、3.8%、3.7%、1.9%、1.7%和1.6%，交通和通讯类、娱乐教育文化用品及服务类价格均下降0.2%。

2012年淄博市居民消费价格指数

表23 （以2011年为100）

类别	全年平均	变动幅度(±)
居民消费价格总指数	102.3	+2.3%
食品类	104.2	+4.2%
烟酒类	103.8	+3.8%
衣着类	103.7	+3.7%
家庭设备用品及维修服务类	101.9	+1.9%
医疗保健和个人用品类	101.7	+1.7%
交通和通信类	99.8	-0.2%
娱乐教育文化用品及服务类	99.8	-0.2%
居住类	101.6	+1.6%

【价格调控】 强化价格调控长效机制建设，制定《淄博市突发市场价格异常波动应急预案》，落实提高粮食最低收购价、鲜活农产品运输"绿色通道"等优惠政策。加强价格调节基金征收管理，全年完成价格调节基金征收6300万元，增强政府调控物价的能力。充分发挥价格调控联席会议的作用，密切与价格调控联席会议成员单位配合，形成稳控物价的合力。加强价格宣传工作，利用媒体宣传、印发宣传品、开展法律咨询等形式，广泛宣传价格法律法规政策、物价形势和稳物价、安民生的政策措施。

【价格监测】 完善价格监测预警体系，强化监测手段，积极打造价格监测社会服务品牌。完善价格监测网站，在媒体开设发布专栏，在有条件的社区设立LED显示屏，多渠道构建起价格信息综合发布平台。年内，上报各类监测数据2万余条，为政府科学决策提供第一手资料。

【服务发展】 按照以价格杠杆和市场机制倒逼产业转型升级的要求，积极争取省物价局支持，鼓励可再生能源发电和脱硫脱硝发电。年内，先后为华能白杨河电厂试行脱硝电价项目、浩源生物公司质能热电秸秆发电项目落实优惠上网电价，每年获价格补贴7200万元。稳妥推进资源环境价格改革，落实居民用电阶梯电价政策，调整中心城区居民住宅供热计量收费基本热价和计量热价标

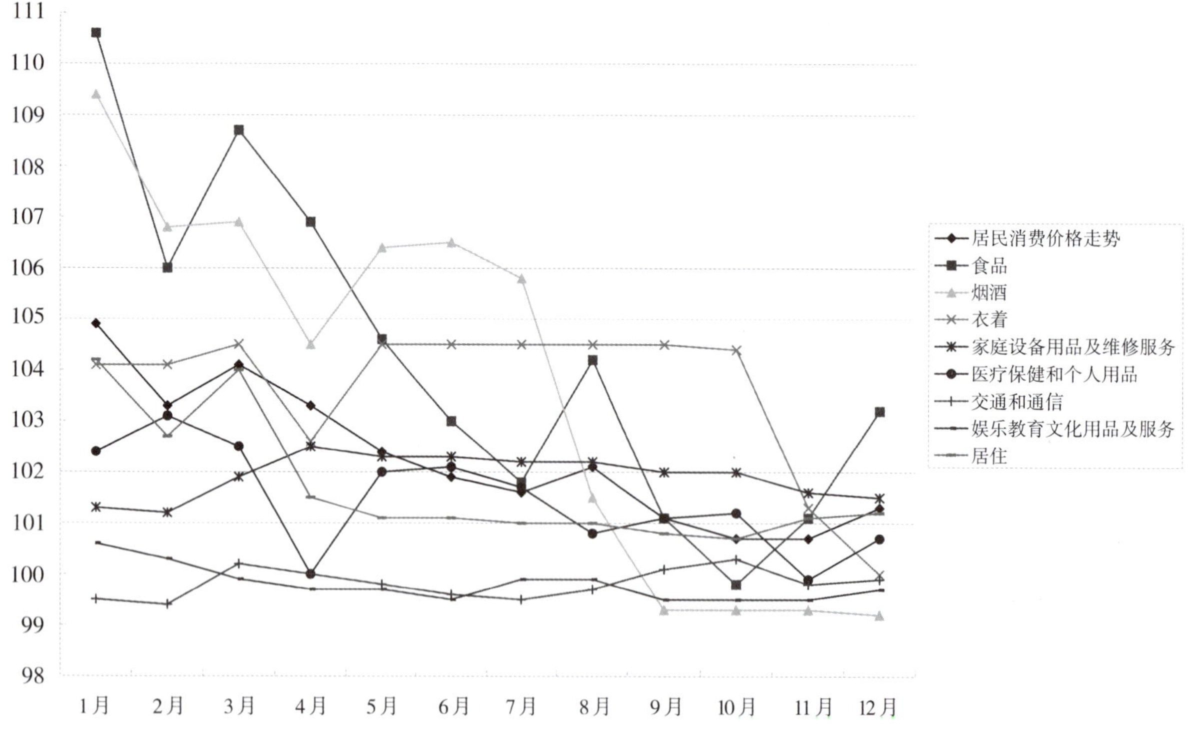

2012年淄博市居民消费价格走势图

准。围绕改善城市生态和环境质量，进一步规范城市绿化补偿费、机动车排气污染检验收费和车用燃气瓶检验收费。加强涉企收费治理，对市重点投资项目，继续实行减免收费优惠政策，年内取消收费项目17个，减轻企业负担4866万元。

【清费治乱】 加强涉企收费检查，着重治理行业协会、中介组织收费。落实《山东省服务价格管理办法》，加强经营性收费管理。进一步规范义务教育阶段学校收费，完成托幼收费政策调整前期调研和成本抽样调查工作。进一步调整完善医疗服务价格，调整降低消化类药品等412种药品价格，调整完善非营利性医疗机构医疗服务价格。对淄博客运中心停车服务收费、管道燃气设施维护维修收费、房产档案查询收费、有线数字电视收费作出进一步规范。

【监督检查】 组织开展教育收费、涉农收费、工商年检收费、商品房明码标价、成品油价格、节假日市场价格以及海关和商检、物流和电信等一系列专项检查。年内，查处价格违法案件129件，实施经济制裁3944.57万元。积极开展"明码标价规范检查月"活动，通过召开价格政策提醒会、发放提醒函等形式，引导搞好价格自律，规范市场价格秩序。

【监审鉴证】 强化成本调查和监审工作，完成价格鉴定、认证1.84万件；调处价格纠纷85件；开展价格鉴证援助服务24件；开展成本监审项目37个，审核成本14.3亿元，核减成本4.6亿元。落实国家发改委《商品房销售明码标价规定》和商品房销售备案制度，公布年度廉租住房市场平均租金标准。在严格审核把关基础上，批复8个小区、3600余套、30万平方米经济适用房价格，并对48家房地产开发企业的6200余套商品房销售价格进行备案。

【服务民生】 深入开展"价格服务进万家"活动，突出抓好进企业、进社区工作，推进工作重心下移，收到良好社会效果。进一步完善社会救助和保障标准与物价上涨挂钩联动机制，配合相关部门提高农村、城市低保标准。先后2次上线参加"政风行风"热线节目，解决群众咨询、举报的热点价格和收费问题48个，利用"12358"等价格举报平台，办理群众咨询投诉2120件，办结率100%；加强门户网站建设，及时发布各类价格政策、信息。抓好物价窗口建设，办理各类非行政审批事项356件。

（刘 青 商佃明 冯路平）

统计与调查

【统计调查及改革】 2012年，统计"四大工程"（加快建设基本单位名录库、数据采集处理软件系统、联网直报系统、企业"一套表"制度）建设扎实推进。及时对基本单位名录库进行更新维护，基本建成不重不漏、准确可靠的基本单位名录库。加强联网直报软硬件系统和网络建设，抓好企业"一套表"联网直报工作，5000家"三上"企业（规模以上工业企业、限额以上批发零售住宿餐饮业、资质以内的建筑业企业）全面实行网上直报。全市186个价格调查点全部用手持电子终端采集价格数据。淄博调查队完成城乡住户一体化调查、县级粮食产量抽样调查、住宅销售价格调查等3

2012年9月5日，市统计局调研组到基层进行调研（市统计局 供稿）

项统计调查业务改革工作。完成小区核实、摸底、开户、记账户培训、试记账等工作，12 月正式记账。一体化住户调查工作成绩突出，淄博调查队被国家统计局评为全国先进集体。按照山东调查总队安排，县级粮食产量抽样调查工作完成了夏粮回忆性调查、秋粮实割实测、夏播和秋冬播面积调查。住宅销售价格统计调查工作按照调查方案有序开展，月度调查和市场调研机制运行良好，完成住宅销售价格指数试运算工作。

2012 年 12 月 12 日，市委书记周清利调研社情民意调查现场

（市统计局　供稿）

年内，严格执行《中华人民共和国统计法》和国家统计报表制度，搞好农业、工业、能源、投资、劳动工资、物价、城乡居民收入、城市社会基本情况等 20 多个专业的各项定期报表和年报工作。

【重点领域统计制度方法改革】 市统计局积极推进文化创意产业统计监测，印发《淄博市文化创意产业统计工作方案》，全面完成文化创意产业直报单位名录库整理工作，建立文化产业统计年快报核算体系。做好重点服务业调查工作，高质量完成重点服务业单位的二次核查，建立重点服务业核查工作简报制度，此经验在全省统计系统推广。指导有关部门建立规范的服务业统计制度。加强节能减排统计监测，建立并实施新能源统计报表制度，做好新核算制度框架下的能源核算工作。顺利完成全省资源产出率统计试点调查工作任务。建立 5000 万元以上新开工重大项目现场核实和调度通报制度，实行一月一调度、一月一排名、一月一通报。进一步做好保障性安居工程统计工作，与市发改委等九部门建立保障房季度联审制度。

2012 年 5 月 14 日，淄博调查队对临淄规模以下工业企业进行摸底复核调研

（淄博调查队　供稿）

【统计服务】 市统计局加强对经济形势的跟踪监测和预测预警，做到主动服务、超前服务、重点服务。建立季度重点企业、重点行业监测分析制度、季度经济形势分析例会制度及季度数据预报分析制度。开展“能力建设年”活动，围绕主题主线和热点、难点问题做好专题调研分析。全面完成第六次人口普查课题招投标、研究评审及资料编印工作。全年编发各类统计分析报告、信息 200 余篇(条)，部分研究分析报告和信息被吸收、采纳，进入领导决策系统。统计宣传力度进一步扩大。按季度召开新闻发布会，成功举办第三届“中

国统计开放日"活动，全面展示统计现代化建设的最新成果。《统计公报》《统计手册》《统计年鉴》《统计月报》《淄博发展统计报告》等统计资料编辑水平及其实用性、时效性均有所增强。

淄博调查队积极参与全市创建全国文明城市复查工作，充分发挥统计资源优势，深入企业、社区开展调查，查问题、提建议，完成所承担的创建任务。组织实施全市党风廉政状况满意度调查。围绕全市中心工作，对经济运行中重点问题及民生热点问题积极调研、分析，2012 年向市委、市政府呈报《调查专报》54 期，被国家统计局采用 5 篇。

2012 年 9 月，淄博调查队在田间进行秋粮实割实测培训

（淄博调查队　供稿）

【考核评价】 市统计局全力做好各项考核工作。按季度调度省对市科学发展综合考核全部定量指标完成情况，做好分析汇报工作；组织开展全市部门年度目标及部门定量指标完成情况调研工作；做好市对区县党政领导班子目标管理考核有关统计部门定量指标的监测、汇总、分析及报送工作。与市发改委共同完成全市社会发展综合评价、统筹城乡发展中心镇监测和县域经济考核统计数据的采集、审核、汇总等工作。开展全市及区县全面小康进程监测评价工作。分别对全市及区县全面小康进程进行监测评价和分析，将评价结果及分析报告呈报市委、市政府，同时反馈给区县。监测评价工作得到市领导及各区县领导的关注和好评。

【社情民意调查】 2012 年，市统计局组织开展区县党政领导班子群众满意度调查、公安系统季度群众安全感和满意度调查、6 个区县所辖镇及街道的群众满意度调查等 14 项电话访问工作，共完成调查样本 4 万余个。调查期间，市委书记周清利到调查访问现场视察指导工作，并给予高度评价。

【国家制度性调查】 2012 年，淄博调查队完成规模以下工业抽样调查、部分服务业抽样调查、畜禽监测统计调查、企业采购经理调查等制度性调查任务，各项专业工作均进入系统先进行列。

【国家专项调查】 淄博调查队完成 2012 年组织工作满意度民意调查、2012 年党风廉政建设和反腐倡廉民意调查、山东省"倾听民声、问计基层"问卷调查，抽调业务骨干参加了全国城市公共文明指数和未成年人思想道德建设测评工作。

【国家约稿调查】 2012 年，淄博调查队完成国家统计局山东调查总队布置的农业政策性保险开展情况调查、民间金融机构经营情况调查等 20 多项约稿调查，并上报调查报告。

【专题调研】 2012 年，淄博调查队积极围绕全市经济社会发展大局和热点、难点问题，组织开展小微企业发展经营情况调查、淄博特色养殖行业经营情况调查、传统行业转型升级情况调查等 20 多项调查，撰写多篇反应快、判断准、质量高的调查报告。

【统计基层基础建设】 市统计局进一步规范基层

统计工作，制定《镇、街道办事处统计所规范化建设考核办法》和《区县统计工作考核办法》。分期分批召开全市镇办统计所长培训会议。认真做好企业统计星级管理工作，推进企业统计规范化建设。全市达到三星级以上企业占全部“三上”企业的28%，企业统计星级管理水平显著提高。加快推进统计信息化建设。全面实施网络改造，市到区县的网络线路升级为20兆光纤，市到乡镇的线路升级为10兆光纤，及时做好软硬件支持和系统完善工作。

【统计法制建设】 市统计局进一步加大“六五”普法宣传力度。通过走上街头、深入企业、开通手机彩铃等方式宣传统计法律法规。开展正常化、周期性的统计执法专项检查。重点在能源和劳动工资专业开展专项执法活动，进一步做好统计人员持证上岗、名录库建设等专项检查，净化统计环境，确保统计数据质量。淄博调查队召开统计执法工作培训会议，印发《统计法宣传材料汇编》和统计法律法规宣传单200余份；加强执法检查工作，对存在迟报现象的部分服务业企业、规模以下工业企业进行催报，催报企业16家。

（伊学华　李冰冰）

审　计

【概况】 2012年，全市审计机关审计（调查）单位764家，查出问题金额55.82亿元，促进增收节支14.7亿元，核减投资额8.18亿元。提交审计报告、信息1338篇（条），被党委、政府和上级审计机关采用706篇（条），被省、市领导批示21篇（条）。

【审计工作成果】 坚持立足审计、服务经济。关注全市经济社会发展热点难点，实施“全市融资性担保公司和小额贷款公司经营状况和绩效审计调查”等36项审计调查。预算执行审计中，创新引入环保、社保等党委、政府关心的内容。实施3个区县财政决算审计。经济责任审计中，探索法院、检察院集中进点、联合进点的模式。全力打造政府投资审计“淄博模式”，审减投资额8亿元。社保审计整改等审计要情得到市领导批示，充分发挥了政府“谋士”和经济“卫士”职能。在服务被审计单位、服务社会方面，着眼促进强化管理、完善制度、堵塞漏洞，寓监督于服务。全市审计机关提出的审计建议被采纳719条，促进被审计单位建立健全规章制度50项。组织举办讲座20余场次，培训财务人员150余人次。

2012年，向审计署、省审计厅及市委、市政府提报各类科研成果53项，参加省审计学会审计文化专题研讨征文评选、市社科优秀调研成果评选等活动。《树立“人本审计”理念发挥审计建设性作用》《创新村级审计 完善农村基层治理》等成果获得表彰。村级审计的经验做法被省、市领导批示，组织申报的科研课题作为2012—2013年度省审计厅重点科研课题立项。

全年出台多项制度规定。有强化审计质量控制、防范审计风险的《审计项目审计办法》《审计业务质量管理办法》《审计业务操作指南》；促进优化审计人才结构、鼓励人员素质提升的《关于加强审计人才队伍建设的意见》《行业审计专家申报评选办法》；深化审计绩效管理、突出成果导向的《审计经费量化管理的意见》《审计项目公开竞争办法》《审计项目限时管理规定》《审

2012年9月6日，审计人员在审计现场　　（市审计局　供稿）

计信息化工作“一票否决”考核办法》等制度。制度建设成效显著。

【预算执行审计】 2012年，全市实施完成81个预算执行审计项目，查出问题金额28亿元。审计项目实现审计管理系统全面控制。全市实施完成的全部预算执行审计项目，从制定计划、分解任务、组织管理、质量控制到档案归集等100%通过审计管理系统。财政数据采集实现全覆盖。成功采集国库集中支付(包括银行清算数据)、非税收入征缴、部门预算、实拨资金、总预算、预算外等业务和财务系统的原始数据，覆盖全市93个部门、街道(镇)，审计获取的数据更加全面。数据分析实现新突破。使用现场审计实施系统，将全部被审计单位的财务数据，与财政预算、集中支付等数据进行比对分析，更系统、全面的反映问题。通过数据比对分析，全面摸清全市财政家底，实现了对预算执行全过程的审计和对财政资金支付和流转环节的监督。

针对地税审计中发现的车船税征缴环节存在的问题，市政府召开专题会议，研究加强征缴工作的意见，地税部门迅速改进工作。张店区、周村区和高新区财政决算审计促进增收节支4.83亿元。

【政府投融资项目审计】 2012年，全市审计机关审计项目单位213个，审减值8亿元。严格落实“凡政府投融资项目必须经审计机关审计”的要求，突出抓好重点建设项目造价审计，促进政府投资工程规范管理，节约财政资金。市级实施17个项目的结算审计和7个项目的跟踪审计，其中市中级人民法院审判楼、洪沟片区改造工程等5个结算审计项目，审减值1.17亿元，综合审减率19.5%。组织全市“扩内需、保增长”政府投融资项目审计现场会议和专项检查。全面实施城镇保障性安居工程跟踪审计，推动城镇保障性安居工程顺利进行。多渠道推进投资审计人员教育培训，有34人新获省预算员资格。

2012年2月，开展全市社保审计　　(市审计局　供稿)

【领导干部经济责任审计】 全市共对338名领导干部进行经济责任审计，查处负主管责任的问题金额3.4亿元，负领导责任的问题金额1.7亿元。审计内容上，由财政财务收支审计向经济权利运行和经济责任落实转型，促进领导干部依法科学履职。审计计划上，坚持干部逢离必审，强化任中审计。审计重点上，突出行业系统审计，切实加强公共权力大、运行资金多、民生项目多的重点领域和岗位审计。集中对全市18名区县法院院长、检察院检察长进行经济责任审计。纪检、组织、监察、财政、审计等部门联合对全市贯彻落实中央办公厅、国务院办公厅《党政主要领导干部和国有企业领导人员经济责任审计规定》情况进行了专题检查督导。

【民生及专项审计】 集中力量做好上级审计机关统一部署的社保资金使用、农村中小学布局调整、保障房建设等重大审计项目。在全市社保审计中，市政府成立分管市长任组长的领导小组，市审计局组织49名审计人员对涉及的500余家单位的社会保险、社会救助、社会福利共12类、18项资金进行审计，重点审计人力资源和社会保障、民政、卫生等201个部门单位，延伸调查82家企业、35个村(居)委会、12家医院和89家敬老院及老年公寓。各级政府边审边整改问题，整改金额1.03亿元，完善制定管理制度23项。首次召开全市性单一审计项目整改大会。策划实施全市国有土地资源集约节约利用、全市人防非税收入征缴使用等10项专项审计调查，促进各项民生政策资金落实到位。提出合理化建议，为领导科学决策提供重要依据。（翟慎军）

质量技术监督

【品牌建设】 按照“培育一个品牌，拉动一个产业”的工作思路，选择一批自主创新能力强、有一定市场竞争力的企业，加大扶持力度，帮助企业提高管理水平和产品质量水平。2012年，东岳高分子材料有限公司获得第四届山东省省长质量奖，巧媳妇食品有限公司的食醋等56个产品获评山东名牌产品，正本物流有限公司等14个单位获评山东服务名牌，临淄区和高青县分别获得山东省优质农膜产品和山东省优质纺织服装生产基地称号，山东清田塑工有限公司、山东兰骏集团等5家企业被评为山东省优质产品基地龙头骨干企业，实现了品牌建设和优质产品基地创建工作的新突破。至年底，全市有山东名牌145个，山东服务名牌24个，省长质量奖获奖企业3家，拥有省优质产品生产基地6个，12家企业获得省优质产品基地龙头骨干企业称号。为推进质量强市建设，2012年启动首届市长质量奖评选工作。经各区县初选，全市112家企业进入参评名单，角逐质量管理奖、质量贡献奖两个综合奖和质量管理小组、质量管理新方法应用、质量教育、质量攻关、质量管理创新奖等5个单项奖。

【标准化工作】 充分发挥标准化工作在推动传统产业提升改造中的重要作用，通过创建标准联盟和实施联盟标准，促进全市传统产业尤其是产业集群的改造提升，力求做到“产生一项标准、带动一批企业、提升整体产业”。全市已建立陶瓷质手模和博山泵业两个标准联盟，发布实施联盟标准6项。通过帮助企业参与国家、国际标准的制（修）订，将企业的技术、专利转化为标准，推动高新技术产业将技术优势转化为竞争优势，促进高新技术产业快速发展。2012年，国家泵类检测中心（真空泵）和鲁阳股份有限公司（陶瓷纤维）获批组建国家标准分技术委员会。山东博润工业技术股份有限公司的“精确装车系统”和淄博鲁华泓锦化工股份有限公司的“异戊橡胶”两项标准获得国家标准化管理委员会批准立项；淄博恒汇电子科技有限公司的“集成电路用IC卡封装框架”和天灿环保科技有限公司的“SCR烟气脱销催化剂”两项标准立项申请呈报国家标准化管理委员会待批。2010—2012年，全市企业主持制定国家标准15项、行业标准6项、山东省地方标准18项。2012年9月，会同山东工业陶瓷研究设计院有限公司成功承办2012年国际精细陶瓷标准委员会年会。

【服务重点项目建设】 2012年，围绕帮扶小微企业、促进县域经济发展、服务全市重点项目建设，先后印发《支持小型微型企业加快发展的实施意见》《关于服务县域经济科学发展的实施意见》和《关于切实做好服务全市重点项目建设工作的通知》，为全市经济社会发展出实招、办实事、求实效。针对2012年市政府确定的重点建设项目，立足部门职责，及时了解和掌握重点项目的建设情况，找准服务项目建设工作的切入点，提前介入、主动对接，为全市重点项目建设做好服务性工作。根据重点项目建设的需求，确定服务事项、服务措施，责任落实到人，全程跟踪服务。对项目建设中企业购进的生产设备、仪器仪表、压力容器等都提前安排，帮助企业进行验收把关、测试检验，尽量为项目建设争取时间，加快项目建设进度；对项目建设中涉及质监部门工作职责的行政许可、行政审批、行政备案等事项，本着“特事特办、急事急办”的原则，安排专人靠上服务，及时帮助项目建设单位协调有关事项、争取政策支持，并做好相关产业政策、法律法规的宣传与咨询服务。通过现场办公的形式，深入重点项目建设一线，现场帮助建设单位解决实际问题，推动全市重点项目建设顺利地实施。

【特种设备安全】 至年底，全市在用特种设备54659台，气瓶40余万只，压力管道近3000千米，气瓶充装站110个，特种设备生产单位272家。在用特种设备数量和生产企业数量占全省总数的七分之一，总量在全国名列前茅。2012年，通过“落实主体责任、履行监管职责、实施专项整治、加大执法力度”等工作措施，定期检验，查处违法违规行为，及时发现和消除隐患，全力保障特种设备安全。年内，共检验锅炉压力容器9029台，机电类特种设备16853台(其中电梯5156台)，压力管道187.07千米，气瓶40416只，常压罐车3509辆。查处涉及特种设备的违法、违规案件561件，发现和消除安全隐患597处。实现特种设备定检率不低于98%，设备使用登记率、作业人员持证上岗率不低于97%、特种设备万台设备死亡人数控制在0.38人以下的工作目标，有效预防和遏制了重、特大安全事故的发生。

【食品质量安全】 年内，全市386家取得生产许可证的食品企业质量安全水平稳步提升。依法注销43家食品生产企业的46张食品生产许可证书，完成食品检验920批次，合格率95.1%，高出省级抽检3.1个百分点。对全市明胶、蜜饯产品生产企业使用的着色剂、甜味剂进行统检，每月对乳制品生产企业进行三聚氰胺检测。针对外省曝光的白酒塑化剂事件，及时组织力量，对全市白酒生产企业进行全面检查。全市未发生区域性、系统性重大食品安全事件。

【计量工作】 2012年，大力实施节能降耗计量服务工程。成立14支节能降耗计量服务队，定期深入全市重点用能企业进行现场办公，充分发挥技术优势，帮助企业按照《用能单位能源计量器具配备和管理通则》的要求配齐、配全计量器具，完善计量管理体系，跟踪监测能耗情况。将全市134家重点用能企业全部纳入山东省企业能源计量管理信息系统平台，组织企业逐月按时完成综合能源消费量、能源消费结构、余热余能回收能源数据网上直报。与市政府节能办联合开展“淄博市能源计量标杆示范企业”创建活动，汇丰石化有限公司等13家企业获此荣誉；指导新华制药集团等6家企业争创“山东省能源计量标杆示范企业”，能源计量工作走在全省前列。

【技术机构建设】 2012年，先后争取国家质检总局、省质监局技术机构能力建设专项资金1688万元。总投资1.2亿元的国家泵类产品质检中心一期工程完工并投入使用；山东省特种香型白酒产品质检中心基本完工；山东省农膜与塑编产品质检中心完成土地资产购置划转手续，进入整体装修阶段；国家城市能源计量中心淄博分中心进入前期调研论证阶段；山东省电光源质检中心、山东省农副产品质检中心(博山)、山东省农副产品质检中心(高青)等3个省级质检中心获得省质监局批准筹建；山东长管拖车检验站的主体厂房建设完成，检验检测设备招标采购完毕。为贯彻上级对特种设备安全工作、特别是对特种设备作业人员考试培训的新要求，特检分院投资500万元建成国内一流的特种设备作业人员考试中心，为全市企业安全生产操作人员提供一流的培训、考试平台，促进特种设备作业人员整体技能素质的不断提升。在高新区设立标准研究服务中心和物联网实验室，为高新技术产业提供更为优质、更加便捷的服务。

【提高服务效能】 根据市政府和省质监局关于行政审批制度改革的相关意见，以“深化行政审批制度改革，建设服务型政府机关”为宗旨，以“集中审批、优化程序、规范服务、提高效率”为目标，全力推进行政许可改革，将食品、工业产品、计量、特种设备和组织机构代码等所有行政许可相关工作事项全部进驻市行政服务中心，实现了许可工作人员集中办公、“一个窗口对外”和“一站式服务”，行政审批服务效能得到全面提升。服务“窗口”全年共办理行政许可的受理、审查和决定655个(件)，发放行政许可证426张，按时办结率达到100%。

(单　峰)

工商行政管理

【登记注册】 深化“市场主体倍增”工程，全力促进市场主体增量提质。制定《关于发挥职能作用促进企业转型升级加快内涵发展的意见》《关于推动县域经济加快发展的意见》，放宽名称登记限制、下放登记审批权限、推行“试营业”制度、落实免费政策，全方位支持市场主体发展。实行市场准入“零门槛”、注册资本50万元以下内资企业注册资本“零首付”、放宽经营场所条件、放宽网络商品交易和服务经营条件等优惠政策，市场准入门槛得到全面放宽。截至年底，全市各类市场主体总数达到179969户，注册资本(金)总额1618.2亿元，比2011年分别增长6.15%和11.5%。

【市场监督管理】 2012年，全市完成市场企业化登记160个，登记率95%。构建农资市场监管长效机制，积极开展农资商品监测，年内全市查处农资案件622件，帮助农民挽回经济损失37.5万元。深化“农资市场监管信息系统”应用，录入农资经营主体2073户，录入率100%，采集商品信息6202条，建立起准确完整、适时更新、开放共享、追溯管理的农资监管信息平台，市工商局连续6年被评为全省工商系统推进社会主义新农村建设工作先进单位。9月，全国工商系统农资市场监管信息化建设工作会议在淄博市召开，国家工商管理总局对淄博市工商部门农资监管工作给予高度评价。

【商标管理】 全年新增注册商标2333件，全市有效注册商标20167件；新增驰名商标20件、山东省著名商标33件、地理标志证明商标7件，总数分别达67件、197件和24件；注册集体商标3件。

【广告管理】 2012年，监测市属媒体广告31.5万条(次)，查办广告违法案件801件。组织全市广告企业参加第十九届中国国际广告节和全省“节能减排”公益广告征集评比活动，上报广告参展(赛)作品100余件，获奖14件。

【经济合同管理】 全市认定“守合同重信用”企业962家，其中国家级15家、省级279家、市级668家。开展全市合同格式条款整顿专项行动，查办案件1149件，罚没款160万元，下达行政建议书808份，指导改正合同格式条款748件(次)。

【经济监督检查】 在银行、房地产、广电、医药、燃气、供热、盐业等重点行业查办一批案件。其中，查办房地产开发行业案件11件，银行业案件9件，医药行业案件10件，查办燃气、广电、供热、盐业等行业案件6件。打击传销工作实现重大突破，在全省率先以市政府的名义制定《淄博市打击传销举报奖励办法》，对传销举报予以奖励。

【流通领域商品质量监管】 在全省率先制定《关于规范食品供货商监管工作的指导意见》，全面推行食品供货商备案和“一票通”制度，对1378户食品供货商实行分类备案管理。开展放心镇(社区)创建活动，延伸监管触角，形成群防群控的食品安全工作格局。全市开展创建工作的镇(社区)数量达到318个，创建覆盖率93%。强化流通领域商品抽检力度，年内抽检14类商品298个批次，合格率55%。对163个批次不合格商品进行同批次清查、下架、没收。强化监测结果的运用，对成品油市场进行深入分析，形成分析报告，为领导决策提供依据。

【网络交易监管】 完善网络经济户口，对1.5万户网络主体建立书式和电子档案，实现精准化监管。推行实地巡查和网上巡查相结合的监管机制，对1.4万户进行网上巡查，实地检查涉网企业4099户，7733户实现网上营业执照公示，企业官网公示率90%以上。实行网络团购全程监管，督促团购网站履行责任，规范行为；查办全省系统第一起网络团购案件，解决网络团购纠纷42起，为消费者挽回损失10多万元。5月，全省工商系统网络商品交易监管工作经验交流会议在淄博召开。

【红盾护农】 健全“商标富农、经济活农、合同帮农”等服务体系，农民专业合作总数发展到1903户，总出资额38亿元，分别比2011年增长24%和37%。大力发展“订单农业”，建立合同指导服务站，推广应用26种涉农示范合同文本，全市“订单农业”签订合同8万余份，标的总额8亿元，80%的农民专业合作社使用了示范合同文本。

【消费者权益保护】 全年共受理消费者咨询、申诉、举报近3万件(次),为消费者挽回经济损失450万元。创新消费维权工作,切实加强"12315"平台建设。实行"领导接诉日制度",探索建立"大消保、大维权体系",借助科技装备,远程指挥,现场调解、取证,实现维权现代化;通过实行诉调对接,进行司法保护和消费争议调解协作的有益尝试。加强消费教育和消费引导,联合淄博电视台《生活频道》成功举办3·15主题晚会。年内,通过各类载体开展大型宣传、咨询活动49次,组织培训、授课等活动115次,发放宣传材料5万份,受众近2万人次。

【数字工商建设】 稳步推进立体监管服务支持系统推广应用工作。应用立体监管服务网络支持系统,对全市经济户口重新认领,建档15.4万户,建档率达98.7%,标注各类企业22275户,录入巡查监管89734户(次)。

【队伍建设】 探索完善考核奖惩机制,依托网络技术,积极探索建立以"一书(职位说明书)一表(考核细则)一志(工作日志)一网(绩效考核管理系统)"为主要内容的公务员考核机制。深入开展"学习型工商建设年"活动,开展大规模干部教育培训,组织举办全市工商系统综合素质培训班,237人参加学习培训。年内,周村分局党委被中组部表彰为全国创先争优先进基层党组织,并在全国工商系统贯彻全国创先争优表彰大会精神、建立健全长效机制视频会议上作典型发言。狠抓党风廉政建设,启动完善电子监察系统,全面开展工商所向监管服务对象述职述廉活动,向全社会作出作风效能建设公开承诺。参加全市"百个科室大家评"活动,市工商局企业注册局获得全市行政执法类第一名。

(郭 霞)

食品药品监督管理

【餐饮服务食品安全监管】 年内,全市评定餐饮服务单位2021家,学校食堂、大型以上餐馆、中央厨房的量化分级和等级公示工作全部完成。做好餐饮服务许可登记工作。全市新增持证餐饮服务单位1776家,登记学生小饭桌171家。完成2012国际体操世界杯、中高考、齐文化旅游节等24项重大活动餐饮服务食品安全保障工作,实现了重大活动保障工作的零失误、零事故、零投诉。积极开展"文明餐桌行动",全市有1634家餐饮企业参加"文明餐桌行动",发放各类宣传海报、提示牌3.46万份。张店区、桓台县成功创建为省级餐饮服务食品安全示范县。在全省率先实现餐饮服务食品安全专、兼职管理员网上培训。全市共培训餐饮从业人员1.4万人次。

【药品监管】 年内,全市有瑞阳制药集团、新华制药集团等6家企业的30个剂型车间通过新版《药品生产质量管理规范》认证,通过数量在全省名列前茅。全市新增加医疗机构制剂文号184个。加强药品经营环节监管,有8家药品批发企业顺利

2012年3月,执法人员现场检测餐饮食品安全状况 (朱海升 摄)

2012年9月，开展保健食品集中整治百日行动　　(朱海升　摄)

通过省食品药品监督管理局《药品经营质量管理规范》认证，完成325家药品零售企业认证、换证和变更工作。全市医疗机构药房(药库)全部通过《药品使用质量管理规范》确认。周村区顺利通过省级药品安全示范区评价验收。加强医疗器械监管，完成8家企业21个产品的注册和265家医疗器械经营企业的新开办及换证变更工作。全市6家高风险生产企业全部通过无菌医疗器械质量管理规范考核，对全市126家高风险医疗器械经营企业开展"回头看"行动，规范了高风险医疗器械的市场秩序。

【保健食品、化妆品监管】　严格落实《保健食品良好生产规范》和《化妆品生产企业卫生规范》，全年办理保健食品、化妆品注册、生产许可现场核查49件，在4家保健食品生产企业开展质量受权人试点工作，完成59个产品、13家生产企业、1074家经营单位的建档工作。淄博市在全省率先颁发《关于对全市保健食品经营实行备案管理的通知》，有效解决了因上位法不健全导致的保健食品经营者无法新开办的困难。年内，全市发放《保健食品经营备案表》462份。

【食品药品安全专项整治】　年内，深入开展药品生产流通领域专项整治。全国铬超标胶囊事件曝光后，全市食品药品监管部门迅速行动，对全市所有涉药单位进行全面清查，对发现的617盒问题胶囊产品全部销毁；对10家生产企业实行驻点检查，对生产的1424批次胶囊剂产品实行批批检验，合格率100%。市食品药品监管局与市公安局禁毒支队联合开展含麻黄碱类复方制剂和药品类易制毒化学品专项整治行动，《中国医药报》对淄博市药品专项整治成果进行了报道。餐饮服务和保健食品专项整治成效明显，组织开展地沟油、肉制品、添加剂、小餐饮等9项专项整治，共检查餐饮单位11700家(次)，整改580家，警告354家，查处违法案件441起。深入开展保健食品流通环节集中整治百日行动和以螺旋藻、鱼油为原料的保健食品专项检查，检查单位1191家，查处保健食品化妆品违法案件32起，没收不合格产品712盒；医疗器械专项检查扎实有效，对全市140家无菌和植入类医疗器械生产经营企业进行全面检查，对发现问题的42家经营企业和2家生产企业下达整改通知，并进行跟踪检查和督促整改。

【药品不良反应及食品药品抽验】　是年，全市共

2012年4月21日，执法人员查处铬超标问题胶囊　　(朱海升　摄)

收集上报药品不良反应病例报告7621例,其中新的、严重病例报告1769例,占报告总数的23%;上报可疑医疗器械不良事件报告3708例,其中严重伤害报告324例,占报告总数的8.7%;全市药品、医疗器械安全性监测工作综合开展情况位居全省前列。全市药品评价性抽验合格率95.79%,基本药物抽验合格率99.51%,餐饮服务环节食品抽检合格率96%。

【食品药品稽查执法】 年内,建立健全打击食品药品违法犯罪行为的联动机制。与市检察院、市公安局联合印发《关于密切配合建立健全打击危害食品药品安全犯罪长效机制的意见》的通知,与公安部门就联合打击食品药品安全违法犯罪行为召开联席会议,并合作查处6起典型案件;成立淄博市食品药品投诉举报中心,开通全国联网的“12331”食品药品投诉举报热线,实现市、区县举报投诉工作联网联通、高效运转。全年共受理举报投诉282件;突出大案要案查处,建立假劣药品信息库,集中查处一批生产销售假劣药品的严重违法行为。严厉打击食品非法添加和滥用食品添加剂违法行为,深入开展保健食品流通环节集中整治百日行动。年内,全市共查处药品、医疗器械、餐饮服务食品、保健食品和化妆品违法案件1109起。

【集中销毁假劣药品】 3月13日,市食品药品监管局与张店区人民政府联合开展淄博市暨张店区假劣药品集中销毁活动,并举行假劣药品集中展示,共计销毁假劣药品952件、1800余个品种,货值94.5万元,为保障公众用药安全营造良好的社会氛围。《山东新闻联播》对活动进行了报道。

【餐饮服务食品安全事故应急演练】 8月29日,由山东省食品药品监督管理局、淄博市人民政府主办,市食品药品监管局承办的全省首次餐饮服务食品安全事故应急演练在张店区成功举行。此次演练采取现场演习与外景录像相结合的方式进行,以桓台县和张店区发生群体性食物中毒事件为背景,按照事件接报、应急反应、现场处置与事件通报4个方面组织实施,市、区县分别迅速启动重大食品安全事故III级应急响应,成立淄博市食品安全事故应急指挥部和事故调查组、危害控制组等7个工作组,食品药品监管、质量监督、工商、卫生、公安、疾控等部门在应急指挥部的统一调度指挥下,在第一时间到达事故现场,迅速查清事故原因,对患者进行及时抢救,对有关食品生产经营单位的相关食品进行查封,迅速控制事态发展。整个演练贯穿了食品生产加工、市场流通、餐饮、事故报告、医疗救治、事故调查处理等环节,涵盖市、区县两级应急处理的全部工作,包括事故发生、接报、报告与通报、现场调查与控制、响应终结、后期处置等方面,所涉及的食品药品监管、质监、工商、教育、卫生、公安、畜牧、宣传等部门,闻讯而动,各守其职,配合密切,处置得当,达到了熟悉预案、规范程序、锻炼队伍、提高能力的目的。

【服务医药经济发展】 组织全市医药企业药品质量安全工作座谈会和全市医药产业发展观摩研讨会,深入了解企业发展状况,促进企业间的交流。出台促进药品零售连锁发展的措施,有12家单体药店升级为连锁药店。推进全市医药物流园建设,总经营面积超过4万平方米的众生医药、贝尔

2012年3月,执法人员向公众宣传鉴别假劣药品常识 (朱海升 摄)

医药物流园建设进展顺利，新华医贸医药物流园在规划建设中。

【依法行政】 深入推进行政审批制度改革，认真落实"阳光"服务和首问负责制。全年共受理各类行政许可、审批事项691件，受理咨询服务2200余人次，许可审批事项按时办结率达到100%。积极开展"六五"普法、"行政程序年"活动和行政执法监督检查，说理性执法文书和行政处罚自由裁量权得到广泛推行。

【精神文明建设】 2012年，市食品药品监管局获得全国文明单位荣誉称号，成为山东省食品药品监管系统唯一获此殊荣的单位。6月12日，举行市食品药品监管局全国文明单位揭牌仪式暨文明系统建设推进座谈会。全市食品药品监管部门有5个区县局被评为省级文明单位，整体跨入市级以上文明单位行列，《中国医药报》在头版进行报道。组建民生政策宣讲队伍，开展民生政策宣讲比赛，并定期深入社区、农村、学校等开展宣讲；开展食品药品政策宣传，提供政策咨询和民生服务，受到群众好评。深入开展"道德讲堂"活动，在全市食品药品监管部门统一建设11处"道德讲堂"，建设机关道德文化长廊，年内开展"道德讲堂"活动116次。 （朱海升）

2012年11月12日，全市区县长、工业百强企业主要负责人安全培训班

（刘晓玮 摄）

安全生产监督管理

【概况】 2012年，全市发生各类事故1693起，死亡366人，与2011年相比，事故起数和死亡人数分别下降4.4%、1.88%，继续保持生产安全事故起数和死亡人数"双下降"。

【科技兴安】 危险化学品生产企业自动化改造。全市231家重点危险工艺企业全部完成压力、温度、液位、流量、可燃气体泄漏自动化控制改造，在高危和大型装置上装备紧急停车系统；70家非高危工艺企业完成自动化改造，81家正在改造中。非煤矿山数字化建设。全市地下生产矿山34家，25家完成监测监控、人员定位、通信联络、压风自救、供水施救和紧急避险"六大系统"建设。9座尾矿库全部安装在线监测系统。综合监管信息化建设。市级、区县、乡镇和企业连续4年应用淄博市安全生产综合监管系统。国家安监总局将淄博市安全生产综合监管系统列入安全生产先进适用技术指导目录推广应用。

【企业安全监管】 继续实行危险化学品企业驻厂安监员制度。全市641家危险化学品生产、储存、使用企业派驻1152名驻厂安监员。编写驻厂安监员培训教材，分期分批进行培训，提高驻厂安监员履职能力。全力抓好非煤矿山矿长下井带班和危险化学品企业领导干部现场轮流带班制度，实行电子考勤。规范企业安全生产管理制度。指导企业认真制定安全生产责任制、安全生产规章制度、安全操作规程和安全应急预案四大安全制度，注重制度的可操作性，并严格抓好落实。不断推进安全标准化创建活动，2012年共创建安全标准化企业396家，是创建数量最多的一年。深化安全生产专项治理。在危险化学品企业开展安全设计、常压容器、危险工艺、危险物质、危险性作业的专项治理行动，在非煤矿山企业开展防治水、提升系统和地下基建矿山专项治理行动，在冶金、建材企业开展有限空间作业、高温金属液体吊运、煤气炉使用等专项治理行动。

2012年5月20日，驻厂安监员巡视安全生产情况　　（刘晓玮　摄）

【安全培训教育】　加强企业各类人员的安全培训考核。全年组织安全培训班37期，培训企业主要负责人和安全管理人员7200人次，考核1.2万名安全管理人员和特种作业人员。推行职工安全培训作业本制度。组织专家创新编写危险化学品、非煤矿山、冶金、煤气发生炉和非高危行业《职工安全培训学习作业本》，安全培训重点突出，方法科学，针对性明显增强。强化各级政府组织领导人员的培训教育。将安全生产培训纳入各级党校培训学习内容，同时组织各区县专门举办政府领导和部门主要负责人安全生产知识讲座，与区县合作，联合举办科级领导干部安全生产专题培训班，年内培训科级领导干部1000余人。11月12日，组织由区县长，分管区县长，安监局长，首届工业杰出企业、市“工业百强”企业主要负责人参加的安全生产培训班，切实提高各级领导干部对安全生产工作重要性的认识。

【隐患排查】　2012年，聘请专家对全市安全生产隐患进行排查。与中国安全生产科学研究院签订协议，对71家危险化学品重大危险源企业进行隐患排查；与国家化学品安全协会签订协议，对66家危险工艺、危险化学品生产企业进行隐患排查；与鲁中应急救援中心签订协议，在生产危险化学品企业中开展消防、应急专项隐患排查，共排查198家；聘请省级专家检查非煤矿山，对全市42家（含8家基建）地下非煤矿山企业进行隐患排查。

【执法监察】　年内，共执法监察企业2万余家，复查企业1万余家，查处违法行为和事故隐患6万余条（起），下达责令限期整改指令书10709份、整改复查意见书9475份，责令停产、停业进行整顿的企业34家，下达重大隐患整改指令书22份。强化跨区域执法，组织各区县安监执法人员在全市开展一次交叉执法行动，切实强化检查督查的成效。

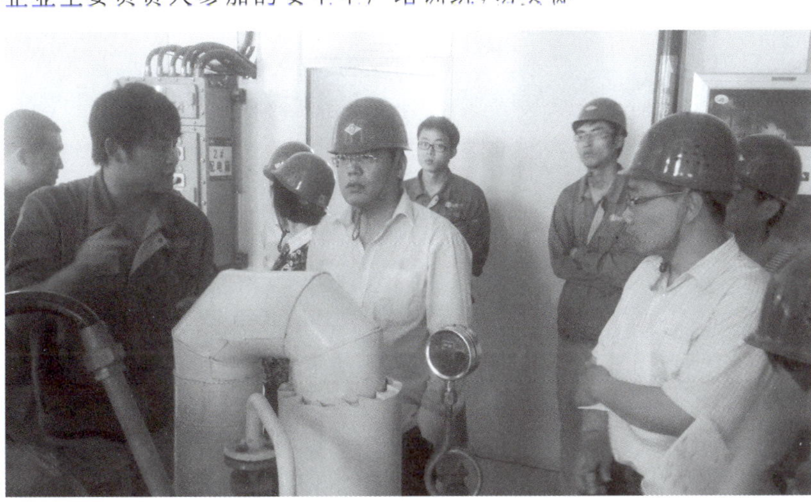

2012年5月9日，国家化学品安全协会专家检查硝化工艺危险化学品企业　　（刘晓玮　摄）

【建设项目审批服务】　全年共受理行政许可项目1828件，做到既严格把关，又提高审批效率和服务质量。行政许可科由6人增加到10人，审批期限由10个工作日缩短到5个工作日。把设立、设计、试生产备案、竣工验收和许可证审核审批环节的“否决项”印发给企业，以保证建设项目一次性通过。落实项目负责制，实行跟踪服务、现场服务、协调服务。

【推进“打非治违”专项行动】 深入开展安全生产“打非治违”专项行动及“回头看”活动，成立领导小组，制定实施方案，公布举报电话，召开工作会议，先后5次组织由县级领导干部带队的督查行动，坚持每周调度一次综合情况。全市共成立4242个检查组，检查企业1.8万余家，打击非法违法、治理纠正违规违章行为7.9万余起，责令停产停业(建设)429家，暂扣或吊销有关许可证、职业资格105个，关闭非法、违法企业345家。充分发挥群众监督作用，共接收“12350”举报电话、来信来访等案件168件，已查处166件。

【安全生产督查】 充分发挥市政府安全委员会办公室职能。7月16日至8月30日，9月19日至10月26日，全市先后2次开展安全生产督查行动。组成专项督查组，对各区县进行专项督查。每月督查1个专业安全委员会，不间断地对全市行业领域开展综合督查。强化重大隐患挂牌督办，对发现的重大安全隐患，市政府安委会及时下达整改指令，全年共下达22份重大隐患整改指令，重大隐患全部消除或落实整改目标。

【安全产业园项目】 年内，安全产业园项目在高新区立项，并进行了工商注册，项目进入设计阶段。 (田兴华)

油区工作

【加强监管】 2012年，推进平安管道建设年活动。严格履行备案制度，按《中华人民共和国石油天然气管道保护法》规定，督促管道企业履行备案制度，及时更新淄博市石油天然气管道坐标图动态管理系统相关数据，充分提升市石油天然气管道坐标图动态管理系统使用效能，超前防范，超前布局。对新、改、扩建输油气管道进行避让，有效地避免了南部城区输油气管道出现新的占压情况。

【消除安全隐患】 开展管道安全大检查，对全市辖区内各管道企业管理站(场)进行检查，下发整改通知书；组织对管道标志进行全面清查，责令管道公司对缺失的抓紧补建，对损坏的及时修复，保证管道标志规范、醒目；对5家管道企业油气管道进行排查，摸清超过或接近设计使用年限管道设施安全情况。经查，胜利油田集输总厂东辛胜利输油管线建于1967年5月，1988年建成投产，管径529毫米，在淄博市内30公里，途经临淄区敬仲、梧台、齐都、凤凰4个镇和稷下、辛店2个街道，由于管线设施老化和所输油品物理性质发生较大变化，确认属超期服役，定于2013年修建新线。加强对油气管道工程第三方施工的监管，规范第三方施工作业程序。要求第三方施工作业的单位提出书面申请，组织施工单位和管道企业协商确定施工作业方案，签订安全防护责任书。施工作业时，要求管道企业加强巡护和现场施工监督，管道第三方施工监护率做到了100%。

【妥善处理事故】 5月25日7时左右，淄博叶脉建设有限公司在济青高速公路与金晶大道交叉口北侧实施定向顶管作业时，扩孔钻头将中石化鲁皖成品油输油管线钻破，造成柴油泄漏事故。事故发生后，启动应急救援预案，市油区办立即通知中石化华北销售分公司济南输油管理处关闭上下游阀门。市政府成立现场应急指挥部，确定应急救援方案，调集相关部门、救援队伍和专业车辆，展开抢险救援工作。经全力抢修，26日1时54分，完成焊接封堵。26日5时，完成试压检查工作，最大程度地减少了损失。

【服务经济发展】 年内，多方协调中石油华北天然气销售公司为山东清源集团专建天然气直输阀室，并促使该公司追加投资1000万元变更阀室属性，将原规划中4个截断阀室变更为3个分输站(室)和1个截断阀室，充分保证了管道沿线企业居民生产生活用气需求。

【保障油气企业生产】 山东天然气管网泰(安)青(岛)威(海)管线与沧淄线连接管道工程可使山东天然气管网与沧淄线实现南北贯通,增强对淄博市天然气供应的安全性和可靠性,属民生工程建设。整个管道工程途经博山、淄川、临淄、张店4个区和高新区,15个镇、街道,92个村。管道长100公里,管径508毫米。自2011年开工建设后,增强工程施工建设协调保障能力,协调各有关部门和单位为工程建设提供一切便利,全力推进管线建设,2012年管道主体工程基本完工。协调市、县国土资源部门,解决胜利油田2007—2010年在桓台油区勘探生产期间在用地问题上遗留的矛盾及问题。发挥职能优势,协助胜利油田纯梁采油厂、东胜公司、鲁明公司补办2009—2011年开发建设的11宗土地水土保持及环评相关手续。

【"平安油区"建设】 宣传《中华人民共和国石油天然气管道保护法》《山东省石油天然气管道保护办法》和《淄博市油区管理若干规定》等法律、法规,在油区镇、村开展"油区净化行动",树立"油区治安无小事"思想,落实人防、物防、技防,强化联防联治,提高油区整体防范水平。与公安机关及油田单位配合,昼夜巡查,监控油区重点地区的动态,在滨莱高速、803省道、寿济路、张田路等油田出入口严密布控,设立流动检查点,打击涉油违法行为,净化油区环境;对土炼油场点及非法涉油业主坚决取缔,堵住非法原油收购点和非法运输原油的销赃渠道,为油田挽回经济损失100多万元。

(王新胜)

无线电管理

【概况】 截至2012年底,全市共有各类无线电台(站)9181个(座、部)。其中,广播电视台站52座;高频电台8部,甚高频固定陆地电台132个、移动台1623个;无线数据及无线接入台站120个;卫星地球站9座;微波台站9个;业余电台887个;公众移动通信GSM基站2837座、CDMA基站401座、TD－SCDMA基站711座、WCDMA基站730座,无线市话小灵通PHS基站1662座。

【频率台站管理】 按照新频率规划,对在用的150兆赫、400兆赫专用对讲机通信网用频进行清理规范,将其中13个台网使用的非标准频率进行改频,统一到新标准配置上来。按照审批权限指配频率、审批台站。全年共审批专用对讲机网3个、数传网1个,指配频率5组(个),新增对讲机及数传设备209部、公众移动通信基站1249座、业余电台61部。为6家单位办理全网报停手续,为10家单位办理设备变更手续。报停、报废设备3228部。收回微波频率3组,数传频率1组、超短波频率5组(个)。全年核发电台执照1711张,换发执照2400张。对125家设台单位进行年度检验。

【无线电管理监督检查】 1.无线电台站核查工作。贯彻落实国家、省关于无线电台站核查的工作要求,制定切实可行的核查工作方案,采取设台单位自查、无线电管理处组织资料审核和现场检查等步骤进行。根据新标准,安排专人对数据库进行重新核查,保证数据库实时准确。按要求完成台站数据资料的核准工作,共核查350兆赫集群及常规基站32个,信道数69个,移动终端3199部,短波电台2部。2.无线电管理联合执法检查工作。根据省无线电管理办公室、省公安厅、省工商局、省质监局的统一部署,淄博无线电管理处召集联席会议,组成联合执法检查工作组,根据执法检查的范围和内容在辖区内进行拉网式排查,先后开展无线电发射设备销售市场的执法检查和高山、高楼设台的联合检查。共检查商场6处,检查商家18家,检查对讲机、车载台、中继台49部,查处未备案私自销售无线电发射设备的商家7家,对9家销售无国家型号核准证发射设备的商家下达责令改正通知书,限期整改。现场检查调频广播台站4部、400兆赫超短波中继台4部、350兆赫集群中继1部、公众移动通信基站2座。在临淄区查处一部私自在高楼上设置的中继台,按照执法程序,对设备给予没收处理。

【设备检测和无线电监测】 完成移动公司、联通公司、电信公司新建基站的验收和在用基站的年度检验工作。共核查基站425座,并对部分基站的设备技术指标进行了检测。根据台站审批、台站核查等行政执法的需要,测试各类无线电发射设备89部,其中检测超短波中继台24部、短波电台2部、车载台22部、对讲机41部。根据上级的要求,坚持重点和日常监测相结合,除对广播、民航、对讲、集群、防汛等频段进行一定时间的监测外,对24组重点频段进行专项监测。通过常规监测和专项监测,为查找非法设台、私自占用频率及快速确定无线电干扰源提供有效的技术支撑。各监测站合计监测时长16080小时。

【无线电安全保障】 做好各类考试保障工作。全年提供无线电保障21次,出动无线电监测移动车45次,派遣保障工作人员203人次,携带使用无线电监测、压制设备165套次。年内,完成40个考点的监测任务,发现作弊信号30次,实施无线电压制22次,查扣各类无线电作弊设备8台(套),涉案人员21名。积极参加第三届亚洲沙滩运动会无线电安全保障工作。在重大活动、节假日期间,实行24小时值班,圆满完成重大活动期间的无线电安全保障任务。

【查处无线电干扰案件】 2012年,查处4起无线电干扰案件,分别是:淄博安居物业公司对讲机受干扰、齐鲁证券临淄营业部受卫星电视信号干扰器干扰、联合潍坊管理处查处卫星电视信号干扰器、查处博山区石马镇非法设置的卫星电视信号干扰器。查处2起非法设台案件,分别是:周村区广播电视局擅自使用590～598兆赫作为电视开路发射,临淄业余爱好者非法设置中继台1部。

【基础设施管护】 2012年,全市有无线电监测站10个,其中固定式监测测向站2个、小型监测站5个、移动监测测向站2个、搬移站1个。4月,委托市气象局防雷中心对中心机房、各个小型监测站、高山站进行防雷检查和技术检测,出具检测报告9份,对发现的问题及时进行整改,消除防雷安全隐患。坚持每个月对鲁山高山站、小型站进行现场维护,对网络不通、UPS电源故障等及时排除,保证高山站、小型站的正常工作。为保证监测站不因UPS电源故障影响工作,购置2台备用电源。为进一步完善淄博地区无线电监测网,增加对重要用频活动、重点区域的针对性监测与覆盖,反复论证修改VHF/UHF频段无线电监测实验网建设项目的规划方案;12月,进行了设备采购招标。

【宣传工作】 2012年,以“无线电频谱——稀缺的国家战略资源”为主题,开展宣传活动。召开无线电管理宣传工作专题会议,办好门户网站和无线电管理简报,及时更新宣传内容;结合各类考试保障任务,在考试保障现场摆放宣传标语,扩大宣传范围;通过台站年检等监督核查工作,深入设台单位及设备经销商进行走访宣传;在主流媒体报纸上刊发各类宣传文章。5月5日,举办应急通信演练活动。8月,省监测站组织淄博、东营、潍坊无线电管理处在淄博进行无线电监测技术演练。9月1日上午,在淄博市博物馆广场举行2012年无线电管理宣传月活动启动仪式,向参观市民分发宣传月文化衫、“无线电频谱资源——稀缺的国家战略资源”车贴及宣传单页,与业余无线电协会进行了通信联络演示。 (荣 杰)

本部类编　辑:王　娟
副主编:徐　杰
校　对:安永善
赵建国

财税　金融

财　政

【概况】 2012 年，全市境内财政总收入 518 亿元，比 2011 年增长 10.49%，其中境内税收收入 441 亿元，比 2011 年增长 9.98%。全市公共财政收入 236.28 亿元，完成预算的 100.92%，比 2011 年增长 16.06%，其中税收收入 162.11 亿元，占公共财政收入的比重为 68.61%，比 2011 年提高 1.12 个百分点。全市公共财政总支出 290.88 亿元，占预算的 106.38%，比 2011 年增长 14.89%。

【培植壮大优质财源】 有效发挥财政政策作用直接、运用灵活、定点调控的优势，加大对经济发展薄弱环节和关键领域的投入，支持税收贡献大的重大项目建设，加快构建以先进制造业、战略性新兴产业和现代服务业为主导的现代产业体系。全市财政经济建设性支出 71.06 亿元，比 2011 年增长 12.14%，促进了老工业城市转型发展，夯实了财政收入增收基础。推动创新驱动战略实施，支持重大关键性技术研发、成果转化和产业化示范项目实施，增强技术创新的活力和动力。支持传统产业改造提升，推动战略性新兴产业发展，促进工业化和信息化融合发展，支持标准化战略、品牌战略实施，推动中心城区东部化工区搬迁改造和南部区域产业调整，加快工业转型升级步伐。扎实推进节能减排和环境保护，支持重点节能工程实施和循环经济发展，推动重点区域、重点领域的环境治理，城乡生态环境进一步改善。建立健全扶持服务业发展的财政政策体系，加快服务业提质增效，支持服务业特别是现代服务业发展。落实扶持中小(微)企业发展的财政扶持政策，完善中小企业信用担保体系，推进中小企业公共服务平台建设，优化中小企业发展环境。创新财政支持经济发展方式，探索财政金融政策有机结合的路子，健全完善财政贴息和风险补偿机制，设立产业发展基金，引导和撬动金融资本、社会资本向优势企业、重点项目集聚，放大财政资金杠杆效能。

【民生财政建设】 加大民生和重点社会事业投入，全市财政用于民生方面的支出 165.31 亿元，比 2011 年增长 18.02%，占总支出的比重为 56.83%，比 2011 年提高 1.51 个百分点。

全市教育支出 72.96 亿元，比 2011 年增长 18.95%，占财政总支出的比重达到 25.08%，剔除上级转移支付后占 24.03%，确保城乡义务教育、家庭经济困难学生资助、中等职业教育免学费、中小学校舍安全、市属高职院校银行债务化解等政策的落实，推动教育均衡发展。

全市医疗卫生支出 19.75 亿元，比 2011 年增长 21.52%，保障新型农村合作医疗保险、城镇居民基本医疗保险、国家基本药物制度实施、县级公立医院改革试点等工作的资金需要，提高城乡居民医疗保障水平。

全市社会保障和就业支出 31.51 亿元，比 2011 年增长 14.31%，完善城乡居民基本养老保险制度，提高城乡低保、农村五保供养、孤残儿童救助等补助水平；推动创业带动就业，做好小额担保贷款工作，促进高校毕业生等重点群体就业，社会保障和就业工作的进一步加强。

全市文化体育与传媒支出4.6亿元，比2011年增长14.23%，支持“十艺节”参赛剧目创作和相关文艺剧场改造、公益文化设施免费开放、文化惠民工程实施、体操世界杯淄博站比赛等工作顺利开展。

全市住房保障支出4.68亿元，比2011年增长217.79%，发行15亿元保障性住房专项企业债券，利用住房公积金贷款支持保障性住房建设，完成保障房建设目标任务。

支持社会管理创新，深入推进政法经费保障机制改革，促进社会和谐稳定。推动公用事业发展，市财政拨付供热、燃气、公交补贴资金1.64亿元。

【推进新型城镇化进程】 坚持城乡区域共同发展、共同繁荣，完善促进基本公共服务均等化和主体功能区建设的公共财政体系，促进城乡区域协调发展。进一步加大“三农”投入，全市财政性“三农”支出71.75亿元，比2011年增长18.07%。各项强农惠农富农政策得到全面落实，农业现代化扎实推进，农村发展呈现新面貌，农民群众得到更多实惠。

支持城市现代化建设，城乡社区事务支出18.51亿元，增长5.63%，支持城乡路网管网建设、清水润城工程和市文化中心、森林城市创建等重点建设项目实施，增强城市的承载辐射功能。加大区域统筹发展力度，制定出台税收分成、税收增长考核奖励等激励政策，市级对下转移支付资金8.3亿元，比2011年增长16.57%，调动了各级培植财源、发展增收的积极性。

推进镇域经济社会发展，市级筹集资金1.26亿元支持省、市示范镇建设，激发小城镇建设发展活力。用足用好省会城市群经济圈、资源枯竭型城市、黄河三角洲高效生态经济区、沂蒙革命老区等区域扶持政策，有针对性地做好项目策划和资金争取工作，推动区县域科学发展。

【政府投融资体系建设】 坚持资源资产化、资产资本化、资本证券化，做大做强市城市资产运营公司实力，综合采用优质资产注入、授予政府特许经营权等方式，扩大公司资产总量、提升资产质量，实现了资产与负债、投入和收益的周期性平衡，提升了公司的投融资能力。加大融资力度，创新融资模式，建立多元化融资渠道，全年融资到位资金28.65亿元，为市委、市政府确定的重点建设项目提供强有力的资金保障。稳步推进重点项目建设，细化完善重点项目融资、开工等手续，建立覆盖工程概预算、招标采购、建设质量、资金拨付、结算审核全过程的项目控管体系，进一步提升项目建设的规范化、精细化管理水平。加强对外投资监管，围绕金融服务、文化创意、能源、节能环保、城市功能设施开发、地产物业六大主营业务板块，采用委托管理、委托运营、委托经营、委托租赁、租赁经营、自主经营等分类监管运营模式，建立完善绩效考评、重大事项报告和收益收缴等制度，有效提高对外投资收益水平。加强内控机制建设，健全风险防控体系，完善内部考评办法，优化内部工作流程，为各项工作的科学有效开展提供有力保障。

【加强国有资产监管运营】 加强行政事业单位国有资产管理。建立市级行政事业单位公物仓，建立健全资产仓储管理、调拨使用、会计核算等基础管理制度，对市级行政事业单位国有资产实行统一购置、统一管理、统一调配、统一处置，提高资产配置使用水平。健全完善行政事业单位国有资产基础管理档案，根据不同部门、行业资产特点，实行分类监管、分类施策，进一步提升资产管理效能。加强行政事业单位国有资产监督检查，切实解决账实不符、制度缺失、管理疏漏等突出问题，推动国有资产规范高效使用。加强企业国有资产管理。建立完善出资人制度，明确出资人职责，逐步完善和理顺国有资产监管机制。建立重大事项报告制度，规范企业重组改制、对外担保、产权变动和资产处置等重大经济行为，进一步健全完善企业法人治理结构。推进国有资产资源布局调整，促进国有资产整合和重组，重点支持原山集团、市引黄供水公司等一批经济效益和社会效益较好、带动力和影响力较强的国有企业做大做强，取得良好的国有资源运营收益和社会公共效能。

【提升财政管理绩效】 深入开展“制度建设年”活动，全年共制定完善涉及资金管理方面的制度办法23项，初步建立财政管理与监督的制度框架体系，为财政部门规范高效地履职履责奠定坚实基础。完善政府预算体系，加强综合预算管理，细化预算编制，严格预算约束。继续深化国库集中支付、公务卡等改革，探索开展乡镇国库集中支付试点，加快预算执行进度，推动财政资金安全规范高效使用。深入推进财政投资评审和支出绩效评价，全市共完成评审值 47.89 亿元，审减资金 9.05 亿元，审减率 18.90%。加强政府采购监管，扩大采购范围和规模，全市政府采购额 49.51 亿元，节约资金 8.06 亿元，节支率 14.01%。坚持厉行节约，大力压减一般性支出，全市一般公共服务支出增长 1.39%，低于总支出增幅 3.5 个百分点。加强财政信息化建设，全面完成市县财政应用支撑平台建设。加强财政监督，着力构建覆盖所有政府性资金和财政运行全过程的监督机制，突出强化重大财税政策执行、重点资金使用、企业会计信息质量和国有资产运营情况检查，维护良好的财经秩序。加强基层财政管理，推进规范化财政所和乡镇惠民服务大厅建设，基层财政服务农村经济社会发展的水平不断提高。强化政府债务管理，健全完善偿债准备金制度，及时足额偿还到期债务，防范地方财政风险。运用政策，加大对上争取力度，全年共对上争取补助资金 66.2 亿元，缓解了地方财政支出压力。（宋　轲）

国家税务

【税收收入】　2012 年，自主开发应用“税收收入质量评价系统”，利用信息化手段保证税收收入质量；开展政策宣传辅导，全面落实税收优惠政策，全年兑现税收优惠 98.5 亿元。其中，办理出口退税 17.3 亿元，办理出口企业免抵 14.01 亿元，办理固定资产进项税抵扣 12.48 亿元。对重点区域、重点行业开展检查，通过加强管理，增加税收 13.27 亿元，比 2011 年增长 54.63%。全市国税收入完成 259.91 亿元，减收 2.22 亿元，下降 0.85%。扣海关代征后，国内税收完成 232.54 亿元，减收 8.08 亿元，下降 3.36%。全市国税系统通过组织收入和落实成品油消费税退税政策，形成市区级收入 38.21 亿元，增长 0.77%。

【税收管理】　开展税收征管工作拉力赛，通过考核、排名、通报，引导国税干部把主要精力用在税收征管上，税收征管质量得到全面提升。开展地方金融企业、成品油受票企业、资本交易项目等税收专项检查，入库查补收入 3.36 亿元，为历年最高。发挥预警评估系统应用效能，完成评估 18629 户次，增加税款 7.68 亿元，增长 45.67%。提高税种管理水平，重点加强增值税、消费税等薄弱环节管理，完成评估 182 户次，评估税款 762 万元。组织开发“企业所得税省内跨地市汇总纳税信息管理系统”，开展地方金融企业税收专项检查，查补税收 1.29 亿元。大型企业管理取得新突破，开展中石化集团淄博籍成员企业税收风险分析评估，查补税款 1.89 亿元、滞纳金 5095 万元。强化出口企业退税管理，加强征退税衔接，增加税收 6200 万元。规范个体税收管理，全面清理非正常户，入库个体税收 1.11 亿元，非正常户下降到总户数的 2.29%。加大清缴欠税力度，累计清理欠税 1.32 亿元。转化和创新数据质量管理模式，开展机房隐患排查和设备维护，强化计算机类设备管理，为信息管税工作提供技术支持。

【纳税服务】　印发《关于发挥税收职能作用、服务全市经济社会内涵发展的意见》等，就支持经济科学发展、企业加快发展作出部署。重点围绕财源建设、高新技术产业发展、税收政策执行等进行调研，为全市经济社会发展建言献策。坚持依法行政，印发《依法行政“十二五”规划》，修订《行政执法自由裁量权实施办法（试行）》，开展增值税、所得税税收优惠政策执行情况专项检查，查处问题 21 个，查补税款 1115 万元。组织税收执法督察，查补税款 1038.35 万元。考虑纳税人需求，开展千户企业大走访活动，现场征求意见 477 条，为企业解决问题 405 个。升级“纳税服务综合管理平台”，开展“假如我是纳税人”主题实践活动，组织纳税服务年报发布会，开展纳税信用等级评定，在省国税局组织的纳税人满意度第三方调查中，淄博市位列全省第二。

2012 年 3 月，市国税局在千户企业大走访活动中为东佳集团授牌匾 （张海恒 摄）

【基层基础建设】 制定《关于加强基层建设的实施意见》，全面推进基层基础建设。为基层购置微机 654 台。实施温暖工程，投入资金 439 万元，解决基层分局冬季取暖问题。加大基层单位小食堂、小浴室、小活动室、小图书室、小菜园等基础设施改造，投入资金 731 万元，基层工作生活条件得到改善。修订《区县局领导班子及领导成员考核暂行办法》，开展"加强个人修养、遵守社会公德"大讨论。组织问卷调查，定期开展巡视工作，共收到群众意见建议 45 条。加大培训力度，组织基层领导干部素质培训班 32 期，培训 2100 余人次，干部队伍素质进一步提高。

【部门形象建设】 以内部刊物《齐风税韵》为平台，开展学雷锋活动，引导大家感恩社会、感悟生活、感受幸福。市局机关建立工作月报制度，促进工作落实。开展"珍惜幸福生活，远离职务犯罪"专题教育活动，制定《淄博市国税系统廉政谈话暂行办法（试行）》，举办向纳税人公开述职述廉报告 48 场，委托市投诉中心进行明察暗访，召开特邀监察员座谈会，广泛接受纳税人和社会各界监督。淄博市国税局获得全市民主评议政风行风第一名。

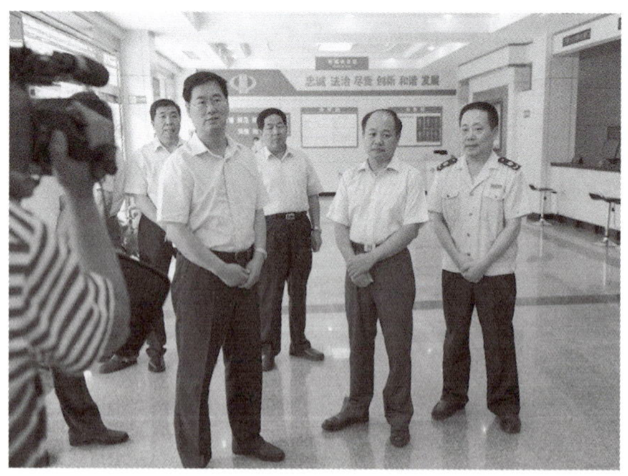

2012 年 7 月 13 日，山东省国税局领导到桓台县国税局调研工作 （张海恒 摄）

2012 年淄博市国税纳税百强排行榜

表 24 单位：万元

排名	纳税人名称	缴纳税收
1	中国石油化工股份有限公司齐鲁分公司	800733
2	东岳集团	116721
3	山东电力集团公司淄博供电公司	42146
4	山东淄博烟草有限公司	41816
5	山东博汇集团有限公司	38052
6	鲁泰纺织股份有限公司	35550
7	齐商银行股份有限公司	31186
8	中国铝业股份有限公司山东分公司	24355
9	中国石化集团资产经营管理有限公司齐鲁石化分公司	19500
10	山东金岭铁矿	16357
11	山东扳倒井股份有限公司	15987
12	阳煤集团淄博齐鲁第一化肥有限公司	14217
13	瑞阳制药有限公司	13873
14	山东齐峰特种纸业股份有限公司	12380
15	中国移动通信集团山东有限公司淄博分公司	12239
16	中国石油化工股份有限公司催化剂齐鲁分公司	11571
17	淄博山水水泥有限公司	10929
18	胜利油田桓台金家石油开发有限责任公司	10898
19	山东华联矿业股份有限公司	10493
20	山东华夏神舟新材料有限公司	10465

续表 24

排名	纳税人名称	缴纳税收
21	淄博齐翔石油化工集团有限公司	10460
22	佶缔纳士机械有限公司	10251
23	淄博加华新材料资源有限公司	10205
24	山东张店农村商业银行股份有限公司	9639
25	高青鲁明石油科技开发有限责任公司	9383
26	山东东佳集团	9322
27	山东临淄农村商业银行股份有限公司	8919
28	山东新华制药股份有限公司	8582
29	胜利油田高青石油开发有限责任公司	8224
30	中国石油化工股份有限公司胜利油田分公司(高青)	7758
31	淄博矿业集团有限责任公司	7661
32	蓝帆集团股份有限公司	7493
33	桓台县农村信用合作联社	7484
34	山东省药用玻璃股份有限公司	7382
35	山东北金集团有限公司	7118
36	山东齐都药业有限公司	6427
37	山东金鼎矿业有限责任公司	6325
38	淄博绿博燃气有限公司	6317
39	山东新华医疗器械股份有限公司	6117
40	山东蓝星东大化工有限责任公司	6100
41	淄博银仕来纺织(集团)有限公司	5954
42	山东铝业公司	5952
43	鲁泰纺织股份有限公司	5951
44	淄博银座商城有限责任公司	5902
45	高青县农村信用合作联社	5846
46	山东周村农村商业银行股份有限公司	5729
47	华能辛店发电有限公司	5543
48	淄博齐鲁比欧西气体有限责任公司	5416

续表 24

排名	纳税人名称	缴纳税收
49	山东中轩生物有限公司	5202
50	淄川区农村信用合作联社	5189
51	山东金晶科技股份有限公司	5167
52	山东鲁阳股份有限公司	4727
53	中国石油化工股份有限公司齐鲁分公司腈纶厂	4441
54	中国石油化工股份有限公司山东淄博石油分公司	4440
55	泰宝集团	4345
56	淄博大桓九宝恩皮革集团有限公司	4225
57	淄博华润燃气有限公司	4158
58	淄博商厦有限责任公司	4043
59	山东日升燃料有限公司	3990
60	淄博宏达矿业有限公司	3755
61	山东金诚石化集团有限公司	3752
62	山东黄河龙集团有限公司	3721
63	山东汇丰石化集团有限公司	3645
64	山东胜利钢管有限公司	3629
65	淄博万昌科技股份有限公司	3520
66	南金兆集团有限公司	3494
67	中国石化化工销售有限公司齐鲁经营部	3400
68	山东新华医药贸易有限公司	3370
69	山东英科环保再生资源股份有限公司	3337
70	淄博诺奥化工有限公司	3293
71	淄博弘扬威德福油田设备有限公司	3231
72	高青县油区工作管理委员会	3132
73	山东华成集团有限公司	3074
74	博山区农村信用合作联社	3059
75	山东省淄博蠕墨铸铁股份有限公司	2983
76	山东三金玻璃机械有限公司	2980
77	淄博鲁群纺织有限公司	2979
78	淄博卡普尔陶瓷有限公司	2944

续表 24

排名	纳税人名称	缴纳税收
79	山东金顺达集团有限公司	2928
80	山东宏信化工股份有限公司	2867
81	山东联合化工股份有限公司	2810
82	山东瑞丰高分子材料股份有限公司	2766
83	山东齐鲁科力化工研究院有限公司	2735
84	山东齐旺达集团有限公司	2700
85	山东华安新材料有限公司	2645
86	淄博力久实业股份有限公司	2637
87	山东博润工业技术股份有限公司	2618
88	山东唐骏欧铃汽车制造有限公司	2572
89	山东沃源新型面料股份有限公司	2567
90	淄博工陶集团	2550
91	山东赫达股份有限公司	2539
92	山东齐鲁石化开泰实业股份有限公司	2513
93	淄博包钢灵芝稀土高科技股份有限公司	2461
94	桓台中石油昆仑燃气有限公司	2460
95	中铝(山东)国际贸易有限公司	2439
96	淄博港华燃气有限公司	2419
97	桓台县供电公司	2411
98	淄博中材庞贝捷金晶玻纤有限公司	2400
99	山东齐鲁石化建设有限公司	2395
100	山东淄博新达制药有限公司	2335

（张海恒）

地方税务

【税收收入】 2012年，淄博市地税系统累计组织各项收入167.35亿元，比2011年增长27.85%，增收36.45亿元。其中，中央级收入完成19.42亿元，下降6%，减收1.24亿元；省级收入完成12.49亿元，增长10.25%，增收1.16亿元；市县级收入完成135.44亿元，增长36.93%，增收36.53亿元。全年收入运行情况主要特点：二产、三产分别增收6.25亿元、30.32亿元，占全部增收额的17.15%、83.18%，三产成为拉动税收增长的主要因素；受铁矿石价格下降的影响，采矿业税收全年大幅减收，下半年呈现负增长趋势。受经济下行因素影响，全市制造业税收全年低位徘徊；金融业税收保持较稳定的高幅增长态势。金融保险业入库9.77亿元，增长21.16%。受政策改革、加强征管和行业监控等因素的影响，资源税、土地增值税、土地使用税增幅明显，分别增长181.05%、159.01%、159.01%。房地产业税收得益于土地增值税的增收，虽大幅震荡，但总体趋势向上。

2012年8月29日，全市地税系统挖潜增收做法讲评交流会议召开　（李炳汉　摄）

【税政管理】 资源税管理取得较大突破，开发运行"矿山远程监控系统"。全市累计入库资源税37695万元，比2011年增长181.05%，增收24283万元。规范全市土地增值税征收管理及清算工作，补缴税款1571万元。深入推进全省商用存量房评估试点工作，实现全市住宅存量房和商用存量房税收管理的无缝隙覆盖。加强个人所得税全员全额扣缴明细申报管理，研究出台上市公司限售股减持个人所得税管理办法，强化资本交易环节个人所得税管理。反避税力度不断加大，198户企业实施关联申报，涉及关联交易金额381亿元。境外上市企业税收管理、外籍人员个人所得税管理、企业所得税汇算清缴后续管理等做法得到省地税局肯定和推广。

【征收管理】 应用完善"征管状况分析评价系统"，在全市定期开展征管质量讲评活动，开展征管质量竞赛活动，全市征管质量进一步提高。开展全方位的非正常户专项清查，市国税局、市地税局联合对注销税务登记有关事项进行规范，强化对房地产业、通信业、旅游景点和停车等重点、难点行业发票违规查处力度。大力加强纳税评估，组织所得税非地税管理纳税人专项评估、制造业及金融保险业评估和房地产企业逆向房产与计税房产比对等专项评估工作，共完成评估2195户，入库税款1.67亿元。应用完善“税收风险管理平台”，税收预警工作进一步加强，开发“税收预警复核小助手”，全年处理预警任务9584户(项)，补缴税款8328万元。进一步完善“淄博市综合治税信息管理系统”，通过综合治税，全市各级地税部门共采集各类信息69625条，入库税款5.9亿元。深入开展重点行业和重点税源企业的税收专项检查，与公安部门联合开展制售假发票违法犯罪专项整治活动。全市共检查各类企业825户(含企业自查)，查补入库各项税款、罚款、滞纳金1.46亿元。作为全省第二批税源专业化管理模式唯一一家试点单位，淄博市地税局张店分局较好地完成试点任务，实现新旧税源管理模式的顺利过渡。在张店分局试点的基础上，市地税局形成全市地税系统深化税收征管改革的意见和方案。

【税收执法】　继续完善和应用“网上执法检查系统”，有关做法在全省地税系统政策法规工作会议上作了典型经验介绍。编写15万字的《全省地税系统税收执法风险防范手册》，被省地税局确定为法制业务培训教材。继续做好大集中条件下执法责任制试点工作，在省地税局通报中保持自动考核零过错。

【纳税服务】　继续加强“纳税事事顺”品牌创建，发挥“12366”纳税服务热线功能，人工受话量居全省前列。拓宽服务纳税人的途径和方式，赠阅《纳税人之友》刊物12000余册，利用税法培训学校培训纳税人4700余人次。贯彻落实《山东地税系统办税服务厅管理规范》，结合基层建设工作部署，对全市基层地税办税服务厅进行标准化改造。

【信息化建设】　完成云计算和ITIL应用两个课题的研究，得到省地税局充分肯定并被省地税局确定为云计算项目试点单位。完成大集中运行维护、网络安全维护、网络改造升级、软硬件维护、软件开发部署、视频会议保障、技术保障等各项工作，保证全系统信息网络安全运行。

【基层建设】　基础设施改造成效显著。通过开展新一轮基层建设，共为基层单位购置131台取暖空调、12台取暖锅炉、3个碳晶板取暖项目，协助基层新购109辆交通工具，系统内更新车辆达到原有车辆总数的28.7%。全系统整修办公场所30处、改造暖气23套、改造食堂26个，增配图书18830册。全市区县地税局中有6个实现集中办公。制定《建立基层日常经费保障机制的意见》，全市地税系统10个独立核算单位全部建立经费长效保障机制。周村分局和高新区分局被表彰为2012年度全省地税系统基层建设优秀单位。制定《关于全面构建基层建设长效机制的实施意见》，建立干部队伍建设、税收管理建设、执法服务建设、作风效能建设、税务文化建设、基础保障建

2012年3月30日，市地税局举办税收沙龙暨第二十一个税收宣传月启动仪式
（李炳汉　摄）

设长效机制。

【税务文化建设】 不断推进税务文化载体建设，制定《关于全面加强税务文化建设的实施意见》，出版发行《淄博地税文化丛书》和《淄博市地方税务志》，文化引领和激励作用得到较好发挥。

【党风廉政建设】 扎实推进廉政风险防控体系建设，深入开展基层执法人员向纳税人述职述廉活动，主动接受纳税人的监督评议。开展"恪守从政道德、保持党的纯洁性"教育活动和"党风廉政教育月"活动，组织全系统干部职工观看案例警示教育巡回展览。全年组织廉政党课10场次，廉政教育课10场次，廉政讲座和报告会15场，观看警示教育片41部次，参观各类纪念馆、警示教育基地14个次。

2012年淄博市地方税收纳税百强排行榜

表25　　　　单位：万元

序号	纳税企业名称	纳税金额
1	中国石油化工股份有限公司齐鲁分公司	105346
2	淄博乾瑞投资有限公司	38040
3	淄博市引黄供水有限公司	33149
4	山东西地置业有限公司	23432
5	沂源宏鼎资产经营有限公司	22434
6	淄博矿业集团有限责任公司	19519
7	中国石化集团资产经营管理有限公司齐鲁石化分公司	17502
8	淄博昂展地产有限公司	15632
9	淄博高新技术产业开发区国有资产经营管理公司	14515
10	山东华联矿业股份有限公司	13257
11	淄博商厦股份有限公司	12955
12	山东金岭矿业股份有限公司	12177
13	山东金诚重油化工有限公司	12092
14	山东金鼎矿业有限责任公司	10658
15	山东电力集团公司淄博供电公司	9242

续表25

序号	纳税企业名称	纳税金额
16	山东创业房地产开发有限公司齐悦分公司	9038
17	淄博包钢灵芝稀土高科技股份有限公司	8737
18	鲁泰纺织股份有限公司	7006
19	华润置地(淄博)有限公司	6784
20	胜利油田胜南物业管理有限责任公司	6595
21	淄博泰和房地产开发有限责任公司	6280
22	淄博天煜置业有限公司	6183
23	淄博张钢钢铁有限公司	6105
24	山东省药用玻璃股份有限公司	6058
25	桓台县金海公有资产经营有限公司	5652
26	齐商银行股份有限公司	5623
27	山东中润集团淄博置业有限公司	5447
28	山东黄金地产旅游集团有限公司淄博分公司	5395
29	淄博鲁中房地产开发股份有限公司	5276
30	中国铝业股份有限公司山东分公司	5067
31	中国银行股份有限公司淄博分行	5005
32	山东东岳化工有限公司	4952
33	山东淄博烟草有限公司	4933
34	山东新华医疗器械股份有限公司	4486
35	山东临淄农村商业银行股份有限公司	4333
36	中国平安财产保险股份有限公司淄博中心支公司	4329
37	山东东岳高分子材料有限公司	4328
38	中房集团淄博市城市建设综合开发公司沂源开发分公司	4184
39	淄博巴森经贸有限公司	4154
40	淄博齐华置业有限公司	4037
41	山东创业房地产开发有限公司	3982
42	中国农业银行股份有限公司淄博临淄支行	3975

续表 25

序号	纳税企业名称	纳税金额
43	山东方正房地产开发有限公司	3975
44	山东齐林集团有限公司	3804
45	山东海力化工股份有限公司	3760
46	山东富丰泓锦投资股份有限公司	3679
47	山东铝业公司	3633
48	山东博汇纸业股份有限公司	3595
49	山东鲁阳股份有限公司	3551
50	中国移动通信集团山东有限公司淄博分公司营销中心	3516
51	山东新华制药股份有限公司	3507
52	中国联合网络通信有限公司淄博市分公司	3468
53	山东扳倒井股份有限公司	3461
54	山东鸿嘉置业有限公司	3451
55	淄博宏达矿业有限公司	3408
56	淄博灵芝化工有限公司	3326
57	淄川区宝山水泥厂	3324
58	淄博般阳城市资产经营有限公司	3320
59	山东金诚石化集团有限公司	3310
60	山东万杰医学院	3292
61	上海浦东发展银行股份有限公司淄博分行	3198
62	淄博市房屋建设综合开发有限公司	3195
63	淄博市南水北调工程建设管理有限公司	3190
64	中国工商银行股份有限公司淄博临淄支行	3132
65	中信银行股份有限公司淄博分行	3126
66	山东汇美置业有限公司	3118
67	山东齐盛国际宾馆	3083
68	山东国源电力工程有限公司	2989
69	中国工商银行股份有限公司淄博张店支行	2959
70	山东齐鲁盛华房地产有限责任公司	2945
71	山东张店农村商业银行股份有限公司(开发区辖区)	2873
72	淄博康润投资发展有限公司	2867
73	淄博银亿置业有限公司	2861

续表 25

序号	纳税企业名称	纳税金额
74	万杰集团有限责任公司	2860
75	淄博民泰房地产开发有限公司	2848
76	淄博金鼎立辰房地产开发有限公司	2777
77	山东德泰堂置业有限公司	2760
78	淄博居之源置业有限公司	2724
79	名尚银泰城(淄博)商业发展有限公司	2712
80	山东蓝溪置业发展有限公司	2711
81	山东张店农村商业银行股份有限公司(张店分局辖区)	2707
82	淄博东升房地产开发有限公司	2685
83	中国农业银行股份有限公司桓台县支行	2633
84	中国农业银行股份有限公司淄博张店支行	2618
85	山东恒丰房地产开发有限公司	2614
86	中房集团淄博市城市建设综合开发公司	2596
87	中国建设银行股份有限公司淄博分行国际业务部	2563
88	山东齐都药业有限公司	2508
89	淄博齐林电力工程有限公司	2505
90	山东北金集团有限公司	2488
91	山东瑞丰高分子材料股份有限公司	2487
92	山东三维石化工程股份有限公司	2467
93	淄博留余经贸有限公司	2457
94	淄博世源置业有限公司	2414
95	淄川区农村信用合作联社	2385
96	桓台县农村信用合作联社	2376
97	中国工商银行股份有限公司桓台支行	2351
98	淄博欧木特种纸业有限公司	2341
99	南金兆集团有限公司	2300
100	兴业银行股份有限公司淄博支行	2300

(张　静)

银　　行

【概况】　截至12月末，全市人民币存款余额3164.9亿元，比年初增加439.46亿元，增长16.12%；人民币贷款余额2109.76亿元，比年初增加237.45亿元，增长12.68%。

【支持地方经济】　组织实施对涉农金融机构差别准备金率政策，对桓台县、沂源县农业银行实行低2个点的存款准备金率，对高青县、沂源县农信联社、沂源博商村镇银行执行低1个点的存款准备金率，对临淄、张店、周村农商行实施按季分步上调准备金率的政策，增强涉农金融机构对农村地区的资金投放能力。年内，发放支农再贷款6.2亿元、再贴现5亿元。支持重点项目、中小企业和涉农等领域，落实民品企业贷款贴息政策，为4家企业累计审批发放优惠利率贷款9.45亿元，办理利差补贴1311万元。进一步推动农村金融产品和服务创新。全市中小企业贷款、涉农贷款增幅均高于全部贷款平均增长水平。

【金融创新】　制定金融支持全市实体经济持续健康发展的意见、深化金融创新与服务促进小型微型企业健康发展的意见，编写《淄博市信贷服务手册》，创新融资方式、明确支持重点、简化服务流程。大力拓展"区域集优"债务融资模式，推动企业通过银行间市场发行短期融资券、中小企业集合票据等直接融资方式募集资金逾50亿元；以临淄区为试点，创新开展金融支持小型微型企业融资增信工程；深入推进金融支持创新成长型企业"金成长"工程，重新筛选53户企业进行重点支持；深入推进信贷业务主题竞赛活动，创新开展涉农和中小企业信贷政策导向效果评估，强化评估效果运用。年内，落实小企业贷款风险奖励资金365万元，战略新兴产业项目风险补偿奖励资金1529万元。开展生物资产抵押贷款、林权抵押贷款业务，指导山东张店农村商业银行发放辖内首笔3000万元的林权抵押贷款。加大政银企合作力度，通过召开全市、淄川区、桓台县银企合作重点项目推进会等方式，为重点项目建设提供资金保障。12月5日，人民银行济南分行联合淄博市政府召开淄博市政银企合作推进会，经过前期对接和现场签约，共达成签约授信金额2277.16亿元，涉及企业1963家、项目1003个，签约金额、签约企业项目数量均创历史新高。

【防范金融风险】　执行金融稳定重大事项报告制度，进一步规范报送内容和程序，组织对3家银行机构进行重大事项专项检查，扎实做好金融风险事件监测报告。创新建立淄博市金融稳定会商会议制度、淄博市中心支行金融稳定会商会议制度，构建以"监测预警机制、评估研判机制、维稳责任机制、沟通协调机制和风险处置机制"为主体的金融维稳工作体系。针对辖区部分企业经营困难引发的企业担保圈风险，加强政银企合作，协调地方党政及有关部门，积极应对，妥善处置，有效防范系统性区域性金融风险。发挥金融稳定评估作用，组织对农行淄博分行三农事业部改革、齐商银行稳健经营及证券营业部等进行现场评估，实现

2012年12月5日，淄博市政银企合作推进会召开

（人民银行淄博市中心支行　供稿）

2012 年 7 月 30 日，人民银行淄博市支行指导山东张店农村商业银行发放全市首笔 3000 万元的林权抵押贷款 （人民银行淄博市中心支行　供稿）

风险预警关口前移。组织 8 家金融机构开展非银行体系突发事件应急演练，增强应对突发性金融风险的能力，切实维护辖区金融稳定。

【金融服务】 完善制度措施，深入推进金融消费者权益保护工作。进一步修订完善《淄博市金融机构综合评价办法》，创新改进日常考核评价机制，切实提高综合评价工作的全面性、客观性和科学性。在综合全行 13 个专业打分基础上，组织 54 家市级金融机构进行综合评价，集中向金融机构进行综合评价反馈，并向综合评价“A”级单位的上级行进行函报。建立市级银行新设分支机构备案制度，探索并推行“听汇报、分头谈、看现场、预反馈、集中考”的五步现场考核方法，对 8 家新设银行机构开业申报综合考核验收，进一步提升新设机构的规范化管理。制定依法行政三年规划，全面推进依法行政，规范开展执法检查，组织开展征信管理、金融稳定、国库、调查统计及反洗钱等 9 个专业专项执法检查，对 2 家银行机构进行综合执法检查，有效实施对金融机构的管理职能。全面推动金融消费者权益保护工作，制定《淄博市中心支行金融消费者申诉处理办法实施细则（暂行）》，辖区各支行均挂牌成立金融消费者权益保护中心，初步建立起多部门参与、共同处置的金融消费维权工作机制。累计受理涉及支付结算、征信管理、货币信贷等多个方面的各类金融消费者投诉 46 件，件件得到妥善处理，对改善辖区金融服务环境发挥了积极作用。

推进金融服务创新，提升服务质量和水平。推进支付清算环境建设，组织召开 2012 年淄博市农村支付环境建设暨银行卡助农取款服务推进会，提前完成农村支付环境建设目标。全市银行卡受理终端布放数量、大小额系统覆盖率位居全省前列。稳步推进公务卡结算，顺利组织召开淄博市电子商业汇票业务推介会。施行风险监管策略，成功堵截各类洗钱上游案件。认真做好二代支付系统联调测试工作，组织齐商银行顺利完成第一阶段联调测试。加快国库服务创新，顺利完成 TCBS 上线工作；扎实做好财税库银横向

2012 年 10 月 12 日，承办山东省金融学会课题中期报告会

（人民银行淄博市中心支行　供稿）

联网系统改造工作，业务核算质量进一步提高。全面加强人民币管理和反假货币工作，组织举办识假技能竞赛，扎实开展“残损人民币回收质量管理年”及现金“以零换整、以旧换新”活动，城市反假货币网络“网格化”目标管理和农村反假货币“渗透工程”效果进一步增强。制定征信窗口服务标准化管理办法，提升服务质量，做法被总行在《征信工作动态》上宣传推广；探索实施制度性监测工作和小额贷款公司金融统计管理互联网QQ群做法。组织召开淄博市金融学会六届二次理事会暨金融服务与责任高峰论坛，设计并启用省内首家市级学会“会徽”，与山东理工大学商学院联合建立学会理论实践研究基地。推进金融IC卡宣传、应用，全面做好金融服务民生工作。开展“送金融知识进村社企校”活动，利用网站、报纸或电视专栏等载体扩大金融知识宣传面，编发宣传简报28期；在《淄博日报》利用10个版面刊登《优化金融生态助推淄博发展》，全方位宣传金融科普知识。

【外汇管理与服务】 制定关于进一步改进外汇管理支持全市涉外经济平稳较快发展的指导意见，明确2012年全市涉外经济发展的思路措施。搭建以信息互动、外汇服务、监督管理为内容的外汇管理服务平台，并进行试点推行。继续严格落实重点企业监测服务、特色涉外产业监测分析制度，对企业实施“一企一策”式外汇服务。探索创新外汇年检方式、改进年检措施。制定实施《淄博市银行业外汇分类管理办法》，规范银行业外汇业务操作。

跨境人民币结算。通过新闻媒体、互联网等全方位加大政策宣传推广力度，广泛普及跨境人民币结算知识，累计宣传366人次，推动人民币跨境业务开展。完善政银企联动机制，2次召开联席会议，通报情况并交流经验，营造良好的跨境人民币结算工作环境。认真落实跨境贸易人民币结算业务考核办法，按季对银行跨境贸易人民币结算工作进行考核通报，提高工作主动性。截至12月末，全市跨境人民币结算额172.79亿元。

【内控管理】 认真落实安全工作“一把手”负责制，构建一级抓一级、层层抓落实的工作格局。按季召开安全工作联席会，及时沟通情况，研究并制定措施。围绕“人、枪、库、款、车、网、密”七个方面，定期开展岗位风险排查，扎实做好案件风险延伸排查工作。强化应急管理，开展应急宣传月活动，举办应急知识讲座及青年志愿者活动，提高应对突发事件的能力和水平。

【制度梳理】 认真落实分行关于开展制度集中梳理活动的各项要求，共梳理制度性文件757个。对需要修订的制度和新制定的制度专门进行督察督办，确保制度彻底梳理到位。9月，开展为期1个月的“制度集中学习月”活动，开展4次全行综合性制度考试和各专业制度考试。

【监督检查】 进一步健全完善监督检查机制，强化季度监督检查，统一完善全行监督检查登记簿，切实提高季度监督检查实效。严格落实行长、分管行长、部门负责人监督检查职责，加大对发行库、枪弹管理等重点部门、风险环节的实时监督。积极探索监督机制建设，综合运用上级监督、同级监督、群众监督等方式，充分发挥行政监察、内审监督、事后监督、干部考察与考核、会计监督、信访监督等职能作用，有效发挥监督合力。年内，共开展内部监督审计项目11项，及时发现并消除各类风险隐患，提高会计核算质量。

【支行班子建设】 将支行班子“一把手”纳入中心支行党委中心组扩大学习范围。严格落实分行关于加强县支行监督管理办法，完善派驻县支行监督机构建设，建立监督检查人才库，按季召开会议并进行量化考评。坚持向支行倾斜、向一线倾斜政策，充分保障支行员工最大利益。淄川支行开展金融个性化服务活动，博山支行开展“创新金融服务，优化信贷结构”竞赛活动，临淄支行推动农村支付环境建设创新做法等，都得到当地政府或上级行的肯定。 （王玉华　冯 波）

【银行监管】 2012年，淄博银监分局着力完善金融体系，努力化解金融风险，大力改进金融服务，全力提高银行竞争能力。

辖内银行业总体运行情况。2012年，辖内银行业金融机构积极贯彻落实国家宏观调控政策，优化信贷结构，加大对中小企业和三农的信贷支持，信贷支持经济发展的均衡性和稳定性显著增强。同时，狠抓资产质量管理，强化风险管控能力，提高金融服务水平，盈利能力和市场竞争力得到有效提升，整体实现平稳运行，各项主要指标趋势继续向好。截至12月31日，辖内银行业总资产达到3495.60亿元，较年初增加514.49亿元，增幅为17.25%。所有者权益达到133.55亿元，较年初增长13.36亿元，增幅为11.11%。总负债达到3362.05亿元，比年初增加501.14亿元，增幅17.51%，银行支持地方经济的实力进一步增强。银行主体业务稳步增长，支持经济力度加大。全市银行业各项存款余额3168.04亿元，较年初增加447.59亿元，增长16.45%；各项贷款余额2162.54亿元，比年初增加235.56亿元，增长12.22%；实现账面利润54.71亿元，同比增盈0.54亿元。银行风险控制能力逐步增强，资产质量有效提升。全市不良贷款余额31.73亿元，比年初减少0.49亿元，占比1.47%，比年初下降0.2个百分点。全年现金清收、核销贡献率达到75.55%。全市各银行机构资产减值准备金余额55亿元，比年初增加7.44亿元，增长15.64%，抗风险能力逐步增强。

淄博银监分局监管对象

表26

机构类别	名　称	资产状况（亿元）
政策性银行	中国农业发展银行淄博市分行	43.81
大型国有银行	中国工商银行淄博分行	512.06
	中国农业银行淄博分行	579.43
	中国银行淄博分行	309.57
	中国建设银行淄博分行	356.97
	交通银行淄博分行	149.85
股份制银行	中信银行淄博分行	97.91
	招商银行淄博分行	37.68
	上海浦东发展银行淄博分行	102.33
	中国光大银行淄博分行	28.89
	兴业银行淄博支行	84.99
	邮政储蓄银行	161.34

续表26

机构类别	名　称	资产状况（亿元）
城市商业银行	齐商银行	376.45
农村中小金融机构	山东省农村信用社联合社淄博办事处	654.31
	张店农村商业银行	129.72
	临淄农村商业银行	132.17
	周村农村商业银行	53.33
	淄川农信联社	99.30
	博山农信联社	64.12
农村中小金融机构	桓台农信联社	83.08
	高青农信联社	38.13
	沂源农信联社	52.12
村镇银行	沂源博商村镇银行	2.31

服务地方，支持实体经济。突出对符合产业政策的重点项目的支持，引导和督促银行机构主动做好重点项目对接，确保项目所需的配套贷款及时足额落实到位。全市银行业累计为3003个重点项目和企业投放贷款656.74亿元，增幅达30.78%。全力支持53个创新成长型企业发展，2012年"金成长"企业获得贷款16亿元，表外融资20亿元。开展"小微企业金融服务年"活动，打造"优企优贷"品牌。开展银企对接、入社区进园区、产品创新大赛等活动，建立起目标引领、平台搭建、考核跟进、激励创新的工作模式，形成政府大力支持、监管倾力引领、银行全力跟进的良好局面。2012年，全市银行业金融机构累计为1937家优质小微企业新增贷款近85亿元；小微企业贷款余额581亿元，较年初增加92亿元，增幅达18.81%，超过各项贷款增幅6.59个百分点。《人民日报》《齐鲁晚报》、淄博电视台、《淄博日报》等中央和地方媒体予以关注报道。推进农业银行三农事业部改革，农行淄博分行改革工作走在全国农行系统前列；淄博农村信用社继续发挥支农主力军作用，着重加大对循环农业、高效生态农业、农业产业化龙头企业的支持，《人民日报》专题报道相关做法。2012年末，全市涉农贷款余额812

亿元，比年初增长16.35%，超过各项贷款增速4.13个百分点。努力整治银行乱收费违规行为，对2家违法金融机构依法罚款20万元，银行业收费项目减少1027项，退回不合理收费1100余万元，减轻企业融资成本，净化融资环境。

风险管控。建立“台账监测—跟踪调度—协调沟通—落实资金”的风险管控机制，构建“监管+政府+银行+平台”的四位一体的风险管控体系。争取市政府在缓释平台贷款风险方面的支持。发行15亿元企业债券，缓解偿债压力。截至年末，平台贷款到期资金37.9亿元已全部偿付，未发生违约风险，平台贷款余额129.07亿元，较年初减少27.99亿元。有效稳控集团客户资金链、担保圈风险。一方面启动债权银行联席会议机制，统一步调，共同研究化解兰雁集团、博泵集团、德元制革有限公司等集团客户资金链、担保圈风险；另一方面为市委、市政府当好参谋助手。建立企业风险识别模型，对44家企业进行实证分析，指导银行做好应急预案和风险管控措施，有效稳控资金链、担保圈风险的继续扩大。2家发生风险的企业逐步恢复正常生产，化解风险贷款15.4亿元、担保风险50亿元。建立滚动式风险排查长效机制，全面推进“问题排查年”“制度健全年”“整改强化年”活动，逐机构按季进行风险排查“点评”和“回头看”，实行突然性的飞行检查和整体移位堵塞漏洞；开展堵塞漏洞、防范案件专项治理活动，全面落实岗位交流、轮岗、强制休假制度，全年辖内各行共实施岗位交流406人次，轮岗1279人次，强制休假1026人次。辖内银行业未发生案件。实施“引、督、压、转”四轮驱动，消灭存贷比超标机构。2012年末，辖内农村中小金融机构统算存贷比为73.60%。

金融改革创新。着力加快齐商银行发展转型，积极吸引山东能源集团投资入股，壮大资本实力，为引入合格战略投资者奠定坚实基础。推动农村中小金融机构提升发展质量，按照“底子要清、方子要准、管理要精”的思路，做实资产质量，提高贷款精细化程度。2012年，督促1385家客户，累计现金清收4.08亿元。加快改革步伐。辖内已有3家农村商业银行开业，高青农信联社改制农村商业银行的申请已获批准。有4家联社成功溢价增发，提高了法人股占比。全市农村合作金融机构统算资本充足率达到12.95%，较年初提高1.15个百分点。重点推进小微企业金融产品、技术创新，指导齐商银行与德国IPC公司开展小微企业金融服务合作；开展小微企业金融产品创新大赛，全市涌现出25件创新产品。辖内银行业通过理财、银信合作、金融租赁等形式，扩大企业融资渠道，金融创新与实体经济的契合度不断增强。

优化金融环境。制定金融支持实体经济、小微企业、青年创业等实施意见，组织开展2次银企对接活动，跟进考核调度，确保意见真正落到实处。提出完善小微企业风险补偿机制建设，扩大风险补偿基金和奖励资金规模，落实减费提效各项政策等相关建议。推动各级政府加强社会信用建设，做强做大担保基金，从快推进政策性担保机构建设，为金融扩大支持提供强有力信心保障，此项工作得到市政府主要领导的肯定和认可，并写入政府工作报告。参与并配合有关部门开展打击和处置非法集资活动，与市检察院建立防非法集资、防金融风险的工作协调机制，制定《银行从业人员“三十禁”》和《关于促进辖区农村中小金融机

2012年7月5日，淄博银监分局召开小微企业金融服务年推进会

（周世敏　摄）

2012年11月16日，淄博市银监分局和共青团淄博市委联合启动“淄青贷”青年创业小额贷款项目　　（周世敏　摄）

构强化资产类资金风险防控工作的指导意见》，划定银行从业人员行为红线；利用报纸、电视、手机短信、上街宣传等形式开展防范和打击非法集资宣传教育活动，进一步提高公众的风险意识和自我保护意识。重点规范辖内金融竞争秩序，严厉打击转嫁成本、违规套利、破坏秩序的违法违规行为，全年实施行政处罚5例，罚款76.1万元，责成银行机构处理责任人382人。鼓励银行机构向县域延伸、向基层下沉，4家银行在5个区县设立支行具有小微企业信贷业务经营资质的机构。加快小微企业信贷专营机构建设，全市已建成50余家、400多个网点，占全市银行网点总数的50%。自助银行、自助设备广泛覆盖，银行机构围绕支持实体经济主动破解担保等难题，服务手段和服务效果显著提升。　　（周世敏）

【农业发展银行淄博市分行】截至年末，农发行淄博市分行各项贷款余额43.7亿元，较2011年增加5.22亿元，增长11.95%；全年各项存款日均余额11.84亿元，较年初增长0.3亿元。实现中间业务收入139万元；完成国际结算4329万美元；实现利润9714万元，完成省行下达的全年利润计划指标的109.2%。市分行连续10年保持省级文明单位荣誉。2012年，发放贷款21.85亿元，收回16.46亿元。

认真履行政策职能，做好政策性信贷业务。支持中央和地方储备粮轮换及增储，发放轮换贷款1.16亿元，轮换小麦7.7万吨；新增县级储备粮贷款895万元，储备油贷款246万元，确保资金及时足额供应。加大对水利和新农村建设的信贷支持。全年新投放水利和新农村建设贷款7亿元，集中营销中长期项目贷款8个，金额50亿元。稳健拓展优质商业性客户营销空间，共营销商业性客户4个，贷款3亿元。重点抓好对优质客户的综合信用支持。办理票据贴现39笔，5.03亿元；开立信用证28笔，1.25亿元；办理银行承兑汇票51笔，6.23亿元。把政策性中长期项目贷款作为发展重点，先后支持淄博市南水北调、农村路网改造、水域治理、旧村改造等项目。12月5日，农发行淄博市分行与淄博市城市资产运营有限公司签订20亿元的信贷合作

2012年12月5日，农发行淄博市分行与市城市资产运营公司签订信贷合作协议　　（农发行淄博市分行　供稿）

协议，支持淄博市孝妇河流域(张店段)综合整治项目。（刘　平　孙　军）

【工商银行淄博市分行】 年末，工商银行淄博市分行资产总额达到512.06亿元，比2011年增长13.56%。各项贷款余额324.69亿元，增长7.98%。各项存款余额485.97亿元，增长13.10%。贷款不良率1.05%，下降0.22个百分点。

信贷业务。主动适应经济转型要求，优化资源配置，注重融资结构调整，服务实体经济的质量和水平不断提升。加强银政企合作，支持重点项目建设。投放项目贷款19.71亿元，年末项目贷款余额达到54.49亿元。在支持传统优势企业发展的同时，大力拓展先进制造业、现代服务业、文化产业、战略性新兴产业市场，公司法人贷款持续增长。年末，一般流动资金贷款余额达到185.12亿元，较年初增加33亿元。深入开展小企业金融服务年活动，加大小企业金融服务力度，全年发放小企业贷款55.2亿元。年末，小企业贷款余额43.69亿元，较年初增加4.14亿元；小企业贷款户数842户，较年初增加223户。全年办理票据融资45.59亿元，年末，票据融资余额12.42亿元，较年初增加8.42亿元。年内，发放个人贷款8.43亿元。受市场需要、房地产政策调整影响，年末，个人贷款余额72.67亿元，较年初下降11.29亿元。表外融资渠道进一步拓宽。年末，表外融资余额达到55.93亿元，较年初基本持平。

存款业务。大力拓展市场，改进客户服务，加强组织推动，完善长效机制，存款规模不断壮大。储蓄存款保持较快增长。年末，储蓄存款余额260.71亿元，较年初增加38.95亿元。重点依托工银商友俱乐部平台，发挥财富管理中心、贵宾理财中心网点的作用，服务领域不断拓宽。对公存款业务稳步发展。年末，对公存款余额214.75亿元，较年初增加15.07亿元。重点抓好客户拓展工作，对重点项目实行课题营销，密切银政企合作，对公存款增长基础进一步夯实。银银、银保、银证等同业合作领域进一步拓宽。年末，同业存款余额10.50亿元，较年初增加2.24亿元。

中间业务。适应全行经营转型要求，以满足客户为出发点，创新服务，拓展渠道，规范行为，各项中间业务持续健康发展。结算业务领域进一步拓宽，分行调整改设结算业务中心，业务管理进一步理顺。年末，对公结算账户较年初增加4010户；全年实现国际结算业务量56.08亿美元，结售汇业务量11.35亿美元。银行卡市场不断拓宽。全年实现银行卡交易额34.57亿元，比2011年增加5.1亿元。电子银行业务快速发展。全年实现网银交易额比2011年增加662亿元。理财产品销售量大幅提升。全年累计销售个人理财产品157.7亿元，销售法人理财产品5.56亿元。

资产质量。在稳妥做好信贷投放的同时，持续加大不良贷款清收处置工作，稳步退出高风险贷款，资产质量继续向好。利用呆账核销、以物抵贷等方式，清收处置不良贷款，实现不良贷款余额和占比“双降”。全年累计清收处置不良贷款4.02亿元。年末，法人客户不良率1.18%，比年初下降0.45个百分点；个人客户不良率0.57%，比年初增加0.26个百分点。对潜在高风险贷款积极进行化解或退出。全年退出潜在风险贷款13.13亿元。

体制机制。坚持以客户为中心，理顺体制机制，改进客户服务，强化经营管理。市场营销机制进一步完善，重点完善中心城区扁平化管理机制，适当调整分行部分部室职能，改设公司大客户服务中心、结算业务中心，新设住房消费贷款中心，理顺分行、支行的关系。网点建设扎实推进，服务渠道更加畅通。年内，升格一级支行1家，完成新建网点4家，变更营业场所1家，优化低效网点5家；新建自助银行6个，新增自助设备42台。分行财富管理中心和贵金属交易中心顺利开业，出国金融服务中心功能逐步完善。以物理网点、自助网点(设备)、电子银行和客户经理构成的立体化客户服务网络进一步完善。全面加强服务管理，开展“打造卓越金融服务建设客户满意银行”主题教育、服务明星评选等活动，推广密码键盘评价器，客户满意度明显提升。

内控管理。坚持业务发展和内控管理并重，加强重点领域风险防控，全面强化合规管理，有效保障各项业务平稳健康发展。认真执行贷款新规，扎实推进贷款实贷实付，有效支持实体经济发展。全年贷款受托支付比例96.29%。突出加强重点领域的风险管理，前移风险关口，逐月落实还款来源，确保到期贷款按时收回。全面开展信贷

2012 年 12 月 5 日，工商银行山东省分行到山东汇丰石化有限公司调研

（工商银行淄博分行 供稿）

亿元。其中，个人存款余额 335.09 亿元，比年初增加 58.92 亿元。各项贷款余额 328.92 亿元，比年初增加 32.73 亿元。其中，个人贷款余额 96.75 亿元，比年初增加 18.09 亿元。

加大账户营销力度，账户数量和质量大幅提升。依托财富中心、理财中心，在全省率先开办个性化服务项目，高端客户服务能力明显增强。年末，个人贵宾客户突破 22.5 万户，比年初增加 5.9 万户。强化经济资本管理，转变增长方式。应对外部监管新要求，加快中间业务转型，持续优化收入结构，中间业务收入占总收入的比重为 12.67%。努力膨胀理财产品、基金等产品销售规模，培育中间业务收入新的增长点。全年实现理财产品销售量 1400 亿元，其中对私理财销售量 443 亿元、对公理财销售量 957 亿元；销售基金 8.36 亿元。年末，新兴中间业务收入占比 51.23%，比年初提高 16.88 个百分点。重视电子渠道建设，全年新增自动柜员机 68 台、自助终端 70 台。年末，电子交易渠道占比 76.65%，比年初提高 8.29 个百分点。加大全行文明标准服务培训和推广力度，文明标准服务水平显著提升。

三农和县域业务稳步发展。继续把惠农卡和农户贷款作为服务三农主打产品，探索创新集中

业务风险排查，加强非法集资、民间融资防火墙建设，对风险客户逐户制定风险化解方案。完善内控体系建设，组建内控合规检查中心，在支行配备专职或兼职内控副行长，分行部室配备合规经理。认真做好银行业不规范经营问题专项治理工作，对部分网点开展业务接管“飞天行动”，配合监管部门和上级行开展一系列检查，促进依法合规经营。完善防案体系建设，开展员工行为规范教育，举办“珍惜岗位，远离犯罪”视频警示教育报告会，深入开展员工参与非法集资、民间融资、非法担保等排查工作，加强重点部位安全管理，妥善化解各种不稳定因素，确保全行安全稳定。

（于朝峰）

【农业银行淄博市分行】 2012 年，应对激烈的竞争形势，落实联动营销、交叉营销策略，实施产业链、客户链、产品链全覆盖营销，实行领导包点包户、点对点督导调度，强化考核激励，严格约见问责。在四大行中实现各项存款、个人存款、对公存款存量和增量，各项贷款、个人贷款存量和增量等多个第一名的好成绩。年末，各项存款余额 556.01 亿元，比年初增加 95.09

2012 年 3 月 8 日，农行淄博分行召开支持黑牛产业推进会（陈 鹏 摄）

连片服务模式，实现对优势农业项目、优质产业链条和重点农村区域的连片渗透。坚持量质并举，先后召开5次农户贷款专题会议，加大调控和督导力度，加强逾期贷款和不良贷款催收，推动三农业务健康发展。年末，累计发行惠农卡29.92万张，比年初增加1.93万张；惠农卡累计授信8.13万户，较年初增加9704户；农户贷款余额15.48亿元，总量居全省系统第二位，农户贷款不良占比仅为1.65%，继续居全省最低水平。推进农村支付结算体系建设，全年设立“惠农通”工程服务站441个，县域以下布设电子机具14901台，覆盖行政村2465个，电子机具行政村覆盖率84.9%。农行淄博分行三农金融事业部改革试点及服务三农工作经验做法，得到人民银行总行、农业银行总行调研组的充分肯定和高度评价。

有效防控经营风险。强化贷款资金受托支付，减少贷款挪用风险。把贷后管理行为全部纳入信贷管理系统，设立专职人员进行网上每日预警，按规定频次进行贷后管理，发现风险信号及时预警，减少贷款损失。广泛开展法人客户“大回访”活动，深入现场，当面沟通，强化银企沟通，了解客户信贷需求，及时发现和化解风险信号。年末，不良贷款率较年初下降0.26个百分点，超额完成省行下达的计划。委托资产清收取得新突破，处置收回委托资产计划完成率居全省系统首位。

重视基础管理。按照“人员上收、编制单列、工资切块”原则，加强后台中心队伍建设，确保运营后台中心稳定高效运行，后台中心建设工作做法在全省系统推广。对820名柜员、运营主管和监管经理集中脱产培训。年末，完成48个营业网点的整体移位工作，各支行对市行未移位检查的网点实行循环式移位接管，实现年内营业网点整体移位全覆盖。开展“基础管理提升年”“合规文化巩固提升年”等专项整治活动，实施员工行为、信贷、财会、运营和科技五大领域精细化管理，内控合规管理水平不断提升。组织开展“加强廉政文化建设，推进廉政风险防控”教育实践活动，组织查找廉政风险点，并进行公示，强化全员廉洁从业意识。以创建“平安农行”为抓手，深入开展达标活动，确保全年安全无责任性案件和事故。（耿向刚）

【建设银行淄博市分行】 2012年，建设银行淄博市分行主要业务实现恢复性增长，各项工作呈现积极向好势头。截至年末，全口径存款余额344.6亿元，较年初增加66.7亿元，市场占比提升1.31个百分点。实现中间业务收入3.42亿元，比2011年增加3709万元。各项贷款余额222亿元，比年初增加20.9亿元。

客户拓展。全年对公账户增加2152户，是2011年新增总量的近五倍，增速列全省第一。全年大中型客户授信客户增加28户，特别是对北金集团、胜利钢管股份公司、大新化工公司等淄博市重要行业客户的营销工作取得突破；小企业信贷客户新增77户。全年投放对公贷款120亿元，比2011年多投放32亿元；累计办理投行等非信贷融资24.5亿元，列同业第一。全年信用卡客户净增加4.2万户，居同业第二。手机银行客户总量44.8万户，增加14.2万户。

支持实体经济。发挥建行传统优势，全力支持淄博市重点项目、重点企业建设，全年批复授信

2012年11月9日，建设银行支持淄博市新农村暨示范镇建设推进会议召开
（翟姗姗　摄）

175亿元，增加70亿元，投放贷款65亿元，多投22亿元，增幅51%，投放额创近三年之最。推进产品创新，扶持中小企业发展，推广助保金贷款，解决小企业融资难、担保难问题，全年投放助保金贷款4.12亿元，投放小企业贷款55亿元，增加10亿元。拓展融资渠道，多途径支持企业发展，全年利用企业债、理财产品等投行业务累计为企业融资24.5亿元。联合中投证券成功为淄博市城市资产运营有限公司发行15亿元企业债券。利用承兑汇票、信用证等表外业务为企业融资39.6亿元，为外贸企业办理贸易融资72.2亿元。2012年，建行淄博市分行共为淄博市企业融资260亿元，投放贷款120亿元。

业务发展。对公产品覆盖度达到334.3%，贴现余额列四大行第一，助保贷累计发放4.1亿元。成功办理淄博市城市资产运营公司15亿元企业债、海力化工公司6亿元高收益债等投行项目。全年债券业务市场占比达到100%。大宗原材料进口业务实现突破，进出口贸易融资余额增长206%，外汇中间业务收入跃居四大行第二。信用卡分期业务增速达到517%。基金、寿险、贵金属、借记卡收入均列四大行第一。电话POS绑定结算通卡营销工作全省领先；质保金业务推广到沂源县和周村区、临淄区，维修基金业务在桓台县实现零的突破。开发校园“E路通”收费管理系统，率先在临淄中学上线，并在全市高中学校推广。

风险管控。全年处置不良贷款1.33亿元，年末全行不良贷款余额1.93亿元，较年初减少1941万元，不良率0.87%，较年初下降0.19个百分点；信用卡不良率0.75%，比年初下降0.5个百分点。加强操作风险管理，全年关键风险点检查无案件发生，年内发现问题整改率达到100%。通过扎实有效工作，分行成为首家退出总行重点监控机构名单的单位。 （徐建国）

【中国银行淄博分行】 年末，实现净利润5.24亿元，实现中间业务净收入3.21亿元，完成省行预算的100.78%。缴纳税金9687万元（不含代扣代缴），比2011年增加1012万元，增幅12%。人民币一般存款平均余额260.81亿元，外币一般存款平均余额1.54亿美元，外汇存款余额的市场份额达42.22%，同业排名首位，较年初提升2.11个百分点。本外币公司贷款、人民币个人贷款新增额均控制在省行预算之内，人民币贷款较年初新增11.39亿元。实现不良贷款清收4955万元，完成省行计划的203.41%。

年内，该行按照“做活大型企业，做大中型企业，做强小型企业”的发展原则，开展“百年中行精彩共享”主题推动会，与淄博市金融证券工作办公室联动，由政府搭台，银行和企业“唱戏”，以产品创新带动，投入10亿元中小企业贷款、10亿元贸易融资，支持地方经济建设。9月10日，召开政银企对接会后，又举办10场推介会，参会企业700余家，300余家达成合作意向。至10月末，新模式中小企业贷款金额、户数分别较年初新增5.98亿元、139户，率先完成省行全年计划，分列全省第四位和第二位，受到省行表扬。年末，人民币贸易融资余额35.18亿元，增加9.25亿元，增幅35.67%；人民币贸易融资发生额91.60亿元，增加30.37亿元，增幅56.72%。年内，中行淄博分行获2012年度淄博市银行业小微企业金融服务先进单

2012年9月21日，建设银行淄博市分行与淄博市工商业联合会签订战略合作协议 （翟姗姗 摄）

2012年10月25日，中国银行淄博分行与市工商局签订战略合作协议

（中国银行淄博分行　供稿）

位称号，辖内临淄支行获得2012年度淄博市银行业小微企业金融服务十佳支行称号；“中银易融通宝”产品，获2012年度淄博市银行业小微企业金融服务十佳产品称号。

平稳推进网点转型工作。按照“分步实施、整体推进”的部署，稳步推进机构扁平化管理。对实行直管模式的经营性支行的班子成员，采取报名选聘、公开竞聘及双向选择相结合的方式，按标准配置人员和费用，吸引人才向网点流动，激发基层员工工作热情。制定网点转型三年规划，推动全辖区所有网点实现销售服务型向全功能型转型，真正把网点建设成产品丰富、功能齐全、服务优质，对公、对私业务全面开花的“金融超市”，让每家网点都是一家股份制银行，让客户在每家网点都能享受到“一站式”服务。　（肖　群）

【交通银行淄博分行】　截至年末，人民币存款余额143亿元，较年初增长14亿元，增幅10.85%；各项贷款余额113.56亿元，较年初增加27.14亿元，增幅31.41%。市场占比6.59%，比年初提升1.01个百分点。

持续推进机构改革。年初，在网点机构优化、机关调整精简的基础上，适应业务发展需要，在全辖区率先成立投资银行部。到年底，办理融资租赁3.74亿元。4月，根据张店片各网点业务发展的实际情况，对原一个中心支行带一个二级支行的管理模式进行扁平化改革，将原来的5家二级支行改为直属支行。

产品营销工作。加大对产品的营销力度，用产品带动负债业务发展，取得明显成效。截至12月末，吸收存款24亿元。

内控建设。落实会计主管委派制和重要岗位人员轮岗、强制休假制度，定期组织会计主管进行业务考试，按月召开会计主管会议，修订会计主管考核办法并全面实施。强化基层营业机构会计内控负责人对重大会计风险环节防控的责任，按照省分行的要求，与全体基层会计正副主管签订重大会计风险环节防控责任书。开展员工参与民间借贷、案件防控等专项检查，开展信贷风险识别和排查，形成员工失范行为每月排查一次的常态化机制。强化责任追究，加强信息安全管理，全年系统安全运行率达到100%。

不良资产处置。采取以收现为主，重组、诉讼等相结合的清收工作方法，重点抓好大户的压缩工作。对存量不良贷款，认真分析，排队梳理，制定“一户一策”和“一户多策”的管理及压缩措施，将清收目标落实到户，清收责任落实到人，做到应收尽收。　（郗京才）

【齐商银行】　2012年，围绕“市民银行”和“中小企业主办行”的市场定位，着力加强结构调整力度，继续深化战略转型，持续加强全面风险管理和内部控制，加大对小微业务和零售业务的支持力度。年末，该行总资产达到481.61亿元，较年初增长65.03亿元，增幅15.61%；各项存款余额达到406.25亿元，较年初增加51.67亿元，增幅14.57%；各项贷款余额288.43亿元，较年初增加29.62亿元，增幅11.44%；拨备覆盖率、贷款损失准备充足率、资本充足率等各项监管指标全面达标；实现经营利润12.11亿元，净利润7.42亿元，比2011年增加6253万元，上缴各项税金5.13亿元。

公司治理。增强公司治理主体的履职有效性，董事会战略决策、高级管理层执行落实、监事会监督制衡的协调运行机制更加高效；充分利用各类内外部检查成果，强化合规经营意识，细化风险管理措施，优化内部控制架构与流程，在各级、各类风险排查、检查或审计评估中受到好评。

2012 年 8 月 28 日，齐商银行成立十五周年庆典仪式暨新产品发布会

（齐商银行　供稿）

业务结构优化。资产结构持续优化。小微企业贷款增速达到监管部门的要求，个人零售贷款超额完成年初计划。存款结构持续优化。储蓄存款占比达到存款总额的三分之一，对公存款稳中有升，基础存款稳定性明显增强。资产质量持续优化，不良资产实现“双降”。产品创新持续优化，“齐动力—租金贷、出疆棉补贴、政通贷”等多款产品在省市产品大赛中获奖，理财产品发行期次和金额创历史新高，服务市民和中小企业的能力日益增强。服务渠道持续优化，网银交易量在联盟成员行中名列前茅，自助设备数量居全市第一位。

异地机构发展。实施“一体两翼”机构发展战略，按照“准法人”体制对异地分行实行授权管理、放权经营、加强监督，进一步加大政策支持力度，有效促进异地分支行的持续健康发展。年末，该行异地分支行存款和净利润分别占全行总额的 22.01％和 25.6％，对全行的贡献度持续提升。东营分行、西安新城区支行、滨州滨城支行和惠民支行相继开业，潍坊分行、西安明德门支行、滨州黛溪支行获批筹建。村镇银行运行良好，所辖汤头支行顺利开业，实现机构的进一步延伸。

队伍建设。组织全员查摆问题、深刻剖析、监督整改。建立完善人才招聘、培训机制和薪酬绩效的考评提升机制，吸引、稳定人才，增强全体干部员工的归属感和责任意识。完善神秘人测评机制，加大监测和奖惩力度。营业部被授予全国银行业文明规范服务千佳示范单位，6 家营业机构被授予全省银行业文明规范服务示范单位。2012 年，以庆祝齐商银行成立 15 周年为契机，开展形式多样、参与范围广、宣传效果好、社会影响力大的系列宣传活动，展现了良好的精神风貌。

（齐商银行）

保　　险

【概况】 2012 年，全市保费总规模达到 64.84 亿元，比 2011 年增长 7.20％，保费规模（不含青岛）居济南（111.73 亿元）、烟台（106.78 亿元）、潍坊（94.73 亿元）、临沂（92.63 亿元）、济宁（77.55 亿元）之后，列全省第六位。其中，财产险保费收入 24.13 亿元，增长 9.30％；人身险保费收入 40.71 亿元，增长 5.99％。机构数目有所增加。年内，泰山财险、华泰财险、中德安联人寿、紫金财险 4 家公司进驻淄博。全市共有保险公司 45 家，其中财产险公司 22 家、人寿险公司 23 家；保险中介机构 15 家。

【服务社会】 2012 年，全市保险业为广大居民、企事业单位提供了 6062.64 亿元的风险保障。全年共支付赔款和给付金额 13.64 亿元，缴纳地方税收 2 亿元；保险从业人员 2 万余人，保险深度 1.82％，保险密度 1516.23 元。

淄博市保险业务统计表

表 27

年度 指标(亿元)	2005	2006	2007	2008	2009 年	2010 年	2011 年	2012
保险公司保费收入	25.49	23.85	33.18	40.37	48.32	63.33	60.35	64.84
财险收入	8.04	7.29	10.60	11.46	14.18	19.93	22.11	24.13
寿险收入	17.45	16.56	22.58	28.91	34.14	43.4	38.24	40.71
保险公司赔付支出	10.64	7.29	13.71	13.16	13.94	10.17	11.40	13.64
财险赔款	5.29	4.56	5.99	6.28	7.96	7.73	9.05	10.90
寿险给付	5.35	2.73	7.22	6.88	5.98	2.44	2.34	2.74

淄博市保险机构统计表

表 28

年度 指标(个)	2005	2006	2007	2008	2009	2010	2011	2012
全市保险机构	13	18	24	146	156	168	187	204
财险机构	7	10	12	94	96	96	102	111
地市机构	7	10	12	17	17	17	19	22
区县机构				77	79	79	83	89
寿险机构	6	8	12	52	60	72	85	93
地市机构	6	8	12	19	19	20	22	23
区县机构				33	41	52	63	70

淄博市财产保险公司

表 29

序号	单 位 名 称	序号	单 位 名 称
01	中国人民财产股份有限公司淄博市分公司	12	都邦财产保险股份有限公司淄博中心支公司
02	中国太平洋财产保险股份有限公司淄博中心支公司	13	民安保险(中国)有限公司淄博中心支公司
03	中国平安财产保险股份有限公司淄博中心支公司	14	天平汽车保险股份有限公司淄博中心支公司
04	天安保险股份有限公司淄博中心支公司	15	永诚财产保险股份有限公司淄博中心支公司
05	中国大地财产保险股份有限公司淄博中心支公司	16	长安责任保险股份有限公司淄博中心支公司
06	永安财产保险股份有限公司淄博中心支公司	17	渤海财产保险股份有限公司淄博中心支公司
07	中华联合财产保险有限公司淄博中心支公司	18	中国人寿财产保险股份有限公司淄博市中心支公司
08	中国太平财产保险有限公司淄博中心支公司	19	英大泰和财产保险股份有限公司淄博中心支公司
09	安邦财产保险股份有限公司淄博中心支公司	20	泰山财产保险股份有限公司淄博中心支公司
10	阳光财产保险股份有限公司淄博中心支公司	21	华泰财险保险有限公司淄博中心支公司
11	华安财产保险股份有限公司淄博中心支公司	22	紫金财产保险有限公司淄博中心支公司

淄博市人寿保险公司

表 30

序号	单位名称	序号	单位名称
1	中国人寿保险股份有限公司淄博分公司	13	中国人民人寿保险股份有限公司淄博中心支公司
2	中国太平洋人寿保险股份有限公司淄博中心支公司	14	生命人寿保险股份有限公司淄博中心支公司
3	中国平安人寿保险股份有限公司淄博中心支公司	15	恒安标准人寿保险公司淄博营销服务部
4	泰康人寿保险股份有限公司淄博中心支公司	16	华泰人寿保险股份有限公司淄博中心支公司
5	新华人寿保险股份有限公司淄博中心支公司	17	中宏人寿保险有限公司淄博营销服务部
6	中国太平人寿保险有限公司淄博中心支公司	18	阳光人寿保险股份有限公司淄博中心支公司
7	合众人寿保险股份有限公司淄博中心支公司	19	幸福人寿保险股份有限公司淄博中心支公司
8	长城人寿保险股份有限公司淄博中心支公司	20	国华人寿保险股份有限公司淄博中心支公司
9	中荷人寿保险淄博营销服务部	21	华夏人寿保险股份有限公司淄博中心支公司
10	民生人寿保险股份有限公司淄博中心支公司	22	百年人寿保险股份有限公司淄博中心支公司
11	中英人寿保险有限公司淄博营销服务部	23	中德安联人寿保险有限公司淄博中心支公司
12	农银人寿保险股份有限公司淄博中心支公司		

（索利芹）

金融证券

【企业上市融资】 2012 年，全市新增 3 家上市公司，2 家公司实现借壳上市。山东龙泉管道工程股份有限公司于 4 月 26 日在深圳证券交易所挂牌上市，融资 4.96 亿元；银仕来控股有限责任公司于 7 月 12 日在香港交易所挂牌上市，融资 1.44 亿元；山东联创节能新材料股份有限公司于 8 月 1 日在深圳证券交易所创业板挂牌上市，融资 2.81 亿元。新华医疗股份有限公司实施再融资 6.21 亿元，全年直接融资合计 15.42 亿元。华联矿业成功重组大成农药，向上市公司注入铁矿资产 15.8 亿元。宏达矿业重组华阳科技实现借壳上市，注入资产 23.19 亿元。至年底，全市共有 26 家上市公司的 28 只股票分别在沪、深、港和新加坡证券交易所挂牌交易，累计融资 347 亿元。

【场外交易市场建设】 2012 年，齐鲁股权托管交易中心新增挂牌企业 90 家。截至年末，中心挂牌企业 135 家，市值近 90 亿元，行业涉及新材料、新农业、精细化工、生物医药、高端装备制造业等领域。其中，市内企业 65 家，实现股权融资 10.6 亿元；市外企业 70 家，实现股权融资 3.7 亿元。企业通过挂牌实现直接和间接融资近 55 亿元。与 16 家银行签署战略合作协议，授信额度 50.3 亿元，实际使用 33.6 亿元。托管企业 230 家（市内 122 家，市外 108 家），托管总股本近 60 亿股。培育和发展各类中介服务机构 190 家；建立投资者俱乐部，吸引股权投资机构 117 家；18 家券商进入市场，开展相关业务。制定 58 条市场规则和制度，开发具有自主知识产权的非上市股权交易系统。建立全省性综合监管体系和及时有效的风险处置机制，保证市场平稳有序健康运行。做好上市后备资源培育，托管的挂牌企业中已有 10 家公司启动上市程序。在省内设立 30 家分支机构，托管的挂牌企业覆盖 15 个市，全省性股权交易市场格局初步形成。

淄博市上市公司基本情况表

表 31

序号	上市公司股票	上市地	上市时间	上市方式	总股本（万股）	实际流通股（万股）
1	华联矿业	上海证券交易所	1995—12—06	A 股	39923.80	21372.64
2	金岭矿业(华光陶瓷)	深圳证券交易所	1996—11—28	A 股	59543.02	41480.70
3	鲁信高新(四砂股份)	上海证券交易所	1996—12—25	A 股	74435.93	74435.93
4	新华制药	深圳证券交易所	1997—08—06	A 股	45731.28	30731.19
		香港交易所	1996—12—31	H 股		15000
5	鲁商置业(万杰高科)	上海证券交易所	2000—01—13	A 股	100096.80	100096.80
6	鲁泰 A	深圳证券交易所	2000—12—25	A 股	100889.48	5560.15
	鲁泰 B	深圳证券交易所	1997—08—19	B 股		32398.92
7	山东药玻	上海证卷交易所	2002—06—03	A 股	25738.01	25738.01
8	金晶科技	上海证券交易所	2002—08—15	A 股	142270.74	96710.94
9	新华医疗	上海证券交易所	2002—09—27	A 股	17405.31	17405.31
10	博汇纸业	上海证券交易所	2004—06—08	A 股	50457.60	50461.92
11	瑞阳制药	新加坡交易所	2005—09—08	S 股		
12	鲁阳股份	深圳证券交易所	2006—11—30	A 股	23397.87	20081.42
13	东岳集团	香港交易所	2007—12—10	红筹股	208362.30	208362.30
14	联合化工	深圳证券交易所	2008—2—20	A 股	33447.60	24624.88
15	胜利管道	香港交易所	2009—12—18	红筹股	249000	249000
16	蓝帆股份	深圳证券交易所	2010—04—02	A 股	24000	6000
17	齐翔腾达	深圳证券交易所	2010—05—18	A 股	56064.96	19224
18	三维工程	深圳证券交易所	2010—09—08	A 股	16892.23	5253
19	齐峰股份	深圳证券交易所	2010—12—10	A 股	20615	12774.18
20	万昌科技	深圳证券交易所	2011—05—20	A 股	10828	6347.30
21	金城医药	深圳证券交易所	2011—06—22	A 股	12100	5898.40
22	瑞丰高材	深圳证券交易所	2011—07—12	A 股	8560	4254.59
23	龙泉股份	深圳证券交易所	2012—04—27	A 股	9437	2360
24	银仕来	香港交易所	2012—07—12	A 股	80000	80000
25	联创节能	深圳证券交易所	2012—08—01	A 股	4000	1000
26	宏达矿业	上海证券交易所	2012—12—18	A 股	39623.44	15210

【驻淄证券营业部】 全市共有 22 家证券、期货经营机构。其中，证券营业部 18 家、期货营业部 4 家。证券经营机构中，齐鲁证券淄博营业部有 8 家，分别为张店人民西路营业部、张店新村西路营

业部、张店中润大道营业部、淄川松岭路营业部、周村青年路营业部、临淄桓公路营业部、博山沿河西路营业部、沂源营业部；海通证券淄博营业部有3家，分别为淄川通济街营业部、临淄石化营业部、桓台营业部；中信万通证券淄博营业部有2家，分别为张店美食街营业部、张店柳泉路营业部；中信建投证券淄博中心路营业部1家；大同证券淄博营业部1家；国联证券淄博营业部1家；银河证券淄博营业部1家，西藏证券营业部1家。4家期货经营机构分别为鲁证期货淄博营业部、招金期货淄博营业部、永安期货淄博营业部、中证期货营业部。全市除高青县外，各区县均设有营业部。其中，张店区10家，淄川区3家，临淄区3家，周村区2家，博山区、桓台县、沂源县和淄博高新区各1家。截至12月31日，全市在沪、深两市证券交易所开户总数为93.17万户，证券交易金额为1847.73亿元，证券托管市值为239.71亿元，保证金余额为19.84亿元。　（孟令昌）

本部类编　辑：王　娟
副主编：徐　杰
校　对：马震刚
杨　凤

科　学

科　技

【培育发展高新技术企业】 组织开展高新技术企业的认定和复审工作，加大企业技术创新、制度创新和管理创新工作力度。重点围绕新材料、精细化工、新医药、新能源与节能环保装备、电子信息、汽车及机电装备等战略性新兴产业，加大对有潜力且成长性好的高新技术企业扶持培育力度，进一步壮大高新技术产业规模。推荐上报48家新申请认定的企业和54家复审企业，其中新认定高新技术企业38家、通过复审企业52家。6家企业被批准为国家火炬计划重点高新技术企业，全市高新技术企业达到221家，其中国家火炬计划重点高新技术企业达到20家。2012年，全市规模以上高新技术产业实现产值2983.83亿元，比2011年增长21.31%，占规模以上工业总产值的比重达到28.33%，比2011年提高1.23个百分点。

2012年淄博市新认定高新技术企业名单

表32

序号	企业名称	证书编号
1	山东星之联生物科技股份有限公司	GR201237000374
2	山东迪浩耐磨管道股份有限公司	GR201237000232
3	山东胜利钢管有限公司	GR201237000375
4	山东伯仲真空设备股份有限公司	GR201237000398

续表32

序号	企业名称	证书编号
5	山东省淄博华洋陶瓷有限责任公司	GR201237000021
6	山东圣川陶瓷材料有限公司	GR201237000288
7	山东雷帕得弹簧有限公司	GR201237000018
8	淄博弘扬威德福油田设备有限公司	GR201237000255
9	山东上德电气股份有限公司	GR201237000335
10	山东锦城钢结构有限责任公司	GR201237000179
11	淄博强大集团有限公司	GR201237000314
12	山东安博机械科技股份有限公司	GR201237000116
13	山东柳杭减速机有限公司	GR201237000225
14	山东科明光电科技有限公司	GR201237000409
15	淄博嘉俊陶瓷有限公司	GR201237000339
16	淄博英科医疗制品有限公司	GR201237000139
17	淄博腾辉油脂化工有限公司	GR201237000298
18	山东大齐化工科技有限公司	GR201237000252
19	山东齐鲁石化建设有限公司	GR201237000061
20	山东瑞爱特环保科技有限公司	GR201237000417
21	山东海力化工股份有限公司	GR201237000084
22	山东朗法博粉末涂料有限公司	GR201237000069
23	山东耀昌集团有限公司	GR201237000331
24	淄博正大节能新材料有限公司	GR201237000325
25	山东博拓塑业股份有限公司	GR201237000085
26	山东沃源新型面料股份有限公司	GR201237000240
27	山东兆物网络技术有限公司	GR201237000110
28	中化帝斯曼（淄博）制药有限公司	GR201237000059
29	山东亿恺仓储工程有限公司	GR201237000277

续表 32

序号	企业名称	证书编号
30	山东天璨环保科技股份有限公司	GR201237000268
31	山东明嘉勘察测绘有限公司	GR201237000221
32	山东德佑电气有限公司	GR201237000077
33	山东高盛玻璃科技股份有限公司	GR201237000173
34	淄博宜臣轻工制品有限公司	GR201237000287
35	淄博九洲润滑科技有限公司	GR201237000145
36	淄博三品电子科技有限公司	GR201237000351
37	山东亿玛信诺电气有限公司	GR201237000275
38	山东莱茵科技设备有限公司	GR201237000234

【产业园区建设】 淄博高新区实施产学研合作推进计划和创新平台建设工程，重点加快微机电系统研发中试平台、医药生物公共技术服务平台、精细化工和高分子材料公共技术服务平台等3个创新平台建设步伐，促进高新区创建国家创新型科技园区，提升区域核心竞争力。依托东岳氟硅材料产业园区开工建设百亿元投资项目，重点开工建设功能膜公司，发展与新环保、新能源密切相关的膜产业，新建东岳研究院，建设新型环保制冷剂、高性能聚四氟乙烯等氟材料及制品、高性能硅橡胶及制品，建设生态园区环保项目及配套工程，建设全球功能膜材料基地和千亿级氟硅产业园区。加强省级农业高新技术示范区建设，推进农产品精深加工园、现代农业高新技术产业示范园、生物工程示范园、农产品仓储物流园4个功能区建设，全年实现销售收入30亿元，利税3.2亿元，成为集农业高新技术开发、引进、转化、示范推广及产业化开发服务等为一体的现代化农业示范园区。

【科技与金融结合试点】 鼓励和引导金融机构加大对战略性新兴产业的扶持力度，与招商银行淄博分行签订支持高新技术产业发展科技金融合作协议，在全市金融机构中实施科技金融创新试点，对符合科技产业政策的项目降低门槛，加大放贷支持力度；支持中国农业银行淄博分行成立“新材料名都”银企联谊会，加大对新材料产业的信贷扶持力度，与11家骨干企业建立紧密型合作关系。继续做好对金融机构战略性新兴产业科技项目贷款的风险补偿工作，联合财政部门、人民银行审核16家银行机构的科技项目贷款150笔，发放贷款35.65亿元。对金融机构发放奖励资金1529万元，进一步提高金融机构投放科技信贷的积极性。

【重大科技专项】 年内，全市争取省级以上科技发展计划项目211项，获得扶持资金20448.96万元。其中，国家级项目62项，争取资金6585.26万元；省级项目149项，扶持资金13863.7万元。承担的计划项目中，单项财政扶持资金超过100万元的项目有27个、超过500万元的项目有11个、超过1000万元的项目有7个。其中，淄博淄柴新能源有限公司的生物质气化发电与热电联供系统、山东新华医疗器械股份有限公司的医院一体化感染控制系统、山东华夏神舟新能源有限公司的新型燃料电池质子交换膜等8个项目列入国家科技支撑计划和国际科技合作计划，山东东岳高分子材料有限公司的新一代氯碱离子膜研发及应用、山东天璨环保科技股份有限公司的新型高效无毒环保型脱硝催化剂、山东联创节能新材料股份有限公司的环保型硬质聚氨脂防火保温复合板等7个项目列入山东省自主创新专项，王庄煤矿的高水膨胀材料充填减沉与保水开采、山东山博电机集团有限公司的高效高速永磁风力发电机、山东金城医药化工股份有限公司的头孢抗菌素中间体活性酯关键技术等6个项目列入山东省自主创新成果转化重大专项。山东迪浩耐磨管道有限公司等企业申报的增强型超高分子量聚乙烯钢骨架复合管材等17个项目列入国家创新基金项目计划，在一定程度上缓解科技型中小企业融资难问题。

【市级科技发展计划】 全市申报科技项目364项，社会投资54.8亿元，101个项目获批立项，拨付财政扶持资金2200万元。立项实施的项目，符合全市产业结构调整和战略发展布局的需求，重点支持有竞争优势和发展前景的高科技项目，同时加大对农业科技、民生科技的扶持力度，对优势项目做大做强、拉长产业链条、形成产业优势集群起到重要带动作用。

【知识产权管理】 强化知识产权政策落实，印发《关于贯彻落实淄博市知识产权战略纲要，进一步加大专利发展专项资金投入的意见》，明确全市专利发展专项资金投入总额不低于1600万元，对进一步提高全市专利创造、专利技术成果转化、专利保护及管理服务能力起到坚实的支撑作用。成立淄博市知识产权维权援助中心和“12330”网络服务平台，建设10处知识产权教育培训基地，开展以“培育知识产权文化，促进社会创新发展”为主题的知识产权宣传周等活动，进一步加强知识产权政策法规、行政执法、管理服务建设。2012年，全市申请国内专利10120件，其中发明专利申请2253件，比2011年增长7.95%；授权专利申请4401件。其中，发明专利授权541件，比2011年增长23.80%。

【技术创新平台建设】 进一步加强工程技术研究中心、企业重点实验室、院士工作站等科技创新平台建设，引导企业加大科技投入，吸引智力资源和创新要素。2012年，全市新增市级工程技术研究中心84家，总数达到302家；新增省级工程技术研究中心8家，总数达到133家；新增山东省院士工作站15家，总数达到54家。

2012年淄博市新增省级工程技术研究中心

表33

中心名称	依托单位
山东省分子筛催化新材料工程技术研究中心	山东齐鲁华信高科有限公司
山东省新型化纤面料工程技术研究中心	山东沃源新型面料股份有限公司
山东省高压计量设备工程技术研究中心	山东计保电气有限公司(淄博计保互感器研究所)
山东省有机过氧化物工程技术研究中心	淄博正华助剂股份有限公司
山东省金属矿山设备工程技术研究中心	淄博广梓机械有限公司
山东省岩土机械工程技术研究中心	山东鑫国重机科技有限公司
山东省谐波与无功治理应用工程技术研究中心	山东锦华电力设备有限公司
山东省曲霉应用工程技术研究中心	淄博职业学院

2012年淄博市新增山东省院士工作站

表34

院士工作站名称	依托单位	进站院士
山东省工陶耐火材料院士工作站	淄博工陶耐火材料有限公司	中国工程院院士沈德忠
山东省元绪冶金机械院士工作站	淄博元绪冶金机械有限公司	中国工程院院士殷国茂
山东省国塑科技院士工作站	山东国塑科技实业有限公司	中国工程院院士毛炳权
山东省广垠新材料院士工作站	山东广垠新材料有限公司	中国科学院院士王佛松
山东省中航钛业院士工作站	中航钛业有限公司	中国科学院院士曹春晓
山东省中科天泽净水材料院士工作站	山东中科天泽净水材料有限公司	中国工程院院士曲久辉
山东省沃源新型面料院士工作站	山东沃源新型面料股份有限公司	中国工程院院士周国泰
山东省华伟银凯建材科技院士工作站	山东华伟银凯建材科技股份有限公司	中国工程院院士侯保荣
山东省扳倒井院士工作站	山东扳倒井股份有限公司	中国工程院院士孙宝国
山东省计保电气院士工作站	山东计保电气有限公司	中国工程院院士张钟华

续表 34

院士工作站名称	依托单位	进站院士
山东省中惠仪器院士工作站	山东中惠仪器有限公司	中国工程院院士张钟华
山东省新华制药院士工作站	山东新华制药股份有限公司	中国工程院院士甄永苏
山东省鲁维制药院士工作站	山东鲁维制药有限公司	中国工程院院士张生勇
山东省天晟煤矿装备院士工作站	山东天晟煤矿装备有限公司	中国科学院院士宋振骐
山东省胜利钢管院士工作站	山东胜利钢管有限公司	中国工程院院士李鹤林

【产业技术创新战略联盟建设】　年内，批准组建“航空航天用钛合金材料产业技术创新战略联盟”等15家联盟为淄博市第三批产业技术创新战略示范联盟，“生物质气化发电装备产业技术创新战略联盟”等6家被列入山东省第三批产业技术创新战略示范联盟。全市产业技术创新战略示范联盟达到41家，其中省级12家。示范联盟涉及新材料技术、生物与新医药技术、高新技术改造传统产业、新能源及节能技术、电子信息技术、资源与环境技术等国家重点支持的产业技术领域，成员中有省内外企业229家、高校41所、研究机构31个，组建省级工程技术研究中心8处、院士工作站6家、省级重点实验室2家，联盟成员单位之间合作承担国家科技计划10余项、省科技计划30余项。

【科技成果推广和技术交易】　山东淄博生产力促进中心被科技部列为全国技术转移服务首批试点单位，并被批准为中国创新驿站基层站点，成为省内首批2个基层站点之一。全年完成技术交易合同567项，技术交易金额13.5亿元，7家单位被评为山东省技术市场“科技金桥奖”先进集体。2012年，全市取得重要科技成果207项，其中达到国际领先或国际先进水平的61项。评选出2012年度淄博市科学技术奖90项，其中科技进步一等奖8项、技术发明奖一等奖1项。获得国家科技进步二等奖1项、何梁何利科技进步奖1项、山东省科学技术奖25项。

【第十一届中国(淄博)新材料技术论坛】　9月6—9日举办，25名中国工程院、中国科学院院士，近300名中外专家、教授参加，征集重点科研成果7000余项。市内1100余家企业与参会专家、项目研发人员进行广泛对接洽谈，对接项目1620个，签订技术合作项目692个，可带动科技投入和高新技术产业投资75.8亿元。

2012年9月6日，“中国科技发展战略与科技体制改革”主题报告会现场

（陈　伟　摄）

【科技创新合作平台】　强化淄博科技创新服务平台服务能力建设，建立技术转移服务流程、业务工作标准、内部工作系统和评价考核体系。围绕技术、项目、人才等供给源头，与北京、上海、天津和山东技术转移机构、中介服务机构、高等院校、科研院所、特色产业基地、工程技术研究中心、企业技术中心、孵化器等机构合作，集聚科技资源，建立起纵横交织的服务网络和技术创新支撑体系。围绕技术、项目、人才等需

求源头，建立区县、镇（街道）技术转移工作站，建立市、区县、镇（街道）三级技术转移服务体系。

【国际科技合作交流】 探索建立海外孵化平台，围绕把留学人才“唤回来”、先进技术“引进来”、国内企业“走出去”的目标，实施“在国外创新孵化、在国内加速转化”“国外孵化器＋国内加速器”的新型创新创业模式，相继在美国、德国规划建立生物医药、新材料、电子信息、先进制造等海外科技孵化器。瑞阳制药有限公司在美国华盛顿设立“瑞阳药物研究所（美国）”，充分运用发达国家的人才和科研技术资源，以生物基因靶向药物的活性筛选为主要研发方向。加大国际科技合作创新平台建设力度，山东华夏神舟新能源有限公司成功组建“山东省国际科技合作基地”。建成国家级国际合作基地1家、省级国际合作基地1家、省级国际合作中心3家。

【农业科技创新】 集中整合山东理工大学、市农科院、林科所、农技中心、科技情报所等科技资源，借助中国（淄博）国际科技成果招商洽谈会所形成的外部优势，加强农业科技创新平台建设。截至年底，拥有国家可持续发展试验区1家、农业领域省级院士工作站1家、省级工程技术研究中心7家、省政府批准的省级农业科技示范园区1家、市级农业领域工程技术研究中心54家，农业科技创新能力进一步增强。

【新农村科技支撑体系建设】 实施农业良种、科技特派员、农村科技信息进村入户、名特优农产品科技精品示范四大工程，推进农业科技园区创建、科技富民强县、新农村民生科技示范三大行动，推动县域经济发展、服务新农村建设，发展壮大农业科技企业和专业大户。全市8个区县的665名科技特派员开展科技服务，逐步形成区域指导服务、供需双向选择定点服务、自主创业带动服务等多种工作模式。沂源县科技特派员苹果产业创业链被省科技厅认定为第一批省级科技特派员创业链。淄川区山东七河生物科技有限公司承担的“出口香菇菌袋特派员服务体系构建”项目，列入山东省科技特派员创业链专项。

【生物与医药产业】 年内，正式被批准建设山东省创新药物（淄博）孵化基地，并成为山东国家综合性新药研发技术大平台和国家山东创新药物孵化基地的共建单位。孵化基地依托淄博生物医药特色产业创新园，由淄博市医药企业联合组建，实行公共、开放、共享、高效的运行管理机制，打造创新药物研究从临床前研究到产业化的完整链条。

【科技活动周】 5月19—25日举办，以“科技引领未来发展，创新建设美好淄博”为主题，突出“科技与文化融合，科技与生活同行”特色，组织系列内容丰富多彩、极具时代特色的群众性科技活动，集中宣传科技方针政策，展示科技发展的最新成就。

附　2012年淄博市获省级以上科学技术奖名单

2012年国家科学技术奖（1项）

科技进步二等奖（1项）

1. 项目名称：微锡高强韧性球墨铸铁关键技术及动力机械核心部件产业化

完成单位：山东理工大学

完成人员：杨思一

2012年山东省科学技术奖（25项）

科技进步一等奖（1项）

1. 项目名称：扭妥纺工业化成套技术推广及其产业化

完成单位：鲁泰纺织股份有限公司、香港理工大学

完成人员：王方水　陶肖明　郭　恒　于守政　邹萌萌　李克银　徐宾刚　贾云辉　刘　江　任纪忠　崔金德　黄衍华

科技进步二等奖（8项）

1. 项目名称：预灌封注射器关键集成技术应用研究与产业化开发

完成单位：山东省药用玻璃股份公司、山东轻工业学院

完成人员：张　军　沈建兴　田德合　毛　剑　弋康锋　薛为革　刘　健　袁恒新　郑述玲

2. 项目名称:煤焦油加氢成套技术的开发与工业应用

完成单位:淄博泰通催化技术有限公司、陕西煤业化工集团(上海)胜帮化工技术有限公司、七台河宝泰隆圣迈煤化工有限责任公司

完成人员:韩宝平　万学兵　沈和平　宋希祥　秦　怀　杨国祥

3. 项目名称:新型含硫废气处理催化剂的研制及应用

完成单位:中国石油化工股份有限公司齐鲁分公司、山东齐鲁科力化工研究院有限公司

完成人员:达建文　刘爱华　陶卫东　刘剑利　许金山　王建华　张义玲　高步良　燕　京

4. 项目名称:(甲基)丙烯酸型阳离子聚合单体制备关键技术

完成单位:青岛科技大学、烟台开发区星火化工有限公司、中国石油化工股份有限公司齐鲁分公司研究院

完成人员:刘福胜　于世涛　鲁钟钧　刘仕伟　邵常东　王洪栋　李　露　吕志果　葛晓萍

5. 项目名称:大尺寸高温高压气体净化用陶瓷膜材料制备技术研究

完成单位:山东工业陶瓷研究设计院有限公司

完成人员:薛友祥　李小勇　李　勇　程之强　李　拯　陈学江　巩玉贤　赵世凯　李宪景

6. 项目名称:用于水泥无铬化生产的镁铁铝尖晶石材料的制备

完成单位:淄博市鲁中耐火材料有限公司、北京科技大学

完成人员:封立杰　陈俊红　孙加林　曹文斌　薛文东　李　勇　封吉胜　赵　兵　朱　波

7. 项目名称:散装物料智能化快速装车系统研制及应用

完成单位:山东博润工业技术有限公司

完成人员:陈　兵　刘淑良　杨晓光　史桂平　戴春华　梁立峰　谢新兵　陈小国

8. 项目名称:矸石膏体充填回收建筑物下条带开采遗留煤柱技术

完成单位:淄博矿业集团有限责任公司、中国矿业大学、徐州中矿大贝克福尔科技有限公司

完成人员:张寿利　周华强　李法柱　张　文　王光伟　孙希奎　常庆粮　曹　忠　李纯爱

科技进步三等奖(15 项)

1. 项目名称:应用有机硅表面活性剂牛仔布整理工艺技术及产品开发

完成单位:淄博兰雁集团有限责任公司

完成人员:姜　明　宋桂玲　王　伟　姜宜宽　胡乃杰　孙丽娥

2. 项目名称:高耐油性羟基丁腈橡胶技术开发研究

完成单位:青岛科技大学、山东淄博浩德化工股份有限公司

完成人员:林润雄　刘德强　陈占勋　李超芹　肖建斌　刘德刚

3. 项目名称:丁辛醇装置换热网络节能优化技术

完成单位:青岛科技大学、中国石油化工股份有限公司齐鲁分公司(第二化肥厂)

完成人员:朱兆友　孙　韬　王英龙　宋洪澎　刘俊峰　肖　雷

4. 项目名称:亚微米 99 氧化铝陶瓷脱水元件

完成单位:山东硅元新型材料有限责任公司

完成人员:周文孝　杨东亮　赵中帆　杨庆伟　秦成娟　李晓东

5. 项目名称:大型致密锆英石溢流砖的研究与开发

完成单位:淄博工陶耐火材料有限公司

完成人员:张　瑛　李志军　张启山　李玉强　李宇平　蒋绪贵

6. 项目名称:无机粉体材料颗粒形状与组成综合评价方法的建立及应用

完成单位:山东理工大学、淄博市产品质量监督检验所

完成人员:陈志伟 李正民 冯 柳 郭 红 魏春城 刘晓毅

7. 项目名称:高性能大直径稀土镁合金铸棒

完成单位:淄博宏泰防腐有限公司

完成人员:翟慎宝 柴韶春 孙启明 王增委 侯兆春

8. 项目名称:XGR120 全液压履带式旋挖钻机

完成单位:山东鑫国重机科技有限公司、北京建筑机械化研究院、北京建研机械科技有限公司

完成人员:王庆军 郭传新 秦 燕 于克永 王欣丽 沈 锋

9. 项目名称:智能型煤矿井下移动式瓦斯抽放泵站研究开发及产业化

完成单位:淄博水环真空泵厂有限公司

完成人员:孟凡瑞 荆延波 邵继荣 任志超 殷江涛 孙 苗

10. 项目名称:断层活化导水的机理与防治方法研究

完成单位:淄博矿业集团有限责任公司、中国矿业大学

完成人员:张同俊 许进鹏 许义云 张福成 郝海涛 李景慧

11. 项目名称:大倾角综放面预埋高位套管防治采空区自然发火技术

完成单位:淄博矿业集团有限责任公司、煤炭科学研究总院沈阳研究院

完成人员:张福成 王昌斌 杨广义 张洪生 齐怀远 尹经梅

12. 项目名称:作物重茬病防治及促生微生物肥料——枯草芽胞杆菌新产品研制

完成单位:山东泰丰源生物科技有限公司、山东省林业科学研究院

完成人员:周 峰 牛赡光 王清海 刘幸红 张淑静 郑述乾

13. 项目名称:蓖麻杂交育种及加工利用

完成单位:淄博市农业科学研究院、山东理工大学生命科学学院

完成人员:王光明 谭德云 张宝贤 刘红光 马汇泉 杨 平

14. 项目名称:血液分离技术联合药物治疗重症免疫相关性血液系统疾病疗效与机制

完成单位:解放军第148医院

完成人员:孙黎飞 韩 冰 张晓席 许 刚 冉 红 明 汇

15. 项目名称:解热镇痛药异丙安替比林的研制

完成单位:山东新华制药股份有限公司

完成人员:李兴泰 王洪波 徐 英 颜丽萍 刘怀林 陈 梅

技术发明二等奖(1项)

1. 项目名称:稀土永磁与电磁混合励磁发电系统稳压控制技术及应用

完成人员:张学义 刘瑞军 李东兴 马清芝 杜钦君 史立伟

(陈 伟)

科 协

【科普下乡】 全市累计推广新品种335个、新技术334项,开展科技培训2232次,培训369523人次,辐射带动农户114968户。组织2012年淄博市新型农民创业培训和金蓝领培训、淄博市第五批首席技师选拔等工作。

【基础设施和资源建设】 全市200台数字科普村村通视频终端全部安装完毕。结合科普双百工程,对参与科普双百项目竞评的项目单位严格督导数字科普设施的建设,在全市指导完成7处室外大型科普显示屏的安装。对全市申报的重点项目开展验收审核,优化资源配置,核准命名18处市级科普教育基地,11处被认定为省级科普教育基地。淄博防空教育基地和齐鲁酒文化博物馆被评定为山东省三星级科普教育基地。在全省率先建立科普产品研发中心,组织实施科普益民计划,开展优秀科普示范社区、优秀科普志愿者评选等

工作。周村区北郊镇在全省率先完成数字科普村村通试点工作,实现与省科技部门科普宣传信息的互联互通,创新农民技术培训形式。

【基层科普行动】 组织2012年度基层科普行动计划项目申报工作。选择6个农业技术协会、2个科普示范基地、2名科普带头人、4个优秀社区作为淄博市2012年度向省科协、省财政厅推荐的基层科普行动计划项目;临淄区食用菌技术研究推广协会等4个农村专业技术协会被中国科协评为全国优秀农村专业技术协会;2个示范基地被中国科协评为全国优秀农村科普示范基地;博山区池上镇张敏被评为国家级科普带头人;3个社区被评为全国优秀科普示范社区。

【青少年科普】 先后组织科技辅导员参加创新大赛观摩、全省第二届科技辅导员论坛、青少年科技传播培训、全国青少年科技辅导员论文大赛等活动,全面提高科技教师整体素质。评选18所市级地震科普示范学校,推选认定10所省级地震科普示范学校,并联合举行授牌仪式。组织第二十七届淄博市青少年科技创新大赛,821件青少年科技创新作品和189件科技辅导员作品获奖,并获省青少年科技创新大赛一等奖15个,5件作品被推荐参加全国比赛。组织参加青少年信息学奥赛省队选拔赛和夏令营活动,继续开展第十二届青少年机器人竞赛、第十二届"明天小小科学家"奖励活动、第二届七巧科技系列活动、第二十一届威盛计算机表演赛等竞赛活动。开展第二届全省青少年科技教育"春晖奖"推选。

【企业技术创新】 完成2011年度市级"四·一"工程技术创新项目的评审工作,市"讲理想、比奉献"活动领导小组办公室组织专家评审,评出优秀项目184项,其中一等奖49项,创造直接经济效益3.6亿元。组织完成2012年度市级"四·一"工程技术创新项目的申报工作。推荐申报第四届山东省十大杰出工程师评选活动,中国铝业股份有限公司山东分公司温金德获第四届山东省优秀工程师称号。

【反邪教工作】 召开全市反邪教警示教育动员大会暨骨干培训会,采取以会代训的形式培训200余名宣讲骨干。组织专家对各区县部分镇(街道)反邪教协会会员进行集中培训,成立宣讲小组30余个,宣讲5000余次,印发各类反邪教宣传材料7万余份。在农村开展反邪教警示教育活动,发放宣传材料6万余册(张),赠送科普图书5千余册、科普光碟600余张,受益群众10万余人次;制作以"崇尚科学、关爱生命"为主题的宣传展牌,在各社区巡回展出。推进"崇尚科学、反对邪教"示范社区创建活动,组织街道、社区反邪教协会举办各类科普讲座、科普展览、专题培训等50余场。组织开展"弘扬科学文化,共建和谐家园"图片展览活动,在全市五区三县分别组织为期一周的图片巡展活动。其中,9月25—26日在市科技展览馆组织开展市直机关"弘扬科学文化,共建和谐家园"图片专场展览活动,组织97个单位的1000多名党员干部集体参展。

【科技人才管理】 对科研一线学术带头人和业内知名专家相关资料做分类整理,建立覆盖自然科学领域的科技人才专家库,将690名专家基础信息作为人才工作的重要内容管理。联合市人力资源和社会保障局推荐全国优秀科技工作者候选人1名。推荐人选参加首届山东省十大杰出护士、山东省百佳护士评选活动,5人被省科协、省卫生厅和大众报业集团授予首届山东省百佳护士称号。组织开展首届淄博市十大杰出护士、十佳护士评选。

【学会活动】 全市举办各种学术报告会、研讨会、学术交流会600多场次,交流论文8700余篇;各种学习班、培训班2100多场次,参加人员达18万余人次。全市组织科技人员下乡2081人次,集中办班573个,培训农民77490人,累计指导农户24.9万户,服务指导面积累计23万公顷。市科协、市营养师协会联合举办"百场万人"营养健康知识讲座活动,先后作40多场大型营养健康科普报告,参听人数11000余人。

【学会工作会议】 3月16日召开,总结2011年工作并对2012年工作作出安排部署。表彰第二届淄博市星级学会以及2011年度学会工作先进集体和先进个人。淄博市土木建筑学会等10个学会被评为2011年度学会工作先进集体，25人获学会工作先进个人称号。12月25日，淄博市农技协联合会召开成立大会，审议《淄博市农村专业技术协会联合会章程(讨论稿)》，选举产生农技协联合会会长、副会长、常务理事、理事。

(朱 琳)

社会科学

【百题调研】 5—10月，市社科联与市委宣传部、市委政研室、市发改委、市政府研究室、市委党校、市委讲师团联合全市党委宣传系统、党政调研系统、发改委系统、党校系统、社科联系统，组织开展“百题调研”活动。收到调研成果247项。评审出一等奖50项、二等奖70项、三等奖127项。部分优秀调研成果辑成《2012百题调研文集》，向市和区县党委、政府及有关职能部门推荐。调研成果中的许多观点和建议被市委、市政府领导决策和制定相关政策所采纳。

【社会科学普及周】 5月21—27日，市委宣传部、市社科联、市委讲师团联合有关单位组织举办。各区县、市直各有关部门、高校、社科学会等单位，围绕“提升公众人文素养，推动文化强市建设”主题，举办报告会、系列讲座、送戏曲进农村(社区)、文艺展演、读书节等180余项活动。主要有：市委宣传部、市直机关工委、淄博晚报社等单位组织开展的“淄博市读书节”系列活动；市委宣传部、市社科联等七部门组织开展的“百题调研”活动；市委讲师团组织开展的“保持党的纯洁性、增强政治坚定性”集中宣讲活动；市委宣传部、市妇联、市社科联等部门组织开展的“传承优秀文化，建设幸福家庭”活动；市文化广电新闻出版局组织开展的“为农村(社区)群众免费送戏”活动；张店区举办的经典诵读论坛、淄川区举办的“四德”工程宣讲、淄博师专举办的聊斋俚曲进校园等系列活动。

【“齐鲁大讲坛”淄博分坛】 继续组织“齐鲁大讲坛”淄博各分坛的宣讲工作。“齐鲁大讲坛”淄博12个分坛是全市理论宣传、社科知识普及的重要平台和工作品牌。各分坛弘扬科学精神，宣传科学思想，普及科学知识，倡导科学方法，推介科学成果，提升科学素质，强化马克思主义在思想意识形态领域的统领地位，推动科学发展。全年各分坛共举办讲座60余场次，受众5万多人次。

【第二十五次全市社科优秀成果奖评选】 6—10月，组织评选。申报成果202项，评出获奖成果120项，其中市决策咨询优秀成果奖2项、一等奖12项、二等奖36项、三等奖70项。获奖成果辑成《淄博市第二十五次社会科学优秀成果奖获奖文集》。

【《淄博社会科学》】 开设《学习宣传贯彻党的十八大精神》《理论探索》《工作研究》《稷下论坛》《民生政策宣讲站》《教育园地》《社科天地》《文史哲》《健康顾问》等栏目，全年编辑出版6期，约80万字。

2012年5月22日，淄博市社会科学普及周开幕式现场(崔兴莹 摄)

淄博市第二十五次社科优秀成果奖名单(市决策咨询优秀成果奖和一等奖)

表 35

奖项	成果名称	作者及单位
市决策咨询优秀成果奖	关于加快齐鲁股权托管交易中心发展建设全省区域性股权交易市场的调查与思考(文章)	李建民 市委政研室 袁鹏 市委政研室
	加快小城镇建设 促进农村经济社会又好又快发展(文章)	卜德兰 市财政局
一等奖	发展县域经济中的科技创新支撑研究——以淄博市为例(文章)	岳顺之 市委党校
	后发地区发展县域经济推动城乡一体化进程研究——以山东省沂源县为例(文章)	白云 山东理工大学 王环 山东理工大学 宗芳 山东理工大学
	地方政府投资项目管理模式创新与成效分析——以淄博市淄川区财政大评审为例(文章)	杨宏伟 淄川区财政局 马通之 淄川区财政局
	从新加坡的持续发展看树立生态文明理念的重要性和必要性(文章)	张爱民 淄博职业学院
	主体性、世界观与社会主义核心价值观建设(文章)	宫源海 山东理工大学
	社会保障:新型城镇化背景下的路径选择(文章)	梅红霞 市委党校
	明清俗曲研究(著作)	陈玉琛 市群众艺术馆
	散文批评理论建构与文学批评本土化建设(文章)	蔡梅娟 山东理工大学
	美国现代化进程中的公民教育(著作)	苏守波 山东理工大学
	齐鲁古典戏曲全集(著作)	陈公水 山东理工大学 徐文明 山东理工大学 张英基 山东理工大学
	对高校内部资源配置的思考(文章)	周巧玲 淄博师专 谢安邦 澳门理工学院
	工学结合下的高职电气自动化技术专业建设(文章)	曾照香 淄博职业学院 李高建 淄博职业学院

山东省第二十六次社科优秀成果奖淄博市获奖名单

表 36

奖项	成果名称	作者及单位
二等奖	对外贸易与地区差距:中国的经验研究(著作)	张红霞 山东理工大学
	推动新农村建设的县域经济发展模式创新研究(文章)	王环 山东理工大学 白云 山东理工大学 张慎霞 山东理工大学

续表 36

奖　项	成 果 名 称	作者及单位
三等奖	生态税制理论与应用(著作)	刘普照　淄博市国税局
	民俗镜语与影像建构——民俗在影视艺术中的运用及其审美价值(文章)	张玉霞　山东理工大学
	高职教育课程开发理论与实践(著作)	姜义林　淄博职业学院

（崔兴莹）

地 震 监 测

【全市防震减灾工作会议】 3月14日，市政府召开全市防震减灾工作会议，传达国务院防震减灾联席会议和省防震减灾工作领导小组会议精神，总结2011年全市防震减灾工作，部署2012年工作任务。要求各区县和有关部门对照防震减灾工作职责，明确工作任务，落实工作责任，形成工作合力，不断提升全市防震减灾工作水平。

【市防震减灾工作领导小组暨防震减灾联席会议】 11月1日召开，总结全市2012年防震减灾工作情况。要求正确认识全市防震减灾工作面临的形势，充分发挥防震减灾服务全局的作用。加强地震应急演练工作，全方位做好应急准备。

【地震监测和震情跟踪】 印发震情跟踪工作方案，全年开展各类震情会商100多次，年度地震趋势会商报告获全省评比第二名。完成全国“两会”、省第十次党代会、党的十八大等特殊时段和节假日的震情保障工作。建立起覆盖全市的88个市级地震宏观观测点。（李　鹏）

【地震小区划野外探测】 市地震局会同周村区、淄川区、博山区政府先后组织召开地震小区划工作协调会，听取项目实施单位的方案汇报，明确有关部门和单位在地震小区划工作的职责分工，并就地震小区划工作协作配合提出要求。淄川、博山、周村区地震小区划范围为城市规划区，总面积约1.15亿平方米，该工作自5月初开始，10月底全面完成。

【城市数据采集项目通过验收】 11月29日，国家地震社会服务工程山东震害防御系统淄博市数据采集项目通过山东省地震局验收。淄博市城市数据采集项目是国家重点项目，实施范围为张店老城区，主要工作内容包括一般建筑分布图、重要建筑分布图、建筑物易损性数据、生命线工程分布图及属性数据、生命线工程易损性数据、地震次生灾害源分布图、本城市地震专业数据库建设7项。3月开始实施，11月数据采集按期完成。部分数据量超过合同约定量，建筑物抽样率达到或超过技术规范要求，保证采集数据的可靠性、准确性以及项目成果的先进性。

【应急避难场所管理】 12月5日，市政府办公厅印发《淄博市应急避难场所管理办法》，对应急避难场所规划、建设和管理作出具体规定。这是全省也是全国第一部应急避难场所管理方面的规范性文件，目的在于推进应急避难场所建设、规范应急避难场所管理，解决应急避难场所规划、建设、管理投资主体不明，管理维护责任不清，监督检查不力等问题。《办法》规定市、县(区)应急管理部门应制定应急避难场所建设年度计划并督促实施；新建、改建、扩建公园(绿地)、广场(体育场)应按照应急避难场所规划要求同步设计建设应急避难设施；应急避难场所建设和日常维护由产权单位负责，启用后由区县人民政府负责管理；市、县(区)应急管理部门应建立应急避难场所检查制度，定期组织有关部门对应急避难场所进行监督检查，保证应急避难场所设施功能完好，运转正常。《办法》还鼓励单位和个人以捐赠、资助等形式参与应急避难场所建设。

【全市重点企业防震减灾工作座谈会】 5月9日召开，参会企业负责人听取关于企业防震减灾工作形势和任务的报告，针对各自企业性质特点，对全市防震减灾工作提出建设性意见和建议。要求各企业认真履行法律法规规章对企业做出的各项规定，将防震减灾工作作为企业安全生产的重要内容，依法做好台站建设、抗震设防、应急救援和防震减灾宣传教育任务，切实保障企业职工的生命财产安全。 （何 斌）

【应急演练】 5月28日和10月31日分别在高青县和淄川区开展全市地震系统应急演练。演练分别模拟高青县和淄川区发生M_L4.2级强有感地震，市地震局和各区县地震部门迅速启动应急预案，开展地震应急响应。演练内容包括震情灾情速报、震后趋势判定、现场流动监测、野外宏观考察等内容。震后第一时间，各区县地震部门通过灾情速报网络，了解灾情情况，向区县政府和市地震局报告。市地震局和区县地震部门立即派出工作队赶赴震中区开展工作，并成立现场指挥部，召开紧急会议，震中区地震部门和相关区县地震部门现场汇报地震灾情初步调查情况和已采取的应对措施，市地震局现场通报趋势判定意见、震害初评结果，提出应急决策建议，对现场应急工作做出部署，震中区地震部门现场演示宏观烈度考察程序和烈度图绘制方法。修订《淄博市地震应急预案》，进一步完善抗震救灾指挥体系，强化地震应急保障措施，简化应急响应程序，增强预案的可操作性。明确应急处置牵头部门和配合单位，并对预案的结构和框架进行调整。 （董宪滨）

【防震减灾科普】 在全市地震科普示范学校联合开展防震减灾科普征文活动，激发青少年参与普及防震减灾知识的热情，收到征文101篇。评选出一等奖5个、二等奖10个、三等奖10个。5月和11月，淄博遥测地震台网为山东理工大学70名地震应急志愿者和50名淄博广电小记者团成员现场演示地震台网的工作流程和地震记录波形，介绍地震监测技术系统观测原理、全市地震监测台站分布情况，举办地震科普知识讲座，现场回答提问，开展地震应急疏散演练，赠送地震科普宣传片和地震科普画册。 （史清明 陈 童）

【命名地震示范学校和社区】 5月31日，命名省、市级地震科普示范学校和示范社区，淄博高新区第一小学等10所学校被授予省级地震科普示范学校称号，张店潘庄社区等7个社区被授予省级地震安全示范社区称号，张店科苑小学等18所学校被授予市级地震科普示范学校称号。

（史清明）

2012年5月28日，市地震系统开展地震应急演练现场

（孟松岭 摄）

【应急救援技能训练】 4月10日，全市地震系统工作人员20多人到国家应急救援培训基地进行技能训练。听取中国国际救援队成员讲述参加汶川、玉树、海地等地震救援的经验和体会，参观紧急救援物资储备库，参加浓烟窄巷逃生、废墟逃生和高空悬索逃生等技能训练。 （王 倩）

2012 年淄博及邻近地区地震情况一览表

表 37

序号	时间					地点			震级
	月	日	时	分	秒	北纬(度)	东经(度)	位置	M_L
1	2	24	6	31	1	35.96	117.68	泰安市新泰市翟镇	2.4
2	3	24	2	26	21	36.75	118.3	淄博市临淄区南仇镇	2.0
3	4	7	20	1	21	36.78	117.91	淄博市周村区南郊镇	1.7
4	4	30	1	35	47	35.96	117.67	泰安市新泰市翟镇	1.8
5	5	11	6	17	33	35.95	117.6	泰安市新泰市泉沟镇	1.9
6	6	9	17	3	37	36.64	118.24	潍坊市青州市庙子镇	2.1
7	6	11	0	57	36	36.31	117.91	莱芜市莱城区苗山镇	1.9
8	7	11	13	37	32	36.14	117.86	淄博市沂源县徐家庄镇	2.2
9	10	6	1	29	25	36.44	118.02	淄博市博山区源泉镇	1.5
10	10	11	22	32	30	36.67	117.95	淄博市淄川区双沟镇	2.0
11	10	14	5	26	29	36.17	117.75	莱芜市高冶镇	2.1

（周慧芳）

气　　象

【气候特点】 2012 年，全市总的气候特点：温度接近常年略偏低，降水和日照较常年偏少。四季特点：冬季(2011 年 12 月—2012 年 2 月)气温整体偏低，中期部分时段偏高，降水正常但集中在前期，大部分时段降水稀少，日照较常年略偏少。春季气温前期偏低，中后期偏高，降水前期、中期接近常年，后期偏少，日照偏少。夏季气温、降水正常，日照偏少。秋季气温接近常年，降水较常年偏少，日照接近常年略偏少。2012 年度气候条件属正常年份。

气温：全市平均气温 13.4℃，较 2011 年偏高 0.2℃，较常年偏低 0.1℃。其中，桓台县平均气温 14.0℃，全市最高；沂源县平均气温 12.6℃，全市最低。从地域分布看，中部地区较高，南部、北部地区相对较低。2012 年度属气温正常年份。年极端最高气温 38.7℃(7 月 3 日淄川区)，年极端最低气温-16.6℃(12 月 24 日，张店区和临淄区)。日最高气温≥35℃的日数全市各区县平均出现 14 天，较 2011 年多 6 天。日最低气温≤-10℃的日数全市各区县平均出现 14 天，较 2011 年少 3 天。从各月气温的变化情况看，4—7 月、10 月较常年偏高，1—3 月、8—9 月、11—12 月较常年偏低。气温最高月份出现在 7 月，1 月是气温最低的月份。

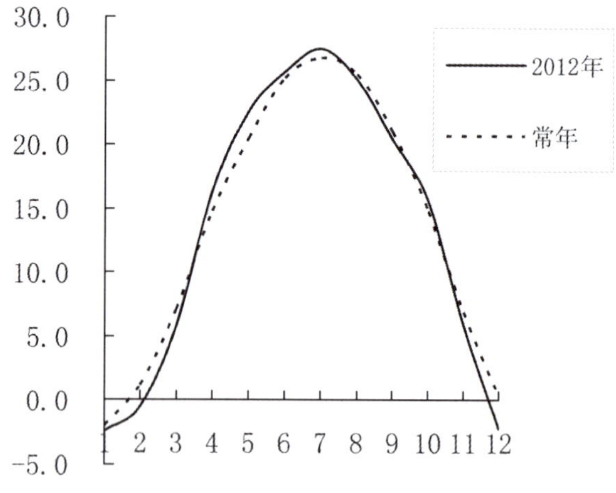

2012 年淄博市月平均气温演变图(℃)

降水：全市年平均降水量 561.5 毫米，较 2011 年偏少 181.4 毫米，较常年偏少 68.0 毫米。沂源县 766.9 毫米，全市最多；张店区 433.6 毫米，全市最少；其他区县 448.9～728.9 毫米。沂源县、高青县较常年偏多 17.8～77.5 毫米，其他地区较常年偏少 7.7～169.7 毫米，地区间差别较大。从各月降水情况看，4 月、11—12 月较常年偏多，1—3 月、5—6 月、10 月较常年偏少，7—9 月接近常年。全年日降水量≥0.1 毫米的日数全市平均 77 天，较 2011 年偏少 3 天，博山区最多为 87 天，高青县最少为 66 天。7 月下旬和 8 月中旬降水日数较多。据全市 8 个国家气象观测站资料统计，全年累计出现暴雨（日降水量≥50 毫米）日数 14 站次，较 2011 年少 4 站次，张店区、博山区、周村区、临淄区、桓台县各出现 1 次，淄川区出现 2 次，高青县出现 4 次，沂源县出现 3 次。全年日最大降水量 98.4 毫米（8 月 3 日高青县）。暴雨最早出现在 7 月 4 日（博山区），最后一次暴雨出现在 8 月 18 日（淄川区）。

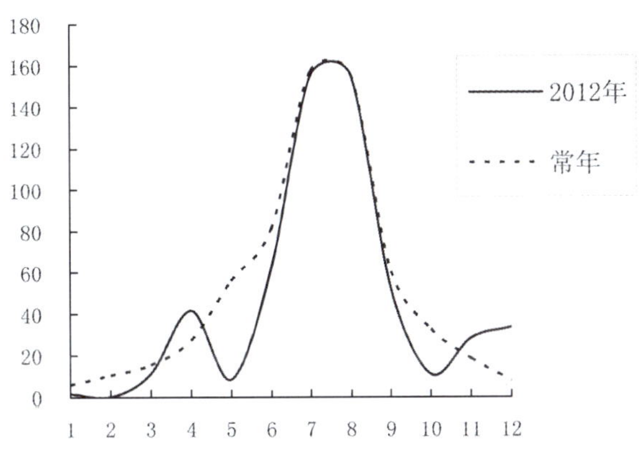

2012 年淄博市各站平均月降水量演变图（毫米）

日照：全市年平均总日照时数 2132 小时，较 2011 年偏多 45 小时，较常年偏少 231.1 小时。沂源县年日照时数 2287 小时，全市最多；高青县 1871 小时，全市最少；其他区县 1950～2286 小时。各站年日照时数较常年偏少 17～550 小时（高青偏少最多，沂源偏少最少）。从各月日照分布看，2、4、5、10 月较常年偏多，其他各月均较常年偏少，其中 1 月偏少最多。总体来看大多数时段光照条件基本能满足各种植物、农作物和大棚蔬菜生长的需要。

湿度：张店区年平均相对湿度为 62%，终霜日为 3 月 13 日，初霜日为 10 月 31 日，全年无霜期 231 天。

风向风速：张店区年最多风向为南风，极大风速 25.3 米/秒。

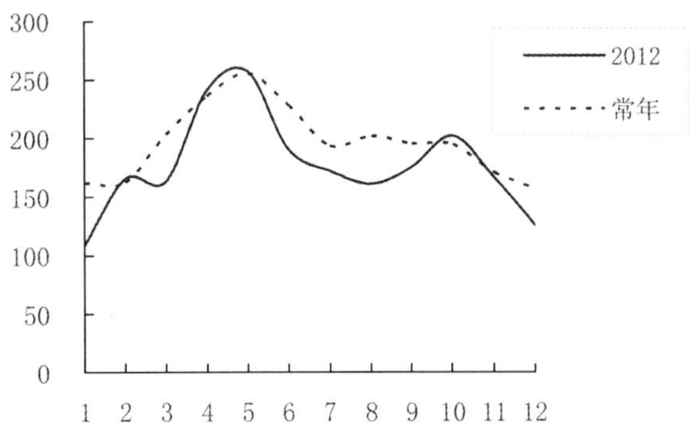

2012 年全市各站平均月日照时数演变图（小时）

【气象灾害】 2012 年的主要气象灾害是干旱、大风冰雹、台风等，给农业生产特别是小麦、棉花、果品生产造成严重损失，是气象灾害较重的年份。

干旱：5 月降水偏少，特别是 5 月上中旬降水稀少、气温偏高，部分麦田先后出现干旱，其间出现降水，但分布不均，麦田旱情持续至小麦成熟。6 月 8 日出现降水，旱情缓解，10 日出现较大降水，旱情解除。张店区小麦受旱面积 666.7 公顷，高新区小麦受旱面积 666.7 公顷。淄川区小麦受旱面积 3333 公顷。博山区小麦受灾面积 3333 公顷，春玉米、花生等春播作物受灾面积 2000 公顷。临淄区小麦受灾面积 3333 公顷，主要集中在金山镇。周村区小麦受灾面积 333 公顷，主要集中在彭阳镇。沂源县旱情自 4 月上旬中期开始一直持续，小麦受灾面积 666.7 公顷，春玉米、花生等春播作物受灾面积 1333.3 公顷。

大风冰雹：6 月 10 日，部分区县出现雷雨大风和局地冰雹天气。张店区极大风速 25.3 米/秒，局地有冰雹；桓台县极大风速 10.9 米/秒；高青县极大风速 13.1 米/秒；周村区极大风速达到 15.8 米/秒，局地有冰雹；临淄区极大风速 13.3 米/秒。

受雷雨大风影响，已成熟或接近成熟的小麦出现倒伏，对机械收获影响较大。其中，张店区房镇镇、傅家镇出现小麦大风倒伏灾害，两镇部分地区出现冰雹灾害，灾情以风灾为主，小麦倒伏面积 426.7 公顷，其中冰雹灾害影响面积 100 公顷左右；桓台县各镇少数地块有点片倒伏，受灾总面积为 2000 公顷；高青县木李镇、常家镇、花沟镇、青城镇、黑里寨镇、田镇街道小麦出现倒伏，小麦受灾面积 8400 公顷；周村区小麦出现倒伏，主要集中在北郊镇、南郊镇，全区小麦受灾面积2180公顷；临淄区敬仲镇、朱台镇、齐陵镇、皇城镇已成熟小麦出现点片倒伏，受灾面积666.7公顷，基本未成灾。

7月13日，淄川区出现雷雨大风冰雹灾害，沂源县部分镇出现雷雨大风灾害。淄川区受灾地区冰雹最大直径20毫米左右，冰雹持续时间15分钟左右，风力8级左右；沂源县受灾地区风力10级以上，局地有冰雹。淄川区受灾人口约4万人，农作物受灾面积约800公顷，主要是玉米和大豆，农作物受雹灾的同时出现大风倒伏，灾害影响较大，经济损失约400万元。沂源县南麻镇和大张庄镇部分村庄出现灾情，灾情主要为风灾，其中部分村庄受灾严重。经济树受灾398.33公顷，农作物受灾269.8公顷，用材树受灾20382棵(不含经济树)，蔬菜大棚受灾27个，受灾房屋693间，受灾畜舍11间，损坏电力电线1860米，冲毁河坝100米，受灾人口3000余人，造成直接经济损失1650万元。

台风灾害：8月2日20时至3日16时，受台风“达维”影响，全市出现狂风暴雨天气，全市65个气象监测站中6个站点出现100毫米以上的大暴雨，39个站点出现暴雨。最大落雨点为沂源县南鲁山镇，降雨量达到210.5毫米。全市平均风力6级，阵风达到10级，极大风速26.8米/秒。受台风影响，受灾人口341609人，紧急转移安置1156人，无人员伤亡。夏玉米等农作物受灾面积68812.9公顷，灾情以玉米倒伏为主。倒塌房屋92间，一般损坏房屋467间，严重损坏房屋193间。直接经济损失29236.07万元。其中，沂源县、博山区、淄川区、临淄区和桓台县受灾损失较大，张店区、高新区、周村区、高青县也出现灾情。沂源县玉米、果品等受灾面积26000公顷，经济损失8000万元。博山区出现玉米倒伏情况，受灾面积为1651公顷，房屋倒塌76间，刮倒部分树木，经济损失2318万元。淄川区农作物受灾面积4960公顷，成灾面积3493公顷，经济树木受灾17000株，经济损失2901.4万元。临淄区玉米等农作物出现倒伏，受灾面积8872.88公顷，树木倒折4000株，经济损失5937.67万元。桓台县农作物受灾面积26000公顷，倒塌房屋13间，经济损失6059万元。张店区和高新区出现玉米倒伏，受灾面积3107公顷，8.67公顷大棚塑料薄膜受损，经济损失250万元。高青县玉米、棉花出现不同程度倒伏现象，部分农田积水严重，部分树木被大风刮倒，玉米、棉花倒伏面积约800公顷，农田积水约1267公顷，经济损失240万元。周村区和文昌湖区作物受灾面积580公顷，灾情主要为玉米倒伏，苗木、蔬菜、果树受损，经济损失455万元。

2012年4月25日，市气象局到厂矿企业开展汛前防雷安全检查

(董庆岳　摄)

【气象服务】 突出加强节假日、汛期和春播、“三夏”“三秋”等农事生产关键期的气象服务和重大气象灾害的预报预警服务工作，准确预报1月29—30日降雪天气、6月中旬后期强对流天气和7月29—30日的强降雨天气，为全市组织抵御“达维”台风提供准确的预报服务。全年向市委、市政府及有关部门报送各类决策服务专报266份，发布各类气象灾害预警信号35次。年内，市政府先后3次在市气象局召开会议，调度抗旱、防汛和抵御“达维”台风工作。开展防雷减灾技术服务、气象信息服务等工作，为防

灾减灾、安全生产、生产生活等提供保障。

2012 年 3 月 18 日，淄博国家气象观测站举办社会开放活动，工作人员讲解气象知识　　（董庆岳　摄）

【气象基础工作】　9 月中旬，淄博气象预警中心竣工并投入使用，市级气象现代化建设水平和综合服务能力得到大幅度提升。10 月，沂源县气象局办公楼综合改善工程竣工投入使用。年底，高青县气象局新址主体工程完工，气象测报业务实现整体搬迁。下半年，市气象局与淄博移动、联通、电信公司签订合作协议，建立预警信息发布“绿色通道”。临淄区投入 100 万元开展“三农”气象服务专项建设，全区 12 个镇实现农村气象服务站、农村气象协管员、信息员全覆盖。组织开展山洪地质灾害防治气象保障工程建设，沂源县、淄川区、博山区完成区域气象站落地改造和新建自动气象站建设任务。临淄区气象局被中国气象局评为 2011—2012 年度全国气象部门文明台站标兵。

【人工影响天气】　6 月，市气象局组织实施淄博市新一代人工影响天气作业指挥系统建设项目，计划用 3 年时间，市县投资 1011 万元，完成市级作业指挥平台改造，升级市县通讯网络和视频指挥系统，完成全市 79 个人工影响天气作业点规范化建设，全面提高作业服务保障能力。组织开展人工增雨防雹作业，全年开展人工增雨（雪）作业 64 次，累计受益面积 14916 平方公里，增加降水 981 万立方米。开展防雹作业 35 次，累计有效防护面积 800 多平方公里，减少损失 765 万元。

2012 年全市各区县主要气象要素一览表

表 38

项目 / 测站	气温（℃）			年降水总量（毫米）	年降水总日数（天）	年日照总时数（小时）
	年平均	极端最高	极端最低			
张店区	13.2	36.6	-16.6	433.6	93	2129
淄川区	13.9	38.7	-14.8	584.8	104	2132
博山区	13.3	36.6	-12.9	728.9	122	1950
周村区	13.3	37.3	-16.0	486.3	104	2129
临淄区	13.5	38.1	-16.6	459.1	97	2286
桓台县	14.0	37.4	-14.9	448.9	99	2271
高青县	13.0	37.3	-15.2	583.2	83	1871
沂源县	12.6	35.5	-15.0	766.9	92	2287

（董庆岳）

水文监测

【防汛抗旱】 针对年初全市春旱，启动抗旱应急预案，对墒情监测进行专题研究和部署，加密监测站点与频次，对30处墒情监测点实施连续监测，发布2期全市旱情信息，提出抗旱对策措施。汛前召开防汛工作会议，对汛期工作进行全面部署。汛期实行特别工作制度，密切注视雨水情变化趋势，及时准确地将各类防汛信息传递到各级防汛指挥部门。7月上旬，全市发生持续强降雨，田庄水库流域平均降水量达到81.3mm，水文部门及时做出洪水预报，提出调度建议，为水库防洪调度和安全运行提供可靠依据。8月，台风“达维”袭击期间每小时发布一次短信预报。年内，各主要河道、水库完成洪水测报11场次，累计编发雨水情手机短信1.6万余条，报送实时雨水情信息24期，水资源信息简报、月报20期。

【区域用水总量监测】 在原有站网的基础上，优化调整15处农业灌溉典型区，农村生活用水典型村调整到19处，增加经济林典型区2处、牲畜用水典型区2处，加大监测范围和覆盖面。

【水环境监测】 年初，调整补充水质监测站网，实现全市水功能区区县界控制断面全覆盖，监测断面由原来的10处增至27处，监测频次由原来的每年6次增至12次，检测项目增到38项。围绕供水安全、生态安全，全面完成地表水、地下水、供水水源地、重要水功能区、入河排污口零点行动等各项监测任务，全年分析水样847个，提供监测数据2万余个，核查废污水排放规模大于300立方米/日或10万立方米/年的入河排污口42个，为全市水资源管理与保护、流域水污染治理提供科学依据。编写《淄博市水功能区划》、《淄博市水功能区水质监测报告》4期、《博山区水功能区水质监测报告》2期。

【城市水文监测】 由3处水文站、5处水位站、15处雨量站、10处积水监测站组成的城市水文站网，准确及时地将各类汛情信息传输到水情中心，通过短信、简报等形式报送各级领导和防汛指挥部门，并通过电台、电视台等新闻媒体向社会实时公布，充分发挥预警预报作用。8月，台风“达维”袭击期间，完整获取涝淄河、猪龙河、玉龙河3条穿城河流的洪水资料，为城市防汛提供可靠依据。

（张振华）

本部类编　辑：马震刚
副主编：王　娟
校　对：吴建利
纪　瑗

教　育

综　述

【概况】 2012年,全市有各级各类学校1395所,班级15422个,在校生839453人,教职工67509人,其中专任教师53840人。学校占地面积2849.22万平方米,校舍建筑面积1121.76万平方米。

学前教育。有幼儿园812所,在园幼儿11.75万人,教职工13132人,其中专任教师9321人。学前三年毛入园率98%,学前一年毛入园率100%。截至年底,新建和改扩建幼儿园275所。全市有公办及公办性质幼儿园421所,达到省标准化建设幼儿园203所。新招聘在编幼儿教师222人。省级学前教育先进区1处。省十佳幼儿园7所,省级示范(实验)幼儿园114所,省级镇中心幼儿园45所,市级城乡十佳幼儿园59所,市级示范幼儿园214所。

基础教育。有小学339所,在校生22.05万人,专任教师15280人,小学学龄儿童入学率100%,在校生辍学率0;初中160所,在校生18.99万人,专任教师14893人,初中毕业生普通高中升学率64.7%,在校生辍学率0.61%;普通高中33所,在校生10.14万人,专任教师5881人。有特殊教育学校9所,在校生1176人,专任教师311人,学生入学率97%。义务教育学校在读外来务工人员子女31721人。

中等职业教育。有学校(职业高中、普通中专、成人中专)22所,在校生6.17万人,专职教师2527人;技工学校10所,在校生3.14万人,专职教师1429人。建成中等职业学校省级重点实训基地4个,市级重点专业实训基地32个,各中职学校与企业共建实训基地34个,成立淄博创业职业教育集团、淄博机电职业教育集团、淄博建筑职业教育集团、淄博服装纺织职教集团、淄博纺织服装职教集团和淄博职业教育集团6个职教集团。国家中等职业教育改革发展示范学校4所,中等职业教育毕业生32111人,学生就业率95%。

高等教育。有普通高等院校8所。全日制普通高校在校生人数9.2万人,成人学历教育23497人,成人培训82339人。高校教职工8054人,其中教授361人、副教授1988人。高校专业总数431个,其中国家级重点专业6个,国家级实训基地3个,国家级精品课程14个。高校占地总面积797.37万平方米,总建筑面积356.94万平方米,固定资产总值231.54亿元,图书馆藏书(纸质)总量751.15万册。

民办教育。有各类民办教育机构511所,其中民办学历教育机构39所(中小学37所,中等职业学校2所)、民办非学历教育机构472所(培训类机构442所,幼儿园406所),在校生22.47万人。民办学校教职工1.74万人,其中专任教师1.37万人。占地面积484.35万平方米,校舍面积128.83万平方米,学校资产总值4.06亿元。

2012—2013学年度淄博市各级各类学校基本情况一览表

表39

主要指标 / 学校类别	学校处数（所）	班数（个）	毕业生数（人）	招生数（人）	在校学生数（人）	毕业班学生数（人）	教职工总人数		专任教师师生比	专任教师学历合格率（%）	学校占地面积（平方米）	校舍建筑面积（平方米）
							计	专任教师（人）				
总　计	1395	15422	245719	233149	839453	189667	67509	53840			28492198	11217648
一、普通高校	8		31697	27164	91979	29692	7132	5367			6666650	3070329
山东理工大学	1		9042	8773	33137	8516	2464	1853	1∶17		2400000	1061425
淄博师范高等专科学校	1		2181	2481	7321	2374	579	445	1∶18		483329	203577
淄博职业学院	1		8155	7885	22611	7763	1374	1139	1∶17		1461949	663793
山东丝绸纺织职业学院	1		1548	1183	3840	1702	366	261	1∶15		335776	137364
山东工业职业学院	1		3819	1616	8257	3962	701	536	1∶16		819474	387066
山东化工职业学院	1		834	600	2127	778	253	135	1∶14		306667	90666
山东铝业职业学院	1		2306	373	2427	1331	480	275	1∶9		505831	248637
山东万杰医学院	1		3753	4253	12259	3266	915	723	1∶16		353624	277801
山东省水利职工大学			59									
二、成人高校	2		5718	12275	24075	5619	228	192			640000	133556
山东理工大学			4695	11338	22085	5424						
淄博师范高等专科学校				5	5							
淄博职业学院			144	100	234	97						
山东丝绸纺织职业学院			77	192	235	43						
山东工业职业学院			49	11	20	9						
山东万杰医学院			86	53	92	33						
山东省水利职工大学	1		667	576	1391		228	192	1∶17		640000	133556
山东兵器工业职工大学	1				13	13						
三、中等职业学校	22		32111	30888	61660	28399	3359	2527			2206576	728005
普通中专	4		6646	8338	23059	7219	1151	959	1∶19		958915	306170
成人中专	4		4620	3046	6587	2987	186	122	1∶18		73481	26727
职业高中	14		20845	19504	32014	18193	1958	1411	1∶22		1174180	395108
其他机构							64	35				
四、技工学校	10		6794	12164	31361		1976	1429	1∶22		1091138	1221925
五、普通中学	193	5617	81471	80348	291280	81847	25097	20774			10334446	3768657
高中	33	1725	28419	34299	101409	32457	7615	5881	1∶17	98.38	3729675	1733935
初中	160	3892	53052	46049	189871	49390	17482	14893	1∶13	99.02	6604771	2034722

续表 39

主要指标 / 学校类别	学校处数（所）	班数（个）	毕业生数（人）	招生数（人）	在校学生数（人）	毕业班学生数（人）	教职工总人数		专任教师师生比	专任教师学历合格率（%）	学校占地面积（平方米）	校舍建筑面积（平方米）
							计	专任教师（人）				
六、小学	339	5273	47605	40685	220467	44110	16587	15280	1∶14	99.95	5091760	1350584
七、幼儿园	812	4444	40178	29497	117455		12746	7960	1∶15	96.92	2304832	890817
八、特殊教育学校	9	88	145	128	1176		384	311	1∶4		156796	53775

注：1. 部分高校附设的中职学生情况统计在中等职业学校在校生里。其中淄博师专、淄博职业学院、山东丝绸纺织职业学院、山东工业职业学院、山东铝业职业学院、万杰医学院、山东水利职工大学的中职在校生数分别为：1100 人、2817 人、989 人、1685 人、193 人、413 人、2008 人。

2. 山东理工大学的学生情况不包括研究生。

3. 技工学校情况由淄博市人力资源和社会保障局提供。

【教育管理】　落实教育规划纲要。2012 年，市政府办公厅印发《关于开展区县教育现代化建设工作的通知》，启动区县教育现代化建设；印发《关于推进县域义务教育均衡发展的意见》，义务教育进入推动区域教育均衡发展的新阶段。

教育创新。年内，开展教育创新推进年活动，构建科学高效的教育创新工作机制，提升教育管理层次水平，《中国教育报》以《创新是教育发展的动力源》为题进行介绍。淄博四中等 13 所学校被评为省级规范化学校，省级规范化学校达 103 所。

规范中小学办学行为。落实《山东省对违规从事普通中小学办学行为责任追究办法》和《山东省普通中小学管理基本规范（试行）》，建立实施课程表和在校时间网上公开制度、学生课业负担监测分析评价制度和学生课业负担责任追究制度，推进素质教育。

课程与教学改革。严格落实国家课程方案和省定课程计划，严格遵守课时规定，合理控制教学难度和教学进度，组织开展课程实施水平评估。在高中段部分学科实行选课走班分层教学，在中职学校部分专业推行模块化教学改革。加强国家课程校本化研究和课程资源建设，公布淄博市首批优秀课程资源。实施课堂教学改革攻坚年活动，组织开展课堂教学微技能研究，推动信息化生态课堂建设，深化生本教育实验，进一步树立科学的教育质量观，提升课堂教学质量。启用网络阅卷系统，增强质量监测的科学性、针对性和实效性。

教研模式创新。建立完善以网络视频集体备课、说课、讲课、评课为主要形式的教研模式，注册学校 635 所，注册教师 3.22 万人，学科主页资源 30.91 万件。开展网络教研下乡活动，初步实现网络教研和实地教研有机结合。完善学前教研组织管理体系，建立市、区县、镇、幼儿园四级专兼职学前教研员队伍，成立学前教研团队和中心教研组。

教育科研。年内，召开教育科研工作会议，印发《关于进一步加强全市教育科研工作的指导意见》《淄博市教育科研优秀成果评选奖励办法》等，成立淄博市教育科研规划领导小组。组织“十二五”课题规划立项，立项市级规划课题 188 项，省级规划课题 30 项。

完善评价考试体系。实施对区县的基础教育办学水平检测评估、素质教育实施情况检测评估等，开展素质教育先进区县评选。组织中等及以下各类学校办学水平评估，全面科学地评价学校。实现过程性评价和终结性评价相结合，全面推行日常考试无分数评价，实行学生学业成绩与成长记录相结合的综合评价方式，促进教师与学生共同发展。发挥招生考试制度在实施素质教育和促进均衡发展中的杠杆作用，在义务段民办学校实行电脑派位招生。继续深化高中段学校招生制度改革，完善对初中学校的素质教育工作评价体系和中考指标分配办法，对初中学生实行学业考试与综合素质评价相结合的评价方式，实行推荐录取、破格录取、指标分配到初中学校等多种录取形式，逐步实现高中招生录取形式的多样化。

育人质量。年内，召开德育工作会议，印发《关于进一步加强全市中小学德育工作的意见》。7所学校被表彰为山东省家庭教育工作示范单位。学生体质健康达标及格率94.26％、良好率67.47％、优秀率21.99％。“体育艺术2＋1”项目小学毕业年级达标率88.91％，初中毕业年级达标率92.67％，分别比2011年提高8.69和9.59个百分点。承办山东省中小学每天1小时校园体育活动现场展示暨经验交流会议。参加全国校园足球年度联赛，获一等奖。开展中小学书法教育，命名淄博市首批书法教育实验学校30所，2所学校被省教育厅命名为“王羲之书法特色学校”。5个区县和43所学校通过省艺术教育示范县（市区）、学校验收。

教育督导。2012年，市政府印发《关于进一步完善对区县政府教育工作督导评估制度的实施意见》，将对区县政府的评估结果纳入区县年度目标管理考核，作为对区县政府及其主要负责人政绩考核的重要内容。开展对校安工程、学校标准化建设、校园体育活动、学校安全和学前教育等重点难点工作的专项督导或随访督导。聘任新一届市督学和市教育督导员。设置督导责任区65个。

构建平安和谐校园。完善“一岗双责”责任体系，实施安全工作目标管理。加强安全督导检查，对校园校舍、校车、防汛、周边治安和学校食品质量安全等进行专项检查整治。定期组织紧急疏散演练，提高安全教育的实效性。加强学校安全“三防”建设。学习贯彻国务院《校车安全管理条例》。

【师资队伍建设】 教育队伍建设。2012年，开展教育队伍建设年活动。落实《淄博市中小学教师职业道德考核办法（试行）》，在教育系统组织学习教育部颁发的3个教师专业标准，推进中小学校长、幼儿园园长任职资格制度改革试点，对校长进行任职资格认定。制定学前教育从业人员准入规定。中等职业教育“双师型”教师占专业课教师比例达到65.8％。组织中小学校长读书荐书活动，举办首届教育思想论坛。

教育人事制度改革。2012年，公开招聘教师982人，其中具有硕士研究生学历的289人；局属学校公开招聘教师122人，其中具有硕士研究生学历的113人。5868人参加教师资格证考试。实施义务教育学校教师绩效工资制度，推进中小学教师职称制度改革。

教师队伍学历层次提升。幼儿园、小学、初中、高中专任教师学历合格率分别达到96.92％、99.95％、99.02％、98.38％，小学教师专科以上学历达标率91.75％，初中专任教师本科以上学历达标率89.81％，普通高中教师具有研究生以上学历的占11.75％。普通中专、职业高中专任教师学历合格率分别达到96.66％、94.12％。

校长、教师专业化发展。截至2012年，在职省特级教师64人，市特级教师61人。培训校干、教师5.97万人次，组织百名农村教师首都行活动，开展中小学教师教学基本功大赛，460人参加骨干教师培训，17名教育管理干部赴新加坡参加提升教育领导力培训班。

【教育投入】 2012年，地方教育总投入89.21亿元，其中地方国家财政性教育经费投入77.01亿元。地方财政预算内教育经费（含教育费附加）支出67.44亿元，财政教育支出占一般预算支出的比例达到24.3％，比2011年提高1.01个百分点。

全面实行免费义务教育。2012年，各级财政投入资金3.48亿元，为43万名义务教育阶段学生免除杂费并补助学校公用经费，为农村近30万名学生免费提供教科书。

完善家庭经济困难学生资助体系。建立起从学前教育至高等教育全覆盖的学生资助政策体系，各区县相继成立学生资助管理中心，建立学生资助工作绩效考评机制。加强信息化管理，开发淄博市学生资助信息管理系统。2012年，各级财政安排各类资助资金1.2亿元，惠及学生10万名。为7277名学生办理生源地信用助学贷款，贷款金额4190万元。为270名入伍大学毕业生补偿代偿学费268.5万元。拓宽救助渠道，发放家庭经济困难学生和优秀学生帮扶、奖励资金264.3万元。开展“爱心一日捐”工作，捐款370.5

万元。

中小学标准化建设。2012年,完成“两热一暖一改”工程项目97个,投资2991万元。完成淄博四中等学校的探究实验室建设项目。实施中小学塑胶跑道建设工程,投资1.03亿元,新增田径场31片、篮球场87片。

城区中小学布局调整。2012年,按照规划进度组织实施新淄博三中建设,完成淄博中学、市特教中心收尾工程。

中小学校舍安全工程。按照校舍安全工程三年规划,把校舍安全工程与学校布局调整相结合,与城镇化建设和新农村建设相结合,中小学校舍安全工程累计开工学校416所,开工项目1883个,面积229.2万平方米;已竣工学校292所,项目1862个,面积222.8万平方米;完成投资23.48亿元。

【教育信息化建设】 普通中小学计算机装机总台数(不包括2003年之前配备的计算机)达到70658台。其中,中小学学生用计算机40231台,生机比为12∶1;中小学专任教师用计算机30427台,师机比为1.08∶1。418所学校建立校园网,占学校总数的84%,且全部为宽带接入互联网,小学、初中、普通高中建立校园网学校比例分别为80.5%、91%、100%。有计算机网络教室905间,80%的班级实现多媒体大屏幕显示设备进教室,普通高中学校均实现多媒体网络终端进教室,安装交互电子白板4997块。中小学均开设信息技术课,所有教师均进行电子备课,并将信息技术有效应用于课堂教学。

【对外交流】 淄博实验中学在南非开普敦市开普数学科技学院设立的孔子课堂开班,淄博一中在美国麦克曼高中设立的孔子课堂通过正式认定并授牌,张店区凯瑞小学与加拿大蒙特利尔市玛格丽特布尔瓦区教育局合作建立孔子课堂。开展“外教乡村行”活动。2012年,中小学生400余人参与国(境)外学习交流。　　(王毓岭)

基础教育

【学前教育】 1月19日,省教育厅、省财政厅和省物价局联合发文公布2011年度山东省示范幼儿园名单,淄博市19所幼儿园被评为2011年度省级示范幼儿园。5月14—22日,全市80名选手参加在淄博市举行的山东省幼儿教师优质课评选活动。7月28—30日,全市4个团队获得在北京举行的全国中小学信息技术创新与实践评优活动特等奖,13个团队获得一等奖。10月22日,在省教育厅组织的幼儿园特色教育活动评选中,全市获得一等奖2个、二等奖3个、三等奖1个。年内,《中国教育报》先后以《博山区利用乡土特色文化开发园本课程》《山东沂源乡村特色保教活动真有特色》《临淄区资金难题正在破解》为题3次头版报道淄博市学前教育情况。

【校车及驾驶人安全监管平台建设】 监管平台由校车监管平台、交警大队警车定位系统、电视监控系统三台合一,具备监管、预警、运行管理、安全告知、安全评估、台账管理以及违规抄告等七大功能。教育部门实时从校车及驾驶人数据库读取相关信息,会同公安交通管理部门联合对校车及驾驶人进行远程实时监管。学生家长通过互联网或者手机,登录监管平台客户端,对校车进行全程跟踪,一旦校车发生超员、超速等违法行为,可立即向公安交通管理部门和教育行政部门举报。1月16日,中央电视台《焦点访谈》栏目对此平台进行报道。

【教育现代化建设】 2月13日,市政府办公厅印发《关于开展区县教育现代化建设工作的通知》《淄博市区县教育现代化建设指标体系》,在全省率先启动区县教育现代化建设工作。3月13日,全市教育工作会议召开,全力推进区县教育现代化建设。各区县分别制定现代化建设方案,将教育现代化建设作为组织管理区域教育的总抓手,围绕教育思想、教育资源配置、教育投入水平、教育队伍建设、教育信息化、课程与教学、教育管理、教育发展水平、教育质量9个一级指标开展工作。12月14日，市教育局进一步修订完善测评操作手册，组织开展区县教育现代化建设阶段性测评。

【教育队伍建设年活动】 2月15日，印发《关于大力加强全市教育队伍建设工作的意见》，要求坚持以区县为主统筹管理教育队伍，坚持教育师资资源的均衡配置，坚持发挥高层次教育人才和高素质教育团队的引领作用，坚持把师德建设放在教育队伍建设的首位，坚持以教育队伍专业化建设和教师专业化发展为核心，遵循教育发展规律、教师教育规律和教师专业化成长规律，推进全市教育队伍建设。

【“外教乡村行”活动】 2月21日，市教育局、市人力资源和社会保障局、市外办联合印发《淄博市“外教乡村行”活动实施方案》，在全省率先组织“外教乡村行”活动。3月27日，启动仪式在淄川区磁村中学举行。年内，20名外国文教专家、2200余名教师和37000余名学生参加活动。

【教育思想建设】 3月19日，市教育局印发《关于加强教育思想建设的意见》，决定以校长教育思想建设为重点，全面加强全市教育思想建设。10月23日，全市首届教育思想论坛在山东理工大学举办，张店区、高青县和周村区的3名校长分别以《创建阳光学校，培育阳光少年》《创造适合学生的教育，培养适合社会的学生》《为创新型人才培养而教育》为题演讲。

【义务教育阶段民办学校实现电脑派位招生】 3月31日，市教育局印发《关于进一步规范义务教育段民办学校招生有关问题的通知》，在全市义务教育段民办学校招生统一采用电脑派位方式组织招生。7月14－16日，9所报名人数超过招生计划数的义务教育段民办学校，从5321名报名学生中通过电脑派位抽取2397人，形成录取名单。

【全市第十四届中小学生百灵艺术节】 3－8月举办，组织书法、绘画、摄影、声乐、器乐、舞蹈、校园剧（课本剧）、中华诗文经典诵读8个大项、13个小项的比赛，每项比赛均设高中、初中、小学、特教、老少同台5个组别。书画类1072幅作品（书法类349幅、绘画类440幅、摄影类283幅）、音乐类551个节目（声乐138个、器乐106个、舞蹈133个、校园剧95个、中华诗文经典诵读79个）获奖。

【中小学教师“读书富脑”工程】 7月17日，市教育局印发通知，在全市中小学教师中实施“读书富脑”工程。该工程计划利用5年时间实现以下4个目标：创设教师爱读书、好读书、读好书的浓厚氛围；打造学习型、研究型、专家型教师团队；形成书香浓郁、育人特色鲜明的学校文化；推出一批在全省有影响、有特色、有示范引领作用的教育读书人物和读书实践成果。

【内地高中新疆班管理】 8月31日，淄博市首届内地高中新疆班开班仪式在淄博四中南校区学术报告厅举行，新疆班40余名师生参加仪式。10月26日，淄博四中在南校区大礼堂举办欢庆古尔邦节暨民族团结联谊会，庆祝古尔邦节。节日期间，淄博四中为新疆班师生准备古尔邦节传统食物——清真全羊，并且组织师生进行篮球友谊赛、参观中国陶瓷博物馆等活动。

【全市中学共青团工作会议】 11月17日，共青团淄博市委、市教育局联合召开全市中学共青团工作会议，印发《淄博市中学共青团工作规范化建设实施意见》《关于构建中小学团队一体化分层教育体系的指导意见》。

【7所学校被表彰为山东省家庭教育工作示范单位】 12月4日，山东省家庭教育工作会议在济南召开，淄博市7所学校被省妇联、省教育厅、省文明办联合表彰为山东省家庭教育工作示范单位。其中，周村区凤鸣小学家长委员会、桓台县世纪中学家长委员会被表彰为山东省示范家长委员会，临淄实验小学家长学校、沂源历山中学家长学校、淄博三中家长学校被表彰为山东省示范家长学校，淄川区太河中学留守儿童之家、沂源西里镇中心小学家长学校被表彰为山东省农村留守儿童示范家长学校。

【参加中国青少年创造力大赛】 7月27—29日，临淄中学、晏婴小学、临淄三中、淄博世纪英才学校、周村三中、博山六中6支代表队70余名师生参加在重庆市渝北中学举行的第六届中国青少年创造力大赛，获得奖牌总数列全国第二。其中，团体项目获得金奖5枚、银奖1枚。在传统项目最快创造力——纸箱车竞速赛中，临淄中学获全国第一名；创意设计赛获得一等奖53个、二等奖13个；教师项目18人获得2012中国创新型名师奖；1人获优秀科技辅导教师奖，1人获创新发明展示课金奖；5人获2012中国创新型校长奖；6所学校全部获得2012年度中国创新型学校奖；临淄中学、淄博世纪英才学校、晏婴小学3所学校获优秀组织奖。

【参加全国中小学信息技术创新与实践活动】 7月28—30日，全市400余名师生参加在北京昌平举办的第十届全国中小学信息技术创新与实践活动决赛(NOC)，参与全部21个赛项的竞技。获46个恩欧希教育信息化发明创新奖(学生奖13个、教师奖33个)、227个一等奖(学生奖101个、教师奖126个)，淄博代表队获团体总分第一名。

【参加第八届全国优秀自制教具评选】 8月13—18日，3件教具参加第八届全国优秀自制教具评选，淄博高新区第五小学教师王瑞昌的“长方体正方体截面演示器”获一等奖，桓台县实验学校教师孙英芳的“海水淡化蒸馏装置”获二等奖，桓台县实验学校学生宋美景的“自制叶脉标本”获三等奖。

【参加首届全国中小学信息技术教学应用展演】 9月25—27日，由教育部主办的首届全国中小学信息技术教学应用展演活动在深圳举办。淄博四中学生进行创意机器人舞蹈表演，周村区北门里小学4名小学生在现场进行一对一数字化学习展演，周村三中教师路敏在中小学互动电子白板教学应用论坛做经验交流。

【参加全国中小学阳光体育运动优秀案例评选】 11月14日，桓台县实验学校、张店区绿杉园小学、张店区莲池学校、淄博高新区实验中学获全国中小学阳光体育运动优秀案例。

【参加全国科学实验嘉年华展示交流】 12月7—10日，淄博师专附属小学师生37人参加中国少年科学院组织举办的第三届青少年走进科学世界——科学实验嘉年华全国展示交流活动，取得9枚金牌、9枚银牌、15枚铜牌的成绩。7名教师被授予中国少年科学院优秀科技辅导员称号，淄博师专附属小学被授予优秀组织单位称号。

(王毓岭)

高等教育

【高校安全工作】 3月21日，市委高等院校工作委员会、市高等教育工作办公室协同市委统战部在齐盛国际宾馆召开全市抵御境外利用宗教对高校进行渗透和防范校园传教工作会议。8月28日，淄博片区高校维护稳定工作会议在齐盛国际宾馆召开。9月13日，驻淄高校涉日维稳工作专题会议在淄博市技师学院召开。

【应届毕业生应征入伍网上预征】 市委高校工委、市高等教育工作办公室会同淄博军分区、各区县武装部组织高校开展“我与国防建设”征文比赛等活动，增强大学生的国防观念。2012年应届大学毕业生应征入伍网上预报名2570人。

【大学生城镇居民医疗保险政策落实】 2012年，驻淄博高校大学生城镇居民医疗保险全部纳入医保联网，有效解决各高校大学生就医难、报销难的问题。 (王毓岭)

【山东理工大学】 学科专业建设。落实博士学位授予单位立项建设规划任务。实施一级学科重点支持计划、理学学科发展计划和人文社会科学发展计划。统筹学科和专业建设，调整优化学科专业结构和布局，新增地理信息科学专业、校企合作金融学本科专业，美术学、齐文化研究入选山东省文化艺术科学“十二五”重点学科。在2012年全省高校学科专业评估中，5个专业类位居第1名，

2012 年 4 月 6 日，张店区产业转移（产）暨山东理工大学科研成果转化项目推介会召开　　　　（王绪全　摄）

个；函授教育录取 9662 人，开放教育招生 3048 人，网络教育招生 756 人；4 门课程被评为山东省成人高等教育特色课程。

科学研究与社会服务。获国家科技进步二等奖 1 项，山东省科技进步一等奖 1 项、二等奖 1 项、三等奖 2 项、技术发明二等奖 1 项；启动 3 项“863”计划重大项目课题，获省部级以上项目 133 项；获省部级以上科研奖励 16 项。与山东省地震局、山东唐骏欧铃汽车制造有限公司、山东英科环保再生资源股份有限公司等签署合作协议，培育重大横向课题 10 项，其中与时风集团合作的电动汽车电控部件开发和节能改造项目合同额 1200 万元。全年到位科研经费 6971 万元。与山东硅苑新材料科技股份有限公司等 4 家单位共建的工程陶瓷制备技术国家地方联合工程研究中心被国家发改委批复成立。推动科研成果转化和产业化，加强新能源汽车工程技术研究院建设，与淄博市科技局、淄博高新区管委会等洽谈服务企业和地方经济工作。

18 个专业类、43 个专业进入前 5 名。

本科教育教学。入选山东省应用型人才培养特色名校首批建设单位。作为山东省省属唯一高校入选教育部首批教育信息化试点单位。2 部教材入选国家“十二五”规划教材，与浪潮集团等企业合作的 4 个国家级工程实践教育中心获批。鲁泰纺织服装学院人才培养模式创新实验区被评为省级人才培养模式示范区，省高校教学改革立项 20 项，新增省级特色专业 2 个、省级教学团队 1 个、省级精品课程群 2 个。实施大学生研究创新训练计划，学生获省级以上科技竞赛活动奖励 178 项。

研究生教育。修订硕士研究生培养方案，录取硕士研究生 475 人，其中学术型研究生 262 人、专业学位研究生 213 人。与 7 个单位签订对外合作办学协议，扩大非全日制研究生招生规模。遴选学术学位研究生导师 57 名，新增专业学位导师 38 名。落实研究生教育创新计划，入选省级优秀硕士论文 1 篇，获省级优秀研究生科技创新成果奖 3 项，获批省研究生教育创新计划项目 10 项。

远程与继续教育。2 个专业被批准为全国重点建设职教师资培训基地本科职教师资培养专业建设项目，4 个专业被批准为“十二五”职业院校教师素质提高计划项目，承担项目资金突破 1000 万元。函授教育、开放教育、网络教育协调发展，新增专业 5 个、函授站 3 个，重点建设函授站 37

师资队伍建设。全年新增山东省“泰山学者”特聘教授 1 人；遴选省级重点学科、重点实验室校级首席专家 12 人，获批省级首席专家 3 人；入选省教学名师 2 人、省理论人才“百人工程”1 人、山东高校十大师德标兵 1 人，新增省高校优秀科研创新团队 1 个，2 人获第七届山东省“发明创业奖”。遴选第四批享受学校特殊津贴人员 25 人、第三批青年教师发展支持计划人选 32 人。考取定向博士生 29 人，引进博士 19 人、博士后 3 人。完成首次岗位聘用合同签订、专业技术职务聘用工作。

学生教育管理。举办第四届全国高校德育创新发展研究论坛。深入开展学习贯彻全国“两会”、党的十八大精神等系列主题教育活动，探索实践体验式思想政治教育教学模式。完善优秀学生奖励体系和困难学生资助体系，发放各类奖助学金 2435 万元。

招生与就业。实施优质生源工程，建立优秀生源基地 8 个，面向 28 个省（市、自治区）录取新

2012 年 12 月 8 日，承办泰山学术论坛——新型分离技术与能源材料专题

（陈 沙 摄）

生 9054 人。6803 人参加艺体类 5 种招生考试。举办山东省 2012 年秋冬季高校毕业生综合类就业市场暨山东理工大学 2013 届毕业生供需见面会，参会单位达 700 余家，提供就业岗位 21000 余个。新建就业实践基地（工作站）30 家，编撰 2012 年就业工作白皮书。全年毕业生 8969 人，非师范类本科毕业生总体就业率 94.02%，师范类本科毕业生总体就业率 91.34%。

国际交流与合作。巩固发展校际友好关系，全年派出 4 个出访团组，访问 8 个国家的 11 所高校，新增实质性合作交流学校 9 所；接待 32 个国家 63 个团组或个人 248 人次到访。新增欧盟伊拉斯谟 GATE 奖学金教师交流项目 5 个。入选山东省国际交流协会常务理事单位，被评为山东省教育国际交流与合作先进单位。聘请 7 个国家的外国专家 28 人，1 名外教获山东省外国专家教学奖。招收 29 个国家留学生 418 人。与韩国建国大学开展电气工程及其自动化专业本科中外合作办学项目。

2012 年山东理工大学基本状况一览表

表 40

校园占地面积			240 万平方米
校舍建筑面积			106.14 万平方米
学院			21 个
教学科研仪器设备总值			3.70 亿元
在校学生			34205 人
图书资源	馆藏图书		264 万册
	电子图书		8500GB
	中外文期刊（含电子期刊）		34000 册
师资队伍情况	专业技术岗位	教师系列	1492 人
		辅助系列	378 人
	管理岗位		412 人
	工勤技能岗位		173 人
学科专业	本科专业		73 个
	硕士学位授权一级学科		21 个
	省级重点学科		9 个
	省级文化艺术重点学科		2 个

续表40

科研机构	国家级工程技术研究中心	2个
	省级工程技术研究院	1个
	省级工程技术研究中心	14个
	省级重点实验室	2个
	省高校重点实验室	4个
	省级人文社科研究基地	2个
	省级软科学研究基地	1个
	省高校人文社科研究基地	1个
	中央与地方共建实验室	20个
质量工程项目培育情况	国家级特色专业	5个
	国家级教学团队	2个
	国家级精品课程	5门
	省级品牌特色专业	12个
	省级教学团队	7个
	省级精品课程	25门

（王　振）

【淄博师范高等专科学校】 2012年，有16个招生专业，省级特色专业4个，省级精品课程15门，省级教学团队3个，省级教学名师1人。在校生7321人，附属类学生4000余人。教职员工704人（附属学校179人），其中教授、副教授140人。学前教育专业被评为省级特色专业，2个课程群的10门课程（新增8门课程）被评为省级精品课程。4个项目获批省级教改立项。美术教育专业教学团队获批省级教学团队。引进博士研究生2人，硕士研究生23人。学生在国家级比赛中获一等奖2个、二等奖1个。制定《淄博师范高等专科学校2013－2017年科学研究建设规划》，突出小学教育、学前教育教学研究。15项省市级课题立项，11项省级课题结项；发表中文社会科学引文索引（CSSCI）及中文核心期刊论文22篇。与韩国湖原大学合作办学项目通过省教育厅审批，招生39人。评比发放校优秀学生奖学金1717人次，累计80.53万元；推报国家、省奖助学金1209人，获奖助金额408.8万元；发放勤工助学岗位工资9万元。　（殷凤敏）

【淄博职业学院】 学院建筑面积60万平方米。教职工总数1374人，其中专任教师1139人。具有高级职称教师383人，占专任教师总数的33.6%；"双师"素质教师401人，占专任教师总数的35.2%。年内，引进博士研究生7人、硕士研究生28人。1名教师被列入由中央组织部、人力资源和社会保障部组织遴选的国家高层次人才特殊支持计划，2名教师被评为省级教学名师和省有突出贡献的中青年专家，7名教师入选教育部8个行业、专业职业教育教学指导委员会。

学院有73个高职专业，其中国家级重点建设专业5个、省级重点建设专业3个、省级特色专业10个。国家级精品课程9门、省级精品课程52门，国家级职业教育实训基地4个，实验室建筑面积13.78万平方米。成立FANUC数控系统应用中心、新型螺旋折流换热器工程技术研究中心、汽车钣金粗修复工程技术研究中心、企通信息化与工业化融合促进中心。7月19－24日，设计作品"自动打包压缩垃圾桶"在第五届全国大学生机械创新设计大赛决赛中获得二等奖。8月23日，参加2012年全国职业院校技能大赛，中餐主题宴会设计获一等奖，汽车营销、汽车电气系统检修、风光互补发电系统安装与调试、信息安全管理与评估获二等奖，电子产品设计与制作、汽车自动变速器拆装与检测获三等奖。11 月 30 日，全国首个高职素质体育机器人运动人才培养基地成立。

获厅（市）级以上科研项目 43 项，承担行业企业委托横向技术开发（服务）项目 27 项，完成各级各类项目鉴定（验收）108 项，获厅（市）级以上科研成果奖励 79 项，获专利授权 128 项，公开发表论文 474 篇，主编、副主编教材 91 部。与美国、法国、韩国、新加坡等 9 个国家和地区的院校、教育机构达成合作项目 20 余个。选派 20 余名学生赴美国、韩国、马来西亚交换学习和就业。牵头成立淄博职业教育集团，搭建行业协会、科研机构、企业、高职院校、中职学校合作新平台，合作企业 726 家，与企业合作开展订单培养 883 人。

（牛明哲）

【山东丝绸纺织职业学院】　学院占地 33.35 万平方米，建有现代化实验室 60 个，校内实习工厂（场、公司）5 个，校外实习基地 85 个，仪器设备总值 2527.87 万元。设有 7 个系、27 个高职专业、8 个自学考试本科试点专业，其中省级特色专业 3 个、省级精品课程 14 门、中央财政支持专业 2 个。教职工 366 人，其中副高级以上技术职称 70 人。全日制在校生 4075 人。2012 届毕业生总体就业率 99.55%。

制定课程改革方案，表彰和推广优秀课改成果 15 项，完善并实施各专业 2012 级人才培养方案。获批新专业 2 个、省级特色专业 1 个、省级教学团队 1 个、省级精品课程 9 门、省级教改立项 4 项，获省教育厅“中等职业学校专业教学指导方案”项目研究资金专业 1 个。评选出院级精品课程 19 门、特色专业 3 个。

10 月 19－21 日，承办第五届全国高职高专院校学生纺织面料设计技能大赛，全国各地 19 所高职高专院校 130 余名参赛选手和多家企业代表参加大赛，产生一等奖 14 个、二等奖 38 个、三等奖 45 个、优秀奖 50 个、优秀指导教师 22 人、团体奖 13 个。山东丝绸纺织职业学院获团体一等奖 1 个、二等奖 1 个，个人一等奖 3 个、三等奖 3 个，优秀指导教师 4 人。年内，省级科研课题立项 9 项，结题 4 项，研发产品获国家外观设计专利 2 项。获国家级科研成果奖 2 项、省级科研成果奖 1 项、市级科研成果奖 5 项，学院获第 14 届全国职业教育优秀论文评选优秀组织奖。公开出版教材 8 部，校内出版教材 7 部，10 部院本教材获批立项。

年内，启动由美国 PTC 公司等 3 家企业捐赠核心软件的纺织服装设计工业化虚拟仿真工作平台建设工作。与山东世博华创动漫传媒公司等 4 家单位签订订单培养协议，新建订单班 4 个，新建高水平校外就业实习基地 15 个，设立淄博市动漫创意产业研发中心，被确定为淄博市服务外包理事单位。

【山东工业职业学院】　学院占地面积 98.86 万平方米，建筑面积 38.71 万平方米。建有数控操作实训室、电工基础实验室、电子技术实验室等 124 个实验、实训教学场所，教学仪器设备总值累计 1 亿元，固定资产总值 4.11 亿元。在校生 9942 人。设有 5 个教学系和基础部、37 个专业。高炉炼铁生产等 5 门课程被评为省级精品课程，应用化工技术专业被评为省级特色专业，冶金技术、机械制造与自动化两个专业获得中央财政支持资金 480 万元。物联网专业获得批准。

11 月 5 日，入选山东省首批技能型特色名校立项建设单位。12 月 25 日，根据省机构编制委员会办公室《关于山东工业职业学院机构编制事项的批复》，被纳入实质性事业单位管理。年内，选派 63 名中青年骨干教师参加国家培训和省级培训，争取中央财政和省财政教师培训专项经费 50.05 万元。举办 3 年一度的技能鉴定考评员培训工作，经考核产生 108 名考评员及管理员，其中高级考评员 29 名、考评员 75 名、管理员 4 名。机电一体化技术专业教学团队被评为省级教学团队。

与山东华韵新材料有限公司等 7 家企业签订校外实训基地协议，实训基地总数达到 124 个。组织学生参加国家和省、市 10 个技能大赛 27 个项目组的比赛，获得各类奖项 102 个。获得 2012 年山东省高等学校优秀科研成果二等奖 1 项、三等奖 2 项、2010－2011 年度职工教育与职业教育优秀科研成果奖 3 项、淄博市第二十五次社会科学优秀成果三等奖2项。3个项目获得2012年度山东省高等学校科研计划项目立项,4个项目获得山东省高等学校教学改革项目立项,2个项目获得山东省高职高专教学改革项目立项。对接山东“蓝黄”两区重点发展战略,组织申报企校共建工科专业2个,其中与山东钢铁集团共建的洁净钢生产技术专业获得立项建设,获得省财政建设资金60万元。

年内,2100名学生获得国家奖学金、励志奖学金、国家助学金、省政府奖学金等710.5万元,100名学生获得山钢奖学金和院长奖学金20万元,58名学生获得企业奖学金1.88万元,397名学生获得勤工助学津贴27.62万元。

【山东铝业职业学院】 占地50万平方米,建筑面积24万余平方米,教职员工480人,高等职业教育在校生近3000人,图书馆藏书(纸制)36万余册。设有机械工程系、电气工程系等8个教学部门,建有数控加工实训室、化工仿真实验室、ERP实验室等50余个校内实验实训室,与清华大学科教仪器厂、天津中西机床培训中心、山东恒邦集团等70余家省内外大型企业建立长期合作的校外实习实训基地。2012年,由国务院国有资产监督管理委员会和教育部批准成立的中铝职业教育集团在山东铝业职业学院挂牌成立。2012届毕业生就业率99.91%。

【山东万杰医学院】 5月29日,被山东省人民政府学位委员会批准为学士学位授予单位,并获得专业学士学位授予权。7月5日,举行首届学士学位授予仪式,为118名毕业生授予医学学士学位。年内,1名教师获本科院校省级教学名师称号,5门课程被批准为本科省级精品课程,本科省级教改项目立项2项。申报的医学检验本科专业通过教育部审批,自2012年开始安排招生。本科专业13个,其中医学类专业6个、非医学类专业7个。下半年,完成第二轮人事制度改革。

先后与山东大学齐鲁医院桓台分院等4所三级乙等医院签约,本科临床教学基地增加到6所;与安徽省宿州市立医院、亳州市人民医院2所三级甲等医院签约建立临床实习教学医院;与博山区源泉镇卫生院等3所乡镇医院签署全科医学实践教学基地协议。 (王毓岭)

职业　成人　民办教育

【职教实训基地与示范学校建设】 2012年,争取中央财政支持的实训基地建设项目2个(沂源县职业教育中心学校和淄博职业学院),资金420万元。淄博信息工程学校被教育部确定为第三批国家中等职业教育改革发展示范学校,全市达到4所。

【职教师资队伍建设】 2012年,争取利用省财政支持“能工巧匠进职校”项目,组织6所中职学校面向全省招聘学校紧缺的高水平专业指导教师。全年培训人员4399人,其中国家级培训124人、省级培训322人、地市级培训314人、县级培训655人、校级培训2979人、境外培训5人;文化课教师培训1807人、专业课教师培训2256人、实习指导教师培训336人。选派8名校长参加全国中等职业学校校长改革创新战略专题研究班。

【职业教育教学改革】 年内,承接山东省65个专业教学指导方案中9个专业的编写工作,汽车美容与装潢、计算机应用、市场营销、建筑工程施工、纺织技术及营销、电子商务、化学工艺、会计和染整技术9个专业获得开发经费166万元。推进校企合作、工学结合、半工半读、顶岗实习,将工学结合、半工半读作为职业教育改革的重点,通过顶岗实习管理报送、研讨会、现场会等形式,以实施校企合作为基础,指导中职学校实现“工学结合、半工半读”职业教育新模式。

【中职学校技能大赛】 3月,市教育局、市委高校工委、市人力资源和社会保障局、市财政局、市经济和信息化委员会共同组织举办淄博市第三届职业院校技能大赛,评出团体一等奖26个、二等奖21个,个人一等奖271个、二等奖343个、三等奖121个。在全国中等职业学校学生技能作品展洽会上,获得一等奖2个、二等奖3个、三等奖9个、优秀奖5个。

【对口升学】 2012年，中职学校本科录取244人，占全省本科最终录取人数的10%。

【成人教育】 2012年，面向农村成人培训20万人次。建立健全社区教育工作网络，完善社区教育工作机制，淄川区、博山区、临淄区和周村区被省教育厅认定为省级社区教育示范区。

【民办学校检查】 评估民办学校394所，确定临淄区英才中学等52所学校为办学水平综合评估优秀单位，淄川金城中学等340所学校为办学水平评估合格单位，齐风美术培训学校等2所学校为办学水平评估不合格单位。暑假期间，查处324所非法办学点，下达限期整改(停办)通知书378张，责令停办和限期整改。

【首届民办学校书画摄影展】 举办首届淄博民办学校书画摄影展，征集作品1700余件，评出一等奖117个、二等奖235个、三等奖287个。

【淄博市技师学院】 招生4153人，在校生1.2万人，完成社会培训15047人次，毕业2736人，就业率98%。机械装配与维修、汽车驾驶与维修通过山东省百强专业复评，钳加工专业被人力资源和社会保障部评为"一体化"课程教学改革示范专业。2012年，立项省技工教育和职业培训科研课题5项(含重点课题1项)、省职业教育与成人教育"十二五"规划课题3项、淄博市技工教育和职业培训科研课题6项、淄博市科技发展计划10万元资金扶持项目1项。3项省职业教育与成人教育课题和2项省教育科学课题通过省级鉴定，5项社会调研成果被市委宣传部、市委政策研究室等七部门联合表彰，教研成果《数控加工工艺》和《数控加工工艺习题册》由中国劳动社会保障出版社出版发行，1项院级研究成果申报国家实用新型专利，教师在各级各类正规刊物发表论文80余篇，83人次获得省教研成果奖励。

5月7—9日，承办淄博市青年职业技能大赛，4个工种3个组别的30多家企事业单位的116名选手参加决赛。市技师学院教师分别获维修钳工前三名、维修电工前二名、计算机程序员前二名、汽车维修前四名的成绩。5月，参加第三届全国有色金属行业职业院校学生职业技能竞赛，2人获得机电一体化项目专业(集体项目)技能竞赛第三名，2人获得第五名，淄博市技师学院获得团体总分第二名。11月11日，在2012年第二届全国职业院校现代制造及自动化技术教师大赛总决赛中，2名教师分别取得汽车全电气系统检测与维修项目(中职组)第一名、第三名的成绩，同时获全国机械职业院校人才培养优秀教师称号。11月22日，市技师学院召开校企合作委员会成立暨第一届年会，讨论并通过《淄博市技师学院校企合作委员会章程》及校企合作委员会机构。

(王毓岭)

本部类编　辑：马震刚
副主编：王　娟
校　对：王世伟
耿　超

文　　化

文化事业

【迎接第十届中国艺术节】 3月22日，全市文化系统迎接第十届中国艺术节动员大会在淄博饭店召开，市文化广电新闻出版局与承担“十艺节”艺术创作和场馆建设任务的市歌剧舞剧院、市京剧院、市五音戏剧院、淄博剧院等有关单位签订责任书。市五音戏剧院创排新编聊斋五音戏《云翠仙》和新编民间神话传奇《换魂记》、市京剧院创排新编京剧《诗杰王勃》、市歌剧舞剧院创编舞剧《齐风——甫田》，其中《云翠仙》《诗杰王勃》《齐风——甫田》3台剧目参加由“十艺节”省筹委会组织的全省“十艺节”重点剧目第一轮评审。9月27日，第十届中国艺术节倒计时一周年启动仪式在市博物馆广场举行。11月，《云翠仙》和《诗杰王勃》入选“十艺节”山东省重点备选剧目。市群众艺术馆创作排演的舞蹈《闯关东的女人》、合唱《齐风韶韵》参加全省社会文化音乐（合唱）、舞蹈（广场舞）的选拔赛，其中舞蹈《闯关东的女人》代表山东省被推荐到文化部参加初选。舞蹈《闯关东的女人》获山东省第五届泰山文艺奖舞蹈类三等奖，群口相声《爱我家乡》获曲艺类三等奖。淄博书画院举办“迎接第十届中国艺术节淄博市优秀美术作品展”并选送30件作品参加山东省美术作品展览，21件作品入围展出，获金奖1个、银奖4个、铜奖3个、优秀奖10个，获奖数量居全省前列。投资4000多万元对淄博剧院等5处承担“十艺节”演出任务的场馆进行改造。

【文化交流】 3月31日至4月20日，市京剧院到桐乡、苏州、湖州、吴江、上海等地进行第五次

2012年10月18日，市京剧院创排的新编京剧《诗杰王勃》演出剧照　　（常　勇　摄）

2012年4月12日，市五音戏剧院创排的新编民间神话传奇《换魂记》演出剧照 （刘 浩 摄）

县。1个农家书屋获全国农家书屋优秀农家书屋称号，1名农家书屋管理员获全国农家书屋优秀书屋管理员称号。高青县投资3000万元完成县人民剧场改造工程，新建县博物馆及文化广场，文化馆通过国家一级馆验收。桓台县马桥文化广场被评为山东省十佳文化广场。全市88个镇（街道）均设有镇（街道）综合文化站（文化中心）。截至年底，全市建有文化大院2912个。

“红色经典”巡回演出。市歌剧舞剧院赴西安参加4月5—9日的第十六届中国东西部合作与投资贸易洽谈会演出。7月2—9日，参与完成情系齐鲁——两岸文化联谊行大型文化交流活动。11月15—16日，空政文工团携中国音乐剧《二泉吟》在齐盛国际宾馆演出。

【第二届全市艺术创作暨导演培训班举办】 6月11—13日，由市文化广电新闻出版局主办，市艺术创作研究所承办的第二届全市艺术创作暨导演培训班在山东理工大学国际学术交流中心举办。

【中青年专业艺术人员业务技能比赛】 12月22—23日，市属专业艺术表演团体中青年专业艺术人员业务技能比赛决赛在张店区文化艺术中心举行。分声乐、器乐、舞蹈、京剧表演、戏曲表演、灯光音响等门类，150人参赛，28人获一等奖，37人获二等奖，47人获三等奖，32人获优秀奖。

（董文艳）

【文化设施建设】 全年新建规范化农村文化大院250个，完善提升363个。筹集资金860余万元，购置图书1000套、E农移动影库300台。全市9个文化（艺术）馆、9个公共图书馆和美术馆、88个综合文化站全部实现免费开放。张店区和桓台县被省文化厅表彰为山东省公共电子阅览室示范区

【非物质文化遗产保护】 “淄博陶瓷烧制技艺”参加中国非物质文化遗产生产性保护成果展。“阁子里芯子”被省文化厅表彰为山东省非物质文化遗产保护优秀实践项目。山东周村烧饼有限公司和淄博泰山瓷业有限公司被授予山东省首批非遗生产性保护示范基地称号。 （张文涛 常 勇）

【群众文化活动】 组织开展“喜迎十艺节 全民共欢乐”冬春系列文化活动、第五届农民文化艺术节、第五届淄博市读书节、淄博市庆八一军民书画摄影作品联展、第九届淄博市优秀民间剧团大展演等活动。为农村（社区）群众免费送戏1453场。实施基层文化骨干素质提升工程，培训各类文化人才4340人次。 （张文涛）

【文物保护利用】 市编委批复市文物局新增编制申请，同意组建淄博市考古研究所。高青县文物局于上半年成立并揭牌。全年查处违法案件33起。桓台县王渔阳故居投资2000万元对忠勤祠进行提升改造，忠勤祠陈列布展工程作为全市唯一代表被推荐参评“山东省十大陈列展览精品”。

（常 勇）

【博物馆建设】 市博物馆“淄博地方史展”展览大纲基本完成。高青县博物馆建成，高青县设立县西周古城遗址博物馆（筹建处）。临淄区齐文化博物院建设工作有序推进，一期工程文化市场和大

顺博物馆完成主体建设。

【文物宣传】 开展“5·18”国际博物馆日、中国文化遗产日系列宣传活动。出版《淄博历史文化遗产》《张店文物古迹精粹》《华夏孝文化概览》《蒲松龄研究》。关于博山琉璃的大型专题片《手艺Ⅱ——琉光璃彩》在中央电视台第十套《探索·发现》栏目播出。专题片《冶铁之源》、中国历史文化名镇系列片《新城——半朝王家》在中央电视台第四套《走遍中国》栏目播出。《战国青铜汲酒器》在中央电视台第四套《国宝档案》栏目播出。市博物馆馆藏国家一级文物矩形龙纹铜镜被调到浙江省博物馆参加“惠世天工——中国古代发明创造文物展”。

【临淄10号宫殿遗址发掘】 年内，对临淄10号宫殿发掘第一阶段结束，勘探面积约12500平方米，发掘面积2000平方米。根据国家文物局批复要求，临淄文物部门邀请中国社科院考古研究所和省考古所等单位的专家实地考察后，提出保护意见，制定保护方案。

【出土汉代墓葬群】 在张店区紫园小区工程建设用地进行文物勘探，探明墓葬33座，随后对其墓葬进行抢救性发掘，出土器物铜镜8枚、铜簪1件、铜带钩3件、漆器铜钮1件、漆器铜足1件、铜器把手1件、铜钱120余枚、铁剑1件、铁刀2件、骨簪1件、木器1件、陶壶28件。 （武振伟）

文化市场

【专项检查】 年内，先后组织开展春节期间文化市场集中整治行动、夏季文化市场安全经营集中整治行动、网吧和娱乐场所集中整治行动、演出市场集中整治行动、净“网”清“娱”助创城专项行动、整治民营医院及国有医院非法内刊专项行动、迎接党的十八大文化市场专项保障行动等系列集中专项行动。全市检查各类经营单位7万余家次，实施行政处罚320起，取缔各类无证经营场所110家，清理取缔各类无证照经营摊点和游商地摊220个，捣毁赌博窝点24个，收缴并集中销毁赌博机301台，抓获违法经营人员213人，判刑4人。

【集中检查】 以“净化文化市场，迎接党的十八大”为主题，以严厉打击文化、新闻出版、版权、文物等领域的违法违规活动为主要内容，采取明察暗访、突击检查等手段，在全市深入开展文化市场综合治理行动。全市按行政区域划为4个片区，文化市场执法人员分为4个执法组，每3个月为一轮，分别对4个片区进行轮回执法检查。

【执法宣传】 落实《淄博市执法队伍培训（三年）规划》，组织法规教育培训，对执法人员和文化市场经营业户进行法律法规培训和教育。3月，全面开展文化市场综合治理，迎接党的十八大召开，实施淄博市文化市场综合治理行动。3月17日，举办由全市文化市场执法人员参加的大练兵活动。联合市委宣传部、市文化广电新闻出版局、淄博日报社联合举办文化市场法律法规知识竞赛，并在《淄博日报》和市文化市场执法网站同时公布试题，收到社会各界答题卡5万余份。4月，举行侵权盗版及非法出版物集中销毁活动暨“绿书签行动”系列宣传活动，现场开展以“拒绝盗版、助力创新”为主题的签名及绿书签发放活动，集中销毁查获的侵权盗版及非法出版物3.5万余册（盘），其中包括侵权盗版图书21150册、非法盗版光盘13900盘。5月，举行“5·30”艺术品市场法制主题宣传日活动，宣传讲解艺术品市场法制知识。6月，举行全市文化市场执法系统“三项技能”比赛和法律法规电视公开赛，五区三县文化市场管理部门和市文化市场执法支队、市书刊市场管理办公室以及市出版物市场行业协会、市印刷市场行业协会的13支代表队参加比赛。10月，举办全市文化市场行政执法人员培训班。在国家、省、市等各级各类媒体刊登、播发新闻稿件116篇，宣传介绍全市文化体制改革和文化市场管理取得的成绩。

【“扫黄打非”工作】 严密查堵政治性非法出版物及有害信息，确保此类出版物不流入淄博，不在淄博印刷、发行、传播。突出强化网上“扫黄打非”，扫除网络淫秽色情等文化垃圾。严厉查处侵权盗版行为，严肃整治非法违规报刊。先后开展查堵政治性非法出版物、整治淫秽色情出版物及信息、清查整顿光盘复制企业、加强印刷复制发行监管、打击“新闻敲诈”治理有偿新闻、打击非法教辅印刷等专项行动。查缴各类非法出版物13.5万余册(盘)，其中盗版图书12万册、非法音像制品8680盘、盗版教材教辅3835册、非法小报4052份、非法电子出版物300余盘(张)。

(张科首)

文化产业

【文化体制改革】 年内，完成非时政类报刊改革、党报发行体制剥离改革、经营性文艺单位改革，组建淄博广播电视报业有限公司、淄博报业传媒集团天天速递有限公司和淄博演艺集团，改制组建淄博市歌舞剧院有限责任公司、淄博市京剧院有限责任公司、淄博剧院有限责任公司以及淄博市五音戏艺术传承保护中心。12月26日，召开全市文化体制改革暨文艺精品工程工作表彰会议。在全省文化体制改革表彰会议上，博山区、淄川区被评为全省文化体制改革工作先进地区，淄博市电影公司等4个单位被评为先进单位，4人被评为先进个人。

【产业项目】 2012年，全市在建文化产业项目93个，总投资额443.41亿元，完成投资99.61亿元。竣工文化产业项目20个，完成投资14.08亿元。全市上报文化产业招商项目102个，总投资额493.47亿元，总融资额227.27亿元。投资额1亿元以上的项目47个，10亿元以上的项目16个。8月30日，在全省重大项目推介会暨重点项目签约仪式上，2个项目现场签约，签约额13.2亿元。周村古商城文化旅游区等7个项目入选山东省“十二五”时期文化改革发展规划的首批重点建设的文化产业项目，山东世纪天鸿书业有限公司等4家企业入选重点培育的骨干文化企业，齐赛创意科技文化产业园等3个园区入选首批重点建设的园区(基地)，全市入选14项。5类7个品牌进入2012年“文化齐鲁，创意山东，品牌100”评选，其中山东世纪天鸿书业有限公司和鸿杰印务集团入选全省十佳民营文化企业，长征教育科技有限公司入选全省十佳最具成长性文化创意企业，周村古商城入选全省十佳文化旅游品牌，周村大街和桓台新城入选全省十佳文化特色乡镇，淄博内画入选全省十佳文化产品。

【参展省第四届文博会】 8月30日至9月2日，组团参加第四届山东文化创意产业博览交易会。以“推介展示，传承创新，融合发展”为主题，围绕弘扬文化、推介品牌、提升产业的目标，全面推介、展示淄博民俗文化。主要展示陶瓷文化、琉璃艺术、雕塑艺术、地方戏曲、传统民间工艺、特色艺术、饮食文化和丝绸文化8项内容，现场推介28类文化产品，展示近5000件地方特色浓郁的文化产品，参与互动的艺术大师、表演者达33人，观众80万人次。

【中国(淄博)第二届书画艺术品博览月】 9月举办，组织墨韵齐风——全国书画名家邀请展、正大气象——孙伯翔书画作品展等30项大型展览，各区县、部门、协会开展110项书画展览、交易、拍卖活动，涵盖山水画、花鸟画、工笔画、油画、漫画等艺术类别。现场交易额2亿元，累计参观人数50万人次。

【“创意淄博”建设】 4月27日，画廊、广告创意、网络动漫、网站四大文化产业联盟挂牌。12月7—12日，开展第四届文化产业创意大赛暨创意周活动，以“创意、创新、创造”为主题，增设陶瓷、琉璃、丝绸传统产业创意作品。收到农业创意、文化产品创意、广告创意等8大类原创作品415件，作品在市博物馆集中展出。召开3次文化创意产业统计监测工作会议并进行专门业务培训，组织全市1300家文化创意产业法人单位财务数据的直报工作。

【资金扶持】 市税务部门为鲁中传媒发展有限公司等10余家文化企业减免税金439.43万元。市农业银行、齐商银行等12家银行为49家文化企业及多个小型、个人商户提供贷款18.21亿元，授信金额达25.57亿元。鸿杰印务高精品包装印刷项目、齐赛创意动漫文化项目和华光陶瓷科技文化精品培育项目获得省级文化产业发展专项资金扶持。

【调研宣传】 宣传部门先后组织开展全市民俗文化和民间技艺、文化体制改革、文化产业园区(基地)的专题调研。在省级以上综合性刊物发表理论研讨文章10余篇。做好全省文化产业项目集中开工、全市重点文化企业专访等活动。参加省第四届文博会、举办第二届书画博览月期间,在市属各新闻媒体开设专栏,刊(播)发各类新闻稿件100余篇(条)。 (张　猛)

【印象齐都文化创意产业园奠基】 3月16日举行,该项目是志鸿教育集团多元化发展的项目,位于高新区花山生态恢复区内,占地33.53公顷,规划建筑面积60.6万平方米,总投资21.3亿元。截至年底,完成投资6000万元。 (裴　涛)

出版发行

【出版管理】 组织并完成全市32家出版物印刷企业、651家包装装潢及其他印刷品印刷企业、15家报刊社、8家出版物批发单位、1家电子出版物批发单位、422家出版物零售单位的年度核验工作。开展新闻出版统计年报工作,组织全市168个相关单位向新闻出版总署报送相关年报统计数据,对全市的记者站进行全面整顿。推进全市党政机关软件使用正版软件工作,并在全省率先完成政府机关的软件正版化采购任务。

(常　勇)

【《淄博日报》】 重点报道。先后开辟《十八大代表风采录》《迎接十八大新闻大赛》《喜迎十八大·身边看变化》《深入学习贯彻十八大精神》《深入学习贯彻十八大精神·看淄博发展新变化》《学习十八大·服务主旋律·机关怎么办》等栏目,刊发重点稿件100余篇,推动全市学习贯彻十八大精神。对市"两会"、历次市委全体会议、全市县域经济科学发展现场观摩定评会精神进行重点宣传,确保市委、市政府重大决策的贯彻落实。在全国文明指数测评宣传、生态淄博建设等重大宣传中,制定详尽的宣传方案,及时稿件刊发,确保重点报道的正确导向和宣传效果。

对外宣传。进一步完善对上发稿奖惩机制,通过加大对优秀稿件的奖励力度,鼓励记者多写好稿,多写精品,多对上发稿。全年平面媒体完成对上发稿100篇。

"走转改"活动。把"走基层、转作风、改文风"活动作为提升人员素质、提高办报水平的重要举措,贯穿于全年的采编工作。记者深入田间地头、厂矿车间,采写大批反映基层群众生活和呼声的稿件。先后开设《党报记者走基层》《新春走基层》《淄博基层行》《党报记者走基层·高温下的坚守者》等专栏。其中,《淄博基层行》发稿100多篇。

雷锋精神宣传。深化"历任雷锋班班长走进淄博"大型公益活动报道,日报社和晚报社联动,开辟《身边的雷锋》专栏,刊发稿件120多篇。策划实施"雷锋亲人报告团走进淄博""雷锋亲人报告团走进西沙群岛"和"沿着雷锋的足迹"大型采访活动。中国记者协会《三项学习教育通讯》2012年第3期以《山东:雷锋班长走进淄博》为题刊发该做法。新华社专门派记者到淄博采访,总结《淄博日报》发挥媒体优势,挖掘培育"顺意""善小"等地方品牌形象,让雷锋精神在淄博生根、开花、结果的经验。

全媒体复合出版系统正式运行。选择使用上海阿耳法公司的全媒体采编软件和潍坊北大青鸟华光照排有限公司的排版软件、广告管理软件等为内容的全媒体复合出版系统。8月初,全媒体复合出版系统安装完毕,完成投资300多万元。系统于10月28正式运行。 (徐文武)

【《淄博晚报》】 专题报道。开设《温暖2013,顺意在行动》栏目,为患大病孩子募集善款;开设《温暖速递》栏目,为市民释疑解惑,帮助解决供暖方面的问题。派出特派记者采访伦敦奥运会,推出20期《伦敦奥运特别报道》,16个版面特别报道开幕式,伦敦奥运会期间每日刊发8个版面,刊发前方记者稿件近百篇。副刊配合文化立市战略,开设《专家专栏》《闲情》《智慧》等版面。

策划活动。以创刊20周年为契机,策划组织名家书画展,汇聚70多名知名书画家参展。募集善款15万元,为沂源县悦庄镇两县村春蕾小学更换桌椅,配备电脑,赠送图书。为淄博高新区、博山区、淄川区的菜农、果农搭建与市民、企业的桥梁。与市招办推出"2012助力高考大讲堂"活动,举办多场高考大讲堂活动。面向全市广大青少年征集创意创新型科技作品,引导中小学生树立爱科学、学科学、用科学的观念。策划组织第五届淄博市读书节10多项系列活动。4月23日,配合第十七个世界读书日举办第五届淄博市读书节大讲堂。6月1日,中国少年新闻学院淄博分院与淄博晚报智力运动培训基地挂牌。6月9日,联合市体育局、团市委、安利淄博公司共同举办"迎奥运健康跑"活动,5000多人参加活动。10月22日,和市民政局联合启动首届淄博市"十佳老年公寓"和"优秀老年公寓"的评选活动。

(淄博晚报社)

【《鲁中晨报》】 专题报道。1月,推出《致命年关资金链》专题,通过采访民间借贷者、企业、金融机构及担保机构,调查高利贷资金链状况。4月,跟踪"第一书记"入村,以点代面反映该群体在农村组织建设、帮助农村脱贫致富中所起的作用。5月,策划《特别的爱献给特别的母亲》,报道13名特别母亲,她们的孩子多数是残疾,有的把福利院孩子当成自己的孩子。6月,推出《蒜你狠卷土重来》《农产品新一轮涨价风抬头》报道,关注济宁金乡大蒜、茶叶等多个农产品的涨价、产量、资金情况。7月,围绕全国及全市半年经济数据,在对多区域、多行业、多企业详尽调查的基础上推出《淄博经济半年考》专题。8月,记者赶赴山西介休、灵石、古交等地详细调查,推出《晋煤劫》专题,较为系统地记录山西煤炭及相关行业的生存现状,并对其后续影响做出判断和分析。10月,推出《见证》栏目,用基层鲜活实践成果反映社会进步,用群众身边生动事例展示发展成就,展现近年来全市交通、社会保障体系、农业、经济、工业以及城乡变化等方面的发展成就。11月,《拯救文化基因》关注如何保护文化古迹,推出《上市公司调研》专题。12月,推出《财富年刊》专题,关注国内、国际热点。

策划活动。1月,鲁中晨报社开展挂职记者走基层活动,启动晨报医学专家库资源,每周1名专家到晨报社坐诊为市民解决实际问题。2月25日开始,晨报社联合市慈善部门,在全市范围内开展慈善万里行活动。历时3个月,走遍全市100余个镇(街道)。新华社和全国各大网站、媒体对此次活动进行报道。3月,组织"牵手俏媒婆,情定大乳山"旅游相亲活动,取得经济效益和社会效益双赢。4月,组织策划2012年上半年度鲁中经济论坛。6月2—9日,组织爱心送考活动,为高考学子奉献爱心。8月,组织"助学爱同行"活动,发动爱心企业、个人捐款4.6万元,资助贫困大学生15名。9—11月,组织减盐行动,号召市民减少平时食盐用量,免费向市民发放控盐勺20余万把。"爱心菜大棚车"活动贯穿全年,车载蔬菜免费送市民。

(张 蓓)

【《淄博财经新报》】 专题报道。策划《喜迎十八大·新思路 新举措 新成就——区县长访谈》《喜迎十八大· 新思路 新举措 新成就——局长(主任)访谈》《各区县重点项目巡礼》等报道,在区县和行业中树立财经新报的知名度和形象。与市残联合作开办《共享阳光》(1个版)专版,隔周周二出版,宣传报道市残联的"共享阳光"品牌。与市妇联合作创办《绽放》(1个版)专版,隔周周二出版。与齐商银行合作开办《市民银行之窗》(1个版),隔周周三出版。与淄博银行业协会合作推出《淄博银行业》,每周四(4个版)出版。与淄博保险行业协会合作推出《淄博保险业》,每周二(4个版)出版。与齐鲁证券淄博分公司合作推出《齐鲁证券》。

策划活动。推出首期读者服务日活动,携手"12343"家政服务热线走进张店区九级村,宣传财经新报;策划5期财富沙龙、我为国宝大熊猫征名、生日故事征文、书画比赛、助销高青芹菜等活动。

(牛 干)

【山东鸿杰印务集团公司通过绿色印刷认证】 山东鸿杰印务集团公司于2012年3月开始组织申请绿色印刷资质认证,并于7月一次性通过国家相关部门的认证,成为山东省首家获得绿色印刷资质认证的的民营印刷企业。

(裴 涛)

【图书发行】 2012年，全市新华书店系统图书销售实现3.28亿元，完成计划的108.95%；营业收入实现2.63亿元，完成计划的107.07%；利润实现329.98万元，完成计划的126.75%。市店中心书城自身销售1.71亿元，完成计划的110.71%；营业收入实现1.28亿元，完成计划的108.83%；利润实现79.62万元，完成计划的126.95%。

教材教辅发行。做好中小学教材的征订、汇总、收货、中转以及送书到校等各个环节的工作，开拓新的教材规划品种，秋季初中新增《文言文》《写字》等品种，做好馆配图书和教育类用书的发行。

一般书(盘)销售。馆配会活动中，全市用于采购图书资金316万元。中心书城销售《历史的轨迹》1400册、定价8800元的大型文集《冯其庸文集》20套、《南怀瑾学习读本》1100册、《毛泽东选集》500套、《覆辙镜鉴》500套、《莫言文集》200余套等。沂源分公司为边远山区组建农家书屋20余个。周村分公司新建新华书屋1处。桓台分公司开展网络代购业务，销售图书6.15万元。博山分公司与市红十字会联合向37所困难学校捐赠价值96万元的图书。全市发行党的十八大系列资料价值70.97万元、光盘《伟业之魂》164套。组织“建设幸福中国”第十九届全国青少年爱国主义读书教育活动，全市系统征订发行13823册；继续组织“暑期读一本好书”活动，中心书城销售图书1500册；开展“图书进校园”活动，中心书城分别到11所小学摆摊售书，销售6万余元；沂源分公司到20所乡镇学校巡回展销销售图书5万余元。

多元经营。储运业务代发码洋1.05亿元，中转教材教辅33.4万件，实现收入365.54万元。中心书城文化用品销售59.4万元，电子产品零售16.3万元。高青分公司参加学校电子产品竞标，安装电脑48台、电子白板6套、投影仪1台；组织开展到学校放映党史教育电影活动，收看人数1.6万人次。全市销售重点光盘《健康一点通》300套、电子产品《爱动》200套。全市发行《情感读本》1003240册，《实用文摘》108520册，《新高考》47740册。

2012年淄博市十大畅销图书

表41

名　　称	作者	出版社	定价(元)
十八大报告辅导读本	编写组	人民出版社	30.00
态度决定一切	张艳玲	京华出版社	29.80
不抱怨的世界	(美)威尔·鲍温	陕西师范大学出版社	24.80
史蒂夫·乔布斯传	(美)沃尔特·艾萨克森	中信出版社	68.00
哈佛幸福课	(美)丹尼尔·吉尔伯特	中信出版社	39.00
香草不是笨小孩	秦文君	明天出版社	15.00
撒哈拉的故事(三毛全集02,2011年版)	三毛	北京十月文艺出版社	24.00
孩子,先别急着吃棉花糖	(美)乔辛·迪·波沙达	青岛出版社	29.80
檀香刑	莫言	作家出版社	32.00
于丹趣品人生	于丹	中信出版社	29.80

2012年淄博市十大畅销音像电子制品

表42

名　　称	出版单位	作者	定价(元)
爱和乐——全能全脑教育音乐CD	厦门音像出版社	本社	360.00
红色风暴VCD	湖北音像艺术出版社	本社	9.90

续表 42

名　　称	出版单位	作者	定价(元)
小天才 6VCD	安徽文化音像出版社	本社	16.80
养生面面观 DVD	中国国际电视总公司	本社	205.00
黑胶系列 CD	武汉音像出版社	本社	53.00
(新版)中日交流标准日本语 2CD+书	人民教育出版社	本社	63.90
回春医疗保健操——60 节口令带	中国电子音像出版社	本社	10.00
九通早教——跟我学拼音 2VCD+书	九通电子音像出版社	本社	18.00
超值精品卡通大套装 VCD	广东音像出版社	本社	30.00
先恒——基础入门瑜伽 DVD	江苏音像出版社	本社	30.00

（张玲玲）

广播电视

【党的十八大精神宣传】 党的十八大召开前，侧重氛围营造，在市广播电台、市电视台、声屏报社、新聊斋网站等开设《学习贯彻十八大精神》《学习贯彻十八大，推动淄博新发展》《喜迎十八大，身边看变化》《科学发展，成就辉煌》等新闻专栏。党的十八大召开后，侧重深度解读，市广播电台推出《解读十八大报告》6 集系列访谈，市电视台制作播出《党员课堂——十八大精神解读》9 集专题片，为全市贯彻落实十八大精神营造浓厚的舆论氛围。

【区县域科学发展和项目建设宣传】 开设《贯彻点评会议精神，聚焦区县域发展》《区县巡礼》等新闻专栏，制作播出《推动区县域科学发展，整体提升综合实力》电视专题系列片，集中展示各区县的亮点工程、亮点项目，集中宣传各区县及市直 30 个主要职能部门落实区县域点评会议精神的经验做法，宣传项目带动战略，在全市营造以项目抓工作、促发展的鲜明舆论导向。

【全国文明城市测评宣传】 市广播电台、市电视台、声屏报社、新聊斋网站开设《创建文明城市，建设美好家园》《文明在身边》《美丽新城事》《学雷锋，做淄博好人》等新闻专栏，播出“关爱空巢老人”“低碳生活”“关爱未成年人”等公益广告。利用《民生热线》《大众传呼》《大伟热线》《今晚十八点》《新视窗》等节目，及时刊播建设文明城市的建议、意见，引导市民监督社会上的各种陋习和不文明行为，提高广大市民共同参与文明城市创建的热情。

【对上宣传和对外合作】 市广播电台在中央人民广播电台发稿 97 篇，列全国地市级城市台第三名。其中，在重点新闻栏目《新闻和报纸摘要》播发《山东淄博：城乡均衡发展政策效应凸显 农民生活更有保障》《山东淄博：关键技术突破引领经济持续健康发展》《山东淄博：健康经济的加减法》等 26 篇重点新闻。在山东人民广播电台发稿 1100 多篇，在重点新闻栏目《山东新闻》头条提要播发《淄博：生态文明引领工业老城绽放新姿》《淄博工业“内外兼修”勾勒微笑曲线》《淄博六亿元助推民政基础设施建设》等 100 余篇重点新闻。市电视台在中央电视台发新闻片 203 条，列全国城市台第四名、山东省 17 市台第一名，创淄博广电成立后最好成绩。其中，在《新闻联播》播发《文化公共服务平台促产业升级》《寻找煎饼好人江照云》等 16 条重点新闻。在山东电视台发片 506 条，其中在山东卫视《山东新闻联播》发新闻片 298 条、头条 38 条、提要 106 条，重点播发的《淄博：生态文明带来绿色名片》《淄博工业：增速领跑中部，结构乘势调整》《淄博：现代农业隆起新高地》等头条提要稿件，时长都在 3 分钟以上。配合中央媒体采访团采制的《“环保卫士”孟祥民》《用

2012年1月14日，市电视台《咱老百姓的春节晚会》在淄博广电大剧院上演
（秦立志　摄）

生命守护碧水蓝天》分别在中央电视台和中央人民广播电台《新闻联播》《焦点访谈》《新闻和报纸摘要》《新闻纵横》播出。市电视台与中央电视台联合拍摄的大型纪录片《手艺Ⅱ——琉光璃彩》《山东淄博春秋车马》《战国青铜汲酒器》等，分别在中央电视台《探索·发现》《国宝档案》播出。

【节目质量建设】 创办《开窗说亮话》《娱乐酥一锅》《美食淄博》《旅游天下》《梁辉说法》《车游江湖》《直通现场》《时评》等栏目和版面。广播电台各频率尝试类型化、钟形、线形编排新模式；电视台实行错峰编排，把各频道原来集中在晚间黄金档的节目拉伸错位，延长黄金时段。全台146件作品获省级以上奖励，其中市广播电台创作的广播剧《无法逝去的琴声》获山东省第十届精神文明建设精品工程奖，《政风行风热线》获中国广播电视协会2012年度全国民生影响力十强栏目称号，《秋秋百事通》获山东广播影视大奖社教类十佳栏目第一名；市电视台《生活法眼》《美食淄博》《我要上春晚》分别获中国广播电视协会全国民生影响力十强栏目、十大创新栏目、十优电视栏目。《咱老百姓的春节晚会》首次入围山东省泰山文艺奖。外宣节目《东方神韵》获第十四届中国“彩桥奖”一等奖。《淄博声屏报》连续第三年被评为全省报纸质量“精品报”。新聊斋网首页连续第二年获得山东省广播电视网络新闻奖十佳网页奖。

【策划系列活动】 策划新年音乐会、咱老百姓的春节晚会、少儿春晚、青年创业在淄博、BOBO音乐节、万人相亲会等活动。市广播电台举办第六届中国（淄博）汽车博览会，历时四天，累计销售汽车2002辆，总销售额3亿元，参展人数12万人次。市电视台举办2012中国（淄博）住房产业暨汽车博览会，淄博及周边地区120多个汽车及零部件品牌和30余家房地产企业参展，展出面积6万平方米。会展期间，销售汽车近2000辆，交易额2亿多元，达成房产意向销售近600套，意向金额6亿元。与有关部门联合策划“3·15”大型主题晚会、2012淄博十大生态优美镇（街道办）创建、生态放鱼季、农业采摘季等系列特色活动。策划爱心送考、关注黔西南留守儿童、爱心助学、爱心查体、爱心救助结对帮扶、车载放心菜进社区、爱心小暖房、爱心接水点等公益活动。其中，帮助蜂农销售蜂蜜12万斤，实现销售收入260万元；帮助高青县菜农销售滞销芹菜20万斤，白菜50万斤。第三届“我的第一个书包”大型公益活动，为近千名一年级学生捐赠1000多个书包、1000余套文具、200多个篮球、800余册图书。“牵手黔西南 关注留守儿童”爱心公益活动募集到12000多册书籍、150多套童装、235双鞋子、5000多件文具及现金近3万元。

【安全播出】 党的十八大召开期间，总台与各区县广播电视局及相关单位签订十八大期间的广播电视安全播出目标责任书，层层落实安全播出责任；加强应急培训，完善应急预案，组织应急演练，熟悉应急操作规程，提高迅速反应、及时处置问题的能力；加强值班，加强广播电视安全播出监测；对西山配电系统进行升级改造。

【非法卫星接收设施整治】 强化执法检查，加强对非法销售窝点的打击力度，全年开展联合执法行动12次，查处非法卫星接收设施销售窝点155个，查获非法卫星天线器材16860件(套)，对34家接收非法信号的宾馆进行联合执法检查，维护广播电视安全播出秩序。

【营业创收】　市广播电台新增公益时刻、整点特约等多种广告创收形式。全台实现广告收入1.58亿元，比2011年增加1952万元。市广播电台实现收入5290万元，增加1210万元；市电视台实现收入1亿元，增加1002万元；新聊斋网站实现收入100万元，增加29万元。广电医院、广电旅行社、618战备电台旧址风景区提高管理规范，其中广电医院实现收入3456万元，比2011年增加982万元。

【网络事业】　网络公司加快网络双向化改造和高清互动电视发展，在全省第一批完成全市县级和乡镇广电网络整合上收工作。全市双向在网用户25.9万户，高清电视用户发展到11.1万户，农村整体平移新增数字电视用户6.1万户。网络公司实现经营收入3.12亿元。

【电影事业】　第二家跨市经营的连锁影城——博兴齐纳国际影城建成使用。全年放映农村公益电影4万余场。实现电影文化产业收入6530万元，比2011年增长50.25%。

【新媒体发展】　新聊斋网站进一步明晰综合型门户网站和大型视频门户网站的定位，全年网络直播活动近50场。网站注册会员18万余人，日点击量保持在12万人次。移动多媒体广播电视用户达到5万户。　（秦立志）

文艺创作

【概况】　8件作品获山东省第五届泰山文艺奖，获奖作品涉及美术、书法、戏剧、音乐、曲艺、舞蹈、电影电视7个艺术门类，其中曹新钢的国画《山水画音》获一等奖。长篇小说《岗位》、电视剧《旱码头》获山东省第十届精神文明建设精品工程奖。79件作品获市第八届文学艺术奖。截至年底，各艺术门类获180余项全国和省级奖项。

【文学创作】　全市发表、出版长篇文学作品30余部，在中央和省市级文学报刊和杂志发表中、短篇小说及散文和诗歌200余篇(首)。其中，马新亭的《谁的手》入选《百年百部微型小说经典》丛书，崔玉坤的中篇小说《义海情深》在《中国文学》发表。

【主题文艺活动】　组织举办全市纪念毛泽东《在延安文艺座谈会上的讲话》发表70周年文化名人座谈会、文艺演出、征文活动。牵头组织“迎接党的十八大胜利召开”书法、美术、刻瓷作品展，在张店区潘庄社区组织为期一周的民间剧团展演。举办第十三届庆八一军民书画摄影作品联展和系列歌舞演出。陶博会期间，组织书画艺术交流活动100余场次。

【惠民文化活动】　组织举办第十届全市舞蹈电视大赛、中国第十届赏石博览会等20多项文艺活动。开展“送欢乐、下基层”活动，组织送书法、写春联活动，深入农村、厂矿、社区、学校，为全市群众送春联、书画作品近千幅。截至年底，全市文联系统举办各类文艺演出700余场，举办各种展览、比赛50余场，深入农村、社区、厂矿、企事业单位文艺辅导800余次，全市参加文化下乡人数近万人次。

【文化交流】　举办“行走在艺术中——常州书画六人展”，市书法家协会组织20余名青年作者参加韩国国际书法邀请展。与郑州市文联联合主办两地书法名人巡回展。鲁艺吕剧团赴京在长安大剧院演出《姊妹易嫁》。

【协会建设】　完成市赏石盆景花卉艺术家协会的换届工作。新增市级会员200余名，全市市级及以上会员达7200多人，其中省级会员1600余人、国家级会员242人。组织开展第四届全市德艺双馨中青年文艺家评选。　（孔祥翠）

档　案

【档案法制】 10月，市人大常委会和市监察局、市档案局、市法制办公室联合组成档案执法检查组，对淄博报业传媒集团、淄博热电集团公司等12个市属文化单位、城市地下管线管理和权属单位的档案工作进行执法检查。11月，由省、市档案局组成的省重点建设项目档案工作执法检查组对淄博工陶耐火材料有限公司的大型致密锆英石陶瓷溢流砖项目和金晶(集团)有限公司的低辐射镀膜节能玻璃及深加工项目档案工作进行执法检查。对存在问题的单位下发执法通知书，责令限期整改。

【监督指导】 市档案局与市委组织部、市民政局等部门联合印发《淄博市村级档案代理指导办法(试行)》，在沂源县召开全市社会主义新农村建设档案工作现场会，6个省级示范乡镇、5个市级示范区县、5个市级示范乡镇通过标准验收。与市安监局联合，对涉及全市非煤矿山、危化品生产经营的3500余个企业的业务档案进行规范整理，完成业务档案11000多盒、文书档案9000多件。与市工商联、市城市燃气公司等单位联合对民营企业档案工作进行业务培训。开展全市工商所档案科学化管理工作，27个基层工商所通过省一级档案室验收。

【基础业务】 市档案馆接收人事档案4200多卷(件)；征集著名五音戏表演艺术家鲜樱桃(邓洪山)个人档案资料、淄博老照片等各类珍贵档案史料、照片、钢针唱片、音像磁带、字画等1000余件；参与重大活动拍摄78次，拍摄照片3500余张。10月，成立5个工作组，分别对132个市直机关单位的未进馆档案进行检查与摸底。全年，现场查档786人次，利用1862卷(件)。

【信息化建设】 对市经济研究中心、市纪委等50个单位的档案进行全文数字化转化，完成数字化转化80万页。做好市档案馆内外网站的维护与更新工作。

【宣传教育】 全市各级档案部门先后在《中国档案》《中国档案报》、电台、电视台、网络等各类媒体发表文章及消息150余篇(条)。参加省档案局组织的“山东档案人”全省档案系统文艺展演和档案文化展览，市档案局编排的《情系兰台书写辉煌》及周村区档案局创作的《金周村有个档案馆》获优秀节目奖，市档案局获得活动组织奖。组织参加全省档案文化建设研讨会，所报8篇论文全部获奖。先后前往中央档案馆、省档案馆等查找与淄博有关的档案史料，面向社会开展档案资料征集活动，完成“见证淄博”展览框架的初稿，制定展览方案。

【新馆建设】 是年，完成新馆启用预算编制工作；按照施工进度，统筹规划，完成LED全彩屏、档案库房密集架招标。　　(吕　鹏　张　莹)

本部类编　辑：马震刚
副主编：王　娟
校　对：孟　明
李　建

卫生　体育

卫　生

【概况】 2012年，全市有各级各类医疗卫生机构4949个(含村卫生室)，床位24988张，卫生从业人员38287人，卫生技术人员28918人。全市每千人拥有卫生技术人员6.32人(按常住人口457.93万人计算，下同)，每千人拥有实有床位数5.46张，比2011年分别增长4.98%、3.02%。全市医疗机构完成总诊疗人次达3143.25万人次，人均就医6.86次，比2011年增长2.8%；卫生(中医)事业费总计8.12亿元，增长13.2%。全市人均期望寿命近77岁。孕产妇和婴儿死亡率分别降至11.70/10万、3.92‰。　　(张宏伟　王海燕)

2012年淄博市卫生事业基本情况一览表

表43

项　目	机构(个)	床位(张)	人员(人)	
			合计	其中:卫生技术人员
医院	125	18193	20440	17524
综合医院	94	13962	16540	14216
中医院	12	2395	2467	2152
专科医院	19	1836	1433	1156
乡镇卫生院	90	4285	4059	3659
综合门诊部	3	22	46	45
妇幼保健院(所、站)	9	1545	1848	1667
疾病预防控制中心	9		685	544
卫生监督所	10		288	264
专科疾病防治院(所、站)	5	445	386	328
采供血机构	1		132	89
急救指挥中心	1		35	23

(刘爱琳)

【基本药物制度实施】 基本药物制度实施范围进一步扩大，在政府办基层医疗机构实现了全覆盖，逐步将非政府办基层医疗卫生机构纳入制度实施范围。基本药物网上集中采购规范开展，基层药价平均降幅达45%，单张处方金额降低10.1%，农村群众的就医负担进一步减轻。9月26日，基层实施基本药物制度的做法在全省会议上作典型发言。

【基层综合改革】 开展基层综合改革“回头看”活动，基层机构全面实行全员聘用制度，基本建立起以“双考核、双挂钩”为主要内容的绩效考核机制。7月23—26日，联合市委组织部举办全市镇卫生院院长培训班，进一步提高镇卫生院院长的专业化和职业化水平。桓台县、临淄区被列为全国、全省县级医院综合改革试点区县。年底，2个试点区县取消药品加成，以破除“以药补医”机制为关键环节，统筹推进价格体制、补偿机制、医保支付等综合改革。在全市二级以上公立医疗机构继续推进预约诊疗、志愿者服务等10项改革措施。市中心医院“仁爱使者”志愿者服务联盟开展工作后，投诉率下降60%。在区县及以下公立医疗机构推行“先诊疗后付费”服务模式，受益患者34943名。加强县级公立医院能力建设，山东大学齐鲁医院、山东省省立医院分别与桓台县、临淄区签订对口支援公立医院综合改革协议，进一步提升公立医院服务能力和水平。 （张宏伟　王海燕）

【卫生应急管理】 加强卫生应急风险评估和预警预测，做好全市传染病疫情以及突发公共卫生事件疫情审核、分析和会商。每月组织专家召开疫情会商会，对全市传染病疫情形势和突发公共卫生事件进行风险评估，上报风险评估报告，为政府科学决策提供依据。初步完成市级突发公共卫生事件应急指挥视频交换平台建设。印发《淄博市流感大流行应急预案》《淄博市突发公共卫生事件应急预案》《淄博市突发公共事件医疗卫生救援应急预案》《淄博市卫生局反恐怖应急预案》。组织开展全市卫生系统卫生应急人员网上培训和答题活动，4700余人次参加全市大练兵大比武培训演练，选拔5人参加全省卫生应急大练兵大比武竞赛，获得全省总成绩第四名、个人单项成绩第一名的成绩。完成10余项重大活动的卫生保障服务任务。博山区和桓台县通过全省卫生应急示范区评审验收。

【手足口病等重点传染病防控】 坚持关口前移、重心下沉，按照抓早、抓主动防控工作策略，加强重点区域、重点人群传染病防控工作。与市高校工委、市教育局联合印发《关于进一步加强春季学校传染病防控工作的通知》《关于进一步加强手足口病防控工作的通知》，落实好各项综合性防治措施，确保无重大疫情发生。举办4期全市手足口病、霍乱等重点传染病防控技术师资培训班，开展全市手足口病和肠道传染病防控工作专项检查、全市重点传染病管理和疫情报告工作质量考核。印发《淄博市流感监测及暴发疫情处置工作方案》，3所流感哨点医院流感样病例报告及时性为100%，2所国家级哨点医院标本采集完成率为110.32%。印发《关于加强流感和人禽流感防控工作的通知》，与市畜牧局联合印发《关于加强布鲁氏菌病防控工作的通知》等，重新调整全市人畜共患传染病防治工作领导小组和防治专家组。

【免疫规划成果】 全市免疫规划疫苗报告接种率99.8%，保持38年无白喉，21年无脊髓灰质炎，4年无流脑病例发生。市政府办公厅印发《关于转发市卫生局等部门关于预防接种异常反应相关病例善后处理工作指导意见的通知》，为预防接种异常反应善后处理工作奠定基础。启动“4·25”预防接种宣传周和免疫规划工作规范化管理年活动。安排部署麻疹消除工作，在全市开展适龄儿童开展麻疹疫苗强化免疫和脊灰疫苗查漏补种活动，补种麻疹疫苗73336人，接种率98.45%。对全市134个预防接种门诊（室）进行验收，全市建成数字化门诊11处、示范化门诊50处、规范化门诊62处，规范化及以上接种门诊占全部门诊的91.8%。

【艾滋病、结核病等重大传染病防控】 起草淄博市关于加强“十二五”期间艾滋病、结核病防治工作意见。加强重点场所和重点人群宣传干预工作，重点娱乐场所干预覆盖率80%以上。组织召开市政府防治艾滋病工作委员会成员单位会议。开展艾滋病宣传进学校、进企业、进农村、进社区等活动，受教育群众2万余人。做好结核病预防控制工作，启动和实施百千万志愿者结核病防治知识传播行动。

【地方病和慢性病防控】 起草淄博市地方病防治规划，制订地方病项目工作实施方案。合格碘盐食用率98.19%，碘缺乏病家庭主妇防治知识知晓率98.55%。联合市委宣传部、市发改委等23个部门制订全市慢性病防治规划。开展慢性病综合防治示范区创建工作，桓台县通过省级慢性病示范区县验收。组织完成《2011年淄博市死因监测分析报告》的编写，举办全市死因监测和肿瘤登记工作培训班，联合市公安局、市民政局对全市死因监测统计工作进行督导检查。开展减盐防控高血压项目工作，联合市委宣传部、市发改委等15部门印发《关于印发淄博市2012年减盐防控高血压项目工作方案的通知》《2012年减盐防控高血压项目工作考核方案》，召开全市减盐防控高血压项目工作会议。与市盐务局联合印发《关于在全市推广低钠盐的通知》，确保全市低钠盐供应。联合市食品药品监督管理局、市教育局、市妇联和市盐务局等部门对五区三县减盐防控高血压工作进行督导检查。

【精神卫生工作】 市卫生局等16部门联合印发《关于加强“十二五”期间精神卫生工作的意见》，建立精神卫生工作部门联席会议制度，明确各部门工作职责。开展“健康山东，心理卫生伴我行暨世界精神卫生日宣传活动”。截至年底，全市排查出重性精神疾病患者16695人，录入率76.83%，全市重性精神疾病检出率3.05‰。

【卫生法制与监督管理】 处理群众举报、投诉案件29起，均及时调查回复；审查行政处罚案件117起，组织处罚案件合议3起，全年累计罚没款30.2万元，无行政诉讼和复议案件。制订《市卫生局行政许可工作规范》，规范审批行为，优化审批流程。建立58人组成的市级许可事项专家库，把好卫生行政许可准入关。印制2000份卫生行政许可办事指南向群众免费提供，在市卫生局网站公布行政许可投诉咨询电话，方便群众办理许可事项。2012年，受理办结各类事项4137件，按时办结率100%。制订《2012年全市卫生监督重点检查计划》，对重点区域和重点单位实施重点监管，及时消除公共卫生隐患。迎接卫生部基本职业卫生服务状况调查复核。以“关注饮水卫生，共享健康生活”为主题，在全市启动首届饮用水卫生宣传周活动。全面开展餐饮业公共场所卫生监督量化分级管理工作，向淄博饭店等全市50家A级餐饮单位授牌，并在新闻媒体进行公示。印发《关于进一步加强医疗市场监管工作的通知》《淄博市打击无证行医专项行动实施方案》等，在全市部署开展专项整治活动。与5070家医疗机构签订《依法执业、不从事非法器官移植承诺书》，督查、暗访区县医疗机构178家，取缔无证诊所20家，没收医疗器械55件，规范推拿、按摩等非医疗机构106家。对监测发现的17家违法发布医疗广告的医疗机构进行约谈，给予警告和记分处理。印发《关于进一步做好卫生监督协管服务工作的实施意见》。在张店区召开全市卫生监督协管工作现场会，举办全市卫生监督协管员骨干培训班，全市所有镇(街道)全部设立卫生监督工作站，配备卫生监督协管员294人，在村(社区)配备卫生监督信息员2800人，卫生监督协管服务实现全覆盖。开展全市卫生监督执法能力大赛，举办全市卫生监督员业务培训和创新力、执行力提升培训，全市400余名卫生监督员受到系统培训。在省卫生厅、省医务工会联合举办的2012年全省卫生行政执法能力大赛中，淄博代表队取得一等奖、第一名的成绩，参加比赛选手均获全省卫生监督技术能手称号。1名选手参加全国比赛获二等奖和全国卫生监督技术能手称号。 (孟 玲)

【新型农村合作医疗管理】 完善参合政策，稳定参合人口。印发《关于加强参合管理的意见》，在全省率先实行农村户籍人员以家庭为单位参合、连续参合、避免重复参合的政策，筹资工作进展顺利。全市参合人口为232.4万人，参合率99.96%。提高筹资标准，财政补助及时到位。按照“个人筹资标准60元，各级财政补助标准240元”的要求，全年筹集新农合基金7.06亿元，其中筹集个人参合资金1.41亿元，各级财政投入补助资金5.65亿元，人均筹资标准达到304元。调整报销比例，提高保障水平。根据筹资标准测算提高门诊、住院报销比例，门诊报销比例提高到40%，比2011年提高10个百分点；市、区县、镇医院住院报销比例提高到50%、65%～75%和80%～85%，分别比2011年提高5～10个百分点。补偿封顶线从10万元提高到15万元。349.58万人次受益，其中住院补偿20.91万人次。大病保障能力持续增强，全年获得万元以上补偿人数

12489人次，万元以上补偿人数是2011年的2.2倍。基金使用规范合理，当年基金使用率达99.99%，实现基金的最大限度使用和有效控制。加强管理，重大疾病保障运行机制初步建立，保障病种扩大到20种，制定《重大疾病保障管理办法》，提高重大疾病保障能力，进一步细化管理措施，全年为4498名重大疾病患者报销医药费用1695.6万元，实际报销比例达68.7%。及时启动新农合大病保险工作，对纳入国家规定的20类重大疾病新农合按照70%的比例报销后，大病保险再按照规定比例给予补偿，进一步减轻大病患者负担。推进支付方式改革，控制医药费用不合理增长。印发《关于全面开展新型农村合作医疗支付方式改革的通知》，在全市全面推开门诊、住院支付方式改革工作，门诊统筹按照核定任务、核定总额、制定限额的方式进行改革，住院统筹实行以总额预付制为主的支付方式改革。支付方式改革实施后，市、区县、镇等定点医院每次平均住院费用增长率均控制在10%以内，定点医院自我控制机制和新农合经办机构、各定点医疗机构医药费用分担机制初步建立。贯彻省政府《新农合违规违纪行为处理办法》，组织开展新农合违法违纪行为专项整治，加强监督管理，保证规范运行，接受并通过省、市新农合基金审计和省财政检查审核。开展定点医疗机构诚信等级评价工作，并按照评价结果，分级分类采取不同措施进行监督管理。

（赵志强）

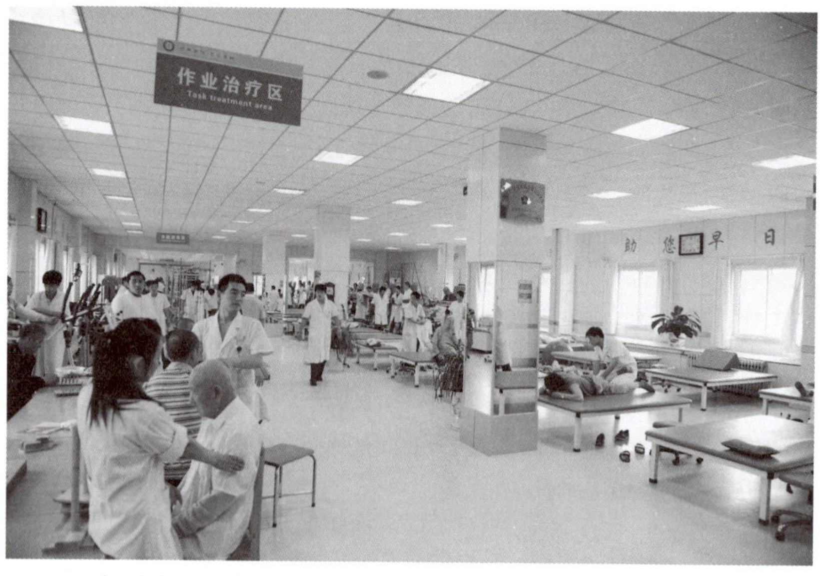

2012年，康复体系建设　　（市卫生局　供稿）

【康复医疗服务体系建设】 年内，成立淄博市康复医学专业质控管理委员会，组织编写《淄博市康复医学管理规范》，建立淄博市康复医师培训基地1处、淄博市康复治疗技术培训基地4处。举办首期康复治疗技术培训班，培训学员68名。召开全市康复医疗服务体系建设工作推进会，10个部门和单位进行工作交流。在博山区开展康复医疗服务分级双向转诊试点。市第一医院和市中心医院康复医学科在立足疾病急性期早期康复介入的同时，与辖区内二级医院签订康复医疗服务双项转诊协议，住院病人得到合理流动。全市26个二级以上医院设立康复医学科，50%以上的社区卫生服务中心和镇卫生院设立康复室，开展康复医疗服务。

【无偿献血】 开展世界献血者日和血站开放月系列活动，举办全市临床输血执业医师骨干培训班。投资50万元在淄川区、周村区新建2个固定献血屋，全市固定献血屋达到7个。实行无偿献血者临床用血即时返还制度，符合条件的用血者出院时，在就诊医院直接报销，简化用血流程。年内，全市各医疗机构血费即时返还182例，返还总金额13.15万元，其中异地返还44例，返还金额2.48万元。淄博市第八次获得全国无偿献血先进城市称号。

【“10·7”青银高速交通事故救治】 10月7日，青银高速交通事故发生后，市卫生局成立医疗救治领导小组，紧急调度市中心医院专家到救治医院参与医疗救治，安排专家组对所有入院的44名伤员逐一进行病情巡诊，针对病情周密制定救治方案，安排医务人员一对一治疗。卫生部2名专家、省卫生厅34名专家、市中心医院15名专家实施会诊346人次、手术21台次。配合济南、青岛等外市医疗机构，研究确定转诊方案，15名伤员转院治疗。

【“三好一满意”活动】 印发《淄博市医疗卫生系统“三好一满意”活动2012年工作方案》，制定考核细则。8月下旬至9月上旬，组织10个督导组，对全市88家单位“三好一满意”活动开展情况进行督导检查。各区县、各单位坚持将活动与日常工作和重点工作相结合，特别是围绕新一轮医院评审、抗菌药物专项整治、规范化诊所达标等中心任务，推进内涵建设。11月，召开品牌创建工作推进会，进行经验交流，全市各级各类医疗卫生机构向市卫生局申报创建品牌193个，确定省级创建品牌7个、市级创建品牌84个。 （宿涌涛）

【基层卫生】 全面实施基本公共卫生服务均等化，强化基本公共卫生服务保障机制，督促各级财政按照人均25元的标准落实配套资金。会同市医改办、市财政局，先后2次对全市基本公共卫生服务的资金补助与管理以及开展的11项服务情况进行专项督查考核。继续开展创建省星级城市社区卫生服务机构和巩固市级示范镇卫生院及甲级村卫生室创建活动，5个机构创建为省星级机构，对每个星级机构和示范镇卫生院分别给予5万元和3万元奖励。11月12日，对312名业务骨干进行业务考核专题培训。依托省社区卫生服务信息网络，初步建成覆盖城乡居民的基本公共卫生服务信息网络。推行家庭医生或乡村医生签约式服务方式。10月10日，在全省召开的推行乡村医生签约式服务工作会议上作典型发言。创新健康教育形式，在地方媒体设立专刊或专栏，利用短信群发平台，传播健康知识。全市建立城乡居民健康档案400.6万份，为330.21万人建立规范化电子健康档案，将43.13万名高血压患者、12.03万名糖尿病患者、12.16万名重型精神病患者以及40.96万名65岁以上老年人纳入健康管理。

【妇幼保健】 全市54家定点助产机构按照统一服务内容、统一服务流程、统一服务标准、统一服务质量的要求，为20525名农村孕产妇补助1026.25万元，为19617名农村孕早期妇女发放叶酸88482瓶。完成农村妇女乳腺癌筛查17007人，超额完成15007人；完成宫颈癌筛查15480人，超额完成2422人。8月17日，在全省召开的“两癌”筛查会议上作大会发言，介绍淄博市“两癌”筛查的做法。开展预防艾滋病、梅毒、乙肝母婴传播阻断项目，进行艾滋病病毒检测38818人；梅毒检测38778人，查出感染人数21人；对查出的1125名乙肝病毒携带产妇分娩的新生儿及时给予免费注射乙肝免疫球蛋白。巩固发展中澳新生儿窒息复苏项目成果，降低新生儿死亡率。继续实施针对新生儿的苯丙酮尿症、先天性甲状腺功能低下、先天性肾上腺皮质增生症、葡萄糖－6－磷酸脱氢酶缺乏症筛查和听力筛查，新生儿疾病筛查率99.99%，新生儿听力筛查率96.67%。组织全市900余名母婴保健技术服务从业人员进行业务培训和考核，严格母婴保健法律证件管理。6月27—29日，接受卫生部母婴证件管理工作的考核。 （王爱凤）

【基础设施建设】 年内，沂源县医院门诊综合楼、周村区青年路城市社区卫生服务中心业务楼竣工。中央下达的13个镇卫生院建设项目中，1个完工，3个正在建设中，其他9个正在办理相关手续。市中心医院投资4.6亿元、建筑面积8万平方米的病房大楼于11月11日启用。 （赵衍峰）

【人才与科技】 召开全市卫生系统首次人才科技会议。7月19日，组织市属医院院长、区县卫生局局长、区县综合医院院长赴聊城市人民医院学习考察卫生人才学科建设及科技创新工作。市属医疗卫生单位引进博士研究生4人，引进“985”和“211”工程建设院校硕士研究生37人，公开招考工作人员148人。注重柔性引才借智，市妇幼保健院、市第八人民医院等引进省内知名先心病专家带动整个学科快速发展。确定20名优秀中青年卫生人才作为第三批境外培训人员，10人赴境外参加培训。继续实施全科医生规范化培训及基层医疗卫生机构全科医生转岗培训工作，完成6338名乡村医生在岗培训任务；继续开展城市社区卫生技术人员在岗培训，136名全科医师和118名社区护士参加半脱产培训。印发《淄博市“十二五”卫生科技发展规划》《淄博市“十二五”继续医学教育发展规划》。47项课题通过鉴定，24项成果获市科技进步奖，29项课题经市科技局立项。申报2012年度国家级项目1个、省级项目24个，全年举办10项市级继续医学教育项目、1项全国性学术会议及18项全省性学术会议,4000余名卫生技术人员参加相关培训。4人被评定为山东省名中医药专家,5人被评定为全国优秀中医临床人才,4人被评定为山东省高层次优秀中医临床人才。 (陈　红)

【中医药事业发展】 4月下旬,张店区中医院骨伤整复科、淄川区和沂源县中医院的针灸理疗康复科通过国家中医药管理专家组的评审验收。7月下旬,市中医医院通过国家三级甲等中医医院的评审验收。10月上旬,张店区中医院通过二级甲等中医医院评审。市中医医院内分泌科等8个专科被确定为山东省第四批重点中医专科建设项目。组织申报全国优秀中医临床人才培训项目,遴选确定56名中医临床技术骨干参加省统一组织的理论培训。“西医学中医”普及班和“西医学中医”半脱产研究生班开班,115人和26人分别参加学习。10人通过省卫生厅组织的“确有专长”理论考试,成为中医药“确有专长”人员。开展全市中医药知识技能大赛,31支代表队参加全市决赛,评出团体一等奖1个、二等奖2个、三等奖3个,针灸、推拿、中药专业各有10人获得岗位技术能手称号。10月中旬,通过全国农村中医药工作先进单位复审。经过3年建设,1个优势专科、4个特色专科通过省财政厅、省中医药管理局组织的全省中医药服务能力提升工程评估验收。市第一医院创建为全国综合医院中医药工作示范单位。桓台县人民医院创建为全省综合医院中医药工作示范单位。6个卫生院和2个社区卫生服务中心分别被确定为全省中医药特色乡镇卫生院、社区卫生服务中心。 (张万友)

【食品安全风险监测】 完成2012年度各项监测任务,监测各类样品1700余份。7月,通过省卫生厅组织的全省食品安全风险监测工作督导检查。10月底,通过卫生部食品安全风险监测督查组督查。组织开展全市餐饮具集中消毒单位专项整治工作,出动车辆136辆次、卫生监督员502人次,检查取得工商营业执照餐饮具集中消毒单位77个,监督率100%,下达监督意见书95份,责令限期整改43个,抽检产品196份,餐饮具抽检合格率为98.9%,对抽检不合格的2个单位实施行政处罚,罚款6000元。根据卫生部《食品安全事故流行病学调查工作规范》,起草食品安全事故流行病学调查及处置程序,为规范全市流行病学的调查处置程序提供依据。组织开展食品安全风险监测和卫生监督实物展示及现场宣传咨询服务等活动,印制发放宣传材料6000余份。 (吕　辉)

【爱国卫生工作】 市爱国卫生运动委员会办公室联合住建、城管执法等相关9个部门,对各区迎接暗访重点任务和突出问题的整改情况进行日常督导检查,下发情况通报5次、整改督办通知单200余份,解决一批影响市容环境卫生的突出问题。承担的公共场所控烟等全国文明城市创建指标全面完成。举办首站全省“健康山东”全民健康生活方式科普展,组织参加“山东人心中的健康山东”绘画摄影作品评选,获优秀组织奖,4人分获一、二、三等奖。组队参加全省健康科普演讲技能比赛,获团体三等奖,2人获优秀个人奖。参加“健康山东”主题教育优秀课件评选活动,1人获一等奖,3人获优秀奖。开展首届“健康山东·健康大使”系列巡讲活动,举办10个专场,受益群众达5000余人。举行淄博市暨张店区“我要告诉你,因为我爱你”烟包健康警示图片展启动仪式,获全省烟包健康警示展贡献奖。推进全市无烟医疗机构创建工作,4个单位创建为省级无烟医疗卫生机构。创建省级卫生先进单位19个、省级卫生村24个,第三批亿万农民健康促进行动示范区县1个、示范镇(街道)8个。实施2012年农村饮用水水质卫生监测项目,完成全市160处集中供水工程640份水样的监测任务。完成全市6000个无害化卫生厕所建设任务,市财政设立配套资金52.8万元。实施农村环境卫生监测项目,完成60个行政村环境卫生调查及土壤监测任务。

(孙红霞)

体　育

【体操世界杯承办工作】 4月5—9日,2012年国际体联体操世界杯A级赛(淄博站)比赛举行,该比赛是淄博市承办的级别最高、水平最高的大型国际赛事之一。以规范的赛事组织、一流的场馆设施、完善的赛事保障和承办流程，保障赛事顺利进行，实现了“承办工作有特色，赛事组织高水平”的任务目标。

2012年6月16日，全民健身活动在市体育馆举行 （芦 媛 摄）

【张成龙夺得伦敦奥运会金牌】 7月31日，第三十届奥运会体操男子团体决赛在伦敦举行，淄博籍运动员张成龙与队友以275.997分蝉联奥运会男子体操团体金牌。

【群众体育】 落实《全民健身实施计划(2011—2015年)》，争取省级体彩公益金357万元，市县配套资金595万元。建设1个县级全民健身中心，12个镇全民健身工程，45处城市及农村社区体育场地，900个农民体育健身工程。高青县成立体育总会。成立淄博市国民体质测定暨全民健身运动指导站，培训社会体育指导员1412人。举办全市第二届全民健身运动会、第十二届全民健身节、第九届体育大会、第十四届领导干部健身运动会、首届社区老年人健身运动会、第五届四宝山山地健步走和全市巾帼健身风采展示大赛等活动。

2012年7月31日，张成龙获得第三十届奥运会男子体操团体比赛金牌 （芦 媛 摄）

【青少年体育】 年内，市竞技体校获国家级手球、拳击、篮球单项后备人才基地称号。3所学校被国家体育总局命名为“国家级青少年体育俱乐部”，全市总数达25所。组织开展全市中小学生田径、篮球、排球、足球、乒乓球、手球和游泳联赛，推进校园足球活动。

【体育彩票和产业】 全市体育彩票年销量完成7.75亿元，比2011年增长23.6%，全省销量排名第五，市场占有率排名第三。市体育中心对外开放，开设16个班次的暑期健身培训班，培训3000余人，接待健身群众20万人次。

【足球起源地建设】 9月9—14日，亚洲区域体育非物质文化遗产及民族传统体育蹴鞠研讨会在临淄区举办。继续实施亚足联展望计划淄博项目，不断规范城市联赛、学校联赛、“草根足球大联盟”联赛和校园足球活动，星期天俱乐部首次参赛2012年全国足协杯，并获得2013赛季中国足协杯赛参赛资格。

【依法行政】 受理行政事项591件，接受咨询131人次，办结率和满意率均为100%。完善法制宣传教育和培训工作机制，广泛开展多种形式的普法活动。

【宣传与交流】 开展2012年度十大体育新闻评选，在省级以上新闻及网络媒体刊发稿件400余篇。及时维护更新市体育局官方网站、微博，完善训练视频监控平台，试点推广电子政务，体育信息化工作力度不断加大。接待韩国广州市体育代表团和加拿大旺市代表团考察交流。（王 强）

本部类编 辑：马震刚
副主编：王 娟
校 对：王 娟
王 峰

·成语 典故·

秉笔直书

齐庄公与大臣崔杼的妻子私通。崔杼知道后，便设计杀害了庄公，专断朝政。他特别担心自己的弑君行为被史官记录在史册上，留下千古骂名。于是下令将专管记载史实的太史找来，说道："昏君已死，你就说他是患病而亡。如果你按我说的意思写，我一定厚待你，如若不然，可别怪我不客气！"齐太史书罢，崔杼接过竹简一看，上面赫然写着某年某月某日，崔杼弑其君。崔杼大怒，下令杀了太史。按当时的惯例，史官是世袭的。于是，崔杼又招来太史的二弟，指着太史的尸体恶狠狠地交待了一番，可是太史二弟仍冷静地提笔写道"某年某月某日，崔杼弑其君。"崔杼怒不可遏地杀了太史二弟。崔杼又将太史的三弟招来，太史的三弟还是照实而书。崔杼最终怕惹起众怒，只好放了太史的三弟。齐国的另一个史官南史氏听说太史兄弟皆被杀害，抱着竹简急匆匆赶来，要前仆后继，接替太史兄弟将崔杼的罪状记载史册，见太史兄弟已经据实记载，才放心地返回。齐太史兄弟不畏强暴、前仆后继、秉笔直书的义举，被后人称为"齐之良史"。

社 会 民 生

人力资源和社会保障

【就业工作】 2012年，全市实现城镇新增就业14.7万人，实现农村劳动力转移就业9.98万人，城镇登记失业率2.53%，高校毕业生总体就业率92%。

完善就业扶持政策。大力实施积极的就业政策，联合有关部门出台《淄博市小额担保贷款实施办法》等7个政策性文件，完善优惠政策，细化管理措施。在全市组织开展人力资源状况和企业用工情况等专题调研，形成10份调研报告。全年落实就业专项资金8493万元，为1943户创业者发放小额担保贷款2.9亿元，带动就业17763人。加强就业失业登记管理，就业失业登记实名制达到95%。

创业和就业培训。积极推进大学生创业孵化中心实体化运作，中心已入驻创业实体32家，规范使用创业资金600万余元，带动大学生就业162人。组织开展400余家企业参加的创业大赛，并在省决赛中取得优异成绩。建立淄博市创业促进办公室，进一步规范YBC（中国青年创业国际计划）扶持资金的运作。市及各区县首批设立YBC基层工作站14个，全市33处创业园总面积达3000万余平方米，入驻企业2万户，创业带动就业16.3万人。加强就业培训工作，整合培训资源，充分发挥36家定点培训机构的作用，全年组织就业技能和创业培训7.8万人次。

高校毕业生就业。深入实施"三支一扶"（支农、支教、支医和扶贫工作）等基层就业项目，鼓励引导大学生到基层和民营企业就业，全市招募"三支一扶"大学生85人，招聘服务社区大学生76人，选聘高校毕业生到村任职25人。做好毕业生就业见习工作，新建市级见习基地16家，全市市级以上毕业生就业见习基地达到110家，参加就业见习大学生2900余人。建立统一的离校未就业高校毕业生实名制数据台账，全年接收大中专毕业生2.58万人。

就业服务。健全就业服务体系，建立"联百乡

2012年11月25日，山东省创业大赛淄博赛区决赛颁奖现场

（丁 浩 摄）

包千村"就业帮扶对接机制。围绕做好失业人员、大学生和农民工等群体就业，广泛开展"你就业我服务、你发展我帮扶""春风行动""就业帮扶乡村行"等10余个就业服务专项活动，全市各级人力资源市场举办各类招聘会730余场，提供就业岗位23.2万个次，发放宣传资料10万余份。在全省率先开展"微笑服务"活动，进一步完善公共就业服务标准。通过开发公益性岗位等渠道安置就业困难人员8936人，城乡"双零"家庭（城镇零就业家庭和农村零转移就业贫困家庭）实现动态消零，建立了3家省外劳务合作基地。开展职业介绍机构、人才中介服务机构年检工作。扎实开展人事和劳动保障事务代理工作，保存人事档案4万余份，代理单位107个，为295家单位7584名职工实施集体劳动事务代理和劳务派遣服务。

【社会保障工作】 2012年，为减轻企业负担，稳定就业局势，全市医疗、工伤保险缴费费率均降低0.1个百分点，失业保险缴费费率降低50%，企业职工中独生子女父母退休一次性养老补助费缴费比例由1.5%降为1.2%，全年累计为企业减轻负担1.8亿元。继续开展扩大失业保险金支出范围试点，认定符合条件的企业404家11864人，支出失业保险基金3451.86万元。全年为企业发放职业培训、职业技能鉴定、社会保险等补贴1.02亿元，稳定就业岗位3万个次。

城乡基本养老保险。至年底，全市企业养老保险参保人数90.7万人，比2011年增长5.2%；征缴养老保险费56.6亿元，完成省计划的120%。妥善解决历史遗留问题，城镇未参保集体企业退休人员及特殊群体纳入养老保障范围，近2.1万人享受到待遇，并将这些人员全部纳入取暖补贴发放范围。连续第八年提高企业退休人员养老金待遇。为全市21.6万名企业离退休人员按时足额支付离退休费47.3亿元，社会化发放率继续保持100%。办理养老保险关系转移接续跨省（市）转出手续2099人，转入手续2873人；转出基金3391万元，转入基金4069万元。进一步完善特殊工种退休审核制度，共为15574名职工办理退休手续，其中正常退休11446人、特殊工种退休3612人、因病非因工致残退休516人。企业年金备案企业124家，参加年金方案职工人数30699人。举办淄博市暨周村区企业退休人员"爱心互助工程"五周年成果展。全市实行社会化管理服务的企业退休人员26.9万人，社会化管理服务率和社区管理服务率均达到100%。全市机关事业单位养老保险参保人数12.4万人，完成省计划的102%，保险费征缴收入11.4亿元，发放养老金13亿元。城乡居民养老保险基础养老金由每人每月不低于55元，提高到每人每月不低于60元。城乡居民养老保险参保人数达142.2万人，其中新农保136万人、城居保6.2万人。城乡居民养老保险费收缴8.06亿元，其中个人缴费4.2亿元，为52.34万人支出养老金4.15亿元。淄博市人力资源和社会保障局被国务院表彰为全国新型农村和城镇居民社会养老保险工作先进单位。

医疗保险。至年底，全市医疗保险参保人数205.53万人。其中，职工121.5万人，征缴收入23.9亿元，支出20.8亿元；居民84.03万人，征缴收入3.2亿元，支出2.6亿元。出台城镇基本医疗保险定点医疗机构、药店管理办法，进一步规范定点单位管理。城镇居民医保补助标准由每人每年200元提高到240元，城镇职工基本医疗保险大额医疗救助基金最高支付限额由30万元调

2012年7月31日，淄博市医疗保险研究会成立大会暨第一次会员代表大会召开

（丁浩 摄）

整为32万元，城镇职工和居民医疗保险政策范围内报销比例分别达到80%和70%以上。医疗保险门诊统筹签约人数达到110万人，已有92万人次从中受益。加快推进医疗保险付费方式改革，以“预算管理、总额控制”为主、多种结算方式为补充的复合式付费制度基本建立，淄博市实现异地联网结算医院达到29家。成立淄博市医疗保险研究会，加强对医疗保险工作的研究。

失业保险。是年，全市失业保险参保人数68.6万人，征缴失业保险费4.3亿元，为2.9万余名失业人员发放失业保险金1.3亿元。7月1日起，失业保险金标准由每人每月600元提高到730元，对单亲有未成年子女特殊困难的失业人员，申领失业保险金时凭相关证明材料，可在统一的失业保险金标准基础上再增加40%。为中心城区2.75万名失业人员发放供暖补贴862万元。建立失业动态重点监测网上报告制度，对全市120家企业就业人员变化情况进行监测。

工伤生育保险。是年，全市工伤保险参保人数89.3万人，征缴工伤保险费2.6亿元，为10118人次支付工伤保险待遇2.4亿元。调增1至4级工伤职工伤残津贴、生活护理费和供养亲属抚恤金标准，调整后月人均伤残津贴达到1957元，生活护理费达到1175元，供养亲属抚恤金达到758元。开展工伤保险医疗费联网结算试点工作，实现医疗（康复）费用清单实时上传、网上审核、联网结算。全市生育保险参保人数60.6万人，比2011年增长5.2%，征缴生育保险费1.18亿元，为1.6万人次支付生育保险待遇1.2亿元。

社保基金监督。启用社保基金网上实时监控系统，组织养老、医疗、工伤保险基金专项审计或检查，对发现的问题全部进行整改。制定《关于建立淄博市社会保险基金行政监督检查工作机制的意见》，加强医保定点管理、工伤认定等工作。

【人才队伍建设】 专业技术人才队伍建设。全市新增专业技术人员2.1万人，其中评选中级以上人员2568人。上报山东省有突出贡献的中青年专家候选人3名。开展专家“走基层解难题促发展”等咨询服务，全市共组织开展各类专家服务活动200余次，参加活动的群众2万余人。完成7个2012年度省博士后创新项目专项资金的申报工作，共获得专项资金22万元。年内组织专业技术人员继续教育培训6.9万人次。

技能人才队伍建设。是年，完成职业技能培训鉴定5.9万人，其中核发高级职业资格证书10815人，“金蓝领”培训培养技师、高级技师550人，通过职业技能竞赛产生技师154人、高级工1933人，通过评审产生技师543人。举办行业职业技能大赛21次，涉及56个工种，参赛选手30万人次。技工院校招生12164人，其中技能扶贫招生795人。新增省首席技师8人、高级技师491人。对审批管理的32所民办培训机构、10所鉴定机构进行年检。

国内外人才智力引进。是年，全市通过接收和招考的方式引进硕士学位以上高层次人才1440人，其中具有博士学位107人。组织实施国批、省批引智项目27项，引进外国专家320人次，新增省级引智示范基地1家，为154名外国专家颁发外国专家证，为50名外国人办理来华工作许可。组织实施党政干部出国培训项目3项，审核出国（境）培训项目23项94人次。与美国辛辛那

2012年10月22日，举办淄博市暨周村区企业退休人员“爱心互助工程”五周年成果展　（丁浩　摄）

2012年12月8日，淄博市与美国辛辛那提大学签署战略合作协议

（丁 浩 摄）

提大学签署战略合作协议。

【人事制度改革】 公务员管理。顺利完成全市公务员招考工作，共录用公务员(含参照管理事业单位工作人员)433名。稳步实施全市物价检查和农产品成本调查机构人员过渡工作。完成2011年度机关科级及科级以下人员年度考核工作，88个市直机关3747人参加考核，有642人被确定为优秀等次，优秀等次比例17.13%。进一步规范评比达标表彰活动，制定《淄博市评比达标表彰和行政奖励表彰管理实施办法(试行)》，共组织实施“创建全国文明城市”等市政府表彰事项19项，表彰先进集体1723个、先进个人2265名。组织公务员培训2.2万人次，培训新录用公务员331人。组织113人参加科级公务员任职培训班。组织20名党政领导干部赴香港金融管理学院参加为期14天的人力资源开发与人才发展战略领导培训。

事业单位人事管理。完成市属事业单位1438名新聘人员、2715名续聘人员的备案手续，审批市及区县事业单位岗位设置1207个，核准批复调整方案28个。为44个市直部门130个事业单位的5789人岗位变动情况进行岗位备案。全市有3197个事业单位实行人员聘用制，占应推行人员聘用制总数的96.4%。核准2011年度市属事业单位优秀等次人数2936人。是年，全市招聘事业单位工作人员2705人，从重点院校重点学科招聘事业单位紧缺人才142人。加强考试管理工作，理顺考试工作机构，完善考试工作制度和程序，顺利完成了14万人次的考试任务。

军官转业安置。是年，妥善安置军转干部及随调家属128人。为1406名企业军转干部调整补助标准，为280名企业军转干部办理退休增发生活补助、特困救助等相关手续。组织实施2011年度军转干部培训工作，有75名军队转业干部参加了培训。

【工资收入分配制度改革】 机关事业单位工资管理。完成市直属执法勤务机构1005名人民警察的警员工资套改工作。审核各单位上报晋级晋档12534人次，审批新录聘、军转干部、调入等新增人员工资643人次，为721名退休人员办理提高退休费比例的审核、批复工作。审核退休人员增发退休费693人次。为24名人员办理提前退休手续。为市法院、市检察院的办案人员、密码人员审批岗位津贴。

企业工资管理。调整企业最低工资标准和非全日制用工小时最低工资标准，调整后的月最低工资标准分为3档：1240元、1100元、950元，平均增幅15.8%；小时最低工资标准为13元、11元、10元。发布2012年企业工资指导线，确定货币工资增长基准线为15%、上线(预警线)22%、下线6%。发布人力资源市场工资指导价位，引导企业工资正常增长。稳妥推进企业工资集体协商工作，全市共签订工资集体协议7701份，覆盖企业22398家，覆盖职工108.6万人。

【劳动关系协调和权益维护】 劳动关系协调。深入推进集体合同制度彩虹计划，全市签订集体合同的企业7054户，覆盖企业21471家、职工106.2万人。深入推进“小企业劳动合同专项行动”计划，小企业劳动合同签订率95%。全面推进劳动用工网上备案制度，截至2012年底，全市劳动用工网上备案43万余人。贯彻落实《女职工劳动保护特别规定》《山东省高温天气劳动保护办法》等规定，劳动标准管理逐步规范，职工劳动保护得到加强。

劳动人事争议调解仲裁。进一步加强基层调解组织建设和仲裁机构实体化建设，坚持巡回仲裁庭、休息日开庭等便民措施，依法处理争议案件。全年共受理劳动争议案件2525件，按期结案率100%，调撤结案率63%。初步构建预防调解组织网络体系，全市各类调解组织共受理案件1535件，调解结案1332件，调解成功率88%。

劳动保障监察。稳步推进劳动监察“两网化”（网格化、网络化）监管工作，招（聘）用兼职监察员130名，成立监察中队36个。年检人力资源市场职业介绍机构、人才中介服务机构86家。先后组织开展清理拖欠农民工工资、清理整顿人力资源市场秩序、用人单位遵守劳动用工和社会保险法律法规情况等多个专项检查。以劳动保障年检为总抓手，全年共检查用人单位1.2万户，及时查处举报投诉案件1265件，解决拖欠工资2257万元，补缴社会保险费1293万元。

【法制建设】 年内，制定《法制宣传教育第六个五年规划》，为市人力资源和社会保障系统行政执法人员108人购买《行政强制法条文释义与案例适用》和《山东省行政程序规定条文释义》教材。6月，举办《山东省行政程序规定》辅导讲座。对照所执行法律、法规和规章及“三定”方案确定的职责，对所办理的224项对外行政事项进行全面清理并逐一编制名片和流程图，细化每项行政职能的办理程序。编制《人力资源社会保障政策法规汇编》，按工作事项分类，以时间为序，共9册，612万字。全市妥善处理信访案件2242件，复议应诉案件166件。

【基础工作和信息化建设】 全面加强基层平台建设，全市88个镇全部建立人力资源社会保障服务所，工作职能逐步向基层延伸，覆盖省、市、县、镇（街道）、部分行政村（社区）五级网络体系初步形成。信息化建设稳步推进，劳动关系管理信息系统、医疗服务监控系统、医疗保险异地就医结算系统、应用级容灾系统、核心平台三版已全面上线，以就业、社保为主体的全市人力资源社会保障信息一体化格局基本形成。淄博市先后被人力资源和社会保障部确定为医疗服务监控系统、劳动关系管理信息系统、军人退役养老保险关系转移系统等试点城市。加快社保卡制作发放，发放社保卡124万张。“12333”人力资源社会保障咨询电话全年人工接入86258人次，市人力资源和社会保障网年访问点击量累计近1650万人次，网上咨询1883人次，占全市网上咨询的64%。大力推行网上服务系统、个体银行代扣代缴社会保险费等新型缴费模式，全市已有8000余户参保单位的社会保险业务通过网上处理，21.2万个体工商户和灵活就业人员通过银行代扣代缴社会保险费。仲裁、监察、信访劳动关系“三位一体”工作机制进一步完善，方便职工群众办事维权。

（李兆鹏）

人口和计划生育

【概况】 至2012年底，全市总人口4236677人，已婚育龄妇女845873人。全年出生人口37526人，人口出生率8.85‰；人口自然增长率1.62‰，比2011年上升0.03个千分点；合法生育率98.6%，节育手术总量38274例；长效避孕措施比重87.8%，比2011年降低0.7个百分点；综合节育率89.3%，计划生育统计合格率95%，圆满完成省下达的人口计生责任目标。

4月17日，市委、市政府召开全市人口计生工作会议，对年度工作进行全面部署，与各区县签订人口计生目标管理责任书。严格落实“一票否决”“重点关注”“责任追究”等制度，对8个镇（街道）实行“重点关注”，对63个村（社区）、企业实行“一票否决”。市人口计生委、市财政局联合印发《关于健全完善人口和计划生育投入保障机制的实施意见》，提出“人口和计划生育事业财政投入增长高于经常性财政收入增长幅度”和“计划生育事业正常发展经费增长幅度达到10%”的要求，为全市人口计生事业发展提供公共财政保障。全市人口计生事业财政投入3.16亿元，增长

23.3%。全市人口计生部门积极争取相关部门支持，在政策统筹、人口基础信息共享平台建设应用、违法生育案件查处、社会抚养费征收、利益导向政策落实、流动人口计生服务管理以及综合治理出生人口性别比等方面，加强协调配合，综合治理人口问题格局得到进一步巩固。

2012年5月29日，张店区沣水镇开展纪念“5·29”计划生育协会会员日暨农村免费孕前优生检测·幸福家庭宣传服务活动　　（市计生委　供稿）

【稳定低生育水平】 是年，严格实行督查考核，强化日常监控和督导，多次对基层开展督查检查，范围涉及89个镇（街道），抽查300余个村（社区、单位）。严格实行违法责任追究，对全市96个单位拟表彰的3582个集体和8742名个人进行资格审查，52个集体和6名个人因计划生育问题被取消评先树优资格。市人口计生委、市财政局联合开展社会抚养费征收管理工作专项检查，督促各区县加大社会抚养费征收力度，全年共征收社会抚养费5991万元。严格实行有奖举报，印发《2012年度淄博市人口计生委有奖举报办法》，全市发放举报办法1万份、宣传纸10万张，并在《淄博日报》《鲁中晨报》等主流媒体上进行广泛宣传。全年共受理群众举报违法生育案件214件，查实182件，兑现举报奖金18.5万元。严格控制出生人口性别比，广泛宣传科学文明进步的婚育观念和打击“两非”（非医学需要的胎儿性别鉴定和选择性别的人工终止妊娠）的政策法规，联合市卫生局、市公安局等部门开展专项行动，查处8起“两非”案件，完善B超和终止妊娠药品管理制度，推行住院分娩实名登记和信息通报制度，完成省下达的性别比控制目标。制定《关于进一步加强已婚育龄妇女特殊人群管理的意见》，加强对离婚、再婚、户口迁移人员等特殊人群的管理。

【宣传教育】 是年，加强正确舆论引导，积极宣传现行人口计生形势、政策、法规。全年在市级以上主流媒体刊播稿件992件。以纪念计划生育基本国策确立30周年为契机，围绕“5·29”计划生育协会会员活动日、“7·11”世界人口日等纪念日开展系列主题宣传教育活动，共出动宣传车860余辆次，发放各类宣传品40余万份，组织380余支婚育新风演出队，为群众演出文艺节目900余场次。优化社会宣传环境，清理内容不规范、载体陈旧的户外宣传标语，及时更新标语3万余条，张贴计划生育宣传画1.4万余张，建设100余个人口文化大院、生育文化广场和宣传一条街。开展“婚育新风基层行”活动，对基层上报的24个先进典型事例进行深入宣传报道。在“最美在基层——2012年度山东人口十佳人物”评选活动中，淄川区人口和计划生育局局长王丽君被评为十佳杰出人物。

【利益导向机制建设】 是年，全市计划生育利益导向财政投入突破2.5亿元，惠及60余万群众。全面落实利益导向政策，独生子女父母奖励费全部由财政落实，已婚农村育龄妇女基本技术服务全部免费，42933名符合条件的农村计划生育家庭夫妇享受到每人每月80元的奖励扶助金，2696名独生子女伤残、死亡家庭夫妇分别享受到每人每月110元和135元的特别扶助金。继续做好企业退休职工养老补助政策落实工作，46.5万名企业独生子女父母纳入社会统筹，各级通过社会统筹、企业补发、财政承担等途径为1.19万名企业退休独生子女父母发放一次性养老补助7970万元。引导村级集体经济组织修改完善村规民约，增加计划生育奖励与制约内容，引导群众自觉实行计划生育。全市3560个村（社区）完成计划生育村规民约的修订完善工作，累计增加、修改计划生育奖励与制约内容1.3万条。

2012年5月11日，全市推进免费孕前优生项目工作会议召开

（市计生委　供稿）

【技术服务】 把开展精细化服务、做好育龄妇女查体工作作为计划生育技术服务的着眼点和立足点，坚决杜绝弄虚作假、冒名顶替等行为，全市共查出政策外怀孕1793例，及时采取补救措施，从源头上降低违法生育发生率。积极推进免费孕前优生健康检查工作，在淄川、张店、博山、周村、临淄五区开展试点，试点比例达62.5%，共检查1.82万人，目标人群覆盖率达88%，评估出高风险人群1954例，高风险率为10.71%，均给予相应的优生建议，降低出生缺陷发生率。年内，高青县被评为全国计划生育优质服务县，至此全市五区三县均被评为国家级计划生育优质服务区县。

【城市社区和流动人口的计划生育工作】 是年，将城市社区和流动人口的计划生育工作纳入加强和创新社会管理的重要内容，依托公安、民政、卫生等部门资源，强化社区和流动人口的计生工作。市人口计生委、市房管局联合印发《关于加强物业管理区域内人口和计划生育工作的意见》，进一步明确城市社区物业服务企业的人口计生工作职责。在城市社区健全完善“网格化”管理机制，按照“以房管人”的总体思路，探索推行属地管理、单位负责的城市计划生育工作机制，服务管理水平不断提高。张店区、临淄区示范性开展社区实有人口调查工作。

【依法行政】 是年，先后印发《关于进一步推进人口计生工作依法行政，切实加强行风建设的通知》《关于进一步加强人口计生系统工作作风建设的通知》《关于进一步做好依法行政工作，维护社会和谐稳定的通知》等文件，就依法行政、作风建设、文明执法等工作提出明确要求。畅通渠道听取群众诉求，将人口计生政务公开列为人口计生目标责任制考核的重要内容，对区、镇、村三级公开内容作出统一规定，深入推进计划生育村（居）务公开工作。设立“12356”阳光计生热线，公开11部咨询投诉电话，接受群众咨询、建议。扎实做好信访稳定工作，设立信访室，随时接待群众来访，每月通报信访情况，严格督办考核。市人口计生委全年共受理群众来电、来信、来访1950件，全市因计划生育问题到省上访量明显下降。

（张先进）

民　　政

【社会救助】 2012年，市政府将城市低保标准由月人均不低于316元提高到不低于360元，将农村低保标准由年人均不低于1700元提高到不低于2300元。截至年底，全市共有城乡低保对象

11.3万人。其中,城市低保3.1万人、农村低保8.2万人,月人均补助水平分别达到256.9元、126元。全市共有农村五保对象5724人,其中集中供养4731人,集中供养率82.6%。农村五保集中供养和分散供养实际供养水平年人均分别达到3689元、1900元。将全市1290名城镇"三无"人员(城市居民中无劳动能力、无收入来源、无法定赡养人中的人员)全部纳入政府财政供养,共落实供养资金557万元。进一步健全完善市、区(县)、镇(街道)、村(社区)四级防灾减灾体系,拨付资金630万元,救助受灾群众41.5万人。制定《淄博市城乡医疗救助办法》,进一步提高救助标准,共救助大病困难群众7.3万人,落实救助资金410万元;积极开展临时性救助工作,累计投入6500万元,资助城乡低保对象参保参合8.8万人,为困难群众发放供暖补贴2.2万户,救助各类城乡困难群众24万人次。

【社区工作】 按照《淄博市社区建设三年规划(2010—2012年)》要求,全面加强社区基础设施、人才队伍和工作机制建设,提升管理服务水平。截至2012年底,全市459个城市社区平均办公服务用房面积达到464平方米,88个镇(街道)全部建有一处面积500平方米以上的社区服务中心。全市共有专职社区工作者1902人、社区协管员3880人,发展社区志愿者近10万人。社区办公经费和人员补贴全部由市、区(县)财政分级负担,社区年办公经费平均2.2万元,社区工作者月人均补贴1865元。规划农村社区651个,已建成522个,村(社区)自治水平显著提升。积极开展"大社区"改革试点工作,指导淄博高新区将12个城市社区合并成5个大社区。全面建立并推行村(社区)民事务代办制度和村级事务"五代理"(资金、财务、资产、档案、公章代理)制度,得到省委组织部和省民政厅充分肯定,并在全省推广。积极推进社区信息化建设,初步实现城市社区信息化工作全覆盖,淄博市社区信息化建设工作经验被民政部总结推广。

【双拥工作】 2012年,全市共为3.46万名重点优抚对象发放抚恤定补资金1.74亿元。其中,发放各类定期生活补贴5500万元,发放伤残军人伤残抚恤金4500万元,发放死亡抚恤金1000万元。落实优抚医疗补助资金1330万元。为3932户义务兵家庭发放优待金5100万元。全市共接收安置军休干部31人,安置伤病残退役军人23人。接收退役士兵1907人,其中自主就业946人,发放一次性经济补助金1900万元,退役士兵参加技能培训和就业率分别达到95%和97%。淄博市退役士兵城乡一体化就业培训工作经验被民政部总结推广。扎实做好军供保障和烈士褒扬工作,完成30多个批次、1.3万余名过往官兵的饮食、饮水等军供保障任务。投入资金1800万元,对全市烈士纪念设施进行提档升级,零散烈士纪念设施集中管理率达到80%。按照军民融合式发展的方针,深入开展双拥共建工作,淄博市连续第七次获得全国双拥模范城称号,五区三县全部被命名为省级双拥模范城(县),淄博市双拥工作领导小组办公室被表彰为全国爱国拥军模范单位。

【社会事务管理】 坚持培育发展与监管并重、登

2012年7月25日,淄博市庆祝"八一建军节"暨荣获全国双拥模范城"七连冠"表彰大会召开
(孙桂蕾 摄)

记管理与党建同步推进、优先发展公益类社会组织的方针。依法清理连续两年不参加年检或年检不合格的社会组织156家,注销社会组织3家,促进社会组织健康发展。2012年,全市共办理结婚登记3.3万对、离婚登记8100余对、收养登记257例,登记合格率100%。不断完善公墓清理管理制度,加强公墓管理。全市殡葬机构共火化遗体2.6万具,火化率100%,并为1035名困难群众减免基本殡葬费用100万元。全年共救助流浪乞讨人员2300余人。淄博市流浪未成年人救助保护工作得到民政部和山东省社会治安综合治理委员会的充分肯定,工作经验得到省民政厅推广。淄博市救助管理站被民政部评为国家二级救助管理机构,被中央社会治安综合治理委员会表彰为全国流浪未成年人权益保障先进单位。围绕提升区划地名公共服务水平,积极推进"边界和谐走廊"建设,完成边界线联合检查和《政区大典》编纂等工作任务。4月,市政府公布《淄博市地名管理办法》,自6月1日起施行,为实现地名的标准化、规范化管理提供法制保障。

【社会福利服务】 2012年,市政府进一步提高孤儿保障标准,全市社会散居孤儿、机构养育孤儿月人均基本生活费保障标准分别达到720元、1530元。社会养老服务体系不断完善,已有3个区县完成福利中心建设任务,3个区县已动工建设。社会力量新建养老服务设施10处,新增养老床位900余张。全市养老机构总数达到194家,拥有床位2.2万张,每千名老人拥有床位29.5张。全市销售福利彩票7.1亿元,筹集福彩公益金2亿元,其中市级公益金7027万元。全市各级慈善机构累计募集善款6140.39万元,其中市慈善总会募集善款1281.64万元。全市福利企业总数175家,安置残疾职工6300余人,促进了社会和谐稳定。（周亚军　孙桂蕾　张晓东）

2012年1月7日,淄博市"亲情民政 寒冬送暖"暨慈善"情暖万家"集中救助活动启动仪式（孙桂蕾　摄）

侨　务

【为侨服务】 是年,组织开展"访侨户、送温暖"活动,走访慰问全市各类侨户150余户,积极协调有关部门帮助解决归侨侨眷反映的问题。制定《关于开展"万人下基层"面对面排查化解矛盾纠纷活动的实施方案》,确定重点排查信访事件2件,走访村民近50户。制定《市侨办行政程序年活动方案》,进一步规范依法行政程序。依法为7名归侨侨眷办理归侨侨眷身份证和"三侨"考生高考照顾手续。成立淄博市"五侨"(市人大民族侨务外事委员会、市政协港澳台侨务外事委员会、市侨办、市侨联、致公党淄博市委员会)联席会议领导小组,制定《淄博市"五侨"联系会议制度》。8月9日,市人大常委会副主任王树槐带领调研组专题调研全市贯彻实施《中华人民共和国归侨侨眷权益保护法》执法情况,对侨务部门在增强服务意识,加大为侨资企业服务力度方面提出指导意见。

【涉侨经贸活动】 是年,组织79家企业,参加第六届华商企业科技创新合作交流会,签订合作意向27个,意向引进外资1.4亿元,涉及医药、化工、纺织、文化交流、旅游开发、经贸等领域。其中,山东金城医药化工股份有限公司与美国贝勒医学院高级研究员王志农就抗老年痴呆症生物制剂研发达成合作意向。德国GM公司总经理顾裕忠就电动车用新型电池的开发与淄博高新区达成合作意向。协助淄博市相关企业参加中国(北京)国际服务贸易交易会,并主动拜访参会华商。邀请加拿大IMAX公司副总裁周子衡到淄博参观考察,就动漫制作与相关企业达成合作协议。

【招才引智】 邀请淄博市引进海外人才"515"计划法国工作站联络人黄冠杰到淄博交流洽谈,并协助其向沂源二中捐赠图书200余册。广泛宣传海外专业人才的典型事迹,淄博高新区云桥生物技术研究所理事长、所长王星和山东布莱凯特牧业科技有限公司董事长董雅娟获山东省海外专业人士创新创业杰出成就奖;山东农业现代科学院院长田端华、英科国际控股有限公司董事长刘方毅、山东金城医药化工股份有限公司董事长赵叶青、淄博达斯玛特环境科技有限公司总裁陆大培获山东省海外专业人士创新创业成就奖;陆大培和董雅娟还获得由中国侨联表彰的第四届中国侨界贡献奖(创新人才)。

【侨务宣传和华文教育】 充分发挥淄博侨网的作用,丰富网站内容,发布侨务工作动态,提高侨务宣传时效性。年内,在各类媒体发稿共110余篇。组织承办"2012海外华裔青少年'中国寻根之旅'春令营——山东淄博营""2012中国华文教育基金会齐鲁文化行夏令营"等活动,接待第十二期海外华侨华人文化社团负责人"文化中国之旅"山东观摩团、美国湾谷中文学校观摩团等到淄博参观考察,扩大淄博与海外华侨华人社团在文化、教育等领域的交流与合作。

【联络联谊】 是年,向海外重点华侨华人发送贺卡和电子邮件450余(封)件,增进彼此了解,加深相互感情。为到淄博探亲、观光、经贸考察、项目洽谈的海外华侨华人提供周到服务,全市侨务系统共接待来自美国、加拿大、日本、泰国等23个国家和地区的海外华侨华人460余人次。

(侯文海　殷立强)

民族　宗教

【概况】 2012年,淄博市有48个少数民族,共计24573人,占全市总人口的0.58%;有1个民族镇、4个民族工作重点镇(街道)、10个民族村(社区);有佛教、道教、伊斯兰教、天主教、基督教5种宗教,信教群众166009人,占全市总人口的3.92%。其中,佛教信众51720人,道教信众22325人,伊斯兰教信众18315人,天主教信众10604人,基督教信众63045人。全市经民政部门登记的宗教团体31个,宗教活动场所220处。是年,全市民族宗教工作以民族团结进步、宗教规范和谐为总目标,以固本强基、创新发展为总基调,以民族团结进步创建和和谐宗教活动场所创建活动为主线,以加强基层基础建设为依托,全面推动民族宗教工作发展。12月,市民族宗教事务局被国家宗教局、人力资源和社会保障部联合表彰为全国宗教工作系统先进集体。

2012年3月18日,2012海外华裔青少年"中国寻根之旅"春令营——山东淄博营在淄博市青少年宫开营　(市侨办　供稿)

【民族团结进步创建活动】 是年，市民族宗教事务局以打造示范品牌为抓手，与有关部门联合制定《关于命名民族团结进步创建活动示范单位的意见》，培养树立一批民族团结进步示范村、社区、学校、企业，全市共创建示范单位、教育基地10处。其中，周村区灯塔社区被命名为全国民族团结进步教育基地；临淄区金岭回族镇、齐旺达集团被命名为全省民族团结进步创建活动示范单位。深入组织开展第十二个全市民族团结进步宣传月活动，推出主流媒体宣传报道、民族团结进步创建工作推进月、民生调研现场办公、帮扶困难群体和民族传统体育比赛等主题活动50余项。继全国创建活动座谈会在淄博市设立分会场后，省委、省政府在淄博市召开全省贯彻落实中央和省委民族工作会议精神经验交流会，参观推广淄博市的工作和创建经验。

【帮扶民族经济发展】 是年，以开展"项目推进年"为抓手，继续推动实施基础设施巩固提高、企业龙头带动、合作组织建设、智力扶持"四项工程"。全年争取各级扶持资金606万元，推动实施24个建设项目，实现对民族镇村居帮扶项目的全覆盖。实施道路硬化、水电网改造和配套工程项目10个，民族村基础设施建设水平不断提升，村容村貌进一步改善。争取落实省、市直补资金80万元，重点扶持5家少数民族农村经济合作社和2处养殖基地，及时跟进政策指导，推动形成龙头企业、合作组织、农户合作发展的经营模式，促进农业产业化经营。组织发放扶持资金36万元，为全市2125户穆斯林农户发放春节牛羊肉一次性补贴，对50户农村少数民族低收入养殖户给予专项补助。着力抓好民族用品企业工作，享受贷款贴息补助比2011年增长2.2个百分点，进一步提升民族用品竞争优势和辐射推动全市民族经济发展的能力。

【推进少数民族社会事业】 是年，协调各级落实资金290万元，帮助沂源县柳枝峪回民小学完成校舍改建工程，扶持临淄区金岭回族小学加强示范学校建设，全面推进3所民族学校规范化达标工程。争取落实省扶持资金40万元，加强3处少数民族传统体育训练基地建设，推进民族体育事业发展。市毽球协会毽球训练中心被命名为首批全省少数民族传统体育训练基地。实施新型农民培训工程，受益少数民族群众700余人。加大文化产业投入，争取落实省、市扶持资金80万元，推动建设民族特色村寨、文化大院、文化书屋。

【爱国宗教团体建设】 是年，指导张店区、淄川区、高青县等区县到届宗教团体顺利完成换届，做好全市性宗教团体换届基础工作。各级以联席会议、培训研讨等多种形式提升宗教教职人员综合素质，市级宗教团体多名教职人员受到省宗教团体重用，其中1人被选任省佛教协会会长。开展全市"宗教与社会主义文化建设"理论研讨活动，夯实宗教界思想基础。指导宗教团体围绕和谐创建活动，着力完善制度，促进自身管理规范化。落实宗教房地产政策，协调有关部门办理市天主教会新区主教府土地手续，推动天主教土峪建筑群修复建设。认真做好宗教界代表人士有关工作，协助市天主教会接收中国

2012年9月25日，山东省副省长贾万志（左）和淄博市代市长徐景颜为第三批全国民族团结进步教育基地——周村区灯塔社区揭牌

（市民族宗教局　供稿）

2012年10月29日，山东省少数民族传统体育训练基地授牌仪式暨"工陶杯"全市少数民族毽球比赛在市毽球协会毽球训练中心举行

（市民族宗教局　供稿）

纷、损害赔偿等求助事宜21起，协助有关部门妥善处理信访案件3起。

【宗教活动场所规范和谐建设】　是年，全市宗教活动场所和谐创建活动以"安全年"为主题，采取签订安全责任书、召开工作调度会、开展专项工作督查、组织考核验收等形式和措施，对已经达标的抓好成果巩固提高，对接近达标的抓好查漏补缺，对少数基础较差的抓好软硬件建设，进一步规范宗教场所管理。全市194处宗教场所达到创建标准，总达标率近90%。较好完成"两个专项"（宗教教职人员认定备案工作和宗教活动场所财务监督管理工作）和教职人员社保工作，101名宗教教职人员完成认定备案，实现常态化、规范化管理；宗教活动场所财务监督管理工作基本实现全覆盖；宗教教职人员自愿参保率100%。加强宗教活动管理，保障宗教场所献堂典礼、佛像开光等重大宗教活动安全有序。推荐沂源县神清宫为全国宗教界爱国主义教育基地。省宗教局在淄博召开全省和谐宗教场所创建活动调度会。

天主教爱国会原主席宗怀德主教骨灰，安放于周村教区张店天主教座堂；为马学圣主教协调落实医疗保障，并在其去世后，指导市天主教会为其举行遗体告别仪式。全市各级爱国宗教团体组织、思想、制度、自养四项建设不断加强，在各项宗教活动和专项工作中有力发挥主体作用和联系信教群众的桥梁作用。年内，全市五大宗教开展"宗教慈善周"活动，接收捐款捐物68万元，帮扶困难群众300余人次。

【城市民族工作】　是年，市民族宗教事务局着力加强城市民族工作，优化"四个平台"（信息网络、社区工作、民族联谊和服务管理平台），以建立工作网站、开通服务热线、开展大走访活动等方式，畅通信息沟通渠道，健全完善规章制度，有效落实社区民族工作实施方案。通过举办公共讲座、发放医疗救助券、慰问贫困户家庭、帮助解决入学困难、提供法律援助服务等多种方式，为少数民族流动人口提供服务，确保城市民族关系和谐稳定。全年共举办政策法规咨询20余次，为少数民族群众提供各类民生服务300余次，发放宣传单8000余份。加强对外来少数民族流动人员特别是新疆、西藏籍人员的服务管理，协调处理涉及劳务纠

【加强民族宗教事务管理】　是年，继续加大民族法规和民族政策执行情况的监督检查力度，保证全市无违反政策情况发生。加强少数民族考生审核和民族成份更改审核工作，对180名少数民族高考生资格进行审核，为33人确认更改民族成份。认真做好清真食品生产经营、穆斯林殡葬、特困救助等服务协调工作，淄川区、张店区为淄博四中新疆高中班、淄博实验中学西藏散插班提供了优质服务保障。完善民族宗教关系分析研判制度，规范民族宗教方面不安全因素月报制度，及时掌握影响社会稳定的重大信息。加强应急管理，修订完善《淄博市涉及民族方面群体性事件应急预案》和《淄博市涉及宗教方面群体性事件应急预案》。认真研究宗教热点难点问题的现象规律，与

有关部门和区域加强沟通协作，取得良好效果。

【法制宣传教育】 是年，组织开展宗教法规学习月活动，分期举办民族宗教干部、宗教教职人员学习贯彻新版《山东省宗教事务条例》培训班。各区县通过知识竞赛、媒体宣传、现场咨询等形式深化活动，编印、发放法规宣传手册等资料上万份，进一步优化民族宗教领域法治环境。

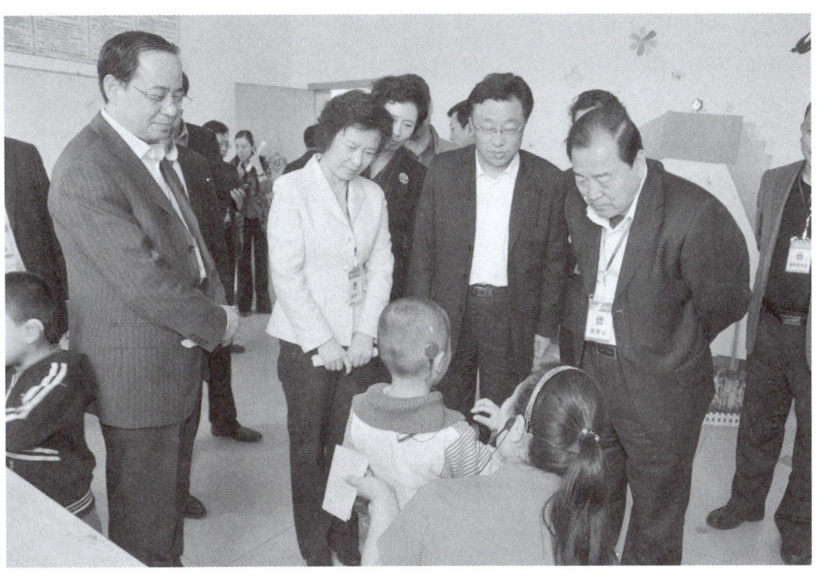

2012 年 4 月 17 日，市人大常委会调研组考察市百灵聋儿语言训练中心

（杨元强　摄）

【队伍建设】 是年，调整充实全市各级民族宗教工作领导小组和民族事务协调委员会组成人员，明确镇（街道）民族宗教工作助理和村（社区）分管负责人，完善组织领导和工作网络体系。层层签订目标管理责任书，继续实行百分制量化考核，进一步健全完善全市四级网络三级责任制体系。有效落实半年分析研判、季度自查自纠、每月工作例会、每周排查报告“四个一”工作措施，完善各项基础信息资料，确保工作顺畅运行。在全市民族宗教系统开展“爱岗位、建功业、树形象”活动，评选出第二届“爱岗敬业标兵”6 名。市民族宗教事务局被命名为全市首批廉政文化进机关示范点，连续 3 年被评为省级文明单位。

（胡艳霞　张闻涛）

残疾人工作

【扶残助残】 积极配合省、市两级人大常委会视察调研，依法推进残疾人事业发展。4 月 17 日，市人大常委会第一副主任王顶岐、副主任尚秋云率调研组对全市贯彻落实《中华人民共和国残疾人保障法》情况进行专题调研。4 月 18—19 日，省人大法制委员会副主任委员谢国忠一行到淄博市进行《山东省实施〈中华人民共和国残疾人保障法〉办法（修订草案）》立法调研，市残联对建立稳定的经费保障机制、促进残疾人就业、残疾人享受社会保障优惠待遇、残疾人工作者待遇等方面提出合理化建议。5 月 15 日，召开全市残疾人事业工作会议，总结回顾“十一五”残疾人工作，研究部署“十二五”残疾人事业发展目标任务。11 月 20 日，召开全市贯彻落实《山东省实施〈中华人民共和国残疾人保障法〉办法》会议。组织开展“助残日”系列活动，举办淄博市 2012 年残疾人就业招聘会，共有 200 余家企业参加，提供 800 余个就业岗位，近 400 名残疾人与企业达成就业意向；组织全市第五届残疾人书画艺术作品展，展出书法、绘画、摄影、工艺品等参赛作品 137 件。深入开展“走千家、访万户，察实情、摸实底”大调研活动。市残联领导班子成员每人确定 2 个镇为联络点，直接帮扶 2 户残疾人，其他残联干部每人帮扶 1 户残疾人，各区县、镇（街道）残联都开展了帮扶活动，全市共直接帮扶残疾人 200 余户，为残疾人解决实际问题 234 件，形成有价值调研报告 18 篇。完成持证残疾人状况调查工作，持证残疾人录入率 95.77%，录入信息完整率 99.34%。

【启动“共享阳光·携手建功十二五”主题活动】 3 月 24 日，全省“共享阳光·携手建功十二五”主题活动启动仪式在淄博原山林场举行，省残联理事长仉兴玉、副市长李灿玉等出席活动。活动期间，市残联在《淄博财经新报》《共享阳光》（期刊）

和各级残联网站开设专栏，广泛宣传发动，集中选树残疾人典型。创办YBC淄博残疾人创业办公室，征集适合残疾人就业创业的项目和岗位，向残疾人推介，拓宽残疾人就业创业渠道。残疾人科技创新贡献成效明显。2名残疾人获得全国第三届残疾人“自强创业奖”荣誉称号，15名残疾人获得省级创业标兵和致富能手称号。肢残人企业家刘云龙“一种陶瓷手模制法”获得国家发明专利。聋人工艺美术师李慧同荣获第二届中国非物质文化遗产博览会传承人展示奖。残疾人扶贫基地绿林果品有限公司成为中国有机联盟理事单位和省农业厅果树研究中心实验基地。新城山药种植残疾人扶贫基地获国家地理标志产品认证。积极扶持残疾人个体从业，组织陶瓷与内画、工艺剪纸、纺织与刺绣、传统小吃、芦苇编织等特色培训。

【康复救助】 是年，深入推进残疾人社区康复工作。加强各类残疾人康复专业机构建设，全市新增残疾人社区康复机构138个，总数达到2809个。实施“康复人才培养工程”，培训残疾人康复协调员675名。认真开展辅助器具评估适配示范市、盲人定向行走示范市、儿童听力无障碍市创建工作，全市为残疾人适配辅助器具2000余件，进行盲人定向行走训练532人，为32名重度听力障碍残疾儿童植入人工电子耳蜗，为130名轻度听力障碍残疾儿童提供260台助听器。进一步巩固“白内障无障碍市”成果，实施免费白内障复明手术1500例。在全市范围内对0～6岁有康复需求的残疾儿童进行全面调查摸底，为有康复需求的835名残疾儿童建立康复救助工作档案。市政府将贫困残疾儿童救助工作纳入2012年为全市妇女儿童办十件实事工程。积极探索残疾儿童随报及早期康复全国试点工作，全年为300多名残疾儿童实施康复救助。加快市(县)级康复中心建设，做好市残疾人康复中心前期规划及准备工作，按照《淄博市残疾人事业“十二五”发展规划》时限要求及建设标准指导推进区县级康复中心建设。

【培训就业】 按照“两基一体化”思路，抓劳动技能培训基地和残疾人扶贫基地建设。实施“万人培训工程”，举办13期残疾人职业培训班，对4916名残疾人进行职业技能和实用技术培训。举办全市第三届残疾人职业技能竞赛。在全省残疾人岗位精英职业技能选拔赛中夺得团体总分第一名。深入实施扶持100个就业扶贫基地、100个自主创业小老板的“双百工程”。全市新增残疾人就业扶贫基地10处，总数达到116处，有省、市、县三级示范基地60处，共安置残疾人就业3411名，辐射带动残疾人家庭从业4962户，间接帮扶残疾人就业3886名，帮助4000余名残疾人解决温饱。新表彰市级残疾人创业标兵10名、残疾人致富能手10名、残疾人扶贫优秀基地10个；有10个基地和15名残疾人分别被省残联评为优秀基地和创业标兵、致富能手。加大残疾人就业保障金征收力度，与市财政局联合制定《关于财政代收残疾人就业保障金有关问题的通知》，实现财政代扣。全市残疾人就业保障金入库3900万元，比2011年增长25%。开展“共享阳光助学工程”，落实“三免一补”(免学杂费、免住宿费、免书本费、补助寄宿生生活费)政策，有90名贫困残疾儿童少年获得救助，为19名残疾大学生发放学费补助。

【社会保障】 落实残疾人城镇居民养老保险和新型农村养老社会保险政策，全面实现为重度残疾人按最低缴费标准代缴全部养老保险费。协调市财政局等部门，保障托养资金按1∶1匹配到位，并对10处示范性残疾人托养基地进行奖励。全市共建成残疾人托养机构47处，机构托养残疾人1925人，居家托养残疾人5560人，共托养残疾人7485人。实施残疾人家庭无障碍建设改造工程，为600户肢体残疾人家庭进行改造，为600户残疾人家庭配备多功能电子闪光门铃，为600名盲人配发多功能电子盲杖。做好核发第二代残疾人证工作，免费上门办证服务2156人，已为73390名残疾人核发第二代残疾人证，办证率26%。为全市1100名符合条件的残疾人发放燃油补贴。出台残疾人乘坐公交车优惠政策。做好残疾人考驾照工作，建立淄博市残疾人驾驶技术培训基地，有65人报名学习。

【文体宣传活动】 是年，印发《关于加强残疾人文化建设的意见》。开展“高歌喜迎十八大”活动，有

28名残疾人歌手参加市级比赛,2名选手在全省残疾人歌手大赛上获奖。集中开展助残模范和自强模范的宣传活动,宣传孙建博、吕绪兰、焦念红等典型人物的感人事迹。协助做好在北京人民大会堂举行的以孙建博为原型的电影《完美人生》首映新闻发布会有关工作。组织举办年度好新闻评比活动,收到各类作品71件,对优秀作品进行奖励。开展“报刊助残”活动,全年向残疾人赠阅报刊2.4万份。残疾人体育工作取得重大收获,淄博籍选手贾倩倩在伦敦残奥会上获得1枚银牌、1个第四名、1个第五名的好成绩。承办“携手同行·直通伦敦”中国残疾人乒乓球队赴淄博热身赛,创办中国残疾人乒乓球队淄博训练基地。市残联被省委、省政府授予振兴山东省残疾人体育工作突出贡献奖。

2012年11月7日,淄博市残疾人驾驶技术培训基地揭牌仪式在淄博师范高等专科学校举行 (杨元强 摄)

【残疾人维权】 年内,对全市残疾人工作者及镇(街道)残疾人专职干事进行全员培训。与市委组织部联合发文,召开现场会,指导基层残联换届工作,全市7个区县、91个镇(街道)残联完成换届。开展残疾人协会创先争优活动。举办庆祝第五十五个国际聋人节暨全市聋人协会工作座谈会。强化市、区(县)、镇(街道)、村(社区)四级信访维权联动机制,全年共接待来访476人次、来信162封,处结率100%。与市司法局、市律师协会联合成立淄博市残疾人律师服务团。全面开展志愿者助残活动,与市文明办联合出台《淄博市“共享阳光”志愿助残服务行动实施方案》,全市登记在册的助残志愿者人数达到4万余人。(王玉琦)

老龄工作

【老年人维权】 截至2012年底,全市老年人口76.89万人,占全市总人口的18.15%。2月2日,组织召开老龄系统、专家学者、律师、老年人代表、有关大企业离退休人员管理部门负责人座谈会。2月9日,全国人大常委会内务司法委员会调研组在淄博召开专题座谈会,市老龄办对《中华人民共和国老年人权益保障法(修订草案稿)》部分条款提出修改意见。《淄博市优待老年人规定(讨论稿)》在形成征求意见稿的基础上,认真梳理各单位提出的反馈意见,并进行进一步协调。参加市人大内务司法委员会召开的对列入立法规划建议项目的《淄博市养老服务条例》(拟定名)立法论证调研座谈会,对立法的必要性、可行性、规范的主要内容和拟解决的主要问题,提出意见和建议。组织协调各级执法部门,加大老年执法和法律援助工作力度。继续开展老年人维权直通车活动。设置老年人法律咨询服务登记表,及时为老年人办理老年维权直通卡。全年受理并按规定及时处理老年人投诉3件,办理市政府门户网站涉老问题咨询投诉10件,处理涉老政策电话咨询400余次,受理来信、来访40余人次。

【提升养老服务水平】 是年,积级组织开展“敬老惠老”进社区活动,做好“惠老大篷车”进社区活动,联合20余家爱心企业,先后走进20个社区开展惠老服务30余次,全年共有万名志愿者参与服务,出动车辆100余台次。着力办好《夕阳红》报,年内共出版23期,336个版,每月2期,每期5万份，全部免费发放。有义务发行员近500人，面向全市发行，在博山、淄川、山东铝业公司生活区、齐鲁石化离退休人员管理中心等建立发行站，进一步扩大发行区域，受惠人数超过16万。组织老年旅游活动。在重阳节暨淄博市第26个老人节到来之际，推出千名老人香港、澳门、桂林、漓江、阳朔夕阳红专列旅游惠老活动，对出游老年人每人补贴500元。开展爱晚家园活动。市老龄办通过整合互联网、现代通信、现代金融、智能呼叫、手机二维码、3G、物联网、生命体征监测仪等科技手段，以社区为依托，以分布式智能化呼叫援助服务系统为支撑，在全市建立起爱晚家园快乐老爸老妈虚拟养老院，根据老年人服务需求，以搭建基础服务平台为主项，先后建立配送服务中心和呼叫援助中心，完善养老一卡通连锁信息服务平台的各项服务功能，为下一步全面开通呼叫援助服务奠定基础。

【落实老龄事业发展规划】 为认真做好银龄安康工作，3月29日，市老龄办召开全市“银龄安康工程”会议。6月15日，召开全市“银龄安康工程”调度会，就完成年度目标任务提出明确要求，力争全市完成保额500万元。8月，先后到临淄区、淄川区、周村区进行督导。截至10月底，共收取保费247.1万元，为1553名老年人办理理赔，赔付金额191.7万元，其中，临淄区、桓台县、沂源县和淄博高新区办理率超过70%。认真做好省级财政扶持城镇养老机构推荐上报相关工作。经过认真遴选，选择9家条件较好、管理规范的养老机构，经淄博市财政投资评审中心评审，推荐沂源县鲁村镇老年公寓等5家养老服务机构作为淄博市享受省级财政扶持的城镇养老机构，争取经费共计100万元。7月18日，与中信银行淄博分行联合举办“信福年华卡”启动仪式。“信福年华卡”是为老年人设计的专属借记卡，附加关爱、理财、便利、健康、休闲服务等多项专属增值服务，更关注老年客户群体的金融需求，给老年人的生活带来便利。

【宣传工作】 不断加大老龄工作宣传力度，全年在市级以上报刊发稿366篇，联合淄博电视台拍摄反映老年人精神风貌和老龄工作面貌的系列专题片。加强重点主题宣传。针对老年人关心的热点问题，开展老龄化形势、社会化养老、尊老敬老、老年法规等主题宣传工作，与《鲁中晨报》联合策划3个版的《夕阳梦》等专题报道。加强联合协作宣传。联合《鲁中晨报》策划《九九重阳节浓浓敬老情》系列报道，年内刊发32期。协调市委宣传部、市教育局、团市委、市妇联等部门联合开展第五届敬老爱老助老主题教育活动评选工作。联合淄博人民广播电台、淄博晚报社开展淄博市第二届钻石伴侣活动。协调淄博人民广播电台、《淄博晚报》分别开设《钻石伴侣的幸福生活》专栏，连续刊播钻石伴侣的事迹。评选出淄博市第二届十佳钻石伴侣、12对淄博市第二届钻石伴侣、25名淄博市第五届孝亲敬老之星、100名淄博市第五届小孝星和34个淄博市敬老模范单位。

【文体活动】 认真筹办庆祝淄博市第二十六个老人节暨颁奖文艺晚会。市政府特邀咨询刘有先、淄博军分区副政委刘炳才出席晚会，并为淄博市第二届十佳钻石伴侣、第五届孝亲敬老之星代表颁奖。举办以“迎接党的十八大，展示健康积极阳光幸福的老年生活”为主题的第四届中老年文化

2012年10月19日，淄博市举行庆祝第二十六个老人节暨颁奖文艺晚会
（孟凡永　摄）

艺术节，主要包括中老年民间艺术作品展、老年书画展、刻瓷展、“金色时光”摄影大赛等5项内容，1万余名老年人参与其中，共收到全市1000余名老年人的2000余幅（件）作品，集中展出223件艺术作品、216幅书画作品、86件刻瓷作品和37幅摄影作品，评选出获奖作品172幅（件）。组队参加第三届中国老年文化艺术节，“快乐大妈”团体节目获得综艺大赛金奖。组队参加全省中老年歌咏大赛，参赛的4个节目获银奖2个、铜奖2个，市老龄办获得优秀组织奖。组织参加山东省老年书画摄影大赛，参展的85件作品获一等奖2个、二等奖1个、三等奖3个、优秀奖25个。及时指导和协调老年文艺团体开展健康有益的文体活动，带动基层老年文体活动的深入开展。

2012年10月21日，代市长徐景颜（左一）到市老龄事业服务中心走访慰问

（王明光　摄）

【开展敬老月活动】　围绕“孝行淄博，构建和谐”主题，将开展敬老宣传教育、开展走访慰问、组织老年文体活动和助老服务、老年维权等列为全市第九个敬老月活动重点。10月21日，市委书记周清利、代市长徐景颜分别到淄博市老年福利服务中心和淄博市老龄事业服务中心、张店金乔老年公寓、百岁老人家中走访慰问，向全市老年人致以节日问候和祝愿。市领导专门为老人节发慰问信，市级以上新闻媒体共刊发宣传老龄工作的稿件200余篇。敬老月期间，市及区县领导参与老年活动、会议218人次；走访慰问养老机构196个，走访慰问老年人3.5万余人次，发放慰问金、慰问品价值2000万元；共组织座谈会、茶话会、庆祝会2123个（次），举办文体活动705个（次），16万余名老年人参加活动。　（张宝忠）

慈善事业

【善款筹募】　2012年，全市各级慈善机构累计募集善款6140.39万元，其中市级1281.64万元。充分发挥“慈心一日捐”活动的募捐主渠道作用，加强对活动的规范引导，市民政局、市慈善总会印发《关于进一步规范“慈心一日捐”募捐活动的通知》，明确分级负责的组织原则和自觉自愿的捐赠原则。自5月17日起，在全市组织开展“慈心一日捐”活动。11月15日，召开淄博慈善大会，173个捐款10万元以上的单位现场举牌捐款5668.22万元，设立2个慈善专项基金500万元；颁发2011年度淄博慈善奖，为71家最具爱心企业、43个最具爱心捐赠个人、14个最具爱心慈善行为楷模和14个最具影响力慈善项目颁奖。

【慈善救助】　2012年，全市各级慈善组织先后组织实施“情暖万家”“朝阳助学”“夕阳扶老”“爱心助残”“康复助医”等救助项目，累计支出善款5000万元。其中，市级支出资金763万元。1.开展“情暖万家”活动。支出善款322.51万元，采取

2012年11月15日，淄博慈善大会在齐盛国际宾馆举行

（市慈善总会　供稿）

集中发放救助金、救助物资、走访慰问困难户和发放市慈善超市生活救助证等形式，对农村和城镇低保特困户、市属及以上企业困难职工、市属福利企业残疾职工、驻淄部队特困军人家庭、全日制在校学习的淄博籍特困大学生、全市五保供养对象、全市孤老优抚对象、乡镇社区养老机构、进城务工特困人员等进行救助帮扶，直接受益困难群众12696人。2. 与鲁中晨报社联合开展“慈善万里行”大型慈善救助活动。深入各区县和高新区、文昌湖区，宣传慈善政策和理念，调研走访困难群众，对困难群众进行入户救助，历时3个多月，行程上万里，采访敬老院、爱心企业、民间互助组织等17家，走访困难群众83户，捐助米、面、油等物资249件，大病救助10户，发放救助金6.7万元，在《鲁中晨报》刊发稿件共46个版面，刊登慈善日记38篇。3. 开展“扬帆工程”救助活动。投入救助资金110.4万元，按照每名学生救助6000元的标准，救助全市10所高校的184名贫困毕业生。4. 开展血液透析救助项目。透析救助9700余次，救助困难患者203人，支出救助资金146万元。5. 认真做好应急临时救助项目，支出救助资金3.9万元，共救助17人次。6. 开展大病救助项目，支出救助资金30.7万元，救助42人。7. 实施“爱心复明”项目，为贫困白内障患者免费手术治疗56例。

【慈善宣传】　是年，市慈善总会先后在省内外报刊、电台发表各类稿件500余篇。编印《2011—2012年度淄博慈善会刊》《2011—2012年度淄博慈善新闻报道汇编》等刊物，在报刊设立慈善专栏，与淄博电视台联合制作慈善公益宣传片，积极引导社会各界和广大市民群众关心和支持慈善事业发展。全面提升慈善事业的社会公信力，加强款物的监督管理，主动接受审计部门审计和社会各界监督。

【基层慈善组织建设】　是年，市慈善总会制定《关于加强基层慈善组织网络建设的意见》，力争在全市实现“组织落实、制度健全、运行有力、初见成效”的市、县（区）、镇（街道）、村（社区）四级慈善组织网络体系。截至年底，全市已成立区县慈善总

2012年3月13日，在“慈善万里行”活动中，为困难群众送去救助金

（市慈善总会　供稿）

会10家、镇(街道)慈善分会88家、慈善工作站106家(市属慈善工作站6家),成立区县慈善义工中心10家,义工站129家(市属义工站3家),全市慈善在册义工6800人。

【"齐惠"定向慈善基金成立】 9月7日,淄博市第一个定向慈善基金——"齐惠"慈善基金成立。淄博烟草公司自愿捐赠200万元,在市慈善总会设立"齐惠"定向慈善基金。该基金作为"济困、扶危、助学、引导、参与社会公益事业"定项捐赠基金,主要用于符合慈善救助条件的全市贫困卷烟零售业户、烟草种植户及参与社会公益事业。成立仪式当天,发放慈善助学金11.7万元,共资助37家贫困卷烟零售户和5户烟农家庭的47名学生。10月18日,"齐惠"慈善基金救助金发放仪式在高青县木李镇赵庵村举行,向赵庵村提供30万元帮扶资金,主要用于该村修建道路等村基础设施的建设。

(孙晓库　崔昌华　王晓丽)

红十字会工作

【社会救助】 2012年,全市各级红十字会募集救助款物共计960万元,争取中国红十字会总会、山东省红十字会项目资金163万元。继续做好"天使阳光"第二阶段幸福"心"生命百名先心病患者全免费救助工程,对符合手术条件的31名患儿实施救助手术,市第八人民医院作为中国红十字基金会定点医院,以100%的手术成功率被中国红十字基金会授予人道救助服务奖。"天使阳光"救助困难家庭先心病患儿项目团队被评为2012"感动淄博"年度人物(群体)。启动"爱之星"项目,救助因车祸致残致贫家庭100户。开展大病救助送温暖活动,募集资金80万元救助200余户因病致贫返贫特困家庭;争取中国红十字基金会"小天使"(救助白血病儿童)项目救助资金26万元;继续实施"聆听世界"百名聋童救助工程,为15名聋童安装电子耳蜗。

【备灾救灾】 是年,市红十字会按照突发公共事件应急预案要求开展应急救援演练,建立救灾物资储备仓库。红十字蓝天救援队先后参与北京"7·21"暴雨灾害救援和云南彝良地震灾区灾害救援工作,圆满完成救援任务。

【应急救护培训】 年内,全市组织应急救护培训班25期,培训救护员8187人,普及性培训18万人。市红十字会被山东省红十字会表彰为应急救护与健康培训工作先进单位。

【志愿服务】 是年,全市已建立26支、近8万人的红十字志愿服务队伍,通过开展各具特色的红十字志愿服务活动,培植红十字志愿服务品牌。以红十字志愿者队伍事迹为素材,创作《红十字志愿者之歌》。

【基层组织建设】 继续开展爱心进机关、进学校、进社区、进军营、进企业、进农村"六进"和助医、助学、助老、助困"四助"活动。加强冠名医疗机构的管理,按照中国红十字会总会要求对各冠名医疗

2012年5月8日,淄博市"爱心同在"公益晚会爱心捐赠现场

(市红十字会　供稿)

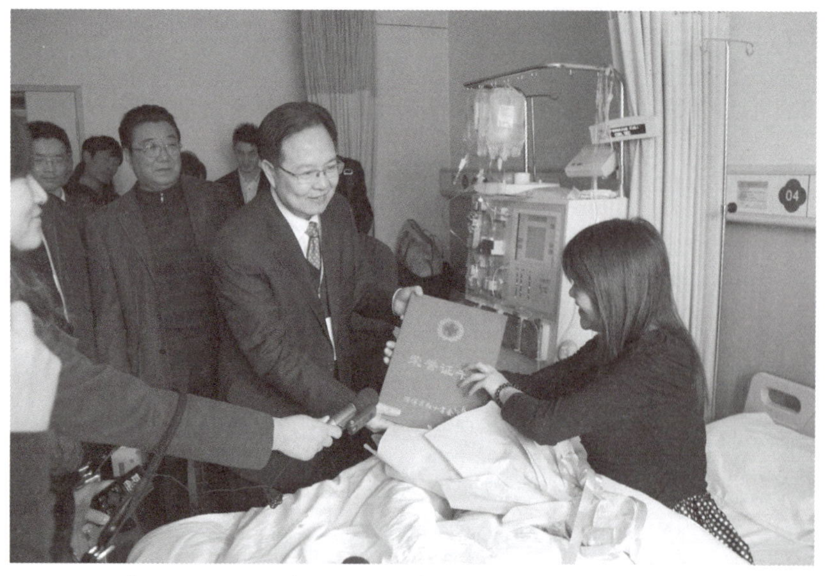

2012年3月27日，副市长、市红十字会会长韩国祥（中）看望造血干细胞捐献实现者马乐乐 （市红十字会 供稿）

机构进行了检查、考核。积极争取中国红十字会总会2个"博爱家园"项目落户沂源。"博爱家园"项目是中国红十字会围绕红十字会核心业务，以社区为平台，自主设计、实施、管理的综合性发展型项目。借助沂源良好的发展环境和基础条件，通过开展红十字特色的防灾减灾、应急救护、逃生避险、自救互救、健康卫生等社区服务工作，强化公益、公共设施建设，增强社区群众的抗风险能力，改善救助条件，将项目建成全市的精品示范项目，带动全市社区红十字服务工作向项目化、特色化、品牌化方面发展。

【红十字青少年工作】 在全市中小学继续开展"五个一"（召开一次红十字主题班会、学会一种初级应急救护技能、组织一次爱心一元捐、开展一次红十字志愿服务、开展一次红十字知识竞赛）活动。10月17日，举办全市学校健康安全辅导员培训班，培训学校健康安全辅导员35名。争取社会各界资金支持，在博山区、沂源县、高青县等区县捐建"红十字书库"47个、"红十字电脑教室"2个，改善学生课外阅读条件和学习环境。

【宣传传播】 继续开展"博爱淄博"红十字品牌建设活动，推动公益文化发展。5月8日，联合市文化广电新闻出版局、市广播电视总台举办"爱心同在"纪念"5·8"世界红十字日公益晚会，将公益文化宣传、社会捐资、爱心褒扬、实施救助、文艺表演等内容有机结合。表彰山东北金集团有限公司等10家企业为红十字十大爱心企业，徐天智等10人为十大爱心个人，授予吕陟等10位造血干细胞志愿捐献实现者爱心特别贡献奖。市红十字会被评为2012年度中国红十字会总会报刊宣传工作先进集体，并获得山东省红十字会宣传工作一等奖。

【三大捐献】 2012年，全市采集造血干细胞血样1374份，实现非血缘性造血干细胞捐献12人次（11人实现捐献，其中翟志文2次捐献），全省排名第一，这一爱心群体获得2012"感动淄博"年度人物（群体）；人体器官捐献实现零的突破，成功捐献2例（4个肾脏、1个肝脏使5名患者获得重生，4只眼角膜让8名患者重见光明）。

2012年度淄博市造血干细胞捐献实现者

表44

姓　名	性别	籍　贯	捐献时间
马乐乐	女	沂源县	2012年3月
翟志文	男	张店区	2012年3月
朱帝超	男	周村区	2012年4月
张道通	男	淄川区	2012年4月
吴晓辉	男	临淄区	2012年4月
毕秋娥	女	周村区	2012年5月
张振海	男	张店区	2012年6月
翟志文	男	张店区	2012年6月
隋　宁	男	临淄区	2012年8月
张　艳	女	桓台县	2012年9月
袁　波	男	周村区	2012年10月
齐衍孟	男	淄川区	2012年12月

2012 年度淄博市人体器官捐献实现者

表 45

姓　名	籍　贯	捐献器官	捐献时间
吕宝红	临淄区	角　膜	2012 年 2 月
王悦连	临淄区	角　膜	2012 年 4 月
白江明	博山区	角　膜	2012 年 5 月
李　莹	张店区	角　膜	2012 年 7 月
刘　磊	淄川区	角　膜	2012 年 9 月
张洪群	桓台县	角膜、肝脏、两个肾脏、遗体	2012 年 11 月
于敬祥	周村区	角　膜	2012 年 11 月
荀士明	临淄区	角膜、两个肾脏	2012 年 11 月
周忠厚	周村区	角　膜	2012 年 12 月

本部类编　辑：纪　瑗
副主编：王世伟
校　对：郭延志
张爱云

·成语　典故·

比肩继踵

有一次，齐王派晏婴出使楚国。楚王轻蔑地看了看他问道："难道齐国没人了吗？"晏婴回答："临淄有三百闾人家，展开衣袖可以遮住太阳，每人挥一把汗就像下雨一样，人多的"比肩接踵"(肩擦肩、脚挨脚)，怎么说没人了呢？"楚王说："既然这样，为什么派你来出使楚国呢？"晏婴不卑不亢地回答说："齐国派遣使者，各有各的出使对象。贤明的人派他出使访问贤明的君主，无能的人派他出使访问无能的国君，晏婴我是无能中最无能的，所以直接派遣我出使楚国了。"本想羞辱晏婴的楚王自讨了个没趣。

经济园区建设

淄博高新技术产业开发区

【概况】 2012年，淄博高新技术产业开发区辖1个街道，43个行政村，12个村改居社区，5个城市社区，人口120825人，男女性别比为96.8∶100，人口自然增长率为6‰。年内，淄博高新区完成火炬统计指标生产总值660亿元，比2011年增长13.5%；营业总收入2060亿元，增长14%；工业利税290亿元，增长11.1%。完成地区生产总值183.1亿元，增长11.1%；规模以上工业总产值461.3亿元，增长18.9%；利润33.5亿元，增长26.2%；利税46.4亿元，增长22.1%；固定资产投资118.7亿元，增长21.3%；进出口产品总额11.7亿美元，增长31.2%；地方财政收入23.2亿元，增长16.2%；城镇居民人均可支配收入32748元，增长16%；农民人均现金收入15499元，增长13%。

【科技创新】 加快特色产业创新园和公共技术服务平台建设。生物医药产业创新园被科技部认定为国家级科技企业专业孵化器，精细化工和高分子产业创新园投入使用，先进陶瓷产业创新园基本完工，电子信息产业创新园加快调整，高新区创新园使用总面积近100万平方米；淄博高新区智慧城市数字港全面启用(智慧城市和火炬在线)；淄博高新区被批准为山东省创新药物(淄博)孵化基地，成为山东国家综合性新药研发技术大平台和山东创新药物孵化基地共建单位；投资2亿元与清华大学、天津大学、山东大学等国内一流大学合作建设的微纳米系统研发中试平台及医药生物、精细化工和高分子材料公共技术服务平台加速推进，部分仪器设备安装到位。积极实施产学研合作推进计划，在韩国和国内北京、天津、上海、武汉等地举办科技周活动，以项目为载体的产学研合作取得新进展，成功对接科技合作项目100余项；新引进创新团队16个，博士以上高层次人才48人，其中新增国家“千人计划”3人、“泰山学者”2人；新认定国家工程研究中心1家、国家企业技术中心1家，省级工程技术研究中心1家、省级共建研发机构6家；山东省院士工作站4家；组建生物质气化发电装备、日用陶瓷、超白玻璃3个省级产业技术创新战略联盟，新批市级联盟8个。国家高新区微纳米系统研究院正式揭牌；与山东大学、天津大学举办多层次、多领域的科技交流活动，为山东大学淄博生物医药研究院、天津大学山东研究院的运行储备一批合作项目；与武汉理工大学合作建设的先进陶瓷研究院以及与上海交通大学合作建设的交通大学山东工业研究院等项目积极推进。投融资体系进一步完善，新设立注册资本3亿元的山东乐赛新能源创业投资基金，区内有创新资本和风险投资公司40余家。科技管理服务工作进一步加强，达到国际国内领先水平的科技成果43项；获批市级以上各类科技计划63项；新增高新技术企业12家，总数达到115家；申请专利1526件，其中发明专利358件。国家知识产权园区试点工作稳步推进。积极实施科技创新“走出去、引进来”战略，按照“国外孵化、国内加速”的模式分别在美国硅谷运作建设生物医药孵化器，在德国慕尼黑建设先进制造孵化器，均取得实质性进展。组织全市火炬工作表彰奖励大会、新材料高峰论坛、高校院所"合作共赢"高峰论坛、新材料创新创业大赛和全省孵化器人员培训等重大活动,直接用于支持鼓励企业科技创新的扶持奖励资金6000万元。

【重点项目建设】 开展"项目建设攻坚年"主题活动,实行重点项目领导和部门挂包机制,抽调9名副县级干部带队驻村包靠重点项目,推行工业项目行政特别审批内部流程,落实项目调度会、专题协调会、现场办公会等制度,全力加快重点项目建设。全年在建项目129个,其中亿元以上项目51个,计划总投资397.3亿元,当年完成固定资产投资118.7亿元;领导挂包的52个项目中,已奠基或已开工的建设项目28个,办理前期手续项目18个。天璨高效无毒脱硝催化剂等16个项目按计划建成投产。研究产业政策,积极对上争取项目扶持资金1.4亿元。围绕区内新材料、电子信息、先进制造、生物医药、现代服务业等产业发展,系统梳理世界五百强企业、国内龙头企业、科研院所及知名专家的情况,扎实开展产业招商、科技招商、专项招商,推动相关产业链完善延伸,助推企业做大做强。全年签订投资合同19个,其中招商引资项目12个,总投资95亿元;实际到位外资及港澳台资10292万美元,新批项目9个,合同利用外资及港澳台资12539万美元。

【新兴产业创新集群】 深入研究产业发展规律,进一步梳理战略性新兴产业的发展思路、明确发展目标,制定《高新区新材料产业2012—2020年发展战略与2012—2015年行动计划》。加快产业载体建设,规划建设的中国功能玻璃、无机非金属纳米材料、先进陶瓷、现代医药、先进装备制造、电子信息、高分子新材料七个产业化示范基地和铝加工、钛合金、不锈钢三大有色金属新材料板块初步形成。清华大学工程机械学院微纳米系统制造产业化基地和中航工业北京航空材料研究院科技成果产业化基地加快建设中,新材料、现代医药、精细化工、先进装备制造、电子信息和高技术服务业六大特色产业创新集群进一步壮大。物联网和电子信息技术产业加速发展,高新区获批省级物联网产业基地和省级信息技术产业园。国家外贸转型升级专业型示范基地获商务部批准。现代服务业快速发展,汇金大厦、中国·淄博太空港、印象齐都文化创意产业园等总投资186亿元的服务业项目加快推进。淄博保税物流中心新建的铁路专线通过验收,集装箱堆场建设配套工程基本完成。服务外包实现快速增长,完成服务外包合同额15507万美元,增长214.6%;外包执行额3634万美元,增长64.8%。与高青县、淄川区和博山区联合建设产业合作区,30亿元的项目已入驻高青县合作区,在淄川区设立无机非金属材料产业园,与周边区域的产业关联和融合进一步加强。

【城乡生态环境建设】 按照城乡一体化发展理念,进一步加大城建投入力度,确定近33亿元的城建投资计划,组织实施道路交通、公用设施配套、园林绿化、民生工程等一系列城建重点工程,深入开展城乡环境综合整治,城乡环境建设展现新面貌。城市规划布局更加科学合理,城乡规划体系进一步完善,控规编制覆盖率100%。西五路跨青银高速公路跨线桥、傅山路跨淄东铁路桥、电力线路改造等一批重点工程相继完成;高标准建设高新区植物园,济青高速公路两侧林带采伐更新工程全面完工,果周路、化北路等建成区主次干道绿化提升工程及涝淄河综合整治续建工程基本完工,建立"全时段、全覆盖"的城市环卫保洁机制,建成区绿化覆盖率升至47.2%,绿地率达到41.5%,森林覆盖率提升到31%,城市功能显著提升。"两区三村"改造超额完成年度目标任务,竣工保障房1432套,辖区居民实现应保尽保。全国文明城市测评复审顺利通过。ISO14001环境管理体系连续8年通过审核验收。加大节能新产品、新技术的推广力度,节能改造试点工作全面展开。全年实现节能量10万余吨标准煤,空气环境良好天数达到194天。

【社会民生】 推进统筹城乡发展,全年财政对民生投入达到4.16亿元,增长15.7%。充分发挥2000万元都市农业发展基金作用,加快推进都市农业发展。建成市级十佳示范园1个、市级都市农业示范园9个,完成土地流转1333公顷,累计投入资金近3亿元。劳动保障和就业服务体系日趋完善。城镇职工基本养老保险及医疗保险、城乡居民养老保险保障标准及参保人数进一步提高和增加；多渠道帮扶就业，新增就业4769人；立案处理劳动争议案件163起，结案率达100%。社会事业加快发展。医疗卫生推行“先诊疗，后结算”服务模式，与市中心医院合作建立就医直通车，进一步提高新农合参保人员住院报销比例。成立高新区职业教育、成人教育中心，新建小学2所，改造提升区办幼儿园，在全省率先实施学前三年免费幼儿教育，全区教育布局调整基本完成。加强科技文化推广中心、文化大院等文体设施建设，积极开展丰富多彩的文体娱乐活动，文体事业快速发展。创新社会管理综合体制，实现扁平化管理。推行村民事务基层干部代办制度，全面启动村居便民服务中心建设，构筑“为民、便民、利民”绿色通道，共建立村级便民服务中心42家、村级代办点13个。高新区连续6年未发生较大级别以上或有影响的安全事故，被省安全管理委员会表彰为安全标准化示范园。　（邢　军　于　娜）

2012年5月9日，文昌湖城乡统筹生态旅游示范区项目一期开工仪式
（文昌湖旅游度假区党工委、管委会办公室　供稿）

【街道基本情况】　四宝山街道为淄博高新技术产业开发区下辖唯一街道。位于淄博中心城区东北部，北与桓台县果里镇搭界，济青高速、中润大道、鲁泰大道横贯东西，柳泉路、金晶大道、205国道纵贯南北，交通发达、地理位置优越。辖区总面积121.13平方公里，辖43个行政村、12个村改居委会和5个城市社区，常住人口12万人。2012年完成税收总收入36.57亿元，财政收入23.19亿元，城镇居民人均可支配收入32748元，农民人均收入15499元。　（周　琳）

文昌湖旅游度假区

【概况】　文昌湖旅游度假区位于淄博市中心城区西南，总面积96.5平方公里，辖萌水镇和商家镇，共63个村，人口5.3万人，人口自然增长率为4.15‰。区域内文昌湖总库容约9000万立方米，湖面面积约7平方公里，沼泽与湿地18平方公里。2012年，全区完成规模以上固定资产投资10.65亿元，比2011年增长18.99%，其中服务业占固定资产投资比重达到64.08%；完成地方财政收入6077万元，增长19.93%；农民人均纯收入9867元，增长10.8%；社会消费品零售总额13.92亿元，增长13.02%；完成招商引资8.5亿元，完成年度任务的141.67%。

【城乡统筹生态旅游示范区项目】　5月9日，市政府与中国海外集团签署《淄博市文昌湖城乡统筹生态旅游示范区项目一期投资建设实施合同书》，并举行开工仪式，建设滨湖公园、学校、医院及排污、排水、供热等基础设施和配套工程，文昌湖旅游度假区进入实质性开发建设阶段。坚持规划先行，在组织编制完成文昌湖旅游度假区总体规划、土地利用总体规划和项目建设各项规划的基础上，研究制定村庄搬迁补偿安置办法，修订完成《淄博市萌山水库保护管理条例》，为文昌湖开发建设奠定坚实基础。开展土地报批工作，全力保障文昌湖城乡统筹项目经营性建设用地需求。

按照建设计划安排，先期开工建设村民安置点文昌馨苑一期、滨湖公园一期和市政设施一期等项目，文昌馨苑一期主体全部封顶，滨湖公园一期和防汛路、环湖路等道路开工建设，雨水、污水、通信等市政设施配套开工，悦湖广场、湖畔道路破土动工。

淄博市十佳都市农业园——文昌湖荷花生态园

（文昌湖旅游度假区党工委、管委会办公室　供稿）

【生态环境保护】　始终把生态文明理念贯穿到文昌湖旅游度假区开发建设的全过程，以生态文昌建设为抓手，深入开展环保专项治理行动，积极开展建陶、耐火材料行业清洁能源替代工作，加大淘汰落后产能和环境执法监察力度，生态环境进一步改善。全面开展文昌湖污染源排查、河道垃圾清理、水资源执法等专项整治行动，依法关停污染企业 32 家，文昌湖水质持续改善。实施环湖绿化、道路绿化、水系绿化、山体绿化工程，集中对文昌湖周边环湖道路、荒山坡地、湿地河道等区域进行重点绿化，完成造林面积 400 余公顷。以治脏、治乱、治差为重点，深入开展环境综合整治，集中整治乱搭乱建、乱种乱养等行为，完成 2 座垃圾中转站主体建设，各项配套设施逐步完善。

【产业结构调整】　按照“有扶、有控、有退”原则，逐步改造提升船舶配件、金属磨料、制瓶机械、耐火材料等传统产业，产业结构进一步优化。努力克服经济运行下行压力，全力破解融资、土地、用电等诸多难题，引导企业危中求机、转型创新、挖潜增效，骨干企业发展带动作用明显。淄博大亚金属集团有限公司 1 万吨微合金化低碳铸钢丸、山东淄川特种耐火材料有限公司高纯度靶材等市级重点项目进展顺利。自主创新能力进一步增强，山东嘉丰玻璃机械有限公司六组六滴料行列式制瓶机项目获市科技进步二等奖，淄博市船舶配件工程技术研究中心、淄博市碳化硅煤气化除尘工程技术研究中心、淄博市人工培育食用菌工程研究中心成功创建为市级科技创新平台。一批具有服务业特色的现代农业初具规模，8 家农业园区获得市级都市农业示范园区称号，都市农业生态博览园、荷花生态园获淄博市十佳都市农业园称号。

【社会民生】　坚持把开发建设与改善民生相结合，落实各项惠民政策，农村最低生活保障标准由每人每年 1700 元提高到 2300 元。积极改善教育

2012 年 2 月 15 日，15 辆新型校车启用　（孟峰　摄）

教学条件，集中对校舍进行改造，解决学校取暖、校车购置、安全保卫等问题。成立人力资源和社会保障综合服务中心，整合各项社会保险，在全市率先实现城镇居民医保与新农合机构整合。全面启动城乡居民基本医疗保险试点工作，打破户籍限制，农民可以享受与城镇居民相同的医保待遇。

【镇基本情况】 全区辖2个镇。

萌水镇。地处文昌湖旅游度假区东部，面积48.43平方公里，有耕地面积2240公顷，林地面积1133公顷。辖36个行政村，人口29983人。注册企业240家，规模以上工业企业50家，市级都市农业园区7处，农民专业合作社13家。2012年，完成地方财政收入3150万元，税收收入8000万元，实现农民人均纯收入10184元。

商家镇。位于文昌湖旅游度假区南部，面积41.91平方公里，辖27个行政村，人口23265人。全镇有企业138个，规模以上企业7家。2012年，实现财政收入940万元，工业总产值8.4亿元，实现利润8158万元，固定资产投资2.76亿元。完成招商引资4.65亿元。农民人均纯收入9390元。 （孟　峰）

齐鲁化学工业区

【概况】 齐鲁化工区是山东省政府与中国石化集团的重要合作项目，是继上海化工区、南京化工区之后国家批准设立的第三家专业化工园区，规划面积48平方公里(原42平方公里)，其中齐鲁石化公司等建成区22平方公里，新规划开发面积26平方公里，主要分为核心区、精细化工园、塑料加工区、出口加工区、仓储物流区、新材料工业园6个功能园区。化工区内有3座发电厂，总装机容量120万千瓦，蒸汽供汽能力为980吨/时。建有35万吨/日的供水厂和25万吨/日的引黄供水工程。污水处理能力17万吨/日，有一条大口径专用排海管线。园区内建有齐鲁现代物流港，设计货运量2000万吨/年，一期能力为700万吨/年，已投入使用。至2012年底，建成道路17条，总里程39.4公里；建成污水管网50.1公里；蒸汽管线19公里。全年新开工项目17个，总投资196亿元。实现工业总产值1325亿元(含齐鲁石化公司)。

【调整完善园区规划】 开展金山片区、汽车贸易城等前期规划。针对齐翔腾达公司、蓝帆化工公司、久利化工公司与齐鲁石化公司合资建设120万吨/年芳烃项目的需要，与市搬迁指挥部和区相关部门对接协调规划、基础设施配套等事宜。完成金山片区冯官路、冯北路、冯旺路、翔晖路等道路照明、管线综合配套规划设计和重点项目布局方案。签订汽车城项目一期规划面积20公顷土地收回协议。完成金岭西片区供水、排水、电力、蒸汽、污水等基础设施配套规划方案。将土地修编后的化工区区域纳入城市总体规划。结合中化集团项目的进展情况，及时调整金山片区土地使用计划，重点安排好齐翔腾达公司、蓝帆集团等重点项目的用地。

【基础设施配套建设】 重点开展金山片区基础设施建设。2012年10月，总长9.2公里的冯北路、冯旺路、冯官路、翔晖路建成通车。金山片区110千伏变电站项目总投资9000万元，站内主体已完成；给水工程一期投资5000万元，第一条供水管线实现供水。齐翔腾达公司热力工程锅炉项目总投资4亿元，供热设施一期工程竣工并投入使用；公司污水处理工程项目总投资2亿元，一期工程竣工并投入使用。诚意燃气公司燃气工程天然气管道一期工程已接至金山片区，具备投用条件。

【园区化工综合整治】 按照“搬迁提升一批、关闭转产一批、规范保留一批”的原则，开展以扼制化工异味、保护水质安全为重点的化工行业综合整治，聘请全国一流化工专家，逐个企业、逐套装置“把脉诊治”，会同区环保局、专业设计公司及园区相关镇，对化工区涉及的相关企业，做好治理方案设计并付诸实施。

【重点项目建设】 2012年，化工区策划实施一批“高、精、尖”项目。10月16日，36个重点项目开工、竣工暨齐翔腾达公司系列项目奠基仪式在化工区金山片区举行。年内,有18个重点项目陆续竣工,其中齐翔腾达公司投资13亿元的10万吨丁二烯项目建成投产,清源集团投资38亿元的60万吨润滑油一期等重点项目相继投产;18个开工项目总投资266亿元。

【服务工作】 采取每周调度一次的方式为中化集团新材料工业园项目、齐鲁汽车贸易城项目和液化天然气装备制造项目提供全方位服务。全年共备案项目16个,为7家企业办理行业准入手续,帮助齐鲁现代物流公司等30余家企业协调办理环保、规划、土地、建设等手续,为蓝帆化工股份有限公司等20余家企业办理项目拟选址位置图和放线图等手续。会同有关单位和部门,做好英科框业项目区内220千伏及区内的110千伏高压线迁移工作。加强村居搬迁等工程的协调服务工作。 (卞允庆)

其他经济园区

【山东桓台东岳氟硅材料产业园区】 2012年,东岳产业园实现销售收入310亿元、利润17亿元、税金15.6亿元,实现工业增加值85亿元,进出口总额5亿美元。新技术产值占工业总产值的比重达75%,科研经费占国内生产总值比重1.5%,大专以上学历就业人口比重达到13%。

东岳产业园区坚持科学规划生产力布局,加快基础设施建设步伐,努力打造设施齐全、功能完善的一流环境。园区内已建成通信、排污等公用设施以及维修、综合服务等辅助设施,为产业园建设提供良好的协作条件。东岳集团董事长张建宏当选为新一届全国工商联副主席,张永明博士获何梁何利基金奖,"全氟离子交换材料制备技术及其应用"获国家技术发明奖,东岳高分子公司获省长质量奖。 (孙 颖)

【张店经济开发区】 2012年,实现业务总收入175亿元,比2011年增长24%;工业销售收入171亿元,增长14.6%。新增规模以上工业企业7家,规模以上工业企业达到29家。完成规模以上工业企业总产值164亿元,增长18%;规模以上工业企业增加值38亿元,增长17%。主导产业产值占园区规模以上工业企业总产值的89%。依托主导产业而形成的特色钢铁产业、新材料产业两大产业集群产值占园区规模以上工业企业总产值的76%。是年,洽谈、引进项目15个,其中投资过千万元项目9个,过亿元项目5个。已批准入区项目6个,其中高新技术项目2个。截至年底,合同引资额9.8亿元,完成固定资产投资11亿元。具有自主进出口权企业7家,新增具有自主进出口权企业2家,通过第三方进出口企业10家。与科研机构联合研发新工艺、新产品,引进高素质人才,进一步增强企业自主创新意识,提高企业自主知识产权保有量。至年底,有校企联合企业7家。年内,新增博士生2人,硕士生9人;高级职称19人,中级职称51人。其中,海外归国博士1人,硕士4人(含外籍硕士1人)。

(张店史志办)

【淄川经济开发区】 2012年,完成固定资产投资38亿元,出口创汇1.7亿美元。实现工业总产值420亿元,比2011年增长27.8%。75家规模以上企业完成总产值315亿元,增长31.2%;完成增加值80亿元,增长29%;完成利税42亿元,增长27%。完成地方财政收入1.3亿元,增长20%。年内,新上鲁丰织染有限公司高档匹染面料生产线项目、鲁泰公司高档色织坯布生产线项目、唐骏欧铃汽车制造有限公司10万辆专用车项目等18个重点工业项目,计划总投资77亿元。其中,11个新上项目当年建成投产。年内,推进城建"12469"工程(1所学校建设、2条道路绿化、4条道路的建设改造、6个地产项目和9个社区的旧村改造工程),排定24项重点城建项目,总投资20亿元。4月,在全省省级开发区综合排名中,淄川经济开发区列第十七位,比2011年提升7个位次;在淄博市8个省级开发区发展排名中列第一名。7月,获批成为全省新能源汽车产业基地、山东省高端装备制造产业园区和山东省新型工业化产业示范基地;12月,获得2012中国综合实力百强开发区称号。 (淄川史志办)

【博山经济开发区】 2012年，完成固定资产投资42.5亿元，比2011年增长28.3%；完成规模以上工业企业销售收入138.6亿元，增长7.35%；实现地方财政收入2.6亿元，增长18.2%。全年完成招商引资7.47亿元。总投资126.8亿元的44个重点项目年内开工34个，累计完成投资31.2亿元。其中，总投资14.5亿元的鲁桥新材料续建工程的2条隧道窑已建成，2万平方米库房与1万平方米车间开始主体建设；总投资5亿元的淄博中科达耐火材料有限公司耐火材料生产线项目一期工程顺利完工。

辖区内有各类企业1000余家，规模以上企业125家。"龙泉股份"在深圳证券交易所成功上市，融资4.95亿元；淄博银仕来纺织有限公司发行的股票在香港主板上市，融资2.52亿元；鲁桥新材料股份有限公司和淄博金龙电力设备股份有限公司股票在齐鲁股权交易托管中心挂牌交易。淄博金龙电气研究院获批成立，山博电机集团的高效高速稀土永磁风力发电机项目列入山东省自主创新重大专项计划，华成集团、龙泉管道工程股份有限公司等企业的研发中心被认定为首批淄博市工程实验室，"汇祥"商标被评为中国驰名商标，全年完成专利申请110余项。淄博银仕来纺织有限公司"大提花"纺织产品的市场占有率列全国第一。淄博金龙电力设备股份有限公司自主研发生产的全真空固体绝缘环网柜填补国内空白。淄博中科达耐火材料有限公司利用工业垃圾生产耐火材料项目，该项目成为全市循环经济的典范。淄博民康药业包装有限公司建成亚洲第一条预灌封注射器生产线，打破国外同类产品的垄断，成为世界上第四家具备完整生产过程的企业。

（刘海芹）

【周村经济开发区】 2012年，规模以上工业企业170家，其中进出口企业167家。有省级以上高新技术企业12家。区内拥有中国名牌5个、山东名牌9个；中国驰名商标2个、省级著名商标8个。国家级企业技术中心1个，省级工程技术中心3个；授权专利200余项，发明专利10项。是年，公共财政预算收入9.69亿元，税收总收入9.7亿元，分别比2011年增长35.05%、33.38%；实际利用外资4421万美元；出口创汇3.02亿美元，增长1.14%；规模以上固定资产投资98.45亿元，增长36.04%；批准入区项目21个，项目合同总额9.88亿元。全年开工建设的17个过5000万元重点项目累计完成固定资产投资16.11亿元。山东宏信化工股份有限公司顺酐项目二期工程已竣工，山东华安新材料有限公司年产5000吨新型高效绿色制冷剂、山东齐鲁华信高科有限公司年产3000吨环保新材料、淄博澳迪森家纺有限公司年产6000吨巾被织造等项目已投产或部分投产。淦河谷苗木种植专业合作社被确定为市林业产业龙头企业。新批3家省级院士工作站。淄博大力矿山机械有限公司负责起草的铲斗装岩机等3项国家标准发布实施，华安新材料公司与西安某研究所合作研发的气相氟化催化剂制备及其工业应用技术项目获得2012年度国家科学技术发明二等奖；2个省级工程技术研究中心顺利通过复审。西铁城（中国）精密机械有限公司2次增资2241万美元。全年有13个项目完成节能评估，3家企业通过市级节能验收。辖区规模以上工业万元增加值能耗下降5.6%。

（周村史志办）

【桓台经济开发区】 2012年，规模以上工业企业实现工业总产值435.06亿元，比2011年增长8.72%；完成税收5.5亿元，增长3%；完成固定资产投资36.22亿元；实际到位外资2638.44万美元；完成外贸进出口额3.89亿美元。新增高新技术企业3家。18家限额以上三产服务企业完成营业收入64亿元，增长21.5%。至年底，全区工商注册企业661家，其中规模以上企业77家，亿元以上企业28家。呈现出骨干企业支撑、高新技术企业强势发展、三产物流业快速递增、外商及港澳台商独资企业稳中有进的格局，精细化工、冶金机械、高档建材、三产物流四大产业初具规模。全年共筛选确定投资1000万元以上的工业项目32个、服务业项目6个，其中投资过10亿元项目3个、投资过5亿元的项目6个、投资过亿元的项目21个，项目总投资160亿元。年内，有29个项目开工建设，其中9个项目建成投产，完成固定资产投资36.22亿元。

（孙 颖）

【高青经济开发区】 2012年，入区企业有山东威斯顿不锈钢有限公司、山东永盛新材料科技有限公司、山东隆华化工科技有限公司、山东万众节能工程技术有限公司、淄博通普真空设备有限公司、淄博康桥置业有限公司、山东开泰石化丙烯酸有限公司等几十家大中型企业。年产5万吨不锈钢无缝钢管项目、年产30万吨高精铝材项目、年产20万吨聚醚多元醇项目、年产5000吨高档经编面料研发项目、年产5000台真空泵研发制造项目、年产80台汽轮机项目建成投产。纳米球固体润滑剂研发中心、不锈钢无缝钢管石化装备产研基地、山东黑牛"胚胎克隆"技术研发中心、山东扳倒井集团芝麻香白酒研发中心等高新技术项目落户开发区。2012年,高青经济经济开发区有36家企业投产,实现主营业务收入166.97亿元,实现利税19.01亿元,实际利用外资及港澳台资金1111万美元,实现进出口总额27061万美元。

(张　华　殷艳芳　郑述瑜)

【沂源经济开发区】 以医药包装、节能材料、玻璃纤维、精细化工、精密铸造、防腐材料等六大板块为主,着力打造医药、新材料、高分子材料、新能源四大产业集群。2012年,入区企业78家,项目129个。区内工业企业实现总产值260.5亿元,比2011年增长18.5%;销售收入239.3亿元,增长17.4%;工业增加值56.33亿元,增长20.6%;利税42.9亿元,增长18.9%。实现进口额2170万美元,出口额15201万美元。在全省经济开发区综合排名中上升了11位。(沂源史志办)

本部类编　辑: 王　娟
副主编: 徐　杰
校　对: 张耀江
杨建明

·成语　典故·

白马非马

著名的稷下先生兒说提出的"白马非马论",把那些来自天下的学者辩士都驳得哑口无言,因而受到许多人的敬佩。后来他离开齐国,骑着白马出齐国边境关卡,按规定驴、马过关要收税。他对关卡的人说"白马不是马,不能收我的马税。"但无论他怎么理论、辩驳,不交上马税,关卡就不放行,最后,只好同其他过关卡的人一样,给他骑的白马,交了一匹马的税金,才被允许出了国境。"白马非马"反映了辩证法中同一性与差别性之间的关系。

区 县 概 况

张 店 区

【概况】 区名由来　张店古称黄桑店。因地处交通要冲，过往商旅多在此栖身。宋代，黄桑店有一张氏店客房多，生意兴隆，遐迩闻名。后来黄桑店之名渐被张家店取代。至元代，称之为张店。

政区　人口　全区总面积244平方公里。辖6个镇、6个街道，113个行政村、101个社区。年末全区总人口63.53万人，其中城镇人口50.28万人。人口出生率8.41‰，自然增长率2.71‰。有少数民族36个，4373人。

经济概况　全年实现生产总值723.42亿元，比2011年增长10.58%。其中，第一产业增加值1.39亿元，降低22%；第二产业增加值342.72亿元，增长10.83%；第三产业增加值379.32亿元，增长10.52%。人均生产总值114465元。三次产业比例为0.19∶47.38∶52.43。第三产业比重提高1.22个百分点。财政收入和支出分别为32.64亿元和31.64亿元，分别增长15.59%、14.64%。全社会固定资产投资274.59亿元，增长21.75%。实现财政总收入32.64亿元，增长15.59%；各项税收总额完成72.16亿元。

农业　全年粮食总产1.53万吨，油料总产422吨，水果总产578吨，蔬菜总产8868吨，肉类总产3432吨，禽蛋总产451吨，奶类总产4115吨。截至年末，累计造林1667公顷，农田有效灌溉面积2400公顷。全区农机总动力17.6万千瓦。

工业　建筑业　全年实现工业增加值149.4亿元，比2011年增长5.1%。规模以上工业企业350家，全年销售收入过亿元企业241家，规模以上工业利润178.96亿元，增长31.48%。全区年销售收入过亿元企业实现主营业务收入1295.67亿元，增长29.73%，占规模以上比重为89.91%。全区有资质等级的建筑、装修施工等单位71家，完成建筑业总产值94.25亿元，完成竣工产值55.99亿元，房屋施工面积达到518万平方米。

建设　环保　年末人均绿地面积14.46平方米，建成区绿化覆盖率40.44%。自来水普及率100%，城区燃气普及率100%。共建设公租房1748套，总建筑面积5.25万平方米，建设廉租房168套、经济适用房6867套。建成污水处理厂2座，污水集中处理率95%，无害化垃圾处理率95%。

交通　运输　全年公路客运共完成旅客运量25730万人次，比2011年增长1.5%；完成货运量6006万吨，增长3%。

商贸　旅游　全年实现社会消费品零售总额376.55亿元，比2011年增长15.45%。实现进出口总额7.14亿美元，增长9.1%，其中出口5.94亿美元，增长11.7%。全年完成境外投资及对外承包劳务营业额9157万美元。A级旅游景区4家。全年接待国内外游客670万人次，增长13.60%。实现旅游总收入5.29亿元，增长14.30%。

教科文卫体　全区拥有中等职业、技工学校3所，在校生5630人。普通中学32所，45015人，其中高中在校学生12751人、初中在校学生32264人。小学46所，在校生39842人。特殊教育学校1所，在校生9人。获得省科技奖励1项。

专利申请量2569件，授权专利1887件。有博物馆10个，档案馆1个，公共图书馆1个，文化馆1个，农村文化大院103个。广播、电视综合覆盖率100%。有卫生机构546个。其中，区属医院3个，区管民营医院20个，区管企业医院15个，疾病预防控制中心1个，妇幼保健机构1个，卫生监督机构1个，镇卫生院7个，村卫生室120个，企事业单位卫生室(所)76个，社区卫生服务机构71个，个体诊所231个。各类卫生机构共有床位4631张，卫生技术人员4743人。其中，执业医师及执业助理医师2222人，注册护士1614人。有体育馆2座。

社会生活　城镇居民人均可支配收入30520元，比2011年增长15.0%；人均消费性支出18806元，增长14.3%；城乡人均住房建筑面积分别为35.14平方米和38.02平方米。城镇在岗职工年平均工资44933元。全区城镇基本养老、医疗、失业、工伤和生育保险参保人数分别达到263771人、263771人、50528人、52258人和41915万人。新型农村养老保险参保农民8.1万人，全区城乡最低生活保障救助3084人，农村低保标准提高到每人每年2300元，城市居民最低生活保障标准提升到每人每月360元。收养性社会福利单位15个，收养873人。社会福利企业8个。

【产业结构调整】　高新技术产业和战略性新兴产业比重分别达到工业经济的31.7%和60%。设立服务业发展引导资金，出台促进现代物流、文化创意等产业发展的政策措施，着力引进知名品牌，培育重大项目。麦德龙、茂业国际等世界500强、国内100强企业引领全区服务业加速升级，太平洋保险(集团)成立全国第四家专业经营总部——在线服务科技有限公司，华润中心、恒大华府等大型城市综合体面积达到百万平方米以上。绿兰莎国际啤酒节、中国(淄博)汽车博览会等影响力进一步增强。张店区被评为全省服务业发展先进区。坚持工业向园区集中，全区工业“三〇”重点项目80%以上布局在三大园区，爱科钕铁硼磁性材料、盛安集团压力容器厂搬迁扩建等45个项目在建，鲁华化工树脂改造等项目竣工投产。支持企业上市挂牌，联创节能新材料有限公司在深圳创业板上市，裕鲁砼材科技有限公司等3家企业挂牌。鼓励企业“走出去”拓展发展空间，累计转移24条建陶建材生产线，张店矿业集团在贵州整合收购煤矿5家。组织实施节能降耗重点项目13个。扎实推进现代农业发展，累计有15个园区被认定为市级都市农业园区，完成以东部低产田改造为主的农业综合开发和孝妇河改造提升主体工程。全区第一次水利普查圆满完成。

【服务业实现新跨越】　2012年，全区服务业增加值完成385.77亿元，比2011年增长15.26%，占地区生产总值的比重为53.21%，提高2个百分点，规模以上第三产业固定资产投资完成216.7亿元，占全区固定资产投资的80.74%，较2011年提高0.5个百分点。

会展经济。2012年第六届中国(淄博)汽车博览会，仅4天时间就累计销售汽车2002辆，实现交易额3亿元。6月举办的淄博绿兰莎国际啤酒节客流量达到百万人次，总成交额2750万元。紧随其后的首届张店美食文化广场系列活动，实现销售收入1000万元。2012年“陶博会”实现交易额40亿元。各式会展经济成为撬动张店服务业发展、拉动国内生产总值增长的重要支点。

创意产业发展。山东齐赛创意产业园一期工程投入运营后，引进青岛、济南、深圳等软件开发、广告设计、动漫制作等文化创意企业36家，吸引全市90%以上的计算机及数码产品经营业户入驻。2012年实现创意广告业营业收入2.3亿元，上缴税金1800万元，成为鲁中地区规模最大、品种最全的电子产品集散销售中心和鲁中创意产业的“高地”。

【城市建设和环保】　编制完成南部城区20平方公里的控制性详细规划，实现中心城区控制性规划全覆盖。推进以“森林围城”为重点的生态建设，累计种植各类林木2200公顷、400余万株。完成原山大道北延绿化、济青高速林带改造以及城区12处游园升级改造等绿化工程。改造升级西二路、西六路等5条道路，张边路路域环境综合治理、国道205改造示范工程有序推进。更加注重从体制、机制、源头入手抓好城市精细化管理，成立区城市管理委员会，建立联席会议制度，在全市率先建立建筑渣土等行业长效管控机制，规范建设4处临时性便民市场。深入开展城乡环境综合整治提升工程，集中整治背街小巷、城乡结合部等关键部位，清运各类垃圾41万立方米，一批多年形成的垃圾积存点变成绿树成阴的景点。基本完成广场社区、木材公司小区等4个老旧居住区综合整治工程，惠及居民4850户。深入开展环保专项整治行动，拆除6台燃煤锅炉，完成62家建陶、碳酸钙企业脱硫除尘设施改造和64家化工企业异味治理。主要河流水质达到省、市控制要求，顺利通过省级生态区验收。

【文化教育】 2012年，建设各类主题博物馆10座。体育事业实现突破，张店籍体操运动员张成龙夺得张店区首枚奥运金牌。面向广大群众组织各类文化活动170余场，“暑假七天乐”张店专场在中央电视台播出。实施“千名人才引进计划”，首期招聘全国“985工程”“211工程”等高校人才368名。实施14项中小学校、幼儿园建设工程，完成张店八中、张店七中新建扩建工程，承办、开办全国第六届中华诵经典教育论坛、“黄桑讲坛”活动，组织126名城区优秀教师到农村学校、薄弱学校进行交流。经过国内专家们的实地考察与论证，中国冶铁技术发明的源头最终被确定为淄博张店铁山。

【社会保障】 城乡居民养老保险、城乡医疗保险覆盖率100%，群众在就医用药、住房保障等方面享受到更多实惠，社会大局保持和谐稳定。认真落实各项就业和创业政策，城镇登记失业率为2.56%。为1971名城镇未参保集体企业职工办理养老保险，企业退休人员养老金人均上调243.3元。城市低保标准每人每月提高44元，农村低保标准每人每年提高600元，累计救助城乡困难群众10余万人次。淄博市殡仪馆新馆完成主体工程。开工建设保障性住房3502套、竣工3497套，新增廉租住房货币补贴达285户，保障房政策惠及半数以上城市低收入家庭。农村住房改造建成回迁房98栋、52.41万平方米。解决21个村、2.2万人的饮水安全问题。推进医药卫生体制改革，率先在全市实行公立医疗机构“先诊疗、后付费”服务，完成镇卫生院综合配套改革，112个村卫生室全部实施国家基本药物制度。新农合大病统筹报销封顶线提高到15万元。区医院门诊楼改造工程竣工启用。在全市率先建立“放心早餐”网点40余处，食品安全监管联动机制启动运行。

【推进生态文明建设】 张店区大力推进生态文明建设，加大节能环保力度，坚决淘汰落后产能。“十一五”期间，共建设完成减排工程项目79个，关停取缔污染较重企业487家，完成490余家企业污染治理设施的建设改造。发展新兴产业、现代服务业和都市农业，产业发展由资源加工型向技术创新型转变，以尽可能小的资源环境代价实现经济社会可持续发展。积极推动城市管理向精细化、专业化迈进，投入500万元购置环卫清洁工具，实现道路机械化保洁全覆盖。建成30座环卫工人休息房，100辆遮阳挡雨的流动爱心车投入使用。2012年12月13日，在北京钓鱼台国宾馆举行的“环球视野·亮点中国”高峰论坛暨2012《环球时报》总评榜发布典礼上，张店区被授予2012年度中国最佳生态发展城市称号，成为全国获此殊荣的十佳区县之一。

【镇、街道基本情况】 全区辖6个镇、6个街道。

马尚镇。辖16个行政村、15个社区，土地面积25.14平方公里。总户数30759户，总人口83286人。2012年，完成固定资产投资额25.89亿元，完成社会消费品零售额5.28亿元，财政收入1.10亿元。

南定镇。辖14个行政村、8个社区，土地面积26.35平方公里。总户数28870户，总人口77910人。2012年，完成固定资产投资额31.77亿元，完成社会消费品零售额14.57亿元，财政收入0.52亿元。

沣水镇。辖21个行政村，土地面积42.45平方公里。总户数11871户，总人口32344人。2012年，完成固定资产投资额26.65亿元，完成社会消费品零售额0.33亿元，财政收入0.32亿元。

傅家镇。辖19个行政村、4个社区，土地面积32.97平方公里。总户数14335户，总人口43902人。2012年，完成固定资产投资额16.42

亿元，完成社会消费品零售额27.61亿元，财政收入0.58亿元。

中埠镇。辖12个行政村、1个社区，土地面积20.47平方公里。总户数7812户，总人口21451人。2012年，完成固定资产投资额10.28亿元，完成社会消费品零售额0.49亿元，财政收入0.27亿元。

房镇镇。辖24个行政村、1个社区，土地面积38.46平方公里。总户数9202户，总人口27509人。2012年，完成固定资产投资额20.69亿元，完成社会消费品零售额1.49亿元，财政收入0.39亿元。

车站街道。辖10个社区，土地面积4.34平方公里。总户数15915户，总人口43608人。2012年，完成固定资产投资额17.83亿元，完成社会消费品零售额14.11亿元，财政收入0.25亿元。

公园街道。辖11个社区，土地面积3.12平方公里。总户数15664户，总人口44007人。2012年，完成固定资产投资额16.34亿元，完成社会消费品零售额163.82亿元，财政收入0.71亿元。

杏园街道。辖15个社区、7个行政村，土地面积33.39平方公里。总户数20902户，总人口55979人。2012年，完成固定资产投资额34.42亿元，完成社会消费品零售额6.68亿元，财政收入0.70亿元。

和平街道。辖11个社区，土地面积2.94平方公里。总户数13855户，总人口39149人。2012年，完成固定资产投资额14.68亿元，完成社会消费品零售额12.56亿元，财政收入0.53亿元。

科苑街道。辖15个社区，土地面积7.00平方公里。总户数39771户，总人口109389人。2012年，完成固定资产投资额34.05亿元，完成社会消费品零售额34.50亿元，财政收入1亿元。

体育场街道。辖10个社区，土地面积7.57平方公里。总户数20172户，总人口56814人。2012年，完成固定资产投资额14.11亿元，完成社会消费品零售额2.76亿元，财政收入0.37亿元。

（张店区史志办）

淄　川　区

【概况】 区名由来　因淄河流经境内而得名，1956年始称淄川区。

政区　人口　全区总面积960平方公里。辖9个镇、3个街道、1个开发区，379个行政村、81个社区。年末全区总人口64.60万人。男女性别比100∶100.72，人口出生率8.27‰，死亡率9.17‰，自然增长率-0.9‰。有少数民族23个，1142人。

经济概况　全年实现地区生产总值517.72亿元，比2011年增长10.45%。其中，第一产业增加值8.63亿元，增长5.20%；第二产业增加值315.50亿元，增长11.81%；第三产业增加值193.58亿元，增长8.26%。三次产业比例为1.67∶60.94∶37.39。规模以上固定资产投资完成242.1亿元，增长21.2%。地方财政收入21.06亿元，增长16.2%。年末金融机构人民币各项存款余额385.20亿元，比年初增加50.12亿元，其中城乡居民储蓄存款余额258.76亿元，增加36.90亿元。人民币各项贷款余额133.45亿元，增加22.38亿元。

农业　全年实现农林牧渔业增加值8.63亿元，比2011年增长5.2%。农作物播种面积3.18万公顷，粮食总产12.93万吨，增长7.1%；棉花总产680吨，下降15.9%；油料总产2401吨，下降9.8%；水果总产0.83万吨，增长2.1%；蔬菜总产4.57万吨，增长2.5%；水产品总产337吨；肉类总产1.62万吨；禽蛋总产0.94万吨；奶类总产526吨。全年完成造林面积2232公顷。全区农机总动力31.8万千瓦。

工业和建筑业　规模以上工业企业509家，增长12.01%；实现主营业务收入1827.11亿元，增长15.4%；实现利润167.70亿元，增长16.3%；实现利税255.17亿元，增长16.9%。资质三级及以上建筑企业27家，完成建筑业总产值60.02亿元，增长25.4%。

建设　环保　建成区面积35.1平方公里，城市人均道路面积23.12平方米，人均绿地面积

17.1平方米，建成区绿化覆盖率41.6%。自来水普及率100%，燃气普及率96%，集中供热普及率50%。开工建设经济适用房927套，面积79765平方米；竣工472套，面积42143平方米。已建成污水处理厂2座，城市污水集中处理率100%。全年空气质量良好以上天数230天，比2011年增加45天。

交通　邮电　公路通车里程1200公里，其中高速公路通车里程11.1公里。公路货运量8490万吨，货运周转量58.80亿吨公里；公路客运量4410万人次，客运周转量195755万人公里。完成邮政业务总量3487.76万元。年末固定电话用户16万户，移动电话用户66.9万户，电话普及率103部/百人，互联网用户10.43万户。

商贸　旅游　全年实现社会消费品零售总额189.02亿元，比2011年增长14.1%。实现进出口总额11.35亿美元，减少1.3%，其中出口9.24亿美元，减少0.5%。新签利用外资项目1项，合同利用外资额2988万美元，实际利用外资4578万美元。完成对外劳务合作营业额1131万美元。主要旅游景点有蒲松龄故居、潭溪山风景区、聊斋城、梓橦山、马鞍山、文峰山、峨庄瀑布群风景区、梦泉生态旅游区等。全年接待国内外游客297万人次，增长13.8%。实现旅游总收入18.39亿元，增长14.2%。

教科文卫体　有中等职业、技工学校4所，在校生9092人；普通高中3所，完全中学3所，在校生15382人；初中20所，九年一贯制学校5所，在校生28547人；小学54所，在校生32080人；特殊教育学校1所，在校生102人。获得省级科技奖励4项，专利申请量1297件，授权专利347件。有各种艺术表演团体32个，文化馆1个，公共图书馆1个，博物馆1个，档案馆1个。广播、电视人口覆盖率分别达到100%和98.45%。医院、卫生院31所，疾病预防控制机构1所，妇幼保健机构1所。各类卫生机构共有床位3199张，卫生技术人员4385人，其中执业医师及执业助理医师2143人，注册护士1737人。有体育场1座，全年参加省级以上体育比赛共获奖牌78枚，其中金牌29枚。

社会生活　城镇居民人均可支配收入27523.77元，比2011年增长14.3%；人均消费性支出17583.36元，增长4.89%。农村居民人均纯收入12713元，增长13.4%；人均生活消费支出8218.17元，增长19.9%。人均拥有住房面积38.56平方米。全区城镇基本养老参保人数13.04万人，比2011年增加0.3万人；医疗参保人数28.25万人，减少0.78万人；失业参保人数6.09万人，减少0.48万人；工伤参保人数7.98万人，增加0.38万人；生育保险参保人数5.04万人，增加0.21万人。社会保险基金总收入14.6亿元，增长41.7%；支出8.33亿元，增长24.3%。新型农村养老保险参保农民19.7万人，参加新型农村合作医疗农民32.88万人。全区城乡最低生活保障救助17941人。其中，城镇低保3557人，农村低保14384人。社会福利企业32家，安置残疾人员1510人。

【工业】 2012年，淄川区加速工业转型，规划建设八大产业集群和十大产业集聚区，推进建陶、水泥产业优化升级，动力电池、生物医药、晶体材料等战略性新兴产业发展迅猛，淄川经济开发区列入省级新型工业化产业示范基地和高端装备制造产业园区，陶瓷产业被认定为省级产业集群。自主创新能力持续增强，成功举办第五届百名专家淄川行活动，签约科技合作项目49项；新增省级研发平台6家，高新技术企业达到23家。山东金城医药化工有限公司"第三代头孢抗菌素中间体"项目获国家科技进步二等奖，山东电盾科技有限公司被认定为省级"一企一技术"创新企业，鲁泰集团获第二届山东省企业管理奖；电动轿车、高性能镁铁铝尖晶石砖等一批创新型项目列入国家科技扶持计划。淄川区成为省级可持续发展实验区和省知识产权试点区。

【农业】 是年，林果、食用菌、畜牧、蔬菜成为全区农业主导产业，七河花菇、富硒蔬菜等品牌影响力持续扩大，有机食品认证达到51个，淄川区被评为全省食用菌生产先进区，并成为全省出口农产品质量安全示范区。完成孝妇河、淄河河道治理及农村饮水安全等73项农田和民生水利工程。

【服务业】 鲁中香港城、陶瓷总部基地、淄博瓷厂陶瓷文化创意园、SM集团投资的城市综合体等一批高端服务业园区扎实推进，服装城、建材城等传统市场稳健运行，新星、东泰等现代物流园区日益壮大。成功举办蒲松龄短篇小说奖、陶瓷经销商峰会等会展活动。

【城乡统筹】 2012年，昆仑镇、双杨镇分别被列为省、市级示范镇，黉山城乡统筹示范区建设全面提速，太河镇梦泉村、上端士村被列入第一批中国传统村落名录。加快镇村总体规划编制工作步伐，在全市率先实现城区控规全覆盖。投资3.5亿元实施城乡道路畅通工程，将军路实现东西贯通，北京路南延整体推进，淄矿北路、般阳中学东路、凤凰山东路、泉王路改造工程竣工通车。建设柳泉湿地，将军路绿化景观提升效果初显，全区新增绿化面积52公顷。推进"两区三村"改造，2151户居民喜迁新居。完成4个老旧小区、6条背街小巷基础设施提升改造工程。持续开展城乡环境综合整治，推进城乡垃圾一体化处理，覆盖城乡的环卫管理体系基本形成。全面启动"森林淄川"建设，新增造林面积2200公顷。关停取缔土小企业184家，双杨污水处理厂等一批环保设施投入运行，全面完成节能减排任务。

【民生和社会建设】 2012年，区财政用于民生投入15.4亿元，占地方财政支出70.6%。政府承诺的23件实事全部兑现。城乡居民收入增幅高于地区生产总值增速近2个百分点。全区城镇新增就业20991人，转移农村劳动力14151人。实现城镇居民与职工医疗保险、新型农村合作医疗和城乡居民养老保险制度全覆盖。提高城乡低保标准，发放低保金、救济金6400万元。开工建设保障性住房2907套。般阳中学新校主体工程竣工启动，启动城区南部小学建设，完成10处校舍安全工程。完成区医院门诊楼、旧病房楼和12处镇卫生院改造，在465个村卫生室实施国家基本药物制度，在22家医疗单位全面推行"先诊疗、后付费"服务模式。有线广播"村村响"实现全覆盖，农家书屋、农村文化大院建设成效显著。开展双拥共建，淄川区连续6年被评为全省双拥模范区。启动实施"四德"工程，孟祥民成为全国重大典型。创新建立村民事务干部代办等基层社会管理模式，经验做法在省、市推广。严厉打击各类违法犯罪活动，社会治安群众满意度98%以上。全面开展企业班组安全建设和安全生产标准化建设，强化企业主体责任落实，关闭非法违法企业147家，安全监管能力显著提升。高标准完成重大安保任务，一批积案成功化解，社会大局保持和谐稳定。

【"四德"工程】 为加强公民思想道德建设，淄川区把2012年至2014年作为"道德建设推进年"，实施以"爱德、诚德、孝德、仁德"为主要内容的"四德"工程。通过召开动员大会、印发明白纸、签订责任状、制作"四德"工程学习包、编印《四德讲堂》系列丛书、设立道德讲堂、传唱道德歌曲、组建宣讲团、表彰道德典型、出台《淄川市民"四德"公约》等多种形式，吸引群众广泛参与。截至年底，区级表彰各类典型5660名，社会各类爱心捐款1100万元；老人赡养费人均增加280元；发展各类志愿者队伍325支，志愿者人数达到5.8万人。全省社会主义核心价值体系建设"四德"工程现场观摩会和座谈会分别在淄川区召开。

【生态循环农业】 2012年，淄川区被确定为山东省生态农业与农村新能源示范区。5月18日，示范区项目建设正式启动。项目总投资902万元，其中申请省补助资金300万元。建设内容包括在双杨镇法家村建设1个1000立方米厌氧沼气罐、600立方米储气罐的大型秸秆沼气工程，年产沼渣有机肥1022吨、沼液2555吨，解决该村600户居民生活用能问题；在龙泉镇、寨里镇、将军路街道建设富硒生态循环农业示范基地，面积230余公顷，建设沼液储存池和稀释池111个，建设沼气池20个，铺设管网22500米。项目区秸秆综合利用率提高5%，秸秆综合利用率、"三沼"利用率均达95%，促进了全区生态循环农业的发展。

【文化建设】 年内，投资220万元，新购图书40万册，各区直部门捐赠图书8万册，建成农家书屋379家，全区农家书屋实现了全覆盖。开设文艺培训班10期，到镇、村进行文艺辅导65次，累计培训文化工作骨干600余人次。成功举办"好客山东贺年会"新春系列文化活动、"四德"工程巡回演出和"淄川烟草杯"全区"四德"工程文艺汇演暨第七届社区广场文化艺术节等大型文艺演出。规范文化市场经营秩序，进行拉网式大检查15次，出动稽查人员12000余人次，检查各类经营单位3000余家，查缴非法出版物和音像制品7000册(张)，销毁非法出版物6380册，处理各类市民投诉17件，投诉处理满意率100%。文化遗产保护管理取得新成效，62处文保单位申报第五批市级文物保护单位，举办非物质文化遗产保护培训班，参加全国第二届非物质文化遗产博览会，完成淄博矿务局基建工程用地、新建般阳中学和南沈村建设用地的文物勘探工作。加大执法力度，追回被盗文物4件。举办大型展览5次，接待人数6000余人次。编撰出版90万字的《淄川历史遗产》。

【孟祥民事迹宣传】 2012年，孟祥民成为新中国成立后淄博市第一个全国重大典型。淄川区争取各级领导支持，区委、市委、省委和环保部分别作出《关于开展向孟祥民同志学习的决定》，中央政治局常委、国务院副总理李克强批示"对在环保一线工作的先进模范人物及其事迹应予宣传和学习"，省委书记姜异康、省长姜大明分别作出推广学习孟祥民的批示。2月5日，孟祥民被中宣部确定为全国重大典型。5月，孟祥民先进事迹被国家、省、市主流媒体进行集中报道。6月8日，省委在济南举办孟祥民先进事迹报告会。9月5日，孟祥民先进事迹报告会在人民大会堂作专场报告，报告团成员受到李克强的亲切接见。报告团还分赴黑龙江、江苏、河南、新疆、贵州等地进行巡回报告，引起社会强烈反响。

【第五届百名专家淄川行暨科技成果引进洽谈会】 7月18—19日，举办第五届百名专家淄川行暨科技成果引进洽谈会。活动包括科技成果洽谈、重点项目推介等11项，共有83所高校和院所参会，到会专家280余名，其中"两院"院士9名、泰山学者3名。全区有610家企业、2300余人参会。企业与院校共对接洽谈项目260项，签约科技合作项目49项，项目涉及新材料、新能源、功能陶瓷、机械制造、新医药、农业深加工等领域。新聘任5名专家为科技副区长。有5个镇(开发区)举办分会场活动。此届洽谈会参会院校、参会人数、签约项目的数量均为历届之最。

【镇、街道基本情况】 全区辖9个镇、3个街道、1个开发区。

洪山镇。位于淄川城区东郊，面积31.6平方公里，辖25个行政村，人口5.05万人。2012年，完成固定资产投资15.2亿元，完成税收1.2亿元，地方财政收入5786万元。

昆仑镇。位于淄川区南部，南与博山区白塔镇接壤，面积99.8平方公里，辖44个行政村、4个社区，人口9.3万人。是国家级重点镇、山东省政府确定的首批中心镇和特色产业镇。2012年，全镇完成规模以上工业销售收入276亿元，增长22.4%；完成固定资产投资32.8亿元，增长17%；完成工业生产总值408亿元，增长17.9%；完成税收总额2.4亿元，地方财政收入1.1亿元。

双杨镇。位于淄川区北部，面积52.02平方公里，辖36个行政村、2个社区，人口8.1万人。2012年，完成工业总产值361.2亿元，实现税金2.81亿元，地方财政收入1.29亿元。

罗村镇。地处淄川、张店、临淄3个区结合部，面积70平方公里，辖32个行政村、1个社区，人口5.7万人。2012年，完成固定资产投资21.6亿元，增长25.1%；实现税金1.59亿元，增长17.8%；地方财政收入6295万元，增长26.97%。

寨里镇。位于淄川城区东部，面积119.7平方公里，辖40个行政村，3个社区，人口5.8万人。2012年，实现规模以上工业总产值63亿元，增长21%；固定资产投资9.8亿元，增长19%；招商引资2.6亿元，增长8%；出口创汇2782万美元，增长10%；地方财政收入5965万元，增长21.2%；农民人均纯收入8960元，增长11%。

龙泉镇。位于淄川区东南部，面积40.16平方公里，辖18个行政村(社区)，人口4.3万人。2012年，完成规模以上固定资产投资20.4亿元，工业总产值达到177亿元；完成地方财政收入6220万元，税收总额达到1.35亿元；居民人均收入13207元。

岭子镇。位于淄川区西部，面积78平方公里，辖29个行政村(社区)，人口3.7万人。2012年，完成税收2.9亿元，地方财政收入1.2亿元。

西河镇。位于淄川区南部，2010年11月由原西河镇、东坪镇、张庄乡合并而成，面积130.6平方公里，辖62个行政村、1个社区，人口5.38万人。2012年，完成固定资产投资8.8亿元，增长18%；实现地方财政收入2054万元，增长38.8%，增幅列全区第2名；完成税收3622万元，增长15%；农民人均纯收入5052元，增长13%。

太河镇。地处淄川东南部，与青州、沂源、博山、临朐4个区县交界，淄博市最大的水源保护地——太河水库坐落于境内。2010年11月，由原太河乡、淄河镇、峨庄乡合并而成，面积268.7平方公里，辖95个行政村，人口5.9万人。2012年，完成固定资产投资3.7亿元，比2011年增长22.9%；完成地方财政收入359万元，比2011年增长22.1%。

般阳路街道。位于淄川城区中部，区委、区政府驻地，是全区政治、文化、教育、生活中心，面积9.26平方公里，辖11个社区，其中村改社区6个，人口5.8万人。2012年，完成固定资产投资14.18亿元，其中三产服务业投资13.61亿元；完成招商引资1.06亿元；地方财政收入5500万元。

将军路街道。成立于2010年11月，面积22.4平方公里，辖18个行政村(社区)，人口3.8万人。基层党组织44个，党员1320名。2012年，全镇固定资产投入18.4亿元，增长21%；完成税收13213万元，增长27.97%；地方财政收入7197万元，增长35.16%。

松龄路街道。位于淄川北部城区，成立于2000年7月，面积7.17平方公里，辖12个社区，人口6.07万人。2012年，完成固定资产投资10.9亿元，增长23.9%；招商引资6880万元，增长25%；地方财政收入5118万元，增长2.9%。

(淄川区史志办)

博　山　区

【概况】 区名由来　其一，博山全境皆山，博山之名具有多山之意；其二，因境东南有“博山”，故以山名为区名。

政区　人口　全区总面积698平方公里，辖6个镇、3个街道、1个经济开发区，209个行政村、111个社区。年末全区总户数16.90万户，总人口45.45万人，比2011年减少3970人。人口出生率7.01‰，死亡率9.96‰，人口自然增长率-2.95‰。

经济概况　全年实现地区生产总值328.45亿元，比2011年增长8.5%。其中，第一产业增加值9.78亿元，增长4.7%；第二产业增加值191.80亿元，增长8.8%；第三产业增加值126.88亿元，增长8.4%，三次产业比重为2.98：58.39：38.63，第三产业比重比2011年提高1.14个百分点。三次产业对地区生产总值的贡献率分别为1.59%、62.56%和35.85%，分别拉动地区生产总值增长0.14、5.32和3.05个百分点。全年完成规模以上固定资产投资214.4亿元，增长18.72%。完成地方财政收入15.59亿元，增长16.35%。年末全区金融机构各项存款余额210.48亿元，较年初增加25.02亿元；各项贷款余额为121.54亿元，较年初增加12.27亿元。

农业　全年实现农林牧渔业总产值18.1亿元，比2011年增长4.7%。粮食总产3920万公斤，油料总产1660吨，蔬菜总产28.85万吨，水果总产5.3万吨；猪、羊、家禽存栏量分别为3.7万头、3.6万只、83.7万只；肉类总产1.16万吨，禽蛋总产7160吨，奶类产量1362吨。全年育苗135公顷，幼林抚育面积2800公顷，完成造林面积2400公顷，森林覆盖率58.1%。全区农业机械总动力20.7万千瓦。

工业　建筑业　年末全区规模以上企业507家，实现工业总产值715.33亿元，比2011年增长11.06%。规模以上工业企业实现主营业务收入695.97亿元，增长7.6%。实现利润53.34亿元，增长1.91%。实现利税82.52亿元，下降2.9%。其中，地方规模以上工业企业实现主营业务收入、利润、利税分别为614.6亿元、52.2亿元和78.9亿元。全区具有资质等级的建筑业企业26家，实现建筑业总产值6.44亿元，增长4.09%。

建设　环保　全区规模以上投资项目418个，其中新开工项目347个。全年共有290个项目投产，新增固定资产162.68亿元。房地产开发企业完成投资5.9亿元，比2011年增长31.6%。新建园林绿地91公顷，改建绿地62万平方米，城区园林绿地面积1346公顷，城市绿地率35.42%。完成35条背街小巷改造，改造路面近6万平方米。年末全区天然气主管线总长273公里，天然气入户19116户，入企153家，全年天然气供气量15412万立方米；全年管道液化气供气量25吨；集中供热面积300万平方米。更换新型环保垃圾箱150个，清运垃圾7000余吨。拆除闲置烟囱27条，取缔、关停“土小企业”25家，改造窑炉30余座，拆除改造锅炉28台。全年空气质量良好天数227天，比2011年增加16天。

交通　邮电　年末公路通车里程841.34公里(不包括高速路)，全区公路密度为120.5公里/百平方公里。有客运站2个，客运公司5家，出租车公司8家，有770辆出租车；公交运营线路27条，公交运营线路总长度1280公里，拥有各类营运车辆7045辆。区内邮路总长度188公里，全年邮政业务总量2439.25万元。

商贸　旅游　全年完成社会消费品零售额164.0亿元，增长14.48%。新增自营进出口企业24家。完成外贸进出口总额5.48亿美元，比2011年增长8.1%，其中出口完成4.38亿美元，增长6.9%。外商直接投资4413万美元。年末拥有AAAA级旅游景区3家、AAA级旅游景区3家、AA级旅游景区1家。全年共接待游客902万人次，实现旅游综合收入41.4亿元。

教科文卫体　年末全区共有各类学校163所。其中，普通中学24所，普通小学37所，幼儿园96所。有在校学生57011人，教职工5638人，幼儿园在园儿童9568人，全区义务教育段入学率100%。申报实施国家级科技计划3项、省级科技计划12项，实施各类科技计划33项，完成专利申请816件。新增高新技术企业3家，年末全区高新技术企业17家。高新技术产业产值181.4亿元。年末共有文化站10个，博物馆(纪念馆)2个，文化馆、公共图书馆各1个。全区拥有各类卫生机构388个，拥有病床床位3633张，专业卫生技术人员3760人，农村卫生室209个，乡村卫生技术人员412人。参加新农合人数18.61万人，新农合参合率99.5%。全年参加各种运动会的运动员人数6000人次，共获得市以上金牌148枚。全区有省级体育先进镇9个。

社会生活　全区城镇居民人均可支配收入25834.19元，比2011年增长13.65%；人均消费支出14619.4元，增长10.43%；人均住房建筑面积32.2平方米。农村居民人均纯收入11859.4元，增长12.96%；人均生活消费支出7103.08元，增长14.31%；人均住房面积33.15平方米。全区城镇职工养老保险参保90350人，企业离退休人员38444人，城乡居民养老保险参保12.77万人，机关事业单位养老保险参保9480人；城镇职工医疗保险参保11.43万人，城镇居民医疗保险参保87764人；参加失业保险、工伤保险、生育保险的人数分别达47330人、72599人、42808人。新增就业1.26万人，新增农村劳动力转移就业7671人，争取就业再就业补贴755万元，安置就业困难人员685人。全年发放最低生活保障金3109万元，城镇和农村低保率均达到100%。

【产业结构调整】积极推进城市核心区内工业企业搬迁改造，着力提高自主创新能力，国家泵类产品质量监督检验中心和山东机电产品检验检测技术公共服务平台建成投用。完成技改投资57.3亿元。新认定高新技术企业3家，新增省级创新型试点企业2家、省级企业技术中心1家，高新技术产业产值占比提高1.2个百分点。深入实施品牌带动战略，颜山、汇祥、陈仕获评为中国驰名商标，新增国家地理标志证明商标5个。企业融资方式实现新突破，龙泉股份、银仕来股份分别在深圳证券交易所和香港联合交易所成功上市，在齐鲁股权托管交易中心挂牌的企业达到14家。对上争取工作取得明显成效，年内到位各类专项资金2.88亿元。

【现代服务业发展】年内，完成第三产业投资89亿元，比2011年增长18%。博山装饰材料城一期、陶琉大观园国际商贸城三期、特信新天地商城建成投用，颜山国际酒店、慕榕山庄等项目建设进展顺利，山东家家悦超市入驻第五季商业中心。成功举办首届中国琉璃文化艺术节暨陶瓷琉璃艺术大奖赛、全国汽车场地越野锦标赛、孝文化旅游节等系列活动。国宝大熊猫落户原山林场，吸引了大量观光游客。在济南、青岛等城市举办旅游推介会。姚家峪生态旅游度假区创建为国家AAA级旅游景区，五阳湖创建为省级湿地公园。

【高效生态农业】 高效生态农业发展成效明显。新增有机农业种植面积1300余公顷，治理改造中低产田460公顷；新增省级农业产业化龙头企业1家；建成山东颜山有机农业研究院、淄博有机农业种植工程技术中心。年内，博山区被命名为山东省出口农产品质量安全示范区。

【城乡建设】 做好新一轮城市总体规划修编，城区控制性详细规划实现全覆盖，镇总体规划编制全面完成。城市综合承载功能不断提升，完成迎宾路、五岭路、金晶路东段、珑山路东段等道路升级改造工程，国道205博山段改造示范工程扎实推进，蛟龙220千伏变电站建成投用，海眼110千伏变电站开工建设，铺设雨污、清污分流管网8.3公里，建成中石油天然气管线博山段、天然气利用工程石马和源泉支线，新建压缩天然气加气站3座，出租车加气难问题得到有效解决。完成天然气入户3000余户，改造新增供热面积80万平方米。对五岭路等重点路段立面和部分铁路道口进行高标准整治，对大街、凤凰园等14个老旧小区和35条背街小巷进行升级改造。完成文姜公园续建、汪溪湖湿地公园、游园绿地景观提升等项目，新增绿化面积45万平方米。

【中国鲁菜烹饪之乡】 2012年11月28日，中国鲁菜文化高峰论坛暨中国鲁菜烹饪之乡授牌仪式在博山聚乐村酒店举行，博山区获得中国鲁菜烹饪之乡称号。博山饮食文化底蕴深厚，源远流长，是鲁菜的重要发源地，被中国饭店协会确定为鲁菜四大派系之一——“鲁中派”。通过不断的挖掘、继承、创新、发展，博山饮食业培植起了一批餐饮名店、名菜、名厨，聚乐村四四席被评为到山东不可不吃的一百种美食之一，“聚乐村”“清梅居”“石蛤蟆”被商务部认定为首批“中华老字号”，17种地方小吃被评为“中华名小吃”，23种地方小吃被评为“山东名小吃”，形成了独特的区域特色和风味。

【镇、街道基本情况】 全区辖7个镇、3个街道。

池上镇。位于博山区东南部，淄河上游，与淄川区、沂源县、临朐县交界，山东省第四高峰鲁山坐落镇内，面积156.51平方公里，辖44个行政村，人口2.3万人。建有金银花、茶叶、黑色有机食品、食用菌、黄烟等特色产业基地。2012年，完成固定资产投资5.7亿元，完成招商引资4600万元，完成出口创汇2500万美元，实现农民人均纯收入8424元。

源泉镇。位于博山区东南部的淄河流域上游，是国家重点镇、省市中心镇，是县委书记的好榜样焦裕禄的故乡。面积84平方公里，辖28个行政村，人口3.7万人。源泉镇是博山区的主要饮用水源地，属淄博市水源特级保护区。2012年，全镇规模以上企业完成工业产值39.2亿元，实现外贸出口总值1070万美元，完成招商引资1.5亿元，完成财政收入2353万元，农民人均纯收入9700元。

博山镇。2010年11月6日由原南博山镇和原北博山镇合并成立，位于博山区南部山区，面积152平方公里，辖41个行政村，人口5万人。淄河流经全境，是市级重点水源保护地。全年固定资产投资14.5亿元，比2011年增长24.98%。限额以上企业零售额3074万元，增长19.6%。农民人均纯收入10292元，增长14.97%。

石马镇。位于博山南部，地处淄河上游，四面环山，面积44.49平方公里，辖10个行政村，人口2.3万人。境内有国家重点风景名胜区五阳山景区、国家级水利风景名胜区、五阳湖(石马水库)湿地公园、山地石城等旅游资源。2012年，固定资产投资11.2亿元，比2011年增长25.56%；限额以上企业零售额2.1亿元，增长18.1%；农民人均纯收入9885元，增长10.60%。

八陡镇。地处博山城区东南，是博山区工业重镇和重要交通枢纽，山东省百强乡镇之一，面积36.94平方公里，辖17个行政村、19个社区，人口4万人。2012年，完成工业总产值389亿元，完成固定资产投资29.78亿元，地方财政收入4496万元，农民人均纯收入14046元。

白塔镇。位于博山区北部，是博山新区工业区的重要组成部分，面积36.91平方公里，辖10个社区、9个村，人口5.8万人。是中国产业集群示范镇、中国县域产业集群竞争力100强、省级生态乡镇、山东省重点特色产业镇。2012年,完成固定资产投资35亿元,规模以上企业发展到115家,实现销售收入159.48亿元、利税19.03亿元。地方财政收入10413万元。

城东街道。面积17.9平方公里,辖17个社区,人口8万人。辖区工业形成以新材料产业、高强度螺栓、矿山机械为主的特色工业产业格局。2012年,规模以上工业企业实现总产值16.53亿元,固定资产投资16.03亿元,实现进出口总值7350万美元,完成财政收入5096万元。年内接待游客10万余人次,实现旅游综合收入2100万元。

城西街道。位于博山城区孝妇河以西,东隔孝妇河与城东街道相邻,西与博山经济开发区相接,南与山头街道交界,北与白塔镇接壤,面积7.3平方公里,人口6.8万人。具有较好的区位优势、资源优势、人才优势,是博山经济文化旅游中心。2012年,完成规模以上工业企业产值28.1亿元,固定资产投入14.3亿元,完成招商引资1.25亿元,完成服务业企业零售额26亿元,完成地方财政收入4169万元。

山头街道。位于博山城南,是著名的陶瓷琉璃之乡,中国孝文化发祥地,面积53.74平方公里,辖13个社区、8个行政村,人口5.4万人。2012年,完成工业总产值230亿元,固定资产投资31亿元,外贸进出口总额1.58亿美元,财政收入5561万元。 (刘海芹)

周 村 区

【概况】 区名由来 原为村名,据传因系水中村,故名洲村,后改为周村。

政区 人口 全区总面积217.05平方公里。辖3个镇、5个街道,194个行政村(居委会)。年末全区总人口28.75万人,其中非农业人口18.56万人。人口出生率8.62‰,死亡率5.74‰,自然增长率2.88‰。

经济概况 全年实现地区生产总值261.07亿元,比2011年增长10.6%。其中,第一产业增加值8.04亿元,增长5.2%;第二产业增加值134.23亿元,增长11.1%;第三产业增加值118.80亿元,增长10.5%。三次产业比例为3.1∶51.4∶45.5。完成规模以上固定资产投资173.75亿元,增长20.78%。完成各项税收收入19.30亿元,增长7.17%。年末,全区金融机构各项存款余额217.98亿元,较年初增加22.25亿元,增长11.37%;各项贷款余额112.85亿元,较年初增加6.37亿元,增长5.98%。

农业 完成农林牧渔业总产值13.50亿元,比2011年增长5.2%。粮食总产8.45万吨,油料总产0.032万吨,水果总产0.85万吨,蔬菜总产4.99万吨,肉类总产1.13万吨,禽蛋产量0.47万吨,奶类产量0.58吨。完成造林面积133公顷,森林覆盖率27.24%。全区农业机械总动力17.60万千瓦。

工业 建筑业 全区369家规模以上工业企业(包括兰雁集团)完成主营业务收入777.29亿元,比2011年增长17.42%;实现利润64.10亿元,增长21.7%;实现利税97.44亿元,增长22.80%;全区81家规模以上高新技术产业企业完成产值201.31亿元,增长19.46%。全区三级资质以上建筑企业25家,完成建筑业总产值22.84亿元。

建设 环保 完成第十三期农业综合开发,孝妇河下游周村段综合治理全面完成。总投资53亿元的20个工业重点项目开工建设。投资5亿元的汇龙街片区全面建成并投入使用。高标准升级改造恒星路、马路街、保安街,完成老龙窝街、北下河街等小街巷改造。完成城区雨污分流工程主管网铺设,利用世界银行贷款实施的污水收集系统工程全面完工并通过验收。新建改造绿地面积60万平方米,人均占有公共绿地面积15.19平方米。城区绿化覆盖率达到43.1%。全年空气良好天数226天;42家涉水企业安装了电磁量计,对企业排污情况进行实时监控,排污企业断面出水达标率100%。

交通 邮电 全区公路通车里程744公里,公路货运量4380万吨,货运周转量8.84亿吨公里;公路客运量932万人,客运周转量11920万人公里。全年完成邮政业务总量2137万元(扣除邮政银行业务)。年末,固定电话用户9.44万户,移动电话用户 56.34 万户，互联网用户 7.57 户。

商贸 旅游 全年实现社会消费品零售总额 136.27 亿元，比 2011 年增长 14.68%。拥有各类市场 40 处。其中，生产资料市场 7 处，消费品市场 33 处。全年引进各类外来投资项目 30 个，实际到位外来投资 19.38 亿元，完成进出口总值 7.41 亿美元，增长 5.6%。新批准自营进出口企业 28 家，累计 339 家。周村古商城被评为山东省十佳文化旅游品牌。对周村古商城核心景区基础设施进行提升改造，汇龙街项目全面建设完工，并获得中国城市规划协会颁发的全国优秀城乡规划设计二等奖和中国风景园林学会优秀园林绿化工程奖金奖。全年共接待游客 185 万人次，旅游综合收入 4.2 亿元，增长 7.8%。

教科文卫体 全区中小学教职工 2932 人，在校生 37964 人。全年申请专利 869 件，比 2011 年增长 29.5%。拥有省院士工作站 3 家，省工程技术研究中心 9 家，市工程技术研究中心 31 家。承担市以上科技计划 20 项，10 项成果获省、市科技进步奖，8 项科技成果通过省、市科技成果鉴定。新建美术展厅 2 个；南郊镇文化站投入使用；新建、提升 50 处村级文化大院、20 处公共电子书屋和 55 处农家书屋，为基层增配图书 9 万余册；文化馆、图书馆及镇、街道文化站、文化大院全部实现免费开放。周村丝绸织染技艺、锦灰堆 2 个项目入选省级非物质文化遗产名录。全区有线电视用户 77885 户。新农合参合率达到 99.96%，全年共为参合农民报销医药费用 3145 万元，资金使用率达 99.7%。年末全区拥有区属及以下卫生机构 13 个，病床 1520 张，专业技术人员 1954 人，其中执业医师和执业助理医师 715 人、注册护士 824 人。举办区级各项体育比赛 30 余项。获得全国百城千村健身气功交流展示活动最佳展示奖。对体育场进行升级，为 30 个村居配置健身器材，城乡“15 分钟健身圈”日趋完善。

社会生活 城镇居民人均可支配收入 24434 元，比 2011 年增长 12.88%；人均消费支出 15053 元，增长 1.6%。农民人均纯收入 12301 元，增长 12.96%；人均生活消费支出 7815 元，增长 11.21%。全区城镇基本养老、医疗、失业、工伤、生育保险参保人数分别达到 8.10 万人、13.82 万人(其中城镇居民医疗保险 75288 人)、3.12 万人、3.19 万人、2.51 万人；农村养老保险参保人数 9.63 万人。为 3990 户城镇低保对象、6702 人发放城市低保金、临时生活补贴和取暖补贴共计 2427 万元；为 3235 户农村低保对象、4908 人发放农村低保金及临时生活补贴共计 768.4 万元。全区有社会福利企业 15 家，安置残疾人就业 403 人。

【工业重点项目建设】 年内，投资 53 亿元的 20 个工业重点项目开工建设。其中，投资 13.2 亿元的新华医疗科技园一期工程竣工投产，投资 25 亿元的山东宏信化工股份有限公司创业园、投资 6 亿元的山东赫达股份有限公司新厂区开工建设，淄博华安化工有限公司年产 5000 吨新型高效绿色制冷剂、山东宏信化工有限公司年产 4 万吨顺酐和 5000 吨富马酸、山东齐鲁华信实业有限公司年产 3000 吨环保催化剂材料等 12 个项目竣工投产或部分投产。

全区 11 个项目列入全市百项重点项目，2 个项目列入 1000 项工业转方式调结构重点计划，获省扶持奖金 100 万元。4 个项目列入市政府“节能 30 项”序列，争取节能奖金 173 万元。1 个项目列入中央预算内投资项目。新增高新技术企业 2 家，山东赫达股份有限公司、淄博科明电器有限公司入选市创新成长型企业，淄博华安化工有限公司、山东恒沣膜科技有限公司的产品入选国家重点新产品。全区新增规模以上工业企业 15 家，规模以上工业企业销售收入、利润、利税分别比 2011 年增长 16%、17.1%、16%。

【周村古商城被评为山东省特色商业街】 年内，周村古商城被省商务厅评为全省首批山东省特色商业街。作为中国古商业文化的优秀代表——周村古商城，有保存完好的明清古建筑 5 万平方米，景区内街区纵横，建筑风格迥异，为山东仅有，且至今仍在发挥其商业功能，被古建筑专家阮仪三教授称为“中国活着的古商业街市建筑博物馆群”。周村古商城包括大街、丝市街和银子市街 3 条商业街道，全长 776 米，宽 26 米，有经营店铺 180 余家，营业面积 2.7 万余平方米。其中，古玩特色商品店铺 90 余家，营业面积 1.7 万余平方米，年销售额 1.6 亿元；丝绸、老粗布店铺 40 余家，年销售额3100万元；烧饼经营店铺10余家，年销售额3700万元。同时，汇集了淄博艺术博物馆、齐鲁古玩城、大染坊丝绸、老粗布制品等中华老字号、国家级非物质文化遗产、中国驰名商标和名优产品。古商城文化底蕴深厚，经营管理规范，独具地方商业特色文化。

【体育场升级改造】 周村区体育场升级改造工程是2012年区政府为民办实事之一。该工程4月10日开工，11月中旬竣工。整个工程投资550万元，改造面积1.9万平方米，铺设塑胶跑道，建设人工草皮足球场和塑胶篮球场，完善了配套设施。升级改造后的周村区体育场为运动员提供优良的训练场地，同时免费对外开放。

【灯塔社区"全国民族团结进步教育基地"揭牌】 9月25日，副省长贾万志、省民委主任马文艺等省、市领导到周村灯塔社区幸福苑为灯塔社区"全国民族团结进步教育基地"揭牌。省、市领导察看了灯塔社区民族团结进步教育展厅、灯塔幸福苑养老康复中心，对康复中心工作给予高度赞赏，认为周村区在民族事务方面探索出一系列行之有效的方法，民族团结进步创建活动开展有声有色，促进了各民族的团结稳定和社会和谐。灯塔社区是全市首家获此称号的单位，也是2012年全国首个当选的社区。

【《抗日先驱马耀南》首发式举行】 7月16日，纪念马耀南烈士诞辰110周年座谈会暨《抗日先驱马耀南》出版发行仪式在周村举行。北京八路军山东抗日根据地研究会副会长、军事科学院原军史部副部长李维民少将，马耀南烈士之子马立修等嘉宾到会发言。《抗日先驱马耀南》内容包括回忆访谈录、理论研讨征文、历史文献资料等，共计36万字。

【国内首个微电影创作基地揭牌】 7月15日，中国微电影创作基地揭牌仪式在周村古商城举行。周村是鲁商发源地，素有"天下第一村""金周村""旱码头"之美誉，周村古商城拥有山东境内唯一保存完好的古商业建筑。影视剧《活着》《娘》《闯关东》等曾在周村取景拍摄，电视剧《大染坊》《旱码头》故事就取材于周村。微电影作为一种新兴文化业态，有着强劲的发展势头，特别受到青年人的喜爱。中国微电影创作基地落户周村，对全面展示周村古商城浓厚的商业文化、饮食文化和宗教文化，吸引游客，扩大古商城知名度等有积极影响。

【周村古商城列为省级旅游标准化试点】 7月22日，省旅游局公布首批省级旅游标准化试点企业名单，周村古商城景区是全市唯一的试点景区。周村古商城为国家AAAA级旅游景区、省级文物保护单位，先后获得中国人居环境范例奖、国家文化产业示范基地、省级文明景区、省科普教育基地、省十大影视拍摄基地等称号。

【《周村史志之窗》创刊】 6月14日，周村区史志办公室编印的《周村史志之窗》创刊首发式暨史志成果"五进"活动启动仪式在周村区会务中心举行。《周村史志之窗》设周村历史研究、峥嵘岁月、历史人物、商埠文化、周村老字号、周村大事记等栏目。年内发行4期。结合该期刊的发行，周村区史志办还开展了史志成果进机关、进企业、进社区、进学校、进酒店(宾馆)的"五进"活动，通过"五进"活动，增强全区人民了解家乡、热爱家乡、建设家乡的热情和使命感。

【镇、街道基本情况】 全区辖3个镇、5个街道。

王村镇。位于周村区西部，处于济南、滨州、淄博三市交界处，有"淄博西大门"之称。是淄博市经济强乡镇。王村镇历史悠久，人杰地灵，交通便利，资源丰富。镇内西铺村是明崇祯元年户部尚书毕自严的故居，清代著名文学家蒲松龄在此执教38年，完成名著《聊斋志异》；万家村是清代光绪年间礼部尚书毕道远的故居；李家疃村被命名为中国历史文化名村。粘土、焦宝石、石英石等矿产资源储量丰富，是省内重要的耐火材料基地；具有500余年历史的传统特产食醋、黄酒，久负盛名。面积57.49平方公里，辖41个村、1个社区，人口5.26万人。2012年，全镇实现税收1.91亿元，地方财政收入7819万元，农民人均纯收入12523元。

南郊镇。位于周村区东南部，与张店区付家

镇接壤，北靠胶济铁路和张周路，309国道横贯东西，与庆淄路、滨博高速公路形成三角形交通网络。面积59.7平方公里，辖49个行政村、人口3.8万人。2012年，全镇完成税收1.56亿元，地方财政收入8253万元，农民人均收入12306元。

北郊镇。位于周村区东北部，与桓台、张店、邹平接壤，济青高速公路、滨博高速公路穿越境内。是国家级农业综合开发重点乡镇。面积58.43平方公里，辖51个行政村，人口6.5万人。2012年，完成税收1.9亿元，地方财政收入9573万元，实现农民人均纯收入12150元。

大街街道。位于周村城区西南，东起东门路，西至西外环，北起新建路，南至催化剂厂。面积5.94平方公里，辖6个社区，人口3.97万人。2012年，实现税收收入25057万元，地方财政收入6363万元，农民人均收入13896元。

丝绸路街道。位于周村城区东南部，面积4.81平方公里，辖7个社区、2个行政村，人口3.8万人。2012年，完成税收10684万元，实现地方财政收入6318万元，农民人均纯收入1.47万元。

青年路街道。位于周村城区的东北部，面积7.89平方公里，辖8个社区、4个行政村，人口40961人。2012年，完成地方财政收入12099万元，实现农民人均收入14388元。

永安街街道。位于周村城区西北部。北起恒星路，南至新建路，东起东门路，西与邹平县搭界。面积6.75平方公里，辖8个社区、1个行政村，人口4.3万人。2012年，实现税收18081万元，地方财政收入8966万元，农民人均纯收入13742元。

城北路街道。与周村经济开发区合署办公。辖区位于周村区西北部，东与淄博高新区接壤，西、北与邹平县临界，面积16.17平方公里，辖16个行政村，人口1.26万人。2012年，农民人均纯收入12347元。（周村区史志办）

临淄区

【概况】 区名由来　原名营丘。公元前859年，因东临淄河，齐献公更其名为临淄。1970年设立临淄区。

政区　人口　全区总面积664平方公里。辖7个镇、5个街道，414个行政村（社区）。人口出生率9.2‰，人口死亡率6.6‰，人口自然增长率2.6‰。年末全区人口总户数20.06万户，总人口61.22万人，其中非农业人口31.42万人。

经济概况　全年地区生产总值750.2亿元，比2011年增长10.8%。其中，第一产业增加值30.01亿元，增长5.5%；第二产业增加值518.05亿元，增长11.19%；第三产业增加值202.14亿元，增长10.67%。三次产业比例由2011年的4.15：70.23：25.62调整到4：69.06：26.94。人均生产总值12.26万元。固定资产投资320.96亿元。实现地方财政收入40.01亿元；地方财政支出40.12亿元，比2011年增长21.43%。年末金融机构各项存款余额605.35亿元，较年初增加55.7亿元，金融机构各项贷款余额为376.48亿元，较年初增加72.12亿元。

农业　实现农林牧渔业总产值50亿元，比2011年增长5.6%。粮食总产量41.84万吨，增长3.08%。蔬菜总产99.59万吨，果品总产9565吨，肉类总产量4.51万吨，禽蛋总产量1.39万吨，奶类产量2.47万吨。年末，全区农机总动力83.86万千瓦。

工业　建筑业　区域内规模以上工业增加值比2011年增长12.12%。规模以上工业企业完成工业总产值2743.56亿元，增长11.35%；实现主营业务收入2705.74亿元，实现利税287.07亿元，利润142.08亿元。规模以上工业总产值达到1962.73亿元，规模以上工业主营业务收入完成1912.79亿元，利税总额完成216.87亿元，利润总额完成158.78亿元。全区有资质的建筑企业102家，全年实现总产值108.74亿元，增长10.97%。

建设　环保　全区城建工程计划总投资

2.73亿元，完成投资1.5亿元。年末建成区面积42.55平方公里，城市道路长度347.99公里，城市排水管道总长度437.75公里，城区路灯15004盏。全区共有污水处理厂3家，污水处理率94.6%。城市道路清扫保洁面积498万平方米，全年生活垃圾清运量9.18万吨。集中供热面积830万平方米，自来水普及率100%。园林绿地面积3035公顷，其中公园绿地面积486公顷，建成区绿化覆盖面积1957公顷，建成区绿化覆盖率45.99%。开展环境整治，全区化工企业用于环保治理的投资达3.2亿元。

交通　邮电　全区公交、客车运输量为264万人，公交、客车周转量为5364万人千米；公路货运量8006万吨，货运周转量达到76.43亿吨公里。公路通车里程达到607.7公里。完成邮电业务总量5.06亿元，比2011年增长10.4%。年末全区程控交换机总容量达15.21万门；固定电话用户10.87万户，移动电话用户数75.15万户，互联网用户9.62万户。

商贸　旅游　全年社会消费品零售总额171.65亿元，比2011年增长15.37%。全年实现进出口总额20.73亿美元，其中出口总额完成7.71亿美元。全年旅游综合收入16.3亿元，比2011年增长13.1%；接待游客422万人次，增长10%。举办了“好客山东”贺年会活动。

教科文卫体　年末全区共有各类学校71所。其中，小学40所，普通中学27所，中等职业学校3所，特殊教育学校1所。小学在校学生数33060人，初中在校学生数26566人，高中在校学生数14183人，中等职业学校在校学生数9596人。完成农业开发科技兴农计划15项，工业开发科技兴农计划35项，火炬计划项目8项，开发工业新产品30个。年末全区拥有省级工程技术研究中心13个，院士工作站4个。高新技术企业发展到201家，高新技术产业产值达到817.03亿元。高新技术产业产值占工业总产值比重(区域口径)达到29.78%，较年初提高1.98个百分点。发明专利授权数量72件。年末全区有各种业余剧团95个，全年共演出2000多场次；演出场所30个，全年演出400多场次；公共图书馆1个，文化馆1个，档案馆1个，馆藏书总量26万卷(册)；博物馆7个，馆藏文物1万多件。全区有广播电台1座、电视台1座。自办广播节目2套、电视节目2套。年末有线电视用户102443户，广播、电视人口覆盖率100%。拥有各类卫生机构21个(包含驻地企业)。其中，医院10个，卫生院8个，疾病控制中心1个，妇幼保健院1个，卫生监督所1个。拥有病床床位3050张，专业卫生技术人员3071人。组队参加2012年“丰县杯”全国武术比赛，取得团体总分全国第三名的优异成绩；区门球队获全国比赛冠军。全年参加、承办各类展演、比赛50余次。为100个村、7个社区、1个镇文体活动中心配备了健身器材。

社会生活　全区城镇居民人均可支配收入29454元，比2011年增长14.68%；城镇居民人均消费性支出15866元，增长0.1%。城镇居民恩格尔系数27.34%。年末城镇居民人均居住面积33.8平方米。农民人均纯收入14021元，增加1716元；农民人均生活消费支出8037元，增加1039元。农村居民恩格尔系数33.46%。农村居民人均居住面积40.89平方米。城镇单位在岗职工年平均工资为40028元，比2011年增长11.4%。参加企业养老保险人数达97790人，共收缴基本养老保险费5.89亿元，发放2.77亿元，办理各种退休14328人。机关事业单位养老保险参保职工12244人，共收缴养老保险费1.36亿元，发放养老金1.38亿元，办理各种退休5014人。失业保险参保职工68231人，共征收失业保险费4834万元，全年为2926名失业职工发放失业金1229万元。工伤保险参保职工73001人(其中农民工参保40214人)，生育保险参保职工61296人。

【重点项目建设】　年内，确定48个投资规模大、科技含量高、产业拉动强的大项目作为全区2012年度重点项目，集中力量加快推进。其中工业项目26个、服务业项目11个、城建和文化旅游项目11个。项目中既有先进制造业、高新技术和新兴产业项目，又有现代物流、商贸服务、城市建设和文化旅游项目，项目总投资376亿元。2月13日，总投资119亿元的19个项目进行集中开工。

【生态建设实现新突破】　年内，坚持科学发展，把生态建设确定为年内首要任务。2月7日，召开全区生态建设启动仪式会议并对工作进行部署安排。重点从节能减排、推进三次产业转型升级、推进城乡建设配套升级、保障和改善民生方面实现突破。在化工行业综合整治中，关停拆迁企业288家，改造治理企业253家，拆除储罐862个，空气良好以上天数占全年的62%。新建齐都古城污水处理厂，区内污水处理厂达到4家。完成大武水源地企业管网出地和淄河下游治理工程，全区化学需氧量、二氧化硫排放量分别下降1.9%、13%。开展南部山区综合整治，在全国首创矿山无粉尘式生态开采"临淄模式"。大规模实施村居、庭院、路域等城乡绿化工程，359个村(社区)完成绿化提升工程，林木覆盖率29.9%。

【住房保障】 2012年，超额完成住房保障工作年度目标。年内新增保障性住房2959套；竣工各类保障性住房1168套；棚户区改造安置315户，工作目标任务完成率为137.5%。廉租住房货币补贴、实物配租工作落实到位。全年发放货币补贴资金176.24万元。顺利完成全区第二期廉租住房实物配租工作，实施配租廉租住房72套。顺利完成全区第三期经济适用住房分配工作。第三期经济适用住房共受理住房申请619户，经过审核，核退不符合条件家庭169户，经过公开摇号，配售经济适用住房270套。新建经济适用住房工作进展顺利。投资1.02亿元新建经济适用住房10栋，建筑面积4.59万平方米。加大公共租赁住房建设力度。全年新增公共租赁住房项目6个、共1740套，建筑面积6.6万平方米，预算投资1.35亿元。棚户区改造有序进行。年内，对安平棚户区实施改造，拆迁安置315户，规划建设17栋住宅楼，建筑面积6.4万平方米，预算投资1.8亿元。年内，开工住宅楼12栋、489套。

【亚洲区域体育非物质文化遗产及民族传统体育蹴鞠研讨会】 9月11日，由国家体育总局体育文化发展中心、对外体育交流中心，山东省体育局主办，临淄区人民政府承办的亚洲区域体育非物质文化遗产及民族传统体育蹴鞠研讨会在临淄区万豪大酒店开幕。研讨会分为主题研讨和专题研讨两大部分，主题是"亚洲区域非物质体育文化遗产的现状与未来"，专题研讨共分为体育非物质文化遗产研究、古代蹴鞠文化研究和民族与民俗传统体育研究3个部分。来自亚洲多个国家的56位专家学者，以介绍亚洲区域非物质体育文化和民族传统体育项目为主，采取论文、演讲、讨论相互结合的方式，推介亚洲区域非物质体育文化和民族传统体育项目，并与现场听众进行互动交流。

【全国新教育第十二届年会】 7月14—15日，由临淄区政府承办，临淄区教育局组织，临淄区教研室具体实施的全国新教育第十二届年会在临淄区召开，来自全国各地的知名教育专家、实验学校校长和骨干教师等共计1800余人参会。与会人员观看了临淄区素质教育成果展演，观摩了实验中学、金茵小学等6所新教育实验学校的校园文化建设、完美教室、校本课程、艺体特色展示，以及理想课堂案例研讨等活动，对临淄区的素质教育实施工作给予高度评价。

【齐文化博物院项目建设】 齐文化博物院建设项目是临淄区贯彻落实省委、省政府关于建设齐文化产业园区号召，推进齐国故都与齐王陵申报世界文化遗产进程的重要举措。博物院在齐国故都与田齐王陵之间、太公湖风景区北岸临淄河兴建。主要包括齐文化博物馆、足球博物馆、民间博物馆聚落和文化市场4个部分，占地面积29.7公顷，计划投资6.5亿元，建筑规模13万平方米，是一座集文物收藏、展陈、保护、研究、教育、休闲功能为一体的综合博物馆，代表临淄形象的地标性建筑。该项目由天津华汇工程建筑设计有限公司董事长、"国家工程勘察设计大师"周凯主创设计。项目于2月13日开工建设。其中，民间博物馆聚落和文化市场由民间博物馆业主投资建设，在政府有关扶持政策下自主运营。齐文化博物馆和足球博物馆由政府投资建设，一期工程共有6组建筑。至年底，文化市场等5组建筑主体已完工。

【第九届国际齐文化旅游节】 9月12—16日，中国·临淄第九届国际齐文化旅游节在临淄举行。节会在继承前八届成功办节经验的基础上，重点突出"祭姜、蹴鞠、闻韶、寻古、探宝"五大主题板块，紧扣齐文化主线，策划九大项目、30个小项的活动。其中，姜太公诞辰3151周年祭礼、亚洲区域非物质文化遗产暨蹴鞠文化主题研讨会和2012年海峡两岸暨港澳地区青少年蹴鞠夏令营等活动，进一步扩大了临淄“寻根祭祖”“世界足球起源地”两大品牌的影响力。第五届“齐乐梨园”戏曲票友大赛、第三届“乐舞临淄”舞蹈大赛、第二届“齐风雅韵”器乐大赛、第六届“唱响临淄”电视歌手大赛、“梨园大师走进临淄”和第二届电影广场等活动，彰显临淄独特的地域文化魅力，丰富了群众精神文化生活。第三届中国(临淄)齐文化博览会暨临淄民间收藏展、2012中国·临淄稷下学宫论坛——《齐民要术》研究高层论坛、临淄文学艺术界寻古采风和“齐都金秋”一元钱景点游暨临淄旅游攻略等活动，进一步促进了齐文化的研究开发和弘扬光大，提升城市整体文化内涵。节会期间还举办了第三届“天堂寨杯”山地穿越大赛、第二届“齐地雄风”演武大会、齐都健身太极拳千人大展示等“好运齐动”体育项目以及临淄投资环境推介暨齐鲁国际塑化城项目招商说明会、齐鲁国际塑化城开城仪式、第八届鲁中车房展等“齐利共赢”经贸、会展项目。新推出的临淄城区、故都寻古、民俗风情、山野乡风、田齐王陵等53处旅游景点一日游线路成为节会的一大亮点。节会期间共接待海内外游客30.3万人次。

【提高城乡低保标准】 临淄区对低保对象从申请到审批严格按照公开、透明的规范化程序，严格审核，避免弄虚作假、骗保错保等现象的发生，确保应保尽保。城乡低保提标扩面，标准为全市最高。城市低保标准从每人每月316元提高到370元，城市低保对象有1071户、2153人，全年发放低保金及取暖补贴704.9万元；农村低保标准由每人每年1800元提高到2400元，农村低保对象有3147户、7467人，全年发放低保金1531.8万元，全部实施社会化发放。

【淄江小学建设】 淄江小学建设项目是2012年临淄区重点建设工程，是优化城区东北部教育、完善城区学校布局、落实教育资源调整的重大举措。淄江小学规划占地4.53万平方米，建设用地3.90万平方米，建筑总面积2.17万平方米，建设规模50个班，能容纳2250名学生，预算投资7000万元。6月13日完成奠基仪式。

【《临淄县志》校注出版】 年内，临淄区史志办完成康熙《临淄县志》的校勘整理工作和出版工作。主要是用现代国家标准的简化字对繁体字进行简化处理，用现代通用的标点符号对原文言文进行断句，对古地名、人名、建置、历史典故、重大历史事件等及原文难懂的字、词、句进行注释，对照各类文献资料对原文字、词、句进行考证、勘误、订正。该书40万字，一函五册，古籍精装印刷。

2012年6月13日，淄江小学奠基仪式　　（临淄区史志办　供稿）

【镇、街道基本情况】 全区辖7个镇、5个街道。

齐都镇。位于临淄区中部偏北，面积50.73平方公里。辖47个行政村、1个社区，人口4.39万人。全镇实现国内生产总值21.8亿元，规模企业有27家，完成财政收入7890万元，农民人均纯收入13331元。

皇城镇。位于临淄区东北部，面积87.9平方公里。辖50个行政村，人口5.67万人。全镇实现国内生产总值31.24亿元，实现地方财政收入1826万元，农民人均纯收入 13600 元。

敬仲镇。位于临淄区北部，南临齐都镇，西与朱台镇相邻，东与皇城镇隔河相望，北与广饶县接壤，面积 59.92 平方公里，辖 50 个行政村，人口 3.4 万人。全年实现国内生产总值 25.8 亿元，地方财政收入 3383 万元，农民人均纯收入 12452 元。

朱台镇。位于临淄区西北部，面积 74.5 平方公里，辖 57 个行政村，人口 5.36 万人。全镇完成国内生产总值 52.3 亿元，完成财政收入 1.37 亿元。

凤凰镇。位于临淄区西北部，是淄博市中心镇发展改革试点单位之一，面积 104 平方公里，辖 75 个行政村，人口 7.45 万人。有全国 500 强企业 1 家，山东省百强企业 3 家；山东省高新技术企业 8 家；上市企业 1 家；规模以上企业 64 家。2012 年，实现工业总产值 425 亿元，销售收入 409 亿元，利税 23.8 亿元，地方财政收入 3.2 亿元，农民人均收入 13034 元。

金山镇。位于临淄区南部，面积 118 平方公里，辖 43 个村、5 个社区，人口 8.7 万人。2012 年，全镇工业企业实现销售收入 521 亿元、利润 38 亿元、利税 56 亿元。地方财政收入实现 6.18 亿元，农民人均纯收入 12814 元。

金岭回族镇。位于临淄区西部，为山东省 4 个少数民族乡镇之一，是淄博市唯一的少数民族镇。面积 18.7 平方公里，辖 9 个行政村、1 个社区，其中回族村（社区）3 个。户数 5496 户，人口 1.55 万人，其中回族 1879 户、4864 人，占全镇人口的 35.4%。2012 年，实现规模工业销售收入 111 亿元、利税 14.6 亿元、利润 9.8 亿元；完成高新技术产值 77.4 亿元，完成规模以上固定资产投资 24.1 亿元，实际利用外来投资 2.4 亿元。实现地方财政收入 1.10 亿元，居民人均纯收入 12800 元。

辛店街道。位于临淄城区南部，面积 48.7 平方公里，辖 11 个行政村、21 个社区（含企业社区 4 个），人口 5.32 万人。2012 年，实现地区生产总值 86.2 亿元，比 2011 年增长 13.2%。实现工业总产值 371.7 亿元，实现财政收入 2.53 亿元，完成规模以上固定资产投资 29.89 亿元，实际引进外来投资 2.8 亿元。完成进出口外贸总额 3 亿美元。

闻韶街道。位于临淄城区中部，面积 5.9 平方公里，辖 15 个社区（其中直辖社区 10 个）、1 个行政村。人口 9.1 万人。完成地区生产总值 9.63 亿元，规模以上固定资产投资 4.3 亿元，财政收入 7795 万元。

雪宫街道。位于临淄城区西部，面积 5.2 平方公里，辖 9 个社区、1 个行政村，人口 4.09 万人。完成地区生产总值 14.6 亿元，规模以上工业总产值 25.31 亿元，实现财政收入 1.21 亿元，居民人均收入达到 14382 元。

稷下街道。位于临淄城区北部，面积 40 平方公里，辖 33 个行政村、7 个社区，人口 7.5 万人。完成地区生产总值 54.35 亿元，实现财政收入 2.3 亿元，农民人均纯收入 14595 元。

齐陵街道。位于临淄区东部，面积 56.17 平方公里，辖 37 个行政村、1 个社区，人口 3.22 万人。2012 年，实现工业总产值 54.22 亿元，完成财政收入 4759 万元，农民人均纯收入 12909 元。

（临淄区史志办）

桓 台 县

【概况】 县名由来　因境内齐桓公戏马台而得名。

政区　人口　全县总面积 509.13 平方公里，辖 7 个镇、2 个街道、1 个省级开发区、1 个产业园区。年末全县总人口 49.86 万人，人口出生率 9.2‰，死亡率 7.2‰，自然增长率 2.0‰。有少数民族 29 个，500 余人。

经济概况　全年实现地区生产总值 417.24 亿元，比 2011 年增长 9.8%，三次产业增加值分别为 17.60 亿元、270.11 亿元和 129.53 亿元，分别增长 4.7%、10.9% 和 8.1%。三次产业结构比例为 4.2∶64.7∶31.1；对生产总值的贡献率分别为 2.0%、74.5%、23.5%，分别拉动生产总值增长 0.2、7.3 和 2.3 个百分点。人均生产总值为 8.37 万元，比 2011 年增加 4197 元。全县完成固定资产投资 250.04 亿元，增长 16.7%。实现地方财政收入 25.03 亿元，增长 16.0%。年末全县金融机构存款余额293.03亿元，增加55.27亿元。各项贷款余额293.03亿元，增加55.27亿元。

农业　全年农林牧渔业实现总产值30.18亿元，比2011年增长4.7%。粮食总产量42.39万吨，小麦总产19.98万吨，玉米总产22.39万吨；棉花总产1206吨，蔬菜总产10.96万吨，肉类总产1.64万吨，禽蛋总产1.54万吨，奶类产量1.36万吨；水产养殖面积666公顷，总产量4020吨。全年造林467公顷，森林覆盖率27.1%，比2011年提高1个百分点。全县农机总动力61.04万千瓦。

工业　建筑业　全县规模以上工业企业334家，完成工业总产值1543.16亿元，比2011年增长11.1%。实现主营业务收入1500.94亿元、利税80.48亿元、利润55.25亿元。马桥产业区、果里经济开发区和唐山氟硅材料产业园3个工业主导区完成产值1319.40亿元，占全县工业总产值的比重为85.5%。年内，桓台县获评中国产业集群示范县。全年完成建筑业总产值385亿元，增长18.1%，继续居全省县级首位。获国家优质工程奖2项、"泰山杯"17项。

建设　环保　年内，村级公路网化示范县、城乡供水一体化、高温水网二期等一批重点基础设施工程完工。红莲湖一期获山东省人居范例奖。红莲湖二期、马踏湖生态蓄水等基础设施项目顺利推进。县生活垃圾压缩转运站二期工程建成投用，城乡生活垃圾无害化处理100%。新建旧村改造安置房914户，面积10.3万平方米。实施29个重点节能技改项目，7家企业被认定为省级资源综合利用企业。查处环境违法行为103起，依法关闭取缔违法生产企业71家。工业污染达标排放率、城市污水集中处理率和空气环境质量优良率分别达97%、98%和65.26%。

交通　邮电　年末全县拥有营业性载客汽车239辆，全年完成客运量3068万人次，客运周转量134433万人公里。拥有载货汽车4283辆，挂车967辆，完成货运量5877万吨，货运周转量43.45万亿吨公里。全年完成邮政业务总量2675.43万元。

商贸　旅游　全年共实现社会消费品零售总额127.2亿元，比2011年增长15.2%。实现进出口总额15亿美元，其中出口8.01亿美元、进口6.99亿美元。全年完成招商引资32.7亿元，增长18.5%，其中实际利用外资7177万美元。主要旅游景点有马踏湖旅游风景区、王渔洋纪念馆、桓台博物馆等。全年接待国内外游客148万人次，旅游综合收入4.93亿元。

教科文卫　有高中段学校4所（含普通高中和中等职业学校），其中普通高中在校生12765人；普通初中21所，在校生23785人；小学41所，在校生25798人。7个项目获得市科技进步奖。授权专利350件。有公共图书馆1个，文化馆1个，档案馆1个。有卫生事业单位23家，床位2755张，卫生技术人员1989人，占卫生事业单位总人数的86.80%。

社会生活　城镇居民人均可支配收入27661元，比2011年增长14.5%；人均生活消费支出17663元，增长6.8%。农民人均纯收入13413元，比2011年增长13.4%；农民人均生活消费支出7448元，增长8.2%。全县企业养老保险参保人数7.54万人，新增6935人；医疗、工伤、生育保险分别达到16.9万人、8.76万人和4.82万人。认真做好新型农村社会养老保险国家试点工作，共为7.72万名60周岁以上的农村居民发放养老金5327.63万元。

【工业经济】　新上和续建投资过千万元的重点工业项目71个，其中过亿元项目44个。东岳集团、博汇集团、金诚集团的3个投资过百亿元项目开工建设。完成规模以上工业主营业务收入1501亿元，比2011年增长8%。新增亿元企业20家，总数达105家。金诚、博汇、东岳、汇丰四大企业集团的主营业务收入均过200亿元。东岳集团高分子公司获"省长质量奖"。

【农业经济】　2012年，小麦、玉米平均单产549公斤、620.4公斤，小麦单产居全省首位。扎实推进农技推广与服务体系建设，粮食生产综合机械化水平达97%。高效节水灌溉农田达12267公顷，获评全国农田水利建设先进单位。规划建设18处精准农业示范片，新建8个万亩核心示范区，发展特色蔬菜基地1680公顷。

【服务业】 全年完成服务业投资120.5亿元，比2011年增长20.6%。10个市级服务业重点项目全部开工，其中鸿嘉盛圆国际酒店、鲁中煤炭洗配煤中心、中汇化工联运仓储区、和济钢材加工仓储区建成投用。王渔洋故居保护修复工程全面完工，忠勤祠对外开放。完成社会消费品零售总额127.19亿元，增长15.2%。商贸企业效益显著，商业集团、信誉楼商厦分别实现营业额3.9亿元、2.6亿元。

【建筑业】 完成建筑业总产值385亿元，比2011年增长18.1%，继续居全省县级首位。获国家优质工程奖2项、“泰山杯”工程奖17项。新拓展过亿元省外市场5个。山东盛华建工有限公司、山东新世纪钢结构公司分别在国外承接了工程。

【科技创新】 2012年，新承担国家和省、市科技计划32项，创尔沃“热泵机组及换热器设备研发”列入国家科技支撑计划，东岳集团“新一代氯碱离子膜研发及产业化应用”列入省自主创新专项。新增高新技术企业4家、省创新型企业4家。新建院士工作站2家、市级工程技术研究中心8家。东岳集团国家级企业重点实验室顺利推进，“全氟离子交换材料制备技术及其应用”获国家技术发明奖，张永明博士获何梁何利基金奖。

【城乡统筹发展】 编制完成新一轮城乡总体规划。总投资2亿元的村级公路网化示范县工程竣工通车，新建改造公路160.8公里，236个行政村主干道路实现高标准网化连接，农村群众出行更加便捷。总投资3.27亿元的城乡供水一体化工程完成。桓台大道东延主体完工。高温水管网二期工程、汇丰石化集团至城区蒸汽管线工程竣工投用。红莲湖一期工程建设获山东省人居范例奖。红莲湖二期、马踏湖生态蓄水等基础设施项目顺利推进。果周路、湖南路北延、东岳路北延等道路绿化全面完工。县生活垃圾压缩转运站二期工程建成投用，城乡生活垃圾无害化处理100%。新建旧村改造安置房914户，面积10.3万平方米。

【民生保障】 年内，用于保障和改善民生的资金10.7亿元，其中县财政直接投资8亿元。认真落实各项惠农补贴政策，8070万元惠农资金及时足额兑现。城乡居民基础养老金补助标准提高到每人每年720元，发放养老补贴3473万元。城乡居民医疗保险财政补助标准提高到每人每年240元，报销医疗费用2.48亿元。城乡低保标准分别由每人每年3792元、1800元提高到4320元、2300元。帮扶带动680名残疾人实现就业。建设公租房2073套，经济适用房一期300套分配到户、二期276套开工建设。

【社会事业】 坚持教育优先发展，拨付资金8358万元用于义务教育“全免一补”、城南学校建设、校舍安全等工程。城南学校小学部实现招生。新建、改建幼儿园29所，4个镇的中心幼儿园通过省级验收。广泛开展全民健身运动，为84处健身场所配备器材。组织开展城乡群众文化活动，提升改造农家书屋和农村数字图书室211处(个)，公共文化覆盖率连续3年居全省首位。全国县级公立医院改革试点工作正式启动，在全市率先推广“先诊疗、后付费”服务模式，国家基本药物制度实现全覆盖。

【镇、街道基本情况】 全县辖7个镇、2个街道。

起凤镇。位于桓台东北部，镇内有马踏湖风景旅游区，面积55.39平方公里，辖24个行政村，人口5.91万人。2012年，实现地区生产总值46.7亿元，实现财政总收入6027万元，农民人均收入10310元。

田庄镇。位于桓台中部，面积50.99平方公里，辖30个行政村，人口4.98万人。2012年，实现地区生产总值35.61亿元，实现财政总收入4590万元，农民人均收入11758元。

荆家镇。位于桓台北部，该镇东孙村四色韭黄生产基地为淄博市重点扶持的八大蔬菜基地之一。面积55.89平方公里，辖29个行政村，人口4.64万人。2012年，实现工业生产总值5.1亿元，实现财政总收入273万元，农民人均收入9442元。

马桥镇。位于桓台西北部，面积79.12平方公里，辖52个行政村，人口5.23万人。2012年，实现地区生产总值90亿元，全社会完成固定资产投资43.19亿元，实现财政总收入3.11亿元，农民人均收入14266元。

新城镇。位于桓台西部，面积44.53平方公里，辖40个行政村，人口3.56万人。2012年，实现财政收入1650万元，农民人均收入11896元。主要旅游景点有忠勤祠、米脂祠、四世宫保牌坊等。

唐山镇。位于桓台中部，面积71.12平方公里，辖50个行政村，人口6万人。2012年，实现工业生产总值310亿元，实现财政总收入5.67亿元，农民人均收入13652元。

果里镇。位于桓台南部，面积86.45平方公里，辖65个行政村，人口6.85万人。2012年，实现地区生产总值85亿元，实现财政总收入5.54亿元，农民人均收入9717.5元。

少海街道(城区街道)。2012年，辖11个社区居委会，人口11.2万人。

索镇街道。位于桓台东部，面积65.48平方公里，辖45个村，人口12.60万人。2012年，实现工业生产总值121.74亿元，实现财政总收入1.16亿元，农民人均收入13120元。

(孙 颖)

高 青 县

【概况】 县名由来 1948年3月，由原高苑县和青城县合并而成，取两县首字得名。

政区 人口 全县总面积831平方公里。辖7个镇、2个街道，759个行政村(居)。年末，总人口36.57万人。人口出生率为9.4‰，死亡率为6.2‰，自然增长率为3.2‰。有少数民族29个，359人。

经济概况 全年实现国内生产总值149亿元，比2011年增长10.2%。其中，第一产业增加值21.1亿元，增长5.8%；第二产业增加值78.0亿元，增长13.2%；第三产业增加值50.2亿元，增长7.2%。三次产业比例为15∶53∶32。全社会固定资产投资86.1亿元，增长20.4%。实现财政总收入18.21亿元，增长25.7%；地方财政一般预算收入8.9亿元，增长17.2%。年末金融机构人民币各项存款余额97.7亿元，比年初增加15.35亿元。人民币各项贷款余额72.98亿元，增加14.19亿元。

农业 全年农林牧渔业实现总产值38.7亿元，比2011年增长5.8%。粮食总产53.1万吨，油料总产0.36万吨，水果总产3.3万吨，蔬菜总产29.9万吨，水产品总产2.2万吨，肉类总产4万吨，禽蛋总产0.9万吨，奶类总产6.1万吨。新增造林面积1067公顷，农田有效灌溉面积3.51万公顷。

工业 建筑业 全县规模以上工业企业129家，实现增加值260亿元，比2011年增长12.5%；实现主营业务收入263.6亿元，增长14.54%；实现利税35.69亿元，增长14.5%；实现利润17.4亿元，增长20.5%。全县资质三级以上建筑企业21家，实现利税1.86亿元。

建设 环保 城市人均道路面积29.79平方米，人均绿地面积21.13平方米，建成区绿化覆盖率39.58%。自来水普及率100%，燃气普及率98%，集中供热率99%。经济适用住房建设竣工1.6万平方米，交付200套；廉租房建设竣工2160平方米，交付36套。村镇建设投资6687万元，增长18%。已建成污水处理厂2座，污水集中处理率98%。

交通 邮电 年末，公路通车里程1540公里，完成旅客运量209万人次，完成货运量490万吨。邮政业务总量1634.63万元。固定电话用户30150户，移动电话用户344801户，互联网用户26470户。

商贸 旅游 全年实现社会消费品零售总额35亿元，比2011年增长14.02%。实现进出口总额2.92亿美元。新签利用外资项目1个，合同利用外资211万美元，实际利用外资2029万元。主要旅游景点有：黄河、文昌阁、千乘湖、大芦湖、天鹅湖、扳倒井、衮龙桥、陈庄西周古城遗址等。A级以上旅游景点2个，旅游总收入1.6亿元。

教科文卫体 有中等职业学校1所，在校学生726人；普通高中1所，在校学生7448人；初中5所，在校学生16100人；小学39所，在校学生18866人。取得市级以上各类重要科技成果10项，其中省级科技奖励4项。有博物馆1个，档案馆1个，公共图书馆1所，文化馆(站)10个，农村文化大院512个。广播电视人口综合覆盖率

100%。有医疗卫生机构19个。其中，医院、卫生院10个，街道卫生服务中心2个，妇幼保健院1个，中医医院1个，疾病预防控制中心1个。各类医疗机构共有床位825张，执业医师及执业助理医师482人、护士297人。有体育馆1座，新增群众体育健身活动场地8030平方米。全年参加市级及以上体育比赛共获奖牌58枚，其中金牌31枚。

社会生活　城镇居民人均可支配收入19786元，比2011年增长14.1%；人均消费性支出14821元，增长8.7%。城镇在岗职工年平均工资31602元，增长15.1%。农村居民人均纯收入9000元，增长14.6%；人均生活消费支出5613元，增长13.3%。人均住房面积36.75平方米。全县城镇基本养老、医疗、失业、工伤和生育保险参保人数分别达到3.79万人、5.68万人、2.21万人、2.23万人和1.65万人。社会保险总收入39782.76万元，增加7657万元；支出27781.47万元，减少2801万元。新型农村养老保险参保农民232787人，参加新型农村合作医疗农民284068人。全县城乡最低生活保障救助11575人，其中城镇低保749人、农村低保10826人。社会福利企业3个，安置残疾人员45人。

【中国(高青)首届黑牛节】　9月25日至10月7日，高青县举办首届中国(高青)黑牛节。黑牛节按照“小型、高端、轰动、持续”的原则，精心组织田横美食厨艺大赛暨黄河文化美食节、“五彩农业”博览会、百名书法家现场写百牛、百名儿童现场画百牛、帐篷篝火晚会、全牛宴、斗牛搏牛、黑牛产业发展高峰论坛、黑牛节招商项目签约仪式等23项活动。其间，全县吸纳游客37万人次，旅游总收入1.5亿元；签约招商项目12个，投资总额39.5亿元。

【加强银企合作】　2012年，高青县多渠道、全方位加强政银企合作，通过举办2012山东高青黄河三角洲重点项目推介暨政银企合作促进会、中国农业银行淄博分行支持山东黑牛产业发展推进会等系列银企洽谈活动，实现金融机构与项目企业、产业发展的有效对接，为全县经济社会发展注入强劲动力，实现银企双赢。截至12月31日，高青县全县金融机构人民币存贷款余额分别达到97.7亿元和72.98亿元，存贷款增幅均列全市第一。

【农村初中进城工程】　2012年暑假，原高青一中、高青二中合并为新高青一中。原高青二中改为初级中学，唐坊、高城、花沟3个镇的3300余名农村初中学生进城读书。总投资3.5亿元的农村“初中进城”工程基本完成，高青县在全省第一个实现农村初中进城。近年来，高青县始终把发展教育作为改善民生的重点，农村初中进城工程于2007年启动，2012年全部完成。

【合村并居工程】　2012年，全县合村并居工程建设进展顺利。国家重点工程、全省首批33个重点工程之一的大芦湖片区土地综合整治项目的土地整理工作基本结束。与此同时，田镇街道冯郭村、青城镇西北街村等11个“两区三村”改造项目基本完工。年内，青城镇入选山东省“百镇建设示范行动”示范镇。

2012年7月，高青城区景象　　（高青县史志办　供稿）

【获国家级计划生育优质服务先进县称号】 年内，高青县成功创建为国家级计划生育优质服务先进县。高青县始终高度重视人口和计划生育工作，近年来共投资1200万元，加强县、镇(街道)计生服务站基础建设和计生服务设施配备，完善三级出生缺陷干预平台和网络，加强监管，形成责任体系，齐抓共管。全县出生缺陷发生率始终控制在3‰以下。筹集2040万元落实各项计划生育利益导向政策，投入138万元用于村计生专职干部工资补助。2012年，全县人口出生率控制在9.4‰以内，合法生育率达到97.8%以上。

【高青陈庄西周城址重大发现国际学术研讨会】 8月8－10日，甲骨学暨高青陈庄西周城址重大发现国际学术研讨会在高青县召开。来自海内外的100余名专家学者，对陈庄西周城址进行了实地勘查。专家学者认为：西周陈庄城址当为姜太公所建齐国初都营丘，或营丘古城就在这一带。陈庄城址重大发现，为困扰学术界多年的齐国初都营丘所在，指出明确方向。年内，高青县成立县文物局、县博物馆和县西周古城遗址博物馆(筹建处)，科学有序地推进西周城址的后续保护开发工作。

【获“中国白酒城”称号】 8月6日，高青县被中国酒业协会授予“中国白酒名城”称号。近年来，高青县白酒产业迎来跨越发展的战略黄金期，扳倒井集团建成中国白酒行业唯一的院士工作站。高青县逐步成为中国最大的高端芝麻香白酒产区。

【镇、街道基本情况】 全县辖7个镇、2个街道。

青城镇。位于高青县西部，面积78平方公里，辖111个行政村，人口3.5万人。2012年，完成固定资产投资3亿元，增长65%。地方财政收入达到1946万元，增长48.82%。农民人均纯收入8662元，增长20.3%。

高城镇。位于高青县东南部，面积105平方公里，辖77个行政村，人口4.21万人。2012年，全镇完成地方财政收入2376万元；固定资产投入10.3亿元，增长1.5%；农民人均纯收入达到8968元，增长12%。

花沟镇。位于高青县南部，辖108个行政村，人口5.79万人。2012年，固定资产投入7.98亿元，增长5.5%；实现地方财政收入3580万元，增长23%；农民人均纯收入达到8850元，增长16%。

黑里寨镇。位于高青县西南部，面积94平方公里，辖100个行政村，人口4.34万人。2012年，固定资产投入2.1亿元，增长3%；财政收入达到1293.25万元，增长7%；农民人均纯收入达到8210元，增长11%。

常家镇。位于高青县北部，面积136平方公里，辖116个行政村，人口5.13万人。2012年，完成固定资产投资18.9亿元，地方财政收入3397万元，农民人均纯收入9120元。

唐坊镇。位于高青县东部，面积95平方公里，辖73个行政村，人口3.35万人。2012年，全镇完成固定资产投资9.6亿元，比2011年增长33.4%；地方财政收入达到1720万元，增长24.7%；农民人均纯收入8820元，增长16%。

木李镇。位于高青县西北部，面积74平方公里，辖103个行政村，人口3.34万人。2012年，固定资产投入1.97亿元；财政收入2600万元，增长0.19%；农民人均纯收入实现8100元，增长40.38%。

田镇街道。位于县城驻地，面积70平方公里，辖58个行政村、9个社区，人口6.11万人。2012年，固定资产投资超过20亿元，比2011年增长177%；财政收入实现8846万元，增长73%；农民人均纯收入达到9336元，增长12%。

芦湖街道。位于县城驻地，面积26平方公里，辖13个行政村、2个社区，人口8232人。2012年，固定资产投入12.8亿元，增长4.9%；财政收入4708万元，增长5.49%；农民人均纯收入8276元，增长10%。

(张　华　殷艳芳　郑述瑜)

沂　源　县

【概况】 县名由来　因沂河发源地而得名。

政区　人口　全县总面积1636平方公里。

辖11个镇、1个街道、1个经济开发区。年末全县总人口56.5万人，其中非农业人口13.19万人。人口出生率6.93‰，死亡率5.75‰。有少数民族12个。

经济概况　2012年，全县实现国内生产总值208.84亿元，比2011年增长10.24%。第一产业实现增加值24.89亿元，增长5.60%；第二产业实现增加值101.64亿元，增长11.13%；第三产业实现增加值82.31亿元，增长10.44%。三次产业比重为11.92∶48.67∶39.41。完成固定资产投资116.39亿元，比2011年增长22.30%。实现财政总收入22.11亿元，增长13.63%。年末金融机构各项存款余额137.04亿元，增长12.22%；金融机构各项贷款余额96.01亿元，增长10.94%。

工业　建筑业　全县规模以上工业企业130家，完成工业总产值428.19亿元，比2011年增长16.34%；实现产品销售收入419.5亿元，增长14.46%；实现利税82.77亿元，增长15.55%；实现利润59.23亿元，增长20.65%。年内，山东华联矿业股份有限公司重组上市，沂源县上市公司达到6家。资质以上建筑企业30家，实现增加值5.08亿元。

农业　完成农业总产值48.53亿元，比2011年增长5.7%。建成现代农业示范园10处，规范提升有机农产品基地2000公顷。“沂源红”苹果新品种通过省级技术成果鉴定，新增国家地理标志认证农产品3个、有机认证6个、地理标志证明商标1件，“沂源红”苹果大世界（以“沂源红”苹果为主题的综合性现代农业示范基地项目）入选上海大世界基尼斯之最，沂源农产品品牌优势进一步彰显。农作物播种面积2.72万公顷，其中粮食作物播种面积12888公顷。全年棉花总产672.16吨，油料总产1.53万吨，蔬菜总产40.62万吨，肉类总产量3.72万吨，水产品总产量1252吨。

建设　环保　完成房地产开发投资6.44亿元，比2011年增长1.18%。房屋建筑竣工面积162.6万平方米。实施沂源鲁山水泥有限公司、沂源丰泽源皮革有限公司等企业“退城进园”，县污水处理厂城东分厂启动建设，完成24家企业大气和水污染治理，清理土小企业67家，城区空气良好率提高2个百分点。完成造林绿化2667公顷，全县森林覆盖率、城市绿地率分别达到55.7%和48.5%。省级生态县创建工作通过验收，并成功创建为国家可持续发展实验区。

交通　邮电　旅客公路客运量和周转量分别为3620万人、98849万人公里，分别增长10%和15%。公路货物运输量3955万吨、周转量15.77亿吨公里，分别增长28%和28%。完成邮电业务总量2.57亿元。年末，宽带用户3.95万户，固定电话用户8.7万户，移动通信用户49.16万户。

商贸　旅游　全年共实现社会消费品零售总额93.75亿元，比2011年增长15.2%。实现进出口总额2.77亿美元，增长10.6%，其中出口额2.20亿美元，增长7.1%。实际利用外资4705万美元。东方购物广场、成和信誉商厦等服务业龙头企业投入运营，天湖旅游度假区、鲁中·义乌国际商贸城等项目建设顺利推进。强化旅游品牌打造，创建为全国休闲农业和乡村旅游示范县，牛郎织女景区创建为国家AAAA级旅游区，全县接待旅游团队数、游客数分别比2011年增长43%和45%。

科教文卫体　新增院士工作站2家、市级以上科技创新平台15家，高新技术产业产值221.25亿元，比2011年增长13.36%；高新技术产业产值占规模以上总产值的比重为51.67%。全县有教育机构163所，在校学生8.87万人，其中义务教育学段在校学生5.19万人。教职工6131名，有专任教师5395人。全年参加省级以上体育比赛共获奖牌44枚，其中金牌18枚。拥有各类艺术表演团体24个，公共图书馆1个，文化馆1个，档案馆1个。拥有卫生机构18所，其中医院、卫生院15所，卫生防疫、妇幼保健和疾控机构各1所；各类卫生机构拥有床位1870张，卫生技术人员1385人。

社会生活　城镇居民人均可支配收入24229元，比2011年增长15.10%；人均消费性支出17477元，增长10.75%。农民人均纯收入10950元，增长14.57%；生活消费支出5904元，增长13.46%。集中实施100个民生重点项目，民生投入占财政支出的61%。新农合参合率达到99.9%。新增就业再就业1.3万人。建立城乡困难群众临时救助、结对帮扶等制度，实施共享阳光残疾人康复工程。新开工建设保障性住房2012套。实施沂源第四中学建设，建成沂源儿童乐园、汇源幼儿园和县医院门诊综合楼，县妇幼保健院迁建、精神病防治院改扩建项目完成主体工程。沂源县被授予全国慢性病防控示范县称号，并获中国城市管理进步奖。

【发展高端工业】 立足新型工业化道路，加快转变工业发展方式，推进工业结构优化升级、提质增效。积极培育医药、新材料和高分子三大产业集群，销售收入、利税分别占规模以上工业的43.6%和42.3%，“沂源生物医药产业基地”被确定为山东半岛蓝色经济区海洋产业联动发展示范基地。8家高成长性中小企业实现销售收入过亿元。实施总投资134.4亿元的85个工业重点项目建设，有效投入创历史最好水平。鲁阳股份有限公司设立县第二家国家级企业技术中心，新增院士工作站2家、市级以上科技创新平台15家，9项科技成果通过省级鉴定，全县高新技术产业产值比重继续保持全省领先。华联矿业股份有限公司成功重组上市，全县上市公司达到6家。

【城建重点工程及配套设施建设】 重点工程有：1.沂源儿童乐园工程。占地6万平方米，分为健身活动、认知体验、休闲活动、娱乐探索、启迪乐园、亲子乐园6个功能区，建有滑草场、组合滑梯、涂鸦墙、沙滩等20多个儿童游乐项目。2012年5月开园，成为沂源首个集运动、娱乐、科普、认知等功能于一体的儿童主题公园。2.上海路工程。东起沿河西路，西至高速路西连接线，全长1063米，2012年9月底竣工通车。3.振兴路工程。西起瑞阳大道，东至高速公路东连接线，全长4397.5米，2012年9月底竣工通车。4.润生路中段工程。北起鲁山路，南至开发大道，全长1457米，2012年4月底竣工通车。5.荆山路改造提升工程。西起南麻大街，东至瑞阳大道，全长3280米。该工程主要对主路面和人行道实施了改造提升，完善配套管网建设，增设交通安全设施，2012年9月底竣工。

大力实施城区配套设施建设。完成润生路、荆山路等路段污水管网建设，铺设雨污管网19.3公里；完成循环水供热管网铺设和改造供热管网6.7公里，对城区原有混水站进行整合，新建混水站9处，提高了管网覆盖水平和供热保障能力；做好管道天然气推广普及工作，共铺设天然气管网22.6公里，发展工业用户10家、居民用户2600余户，日用气量达到6.1万立方米。

【民生建设成效明显】 集中实施100个民生重点项目，民生投入占财政支出的61%。各项民生政策全面兑现，城乡低保和养老、医疗保险等制度性成果进一步巩固。新农合参合率达到99.9%，政策范围内住院费用平均补偿比例达到77.17%。新增就业再就业1.3万人，转移就业农村劳动力2.56万人。建立城乡困难群众临时救助、结对帮扶等制度，为31974名70～80岁老人购买意外伤害组合保险。向低收入家庭分售限价房890套。

【推进土地流转】 沂源县创新思路，强化措施，通过宣传引导，教育培训，加强管理服务，规范流转行为，完善流转程序，保障流转权益，抓好风险防范，大力推进农村土地流转。不断强化财政、信贷等政策激励，加强农业项目支持和农民社会保障，切实优化土地流转环境。同时，积极培育带动主体，发挥龙头企业、专业合作组织、经营大户的引领作用，提高土地流转效益。截至年底，全县完成土地转出38403户，签订土地流转合同20543份，土地流转面积3600余公顷。

【成功培育“沂源红”苹果】 “沂源红”系沂源县农业局果树研究课题组，历时13年选育出的红富士苹果新品种。1994年，县农业局果树专家东明学在下乡指导果树生产中，在该县梭背岭乡（现为西里镇）山西万村发现红富士苹果紧凑型变异株。2000年，成立课题组，开始进行区域栽培试验，开展植物学性状、生长结果习性、物候期、果实性状观察研究。2010年以来，县农业部门会同西里镇，进一步充实课题组，加强对该品种系统的选育研究，并将该品系定名为“沂源红”。2012年春，进行“沂源红”苗木繁育，在全县进行推广。2012年4月25日，中国工程院院士、国家苹果工程技术研究中心主任束怀瑞教授专程到选育基地进行现场考察指导，对该品种的研究和推广价值给予高度评价。山东农业大学副校长、国家苹果工程技术研究中心常务副主任高东升评价“沂源红——中国自己的苹果品牌”。10月11日，“沂源红”通过省级科技成果鉴定。经鉴定，该品种具有“个大、形正、味好、色艳、条红、短枝、丰产、稳产”等特点，填补全省短枝红富士品种条红着色的空白，总体达到国内领先水平，为促进现代矮砧栽培模式的发展提供品种支持。

【实施生态文明建设】 完善造林绿化推进机制，大力实施“绿满沂源”工程，完成造林绿化2667公顷，全县森林覆盖率、城市绿地率分别达到55.7%和48.5%。完成覆盖沂河沿岸82个村的农村环境连片整治项目工程。大力发展循环经济，调整优化能源结构，实施鲁山水泥股份有限公司、丰泽源皮革股份有限公司等企业“退城进园”，县污水处理厂城东分厂启动建设，完成24家企业大气和水污染治理，清理土小企业67家，省级生态县创建工作通过验收。

【镇、街道基本情况】 全县辖11个镇、1个街道。

南麻镇。位于沂源县中部，东有螳螂河，西拥天湖，南跨沂河，北依荆山。面积120.2平方公里，辖50个行政村、2个社区，人口6.1万人。2012年，全镇实现生产总值66.1亿元，比2011年增长24.6%；实现地方财政收入5006万元，增长22.5%；农民人均收入达到12526元，增长16.1%。

南鲁山镇。位于沂源县西北部，北邻博山，西接莱芜，境内有国家AAAA级景区鲁山森林公园、距今50万年的“沂源人”遗址、著名的“江北第一溶洞群”——沂源溶洞群。面积206平方公里，辖46个行政村，人口3.5万人。2012年，全镇实现地区生产总值19.2亿元，比2011年增长15%；完成全社会固定资产投资13.25亿元，增长25%；实现财政收入4200万元；农民人均纯收入达到1.18万元，增长19%。

鲁村镇。位于淄博市南端、沂源县西部，与莱芜市接壤。面积203平方公里，辖95个行政村，人口7.9万人。2012年，全镇实现地区生产总值27.4亿元，比2011年增长13%；完成社会固定资产投资7.1亿元；实现财政总收入2535万元，增长21%；农民人均纯收入10562元，增长16%。

悦庄镇。地处沂源县城东部，淄博、潍坊两市和沂源、临朐两县于此交界。面积157.3平方公里，辖71个行政村，人口5.8万人。2012年，全镇实现地区生产总值25.6亿元，地方财政收入1026万元，社会固定资产投资5.4亿元，农民人均纯收入达到11805元。

大张庄镇。位于淄博市最南端，与莱芜、泰安、临沂三市接壤。面积204平方公里，辖63个行政村，人口4.2万人。2012年，实现生产总值8.58亿元，财政总收入375万元，农民人均纯收入9968元。

燕崖镇。位于沂源县城南12公里处。面积126平方公里，辖46个行政村，人口3万人。境内山青水秀，生态优美，是牛郎织女爱情文化传说的发源地。2012年，实现地区生产总值8.1亿元，地方财政收入528万元，农民人均纯收入11329元。

中庄镇。位于淄博市沂源县城南20公里处。面积107平方公里，辖45个行政村，人口3.1万人。属纯山区林果生产专业镇，是国家绿色食品(红富士苹果)标准化生产基地、中国优质苹果基地百强乡镇、国家苹果工程技术研究中心优质苹果生产基地。2012年，全镇实现地区生产总值3.2亿元，比2011年增长23%；全社会固定资产投资完成2.7亿元，增长21%；完成地方财政收入209万元，增长26%；农民人均收入11866元，增长12%。

西里镇。位于沂源县东南部，与沂水、蒙阴相毗邻。面积123平方公里，辖59个行政村，人口4.9万人。回族总人口2200余人，约占全县少数民族人口的90%，是民族工作重点镇。2012年，全镇实现地方财政收入238万元，工业总产值15.6亿元，销售收入15亿元，利税1.8亿元，利润7680万元，农民人均纯收入10726元。

东里镇。位于淄博、临沂两市交界处。面积130平方公里，辖64个行政村，人口5.3万人。2012年，全镇实现地区生产总值41亿元，增长20%；地方财政收入1.28亿元，增长25%；农民人均纯收入12366元，增长20.3%。

张家坡镇。位于沂源县东南部，淄博、潍坊、临沂三市交界处，森林覆盖率70%。面积98平方公里，辖34个行政村，人口2.7万人。2012

年，全镇实现生产总值12.5亿元，比2011年增长23%；全社会固定资产投资4.7亿元，增长30%；财政总收入1579万元，增长20%；农民人均纯收入11927元。

石桥镇。位于沂源县东部，距县城20公里，面积113平方公里。辖29个行政村，人口3.1万人，2012年，全镇实现地区生产总值13.4亿元，全社会固定资产投资6.5亿元，地方财政收入首次突破1000万元，农民人均纯收入近万元。

历山街道。总面积26.15平方公里，辖12个社区、9个行政村，人口6.9万人。2012年，实现地区生产总值21.5亿元，增长20.1%，完成财政总收入4050万元，增长23%；实现地方财政收入2350万元，比2011年增长20%。居民人均纯收入达到13082元。

（任嗣民　王开强　朱庆丽）

本部类编　辑：王　娟
副主编：徐　杰
校　对：王　娟
王　峰

·成语　典故·

任人唯贤

齐桓公小白登上君位以后，要求鲁国国君将与自己争夺王位的公子纠处死，并把射了自己一箭的管仲遣送回齐国。在从鲁国押解回齐国经过绮乌时，管仲要求封人（守边境的小官）给提供点饮食。封人对管仲十分尊敬，亲自提着美酒佳肴，跪着送到管仲面前。管仲吃饭时，封人偷偷地对管仲说："假如齐国国君不杀你，反而重用你，你将用什么报答我？"管仲说："果真像你所说的那样，我将任用有道德的人，使用有才能的人，评定有功劳的人，我以什么来报答你呢？"封人听了这话，很怨恨管仲。而管仲认为，感谢别人的帮助可以有很多方式，但决不可以拿着国家的利益去作交易。

人　　物

中国共产党淄博市委员会书记、淄博市人民代表大会常务委员会主任

周清利　中共淄博市委书记，市人大常委会主任、党组书记，市委党校校长。汉族，1954 年 10 月生，山东惠民县人，1975 年 1 月加入中国共产党，1976 年 1 月参加工作，大专学历。1975 年 10 月至 1976 年 1 月，惠民县委驻周翟农业学大寨工作组组员（计算连续工龄）；1976 年 1 月至 1980 年 4 月，惠民县李庄公社党委委员、常委、团委书记，管区副书记、书记；1980 年 4 月至 1982 年 11 月，惠民县联伍公社党委副书记（1980 年 9 月至 1982 年 6 月，省委党校干部专修科学员）；1982 年 11 月至 1984 年 3 月，惠民县姜楼公社党委书记；1984 年 3 月至 1987 年 3 月，惠民县委常委、副县长；1987 年 3 月至 1989 年 6 月，惠民县委常委、副县长兼县农委主任；1989 年 6 月至 1993 年 1 月，无棣县委副书记、代县长、县长、县政府党组书记；1993 年 1 月至 1996 年 6 月，无棣县委书记；1996 年 6 月至 1997 年 12 月，滨州地区行署副专员；1997 年 12 月至 2000 年 11 月，滨州地委委员、地区行署副专员（1996 年 4 月至 1998 年 4 月，中国社会科学院研究生院法学系经济法专业硕士研究生课程进修班在职学习）；2000 年 11 月至 2001 年 1 月，滨州市委常委、地区行署副专员；2001 年 1 月至 2002 年 12 月，滨州市委常委、副市长、市委企业工作委员会书记；2002 年 12 月至 2007 年 3 月，淄博市委副书记、副市长、市政府党组副书记；2007 年 3 月至 2012 年 9 月，淄博市委副书记、代理市长、市长、市政府党组书记；2012 年 9 月至 2013 年 1 月，淄博市委书记、市人大常委会党组书记、市委党校校长；2013 年 1 月，淄博市委书记，市人大常委会主任、党组书记，市委党校校长。

四、五届滨州市委委员，八、九、十、十一届淄博市委委员，九、十届省委委员。十一届全国人大代表；省第九、十次党代会代表，省九、十一、十二届人大代表；市第九、十、十一次党代会代表，市十二、十三、十四届人大代表。

淄博市人民政府市长

徐景颜　中共淄博市委副书记、市长、市政府党组书记。汉族，1963 年 1 月生，山东寿光市人，1986 年 12 月加入中国共产党，1984 年 7 月参加工作，研究生学历。1980 年 9 月至 1984 年 7 月，山东大学经济系政治经济学专业学生；1984

年7月至1987年9月，山东大学经济系教师；1987年9月至1990年9月，山东大学经济学系政治经济学专业研究生；1990年9月至1994年9月，山东省计划委员会长期规划处办事员、副主任科员、主任科员；1994年9月至1997年10月，山东省计划委员会长期规划处副处长；1997年10—11月，山东省计划委员会长期规划处调研员；1997年11月至2000年7月，山东省委办公厅综合一室调研员(1998年8月至1999年12月，挂职任临沂市市长助理)；2000年7—9月，临沂市副市长；2000年9月至2003年2月，临沂市副市长兼临沂高新技术产业开发区党委书记；2003年2月至2006年12月，临沂市委副书记、副市长；2006年12月至2008年2月，山东省国土资源厅副厅长、党组副书记；2008年2月至2012年9月，山东省国土资源厅厅长、党组书记；2012年9月至2013年1月，淄博市委副书记、副市长、代理市长、市政府党组书记；2013年1月，淄博市委副书记、市长、市政府党组书记。

十届省委委员，十届临沂市市委委员，十一届淄博市委委员。十二届全国人大代表；省第十次党代会代表，省十二届人大代表；市十四届人大代表。

(市委组织部)

全国五一劳动奖章获得者

(按姓氏笔画排序)

王玉明	淄博热电集团公司
王爱华(女)	淄博市周村区大街街道元宝湾社区
李长波	中国农业银行股份有限公司淄博分行
杨　林	淄博市国家税务局
柳先进	山东山博电机集团安吉富齿轮电机公司

(市总工会)

山东省富民兴鲁劳动奖章获得者

(按姓氏笔画排序)

丁　平	上海浦东发展银行股份有限公司淄博分行
马立军	山东省农村信用社联合社淄博办事处
王　伟	淄博兰雁集团有限责任公司
王　超	金晶(集团)有限公司
王振平	中国人民银行高青县支行
田立稳	淄博市地方税务局淄川分局
刘　沂	山东蓝星东大化工有限责任公司
刘秋兰(女)	山东信缔纳士机械有限公司
江东波	山东瑞阳制药有限公司
宋　文	桓台县农村信用合作联社
张　刚	淄博市公安局张店分局治安警察大队
张乃君	淄博市水利与渔业局
张峻巍	中国移动通信集团山东有限公司淄博分公司
李玉红(女)	山东华安新材料有限公司
杨石勇	张店区科苑街道办事处潘庄社区居委会
杨列銮	山东电力集团淄博供电公司
杨春莹(女)	淄博绿博燃气有限公司
陈维扬	淄博火炬能源有限责任公司
周巧玲(女)	淄博师范高等专科学校
周竞平	山东金诚石化集团有限公司
尚明楼	淄博市住房和城乡建设局
段明福	淄博市第八人民医院
赵清珠	淄博矿业集团有限责任公司
闻其和	淄博市齐鲁化学工业区国家税务局
夏伟光	张店区总工会
徐　鸿	中国铝业山东分公司第二氧化铝厂
袁　健	淄博第七中学
常　征	山东长征教育科技有限公司
董建昌	高青县国土资源局
谢　云	淄博市烟草专卖局(公司)

(市总工会)

振兴淄博劳动奖章获得者

（按姓氏笔画排序）

丁修凯　中国农业银行股份有限公司淄博分行
刁忠卫　高青县青城镇人民政府
于　波　南金兆集团宏达钢铁公司
于孝宏　华电淄博热电有限公司
马乐乐（女）　沂源县中医医院
马登旭　博山区白塔镇人民政府
马德会　山东能源淄博矿业集团煤炭技术学院
毛立亭　淄博市医疗急救指挥中心
牛　静（女）　淄博市人民代表大会常务委会员办公厅
牛　军　淄博热电集团公司
王　伟　山东新华医疗器械股份有限公司
王　苇　淄博市王庄煤矿
王　凯　淄博市公安局经济犯罪侦查支队
王　超　淄博东泰集团有限公司
王　锋　沂源县公安局刑侦大队
王中元　中国联合网络通信有限公司淄博市分公司
王元平　山东鲁王建工有限责任公司
王玉华　淄博新力塑编有限公司
王立东　淄博市农业机械管理局
王立杰（女）　淄川区市容环境卫生管理处
王向阳　中国农业银行股份有限公司淄博博山支行
王庆义　山东工业职业学院
王成水　山东长运企业集团
王希博　淄博热电股份有限公司
王秀一（女）　淄博博山富盈实业有限公司
王建治　中国铝业山东分公司动力厂
王绍灼　中航钛业有限公司
王荣福　淄博市市直机关房管所
王闽生　淄博耀东耐火材料有限公司
王健民　淄博市烟草专卖局（公司）
王富强　中材淄博重型机械有限公司
王蜀峰　淄博市公安局张店分局
王馨瑞（女）　淄博桓公台生态家园餐饮有限公司
车呈兴　淄博山川医用器材有限公司
包西庆　淄博市律师协会
宁　革　山东金岭矿业股份有限公司铁山矿
帅光辉　淄博市市政环境卫生管理处
石绍宸　山东颜山泵业有限公司
刘　峰　淄博市鲁山林场
刘　毅　淄博柴油机总公司
刘汉玲（女）　沂源县第二中学
刘玉湘　淄博市图书馆
刘记青　淄博中农置业有限公司
刘吉民　淄博张店汇通小额贷款有限公司
刘克训　淄博助友石油化工有限公司
刘昌伟　淄博市招生办公室
刘泽海　淄博宇泽电子有限公司
刘勇涛　中共淄博市委办公厅机要局
刘爱武（女）　桓台县妇联
刘新领　淄博绿博燃气有限公司
刘瑞祥　中材高新材料股份有限公司
吕丕宝　淄博市文昌湖旅游度假区萌水中学
吕红军　周村区北门里小学
吕茂森　山东天齐置业集团股份有限公司
孙　锋　山东博拓塑业股份有限公司
孙化凤（女）　淄博市医疗急救中心第11急救站
孙永波　淄博海润丝绸发展有限公司
孙贞斌　张店区市政工程管理处
孙启忠　淄川区北关小学
孙秉昌　淄博军用饮食供应站
孙俊岭　博山区中医院
成亚青　淄博市地方税务局高新区分局
成学刚　高青县市政工程公司
曲志强　博山区第七中学
朱　华（女）　桓台县妇幼保健院
朱　波　山东东华水泥有限公司
朱洪亮　山东澳森特新材料科技有限公司
毕于东　山东赫达股份有限公司
许智星　山东博丰利众化工有限公司
闫秀霞（女）　山东理工大学商学院
闫朝霞（女）　高青县疾病预防控制中心
齐长增　临淄区雪宫小学
何皖胜　山东省药用玻璃股份有限公司

余志平　山东东佳集团
吴　昊　中国光大银行淄博分行
吴晓明　淄博市自来水公司
吴晓娟(女)　共青团淄博市委
宋　伟　淄博市鲁中公证处
宋传伟　沂源县民生工作办公室
宋兴龙　淄博市民政局
宋汝兵　山东云涛家纺有限公司
宋振军　淄博莱宝电力电容器有限公司
宋振英(女)　淄博向阳磨料磨具有限公司
宋瑞海　淄博齐鲁医药商场连锁公司
张　利　山东同济置业有限公司
张　宏(女)　淄博市公安局博山分局
张　亮　周村区大街街道大庄社区居委会
张　烨　淄川区人力资源和社会保障局
张　斌　淄博市安全生产监督管理局
张卫军　高青县安全生产监督管理局
张乐川　淄川区发展和改革局
张以新　山东东泰工程咨询有限公司
张立新　山东高阳建设有限公司
张光花(女)　山东沂源光花工艺品有限公司
张君昌　淄博市技师学院
张志亮　临淄区交通运输局
张秀贵　山东万丰煤化工设备制造有限公司
张学波　淄博金城集团医药分公司
张居霞(女)　淄博市农业局
张建业　山东山铝水泥有限公司
张荣文　淄博市人民政府办公厅
张荣兴　山东山博电机集团有限公司重型车辆电机厂
张爱军　山东朱台建工有限公司
张惠亮　山东起风建工股份有限公司
张新平　淄博高新区组织人事部
时益兵　政协淄博市委员会办公厅
李　杰(女)　淄川区医院
李　剑　山东电力集团淄博供电公司
李　健　山东东大一诺威聚氨酯有限公司
李　部　淄川区邮政局
李　程　山东能源淄博矿业集团中心医院
李中志　中国移动通信集团山东有限公司桓台分公司
李开松　淄博市农业行政执法支队
李世伟　淄博职业学院机电工程学院
李先忠　淄博天虹农业生产资料有限公司
李守棣　淄博市地方税务局周村分局
李俊笃　山东沂源乐万家酒业食品有限公司
李勇林　淄博市邮政局
李荣旭　淄博市市级机关医院
李桂英(女)　中共淄博市纪律检查委员会
李爱民　中国建设银行股份有限公司淄博分行高青支行
李祯祥　淄博市粮食局
李艳华(女)　鲁泰纺织股份有限公司
李淑财　淄博铁矿
杜加平　高青县水务局
杜西明　沂源县建源房产综合开发有限责任公司
杨　宾　高青众益化工有限公司
杨　瑜(女)　中国工商银行股份有限公司高青支行
杨卫星　山东耐火材料集团有限公司
杨长海　桓台县长江粮油仓储机械有限公司
杨全亮　淄博市科学技术局
杨晓军　临淄区凤凰镇
杨玉明　山东博洋新材料科技股份有限公司
杨建华　淄博市人民检察院
肖　进(女)　中共淄博市委党校
苏加山　淄博市国土资源局
邵先军　山东扳倒井股份有限公司
陈　勇　华能辛店电厂
陈　铎　山东恒汇电子科技有限公司
陈丁丁(女)　新华人寿保险股份公司山东分公司淄博中心支公司
陈文勇　山东齐鲁华信实业股份有限公司
陈永生　周村区精神病医院
陈秀梅(女)　淄博金玉园经贸有限公司
周卫东　周村区新建路小学
周作功　山东鲁阳股份有限公司
周宪玉　山东安泰建工有限公司
周祖俊　山东宏信化工股份有限公司
宗作波　张店钢铁总厂冶金机械厂
岳　波　淄博光正实业有限责任公司
岳　勇　淄博市地方税务局张店分局
岳可江　山东新城建工股份有限公司

岳可香(女)　桓台县环境保护局
岳建文　山东新华制药股份有限公司
庞云凤(女)　淄博师范高等专科学校
林乐谊　山东金岭矿业股份有限公司
林宝忠　淄博火炬能源有限责任公司
武模革　淄博黄河河务局
罗　梅(女)　淄博市市直机关第一幼儿园
罗志良　中国移动通信集团山东有限公司淄博分公司
罗贵阳　金晶(集团)有限公司
金　胜　桓台县农村信用合作联社
姜振宇　张店区住房和城乡建设局
柳　涛　中国联合网络通信有限公司淄博市分公司
相垣新　淄博市审计局
荣　华　淄博市人民政府办公厅
荣若平　桓台县审计局
赵全佐　淄博泰勒换热设备股份有限公司
赵家猛　淄博市元通劳动服务公司
赵淑杰(女)　山东新星集团有限公司
郝东波　淄博人民广播电台
唐家新　沂源县鲁村煤矿有限公司
徐　东　淄博电视台
徐洪达　淄博华油天然气利用有限公司
徐会生　临淄区人民检察院
郭　峰　淄博鼎天建设有限公司
郭成鹏　淄博市公安局淄川分局
郭皆琪　山东金岭矿业股份有限公司召口矿
顾红燕(女)　淄博高新区实验中学
高　玲(女)　中国联合网络通信有限公司桓台分公司
高　健　中国人民银行淄博市中心支行
高照福　山东鲁信高新技术产业有限公司
崔　嵩　淄博鲁中房地产开发股份有限公司
崔　骞　华能淄博白杨河发电有限公司
崔广志　临淄区城市管理行政执法局
崔连星　中共淄博市委宣传部
崔学军　淄博鑫泰石化有限公司
梁　丽(女)　桓台县起凤镇中心卫生院
黄　强　淄博市中级人民法院
董玉石　淄博市行政服务中心
董立木　淄博实验中学
韩　勇　张店区第三中学
韩俊勇　淄博鑫能能源集团有限公司
窦现彬　山东知味斋餐饮娱乐有限公司
翟慎亮　淄博第一中学
谭明君　淄博市建筑工程质量安全监督站
穆克信　淄博市劳动教养管理所
薛　冰(女)　淄博高新区组织人事部
鞠　杰　齐商银行股份有限公司
魏　勇　高青县供电公司
魏华庭　张店区园林绿化管理局

(市总工会)

淄博市十大金牌工人

(按姓氏笔画排序)

王　燕(女)　淄博兰雁集团有限责任公司服装打版工
孙　鹏　山东汇丰石化集团有限公司石化装置生产操作工
肖书学　张店矿业集团张店煤矿采煤工
姚海涛　山东新华医疗器械股份有限公司放射治疗设备安装调试工
祝培全　中国铝业山东分公司化学品氧化铝厂氧化铝制取工
赵高楼　山东新华制药股份有限公司药品产品操作工
徐益展　山东淄建集团有限公司电焊工
高　全　淄博火炬能源有限责任公司数控车工
黄　毅　淄博热电集团公司汽轮机检修工
葛旺泉　山东电力集团淄博供电公司临淄供电部配电线路工

(市总工会)

2012“感动淄博”年度人物

离子膜研发团队　东岳集团含氟功能膜材料创新团队成立于2003年,共105人。团队通过承担实施国家、省级及地方重大科技项目,解决一系列对行业有重大影响的共性技术和关键技术，打破多项国外技术垄断，尤其在含氟功能膜材料领域的自主创新成果及其产业化应用方面，打破国际垄断。胡锦涛、温家宝、李克强、贺国强等党和国家领导人先后到东岳集团视察，对创新团队在含氟功能材料领域中取得的重大自主创新成果给予高度评价。

造血干细胞捐献者 马乐乐，女，1989年9月生，沂源县南麻镇马王峪村人，沂源县中医医院内二科护士。毕秋娥，女，1978年10年生，周村区王村镇万家村人，中共党员，淄博市第八人民医院医务工作者。张艳，女，1976年12月生，桓台县田庄镇仇王村人，桓台县索镇卫生院彩超室主任。翟志文，男，1971年11月出生，张店区南定镇马庄村人，中共党员，个体工商业户。……等等。他们有着不同的名字、不同的职业，他们又有着同一个名字——造血干细胞捐献者。他们均为非血缘关系造血干细胞捐献者，用自己的实际行动兑现了造血干细胞捐献志愿者对生命的承诺。

“天使阳光”爱心团队 自2008年开始，这支由淄博市红十字会、淄博市第八人民医院及爱心企业组成的爱心团队，以100%的成功率为淄博以及周边地区的205名先天性心脏病患儿实施救助手术，爱心救助费用达400余万元。市第八人民医院作为“天使阳光”项目定点医院，累计为10余个市(县)的500名儿童进行心脏健康筛查，为贫困家庭节省检查费用30余万元。

贾元友 男，1980年1月生，淄川区岭子镇人，1998年入伍，北京军区某集团军机步团四级士官，中国共产党第十八次全国代表大会代表。入伍14年，他从一名优秀坦克兵成长为信息化全能战士，被誉为“铁甲兵王”“坦克炮神”“士官教授”。中宣部、总政治部、共青团中央组织贾元友先进事迹报告团，在北京人民大会堂举行首场报告会，并在全国作巡回报告。

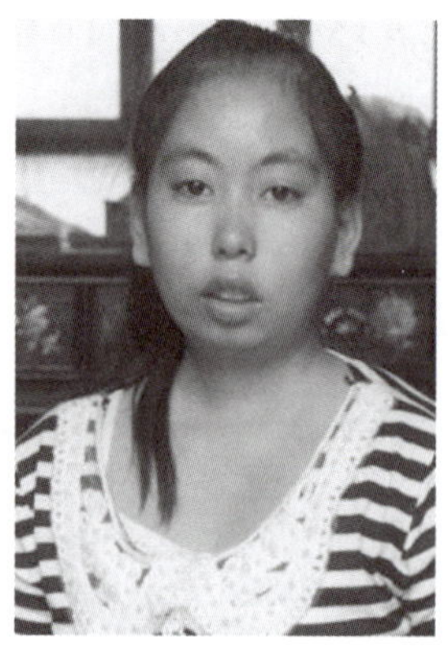

孙奉岩 女，1984年10月生，淄川区昆仑镇聂村村人。8岁时因意外双腿受伤，无法站立。父母因病相继去世后，孙奉岩和小她13岁的妹妹与年迈的奶奶相依为命，并背负了为父母治病欠下的近35000元债务。10年间，孙奉岩照顾着奶奶和妹妹，省吃俭用，把父母离世前欠下的35000元债务陆陆续续还给不忍接受的乡亲，在乡里传为佳话。

亓庆良 男，1952年8月生，博山区源泉镇源西村人，中共党员，博山区源泉中心卫生院院长。1972年参加工作，同年8月，分配到博山区医院从事外科临床工作，1997年主动请缨到濒临倒闭的边远山区卫生院担任院长。从医40年，救治过数以万计的病人，主刀手术两万例无事故。长年坚持专家门诊、业务查房、主刀手术，精通普外科疾病的诊疗，特别是对胃肠道癌的治疗有丰富的临床经验。开展新技术30余项，发表和交流医学论文30余篇，获国家、省、市级多项科研成果。

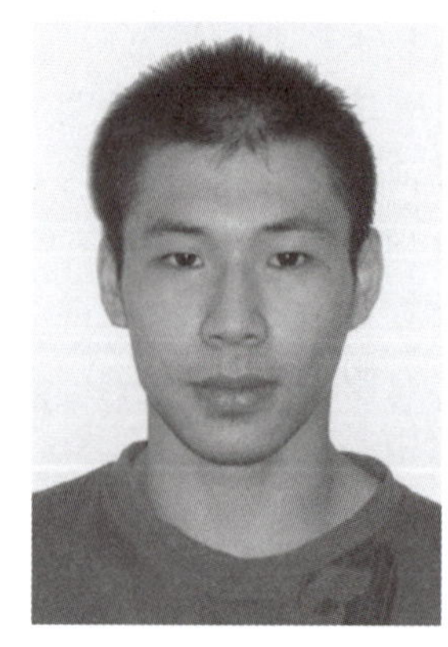

张成龙 男，1989年5月生，桓台县唐山镇前大王村人，国家体操队队员。1995年进入淄博市体校从事体操训练，1999年进入山东省体操队，2009年进入国家队，2012年获得伦敦奥运会体操男子团体冠军。此为淄博运动员首次获得

奥运会体操金牌。

董英前 男，1978年10月生，高青县果里镇张海兰村人，高青县第三中学教师。2000年参加工作，在12年的从教生涯中，有10年担任班主任。2005年，他被确诊患有椎管肿瘤，先后做了2次摘除手术。2009年春，他的脚后跟扎入一枚铁钉，因下体神经坏死并无痛觉，直到伤口感染后才到医院医治，为了不耽误学生，他便拄双拐去学校上班，没有请过一天假。他说：“我不知道自己的身体还能坚持多久，但只要我还能站得起来，只要我还能爬上讲台，我就不会离开自己的课堂，离开自己的学生。”

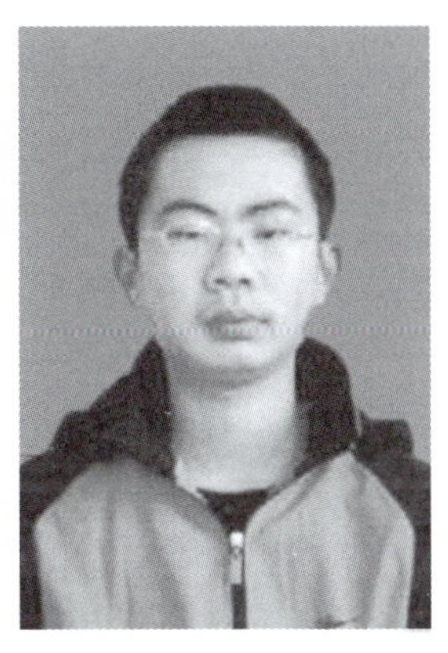

李 宁 男，1992年10月生，淄博高新区四宝山办事处北石村人，北京交通大学海滨学院学生，多次见义勇为。2008年3月，邻居一位七旬老人被困火中，李宁不顾生命危险将大火扑灭并成功将老人救出。2009年3月，李宁路遇2名持刀歹徒对一妇女实施抢劫，经过殊死搏斗，成功将持刀歹徒擒获。2011年3月19日，在张店区西五路中段，一面包车将一摩托车撞飞在地，李宁发现后，一边将肇事车逼停，一边拨打120急救电话并将伤者送往医院抢救，使伤者的生命得到延续。

董轶群 男，1990年6月生，张店区科苑街道潘苑社区人，中共党员，山东中医药大学学生。他的人生经历十分坎坷：出生30天遭父亲遗弃；母亲因医疗事故双腿致残，疾病缠身，多年仅靠低保金生存……。命运并没有击倒他，他勤工俭学，在照顾好妈妈的同时，担任山东中医药大学针灸推拿学院学生会副主席，副班长，学院广播员，学院组织的朗诵会、文艺晚会等活动主持人多项职务，2011年被批准加入中国共产党。

冯作强 男，1969年9月生，博山经济开发区阳光花园小李社区人，于2010年初成立“爱心传递小强工作室”。在爱心小屋里，为社区的老幼病残量血压，积极开展少年儿童健康成长咨询、心理行为拓展训练，热心参与为老弱病残人员谋福利工作，坚持呼吁社会各界爱心人士为西部偏远山区贫穷孩子开展募捐活动，在公益事业方面取得了良好的社会效果。同时，冯作强还是QQ网络教育中心、中国宝贝回家、寸草心公益联盟志愿者，多次为甘肃、新疆等省(自治区)的孩子募捐冬衣。

李勤田 男，1935年9月生，临淄区齐都镇督府村人，周村区社区志愿者协会会长。在他的带领下，周村区成功创建为全省唯一的健身气功特色区；在学雷锋活动和文明城市创建活动中积极发挥作用，成立了城市管理“啄木鸟”志愿者服务队、文明出行志愿者服务队、植绿护绿志愿者服务队等多支学雷锋志愿者服务队伍，参加公益活动36场次，组织志愿者2万多人次；成立“五老”网吧监督团，宣讲126场次，受众学生达33400余人。

（市委宣传部）

逝世人物

赵蔚芝 (1919.7—2012.3.2)山东理工大学离休干部、市政协原副主席。淄博市博山区人。1942年8月毕业于山东省立政治学院文科。新中国成立前曾任山东省立昌乐中学山唐分校主任、博山私立洗凡中学教导主任。新中国成立后,先后任淄博第一中学、山东农学院附设工农速成中学、山东省中学教师进修学校教员,淄博师范专科学校古典文学讲师、副教授、教授,市政协五届、六届副主席。1992年起享受国务院特殊津贴。1994年1月离职休养。2012年3月2日去世。

(市委老干局)

本部类编　辑:纪　瑗
副主编:王世伟
校　对:安永善
赵建国

·成语　典故·

不鸣则已　一鸣惊人

齐威王在位时,喜好说隐语,又好彻夜饮宴,逸乐无度,不管政事,把政事委托给卿大夫。文武百官荒淫放纵,各国都来侵犯,国家危亡就在旦夕之间。齐王身边近臣都不敢进谏。淳于髡就用隐语来规劝讽谏齐威王说:"我们齐国的都城有一只大鸟,落在了大王庭院里,三年不飞又不叫,大王知道这只鸟是怎么一回事吗?"齐威王听后,沉思良久,对周围的大臣郑重地说:"这只鸟不飞则已,一飞冲天;不鸣则已,一鸣惊人。"

淳于髡的隐谏使齐威王醒悟过来,开始励精图治。于是就诏令全国72个县的长官全来入朝奏事,奖赏了忠于职守、政绩卓著但不会阿谀奉承的即墨大夫,烹杀了荒于政务、靠贿赂威王身边人而求取名声的东阿大夫,然后整顿兵马,加强国防,发兵御敌。诸侯十分惊恐,都把侵占的土地归还齐国。齐国威震诸侯长达36年。

附　　录

文件选目

【中国共产党淄博市委员会】

淄发〔2012〕1 号

中共淄博市委、淄博市人民政府关于加快农业科技创新和生态文明乡村建设再创农业农村发展新优势的意见

淄发〔2012〕4 号

中共淄博市委关于认真学习贯彻市第十一次党代会精神的通知

淄发〔2012〕5 号

中共淄博市委关于在创先争优活动中开展基层组织建设年的实施意见

淄发〔2012〕7 号

中共淄博市委、淄博市人民政府关于建设生态淄博的决定

淄发〔2012〕8 号

中共淄博市委、淄博市人民政府关于建立健全文明城市创建长效机制深化巩固全国文明城市创建成果的意见

淄发〔2012〕9 号

中共淄博市委、淄博市人民政府关于 2012 年全市党风廉政建设和反腐败工作实施意见

淄发〔2012〕11 号

中共淄博市委关于印发《市纪委负责人同区县和市直部门党政主要负责人廉政谈话制度(试行)》的通知

淄发〔2012〕12 号

中共淄博市委关于印发《区县党政领导班子成员及镇(街道)、部门党政正职向区县纪委全委会专题述廉制度(试行)》的通知

淄发〔2012〕14 号

中共淄博市委、淄博市人民政府关于加快推进小城镇建设和发展的意见

淄发〔2012〕15 号

中共淄博市委、淄博市人民政府关于推动县域科学发展加快提升综合实力的意见

淄发〔2012〕17 号

中共淄博市委、淄博市人民政府关于创建国家森林城市建设森林淄博的意见

淄发〔2012〕18 号

中共淄博市委关于深入学习宣传贯彻党的十八大精神的决议

（于海鹏）

【淄博市人民代表大会常务委员会】

淄人发〔2012〕1 号

关于任免淄博市人大常委会机关工作人员职务的通知

淄人发〔2012〕2 号

关于市十四届人大一次会议列席范围的决定

淄人发〔2012〕3 号

关于市十四届人大常委会副主任分工的通知

淄人发〔2012〕4 号

关于表彰全市人大代表建议政协委员提案办理工作先进单位的通报

淄人发〔2012〕5 号

关于印发《2012 年地方立法计划》的通知

淄人发〔2012〕6 号

关于批准任命区县人民检察院检察长职务的通知

淄人发〔2012〕7 号

关于任免市中级人民法院审判人员职务的通知

淄人发〔2012〕8 号

关于决定任命市政府工作人员职务的通知

淄人发〔2012〕9 号

关于任免市人大机关工作人员职务的通知

淄人发〔2012〕10 号

关于公布市十四届人大常委会代表资格审查委员会组成人员名单的通知

淄人发〔2012〕12 号

关于印发《淄博市消防条例》的通知

淄人发〔2012〕13 号

关于任免市法院审判人员职务的通知

淄人发〔2012〕14 号

关于任免检察院检察人员职务的通知

淄人发〔2012〕15 号

关于批准 2011 年市级决算的决议

淄人发〔2012〕16 号

关于报请批准市人大常委会关于修改《淄博市土地监察条例》等六件地方性法规决定的报告

淄人发〔2012〕17 号

关于印发市人大常委会关于修改《淄博市土地监察条例》等六件地方性法规决定的通知

淄人发〔2012〕18 号

关于报请批准《淄博市萌山水库保护管理条例》的报告

淄人发〔2012〕19 号

关于接受刘慧晏辞去市人大常委会主任职务请求的决定

淄人发〔2012〕20 号

关于接受周清利辞去淄博市市长职务请求的决定

淄人发〔2012〕21 号

关于任命徐景颜职务的通知

淄人发〔2012〕22 号

关于决定徐景颜为淄博市人民政府代理市长的通知

淄人发〔2012〕23 号

关于印发《淄博市萌山水库保护管理条例》的通知

淄人发〔2012〕24 号

关于任免市法院审判人员职务的通知

淄人发〔2012〕25 号

关于任命市检察院检察人员职务的通知

淄人发〔2012〕26 号

关于召开淄博市第十四届人民代表大会第二次会议的决定

淄人发〔2012〕27 号

关于许可对唐会礼予以行政拘留处罚的决定

淄人发〔2012〕28 号

关于决定撤销唐会礼淄博市人民政府副市长职务的通知

淄人发〔2012〕29 号

关于印发《淄博市人大常委会 2012－2016 年立法规划》的通知

淄人发〔2012〕30 号

关于加大太河水库水源地保护力度，建立长期稳定的生态补偿机制的决议

淄人发〔2012〕31 号

关于进一步整合张店东部城区教育资源，促进教育均衡发展的决议

（巨荣俊）

【淄博市人民政府】

市政府令第 85 号

淄博市人民政府关于淄博市市级行政强制主体清理结果的决定

市政府令第 86 号

淄博市地名管理办法

市政府令第 87 号

淄博市科学技术奖励办法

市政府令第 88 号

淄博市危险化学品运输违法行为举报奖励办法

市政府令第 89 号

淄博市地下管线建设管理办法

淄政发〔2012〕1 号

淄博市人民政府关于印发《淄博市 2012 年安全生产工作要点》的通知

淄政发〔2012〕2 号

淄博市人民政府关于印发《淄博市退役士兵

职业教育和技能培训办法》的通知

淄政发〔2012〕3 号

淄博市人民政府关于贯彻鲁政发〔2011〕37 号文件加强和改进政府服务促进企业转型升级的意见

淄政发〔2012〕4 号

淄博市人民政府关于进一步加强职业培训促进就业工作的意见

淄政发〔2012〕5 号

淄博市人民政府关于进一步加强城乡生活垃圾处理工作的意见

淄政发〔2012〕6 号

淄博市人民政府关于建立淄博市土地审批联席会议制度的通知

淄政发〔2012〕8 号

淄博市人民政府关于贯彻鲁政发〔2011〕39 号文件精神进一步加大财政教育投入的意见

淄政发〔2012〕11 号

淄博市人民政府关于加快服务外包产业发展的意见

淄政发〔2012〕14 号

淄博市人民政府关于公布 2012 年全市重大项目名单的通知

淄政发〔2012〕15 号

淄博市人民政府关于进一步加快创建国家生态园林城市工作的意见

淄政发〔2012〕16 号

淄博市人民政府关于 2011 年度淄博市科学技术奖励的决定

淄政发〔2012〕17 号

淄博市人民政府关于印发《淄博市 2012 年国民经济和社会发展计划》的通知

淄政发〔2012〕19 号

淄博市人民政府关于实施商标战略促进全市经济发展的意见

淄政发〔2012〕20 号

淄博市人民政府关于促进全市广告产业发展的意见

淄政发〔2012〕22 号

淄博市人民政府关于印发《淄博市“十二五”期间深化医药卫生体制改革规划暨实施方案》的通知

淄政发〔2012〕24 号

淄博市人民政府关于继续推进“两区三村”改造建设的通知

淄政发〔2012〕26 号

淄博市人民政府关于进一步加强和改进消防工作的意见

淄政发〔2012〕27 号

淄博市人民政府关于进一步促进中小企业发展的意见

淄政发〔2012〕28 号

淄博市人民政府关于印发《淄博市环境保护“十二五”规划》的通知

淄政发〔2012〕29 号

淄博市人民政府关于认真贯彻鲁政发〔2012〕27 号文件进一步加强事业单位监督管理的通知

淄政发〔2012〕31 号

淄博市人民政府关于印发《淄博市促进就业规划(2011－2015 年)》的通知

淄政发〔2012〕33 号

淄博市人民政府关于进一步完善对区县政府教育工作督导评估制度的实施意见

淄政发〔2012〕34 号

淄博市人民政府关于 2012 年度淄博市科学技术奖励的决定

淄政发〔2012〕35 号

淄博市人民政府关于贯彻落实《山东省流动人口服务管理办法》的实施意见

（于文哲）

【中国人民政治协商会议淄博市委员会】

淄政协字〔2012〕1 号

关于表彰优秀提案的通报

淄政协字〔2012〕3 号

政协淄博市委员会 2012 年工作要点

淄政协字〔2012〕4 号

关于认真学习贯彻省委书记姜异康来淄讲话精神的通知

淄政协字〔2012〕5 号

关于开展“倡树文明新风，展现委员风采”活动的意见

淄政协字〔2012〕6 号

关于报送淄博市建材冶金、化工、纺织产业运

行情况调研报告的报告

淄政协字〔2012〕7 号

关于进一步发挥界别作用的意见

淄政协字〔2012〕10 号

关于表彰全市政协宣传工作先进集体和先进个人的决定

淄政协字〔2012〕11 号

关于表彰全市政协反映社情民意信息工作先进集体的决定

（赵秀秀）

【中共淄博市纪律检查委员会】

淄纪发〔2012〕4 号

关于印发《淄博市农村集体经济组织清产核资工作方案》的通知

淄纪发〔2012〕5 号

中共淄博市纪委常委会关于进一步加强自身建设的意见

淄纪发〔2012〕8 号

关于印发《关于在全市党员领导干部中开展“恪守从政道德、保持党的纯洁性”教育活动的意见》的通知

淄纪发〔2012〕9 号

关于印发《区县党政领导班子成员及镇（街道）、部门党政正职向区县纪委全委会专题述廉制度（试行）》的通知

淄纪发〔2012〕10 号

关于印发《市纪委负责人同区县和市直部门党政主要负责人廉政谈话制度（试行）》的通知

淄纪发〔2012〕11 号

关于印发《反腐倡廉制度执行监督问责办法（试行）》的通知

淄纪发〔2012〕12 号

关于建立廉政指标体系的意见

淄纪发〔2012〕13 号

关于认真贯彻落实中央纪委、省纪委文件精神进一步加强基层纪检组织建设的通知

淄纪发〔2012〕20 号

关于印发《市纪委监察局领导干部接访制度》的通知

淄纪发〔2012〕36 号

关于全市纪检监察机关服务项目建设保障科学发展的实施意见

淄纪发〔2012〕43 号

关于开展农村基层党风廉政建设示范村创建活动的实施办法

淄纪字〔2012〕27 号

中共淄博市纪委常委会议事规则

淄纪办发〔2012〕2 号

关于印发《市纪委市监察局落实 2012 年反腐倡廉工作任务分工意见》的通知

淄监发〔2012〕1 号

关于印发《2012 年效能监察工作要点》的通知

淄监发〔2012〕2 号

关于印发《2012 年全市执法监察工作安排意见》的通知

淄监发〔2012〕5 号

关于印发《2012 年全市行政监察工作要点》的通知

（王海峰）

驰名商标 著名商标 地理标志商标

驰名商标(至2012年)

表46

序号	企业名称	商标名称	商品名称
1	华光陶瓷集团有限公司	华光	日用陶瓷
2	山东新华医药集团股份有限公司	新华	西药
3	淄博泰光电力器材厂	泰光	合成绝缘材料
4	山东伯仲真空设备有限公司	伯仲	真空泵
5	淄博商厦股份有限公司	图	推销(替他人)
6	山东齐隆化工股份有限公司	齐隆及图	未加工的人造合成树脂
7	山东万丰煤化工设备制造有限公司	万丰	工业用煤气发生炉(工业用炉)
8	山东皇冠陶瓷股份有限公司	皇冠	彩釉砖
9	淄博松竹铝材有限公司	松竹	铝型材
10	鲁泰纺织集团股份有限公司	鲁泰格蕾芬及图	印花棉布
11	淄博山川医用器材有限公司	山川及图	输液器、输血器
12	山东耿瓷集团有限公司	耿瓷及图	瓷质墙地砖
13	淄博梦琦红木家具有限公司	梦琦及图	家具
14	山东统一陶瓷科技有限公司	瓦伦蒂诺	瓷砖
15	山东博泵科技股份有限公司	博山及图	水泵、油泵
16	万杰集团有限责任公司	万杰及图	医疗服务
17	淄博双山真空设备厂有限公司	双山	真空泵
18	淄博水环真空设备厂有限公司	华成及图	真空泵
19	山东龙泉管道工程股份有限公司	颜神龙泉及图	非金属管道
20	山东颜山泵业有限公司	颜山及图	电泵
21	山东祥和集团股份有限公司	汇祥	健身器材
22	山东陈氏家私有限公司	图	家具
23	山东福泰陶瓷有限公司	福泰 FT 及图	家用陶瓷制品、日用瓷器
24	兰雁集团股份有限公司	兰雁	牛仔布、牛仔服
25	山东周村烧饼有限公司	周村及图	糖酥烧饼
26	山东多星电器有限公司	多星及图	高压锅
27	山东嘉业日用品有限公司	嘉邦及图	玻璃灯罩
28	山东凤阳集团有限公司	凤阳及图	床垫
29	山东玉兔食品有限公司	玉兔及图	醋

续表 46

序号	企业名称	商标名称	商品名称
30	山东恒利石油化工股份有限公司	恒导	导热油
31	山东福王家具有限公司	福王及图	家具
32	周村仇滩红木家具厂	仇滩	家具
33	淄博市周村东升沙发厂	昇霞及图	沙发
34	淄博蓝天家具有限公司	蓝天及图	家具
35	山东清原集团有限公司	清田及图	农用地膜
36	山东兔八哥集团有限公司	兔八哥	蛋黄派
37	山东长志泵业有限公司	兴齐及图	电泵
38	山东齐都药业有限公司	齐都及图	医药
39	山东欧木特种纸有限公司	齐峰	特种纸
40	山东美陵化工设备股份有限公司	美陵及图	热交换器、热储存器
41	山东太乙制药有限公司	萬春堂及图	医用药膏、医药制剂
42	山东巧媳妇食品集团有限公司	巧媳妇及图	酱油、食醋
43	山东东岳化工有限公司	东岳联邦	制冷剂
44	淄博江辰时装有限公司	海思堡	服装
45	山东黄河龙集团有限公司	黄河龙及图	白酒
46	山东博丰利众化工有限公司	鲁桓及图	复合肥
47	山东梨花面业有限公司	梨花及图	面粉、面粉制品
48	山东巨明机械有限公司	巨明及图	农业机械、收割机、玉米脱壳机、收割脱粒机
49	山东鲁阳股份有限公司	鲁阳	硅酸铝耐火纤维
50	山东瑞阳制药有限公司	瑞阳	医药制剂
51	山东沃源新型面料有限公司	雪丹	纺织面料
52	淄博永华滤清器制造有限公司	永华	滤清器
53	山东省药用玻璃股份有限公司	沂蒙及图	安培瓶
54	山东华狮啤酒有限公司	绿兰莎及图	啤酒
55	淄博永华滤清器制造有限公司	永华	滤清器
56	沂源县盛全果蔬有限公司	中庄及图	鲜水果
57	山东瑞丰高分子材料股份有限公司	鲁山及图	聚氯乙烯抗冲改性剂
58	山东扳倒井股份有限公司	扳倒井及图	白酒
59	山东侨牌集团有限公司	侨及图	医用注射器
60	山东兰骏集团有限公司	兰骏	服装、布地毯

续表 46

序号	企业名称	商标名称	商品名称
61	淄博幸运风体育用品有限公司	幸运风及图	运动服
62	山东得益乳业有限公司	得益及图	牛奶
63	山东金晶科技股份有限公司	金晶及图	建筑玻璃、安全玻璃
64	山东新华医疗器械股份有限公司	新华及图	消毒器械
65	山东天下第一店酒厂	百粮春	白酒
66	山东过桥缘餐饮连锁经营有限公司	过桥缘	餐厅、快餐馆、饭店
67	山东齐胜工贸股份有限公司	齐润及图	润滑油、工业用油

著名商标(至2012年)

表 47

序号	单 位	商 标	商品或服务
1	淄博宝风食品有限公司	宝风及图形	酱油、醋、酱
2	淄博科汇电气有限公司	图	测试仪器
3	胜利钢管有限公司	胜冠及图	钢管
4	淄博老杨家食品有限公司	金老杨	加工过的瓜子、花生,糖炒栗子
5	淄博庄园塑料制品公司	庄园及图	农田塑料薄膜
6	山东齐隆化工股份有限公司	齐隆及图	合成树脂塑料
7	淄博泰光电力器材厂	泰光及图	合成绝缘材料
8	山东伯仲真空设备有限公司	伯仲及图	真空泵、真空设备
9	淄博城东企业集团有限公司	福惠	瓷砖
10	淄博中昌特种水泥有限公司	中昌	水泥
11	淄博绿象橡胶厂	日久及图	三角胶带、传送带
12	淄博火炬能源有限责任公司	火炬及图	蓄电池
13	山东大成农药股份有限公司	植保及图	农药
14	淄博华瑞诺建筑陶瓷有限公司	瑞诺及图	瓷砖
15	淄博十里香食品有限公司	十里香	芝麻油、食用油
16	山东福德科技有限公司	福德	太阳能热水器
17	山东义升环保设备有限公司	义升	煤气发生炉(设备)
18	山东金岭矿业有限公司	铁鹰	铁精矿粉、铜矿粉、钴矿粉
19	山东万丰煤化工设备制造有限公司	万丰	煤气发生炉(设备)
20	淄博柴油机总公司	淄柴及图	柴油机、涡轮机及设备
21	淄博姜氏眼镜有限公司	姜玉坤	眼镜、矫正透镜片
22	山东联创节能新材料股份有限公司	洁能及图	聚氨酯
23	山东奥世洁汽车美容养护有限公司	奥世洁及图	车辆保养、修理;清洗、修补

续表 47

序号	单　位	商　标	商品或服务
24	山东奥鹏新材料科技有限公司	奥鹏及图	氧化铝、氢氧化铝
25	山东星火职业培训学院	星火及图	学校(教育)、函授课程
26	山东东高纳米科技有限公司	东高及图	碳酸钙
27	山东百食佳食品科技有限公司	第一店及图	食用油脂
28	淄博川鹰酿造有限公司	川鹰及图形	醋、酱油、酱
29	淄博鲁中水泥有限公司	重山及图	水泥
30	淄博鲁中耐火材料有限公司	聂字	耐火砖
31	淄博净水剂厂	鲁净及图	聚合氯化铝
32	淄博弘扬石油设备有限公司	弘扬及图	石油开采、石油精炼工业用机器设备
33	淄博南韩化工有限公司	鲁韩及图	冰晶粉、氟石化合物
34	淄博强赛特陶瓷有限公司	狮王及图	瓷砖
35	山东淄博锦宏水泥有限公司	柳泉及图	水泥
36	山东方大工程有限责任公司	鲁方及图	非金属门、非金属建筑材料
37	淄博梦琦红木家具有限公司	梦琦及图	楼梯扶手、画框、漆器工艺品
38	淄博金卡陶瓷有限公司	金卡及图	建筑砖瓦、建筑用耐火材料及制品
39	淄博先河机电有限责任公司	图	运输机(机器)矿井作业机械、采矿选矿机械设备
40	淄博统一陶瓷有限公司	瓦伦蒂诺	砖、瓷砖
41	山东唐骏欧铃汽车制造有限公司	欧铃	汽车
42	山东淄博沈淄耐火材料有限公司	沈淄及图	陶瓷窑具、耐火材料
43	山东华岩冶金建材有限公司	淄冶及图	耐火材料
44	淄博市淄川宝山水泥厂	建磊	水泥
45	莱钢集团淄博锚链有限公司	大柱及图	锚链、船锚
46	淄博新博陶瓷有限公司	博艺及图	瓷砖
47	山东大林豪丽尔洁具有限公司		浴室装置
48	山东省淄博华洋陶瓷有限公司	华洋及图	家用陶瓷制品
49	淄博云鹤彩色水泥有限公司	云鹤及图	人造石、石灰、水泥
50	淄博七河绿色食品开发有限公司	七河及图	新鲜蘑菇、新鲜蔬菜
51	鲁泰纺织股份有限公司	鲁泰	布
52	山东柳杭减速机有限公司	柳杭及图形	减速机
53	山东颜山泵业有限公司	颜山及图形	电泵
54	山东珑山实业有限公司	图形	金属焊条、金焊料
55	山东福泰瓷器有限公司	福泰及图	日用瓷器
56	淄博八陡耐火材料有限公司	八耐及图	耐火砖瓦

续表 47

序号	单　位	商　标	商品或服务
57	山东淄博电动滚筒厂有限公司	禹王牌	传动装置及配件
58	山东博大集团有限公司	博大及图	耐火材料、耐火砖
59	山东大通机械科技有限公司	五龙及图	破碎机
60	淄博真空设备厂有限公司	图形	真空泵
61	博山陶瓷有限责任公司	宝石及图	茶具、餐具
62	山东淄博清梅居食品有限责任公司	清梅居及图	牛肉干、酱牛肉
63	淄博艺缘阁陶琉有限公司	艺缘阁及图	瓷器装饰品赤陶或玻璃艺术品陶器
64	淄博水环真空泵厂有限公司	华成及图	真空泵
65	山东龙泉管道工程股份有限公司	颜神龙泉	非金属管道、非金属水管
66	山东黑山玻璃集团有限公司	图及英文	日用玻璃器皿
67	山东祥和集团股份有限公司	汇祥及图	健美器
68	博山精工泵业有限公司	鲁阳精工及图	泵、真空泵
69	淄博正堂酿造有限公司	正堂及图	醋、酱油
70	山东正昌煤矿机械有限公司	颜神及图	液压元件
71	淄博市博山防爆电器厂有限公司	淄防及图	高压防爆配电装置
72	淄博市博山晨光建材机械有限公司	晨光及图	树脂复合板
73	山东唯佳机械有限公司	唯佳及图	泵(机器)
74	山东国华瓷器有限公司	国玉及图	日用陶瓷
75	山东文姜酒业有限公司	文姜牌及图	酒
76	山东鲁博真空设备有限公司	铸工及图	真空泵(机器)、空气压缩泵
77	淄博康强运动器材有限公司	康强及图	综合训练器材、室外健身器材
78	淄博市博山光明实业有限公司	博力及图	泵、真空泵
79	山东德源泵业有限公司	源山及图	泵(机械)
80	山东大桥耐火材料厂	又桥及图	耐火砖
81	淄博昊科机械有限公司	昊科及图	化肥设备
82	山东省淄博双歧面粉厂	双歧	面粉、挂面
83	山东蓝天家具有限公司	蓝天	家具、办公家具
84	淄博风机厂有限公司	云笑及图形	风机
85	淄博周村巨仁食品厂	巨仁及图形	加工过的瓜子、松子开心果
86	山东玉兔食品有限公司	玉兔	酱油、醋
87	金堆城钼业光明(山东)股份有限公司	光明	钨丝、钼丝
88	山东宏信化工股份有限公司	宏信及图	未加工合成树脂、苯二甲酸酐
89	山东周村烧饼有限公司	旱码头及图	薄烤饼
90	淄博福王家具有限公司	福王及图	家具

续表 47

序号	单　位	商　标	商品或服务
91	淄博嘉周化工有限公司	博化及图	苯二甲酸
92	淄博长城电缆制造有限公司	慧伟及图	电线、电缆
93	山东华王酿造有限公司	王村及图	醋、调味酱
94	山东鲁宝冶金股份有限公司	鲁宝及图	钢管、钢条
95	淄博齐鲁焊业有限公司	齐鲁及图	电焊条
96	淄博市周村东升沙发厂	昇霞及图	家具、沙发、弹簧床垫
97	山东玉兔食品有限责任公司	天下第一村	煎饼、薄烤饼、大饼
98	淄博市周村鑫宇电器有限公司	鑫宇及图	电热壶、电油炸锅、电压力锅
99	淄博新华纸业有限公司	华钰及图	印刷纸、复印纸、包装纸
100	淄博科明光电科技有限公司	科明及图	灯、照明防护装置、路灯
101	山东赫达股份有限公司	赫达	工业用纤维素醚、衍生物纤维素、纤维素
102	山东知味斋餐饮娱乐有限公司	一村知味斋及图形	提供食宿旅馆、饭店、住宿
103	淄博久久家居有限公司	图形	家具、沙发、床垫
104	淄博科鸿风机有限公司	鸿宇	鼓风机、风箱
105	淄博市周村仇滩红木家具厂	仇滩及图	办公用家具、家具
106	山东圣德龙家具有限公司	圣德龙王子	沙发、家具
107	淄博郝轩经贸有限公司	雪依伦	牛奶饮料、蔬菜罐头
108	淄博市周村艺隆沙发厂	艺隆美思嘉丽	家具、沙发、床垫
109	山东三金玻璃机械股份有限公司	三金	玻璃器械
110	淄博市周村鸿业床垫沙发厂	鸿嘉及图	床垫、家具
111	淄博利华通风设备有限公司	利华	风机
112	山东周村烧饼有限公司	月华及图	面点
113	淄博兴华医用器材有限公司	兴华	医疗器械
114	山东绿德源集团有限公司	绿德源及图	塑料艺术品、竹木工艺品
115	淄博舒愿家具有限公司	舒愿及图	沙发
116	淄博北方淄特化工有限公司	淄特及图	润滑油、润滑脂
117	淄博周村腾飞家具制造厂	图	沙发
118	山东博风风机有限公司	博风及图	鼓风机
119	山东齐都药业有限公司	图形	西药
120	山东迅达化工有限公司	迅达及图	催化剂、脱水剂
121	山东淄博巧媳妇食品有限公司	巧媳妇及图	酱油、醋
122	山东齐都药业有限公司	步复迈及图	化学药物制剂
123	淄博包钢灵芝稀土高科有限公司	灵芝及图	稀土族

续表 47

序号	单 位	商 标	商品或服务
124	山东齐都药业有限公司	迪诺新及图	化学物制剂
125	山东康浪河面粉有限公司	康浪河	面粉、面粉制品、面条、粗面粉
126	山东长志泵业有限公司	长志	泵(机器)
127	山东齐峰特种纸业股份有限公司司	齐峰及图	纸、木纹纸
128	山东锐博化工有限公司	锐博及图	偏三甲苯
129	山东兔巴哥集团有限公司	兔巴哥及图	粥
130	山东富宇橡塑有限公司	富宇及图	车辆轮胎
131	山东淄博博丰复合肥有限公司	鲁桓	肥料、混合肥料
132	淄博万家园木质防火制品有限公司	万家园及图	非金属门、非金属窗
133	淄博华天轴承有限公司	图	轴承
134	山东贵和纸业集团有限公司	图形	纸、纸餐巾、纸板盒
135	山东辰龙纸业股份有限公司	辰龙及图	包装纸、纸板
136	山东晨钟机械股份有限公司	晨钟及图	造纸及加工纸制品机械
137	山东汇丰管业有限公司	鲁丰及图	农用地膜、塑料管
138	山东省淄博蠕墨铸铁股份有限公司	迎风及图	起重机、搅拌机
139	淄博孙树强扒鸡酱蹄有限公司	孙树强	生熟肉、酱猪蹄
140	山东天齐置业集团股份有限公司	图形	建筑、室内装潢
141	山东博汇纸业股份有限公司	博汇	书写纸、有光纸、文化用纸
142	山东黄河龙集团有限公司	黄河龙	白酒、食品添加剂
143	淄博建龙化工有限公司	建龍牌	硫酸
144	淄博宜臣轻工制品有限公司		日用玻璃器皿
145	山东淄博金泰轧辊有限公司		机器用印刷墨辊
146	山东梨花面业有限公司	梨花及图	面粉
147	山东华伟银凯建材科技股份有限公司	华伟及图	混凝土充气用化学品
148	淄博砂轮厂有限公司		砂轮(机器零件)
149	山东锦华电力设备有限公司	图	变压器、高低压开关板
150	山东桓宝漆业股份有限公司	桓宝	油漆
151	淄博永华滤清器制造有限公司	永华及图形	过滤器
152	山东瑞阳制药有限公司	图形	医药制剂、人用药
153	瑞阳制药有限公司	图形	人用药(注射用美洛西林钠)
154	山东华狮啤酒有限公司	绿兰莎及图	啤酒
155	山东益母妇女用品有限公司	益母	卫生巾、卫生护垫
156	山东联合化工股份有限公司	东风及图	硝酸、异丁烯

续表 47

序号	单　位	商　标	商品或服务
157	山东省沂源县强力防水材料有限公司	强力及图	防水卷材
158	山东省药用玻璃股份有限公司	沂蒙及图	日用玻璃器皿
159	淄博新力塑编有限公司	昕力及图	纺织用玻璃纤维
160	山东省药用玻璃股份有限公司	康鼎	旋瓶盖用橡皮圈;橡皮塞子
161	沂源县果树技术服务部	沂蒙山及图	苹果
162	沂源县沂蒙山果菜专业合作社	沂蒙山及图	新鲜蔬菜
163	山东扳倒井股份有限公司	扳倒井	酒
164	山东侨牌集团有限公司	侨	一次性医疗器械
165	淄博一代龙服饰有限公司	一代龙及图	服装
166	山东兰骏集团有限公司	兰骏及图	服装
167	山东流云纺织有限责任公司	流云及图	棉纱、线
168	淄博三蕾纺织有限公司	三蕾及图	床单(纺织品)、枕套、浴巾
169	淄博华梅化工有限公司	飞驰及图	促进剂
170	高青县水稻种植产业协会	高青大米及图	大米
171	山东新华医疗器械股份有限公司	新华及图	医疗器械和仪器
172	山东金晶科技股份有限公司	金晶及图	建筑玻璃
173	山东三玉集团有限公司	三玉及图	硬纸管、纸箱、箱纸板
174	山东天下第一店酒厂	百粮及图	白酒
175	山东淄博新达制药有限公司	新达罗及图	药品、医药中间体
176	淄博海特曼化工有限公司	图	工业用胶、工业用粘合剂、聚氨酯
177	山东高科成套设备有限公司	图形	高低压开关板、母线槽、配电盘
178	淄博盛达创业玻璃有限公司	图	镀膜玻璃
179	山东世博金都药业有限公司	天威及图	六味五灵片
180	山东三泵科森仪器有限公司	图	微量水分测定仪、闪点仪
181	山东得益乳业有限公司	得益及图	乳制品
182	山东长征教育科技有限公司	幸运儿	智能卡(集成电路卡)、计算机外围设备
183	山东博润工业技术有限公司	博润	非金属耐磨管道、非金属板
184	淄博中强瓷业有限公司	中强及图	日用陶瓷
185	山东美伦食品有限公司	美伦及图	冰淇淋、冰糕、冰棍、冰砖
186	淄博齐鲁商业有限公司酿造分公司	齐鲁及图	酱油
187	山东齐旺达包装制品有限公司	齐旺达及图	编织袋、集装袋
188	山东新风股份有限公司	图	空调风机
189	山东齐鲁石化机械制造有限公司	齐机及图	石油化工设备

续表 47

序号	单 位	商 标	商品或服务
190	山东蓝帆塑胶股份有限公司	蓝帆	抛光手套、家务手套
191	淄博麒麟王体育用品有限公司	图	服装
192	山东卓创咨询有限公司	卓创资讯	商业信息、市场分析、市场研究
193	淄博大亚金属制品有限公司	大亚及图	钢砂、钢丸
194	山东淄博嘉丰玻璃机械有限公司	嘉丰及图	玻璃工业用机器设备
195	淄博特种油品厂	鲁特及图	润滑油

地理标志(至 2012 年)

表 48

序号	地理标志商标	区县	注册人
1	高青大米	高青	高青县绿色农产品协会
2	淄博陶瓷	博山	山东陶瓷工业协会
3	博山琉璃	博山	博山琉璃商会
4	池上桔梗	博山	博山池上桔梗协会
5	张庄香椿	淄川	淄博市农业综合开发有机食品协会
6	沂源苹果	沂源	沂源县生态农业与农产品质量管理办公室
7	高青西瓜	高青	高青县中农绿色食品协会
8	博山金银花	博山	博山区金银花产业协会
9	荆家四色韭黄	桓台	桓台县荆家四色韭黄种植协会
10	悦庄韭菜	沂源	沂源县悦庄韭菜协会
11	临淄西红柿	临淄	淄博市临淄区皇城蔬菜协会
12	临淄西葫芦	临淄	淄博市临淄区皇城蔬菜协会
13	高青西红柿	高青	高青县中农绿色食品协会
14	新城细毛山药	桓台	桓台县新城细毛山药协会
15	博山韭菜	博山	博山区博山镇有机农产品协会
16	博山草莓	博山	博山区博山镇有机农产品协会
17	博山猕猴桃	博山	博山有机猕猴桃产业协会
18	淄博池梨	淄川	淄川区淄河镇池梨协会
19	桓台金丝鸭蛋	桓台	桓台县农村合作经济组织联合会
20	博山蓝梅	博山	博山区水果协会
21	博山山楂	博山	博山区山楂产业协会
22	博山连翘	博山	博山区有机农产品行业商会
23	博山板栗	博山	博山区有机农产品行业商会
24	博山核桃	博山	博山区有机农产品行业商会

(郭 霞)

名牌产品

山东名牌(2012年)

表49

序号	企业名称	企业分类	品牌
1	山东省生建重工有限责任公司	大型散料装卸输送分离设备	山川
2	山东先河悦新机电股份有限公司	大型散料装卸输送分离设备	先河
3	山东红日暖通设备有限公司	散热器件	弘日
4	淄博大亚金属科技股份有限公司	磨料磨具	大亚及图
5	鲁信创业投资集团股份有限公司	磨料磨具	泰山
6	山东美陵化工设备股份有限公司	换热器	美陵
7	山东上德电气股份有限公司	电力变压器(含箱式变电站)	SHANG DE
8	山东淄博电动滚筒厂有限公司	齿轮传动装置(减速机、齿轮、船用齿轮箱)	禹王
9	淄博柴油机总公司	柴油机	淄柴
10	淄博真空设备厂有限公司	泵(流程泵、真空泵、高压泵、旋流器)	双山
11	淄博水环真空泵厂有限公司	泵(流程泵、真空泵、高压泵、旋流器)	华成
12	山东长志泵业有限公司	泵(流程泵、真空泵、高压泵、旋流器)	兴齐
13	淄博面粉厂	小麦粉、挂面	云海
14	山东梨花面业有限公司	小麦粉、挂面	梨花
15	山东华狮啤酒有限公司	啤酒	绿兰莎
16	山东周村烧饼有限公司	方便食品	周村
17	淄博川鹰酿造有限责任公司	调味品	川鹰
18	山东玉兔食品有限责任公司	调味品	玉兔
19	山东巧媳妇食品集团有限公司	调味品	巧媳妇
20	山东泰丰源生物科技有限公司	有机肥料	泰宝
21	山东齐鲁石化开泰实业股份有限公司	羧酸(不含醋酸、柠檬酸)	开泰
22	淄博新农基农药化工有限公司	除草剂原药(玉草净、烟嘧磺隆、咪唑乙烟酸、乙草胺)	NAB
23	山东青苑纸业有限责任公司	再生胶版印刷纸	青苑
24	山东齐峰特种纸业股份有限公司	特种纸(字典纸、羊皮纸、烟用接装纸、石膏板护面纸、复合无菌纸、汽车滤芯纸、无碳复写纸、装饰原纸)	双峰
25	山东福德科技有限公司	太阳能热水器	futel

续表 49

序号	企业名称	企业分类	品牌
26	淄博新宇集团有限公司	塑料薄膜(农用薄膜、工业用薄膜)	新宇
27	山东天鹤塑胶股份有限公司	塑料薄膜(农用薄膜、工业用薄膜)	齐大
28	山东清田塑工有限公司	塑料薄膜(农用薄膜、工业用薄膜)	清田
29	山东锦庆塑料有限公司	塑料薄膜(农用薄膜、工业用薄膜)	庆义
30	山东多星电器有限公司	炊具	多星
31	淄博永安达工贸有限公司	冶金用耐火材料(含镁碳砖、连铸用铝锆碳浸入式水口)	永安达
32	淄博八陡耐火材料有限公司	冶金用耐火材料(含镁碳砖、连铸用铝锆碳浸入式水口)	八耐
33	山东万乔集团有限公司	冶金用耐火材料(含镁碳砖、连铸用铝锆碳浸入式水口)	小乔
34	山东耐材集团鲁耐窑业有限公司	冶金用耐火材料(含镁碳砖、连铸用铝锆碳浸入式水口)	鲁耐窑业
35	山东大桥耐火材料厂	冶金用耐火材料(含镁碳砖、连铸用铝锆碳浸入式水口)	双 A 桥
36	淄博鲁燕纺织有限公司	针织服装(T 恤衫、内衣、袜子)	雪燕
37	山东华丽时装有限公司	运动休闲装	华丽
38	山东云涛家纺有限公司	巾被系列	YUNTAO
39	鲁泰纺织股份有限公司	衬衫	鲁泰格蕾芬及图
40	山东齐赛纺织有限责任公司	本色布(纯棉及棉混纺本色布)	齐赛
41	山东兰骏集团有限公司	本色布(纯棉及棉混纺本色布)	兰骏
42	鲁泰纺织股份有限公司	本色布(纯棉及棉混纺本色布)	鲁泰格蕾芬及图
43	山东高盛玻璃科技股份有限公司	平板玻璃(汽车、建筑用)	高通
44	山东东瓷科技有限公司	结构陶瓷	东瓷科技
45	山东华伟银凯建材科技股份有限公司	混凝土(水泥)外加剂	华伟
46	山东凯胜电子股份有限公司	IC 卡模块	KASEN
47	山东唐骏欧铃汽车制造有限公司	载货汽车(中型汽车、轻型汽车)	唐骏
48	山东雷帕得弹簧有限公司	汽车部件总成(汽车转向节、车桥总成、散热器总成、钢板弹簧总成、调温器总成)	雷帕得
49	山东宏马工程机械有限公司	车轮(铝合金、钢制)、轮	宏马图形
50	莱芜钢铁集团淄博锚链有限公司	船用锚链	大柱
51	山东中保康医疗器具有限公司	一次性使用无菌输注医疗器械	中保康
52	山东淄博山川医用器材有限公司	一次性使用无菌输注医疗器械	山川
53	山东侨牌集团有限公司	一次性使用无菌输注医疗器械	侨

续表 49

序号	企业名称	企业分类	品牌
54	山东新华安得医疗用品有限公司	一次性使用无菌输注医疗器械	新华
55	山东新华医疗器械股份有限公司	医用灭菌消毒设备	SHINVA 新华医疗
56	山东新华医疗器械股份有限公司	放射诊断及治疗设备	新华医疗

山东服务名牌(2012 年)

表 50

序号	企业名称	服务品牌	服务项目
1	山东淄博交通运输集团蓝狐物流有限公司(复评)	蓝狐	小件货物快运
2	正本物流有限公司	正本物流	装卸搬运、运输代理
3	山东和济集团有限公司	HEJI	物流服务
4	淄博市临淄区邮政局		邮政服务
5	山东长征教育科技有限公司		幼儿教育课程软件售后培训服务
6	中国联合网络通信有限公司高青县分公司	WO	电信传输服务
7	淄博市周村嘉周宾馆有限公司(复评)	嘉周	餐饮、客房
8	淄博市淄川区农村信用合作联社	金信通	金融服务
9	中国银行股份有限公司淄博分行	中国银行 BANK OF CHINA	银行营业网点服务
10	中国农业银行股份有限公司桓台县支行	中国农业银行	惠农卡及农户小额贷款、窗口服务
11	山东大地人律师事务所	大地人	法律咨询服务
12	山东伟明物业管理有限公司	伟明物业	清洁服务
13	齐国故城遗址博物馆(复评)		导游讲解服务
14	淄博天润供水有限公司	天润供水	供水服务

(单 峰)

省长质量奖

（2012 年）

淄博市获省长质量奖（第四届）企业名单

山东东岳高分子材料有限公司

（单 峰）

山东省优质产品生产基地

（2012 年）

临淄区——山东省优质农膜产品生产基地
高青县——山东省优质纺织服装生产基地

（单 峰）

山东省优质产品生产基地龙头骨干企业

（2012 年）

山东兰骏集团有限公司
山东流云纺织有限责任公司
山东锦庆塑料有限公司
山东清田塑工有限公司
山东天鹤塑胶股份有限公司

（单 峰）

国内媒体对淄博的重点报道

【国内媒体对淄博的重点报道目录】

1. ①碧水蓝天写忠诚（时代先锋）——追记“环保卫士”孟祥民（上）
（2012 年 5 月 20 日《人民日报》）
②父老乡亲颂英名（时代先锋）——追记“环保卫士”孟祥民（下）
（2012 年 5 月 21 日《人民日报》）
2. ①追记“环保卫士”孟祥民
（2012 年 5 月 17 日新华社）
②人生因热爱璀璨——追记“环保卫士”孟祥民
（2012 年 5 月 18 日新华社）
3. ①十五年奉献　孟祥民用生命诠释环保人的信念与忠诚
（2012 年 5 月 17 日中央人民广播电台《新闻和报纸摘要》）
②山东淄博环保局孟祥民：廉洁奉公　不吃企业一顿饭
（2012 年 5 月 19 日中央人民广播电台《新闻和报纸摘要》）
4. ①“时代先锋”环保卫士孟祥民
（2012 年 5 月 18 日中央电视台《新闻联播》）
②用生命守护碧水蓝天
（2012 年 5 月 19 日中央电视台《焦点访谈》）
5. ①用生命护卫环境——追记“环保卫士”孟祥民
（2012 年 5 月 18 日《光明日报》）
②“我们就要这样的祥民”——亲友同事眼中的孟祥民
（2012 年 5 月 19 日《光明日报》）
6. ①为了人民的碧水蓝天——追记山东省淄博市环境保护局淄川分局监察大队一科科长孟祥民（上）
（2012 年 5 月 18 日《经济日报》）
②站着是座山　躺下是条河——追记山东省淄博市环境保护局淄川分局监察大队一科科长孟祥民（下）
（2012 年 5 月 19 日《经济日报》）
7. ①用生命捍卫环境——记山东省淄博市环保局淄川分局监察大队监察一科科长孟祥民（上）
（2012 年 5 月 18 日《科技日报》）
②“他是咱企业发展的贴心人”——记山东省淄博市环保局淄川分局监察大队监察一科科长孟祥民（下）
（2012 年 5 月 19 日《科技日报》）
8. ①斩断排污黑手的环保卫士——追记山东省

淄博市淄川区环保分局监察大队一科科长孟祥民(上)
(2012年5月18日《中国青年报》)
②硬汉也有温情时——追记山东省淄博市淄川区环保分局监察大队一科科长孟祥民(下)
(2012年5月19日《中国青年报》)

9. ①心系碧水蓝天铸就无私大爱——追记“环保硬汉”孟祥民
(2012年5月18日《法制日报》)
②淄川山水作证——追记“环保硬汉”孟祥民
(2012年5月19日《法制日报》)

10. 生命为信仰燃烧——追记“环保卫士”孟祥民
(2012年5月18日《中国环境报》)

11. 孟祥民先进事迹报告会举行
(2012年6月9日《大众日报》)

12. 张店:“筑基工程”点燃创业激情
(2012年6月15日《大众日报》)

13. 沂源:树立资本市场新高度
(2012年9月3日《大众日报》)

14. 老工业基地何以冒出多个“世界级”
(2012年10月6日《大众日报》)

15. 临淄粮田实现整建制集体耕作
(2012年10月16日《大众日报》)

16. 淄博:奏响社会管理创新“交响乐”
(2012年12月2日《大众日报》)

【国内媒体对淄博的重点报道选登】

碧水蓝天写忠诚(时代先锋)
——追记“环保卫士”孟祥民(上)

(2012年5月20日《人民日报》)

有人问老孟:“每次遇到危险,你都是冲在前面,就不害怕吗?”老孟说:“我们是代表国家和群众的利益执法,危急关头哪还顾得上考虑别的。没有一点敢冲敢拼的精神,是干不好环保的。”

有人说,孟祥民办事太死性,不近人情。老孟淡然以对:“无欲则刚,只有清清白白做人,才能挺直腰杆做事。”

让群众喝上干净的水,呼吸清洁的空气,吃上放心的食品,是党和政府的庄严承诺。广大环保工作者是落实这一承诺的主力军,基层环保人是这支队伍中的先锋队。

如今,在全国环保系统和山东各地,人们广泛传颂着孟祥民的事迹。孟祥民是新时期环保工作者的优秀代表,他时刻牢记党的宗旨,忠实履行环保为民的神圣使命,十五年如一日奋战在基层环保一线,在平凡岗位上做出了突出成绩。

孟祥民原为山东省淄博市环保局淄川分局监察大队监察一科科长,2011年7月因病去世,年仅48岁。山东省委追授他为“山东省优秀共产党员”,环境保护部褒扬他为“环保卫士”。

“只要身体还行,就让我多做一些工作吧”

孟祥民1981年参军入伍,在部队期间因工作成绩突出,多次被评为先进个人。1996年他转业到淄川环保分局工作,曾被评为淄博市环保工作先进个人,当选淄川区首届十大环保模范人物。

淄川区环保局的同事,都习惯称他为老孟。在大家的印象中,老孟没有什么个人爱好,要说爱好就是工作起来极其投入。在妻子刘爱清和女儿孟小茜的记忆中,老孟总是早出晚归,成天忙忙碌碌。

最让人难忘的是,从2008年8月被确诊患结肠癌到2011年2月第二次做手术,中间还有22次化疗,老孟绝大部分时间都坚守在岗位上。

实际上,妻子在2007年就多次发现老孟有便血症状,一再要求他去医院检查一下,他都以“忙过这阵子就去”为由拖过去了。

老孟第一次手术,是在医生下诊断书的4个多月之后。在这4个多月中,他参加了淄川区开展的关停取缔小炼铁、小石灰窑专项行动,一点儿也不像个病人,工作起来更加拼命。这次专项行动先后关停小砖瓦厂124家、小炼铁21家、小石灰窑292家,无论涉及哪一家企业,都需要连续几天夜查,同事们怕他身体吃不消,他总是说“没事”。

手术后,医生悄悄告诉刘爱清,癌细胞已经扩散到老孟的肝脏,进入晚期了。就是这样,老孟只休息了两个月就重新上班了。环保局领导多次强烈要求他在家休养,他都“固执地”谢绝了。他对同事们说:“人活着就要多干事,是党员就该多奉献,只要身体还行,就让我多做一些工作吧。”

第二次手术来得很突然。那天正是正月初六,早晨醒来,老孟感觉不太舒服,还是坚持去上班,刚走进办公室就晕了过去,同事们连忙送他去医院。医生说癌细胞已经开始向全身扩散了，必须马上做手术。

手术持续了8个多小时，老孟苏醒时已经是下午6点多了，面对围在身边的妻子、女儿和同事们，他吃力地说出第一句话："我还有几项工作没结好尾。"在场的人无不为之动容。

"没有敢冲敢拼的精神，是干不好环保的"

环境监察是个辛苦活。淄川是个老工矿区，环保局监管的企业近3000家，占整个淄博市企业总数的1/3，乡镇企业几乎遍地开花。这些年来，国家有节能减排的硬杠杠约束，广大群众对环境质量的要求不断提高，孟祥民和同事们的监管任务非常艰巨。

加班加点、忍饥受冻、爬高下低是家常便饭。越是恶劣天气，越是节假日，越得到现场，因为要防止企业趁机偷排。这样满负荷、超强度工作，老孟能不累吗？同事和家人从来没听他说过一个"累"字。

环境监察更是个危险活。遇到不合作的当事人，被拒之门外、辱骂、扯胳膊抱腿是常有的事，甚至会遭到狼狗、凶器的威胁。

面对危险，老孟从未低头，更未退缩。几十个乙炔气罐威胁着2000多名村民的生命财产安全，他带领同事迅速果断地处置了险情；为查出偷排废水的肇事者，他和同事连续几天夜间蹲守，小腿被对方放出的狗咬得鲜血直流，硬是坚持到公安人员赶来……

在一次关停取缔"土小"企业的专项行动中，一个不法业主纠集10多人，手拿砖头、棍棒，大声叫嚣："谁过来就打死谁！"孟祥民厉声喝道："把东西放下！你知道这么做的后果吗？"这伙人一时怔住了。老孟趁热打铁，讲政策，摆道理，陈清利弊，他们终于扔掉砖头棍棒，配合执法人员拆除机器设备，接受了处罚。

有人问老孟："每次遇到危险，你都是冲在前面，就不害怕吗？"老孟说："我们是代表国家和群众的利益执法，危急关头哪还顾得上考虑别的。没有一点敢冲敢拼的精神，是干不好环保的。"

"只有清清白白做人，才能挺直腰杆做事"

在旁人看来，孟祥民手中掌握环保执法大权，管着大大小小那么多工业企业，为自己办点事岂不是顺理成章？

淄川企业界许多人都知道，老孟几乎天天与企业打交道，从来不提什么个人要求。妻子下岗多年，弟弟到处打工，他们都曾想让老孟跟哪个企业说句话，找份工作，老孟始终不张这个口。

老孟生病之后，家里开支捉襟见肘，连女儿上大学的学费都要亲戚帮忙现凑。鲁泰纺织有限公司环保处车间主任车普保，在长期工作中和老孟成了好朋友，非常敬佩老孟的人品，就让老孟申请鲁泰公司的社会公益资助。鲁泰公司每年都拿出好几百万元资助贫困学生和孤寡老人，老孟的女儿完全符合资助条件。

几天过去，老孟没有回话，车普保打电话一问，老孟说："谢谢你了，普保，你们公司的环保归我管，提了这份申请，有些事情就说不清了，还是算了吧。"车普保说："这项资助又不是专门对你女儿的，你顾虑什么？"老孟回答："暂时的困难我能解决，还是让给更需要的人吧。"

到老孟这里走关系，更是行不通。这些年，想通过请客送礼干扰环保执法的事，老孟没少遇到，他都不为所动，不畏权势，秉公办事。2004年春天，淄川区限期整治煤气发生炉使用企业，多家在规定时间内未能达标的企业，想方设法找上门来，送礼送钱，老孟都严辞拒绝，奉劝他们与其搞这些歪门邪道，不如抓紧时间上设施，达标排放求生存。

老孟不是不需要钱。到他家看看，不足70平方米的房子，是上世纪90年代初旧村改造时建的，家具电视等都是老式样。单位两次集资建房，老孟都拿不出这笔钱，只好放弃指标。日常生活、孩子上学、孝敬远在曲阜老家的父母，家中所有开支就靠他微薄的工资维持。

有人说，孟祥民办事太死性，不近人情。老孟听后淡然以对："无欲则刚，只有清清白白做人，才能挺直腰杆做事。"

父老乡亲颂英名(时代先锋)
——追记"环保卫士"孟祥民(下)

(2012年5月21日《人民日报》)

孟祥民的一生，没有轰轰烈烈的壮举，只是踏踏实实地工作，清清白白地做人。他虽然永远离开了自己的亲人，离开了他用生命守护的碧水蓝天，却给父老乡亲留下了无尽的思念。

“老孟真不简单，顶得上我们的工程师”

刚到环保局时，孟祥民一点专业基础也没有，但凭着一股不服输的劲头，很快熟悉了业务。许多企业主刚开始与老孟打交道时，觉得这个人特别能挑毛病，相处久了，发现老孟不是光挑毛病，而是积极出主意，想办法，帮助企业治理污染。

2003年，淄川区宝山水泥厂有6条立窑生产线，粉尘污染特别严重，当时淄博市并没有强制企业安装除尘设备。老孟找到负责人，建议他们提前安装除尘设备，并推荐了技术方案。

“我们很快在6条生产线上都安装了除尘设备，1吨水泥只增加5元钱的电费成本。”宝山水泥厂副总经理国伟说，“到2005年左右，国家强制安装除尘设备，别的企业停产四五个月，我们照常生产。”

后来老孟又找他们，说立窑水泥没有发展前途，不如改成新型干法悬窑，并协助他们跑环评手续。他们听了老孟的话，事实证明，这一步又走对了。

鲁中耐火材料公司总经理封吉圣说得好：“老孟真不简单，顶得上我们的工程师。”

“从爸爸身上，我学得最多的是坚强”

现在上大学二年级的孟小茜，小时候很少见着爸爸孟祥民。

“晚上爸爸经常加班，我常常是等着等着就睡着了；早上不等醒来，爸爸又早早去了单位。”小茜说，记忆里她对爸爸有太多的不满，后来才明白爸爸不只是为了这个家而工作，更是在为大家工作。

在与病魔搏斗的最后几个月中，孟祥民给女儿留下的最深印象是坚强。“我听说癌症晚期身体非常痛，可爸爸从来不说自己哪儿疼。”小茜说，“从爸爸身上，我学得最多的是坚强。”

这么坚强的一个人，在家里也有柔情的一面。妻子刘爱清说，老孟常常晚上夜查，回到家照样洗衣做饭，打扫卫生。一天傍晚，老孟早早回到家，从地下室抱上来一床崭新的棉被。原来，老孟不仅心细，而且手巧，他抽空缝了这床棉被，作为生日礼物送给妻子。

“别看祥民整天忙工作不顾家，亲戚朋友都说他是一个有责任心的人。”刘爱清说，这些年来，家里生活虽不宽裕，但一家老少省吃俭用，日子过得有滋有味。

刘爱清告诉我们，老孟弥留之际，用最后的力气说的一句话是“我还想活着”。他有两件事很遗憾：一是当了15年兵，没当够；二是干了15年环保，还想工作。

“怀念你，学习你，环保卫士孟祥民”

2011年3月19日，淄川区举行十大环保模范人物颁奖大会，孟祥民没能前去领奖。主持人宣读孟祥民的事迹，告诉大家他正在与病魔战斗时，全场顿时掌声一片。

孟祥民病重之后，社会各界踊跃捐款，淄博市、淄川区两级党委、政府高度重视，尽全力保障救治，并且积极想办法为他的家人排忧解难。

到医院探望的人络绎不绝，其中有几位经常投诉环境问题的群众。一位姓刘的市民，脾气很犟，总是不分昼夜给环保局打电话，举报建筑工地夜间噪声扰民。老孟把手机号给了老刘，有问题就与他一起到现场。时间长了，老刘把老孟看成最可信赖的人。在医院里，老刘握住老孟的手，含着眼泪说：“好人啊，我们都盼着你回去，还有好多话要跟你说呢。”

淄川区区委书记杨洪涛说：“淄川的环境变化来之不易，以孟祥民为代表的环保工作者功不可没。”

“是一川碧水，是一片白云；是一缕春风，是一颗星辰……怀念你啊，环保卫士孟祥民；学习你啊，时代英模孟祥民！”退休教师李大章的深情诉说，传达了父老乡亲的心声。

张店：“筑基工程”点燃创业激情

（2012年6月15日《大众日报》）

淄博市张店区南定镇田家村投资5亿元的大型物流园，近日正式开业，村党委书记王继传告诉记者，这个项目的提前竣工，一次非同寻常的培训起到了重要的“催化”作用。

此前，王继传参加了张店区“千名干部培训”第五期培训班。干部培训能把村书记纳入其中已使王继传深感意外，然而高端的培训模式、立体的课程设置和全封闭的管理，更让他感叹收获甚大。

据了解，“千名干部培训”是张店区为服务“十二五”发展开展的“筑基工程”。他们将用三年时间，借助中国延安干部学院、中国井冈山干部学院、临沂党员干部党性教育基地、人众人拓展训练学校等全国高端培训机构，培训1000名重要岗位干部、文化产业人才和有较大发展潜力的年轻干部等“十类干部”。活动自去年6月启动以来，已开设6期培训班，先后培训500余人。这种大规模的高端培训在张店区尚属首次。

王继传参加完培训后，思想观念转变很大，培训前还把物流园建设看做承接上级结构调整任务的他，回来后却积极主动推进物流园建设，仅两个月时间便完成了半年的建设计划。他说：“这次培训就像是一次快速充电，我不仅找回了干事创业的激情，而且亲身体会到了只有突破自我才能抓住机遇的道理。”

杏园街道办事处书记王洪涛深有感触地说，作为基层干部，能亲耳聆听众多专家学者和领导的教诲，获益良多，自己的很多理念发生了变化，不少模糊的认识得到了清晰的解答。原来认为发展优先才能解决民生问题，招商引资、项目建设成了重中之重。但现在以民生优先的理念统领经济、社会发展，深得居民支持，很多过去很棘手的问题现在得到居民的理解和支持，制约发展的诸如拆迁、土地流转等难题居然迎刃而解，投资近4亿元的全国最大的异戊橡胶项目顺利竣工投产，新华制药和民基化工顺利搬迁投产。今年，杏园街道办事处在财力紧张的情况下，投资1800万元建设农村实验小学综合楼，让农村孩子享受和城市同样的教学条件和水平。

类似的变化，在张店如雨后春笋般显现。体育场街道开设了“书记信箱”，让党委书记成了辖区居民的“邻居”；杏园街道为每名机关干部编发《民心手册》，使群众诉求像日记一样条条有着落。

谈及这次培训的目的，张店区委书记王咏告诉记者：“我们现在的干部，尤其是基层干部，面对纷乱复杂的问题，保持激情是他们落实好工作的保障，通过培训，我们将着力锻造一支党性强、作风硬、有激情、能干事的高素质干部队伍，为建设幸福张店注入强大动力。”

培训的是干部，受益的是群众。自培训开展以来，张店区党员干部的激情被点燃。目前，张店区第一期公共廉租房、农村饮水安全工程等39个政府投资民生项目加速推进，党员干部精神面貌焕然一新。

沂源：树立资本市场新高度

(2012年9月3日《大众日报》)

8月29日，沂源人再次敲响上市锣。

当日，山东华联矿业股份有限公司借壳 * ST大成登陆上交所，成为沂源第6家上市公司。

早在2008年，沂源就因是全省县属企业上市数量最多的县，引起资本市场关注，被誉为“沂源现象”。素有“山东屋脊”之称的沂源，不仅平均海拔全省最高，其在资本市场上的作为，也为全省县域经济树起新高度。

“无米之炊”变“资本盛宴”

“巧妇难为无米之炊”。但沂源巧借资本运营这一“魔手”，使“无米之炊”变身资本盛宴。

作为革命老区，沂源工业起步晚、底子薄。然而，沂源县善于从资本运营入手，引导企业通过兼并、分离、重组等方式，盘活存量资产，优化配置资源。

山东联合化工重组县化肥厂后，企业效益大幅提升，于2008年上市；高分子材料厂从县化肥厂剥离后，以独立法人企业轻装上阵，也于2011年上市……该县先后引导华狮啤酒公司重组县酿酒总厂、瑞阳公司整体购买益母公司、华联矿业公司重组县造纸厂等等，企业实现 $1+1>2$ 或 $1-1\neq0$ 的神奇效果。

沂源人意识到，企业仅仅做大不是目的，做强才是根本，只有发展高端工业才会长远。因此，沂源将资本与科技相融合，挖掘企业内生动力。该县设立院士和博士后科研工作站达8家，是全省最多的县份；全县高新技术产值比重达到49.3%，保持全省最高。

长期“内功修为”，终成厚积薄发之势。目前，全县规模以上企业达130家，利税过千万元的企业近50家，有15家国家高新技术企业，更多上市企业呼之欲出。

设金融证券办 做“贴心保姆”

“企业办真事，政府真办事。”这是一位企业老板对沂源上市环境的肺腑之言。

在优化上市环境上，沂源县政府机构堪称企业的“贴心保姆”。该县设立县政府金融证券办公室，具体负责对金融证券及上市公司等方面的协调服务。

“在帮助企业上市中我们是全力以赴，在坚持依法办事的原则下，是程序上的缺陷就补，是方法上的过错就改，没有现成办法就创造新的办法加以解决。”县金融办主任赵卫东说。

该县每年都拿出2000多万元，对投入大、发展快的企业给予财政奖励和重点支持，并对促进上市有功人员给予重奖；把上市企业新增值税、所得税县享部分50%作为企业发展基金，集中用于支持企业新上项目建设。

正是这种贴心服务，引来“资本”长江后浪推前浪——今年，该县确定了85个工业重点项目，总投资134.4亿元，投资总额创历年最高。

从“单纯募集资金”转为“内涵发展”

在沂源谈起股票，不少街头市民都能说出个一二三，从中不难看出“沂源现象”所释放的社会示范效应。

2002年，沂源第一只股票“山东药玻”成功上市，开启了一个沂源资本市场裂变的时代。公司利用募集到的资金，投资建成了亚洲最大的丁基胶塞生产基地。

瑞阳公司上市后，迅猛崛起为全国规模最大的头孢类原料药生产企业。

鲁阳公司上市后，快速发展成亚洲最大的陶瓷纤维生产企业……

上市让企业插上了腾飞的翅膀。目前，6家上市公司上市直接融资已达20多亿元，总市值超过100多亿元，是上市前净资产总额的10倍多。

然而，上市，并不仅仅是为了钱。在采访中记者发现：沂源企业上市的目的，已从单纯募集资金转为内涵发展，实现了从量变到质变的飞跃。

华联公司的上市也表明了这一点，公司去年实现销售收入13.58亿元，利税5.6亿元，是县里的纳税大户，可谓“不差钱”。为何还要上市？公司负责人直言：企业上市，规范了企业的运作，从制度上提升了竞争力，让原本在江河里扬帆的“小舢板”，变身在海洋中斩浪的“大航母”。

资本大手，助推沂源驶入内涵发展快车道，县域经济高歌猛进。

老工业基地何以冒出多个“世界级”

(2012年10月6日《大众日报》)

9月份，山东省淄博市博山区山东东佳集团30万吨硫酸生产线及余热发电项目进入试运行阶段。这条循环生产线运行后，企业硫酸生产可增加至90万吨/年，余热发电可达到1.2万度/小时，蒸汽回收可达到84万吨/年，将全部满足主业钛白粉生产的用酸、用汽、用能。与此同时，公司依托高科技开发的金红石型钛白粉SR9000满足了高端客户需求，脱硝催化剂专用钛白粉达到国际领先水平，公司自主创新的亚熔盐法钛白粉生产新工艺获得6项国家发明专利，推动了“世界钛白粉行业绿色化升级”。如今，山东东佳集团已是年产值超过21亿元的“亚洲第一”钛白粉企业。这个曾经亏损严重、举步维艰的化工企业实现了转型升级。

如果说山东东佳集团是依靠技术研发、调整产品结构实现了转型重生，那么身处传统纺织行业的博山区银仕来纺织(集团)有限公司，则是通过细分市场领域，找到了自己的位置。公司副总经理田成杰说，从纺织业全国竞争力20强企业看，每一个企业都有自己独特的产品结构。通过细分市场领域，在确立了自己的比较优势之后，“银仕来”通过避开“全方位”的激烈竞争，在高档家纺面料上做专做强，逐步建立起自己的行业地位。目前，公司“大提花”纺织产品市场占有率已经达到30%以上，位列全国第一。7月12日，银仕来控股有限公司在香港交易所上市，募集资金2.52亿元。由此，公司进入了全新的发展阶段。

不仅在窑炉、纺织方面博山区的企业呈现出较强的竞争力，在机电泵业、新材料产业、农产品加工等领域，博山区也已成功“突围”出多个全国乃至世界领军企业。颜山泵业潜水电泵销量“全国第一”；华成集团真空泵技术“世界第一”；“佶缔纳士”产品占到了全球核电领域市场份额的80%，成为“世界级”品牌；“豆禾”纯植物奶荣膺“全国食品质量信誉十佳品牌”，成为“全国创新品类新领袖”；民康药业建成了亚洲第一条完整的预灌封注射器生产线，成为世界上第4个具备完整生产过程的厂家；鲁桥耐火材料“熔融硅砖”价格是普通产品的20倍，仍然供不应求，订单已经排到了明年底。许多企业还通过融资和集约化利用资源，找到了发展的新路。博山黑山玻璃厂利用废碎玻璃生产隔热保温材料，中科达耐火材料厂则通过废旧瓷砖制造耐火砖，既解决了上游企业废物处理的问题，又降低了企业的生产成本，实现了高效共赢。“博山区是老工业基地又是纯山区，既面临产业结构性矛盾，又面临土地资源紧缺。在这些硬约束条件限制下，企业不得不转型、不得不内涵发展，力争用相同的资源创造出更大的附加值。”博山区委书记许冰说。

博山区咬住“转型”不放松，立足自身的产业、技术优势，强力推进工业转型。瞄准内涵发展，今年博山区实施了总投资190.2亿元的30项工业重点项目和总投资22.4亿元的20项技术创新成长型工业项目。山东正昌煤矿机械有限公司“智能化信息化矿用可移动式救生舱项目”、山东晶鑫晶体科技有限公司“年产1万吨蓝宝石晶体材料项目”等六个项目被列为山东省转方式调结构1000个重点技术改造项目。淄博工陶耐火材料有限公司“液晶玻璃基板制造用关键功能陶瓷新材料”项目、山东山博电机集团有限公司“高效高速稀土永磁风力发电机”项目被列入山东省2012年自主创新成果转化重大专项计划。龙泉管道股份今年4月26日上市募集4.956亿元资金新上的三个预应力钢筒混凝土管生产项目，可新增产值12亿元。目前，博山区已形成以泵类、减速机、电机、汽车配件为主的高端机电装备制造业和以耐火新材料、冶金新材料、功能新材料、钛白新材料为主的新材料产业两大主导产业，成为国家火炬计划泵类产业基地、山东省节能环保产业示范基地、山东省优质泵类和耐火材料产品生产基地。今年上半年，博山区规模工业销售收入、利税、利润和进出口总额同比分别增长9.2％、7.9％、14.6％、21.9％。

临淄粮田实现整建制集体耕作

（2012年10月16日《大众日报》）

9月26日，淄博市临淄区敬仲镇岳家村三秋作业现场，隆隆的轰鸣声中，玉米联合收割机在地里穿梭，玉米棒被收入机仓的同时，齐刷刷的玉米秸秆粉碎后均匀地铺在地上，紧随其后的旋耕机，让秸秆碎末和泥土融为一体。

玉米联合收割机、旋耕机、深耕机……各种农业机械有序上阵，转眼间，一大片茂盛的玉米地变成散发着芳香的黑土地。在这儿，咋不见了印象中一家一户各自为战，“红袖标”四处巡查，严防秸秆焚烧，到处人声鼎沸的“三秋”大忙场面？

“我区已整建制实现了机械化集体耕作，既从根本上解决了秸秆禁烧难题，又打破了传统的一家一户分散耕作的传统模式，大大提高了农业劳动生产率，更重要的是让广大农民拥有土地却不用忙种地，从土地上真正解放出来，从事二三产业增收致富。”临淄区委书记毕荣青说。

“我们一天就忙完秋，省时又省力，还能腾出时间挣钱，政府给我们办了件大好事！”在地头当“甩手掌柜”的村民崔居顺乐呵呵得抢过话来。

俗谚云：“麦忙不算忙，秋忙忙断肠。”64岁的崔居顺家里种有5亩地，还有2亩蔬菜大棚，一到“三秋”，老两口就发怵，从收玉米到种小麦，每年都要起早贪黑忙活个把月。在工厂上班的儿子不忍心，总是请假回家帮忙，劳累不说，耽误工作还少挣上千元。但自从2010年开始，临淄区整建制实施集体耕作，一天工夫就干完以前几十天的活，老两口鞋不沾土就能忙完秋。

集体耕作是临淄区在不打破联产承包责任制基础上，对玉米、小麦耕种管收进行统一集体耕作的服务模式。从2008年开始，临淄区从玉米秸秆禁烧开始探索，2010年实施粮食生产耕、种、管、收四个环节的统一服务，经过几年的延伸和拓展，目前，扣除不能机械作业的山地外，统一玉米机收还田、统一旋耕、统一深耕、统一再旋耕、统一小麦供种、统一小麦播种、统一小麦收获，统一夏玉米机械播种8个方面的集体耕作，已在全区40万亩粮田实现全覆盖，真正实现了“政府耕种管收全包，农民坐等粮食入库。”

集体耕作的关键在于机械化。临淄区本着“发展大农机、服务大农业”的原则，创新建立“企业、合作社带基地连农户”的产业化经营模式，对加入农民专业合作社的购机农户，在享受国家补贴的基础上，区里给予叠加补贴。目前，全区已成立农机专业合作社29个，粮食种植合作社（组）522个，拥有80马力以上大型拖拉机1180台，中型拖拉机2610台，小麦收割机916台，玉米联合收获机1050台，其它各类作业机械22000台（套），主要农作物机械化率达到98％以上，率先在全省实现了大面积全程机械化作业。为鼓励农户积极参与集体耕作，临淄区出台专门政策，区财政按面积进行补贴，各镇、街道视财力情况进行再补贴，农户仅缴纳一定数额的机械作业费差价款。

今年，全区集体耕作的机械作业费统一为150元，区财政每亩补贴40元，辛店街道等经济条件好的镇、街道现已全部免除差价款，农户从收到播不掏一分钱。

岳家村支部书记崔百良告诉记者，从玉米收获到小麦播完种，如果农户自己雇用各种机械，费时费力不说，一亩地费用要在200元左右。而一个青壮年劳动力在劳务市场打零工一天也挣一二百元，远超机械作业费差价款，还解除了在外务工的后顾之忧。另外，集体耕作还从根本上杜绝了以往防不胜防的秸秆焚烧难题。

差价款只是显性收益，地力增强、化肥农药用量减少等隐性收益更是不菲。临淄区区长宋振波给记者算了一笔账：集体耕作采用的深耕方式使耕作深度增加了10厘米，土壤团粒结构和吸水、保墒、透气等理化性状大大改善，土壤有机质含量年均提高0.02%，小麦和玉米亩产均较秸秆禁烧之前提高10%。以前付之一炬的玉米秸秆全部深耕还田，其养分含量相当于当季施肥量的25%，每亩能节省肥料成本70元。今年临淄区小麦亩产502公斤，每亩增产12公斤；玉米亩产594公斤，每亩增产13公斤，连续十年实现粮食增产。

集体耕作不但带动农业产出效益明显增长，更实现了农村富余劳动力有效转移。2011年，全区农民纯收入12300多元，其中工资性收入近6600元，同比增长45%。

淄博：奏响社会管理创新“交响乐”

（2012年12月2日《大众日报》）

党的十八大报告提出，加强和创新社会管理，提高社会管理科学化水平，推动社会主义和谐社会建设。作为资源型老工业城市，淄博市面对人民群众多元化的需求，以健全完善长效体制机制为着力点，以服务群众、改善民生贯穿社会管理创新始终，不断提升社会管理科学化水平，先后推出了“六小警务”“五代理”“村居民事务干部代办”等在全国叫得响的社会管理工作品牌，密切了干群关系，保持了全市社会大局持续和谐稳定。

创新机制确保长效

淄博市委书记周清利告诉记者，淄博的社会管理创新注重从源头上解决问题，积极推进工作制度、运行机制、服务内容的立体化、全覆盖，形成了从行政管制到公共服务、从政府独揽到社会各方参与、从战役型的即兴式到建立健全长效机制的全新社会管理模式。

日常工作中，淄博着力打造“六位一体”工作格局：以科学发展、构建和谐指导社会管理创新；以服务群众、改善民生贯穿社会管理创新；坚持以实施固本强基维稳工程夯实社会管理创新；以信息化建设支撑社会管理创新；以法制化建设规范社会管理创新；以完善责任体系保障社会管理创新。同时，各区县充分发挥主观能动性，结合本地实际，走出了各具特色的社会管理创新之路，临淄区的“五代理”、博山区的“重大事项风险评估”、沂源县的“三层调解网络”等都取得了令人瞩目的效果。

近几年，农村矛盾纠纷占所有投诉上访的60%以上，而其中的80%又集中在农村印章、财务管理的混乱上。“没有一揽子解决这些问题的制度机制，单凭村干部的自觉性难以从根本上消除隐患。”临淄区委书记毕荣青告诉记者。临淄区适时推出了村级事务管理制度，所谓“五代理”，指村集体的资金、账务、资产、公章、档案由镇（街道）政府代管，一切置于阳光下，政府头疼的农村事务管理混乱难题迎刃而解。

“五代理”在全市的推开，从制度上铲除了农村事务暗箱操作的土壤。到目前为止，淄博市已代理村级集体资金18.05亿元，审核程序不合理、不规范的村级决策事项215项，拒付村级不合理支出351.6万元，各区县农村信访量普遍下降20%以上，因村级财务问题引发的新增信访查实率为零。

管理定位便民惠民

“我们村地处偏僻，现在不仅村里有村民事务代办点，片上有代办站，镇上的流动代办站还定期到村里来，现场为村民办理事务，真是太方便了。”淄川区昆仑镇马棚村支部书记陈廷山说。

昆仑镇最远的村距镇政府20多公里，群众办事非常不便。镇代办中心成立后，设专职代办员7人，兼职代办员11人，下设5个责任片代办站和48个村居代办点，配备流动代办车3辆。到目前，全镇54个代办站点累计代办村民事务13000余件，办结率98%，群众满意率99%以上。

为把“村居民事务干部代办”机制落到实处，淄博市依托区县行政审批中心、镇综合服务大厅、党员服务中心、村级组织活动场所等，建立了区县代办服务中心、镇服务站、村服务点三级服务网络。目前，淄博市 8 个区县、88 个镇街、3102 个行政村，全部建立了代办服务机构。全市有 1 万余名镇村干部奔走在基层，为群众提供证照办理、缴费报销、公益服务、民情诉求和政策咨询等五个方面、30 余项事务的代办服务。

淄川区将军路街道办事处探索出的“网格化走访、网格化服务、网格化代办”制度，则将居民以每 100 户左右为一个单位，划为 117 个单元网格，每个网格由一名机关干部和一名村居“两委”成员组成联合走访组，实现了大走访的全覆盖、网格化、制度化。今年以来，网格干部上门服务 2400 多人次，落实群众反映问题 460 多件。

在淄博，社会管理创新的最重要目的是便民惠民。各区县不断加大社会管理工作投入力度，实施了治安防控、老旧小区改造、弱势群体帮扶、农村公路扩建、饮水安全保障等民生工程，出台民生政策措施 180 多项，近年来，用于三农、教育、文化、社会保障等方面的支出 450.64 亿元，占同期财政支出的 51.42%。

多方参与共建和谐

在淄博，社会管理创新不是党委政府的独角戏，而是多方参与的交响乐。

“我们社区的日间照料服务站搞得最有特色，老人孩子都喜欢，绝对是咱街道的第一品牌。”“那可不一定，我们社区的‘顺意爱心超市’都成立 5 年了，我们才是第一。”10 月 18 日，淄博市张店区科苑街道迎春苑社区的刘庆芬和潘苑社区的徐秀英，为争“第一品牌”在小广场上较上了劲。

张店区充分发挥全体居民“自我管理、自我服务”的积极性，开展了民生服务“一社区一品牌”创建和“第一品牌”竞争活动，鼓励辖区社区居委会不断探索为民服务的新方式。目前，全区 92 个社区已打造“民生服务品牌”106 个，今年以来开展各类服务 2000 多次。

在全市范围内，各种民生服务品牌也不断涌现。沂源县创新村级矛盾纠纷调解机制，让农民成为管理自我、调处纠纷的主体，形成了家族调解员、村民小组调解组、村（居）调委会三级调解网络，实现了“家庭矛盾不出族、邻里矛盾不出组、社会矛盾不出村”；周村区的“网络议政”则从倾听网民关切、征集网民意见到组织网民评议监督政府、网民诉求限时处结，使网络真正成为“民情收集站”“决策咨询站”“网民投诉站”，推动社会管理进入“网络纪元”。

淄博市委、市政府因势利导，扎实开展和谐社区、和谐企业、和谐乡村、和谐家庭等创建活动，动员组织群众依法理性有序参与社会管理和公共服务，积极推进“科教、文化、卫生、法律”四进社区和“道德、诚信、科技、文化、卫生、法律”六进农家活动，努力培育奋发进取、理性平和、开放包容的社会心态。目前，全市活跃着各类志愿者 40 多万人，群防群治组织 6500 多个 27000 人。

今年上半年，淄博群众对该市社会治安、经济社会发展等状况的综合满意率达到 97.78%，对执法办案的综合满意率达到 98.38%，对警民关系的综合满意率达到 98.23%。

（张　猛　整理）

本部类编　辑：王　娟
副主编：徐　杰
校　对：孟　明
李　建

索引

说明

1. 本索引采用主题分析索引方法，按标引词第一字的汉语拼音字母顺序排列。同音字按声调，首字相同者按第二音序排列，依次类推。
2. 标引词后的阿拉伯数字表示内容所在页码。
3. 部类、分目、次分目用黑体字标明。
4. 特载、大事记、人物、附录等部类均未做索引。

D

H

J

N

P

Q

T

W

X

Y

Z

本部类制　作：王　娟
副主编：徐　杰
校　对：赵建国
马震刚

淄博市第一医院

医院领导班子

淄博市第一医院始建于1948年秋，坐落于中国陶瓷琉璃之乡——淄博市博山区，占地18万平方米，有开放床位1000张，在职职工1779人。其中博士、硕士研究生120人。年均门诊量56万人次，年入出院病人3.8万人次。有15名市级名医、5名市级名中医、13名硕士生导师、23名省级医学专业委员会委员、6名市级医学专业委员会主任委员、30名副主任委员。有23个职能科室、38个临床医技科室、33个病区、1个省级特色专科、8个市级名科。设有淄博市骨科研究所、糖尿病强化治疗中心、新生儿重症监护中心、肝病治疗中心和结核病、哮喘病专科分院。是潍坊医学院附属医院、卫生部国际医疗急救网络医院、国家执业医师实践技能考试基地、山东省职工工伤康复定点医院和综合试点单位。

医院拥有日立超导1.5T磁共振、西门子64层螺旋CT、飞利浦256层极速螺旋CT、双光子直线加速器、X—刀、德国血液透析机、德国罗氏全自动生化分析工作站、日本希森美康全自动血液分析工作站、美国BD公司双激光四色流式细胞仪、大型高压氧舱、全数字化彩色多普勒超声诊断显像仪、电子胃肠镜、德国颅脑超声波、美国VISX S4准分子激光近视治疗机以及1200毫安大型心血管造影机等大型设备110余台（件），价值2亿多元。

历经60多年的艰苦创业，医院现已发展成为基础设施完善、医疗设备精良、技术力量雄厚、专科门类齐全、管理水平较高，集医疗、教学、科研、预防、康复、保健为一体的三级综合性教学医院。

近年来，院党委坚持“两手抓、两手都要硬”的方针，积极开展“三好一满意”和“创先争优”活动，促进医德医风、医院文化、精神文明建设，医院各项工作都取得明显成效。医院先后获得全国诚信示范医院、全国综合医院中医药工作示范单位、山东省文明单位、山东省先进基层党组织、山东省职业道德先进集体、山东省医德医风示范医院、山东省十佳诚信医院、山东省惠民医疗先进单位、山东省医院管理先进集体、山东省医疗质量管理效益年活动先进集体等荣誉称号。

静脉用药调配中心

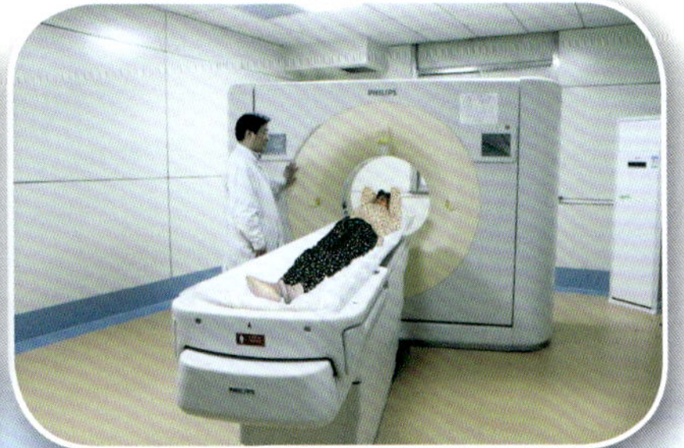
飞利浦256层极速螺旋CT

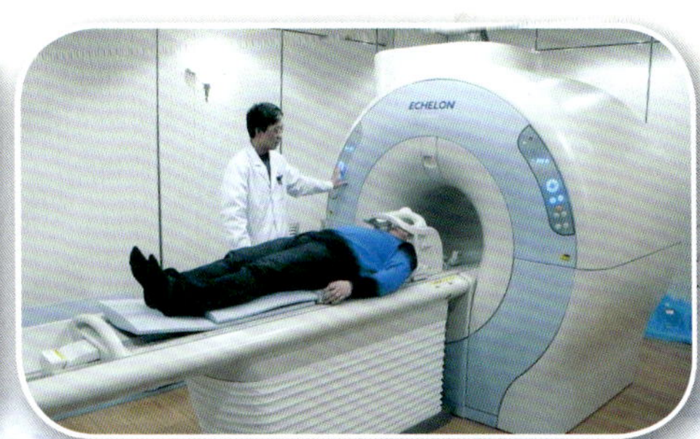
中国首台日立超导1.5T磁共振

淄博市妇

院长　肖洪涛

2013年5月19日，市委书记周清利（中）在院长肖洪涛陪同下考察儿童康复工作

医院召开医疗卫生职业精神学习实践主题活动动员大会

为新入职护士举行授帽仪式

担当承载医者使命，仁心护航妇幼健康。

淄博市妇幼保健院作为三级甲等妇幼保健院、省级文明单位，在“一切为了妇女儿童健康”服务理念的引领下，全面贯彻落实党的十八大精神，坚持“实干发展，项目为纲”的工作要求，以加快医院科学发展为主线，突出妇幼保健特色，重点工作实行项目化管理，打造核心竞争力。

加强医疗质量与安全。全面落实医疗核心制度，将重点病人管理、临床路径管理、医患纠纷及病案质量控制等内容进行量化赋分，保证临床科室医疗质量的持续改进。加强病案质控工作，开展急救大练兵活动月活动，在全市急救大赛中获得优异成绩。开展护理明星评选活动。被确定为山东省母婴护士培训临床教学基地。

加强重点学科建设。制订管理办法和院级重点学科建设评分标准，设立500万元重点专科建设专项资金。对申报的重点学科，开展现场调研，实行“一科一策”，逐科召开座谈会，现场办公，强力推进学科建设。加强人才培养，与青岛大学联合举办硕士、博士研究生班。选派儿科、妇科2名优秀青年医师去英国参加进修培训。开展青年医师素质提升月活动，邀请北京大学副教授王岳开展“从医学人文视角反思医疗纠纷与医患关系”的专题讲座。

履行公共卫生职能。在全市开展产前筛查与诊断工作。开设月子病房和儿童早教开发中心，进一步满足不同层次病人的不同需求。淄博市近视眼防控项目列入2013年市政府为妇女儿童办的十件实事之一。安装56台播放机，进行健康教育宣传。

幼保健院

市委常委、统战部部长魏艳菊（左三），市人大常委会副主任王树槐（右三）为“淄博妇幼杯”幸福妈妈日记一等奖获得者颁奖

2013年6月15日，市卫生局和医院领导到周村区栗家村走访老党员

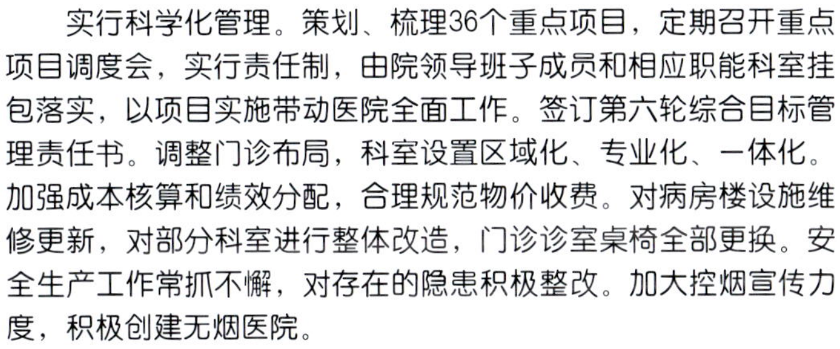

实行科学化管理。策划、梳理36个重点项目，定期召开重点项目调度会，实行责任制，由院领导班子成员和相应职能科室挂包落实，以项目实施带动医院全面工作。签订第六轮综合目标管理责任书。调整门诊布局，科室设置区域化、专业化、一体化。加强成本核算和绩效分配，合理规范物价收费。对病房楼设施维修更新，对部分科室进行整体改造，门诊诊室桌椅全部更换。安全生产工作常抓不懈，对存在的隐患积极整改。加大控烟宣传力度，积极创建无烟医院。

加强党风廉政和精神文明建设。建立惩防体系建设工作台账，与有经济往来的单位签订廉洁公约。邀请市纪委派驻组领导到院做廉政报告并进行集体廉政谈话。组织140余人到检察院鲁中教育基地进行警示教育。联合驻军某部举办党的十八大精神和党建培训班。组织近50名党员专家，分3组走进山村开展党员专家志愿奉献活动。建立医院爱国主义教育基地。交纳特殊党费，资助1名困难家庭子女完成学业，走访困难群众30户。开展医疗卫生职业精神学习实践主题活动，举行“我为医疗卫生职业精神增光彩”主题演讲比赛。承办组织“淄博妇幼杯”幸福妈妈日记评选表彰活动，弘扬家庭美德。举办道德讲堂，邀请南开大学教授孙涛举行医院服务与青年职工价值观“五四”专场报告会。组织新入院职工岗前教育，组织院龄30年职工撰写事迹材料，为30年以上职工颁发荣誉证书，培养职工的忠诚度，发挥示范、教育、引导的重要作用。

病房楼

淄博市中西医结合医院
淄博市第八人民医院

团结奋进的医院领导班子

2013年5月23日，院长段明福（左一）陪同省卫生厅副厅长袭燕（右）考察医院康复工作

医院先心病爱心救助团队获评2012“感动淄博”年度人物

淄博市中西医结合医院前身是已有百余年历史的淄博铁路医院，始建于1905年。2004年，由铁路改制划归淄博市管理，更名为淄博市第八人民医院。先后被确定为中华慈善淄博医院、山东省慈善总会定点医院。2011年，正式挂牌淄博市中西医结合医院，淄博市商业医院整建制并入医院。2013年，市机构编制委员会将淄博市中西医结合医院确定为第一名称，市政府确定医院为三级中西医结合医院。医院编制床位512张，开放床位626张，拥有职工近900人、专业技术人员近800人，其中正高职称30人、副高职称80人、博士4人、硕士60余人。拥有国际领先全国首台美国GE专家版智能彩超、西门子全身弹性成像彩超诊断系统、山东省首台128层动态500排高端螺旋CT、法国产影像系统（DR）、大型DSA、磁共振（MRI）等万元以上医疗设备近400台（套），医疗设备总值过亿元。

近年来，以院长段明福为首的领导班子带领全院干部职工以积极争创三级甲等中西医结合医院为目标，加强科室规划、人才队伍建设、设施配置、科研创新等工作，开创了中西医结合医院建设的新局面。医院坚持“小综合、大专科、中西医结合的发展方向，实施高科技人才带动，做大亮点项目，做响慈善医院，创出自身品牌，促进医院全面、和谐、可持续发展”的发展战略，打造血液透析、心脏病手术、康复医学训练、CEA治疗脑中风、热CT、临床心理治疗、肛肠病等特色技术品牌，致力创建中医规范、西医领先、中西医结合标本兼治完美诊疗为特色的强势品牌。始终坚持运作“大慈善”模式，倡导“高科技诠释新慈善”理念，依托各级工会、慈善总会、红十字会、残联等组织，关注弱势群体就医，推动医院可持续发展。医院成功创建为省级文明单位，并先后获得山东省消费者满意单位、山东省“为民服务、创先争优示范窗口单位”、振兴淄博“五一”劳动奖状、淄博市先锋基层党组织等荣誉称号。

重点专科一览表

重点专科级别	重点专科名称
国家中医重点专科培育项目	神志病科（临床心理科
省级重点专科创建科室	妇科
山东省“两好一满意”示范科室	血液净化科
淄博市卫生系统十大质量品牌	康复科
淄博市卫生系统服务品牌	心脏外科
淄博市重点专科	超声诊断科
淄博市重点专科	肺病科
淄博市重点专科	脑病科
淄博市肛肠病研究院	肛肠科
院级重点专科	老年病科
	骨伤科
	治未病科
	心血管病科

中西医结合开启医院发展新篇章

淄博市技师学院

淄博市技师学院全面贯彻国家技工教育改革发展和培训工作方针政策，研究确立"创建一流技师学院、打造技能教育品牌"的发展目标，围绕"创建全国示范性技师学院"中心工作，不断完善以"教学一体化、学生管理军队化、日常管理精细化、办学场景企业化"为内容的"四化"办学模式，坚持"贴近企业、贴近市场、贴近社会需求"的办学地位，努力打造"特色是技能、优势是就业、强项是管理"的办学品牌。先后推行制度建设年、精细化管理年、校园文化建设年、内部管理巩固提高年等提升工程，为创建全国一流技师学院奠定了坚实基础。

学院连年招生突破4000人，在校生规模达到11500余人。年开展社会培训16000人左右。数控技术、机械装修、汽车驾修3个专业成为山东省百强专业，机电工程专业实训基地被列入职业教育中央财政支持奖励实训基地建设项目，钳加工专业列入人力资源和社会保障部"一体化"课改试点专业，多项指标连续几年列全省技工院校前列，成为山东省为数不多的过万人技工院校和高技能人才培训基地。坚持突出技能办学特色，不断创新校企合作模式，与110多家知名企业成立淄博市技师学院校企合作委员会，不断推进紧密性、融入性、一体性合作关系。2012年，学院参加第四届全国技工院校技能大赛山东省选拔赛，取得4个第一名、2个第二名、4个第三名的好成绩；5名选手入围第五届全国数控大赛总决赛，其中1名选手取得全国第五名。学院毕业生一次就业率保持在98%以上，毕业生供不应求，就业质量、就业待遇不断提高。学院先后被表彰为山东省技工院校招生先进单位、山东省技能人才培养先进单位、山东省职业教育先进单位、全省职业技术培训研究先进单位、全国职工教育示范点。

2012年5月20日，市委副书记周连华（右）到学院检查指导工作

2012年6月1日，人力资源社会保障部职业技能鉴定中心副主任、中国职工教育和职业培训协会副会长毕结礼（右三）到学院调研指导工作

2012年8月29至31日，第四届全国技工院校技能大赛山东省选拔赛（淄博赛区）淄博技师学院比赛现场

学院表彰各类大赛获奖选手

2012年11月22日，由淄博市技师学院和29家知名企业发起成立的"淄博市技师学院校企合作委员会"在学院成立，并召开第一届年会

中信银行 淄博分行
CHINA CITIC BANK Zibo Branch

党委书记、行长 张 军

中信银行成立于1986年，原名中信实业银行，是中国改革开放最早成立的新兴商业银行之一，是中国最早参与国内外金融市场融资的商业银行。为了与世界先进的现代金融经营理念接轨，中信银行进行了彻底的股份制改造，2007年4月27日在上海交易所和香港联合交易所成功同步上市，第一大股东均是中国中信集团公司。中信集团现已成为具有较大规模的国际化大型跨国企业集团，目前拥有44家子公司（银行），其中包括香港、美国、加拿大、澳大利亚等地的子公司；业务主要集中在金融、实业和其它服务业领域。金融业包括商业银行、证券、保险、信托、资产管理、基金、租赁等，经营门类齐全，综合优势明显。经过27年的发展，中信银行已成为国内资本实力最雄厚的商业银行之一，是一家快速增长并具有强大综合竞争力的全国性商业银行。英国《银行家》杂志公布2011年世界银行品牌500强排行榜，中信银行再次跻身全球银行品牌价值榜百强，品牌价值达到23.42亿美元，比2010年增长4.76亿美元，排名由上年度的78位上升至73位，连续两年实现品牌价值及排名同步攀升。

中信银行于1996年12月作为首家股份制银行，率先进驻淄博市，先后在张店区、临淄区、淄川区、周村区、桓台县建立7家分支机构。近年来，始终秉承“坚持效益、质量、规模协调发展”“追求滤掉风险的利润”的经营管理理念，积极发展公司银行业务、零售银行业务、国际业务、资金资本市场业务、投资银行业务、汽车金融业务、托管业务、理财业务、信用卡业务和私人银行业务等，并拥有一流的金融服务能力。在物流融资业务、资金资本市场业务、国际贸易结算业务，尤其是在大宗商品的进出口业务方面具备极强的竞争优势，并以极具创新能力的投资银行业务以及特色鲜明的零售银行发展战略享誉业界。截至2012年12月，各项存款余额87.66亿元，各项贷款余额67.60亿元，均创历史最高水平。资产质量和盈利能力也保持良好的发展势头，在5家中小股份制银行中，存款较年初增量中排名第四位，贷款较年初增量排第一位。

中信银行淄博分行成立近16年来，培育积极向上、团结和谐的企业文化，实现银行发展与员工成长和谐共进的目标。同时，中信银行淄博分行始终不忘奉献社会、回报社会的责任，积极参与抗灾、扶贫、助残等各类公益活动，以实际行动参与社会精神文明建设。通过不懈努力，中信银行淄博分行得到了政府和社会的认可，下属分支机构多次获得青年文明号、精神文明建设先进单位、政银企联手工作先进单位等荣誉称号。

2012年4月29日至5月1日，在淄博玉黛湖生态庄园，携手淄博人民广播电台FM926音乐广播频道成功举办第二届中信银行BOBO音乐节

副行长赵波参加中信银行BOBO音乐节开幕仪式

2012年5月15日，在淄川般阳山庄成功举办中信银行淄博分行银企合作座谈会，淄川区委副书记、区长李新胜参会并讲话

办公楼

营业大厅

张店钢铁总厂

张店钢铁总厂炼钢厂成功浇铸第一炉钢坯

张店钢铁总厂高线新产品开发生产现场

张店钢铁总厂（以下简称张钢）始建于1958年，是山东钢铁集团有限公司全资子公司，大型国有企业，国家、地方重点骨干钢铁企业之一，拥有自营进出口权，为ISO 9001质量体系认证企业。总部在淄博市张店区。新厂区所在的淄博市桓台经济开发区，胶济铁路和济青高速公路贯穿东西，淄东铁路和滨博高速公路连通南北，青岛、日照等国际港口和淄博保税物流中心近在咫尺，位置优越，交通便利。

张钢拥有1350立方米高炉、120吨转炉和180平方米烧结机等装备，同时引进具有世界领先水平的现代化轧钢设备，实现了装备大型化、现代化。集成国内外多种先进技术，形成现代化的先进合理的长流程工艺模式。产品主要有热轧光圆钢筋HPB300，冷镦钢SWRCH35K，国标ML40Cr、ML35CrMo，硬线65＃、60＃、70＃，预应力钢绞线盘条YL77B、YL82B，帘线钢ZGXL72A，焊接钢ER50-6E，普通碳素钢盘条Q235、Q195、HRB400/HRB500、HRB400E/HRB500E、45＃和40Cr等，主要用于国内大型桥梁、汽车胎圈、工程构件、建筑工地等。产品行销世界多个国家，先后获得部优产品、国家免检产品、全国用户满意产品、中国冶金品质卓越产品和国家冶金产品实物质量金杯奖等荣誉。

张钢在发展钢铁主业的同时，带动相关产业发展，形成以钢铁为主，以装备制造、房地产开发为辅的多元化发展格局。先后获得全国钢铁工业先进集体、全国500家最优企业、山东省工业企业经济效益排头兵单位等荣誉称号。

环境整治

淄博柴油

公司第二次党代会选举产生新一届公司党委

淄博柴油机总公司是中国农业发展集团有限公司的全资子公司，为大功率中速发动机专业化制造企业，已有40余年的生产历史，是山东省高新技术企业和农业部新能源开发重点实验室依托单位，承担国家863计划、火炬计划项目——煤矿乏风热逆流氧化处理技术的研发。企业总部位于淄博市，设有青岛淄柴博洋柴油机股份有限公司、南通淄柴船舶机械公司、淄博淄柴新能源有限公司3家子公司，共4个生产基地，有员工2000余人。

公司主营业务为制造与销售Z150、Z170、V170、210、L250、Z270、300、N330等八大系列150—4800千瓦的“淄柴”牌船用、陆用柴油机、燃气机、LNG/柴油双燃料发动机，并致力于新型能源开发及推广利用、电站成套技术设计与施工和制造、销售乏风热逆流氧化装置。企业具备年产柴油机350万千瓦生产能力，用户群覆盖全国30多个省、市、自治区，并远销欧洲、非洲、南美、东南亚、西亚的十几个国家和地区。企业在国内外设置有几十个销售服务网点，随时为客户提供优质服务。

2012年，淄柴人凝心聚力、开拓创新、规范管理、科学发展。8月，新一届领导班子上任后，第二届党代会顺利召开，公司践行改革改制、技术创新、市场扩展等全方位新攻略，致力于建设具有卓越竞争力的新淄柴。在淄博市委、市政府以及中国农业发展集团领导的大力支持下，搬迁改造暨新能源项目奠基仪式顺利举行，产品升级、产业升级与规模升级迎来更大的发展平台，公司技术中心顺利成为国家级认定企业技术中心。先后与中海油、中煤科工集团、中石油昆仑能源、农业部农工院等国内行业排头兵企业和知名院所建立战略合作伙伴关系，企业社会知名度和行业影响力不断增强。2012年，公司连续第四年入围中国机械工业500强企业，先后获得山东省明星企业、山东省机械工业品牌建设典范企业、山东省机械工业杰出贡献企业等荣誉称号。2013年，获得由淄博市人民政府颁发的首届市长质量奖——质量管理创新奖。

国家认定
企业技术中心
国家发展改革委 科技部
财政部 海关总署 国家税务总局

山东省工程研究中心
山东省发展和改革委员会
二〇一二年五月

中国渔船渔机渔具行业
名牌产品
中国渔船渔机渔具行业协会
二〇一二年十一月

机总公司

公司搬迁改造暨新能源项目奠基仪式

863项目“煤矿乏风瓦斯氧化利用关键技术与设备开发”验收现场

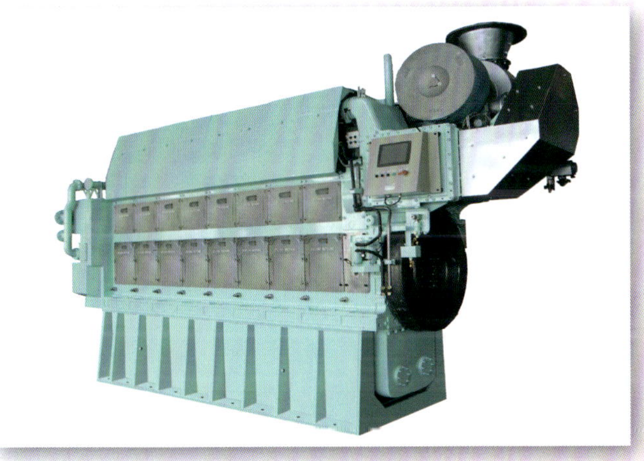

“淄柴”牌8270柴油机

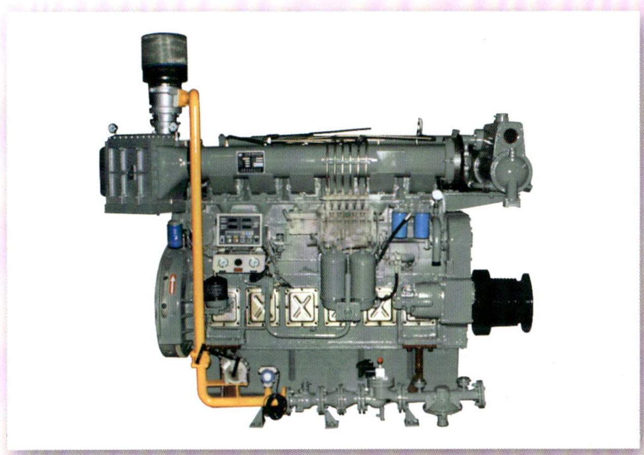

“淄柴”牌双燃料发动机

柴油、重油发电机组（120—3000千瓦）

煤层气气体机（400—700千瓦）

山东山博电机

市委书记、市人大常委会主任周清利（中）到公司调研工作

市委常委、副市长刘晓（中）到公司调研工作

山东山博电机集团有限公司是由博山电机厂改革设立的企业。职工总人数1200余人，其中工程技术人员153人。占地面积15万平方米，建筑面积10万平方米，主要生产控制微电机、车辆电机、交流电机、精密齿轮传动装置等产品。产品品种多、规格全，广泛应用于军工、航天、航空、交通、机械、轻工、纺织、医疗器械等领域，电机产品出口亚洲、非洲、欧洲、美洲和大洋洲的50多个国家和地区。

公司产品质量可靠、技术保障有力，装备有从美国、日本、德国、意大利、韩国和瑞士等国家引进的生产和检测试验设备，主要设备780台（套），设备工艺水平处于国内领先地位，具有研制、开发、生产各类中小型电机、电器和机电一体化产品的雄厚实力。公司设有省级电机技术中心，山东省机械工业中小型电机产品质量检测分站设在该公司。

公司通过ISO 9001：2008和ISO／TS 16949：2009质量管理体系认证；获得国防科工委颁发的武器装备科研生产许可证；通过中国人民解放军装备承制单位资格审查，以及武器装备科研生产单位二级保密资格认证。“山”牌电机获得山东省著名商标和山东省名牌产品称号。公司被中国电器工业协会评为中国电器工业十大知名品牌；在历次国庆天安门大阅兵中，多种武器装备上都使用了山博集团的配套产品。2009年，被授予新中国成立60周年国庆首都阅兵“装备保障先进单位”称号。公司是中国电器工业协会中小型电机分会和微电机分会副理事长单位、中国汽车工业协会车用电机电器委员会副理事长单位。

山博电机，永恒动力。公司坚持实施创新驱动发展战略，以创新为驱动，以技术为引领，不断激发企业发展的生机与活力，创新能力进一步提升，转型升级稳步推进。客户的期望和需求就是公司的追求，公司恪守质量至上、诚信服务、客户满意的经营理念，以更真诚、更高效、更优质的服务，奉献和服务于用户，不断努力拓展新的发展空间。

厂区鸟瞰图

集团有限公司

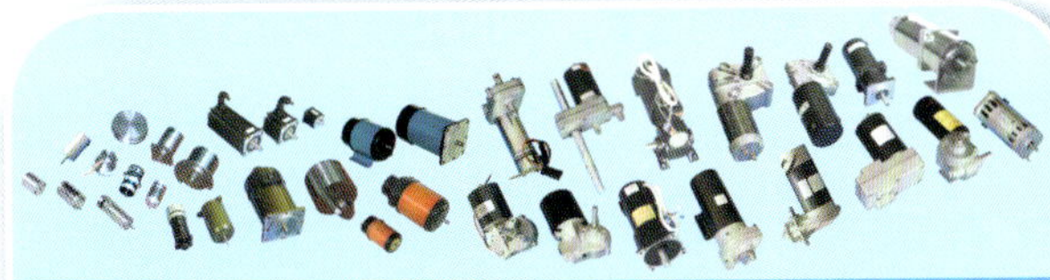

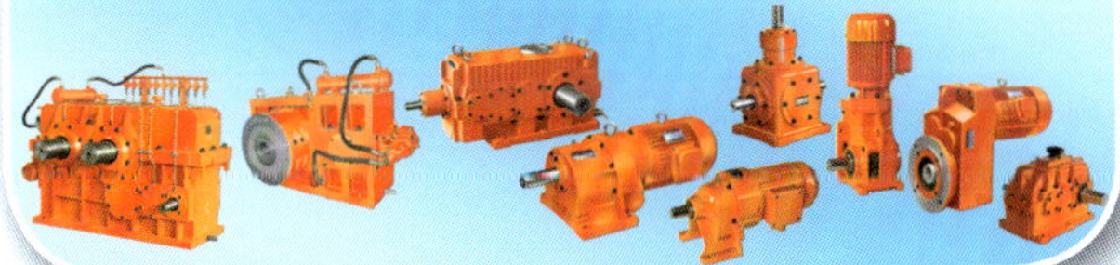

主要产品

电话：0533-2641000
传真：0533-2641030
邮箱：bem@boshanem.cn
网址：www.shanboem.cn
地址：山东省淄博市博山区北山路76号
邮编：255200

山东硅苑新材料科技股份有限公司
山东硅元新型材料有限责任公司
“常委杯”——当代国窑的奠基之作

“常委杯”是专供中共中央政治局常委使用的盖杯。中共中央政治局委员、国务院领导均使用同样盖杯。

山东硅苑新材料科技股份有限公司生产专供国家领导人的盖杯始于20世纪80年代。1984年7月30日，国务院办公厅选定山东省硅酸盐研究所研制成功的高石英质瓷、高长石质瓷为中南海紫光阁接待用瓷。1985年3月5日，经国务院有关部门领导看样审定，高石英质瓷成为中南海国家领导人用瓷。1997年党的十五大选举产生新一届中央委员会、政治局及常务委员会时，公司接到中共中央办公厅的正式订单，生产“常委杯”，并一直延续到十六、十七、十八届。订单要求“常委杯”把领导人的名字写在右手持杯的内侧，以取代过去的编号。

十八届“常委杯”在继承30年国瓷风格和内涵的基础上，装饰采用当今国际最先进的高温快烧釉中彩，造型上杯体底部更加饱满稳重。盖顶吸收天坛造型的设计理念，手感更加人性化，杯盖中部增加凸起的圆面，富有层次感。色调高雅宜人。杯身正面有毛体“中南海”字样，杯身上部和盖顶有祥云飘动，底部有海浪纹，云海呼应，和谐统一。

十八届“常委杯”

十六届、十七届“常委杯”

集团水泥生产线

山东崇正控股有限公司

崇正工业园办公楼

山东崇正控股有限公司位于山东省淄博市高新技术开发区，集团总资产10.07亿元，员工1173人，系山东省重点水泥制造企业、淄博市重点企业集团之一。

集团始终坚持走多元化、规模化发展道路，经过多年的改革与发展，发展成为以建材产品为主导，集水泥生产、房地产开发、玻璃深加工、木门制造、光伏组件、国际贸易、现代物流等多种产业并存，跨地域、跨行业的大型企业集团。拥有淄博崇正水泥有限责任公司、天津天旺崇正水泥有限公司、天津金旺崇正建材有限公司、淄博崇正矿山有限公司、山东沾化崇正水泥有限公司、尼日利亚水泥制造公司、淄博崇正房地产开发有限公司、淄博盛达创业玻璃有限公司、淄博崇正盛达创业家私有限公司、淄博崇正光电科技有限公司、淄博崇正国际贸易有限公司等十几家企业。

集团先后获评山东省建材工业最具影响力企业、山东省建材工业节能减排与资源综合利用十佳典范企业、山东省建材工业“十一五”百强品牌企业、淄博市节能突出贡献企业，系淄博市建材行业协会会长单位。主导产品“建设”牌、“柳泉”牌水泥，获得中华水泥精品、全国质量免检产品称号；“建设”“柳泉”商标，被评为山东省著名商标。所属淄博崇正房地产开发有限公司开发的水印蓝山小区被评为山东省节能示范小区；盛达玻璃获山东名牌产品称号，盛达木门连续三年被评为全国木门30强企业，产品进入北京奥运指挥大厦等奥运工程。

水印蓝山全景实景

山东宏信化工股份有限公司

2013年3月2日，市委书记周清利（左）到公司创业园区考察项目，董事长、总经理周祖俊（中）介绍情况

山东宏信化工股份有限公司是由山东省淄博市周村有机化工厂、山东俊丰实业有限公司、淄博华安化工有限公司、北京化工研究院、青岛科技大学科技公司共同成立的股份有限公司，注册资金2.18亿元，总资产24亿元。

公司主要生产基本有机化工原料，主要产品有苯酐、增塑剂、不饱和聚酯树脂、顺酐、塑胶手套等5个产品系列近30余个品种。其中，苯酐装置能力30万吨/年，规模居亚洲第一位；增塑剂装置能力32万吨/年，规模居国内第二位；不饱和聚酯树脂10万吨/年；顺酐6万吨/年；PVC塑胶手套24亿支/年。还有顺酐尾气蓄热焚烧装置、日处理废水1000吨的污水治理装置及3000千瓦/年余热发电装置等。公司始终坚持科学发展，不断调整完善产品结构，寻求新的发展项目，企业规模不断发展壮大。

公司加快转方式、调结构的步伐，拥有宏信创业园区、顺酐园区、老厂区3个生产园区和5个子公司，2001年10月成立广东东莞盛和化工有限公司；2011年4月成立俊丰实业有限公司；2012年7月成立周村区宏信小额贷款有限公司；2012年8月成立俊丰物流有限公司；2012年9月收购淄博周北热电有限公司。公司步入迅速发展的快车道。

公司坚持严格科学管理，科技与规模发展并举，依靠管理创新和技术创新走出一条低成本扩张、专业化发展、经济效益高增长的成功之路，在同行业中形成了资本、成本和人本优势。产品产量、质量都有不同程度地提高，创造了良好的社会效益和经济效益。

公司先后获得国家重点高新技术企业、国家新材料产业化基地骨干企业、中国化工500强、中国品牌100强、全国文明诚信示范单位、中国AAA级信用企业、山东省大型企业、省级文明单位、省富民兴鲁劳动奖章等荣誉称号。

团结奋进的领导班子

现代化的操作控制间

顺酐蓄热焚烧装置

年产6万吨苯酐装置

厂区一角

山东创业房地产开发有限公司

106万平方米国家康居示范工程——齐悦国际花园

山东创业房地产开发有限公司成立于1992年，具有国家房地产开发一级资质。20多年来，公司始终秉承“创新、爱国、厚德、敬业”的企业精神，坚持“客户为本、诚信立业、质量兴业”的诚信经营理念，着力打造质量品牌和诚信品牌，不断使“创业放心房”深入人心，“诚信创业”得到了社会各界的支持与认可。

公司坚持“以设计为抓手，以质量为命门，以效益为中心，以品质为保障”的开发建设工作思路，按照“以项目为载体、以市场为导向、以效益为中心、以营销为主线、以建设为重点、以品质为保障”的总体工作思路，不断提升“创业放心房”品质。先后开发了丽景苑、瑞景苑、丽景翠苑、瑞丰苑、世纪花园、学府花园、聚贤苑、东城华府、颐丰花园、御景大厦、上城名府、齐悦国际花园、金域东山、创业·火炬广场、齐韵韶苑、上品广场、上城府第等20多个项目，总开发面积超过500万平方米。世纪花园帝景苑项目率先通过了淄博市A级住宅性能认定；上城名府、齐韵韶苑项目也分别顺利通过了2A级住宅性能认定中期检查和设计初审。2012年颐丰花园项目通过住建部省地节能环保型国家康居示范工程达标验收，并获规划设计、建筑设计、施工组织管理、住宅产业成套技术推广4块金牌；齐悦国际花园一期、二期分别通过了国家康居示范工程中期检查和设计初审，并在全国人居经典建筑规划设计方案竞赛活动中荣获规划、环境双金奖，在中国居住创新典范品牌推介活动中被推介为中国绿色低碳社区示范项目，在中国房地产企业品牌价值评选中被评为中国房地产优秀品牌项目。

齐悦国际花园(效果图)

公司先后被授予销售放心房履行承诺企业、中国房地产百强企业、中国房地产开发诚信企业、中国房地产企业品牌价值成长性10强企业、中国房地产信用评价AAA级信用企业；连续9届被山东省工商局评为山东省消费者满意单位，是省级“守合同、重信用”企业和省级A级纳税人企业；连续8年蝉联淄博市房地产开发企业综合考核第一名，连续5年被评为淄博市房地产开发企业信用AAA级企业等荣誉。

靠服务社会发展，靠信用积累壮大。公司将以“为城市增添光彩、为客户创造价值”为企业宗旨，以“践行社会责任、建设美丽家园”为企业使命，牢固树立“爱岗敬业、创造价值、回报社会”的核心价值观，通过诚信品牌、质量品牌、服务品牌建设，实现“以人为本、诚实守信、合作共赢，争做最受社会信任的房地产企业”的企业愿景，为创造社会居住文明不断作出新的贡献。

创业房产企业总部

董事长、总经理　于亦章

山东万鑫建设有限公司是山东万鑫投资控股有限公司的核心企业，下设9个部门、1个省级技术研发中心和信息中心、11个区域公司、6个专业公司，注册资金3亿元；有一、二级建造师200余人；拥有各类专业施工机械设备5000余台（套），主要质量检测仪器设备1000余台及机械设备齐全的钢结构加工厂、高标准工厂化装饰生产线、3250型沥青砼拌合站、商品混凝土拌合站、桥梁大模板生产线等大型生产设施。公司拥有国家房屋建筑工程施工总承包特级资质，所辖全资子公司具有装饰装修、建筑幕墙、金属门窗、地基基础、公路工程总承包、路面、路基专业承包一级资质，劳务分包一级资质，装饰设计、建筑幕墙设计甲级资质，资质结构彰显“万鑫”模式。是全市唯一具有10项一级以上资质的施工企业。鑫国基础、鑫泰公路、鑫泽装饰、鑫科钢构、万鑫安装、鑫立劳务等专业公司成为万鑫模式中的一大亮点。

电话：0533-2695887 4001091788
传真：0533-2695896
网址：www.sdwx.cn
邮箱：jiguanbu@sdwx.cn
地址：山东省淄博市高新区柳泉路105号国贸大厦C座
邮编：255000

董事长、总经理于亦章（前左二）领取市长质量管理奖

荣誉榜

全国建筑业AAA级信用企业
中国工程建设企业社会信用评价AAA企业
中国建筑业综合竞争力50强
全国优秀施工企业
全国建筑业先进企业
全国QC优秀成果一等奖第一名
全国优秀质量管理小组
山东省建筑业先进集体
全省红十字系统支持大病救助工作先进单位
山东省建筑业企业综合实力50强第六名
淄博市建筑业企业综合实力20强第一名
全市率先实现特级资质新标准达标就位
全市建筑业第一家获得首届市长质量管理奖
2012“感动淄博”年度人物（集体）

公司承建的滨州市行政服务中心——鲁班奖

建设有限公司

公司承建的博兴县行政中心综合楼——国优工程

公司承建的中润华侨城北区1号商业楼——国优工程

公司承建的淄博鑫盛城市风景商务大厦——国优工程

公司承建的邹平天兴城商场——国优工程

WUHUA 山东物华租赁有限公司

董事长、总经理　王　纲

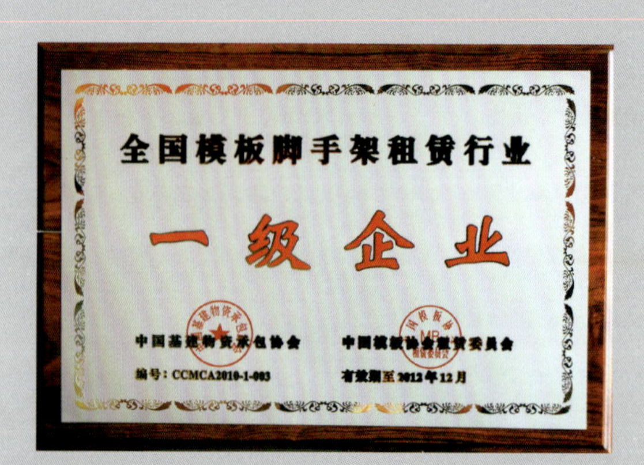

山东物华租赁有限公司是中国基建物资承包协会、中国模板协会租赁委员会副会长单位，中国模板脚手架协会、中国建筑金属结构协会会员单位，被中国基建物资承包协会、中国模板协会租赁委员会评定为全国模板脚手架租赁行业一级企业，被山东省工商局授予省级守合同重信用企业。1999—2012年被中国模板脚手架协会、中国基建物资租赁承包协会和中国模板协会租赁委员会评为推广应用新型模板脚手架优秀企业和全国模板脚手架租赁行业名牌企业。

公司经营范围：建筑钢模板、钢脚手架、钢架板、建筑施工机械租赁；钢材、日用陶瓷、木材批发零售；房屋场地租赁、汽车租赁。拥有租赁物资：钢模板8万平方米、碗扣脚手架6000吨、钢管4000吨、钢支柱10000条、架板15000块、机械设备250台及附件500吨；拥有出租和待出租场地10万平方米；经营办公库房2万平方米。

公司拥有6个控股子公司、11个分公司。租赁物资多次用于国内重点建设工程，在国内高速公路和铁路建设中推广使用新型模板和新型脚手架，为发展公路交通事业发挥了积极作用。

公司在创建和谐社会、和谐物华的征程中，将继续坚持信誉第一、诚信经营的原则，为建筑施工企业精诚服务，不断提高自身经济效益和社会效益。按照建设现代化企业要求，深化改革，加强管理，加快推进资产开发和日用消费品租赁的步伐，由单纯的建筑物资租赁转变为市场开发与物资租赁相结合的租赁多元化、组织集团化、管理现代化的租赁企业。

公司董事长兼总经理王纲携全体员工热忱欢迎社会各界新老朋友携手合作，共创辉煌。

电话：0533—3180336 3181882
传真：0533—3181801
网址：www.zbwhzL.com
邮箱：zbwhzL59@163.com
地址：山东省淄博市张店区柳泉路59号
邮编：255031

全国劳动模范、傅山村党委书记、
傅山集团董事长 彭荣均

山东淄博傅山企业集团有限公司成立于1995年，是在傅山村综合发展的基础上建立起来的一家集冶金、能源、铁路物流、保税物流、酿造、房地产、新材料、金融、餐饮服务、化工、化纤、食品加工、机械制造、建筑建材、旅游、文化传媒等多个特色产业板块为一体的综合性大型企业集团。集团公司对下属几十个企业单位实行统一经营管理。公司位于淄博高新区东北部，总占地面积近7平方公里，交通便利，资源丰富，地理位置优越，具有得天独厚的发展优势。

成立以来，傅山集团践行“退一进二、继二进三”和“调整、整顿、规范、提高”的发展战略，秉承“创建卓越 追求和谐”的发展理念，坚持以经济建设为中心，全面落实科学发展观，实实在在转方式，认认真真调结构，大力发展第三产业、循环经济及环保经济，在结构优化中提高经济发展的质量、效益和竞争力，经济与社会各项事业实现又好又快发展。在经济飞速发展的同时，逐步走上以能源产业为产业链基础、以循环经济为纽带的多元化发展道路，建立起由清洁生产、废物利用、生态保护、和谐发展构成的循环经济体系，最大程度上实现了资源共享、资源综合利用。

2012年，傅山实现总产值200余亿元，利税总额超过12亿元。连续多年跻身中国最大500家企业集团、中国企业500强、中国制造业500强行列。先后被授予全国先进基层党组织、全国优秀乡镇企业集团、全国文明诚信示范单位、山东省就业与社会保障先进民营企业、淄博市首届工业杰出企业、淄博市功勋企业等荣誉称号。连续多年保持山东省先进基层党组织、基层党建工作示范点等多项荣誉。

30年间每年定期召开村民职工代表大会

党委书记、集团公司董事长彭荣均系全国劳动模范，全国优秀乡镇企业经理，全国优秀诚信企业家，山东省第八、九次党代表，山东省第十一、十二届人大代表，淄博市第九至十三届人大代表，淄博市第六次、第十次、第十一次党代表，张店区第七至十六届人大代表，张店区第十二至十六届人大常委。先后获山东省劳动模范、齐鲁先锋共产党员、乡村之星、优秀乡镇企业家、淄博市优秀中国特色社会主义事业建设者、淄博市杰出企业家、淄博市功勋企业家等称号，多次被授予市、区优秀共产党员，明星企业家等荣誉。连续多年被淄博市人大授予优秀市人大代表荣誉称号。

铁路货运中心

保税物流中心鸟瞰图

傅山文化宫

傅山热电厂

傅山集团办公大楼

高青县田镇

党工委书记　王　忠

主任　李　永

田镇街道地处高青县中部，为县委、县政府驻地，辖区总面积70平方公里，辖9个社区、64个行政村，总人口6.3万人。

2012年，田镇街道党工委、办事处确立“全力服务城市化，财政收入过亿元”的工作思路，发扬“单项工作争第一，全面工作夺冠军”的田镇精神，激情干事、激情创业、激情发展，展现出“五加二”“白加黑”的良好精神风貌，推进经济全面快速发展和社会和谐进步。先后被市委、市政府表彰为淄博先锋基层党组织、创建全国文明城市先进集体、全市固本强基维稳工程先进集体、全市“两区三村”改造建设工作先进单位、全市学习型党组织建设先进单位、全市文明单位等荣誉称号。全年规模以上工业企业销售收入、利税、利润分别达到58.03亿元、9.58亿元、2.32亿元，高新技术产业产值4.24亿元。规模以上固定资产投资20亿元，农民人均纯收入9336元，财政收入实现8846万元。顺利完成通用凯旋城、滨州中油燃气管线、陶瓷厂拆迁、徐家窑厂拆迁、西北绕城、广青路、高苑路西延、青城路西延、蒲台路、六号路、七号路、长江路建设、温泉花乡续建、扳倒井南部新区项目、阳光集团医疗工程、天水营丘文化广场等项目服务工作40余项，确保了城市建设顺利开展。深入推进“两区三村”改造工作，参与“两区三村”建设的村共27个，官庄、民主街、和平街、宁家、冯郭、李星耀、沙高等7个村（居）建起新小区，安置面积21万平方米，总投资2.94亿元，入住居民5500人。农业产业结构调整进一步优化。年底，全街道特色规模养殖小区达到20余个，肉牛养殖1.24万头，各类有机蔬菜大棚2000余个，瓜菜面积1333.33公顷，苗木种植666.67公顷，形成畜牧、瓜菜、林木三大亮点产业，打造了田镇西红柿、段家西瓜、崔张超甜葡萄、马家苗木等优质农产品品牌。注重农村生态文明建设，投资300余万元开展乡村文明行动，建立并完善农村环境综合整治长效机制。发展经济的同时，着力改善民生，开创社会事业新局面。投资近1000万元修筑、改造农村道路，改善群众出行条件；投资1800万元的社会福利中心正式启用。

社会福利中心正式启用（2013年7月14日　摄）

生态宜居的官庄千盛园小区（2012年7月13日　摄）

街道办事处

2012年6月5日，市委副书记周连华（右）到田镇街道冯郭村调研“两区三村”建设工作

谦津电子自动化生产车间（2013年7月19日　摄）

田镇街道司家村有机葡萄生产基地（2012年7月13日　摄）

田镇街道徐董村千亩花卉苗木基地（2012年7月13日　摄）

中国高青首届黑牛节暨五彩农业博览会田镇街道展区（2012年9月25日　摄）

田镇街道正理村博惠黑牛养殖基地

张店区南定镇

南定镇位于张店城区南部，总面积26.6平方公里，辖14个行政村、7个社区，总人口13余万人。辖区内有山东铝业公司、华电淄博热电有限公司、淄博齐泰石油化工有限公司等国有大中型企业10家，各类工商企业3000余家，主导产业有冶金、化工、机械、新材料、医药、建陶等。

2012年，南定镇全面贯彻落实党的十八大精神，坚持以科学发展观为指导，按照“发展发展再发展、实干实干再实干”的总要求，把“凝神聚力抓发展”作为工作的主基调，着力实施“新型工业立镇、融合发展强镇、三产商贸兴镇、都市农业靓镇”四大战略，加快推进“高新材料、机械制造、汽贸产业、现代物流和都市农业”五大板块产业发展。以项目建设为总抓手，着力推进产业结构转型升级，做大做强五大板块产业。以生态文明建设为引领，着力加快新型城镇化进程，做美做优南部城区。以改善民生和创新管理为重点，着力改善和保障民生，努力形成住有所居、学有所教、病有所医、老有所养的和谐局面，努力提升辖区居民的幸福指数，努力实现经济持续健康发展和社会和谐稳定，开创幸福宜居绿色生态南定新局面。

社会管理服务中心

华电淄博热电有限公司2×300兆瓦热电联产项目

镇主干道张南路

麦德龙仓储超市蓝色效果图

张店区和平街道办事处

党工委书记　赵　兵

主任　杨会斌

张店区和平街道辖区面积2.94平方公里，常驻人口4.6万人，流动人口2万余人，辖11个社区，驻地机关、企事业单位100余家，是淄博中心城区最繁华的地段之一。

2012年，和平街道在区委、区政府的正确领导下，牢牢把握“发展发展再发展，实干实干再实干”的工作要求，以“和谐、平安”和“科学发展惠民生，建设和谐新和平”为工作理念，以“抓发展、抓党建、抓城建、抓稳定、抓惠民”为载体，真抓实干，实现经济社会各项事业健康有序发展。街道全年规模以上工业主营业务收入5.3亿元，完成年度目标的100.17%；规模以上工业利税总额4410万元；工业利润总额689万元；社会消费品零售总额10.1亿元；规模以上固定资产投资16亿元，完成年度目标的112.56%。全年完成财政收入5280万元，比2011年增长21.9%。坚持把项目建设作为加快发展的总抓手，大力实施重点项目带动战略。全年投资1000万元以上的项目共22个，总投资24.19亿元。其中，威通国际商务大厦、铂金大厦2个项目被列为市重点项目，华茂官邸、天府清华园、金恒家园等5个项目被列为区重点项目。以创建国家生态园林城市、国家卫生城市为契机，认真抓好城市环境综合整治，提高规范化管理水平，全力打造干净社区，大力开展社会绿化工程，全年新建、完善绿地2.6万平方米。坚持以点带面，扎实打造党建工作品牌，带动街道党建工作全面优化。推行“网格化管理、组团式服务”管理模式，共建立网格党小组56个、党员服务队64支，使社区服务更加规范化、精细化。坚持多措并举，扎实推进“平安和平”建设，全力做好扶老帮困、就业保障等利民惠民工作。先后获得全市学习型党组织建设先进领导班子、创建全国文明城市工作先进集体、全市实施固本强基维稳工程先进集体等荣誉称号。

区委书记王咏（左二）、区长沙向东（右一）到和平街道调研指导工作

2012年11月2日，社区举办书画展

举行践行四德、爱岗敬业文艺汇演

社区居民举行百家宴

积极打造整洁、和谐社区

博山区八陡镇

八陡美景

党委书记　刘　伟

镇长　胡安郭

八陡镇位于博山区东南11.2公里处，镇域面积40平方公里，总人口4万人，现有17个行政村、19个居委会。2012年，在博山区委、区政府的坚强领导下，八陡镇坚持“转方式、调结构、稳增长、促发展”的工作思路，开拓创新，锐意进取，全镇上下呈现出政通人和、百业兴盛、社会和谐、人民安居乐业的崭新局面。

坚持工业强镇战略，增强镇域经济综合实力。强化项目带动，做大做强发展引擎。2012年，全镇开工过千万建设项目39个，总投资额28.8亿元，同比增长31.14%。强化集群引领，打造产业竞争新优势。围绕老城工业区发展定位，实施双轮驱动战略，即传统产业改造提升工程和战略性新兴产业倍增工程，全面落实产业规划，形成机械装备制造、玻璃陶瓷、新材料三大产业集群特色突出、布局合理、规模发展的格局。强化创新驱动，提升企业核心竞争力。全镇建成省级以上技术研发机构1个，市级技术研发中心5个，上柜挂牌企业2家，高新技术企业11家，荣获省“科技市场金桥奖”企业2家。建立品牌培育管理体系，加大对品牌建设的扶持力度，形成名品带名企、名企促发展的良性发展格局，2012年新增“陈仕红木”“福泰陶瓷”2个中国驰名商标。

坚持生态立镇战略，提高城镇综合承载能力。按照城镇总体规划，逐步建成环八陡、环黑山、环福山的镇域路网。推进天然气管网辐射延伸，泰青威天然气管线工程全面贯通。新建生活垃圾中转站1处，项目运转后，将实现全镇生活垃圾资源化利用。着力改善百姓居住环境。重点抓好桂馨园小区、增福小区、鑫顶苑小区等多个精品小区建设，配齐配好社区配套服务设施，规范物业管理，逐步完善社区服务功能。全力推进生态乡镇建设，健全完善环境综合整治长效机制，加强保洁员队伍和城管执法中队建设，集中整治城镇“六乱”现象，做好重点污染源限期治理、生态项目建设等工作。

坚持民生安镇战略，提升辖区居民幸福指数。全面落实各项惠民政策，为全镇947户城乡低保户发放低保金268.13万元，为62户患重大疾病的低保困难户申请医疗救助金13.6万元，为25名义务兵发放优待金28.8万元，为17名重点优抚对象发放优待金1万余元。镇便民服务中心实现规范化运行，为群众提供便捷高效的优质服务。坚持教育优先发展的原则，投资30万元购买校车2辆，对八陡籍应届大学新生发放奖学金10万余元。开展丰富多彩的文体活动，组织大型文艺汇演12次，依托八陡镇农民书画研究会多次举办书画展览，出版《黑山艺林》画刊，活跃群众文化生活。

博山富源履带机械制造有限公司生产车间

山东福泰陶瓷有限公司产品展厅

八陡镇东顶村鑫鼎苑小区

文化活动丰富多彩

博山区博山镇

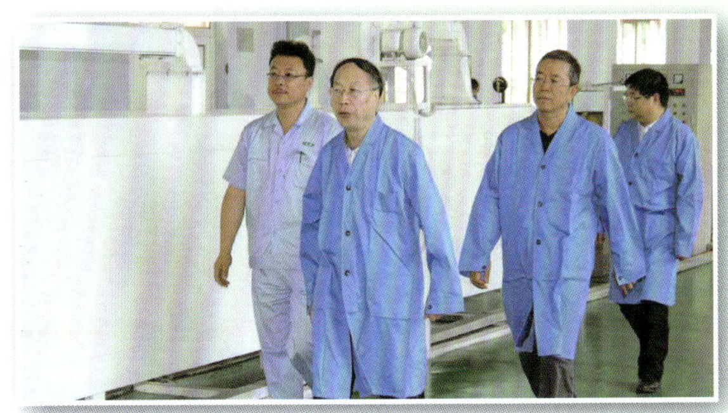
2013年7月16日，国家工业和信息化部副部长、党组副书记苏波（前）到山东圣世达集团督查企业安全监察工作

2013年7月16日，市长徐景颜（前右）考察山东圣世达集团

2013年6月28日，市委副书记周连华（中）到淄博得茂实有机农业发展公司考察有机农业

2013年7月3日，市委常委、市纪委书记赵启全（右）到淄博业盛玻璃制品公司调研工作

博山镇在区委、区政府的正确领导下，紧紧围绕建设“有机农业镇、生态旅游镇、和谐新城镇”工作目标，坚持科学发展、创新发展、跨越发展，进一步解放思想，抢抓机遇，干事创业，全镇经济社会事业呈现出良好的发展态势。

有机农业取得新进展。规模效应全面扩大，严格落实党政领导挂包农业龙头企业（合作社）制度，加快有机农业发展。2013年，上水公司总投资3000余万元、占地面积8000平方米的金银花加工生产线投入使用；山里阿哥农业公司新增投资100万元，对公司基地实施综合治理，并成功举办首届蓝莓节，有机蓝莓供不应求；颜春公司投资200万元，完善生态旅游基础设施，投资300万元新增流转土地13.33公顷；博泉公司投资500万元，进行五老湖生态修复，栽植生态有机苗木10万余株。全镇新增“博山蓝莓”“博山山楂”两个国家地理标志证明商标。

工业经济稳中有进。2013年1—6月，全镇规模以上企业实现销售收入3.22亿元；5家限额以上住宿餐饮单位实现销售收入1.35亿元，比2012年同期增长35%；全社会固定资产投资完成7.7亿元，增长34%；第三产业固定资产投资所占比重达73.2%；财政收入完成1766万元，增长50.55%；工业重点项目顺利推进，为全镇加快建设新型工业强镇起到积极的促进作用。

生态旅游镇建设取得新突破。2013年5月19日，成功举办博山镇首届蓝莓节暨山东省汽车自驾游基地创建启动仪式。通过举办蓝莓节、自驾游、采摘游等活动，市民进山人数大幅增加。截至2013年7月底，全镇累计接待游客4万余人次。提升镇容村貌和生态路网建设，2013年上半年累计投资900万元，30公里生态路网全面开工建设，全镇生态路网达到100余公里。博山镇和谐新城镇建设迈上新台阶。

2013年4月27日，市委常委、市政法委书记尚龙江（中）参观博山镇社会管理创新办公室

2013年5月19日，博山镇首届蓝莓节暨山东省汽车自驾游基地创建仪式在博山镇有机蓝莓种植基地举行

博山区池上镇

市委常委、统战部部长魏艳菊（右四）带领女企业家走访慰问池上敬老院

区长任书升（中）到池上镇调研工作

池上镇位于博山区东南部，淄河上游，与淄川区、沂源县、临朐县交界，山东省第四高峰鲁山坐落镇内，全镇总面积156.51平方公里，辖44个行政村，总人口2.3万人。有64个党支部，1299名党员。

2012年，全镇实现乡镇总产值8.2亿元，企业营业收入7.8亿元，利税总额8900万元，增加值2.4亿元。完成固定资产投资5.7亿元，招商引资4600万元，实现农民人均纯收入8424元。全年出口创汇2500万美元。镇内从事农产品深加工的企业13家，其中具有自营进出口权的12家，省级龙头企业1家，市级龙头企业2家，区级龙头企业5家；机械加工企业3家，玻璃行业4家。

加强基础设施建设。全年共投资300万元整修拓宽石臼路、李铜路等多条主干道20公里，积极引导各村因地制宜建设“五小水利”基础设施，进一步改善农田水利灌溉条件。加强项目建设。2012年9月，计划总投资6000万元、总占地面积266.67公顷的淄博尚逸农业发展有限公司在大里村挂牌成立；投资3.5亿元的“豆禾园”二期项目和总投资3000万元的山东上水金银花深加工项目建设进展顺利。生态农业园区逐步产业化、规模化。高标准完成生态园区规划设计，建成占地1333公顷的金银花、茶叶、黑色有机食品、食用菌、黄烟等八大特色产业基地。全年仅桔梗加工企业就实现出口创汇2500万美元，池上镇成为全国规模最大的桔梗出口加工集散地，标准化生产和品牌化优势明显。实施“环境立镇”战略。投资2000万元对淄河流域进行整合治理。形成以志公坪景区为龙头，以桃花溪山水为主线，以“三郝峪”10里特色餐饮长廊、“三小峰”10里生态观光长廊、30公里生态水系长廊、20公里花卉苗木产业带为特色，以农业观光、人文景观和生态特色旅游为主导，集花卉种植、经营、观光旅游、休闲服务于一体的旅游格局。

2012年，先后获得好客山东休闲汇最佳休闲乡镇、农业统计调查工作基层先进单位、“幸福进家活动”先进乡镇、三八红旗集体和年度粮食直补工作先进集体等市级以上荣誉。

池上鲜桃采收

《鲁中晨报》携手共建晨报林

农家采摘园

池上镇七峪村

市、区、镇领导到村指导工作

七峪村位于博山区池上镇东南3公里处，鲁山国家森林公园脚下。依山傍水，风景秀美，毗邻仲临路，交通便利。全村162户、386人，土地面积140公顷，以山林地居多，板栗和黄烟为主要经济作物。

七峪村四面皆山，水源充足，水质好，鲁山山脉砂岩土质特别适合板栗生长，具有发展板栗产业得天独厚的条件。所产优质板栗富含铁，糖分高，口感好，有补胃健脾、增加食欲、调理肠胃之功效，属于绿色有机食品。在池上镇党委、政府的积极引导下，2008年成立金池板栗专业合作社，大力推行板栗有机产业化种植。2011年，获得国家级板栗生产标准化示范园称号。截至2012年，板栗种植已发展到100公顷，社员151人。年生产优质板栗1000吨。

2012年以来，市史志办先后派出两批“第一书记”进驻七峪村开展工作，结合村庄实际情况，硬化路面，安装路灯以方便村民劳动与生活。市史志办领导多次走村入户，指导制订帮扶计划，开展“结对共建”和慰问老党员、贫困户活动。

博山区池上镇金池板栗专业合作社理事长：赵增吉

联系电话：13792164196

村委“一班人”察看板栗长势

博山金池板栗合作社

理事会

理事长：赵增吉

副理事长：聂树友 聂树林

监事会

监事长：李效友

副监事长：李百合

理事会职权

（一）组织召开社会（代表）大会，执行社员（代表）大会决议。
（二）拟定本社会发展规划，规章制度，年度生产经营计划，提交社会（代表）大会通过，并组织实施。
（三）拟定本社机构设置，提交社员（代表）大会审议批准。
（四）负责本社日常经营、管理和服务活动。
（五）批准接纳新社员或原有社员的退出，取消不符合条件的社员资格。
（六）社员（代表）大会授予的其他职权。

社员的权利

（一）参加成员大会，并有表决权、选举权和被选举权；
（二）利用本社会提供的各项服务，生产经营设施；
（三）按出资额和交易额或者成员大会决议享有本社盈余分配权。
（四）享有民主管理、民主监督权；
（五）有权提议召开临时成员大会；
（六）享有本社终止后的剩余财产分配权。

财务管理制度

（一）严格履行国家财税政策和法规，如《财务通则》、《会计准则》、《审计法》等；
（二）实事求是核算企业经营效益，依法按时交纳税金；
（三）对手续、制度传递应及时准确，职责分明；
（四）执行好现金管理制度，提高资金利用率，加快资金周转；
（五）严格执行各项费用开支制度，最大限度的降低费用水平；
（六）加强内部审计制度，做好盘点工作，及时准确的向领导提供资金运转情况；
（七）坚决抵制一切违法违纪行为，敢于同一切不良倾向作斗争，维护国家和集体利益。

社员大会职权

（一）审议、修改章程和各项规章制度；
（二）选举或者罢免理事长；
（三）决定合并、分立、终止、清算；
（四）决定生产经营方针和发展投资计划；
（五）决定重大财产处理、生产经营活动中的其他重大事项；
（六）决定盈余分配和亏损处理方案；
（七）需要成员大会审议决定的其它重大事项。

监事会职权

（一）监督理事会依法经营，遵守国家有关法律、法规和政策。
（二）监督检查理事会对本社章程和社员（代表）大会决议的执行情况。
（三）监督检查理事会的经营活动和财务管理情况。
（四）向社员（代表）大会提出监事会工作报告。
（五）受理社员及农民来访，向理事会提出改进工作建议。
（六）建议召开社员（代表）大会，列席理事会会议。

社员的义务

（一）遵守本章程及本社会各项制度，执行成员大会和理事长的决定，支持理事长履行职责；
（二）按本社章程规定向本社出资，承担相应责任；
（三）积极参加本社组织的学习、培训等各项活动；
（四）根据社内工作分工，发扬互助协作精神，积极开展生产、经营和服务活动；
（五）维护本社利益，保护本社成员共同财产；
（六）承担本社认为承担的其他责任。

主要业务范围

种植、销售、技术指导

千亩板栗林

淄川区岭子镇

党委书记　汪洪新

镇长　张　刚

岭子镇位于淄川区西部，辖28个村居，镇域面积78平方公里，人口3.7万人。镇内资源丰富，交通便捷，区位优势明显。近年来，岭子镇立足丰富资源和区位优势，始终坚持“抓党建、保稳定、促发展”的总体思路，紧紧围绕“一镇两基地三集群七中心”发展战略，以科学发展观为统揽，积极转方式、调结构，全镇经济社会持续健康快速发展。规划建设了占地4平方公里的新材料产业基地，初步形成以水泥、耐火材料、煤炭为主的三大产业集群。2012年，完成规模以上工业总产值152亿元，上缴税金3.2亿元，实现地方财政收入1.39亿元。先后获得省级生态镇、全国计生依法行政先进单位、省规范化财政所、全市司法系统先进集体、全市固本强基先进集体、全省一级农村五保供养服务机构、淄博市敬老模范单位、全省反邪教示范乡镇、“市强乡镇”等荣誉称号。

上网求知成为当代农村女性的时尚

黄家峪社区综合服务大厅

淄博山水水泥有限公司

山东东泰能源集团

山东鑫淦实业有限公司

淄川区罗村镇

党委书记　翟纯乾

镇长　孙启喜

罗村镇地处淄川、张店、临淄三区结合部，面积70平方公里，辖32个行政村，5.9万人。南邻胶王路，省道湖南路贯穿南北，地理位置优越，区位优势明显。镇内盛产誉满中外的金星淄砚，被誉为淄砚之乡。全镇以新型耐火材料、陶瓷新材料、建材新材料等产业为主，有规模以上企业69家，鲁中耐火、重山集团等一批骨干企业产品档次及环保水平在国内、国际同行中处于领先地位。

近年来，罗村镇坚持以经济建设为中心，以园区建设为支撑，加快城乡统筹，推进生态文明，着力改善民生，社会和谐稳定，镇域经济表现出持续、稳定发展势头和较强增长潜力，实现入库税金、地方财政收入连续3年超20%的增长。2012年，按照市委"发展发展再发展、实干实干再实干"的工作总要求，科学规划建设新材料园区、重山集团工业园、山铝赤泥综合利用产业园等3个工业园区，新上硼同位素、LNG调峰储配站、镁铁铝尖晶石砖等一批过亿元高新产业项目，努力将新材料产业打造成为全镇发展的特色主导产业。同时，升级改造罗双路、新区中心路、罗千路等镇域主干道，实施团山都市农业项目和暖水河、漫泗河罗村段等生态修复工程，实施环村、环企业、荒山、道路、河道、矿山六大绿化工程，种植核桃林200公顷，规划建设罗村村、大吊桥村中心社区，全面提升民生保障水平。全镇实现入库税金1.59亿元，地方财政收入6295万元。获得省级绿化模范镇、山东省幸福进家活动先进乡镇、全省民族宗教工作系统先进集体、全市学习型党组织建设先进集体、全市经济强镇、市级文明镇、全市民政工作先进镇等荣誉称号。

站在新起点，开创新局面，谋求新跨越。镇党委书记翟纯乾、镇长孙启喜热忱欢迎各界朋友前来考察指导、投资兴业。

电话、传真：0533-5686001

招商热线：0533-5686142

电子邮箱：luocunzhen@126.com

鲁中耐火材料公司投资5亿元的镁铁铝尖晶石砖项目施工现场

生态修复后的暖水河生态湿地公园

临淄区金山镇

2012年10月16日，市委书记周清利（中）等领导参加临淄区重点项目建设开工仪式

金山镇位于临淄区南部，总面积118平方公里，辖43个村、5个社区，有村（居）民31701户、8.7万人。

2012年，镇党委、政府紧紧围绕“发展大工业、构建大生态、营造大和谐、共建美丽金山”的总体思路，凝心聚力，扎实苦干，经济社会保持平稳较快发展的良好态势，被市、区推荐为省级示范镇。全镇工业企业实现销售收入521亿元、利润38亿元、利税56亿元，比2011年分别增长20.2% 、21%、20.8%；农民人均纯收入实现12814元，增长28%；全镇地方财政收入实现6.18亿元，增长32%。

镇域实力增强。年内，11个生产工艺新、技术含量高、投资规模大的项目建设顺利推进，全年完成固定资产投资32亿元。在全区率先开展化工异味综合整治并取得良好效果。

农业结构优化。年内，区级以上农业龙头企业发展到2家，农民专业合作社发展到28家，绿色有机品牌达到9个，“临淄边河小米”获国家农产品地理标志。

生态环境提升。全镇共招聘保洁员273名，新配备扫路车1辆、垃圾清运车4辆，安放垃圾桶800个，实现各村垃圾的日产日清。对镇内70公里的主干道路进行集中整治；投资1000多万元，镇内主干道安装LED太阳能路灯1200盏。对全镇38个村居、镇内主干道两侧、53家重点企业实施高标准绿化。

城乡一体化进程加快。投资900万元新修袁上至黎金山等4条镇村道路。启动办公中心新区建设。洋浒崖村年初启动旧村改造，至年底17栋678户全部建成并一次性完成分房入住。杨上村在建4栋居民楼全部完成。南仇东居二期工程7栋218户开工建设。

社会事业蓬勃发展。举办劳动就业培训班8期962人，实现就业935人。实施定期救助和动态救助相结合，共发放救助金110万元。投资1700万元新建边河、南术2所小学和幼儿园，列支280万元用于发放幼儿教育券及学生乘车补贴等。全镇34所卫生室在全区率先推行基本药物“零差率”销售，对全镇居民进行免费健康查体。加强各类文体协会建设，先后成立老年书画协会、根雕玉石协会和花卉盆景协会等。

金山镇北片区鸟瞰图

建设中的重点项目——齐翔腾达10万吨丁二烯项目

黎金山土地整理项目

省级规范化幼儿园——边河中心幼儿园

天堂寨风景区景观

临淄区金岭回族镇

2012年7月31日，市、区领导到金岭回族镇企业调研

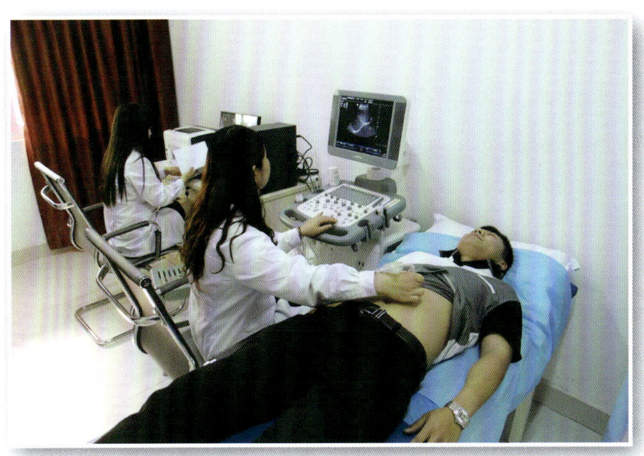
2013年5月14日，为全镇居民免费健康查体

临淄区金岭回族镇是山东省4个民族乡镇之一，淄博市唯一的民族镇。全镇面积18.7平方公里，辖9村1居（其中3个回族村居），人口1.4万人，回族人口占36%。先后获得全国亿万农民健身活动先进乡镇、全省平安建设基层先进单位、全省民族团结进步先进单位、淄博市文明乡镇等荣誉称号。2012年，全镇地方财政收入实现1.1亿元，居民人均纯收入12750元；实现规模工业销售收入111亿元，利税14.6亿元，利润9.8亿元；完成规模以上固定资产投资24.1亿元。

近年来，金岭回族镇经济发展的质量和水平稳步提升。以项目建设为抓手，大力推进转方式、调结构，全镇规模以上企业发展到22家，培育清源、齐旺达等大企业集团，形成精细化工、机械加工、塑料塑编和现代物流四大产业集群，打造中国塑料编织制品、中国农用塑料研发和中国塑料再生循环利用研发三大生产基地。生态环境持续改善。大力开展环境保护综合整治、路域环境综合治理、生态环境综合提升工程。村居宽2.5米以上街巷全部实现硬化，镇域内生活污水实现全封闭处理，建立完善“户收、村集、镇运、区处理”的农村生活垃圾处理机制，全镇绿化覆盖率58%。人民生活不断改善提高。学生上学、饮水全免费。居民免费健康查体，以最低个人负担享受新农合全区最高报销比例，每人每年免费享受12立方“同源一网”集中供水。推行幼儿教育券、乘校车补贴、老年和残疾人生活补助等多项补贴政策。在全市率先实施残疾人无障碍设施建设及辅助器具适配项目。大力开展“合力救助帮扶，增进民生福祉”活动，困难群众得到更多关怀和救助。

回族群众欢庆盖德尔节

干净整洁的人居环境

临淄区稷下街道办事处

党工委书记　王云明

主任　崔　谦

2012年11月7日，市人社局局长孙树仁（右三）到临淄区稷下街道王家村调研社保平台建设

2012年，在区委、区政府的正确领导下，稷下街道深入贯彻落实党的十八大精神，以科学发展观统领全局，紧紧围绕建设生态和谐文明幸福新稷下的目标，务实拼搏，加压奋进，实现经济社会平稳较快发展。2012年，全街道完成国内生产总值54.35亿元，比2011年增长18.14%；完成固定资产投资33.1亿元，增长10%；财政收入实现2.3亿元，增长37.5%；农民人均纯收入达到14595元，增长13%。

强力推进重点项目建设，齐鲁国际塑化城、山东方泰仓储、齐都药业改扩建、卓创创业科技园等重点项目顺利施工；永流、南村、耿王、小杨等新村建设步伐不断加快，大杨、官道、郑王、西村旧村改造和4个徐姚合村并点前期准备工作有序推进。全面实施高标准绿化，对辖区主要路段进行综合整治，共栽植各类乔灌木16.4万株，地被模纹5.5万平方米，垒砌花池2.7万米，取缔店外经营1200余家，清理各类非标准广告牌3100余个，拆除违章建筑8000余平方米。关闭拆除化工企业8家，拆除储罐58个，23家原地提升企业全部签订原地整治提升协议并开始实施技术升级改造，人居环境进一步优化。大力发展都市农业，建成东部绿色精品蔬菜瓜果园区、安次片有机藕特色种植片区和董褚、赵家花卉苗木种植片区。加强社会服务事业建设，依托街道慈善分会发放各类救助金、补助金等130余万元；投入160余万元为辖区学校和幼儿园购置计算机和图书、配备安保人员、维修校舍等，教育事业实现健康发展，群众幸福指数不断提高。

2012年9月11日，齐鲁国际塑化城正式开城运营

2012年7月28日，稷下街道举办“喜迎十八大——赶超发展我争先”主题演讲比赛

桓台县马桥镇

金诚石化自主研发拥有核心专利技术的针状焦项目装置

博汇集团生产车间

马桥镇位于桓台县西北部，辖52个行政村，5.2万人，面积79.12平方公里，是全国文明镇、全国重点镇、全国环境优美乡镇。2012年8月，被确定为省级示范镇，并先后被确立为全国改革发展试点城镇和省级行政管理体制改革试点镇。

近年来，镇党委、政府以科学发展、实干争先的决心，坚持规划引领、产业支撑、镇村统筹，推动全镇经济社会更好更快发展。2012年，全镇实现销售收入520亿元，上缴税金9亿元，地方财政收入3.1亿元，人均收入14266元。按照“群众自愿、政府主导、镇村统筹、分步推进”的原则，因地制宜，打破原有村庄区划界限，制定分类实施政策，加快推进旧村改造、合村并点。已完成投资21亿元，建成居民楼420栋，建筑面积210万平方米。初步形成金诚、北营、中心、泰和4个新型农村社区，马桥北区拆迁率达到80%，进一步拓展了发展空间。

通过上大项目、上好项目引导传统产业改造升级，培植壮大新兴产业，加快发展高新技术产业，为示范镇建设提供有力的产业支撑。全镇逐步形成以金诚石化MCC联合工程和博汇集团环氧氯丙烷、己内酰胺为主的石油炼化及精细化工产业，以博汇纸业为主的高档造纸产业，以博世热力节能产业装备为主的节能环保产业等三大优势产业集群。

把增进群众福祉作为城镇化的出发点和立足点。2012年，投资2000万元实施污水余热回收汽改水供热工程改造，居民小区全部实现集中供暖；投资400万元使全镇1500余户居民用上管道天然气；投资800万元建设九年一贯制的马桥实验学校；投资2000万元建设的高标准幼儿园即将投入使用；投资550万元建设高标准敬老院，对符合条件的五保老人集中供养。加强和创新社会管理，投资480万元建设高标准的社会管理服务中心，逐步让全镇群众都享受到改革发展的成果。

世界五百强博世公司投资项目落户马桥镇

环境优美的居民生活小区

村民事务干部代办

油区经济蓬勃发展

腾空土地发展生态农业

桓台县唐山镇

东岳集团有机硅生产线

唐山镇位于桓台县中部，辖50个村，面积72.8平方公里，人口6.1万。先后获得全国创建文明村镇先进单位、中国乡镇之星、全国小城镇综合发展水平1000强、齐鲁乡镇之星、全省农村经济综合实力百强镇、山东省特色产业镇、淄博市首批生态优美乡镇等荣誉称号。2006年，跻身全国小城镇综合发展水平千强镇行列。

全镇工业以新材料、精细化工、造纸印刷、精密铸锻、机械加工制造、建筑建材、农产品深加工、电气设备等行业为主。截至2013年8月，全镇拥有亿元企业22家，规模以上工业企业45家。包括：中国氟硅行业的龙头企业，亚洲规模最大的氟硅材料生产基地东岳集团；山东省造纸工业先进企业，生产能力位于全国第26位的贵和集团；中国建筑业综合实力100强企业万鑫建设有限公司；亚洲最大的蠕墨铸铁生产集团蠕铁集团；山东省最大的新兴文化企业鸿杰印务。东岳集团的“东岳联邦”、江辰时装的“海思堡”、梨花面业的“梨花”被认定为中国驰名商标。2012年，全镇实现工业销售收入308亿元，工业总产值310亿元，完成工业生产性固定资产投资37.19亿元，地方财政收入5.67亿元，上缴国家税收17.59亿元，实现人均纯收入13653元。

鸿杰印务精装生产线

贵和集团高档纱管原纸生产线

蠕墨铸铁10万吨铸锻联产项目

万鑫轮胎生产车间

山东百粮春酒业有限公司

山东百粮春酒业有限公司诞生于20世纪80年代，企业所在的张店区傅山村南北朝时隶属北魏高阳郡。此地原属齐国领域，粮产富饶，酿酒等产业发达。高阳郡太守贾思勰所著的综合性农书《齐民要术》是世界农学史上最早的专著之一，也是中国现存的最早最完整的农书。它对中国传统酿酒工艺的发展，也具有深远影响。全文92篇中有3篇专论制曲、酿酒，这是世界上最早的酿酒工艺学的记载，其中就有当地“户户蒸粮，巷巷酒香”的记载。

经过20多年的发展，酒厂已发展成为现代化的白酒工业集团。有总资产2.6亿元，固定资产1.3亿元，成为国家大（二）型企业、山东省综合实力500强企业、省环境优美工厂、三A级信用企业、山东省明星企业、山东省消费者满意单位。

公司坚持“质量在我手中，消费者在我心中”的质量第一原则，在传统工艺的固守与现代科技创新有机结合的过程中，注重科研开发，不断提升百粮春酒的品质。积极加强与中中国科学院、四川五粮液酒厂等专家的技术合作，努力研发高科技含量产品。在国家有关部门的帮助下，结合国内著名科学家、生命基因动力能理论奠基人金日光教授发明的生物能活力素新技术，酿制出系列绿色、纯粮、健康营养型的百粮春酒。国内专家肯定该酒的问世，是白酒历史上的一次革命，是传统白酒的换代珍品，是名副其实的健康饮用酒。

公司注重做好产品销售，真诚面对广大经销商和终端客户，打造了“诚信”“合作共赢”的品牌；坚持网络建设与终端促销相结合、重点市场与目标市场相结合、省外市场与省内市场相结合等战略，使销售额连年递增。在企业管理中实行动态化管理，强化员工的危机意识、发展意识，并强化员工培训工作，提出学习型企业的建设目标，形成“规范提高，创新制胜”的企业文化。

公司生产的百粮春真酿系列、百粮春淡雅和浓香系列、天下第一店系列产品，广受全国消费者厚爱，在省内外市场占有重要位置。产量、产值、销售收入等指标连续几年均以较高的比例递增。

展望未来，山东百粮春酒业将积极应对各类新的挑战，进一步提高生产、管理、质量、市场服务等水平，加快发展步伐，努力实现立足山东、做强做大的战略格局。

绿色珍品，生态原香

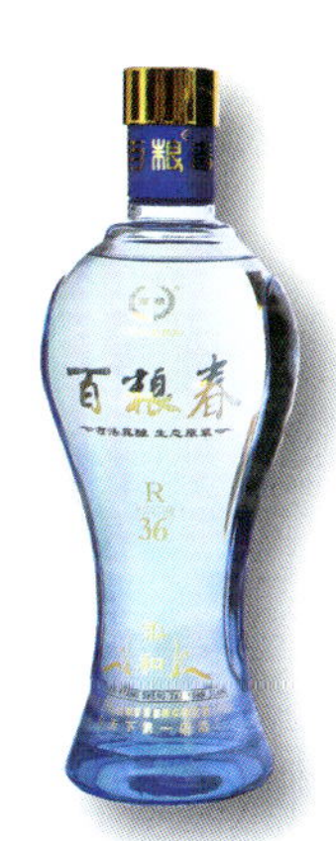

柔和系列酒

百粮春博物馆展架

淄 博 昌

淄博市医疗保险、商业保险、

院长　许新升

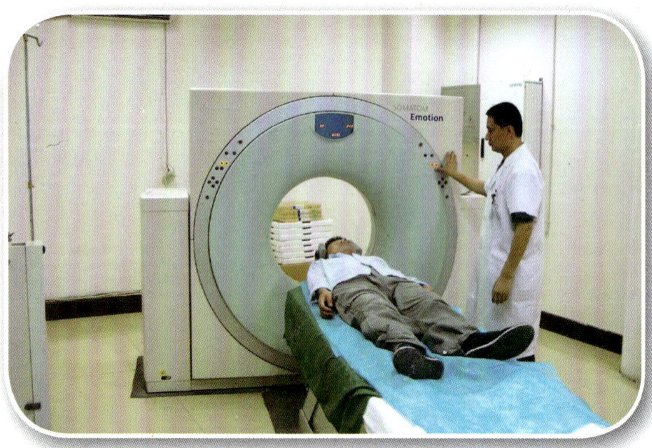

德国西门子双排螺旋CT

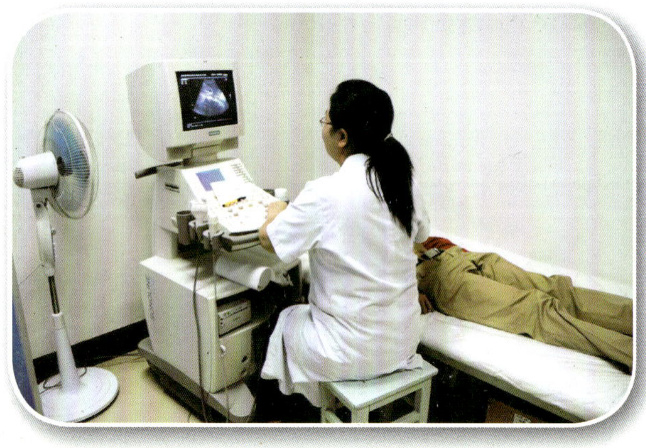
德国西门子彩超

淄博昌国医院是新华医疗集团、山东新华昌国医院投资管理有限公司下属的一家综合性医院，其前身是济南军区淄博驻军癫痫病专科医院，由全国著名癫痫病专家、主任医师许新升创办，是一所集临床医疗、医药研发、制剂生产、康复医学、养生保健、科研教学为一体的具有二级资质的综合性医疗机构。

医院建筑面积1万多平方米，床位200张，员工260余人，其中具有中高级专业技术人员60多名。设有癫痫病诊疗中心（癫痫内科、癫痫外科、电生理、科研评估）、康复医学、中医风湿科（治疗红斑狼疮、肺纤维化）、脑血管病科、手足外科等特色专科和内科、外科、妇科、儿科、中医科、碎石科、心理咨询、查体中心、急救中心、检验、影像、脑电监测等20多个临床医疗、药学、医技科室。科室齐全，技术力量雄厚。

医院医疗设备先进，基础设施完备。设有千级、万级层流净化手术室、中心供氧、负压吸引、中央呼叫、中央空调等现代化、标准化、系统化装备。拥有德国原装西门子双排螺旋CT、500mA双管双床遥控X光机、彩色B超、日本脑电监护仪、全自动生化分析仪、血药浓度分析仪、脑循环分析仪、德国Lei Ca神经外科手术显微镜、美国Cadwell多导视频脑电图机、动态脑电赫特盒、动脉硬化及血管疾病检测系统、多功能神经康复诊疗系统等60余台（件）大型现代化医疗设备。

癫痫病诊疗中心是医院重点学科，具有20多年的发展经历与临床研究成果，独创"癫痫病经络疏通法"，研制发明了治疗癫痫病系列药物并获得国家发明专利和军队科技进步奖、医疗成果奖、中华医药发展贡献奖等诸多科研奖项，已为海内外20多万名患者解除病痛。

医院引进具有博士学历的医学高端人才成立癫痫外科，针对难治性癫痫开展外科手术治疗，已开展手术数十例，为众多难治性癫痫病患者恢复健康，癫痫病治疗综合实力不断迈上新的台阶。近期开展的治疗难治性癫痫新疗法——迷走神经刺激术，大大提高了难治性癫痫病的治愈率。

康复医学科主要以脑卒中、脑外伤、神经系统、脊柱脊髓损伤、小儿脑瘫、截肢、骨关节伤病等病症引起的功能障碍为康复治

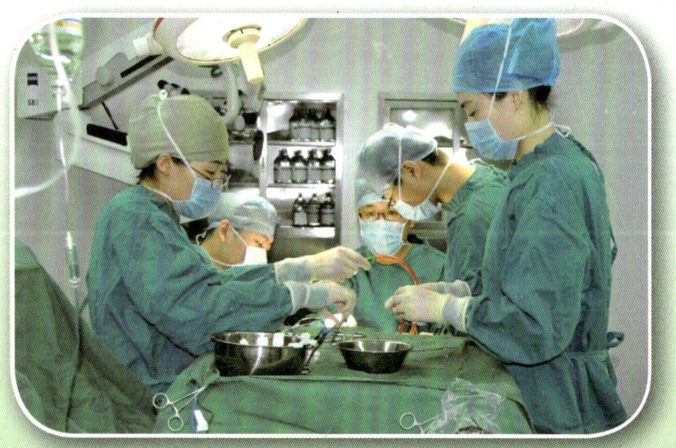
癫痫外科手术

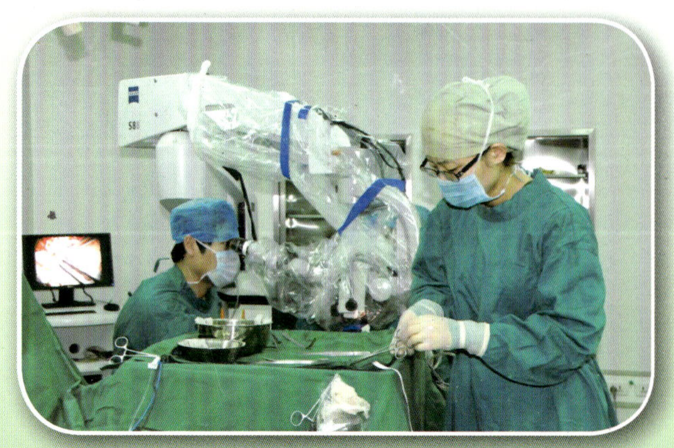
德国神经外科手术显微镜